Personal Financial Planning

제5판

개인재무설계

박광수 · 양재영 · 주소현 공저

도서출판 시대가치

프롤로그

본서를 처음 출간한 지 벌써 10년이 넘는 기간이 지났다. 그동안 본서를 사랑해 주신 독자들에게 무한한 고마움을 느끼면서 이 책을 통해 좀 더 독자들이 개인재무설계에 대한 관심과 필요성을 넓혀갈 수 있기를 기대한다.

이번 5판에서는 그동안 개편된 법제도나 통계 등을 최신 자료로 업데이트하였고, 대내외적인 환경변화를 반영하여 필요한 경우 관련 내용을 새로이 추가하였다. 구체적인 개편내용을 각 장별로 살펴보면 다음과 같다.

제1부/ 1장에서는 각종 통계자료를 업데이트하고 금융소비자보호법의 내용을 새로이 반영하였다. 2장에서는 재무설계과정 평가에서의 최신 통계를 반영하였으며, 3장 기본 경제환경의 이해에서는 인구구조와 관련한 최근의 데이터를 업데이트하고 핀테크의 내용을 보완하였다.

제2부/ 4장 현금관리에서는 변경된 주택연금제도를 업데이트하고, 신용평가가 신용등급에서 신용평점제도로 변경된 내용을 반영하였다. 5장 위험관리와 보험에서는 자동차보험 및 4대 사회보험 관련 변경된 제도를 수정하였다. 6장에서는 국세기본법상 신고불성실가산세와 납부지연가산세, 조세특례제한법상 소득공제, 소득세법상 종합소득 기본세율과 비과세연금소득 등의 개정내용을 반영하였고, 2022년 이후 시행되는 비트코인 등 가상자산소득과 2023년 이후 시행되는 금융투자소득을 추가하였다.

제3부/ 7장에서는 2023년 이후 변경되는 주식 관련 세금의 내용과 마이너스 금리채권, ISA 계좌, 사모펀드 투자위험 등의 내용을 추가하였다. 8장에서는 취득세의 중과세율, 종합부동산세의 중과, 양도소득세 중과, 1세대 1주택 비과세요건 등 부동산 관련 세금의 개정내용을 반영하였다.

제4부/ 9장 노후설계에서는 공적연금과 퇴직연금 변경내용을 업데이트하였고, 마지막으로 10장에서는 상속공제 중 동거주택상속공제, 신고세액공제율, 장애인 신탁재산 증여세특례, 증여재산 평가기간, 주식평가 할증률 등 관련 법률의 개정내용과 2022년 이후 시행하는 가상자산의 보충적 평가방법도 반영하였다.

2021년 7월

4판 머리말

2010년 개인재무설계를 처음 발간한 지 벌써 8년이란 세월이 흘렀다. 처음 저자들이 모여 대학생 및 일반인들이 쉽게 이해할 수 있는 개인재무설계 교재를 기획하고 원고를 쓰던 열정이 아직 생생한데 그동안 3번의 개정판을 냈으며 이제 개정4판을 내게 되어 적지 않은 책임감이 느껴진다.

그동안 개인재무설계에 대한 일반인들의 인식은 크게 바뀌었다. 초판을 출간할 때만 해도 대학생들에게 개인재무설계에 대해서 소개하고 기본적인 개념을 이해시키는 데 초점을 두었으나 이제 개인재무설계라는 용어를 모르는 사람은 거의 없게 되었다. 이러한 추세를 반영하여 많은 대학에서 개인재무설계와 관련된 과목을 관련 학과 이외에도 교양과목으로 개설하여 사회진출을 앞둔 대학생들이 개인재무설계에 대한 기본 개념을 이해하고 그 필요성을 인식하는 데 도움을 주고 있다.

지금 우리는 세계경제 및 국내 경제사회적 환경이 급변하는 시기에 놓여 있다. 먼저 세계경제환경을 살펴보면 무엇보다도 미국의 금리인상 기조가 뚜렷하게 나타나고 있는 가운데 트럼프 정부가 주도하고 있는 보호무역주의와 자국우선주의에 따른 무역분쟁의 파장은 쉽게 예측할 수 없는 상황이다. 국내적으로는 2017년 신정부가 들어서 경제정책의 패러다임이 이전과는 크게 바뀌었다. 4차 산업혁명에 부응하여 경제구조를 개편하는 정책과 경제력 집중의 문제를 완화하고, 대기업 중심의 경제성장패턴을 전환하려는 정책이 추진되고 있다. 또한 소득주도의 성장이 시험되고 있으며 최저임금의 대폭적인 인상, 저소득계층에 대한 지원 확대, 의료보험 수혜 확대 등의 광범위한 복지 확대정책이 시행되고 있다. 그러나 강남재건축을 중심으로 한 부동산가격상승은 일반 서민들의 주거안정을 크게 위협하고 있다. 또한 청년실업의 문제는 과거 어느 때보다 심각하고 인구고령화에 따른 개별적인 노후대비의 필요성이 지속적으로 증가하고 있다. 이러한 대내외적인 환경변화는 개인들이 재무적 문제를 더욱 계획하고 대비하지 않으면 행복한 미래를 보장할 수 없으며 이는 개인재무설계의 필요성을 더욱 증대시키는 요인이 되고 있다.

본 개정판에서는 이러한 대내외적인 환경변화를 반영하여 필요한 경우 관련 내용을 새로이 추가하고, 그동안 개편된 법제도나 통계 등을 업데이트하였다. 좀 더 구체적인 개편내용을 각 장별로 살펴보면 다음과 같다.

먼저 1장에서는 최근 중요한 이슈로 다루어지고 있는 금융소비자보호에 대한 주요 내용을 추가하고, 사전적 예방과 사후적 구제 방안에 대한 내용을 포함하였다. 2장의 재무설계 과정에 대한 평가는 최근 통계를 활용하여 가계의 재무상태를 비교할 수 있도록 업데이트하였다. 3장에서는 인구구조와 관련된 통계자료를 업데이트하고 최근 관심이 높아진 핀테크와 4차 산업혁명에 대한 문제를 추가하였다. 4장에서는 현금관리 상품과 부채 및 신용상품 중에서 제도가 변경된 주택연금의 내용을 업데이트하였으며, 5장에서는 자동차보험, 실손의료보험 등에서 변경된 보험제도를 반영하였다. 6장에서는 종합소득세 기본세율, 자녀세액공제, 월세액 세액공제, 금융소득 원천징수세율 및 기타소득의 필요경비의 개정내용과 새로 신설된 종교인소득의 과세 등을 추가하였다. 7장에서는 비과세해외주식펀드를 추가하였으며, 8장에서는 부동산 공적장부의 인터넷 열람 및 교부방법과 부동산기준시가의 인터넷 조회방법을 업데이트하고, 장기보유특별공제, 1세대 1주택 비과세요건 및 주식 양도소득세 세율의 개정내용과 재도입된 지정지역 내 주택의 양도소득세 중과세율 등을 반영하였다. 9장에서는 노후 준비를 위한 금융상품과 공적연금제도의 주요 변경사항을 수정하였으며, 10장에서는 사망자 재산의 인터넷 조회방법을 업데이트하고, 신고세액공제율, 연부연납기간, 증여재산공제 및 재산평가방법의 개정내용 등을 반영하였다.

이번 개정판 출판에도 많은 분들의 도움이 있었다. 또한 이번 4판의 출판은 새로 설립된 출판사인 시대가치에서 이루어졌다. 김광범 대표님의 지속적인 관심과 성원에 감사를 드리며, 특히 꼼꼼하게 편집·교정작업을 해주신 편집부 직원분들에게도 감사의 마음을 전하는 바이다. 그럼에도 불구하고 혹시 있을 이 책의 오류는 전적으로 저자들에게 책임이 있으며, 앞으로도 독자들의 다양한 의견을 반영하여 지속적인 보완이 필요할 것으로 본다. 아무쪼록 이 책이 보다 많은 사람들이 개인재무설계를 이해하는 데 일조하기를 기대해 본다.

2018년 5월

저자 일동

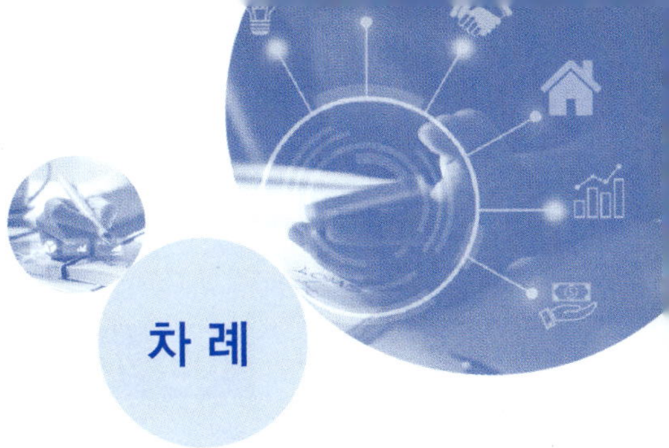

차 례

제 1 부 개인재무설계 입문

01 개인재무설계의 이해

02 개인재무설계의 과정

03 기본 경제환경의 이해

05 위험관리와 보험

06 세금설계

제3부 개인재무의 증대

07 투자설계

제4부 개인재무의 분배 및 이전

09 노후설계

10 상속설계

PART 01

개인재무설계 입문

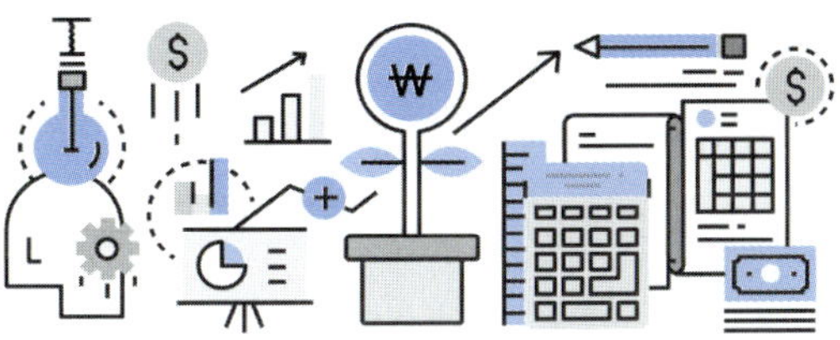

PERSONAL FINANCIAL PLANNING

CHAPTER 01

개인재무설계의 이해

| 제 1 절 | 개인재무설계의 개념

| 제 2 절 | 개인재무설계의 필요성

| 제 3 절 | 개인재무설계의 역사

| 제 4 절 | 개인재무설계 전문가

| 제 5 절 | 개인재무설계와 금융소비자 보호

학습목표

본 장을 학습하고 나면 여러분들은

1. 개인재무설계의 개념을 설명할 수 있다.
2. 개인재무설계가 필요하게 된 배경을 설명할 수 있다.
3. 개인재무설계의 탄생과 역사에 대하여 이해할 수 있다.
4. 개인재무설계 분야의 전문가 영역을 알 수 있다.
5. 개인재무설계와 금융소비자 보호를 이해할 수 있다.

도입 이야기

41세의 유통업체 차장으로 근무하고 있는 김계획 씨는 결혼하여 아이 하나를 둔 가장이다. 올해 아이가 유치원에 들어가게 되면서 그동안 육아로 인하여 쉬고 있던 아내가 재취업을 준비하고 있으나 고민이 많다.

아내인 이행복 씨는 육아로 인하여 경력이 단절되기 이전에는 의류업체의 마케팅 부서에서 일하고 있었다. 유치원에 다니는 아이가 있는데 재취업을 하는 것이 바람직한 것인지 아니면 아이가 초등학교에 들어갈 때까지 육아와 가사에 전념하는 것이 나은지 결정하기가 어렵기 때문이다. 아이가 태어나기 전에 시작되었던 글로벌 금융위기 이후 경기는 많이 회복되었다고는 하지만 실질적으로 가계의 살림살이는 나아지지 않았고, 유치원 비용뿐 아니라 새로운 사교육을 고민해야 하고 금리가 오르고 있어서 전세담보대출의 부담이 커지고 있는데 집주인은 전세금을 올려달라고 한다. 가상화폐의 열풍으로 가늠할 수 없는 큰돈을 벌었다는 사람들의 이야기가 나오고 있는데, 주위에서는 가상화폐의 열풍을 틈탄 금융사기에 피해를 본 사람들도 발생하고 있다.

지금까지 재무금융과 관련한 다양한 신문기사를 읽고 나름대로 최신의 정보를 가지고 있다고 믿어왔던 김계획 씨는 요즘 가계 재무 상황을 생각하면 우울한 느낌마저 든다. '신문과 포털사이트에는 매우 다양한 경제 금융 기사와 정보가 넘쳐나는데 나는 왜 제자리에 있는가'라는 생각은 김계획 씨를 혼란스럽게 만들고 있다.

그러던 어느 날 이행복 씨는 구청에서 하는 재무설계 교육 프로그램 전단지를 들고 왔다.

"여보, 여기에서 가상화폐에 대한 것도 알려주고 금리가 변화하면 어떻게 대처해야 하는지를 알려준다는데, 우리도 한번 이 교육 받아볼까?"

"재무설계 교육? 그게 뭔데?"

"글쎄, 나도 자세히는 모르지만 교육 프로그램이 꽤 좋아 보이는데. 요즘 당신 고민이 너무 많았잖아."

김계획 씨는 전단지의 프로그램 내용을 꼼꼼히 살펴보았다. 개인재무설계가 무엇인지, 현금관리는 어떻게 하는지, 금리변화에 대처하는 방안은 무엇인지, 비트코인과 같은 가상화폐는 무엇인지 등을 강의하는 프로그램은 총 5주간 진행되는 것이었다. 꽤 긴 시간을 투자해야 하지만 지금부터 다음 단계로 가기 위해서 무엇인가 새로운 준비가 필요할 것 같다는 생각이 들었다. 특히 신문에서 많이 나왔던 개인재무설계가 과연 무엇인지에 대하여 교육을 받을 수 있을 것이라는 점에 흥미를 느꼈다.

김계획 씨와 이행복 씨는 일단 교육을 신청하기로 마음먹었다. 개인재무설계는 무엇일까? 우리는 어떠한 정보를 얻게 될 것인가? 어디에서부터 정보탐색을 시작할 것인가?

1절 | 개인재무설계의 개념

본 절에서는 개인재무설계의 개념과 개인재무설계를 구성하는 요소, 개인재무설계의 유형으로 단일재무설계와 종합재무설계에 대하여 살펴본다. 또한 개인재무설계에 대한 이해를 돕기 위하여 개인재무설계의 유사 개념인 재테크와 개인재무설계를 비교하여 살펴보고자 한다.

1. 개인재무설계란?

개인재무설계란 "개인이 자신의 삶의 목표를 파악하고 그 목표를 달성하기 위하여 개인이 가지고 있는 재무적 및 비재무적 자원을 적절하게 관리하는 일련의 과정(process)"을 의미한다. 개인재무설계의 이러한 개념은 개인재무설계의 과정을 확립하고 개인재무설계와 관련된 자격증 등을 개발하여 개인재무설계의 영역을 보급한 미국의 CFP Board of Standards에서 처음으로 정립한 것으로 개인재무설계의 일반적인 의미로 널리 사용되고 있다.

위에서 서술한 개인재무설계의 개념을 자세히 살펴보면 ① 삶의 목표, ② 개인의 재무적 및 비재무적 자원, ③ 그것을 관리하는 과정이 중요한 요소임을 알 수 있다. 각각의 의미에 대하여 살펴보자.

1) 개인이 가지고 있는 삶의 목표를 달성

대부분의 사람들은 인생에서 이루고자 하는 목표를 가지고 있다. 흔히 개인재무설계의 목표를 재무적인 목표로 한정하는 경우가 있다. 얼마의 재산을 모으겠다거나 어느 정도의 금액을 기부하겠다거나 어느 정도 크기의 집으로 이사를 하고 싶다거나 하는 금전적인 목표를 개인재무설계의 목표로 한정하는 것이다. 하지만 개인재무설계의 목표는 금전적인 목표에 국한되지 않는다. 금전적인 목표는 개인이 가지고 있는 인생의 궁극적인 목적을 달성하는 과정에서 필요한 목표의 일부이다. 개인재무설계는 인생의 궁극적인 목적과 그러한 목적을 달성해나가기 위하여 필요한 수많은 목표들을 파악하고 결정하는 것에서 출발한다. 금전적인 목표를 달성해나가는 과정들을 통해서 인생의 궁극적인 목적을 이루고자 하는 것이 개인재무설계이다.

경우에 따라서는 인생의 목적이나 목표가 구체적으로 설정되지 않은 경우가 있다. 따라서 개인재무설계의 중요한 과정 중의 하나는 구체적으로 설정되어 있지 않은 인생의 궁극적인 목적과 다양한 재무적, 비재무적 목표들을 파악하고 설정해 나가는 것을 포함한다. 인생의 구체적인 목표가 있다면 그것을 달성하기 위한 단계에 일단 진입한 것이라고 할 수 있다.

2) 개인의 재무적 · 비재무적 자원을 활용

개인재무설계는 이러한 목표 달성을 위하여 개인이 가지고 있는 다양한 자원(resources)을 활용한다. 개인이 가지고 있는 자원에는 재무적인 자원(financial resources)과 비재무적인 자원(non-financial resources)이 있다.

재무적인 자원이란 개인이 가지고 있는 자산, 부채, 소득 등을 말한다. 비재무적인 자원이란 개인이 가지고 있는 가치, 태도, 신념, 교육수준, 사회적 위치 등을 포함한다. 개인은 목표를 달성하기 위하여 이러한 다양한 자원들을 조합하고 계획적으로 활용하여야 한다. 개인재무설계는 이러한 자원들을 평가하여 목표를 달성하는 데 활용할 수 있도록 다양하게 조합하는 작업을 수반한다.

3) 목표를 달성해 나가는 과정

개인재무설계의 개념을 이루는 중요한 또 하나의 요소는 개인재무설계가 목표를 파악하고 개인의 자원을 이용하여 파악된 목표를 달성해나가는 "과정(process)"이라는 것이다. 개인재무설계는 하루아침에 이루어지는 것이 아니며 목표에 맞게 소득을 배분하여 투자를 실행하는 것으로 끝나는 것도 아니다. 재무설계는 "과정"이므로 목표를 달성해나가는 일련의 단계를 모두 포함한다.

인생의 궁극적인 목적을 파악하고 다양한 목표를 설정하고, 자신의 재무적, 비재무적인 자원을 확인하고 평가하여 목표 달성을 위한 전략과 전술을 도출하고 그러한 전략과 전술을 실행하고 평가하고 수정하여 궁극적으로 목

한걸음 더 개인재무설계에 대한 오해

개인재무설계는 앞서도 설명한 바와 같이 인생의 목표와 깊은 관련이 있기 때문에 개인재무설계가 아닌 것이 어떤 것인가에 대한 명확한 이해가 필요하다. 미국의 Life Planning 전문가에 의하면 아래의 내용은 개인재무설계에 대한 오해라고 할 수 있다.

- 개인재무설계는 부자를 위한 것이다: 대부분의 사람들은 개인재무설계가 부자를 위한 것이기 때문에 자신에게는 필요하지 않다고 생각한다. 하지만 이미 많은 자산을 축적하지 못한 개인이라면 개인재무설계의 필요성이 더 크다고 할 수 있다.
- 개인재무설계는 투자수익률의 극대화를 위한 것이다: 개인재무설계는 단순히 투자수익률의 극대화를 위한 것이 아니라 자산의 보호, 자산의 증식, 자산의 배분 등 개인의 목표를 달성하기 위한 모든 측면을 포괄하는 것임을 기억해야 한다.
- 개인재무설계는 보험상품의 판매와 밀접한 관계가 있다: 많은 사람들이 개인재무설계를 보험상품판매의 한 방법이라고 생각한다. 하지만, 개인재무설계는 개인의 목표를 달성해가는 과정이며 보험상품은 목표 달성을 위해 필요할 수도 필요하지 않을 수도 있다.

(자료 : http://www.101lifeplanning.com/financial-articles/what-financial-planning-is-not.php)

적 달성을 위하여 활용하는 모든 과정을 포함하는 것이 개인재무설계이다.

이러한 의미에서 사람들은 개인재무설계를 "인생설계(Life Planning)"의 개념으로 설명하기도 한다. 인생의 라이프사이클을 통한 각 단계별 목표 실현과 그러한 목표 실현이 궁극적인 인생의 목적 달성을 위해 유기적으로 연관되어 있는 전체적인 과정이 개인재무설계인 것이다.

목표의 설정에 대한 자세한 설명과, 다양한 개인의 자원을 파악하고 평가하는 방법, 그리고 개인재무설계의 과정은 제2장에서 자세하게 다루게 될 것이다. 본 교재에서는 개인재무설계라는 용어를 사용하여 그것이 "기업의 재무설계" 혹은 "기관의 재무설계"와 다르다는 것을 표현한다. 개인의 재무설계는 하지만, 가계재무설계 혹은 소비자재무설계와 혼용되어 사용되기도 한다. 가계가 재무설계의 단위가 되든 개인 1인이 재무설계의 단위가 되든 본 교재에서 설명하는 개인재무설계는 각 개인이 가지고 있는 인생의 목표와 그 목표 달성을 위한 과정을 뜻한다.

2. 개인재무설계의 영역

1) 개인재무설계에 대한 다양한 정의

우리는 앞에서 개인재무설계의 개념을 CFP Board of Standards에서 정의한 것을 중심으로 살펴보았다. 실제로 개인재무설계를 담당하고 있는 다방면의 전문가들은 보다 다양한 정의를 사용하기도 한다.

리튼, 그래이블, 클락(Lytton, Grable and Klock, 2006)은 일반적으로 사용되는 아래와 같은 정의를 예시하였다.[1)]

- 혼란스러운 재무상태를 바로 잡는 것
- 사람들이 가지고 있는 개인적인 목적을 달성할 수 있을 만큼 충분한 자금을 축적하고 생활에 충분한 소득을 유지하기 위한 과정
- 재무목적을 달성하기 위하여 계획안을 마련하는 과정
- 세금설계, 은퇴설계, 상속설계, 투자설계, 위험설계를 일컫는 말

이러한 정의는 앞에서 소개한 CFP Board of Standards의 정의와 비교하면 단순하고 단편적인 면이 있지만 개인이 가지고 있는 자원을 사용하여 목적을 달성해나가는 과정이라는 점에서는 공통점이 존재한다.

2) 개인재무설계의 영역

개인재무설계의 정의는 개인재무설계가 포함하고 있는 영역을 나타내주기도 한다. 개인재무설계는 개인의 재무를 둘러싼 다양한 영역을 다루게 되는데 개인의 재무를 둘러싼 영역은 현금흐름 및 소득 관리, 세금설계, 위험관리, 투자설계, 노후설계, 상속 및 증여 설계를 포함한다.

(1) 소득 및 현금흐름 관리영역

개인은 일생에 걸쳐서 다양한 소득활동을 하게 되며 소득활동을 통한 금전적인 유입이 개인재무를 운영하는 기본이 된다. 따라서 소득은 현금흐름의

---

1) Lytton, Grable and Klock, 2006, p. 9.

중요한 수단이 되며 소득과 현금흐름의 관리가 개인재무설계를 구성하는 집의 초석과 같은 역할을 한다. 현금흐름과 소득 관리에는 신용과 부채 관리가 포함된다.

(2) 세금설계영역

세금설계는 개인재무의 모든 영역에 밀접하게 관련되어 전반적인 개인재무를 지탱해주는 역할을 한다. 소득과 관련된 소득세, 다양한 금융 및 부동산 상품의 취득·보유 및 거래와 관련된 세금, 상속 및 증여와 관련된 세금 등 개인의 재무행동과 거래에서 세금은 중요한 위치를 차지한다. 세금설계는 집으로 본다면 서까래와 같이 기둥과 지붕을 연결해주는 역할을 한다고 할 수 있다.

(3) 위험관리영역

개인재무설계의 영역에서 위험관리 또한 중요한 부분이다. 개인이 노출되어 있는 다양한 위험으로부터 개인의 신체, 자산, 사회적 책임 등에 대한 보호 및 대비는 외부환경의 위험으로부터 개인의 재무환경을 보호해주는 지붕과 같은 역할을 한다. 튼튼한 집은 좋은 바탕에 곧은 기둥들 그리고 안전한 지붕을 포함한다.

(4) 투자설계, 노후설계, 상속설계 영역

개인재무설계의 영역에서 곧은 기둥의 역할을 하는 것은 투자설계, 노후설계, 상속설계와 같은 자산의 증식과 관련된 부분이라고 할 수 있다. 금융상품 및 부동산 상품에 대한 투자설계, 결혼자금, 자녀교육자금 등과 같은 특수목적자금 설계, 은퇴 후의 안정된 생활을 위한 노후설계, 그리고 효과적인 부의 이전을 위한 상속 및 증여 설계는 개인의 재무 및 재무목표와 밀접한 관련을 가지고 있는 개인재무설계의 영역이다. 이러한 개인재무설계의 영역을 그림으로 표현하면 <그림 1-1>과 같다. 개인재무설계의 6가지 영역은 유기적으로 연결되어 집을 건축하는 것과 같다고 할 수 있다.

그림 1-1 | 개인재무설계의 영역

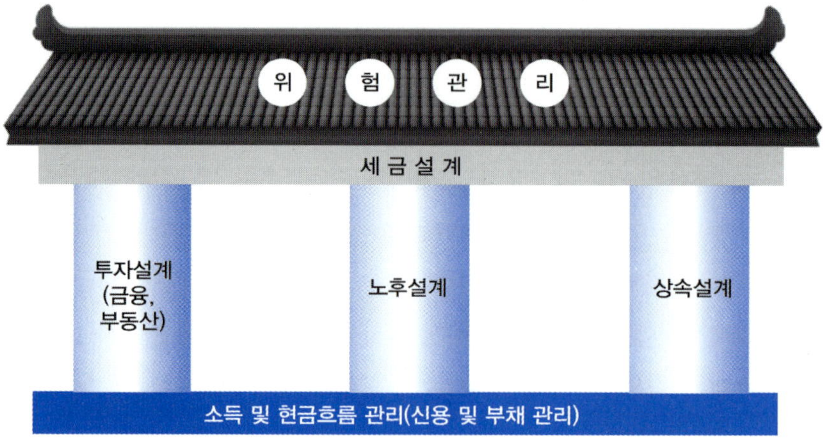

3. 단일재무설계와 종합재무설계

개인재무설계는 개인재무설계가 다루는 개인재무영역의 범위에 따라 단일재무설계(modular financial planning)와 종합재무설계(comprehensive financial planning)로 구분할 수 있다.

단일재무설계는 개인재무설계의 일부분을 다루는 것이다. 예를 들면 개인이 가지고 있는 다양한 재무관심 영역 중에서 노후준비만을 다룬다거나 혹은 결혼준비만을 다루는 것 등이다. 반면 종합재무설계는 개인이 처한 상황에서 개인에게 영향을 미치는 모든 개인재무설계의 영역을 종합적으로 다루는 것이다.

<그림 1-2>는 단일재무설계와 종합재무설계를 도식으로 표현한 것이다. 개인이 처한 상황에 따라서 사람들은 단일재무설계를 원할 수도 있고 종합재무설계를 원할 수도 있다. 단일재무설계와 종합재무설계 모두 궁극적인 목적 달성의 과정이므로 반드시 어느 것이 다른 것과 비교하여 좋다고는 말할 수 없다. 종합재무설계의 경우 개인이 처한 재무상황을 종합적으로 점검하고 목적을 달성하기 위한 방안을 다각도로 마련할 수 있기 때문에 좀 더 효율적이라고 할 수 있다.

그림 1-2 | 단일재무설계 및 종합재무설계의 예

40대 자영업자의 노후설계	30대 부부의 주택마련 설계	50대 전문직 종사자의 상속설계	20대 직장인의 결혼준비 설계

단일재무설계

40대 맞벌이 부부의 재무설계					
현금관리 및 부채관리	위험 관리	자산 증식 및 투자 (금융 및 부동산)	세금 설계	노후 설계	상속 및 증여 설계

종합재무설계

4. 개인재무설계 유사 개념

1) 재테크

개인재무설계의 유사 개념으로 사람들이 가장 많이 사용하는 말은 아마도 "재테크"일 것이다. "재테크"는 "재무(財務)"와 "테크놀로지(technology)"의 합성어로 알려져 있으며, 기업에서 본래의 영업활동과 별도로 금융수익을 얻기 위해 벌이는 재무활동으로 인식되다가 개인과 가계에서 이용하는 수익 극대화의 재무활동으로 통용되고 있다. 현재 재테크라는 용어는 일반적으로 여유자금을 활용하여 수익률을 극대화하는 모든 활동을 칭하는 것으로 사용되고 있으며, 세테크(절세전략), 차테크(자동차관리에 들어가는 비용을 절약하는 전략) 등의 용어가 나올 정도로 일반화되어 있다.

2) 재테크와 개인재무설계의 비교

재테크는 개인재무설계와 구별되는 특성을 가지고 있다. 개인의 목표를 달성하기 위하여 자원을 활용하고 인생을 설계하는 과정인 개인재무설계와는 달리 재테크는 수익률의 극대화에 초점을 두고 있다. 따라서 개인재무설계는 인생의 다양한 목표 달성이 궁극적인 결과인 반면 재테크는 수익률의 극대화가 궁극적인 결과가 된다. 여기에 중요한 차이점이 존재한다. 개인재무설계의 목표는 구체적으로 도출되는 반면 수익률 극대화는 구체적으로 설정될 수 없기 때문이다. 흔히 "대박"이라고 표현되는 수익률 극대화는 상대적이고 일정하지 않기 때문에 목표의 달성 여부가 확실하지 않다. 재테크와 개인재무설계의 또 다른 차이는 접근의 방법이다. 개인재무설계는 인생의 다양한 목표 설정에서 시작하는 반면 일반적으로 재테크는 상품의 선택에서 시작한다. 투자에 대한 올바른 지식을 바탕으로 하지 않고 수익률이 좋은 인기상품에 대한 선택을 시작으로 자산증식을 한다면 목표 달성 여부를 가늠하기 힘든 재테크라고 할 수 있다.

2절 개인재무설계의 필요성

본 절에서는 개인재무설계의 필요성을 살펴본다. 개인재무설계가 등장하게 된 배경을 사회경제적인 측면, 인구통계적인 측면, 소비자 선호의 변화 및 금융환경의 변화로 나누어 살펴봄으로써 개인재무설계의 필요성을 이해하고자 한다.

1. 사회경제적인 배경

1) 소득 및 부의 증가

개인재무설계가 등장하게 된 사회경제적인 배경으로 먼저 개인의 전반적인 소득증대와 부의 수준 증가를 살펴볼 수 있다. 지난 1988년만 하더라도 우리나라의 1인당 국민총소득은 $4,435(2000년 기준치)에 지나지 않았다. 1인당 국민소득은 1990년대에 들어서면서 지속적인 증가를 보여 1995년 처음으로 $10,000을 넘어선 $11,432를 기록하였고 외환위기 직전인 1996년에는 $12,197로 증가하였다. 1990년대 후반 외환위기를 맞아 1인당 국민총소득은 1998년 $7,355로 추락하였고 1999년에는 $9,438에 그쳤다. 하지만, 2000년대에 들어서면서 다시 증가추세로 돌아서 1인당 국민총소득은 2016년에 1988

표 1-1 | **1인당 국민총소득 변화 추이**

계정항목별	1990	1991	1992	1993	1994	1995	1996	1997	1998	1999
1인당 국민총소득 (명목, 원화표시, 만원)	435	521	588	656	760	881	982	1,063	1,029	1,123
1인당 국민총소득 (명목, 달러표시, 달러)	6,147	7,105	7,527	8,177	9,459	11,432	12,197	11,176	7,355	9,438

계정항목별	2000	2001	2002	2003	2004	2005	2006	2007	2008	2009
1인당 국민총소득 (명목, 원화표시, 만원)	1,277	1,372	1,514	1,604	1,726	1,796	1,884	2,016	2,120	2,175
1인당 국민총소득 (명목, 달러표시, 달러)	11,292	10,631	12,100	13,460	15,082	17,531	19,722	21,695	19,231	17,041

계정항목별	2010	2011	2012	2013	2014	2015	2016	2017	2018	2019	2020
1인당 국민총소득 (명목, 원화표시, 만원)	2,378	2,488	2,558	2,855	2,938	3,074	3,198	3,589	3,693	3,743	3,747
1인당 국민총소득 (명목, 달러표시, 달러)	20,562	22,451	22,709	26,070	27,892	27,171	27,561	31,734	33,564	32,115	31,755

자료 : 한국은행 경제통계국, 국민소득팀, 국민계정.

년의 6.2배인 $27,561을 달성하였고, 2017년부터는 $30,000을 넘어섰다(<표 1-1> 참조).

(1) 가처분소득의 증대

먼저 소득 및 부의 증가는 개인 차원의 가처분소득 증대를 유발한다. 가처분소득이 증가하게 되면 그만큼 소비도 증가하게 되지만 저축과 투자의 여력도 증가한다. 소비자들에게 저축과 투자를 위한 자금이 증대되면 저축과 투자에 대한 관심이 늘어나게 되고 저축과 투자 효과의 극대화를 원하게 된다.

저축이나 투자에 대한 잘못된 의사결정은 손실을 낳게 되어 의사결정이 올바르지 못한 경우의 기회비용은 자금의 규모가 클수록 증가한다. 개인재무설계는 소비자들의 저축 및 투자 자금의 효율성을 극대화시키며 저축 및 투자 의사결정에서 기회비용을 최소화하게 된다.

(2) 재무설계에 대한 인식 증대

전반적인 소득이 증대될수록 개인재무설계의 필요성 또한 증대되며 이는 선진국의 예를 통해서도 알 수 있다. 미국이나 캐나다, 일본, 호주 등의 나라에서도 개인재무설계는 활발하게 행해지고 있다. 개인재무설계분야의 전문가 자격인증으로 전 세계 27개 국가 및 지역에서 취득이 가능한 Certified Financial Planner®는 2020년 말 192,767명에 달했으며, 이 중에서 88,726명의 플래너가 미국에서, 23,095명이 일본에서, 16,400명은 캐나다에서, 23,579명이 중국에서, 그리고 3,583명이 우리나라에서 자격인증을 취득하고 개인재무설계 분야에서 활동하고 있다(FPSB, 2021).

(3) 소득증대에 따른 소비자 니즈 변화

소득과 부의 증대는 또한 소비자들의 라이프스타일에 영향을 미치며 소비자 니즈의 변화를 가져온다. 생활수준이 증대될수록 소비자들은 보다 선진화된 서비스를 선호하게 된다. 금융서비스에서도 마찬가지로 소비자들의 니즈가 선진화되는 것을 볼 수 있다. 소득과 부가 증대됨에 따라서 소비자들이 원하는 금융서비스의 수준도 점차 복잡해지고 고급화되는 것이다. 은행의 경우 소비자들은 단순한 예금을 통한 이자소득의 극대화보다는 자산의 적극적인 관리를 통한 수익률 극대화를 원하고, 보험의 경우 불의의 사고를 당했을 때 보험금을 받는 이상의 금융서비스를 희망하게 된다.

소득의 증대는 보다 높은 차원의 서비스에 대한 수요를 증가시키며 그러한 서비스에 대한 지불의사 또한 증가시키게 된다. 이러한 점에서 고객의 전반적인 재무상황을 점검하고 고객의 다양한 재무목표에 맞게 저축과 투자의 수단에 대하여 설계하고 이를 실행하는 개인재무설계가 필요하게 된다.

2) 글로벌화, 기술발전 등으로 인한 금융환경 변화

개인재무설계가 필요하게 된 사회경제적인 배경의 두 번째는 글로벌화 및 기술발전 등으로 인한 금융환경의 변화라고 할 수 있다. 정부는 외환위기 이후 적극적인 시장개방정책을 펴서 1999년 심각한 무역역조를 겪고 있는 특정 국가와 수출입 균형을 맞추기 위하여 수입을 제한하는 '수입선 다변화 제도'

를 철폐하였으며 이에 따라 다방면에서 수입이 자유화되었다. 시장의 개방화에서 특히 금융시장의 개방화는 개인재무설계의 필요성과 관련이 깊으므로 금융시장의 개방화에 대하여 자세히 살펴본다.

(1) 금융시장의 개방

우리나라의 금융시장 특히 자본시장의 개방은 1980년대 초부터 추진되었는데 사실상 1990년대에 들어 본격적으로 실행되었다. 1997년 외환위기를 겪으면서 IMF관리체제하에 들어간 우리나라의 자본시장은 IMF의 권고에 따라 외국자본의 도입을 촉진하기 위해 거의 전면적인 개방이 이루어지게 되었다.

먼저 주식시장의 개방은 1992년부터 외국인에게 일정한 범위 내에서 국내의 상장주식에 직접 투자할 수 있도록 하였으며, 이후 외국인의 투자 범위를 점차 확대하는 방식으로 이루어졌다. 외국인의 투자한도가 처음 설정되었던 1992년에는 외국인 1인당 발행주식의 3%, 외국인 전체로는 10%였던 종목당 외국인 투자한도가 1998년 이후에는 공공법인을 제외하고 전면 폐지되었다. 채권시장은 선진국에 비해 발달정도가 미흡한 데다 국내외 금리차도 높은 수준을 지속함에 따라 주식시장에 비해서는 개방이 늦어졌다.

채권시장 개방은 1994년 7월 중소기업 전환사채에 대한 외국인 직접투자를 허용하면서 시작되었다. IMF 외환위기 직후인 1997년 12월에는 모든 상장채권에 대한 외국인 투자한도 규제를 완전히 폐지하였다. 또한 1998년에는 주식시장과 단기금융시장을 완전 개방함으로써 사실상 전면적인 자본시장 개방이 이루어졌다.

보험의 경우에는 우리나라 가계의 꾸준한 소득수준 향상으로 보험에 대한 수요가 증대되어 외국 생명보험회사의 설립기준이 1986년 제정되고 1988년 이후 외국 생명보험회사의 국내지점 설치 및 합작회사, 현지 법인의 설립이 허용되었다. 손해보험도 외국 회사의 국내 영업이 증대되어 2020년 기준으로 17개의 외국계 손해보험회사가 국내에서 영업하고 있다.

(2) 금융시장 개방에 따른 소비자 인식 변화

금융시장의 개방은 국내 금융업계의 경쟁을 심화시키고 소비자의 선호를 변화시키는 계기가 되었다. 예를 들면, 보험업의 개방으로 외국 생명보험회사가 국내에 진입하게 되면서 소비자들은 새로운 보험상품을 접하게 되었고 소비자들이 가지고 있던 보험설계사에 대한 인식도 변화하게 되었다. 일찍부터 개인재무설계를 보험상품 판매에 활용해 왔던 외국계 보험회사는 보험설계사를 전문적인 재무설계사로 훈련시켰으며 상품의 판매에서 접근하는 보험영업을 소비자의 필요와 재무목표에서 접근하는 재무설계로 발전시켰다. 이러한 서비스를 접하게 된 소비자들은 자연스럽게 개인재무설계에 대하여 인식하기 시작하였으며 그에 따라서 소비자들이 원하는 금융서비스의 수준 또한 선진화되었다.

자본시장의 개방으로 인한 외국자본의 유입은 소비자들의 투자의사결정을 더욱 복잡하게 만드는 계기가 되었다. 국내의 주식시장에 미치는 외국자본의 영향력이 증가함에 따라서 소비자들은 전문적인 의사결정의 필요성을 느끼게 되었다. 시장의 흐름을 파악하고 투자에 대한 의사결정을 내리는 것은 전문가의 도움을 필요로 하는 영역이 되어 소비자들은 보다 수준 높은 금융서비스를 원하게 되었다.

(3) 해외투자에 대한 규제 완화

국내금융시장과 자본시장의 개방화와 함께 해외투자에 대한 규제도 완화되었다. 1994년에는 해외직접투자확대방안이 마련되어서 해외투자를 보다 쉽게 할 수 있도록 하였고 우리나라 투자자들의 해외투자가 활성화되었다. 특히 1996년 일반투자자의 해외증권 투자한도가 폐지되었으며 2000년대 중반에는 해외 펀드 비과세 혜택이 주어져 일반투자자의 해외투자가 확대되어 왔다. 2020년을 기준으로 볼 때 국내 개인의 해외투자 잔액은 596억 달러(전체 해외투자 잔액 1조 5,197억 달러)로 2019년과 비교할 때 290억 달러가 증가하였고, 외국인과 외국기업의 한국투자 잔액은 1조 4,946억 달러로 2019년에 비하여 2,958억 달러가 증가하였다. 한국인의 투자액 중에서는 주식, 채권, 펀드 등에 대한 투자가 가장 큰 증가를 이룬 것으로 나타났다(한국은행, 2021).[2] 해외투자와 같은 다양한 투자 대안은 전문적인 지식의 필요성을 증가시키며 개인재무설계가 활성화되는 배경이 된다.

(4) 글로벌화에 따른 변화

시장의 개방과 더불어 진행된 글로벌화는 2000년대에 들어서 더욱 가속화되었다. 정보 및 교통・통신 기술의 눈부신 발전과 더불어 세계는 점차 1일 생활권으로 접어들었으며 다양한 자유무역협정은 국경의 의미를 희석시키는 촉매역할을 하였다. 글로벌화는 생산과 소비시장에서 모두 이루어지고 있어서 소비자들의 생활에 밀접하게 관련되어 있다.

개방화와 글로벌화는 소비자의 선호를 변화시키고 다양한 금융상품을 출현시켜서 투자의 대안이 많아지고 금융시장을 복잡하게 만드는 역할을 한다. 소비자들은 이렇게 복잡한 금융시장에서 내리는 의사결정의 중요성을 인식하게 되어 재무설계의 필요성이 두드러지게 되었다.

(5) 기술발달에 따른 변화

시장의 개방과 글로벌화뿐 아니라 IT 기술을 비롯한 기술발전이 가져온 금융환경의 변화도 재무설계에 대한 관심 증가의 배경이 된다. 금융기술의 발전은 금융소비자의 거래방식을 변화시키고 있으며 새로운 국내외 정보를 실시간으로 확인할 수 있도록 하였다. 특히 인공지능기술의 발전은 로봇을 이용한 재무설계를 가능하도록 하였고, 개인 소비자들이 스스로 인공지능을 이용한 다양한 재무설계 서비스를 활용할 수 있는 환경을 제공하였다. 로보어드바이저(roboadvisor)라고 칭하는 인공지능 알고리즘을 통한 재무설계서비스는 빅데이터의 분석을 통하여 투자정보를 제공하는 것, 투자정보를 통한 상담 서비스를 제공하는 것, 상담 서비스에 투자정보를 활용하는 것 등 다양한 수준으로 활용되고 있다.

---

2) 한국은행, “2020년말 지역별・통화별 국제투자대조표”(잠정)(2021).

2. 인구통계적인 배경

1) 고령화

인구통계적인 변화는 노동 및 자본의 수요와 공급에 크게 영향을 미칠 뿐 아니라 개인의 재무환경에도 큰 영향을 미치게 되는 요인이다. 가장 두드러진 인구통계적 변화는 고령화이다. 고령화는 전반적인 인구의 평균수명 증가와 출산율 저하로 인하여 전체 인구에서 차지하는 노인인구수가 증가하여 나타난다.

(1) 기대수명의 증가

인구의 기대수명 증가는 의료 및 보건, 과학, 사회의 발전과 더불어 자연스럽게 발생하는 현상이다. 기대수명은 지난 수세기 동안 꾸준히 증가하였으며 특히 20세기 이후에 들어서는 두드러진 증가를 보여왔다. 지난 30여 년간 우리나라 국민의 기대수명은 꾸준히 늘어서 1980년 66.1세이던 기대수명이 2006년에는 OECD의 평균 78.9세를 앞선 79.1세를 기록하였다. 통계청에서

표 1-2 | **우리나라 인구의 평균수명 추이**

연도	전체	여자	남자	남여 차
1970	62.3	58.7	65.8	7.1
1975	64.2	60.3	68.2	7.9
1980	66.1	61.9	70.4	8.5
1985	68.9	64.6	73.2	8.6
1990	71.7	67.5	75.9	8.4
1995	73.8	69.7	77.9	8.2
2000	76.0	72.3	79.7	7.3
2005	78.2	74.9	81.6	6.7
2010	80.2	76.8	83.6	6.8
2015	82.1	79.0	85.2	6.2
2016	82.3	79.3	85.4	6.1
2018	82.8	79.8	85.8	6.0
2020	83.2	80.3	86.2	5.8

자료 : 통계청(2018), 「장래인구추계」.

2017년 12월에 발표된 자료에 의하면 우리나라 국민의 기대수명은 82.3세(남자 79.3세, 여자 85.4세)로 나타났다. 이 수치는 OECD 평균과 비교하면 남자는 1.4년, 여자는 2.3년이 높은 수치라고 한다(<표 1-2> 참조).

(2) 저출산

평균수명의 증가와 더불어 저출산은 인구 고령화의 주요 요소이다. 우리나라의 출산율은 OECD 국가들 중에서 최저 수준이다. 출산율을 나타내는 지표로 합계출산율(여성이 가임기간 동안 낳는 아이의 총 수)을 사용하는데 우리나라의 합계출산율은 2005년 1.08명으로 세계 최저 수준이었으며, 이후 증가하였으나 2020년 다시 1.11명으로 세계 최저 수준에 이르렀고, 지속적으로 OECD 평균 및 세계 평균과 비교할 때 상당히 낮은 수준이다. 합계출산율의 추이를 살펴볼 때, 우리나라는 저출산이 당분간 지속되어 인구감소가 발생될 것으로 예측된다(<표 1-3> 참조).

표 1-3 | **국가별 합계출산율 비교**

연도	한국	일본	미국	프랑스	독일	이탈리아	영국
1970	4.53	2.13	2.46	2.47	2.03	2.43	2.43
1980	2.83	1.75	1.84	1.99	1.46	1.61	1.89
1990	1.59	1.54	2.08	1.78	1.45	1.33	1.85
2000	1.47	1.36	2.06	1.87	1.38	1.24	1.64
2003	1.19	1.29	2.04	1.87	1.34	1.29	1.71
2005	1.08	1.26	2.05	1.92	1.34	1.32	1.79
2006	1.13	1.32	2.10p	1.98	1.33	1.35e	1.84
2007	1.25	1.34	2.12	1.96	1.37	1.38	1.90
2008	1.19	1.37	2.09	2.00	1.38	1.41	1.96
2010	1.17	1.34	2.05	1.98	1.36	1.42	1.87
2015	1.23	1.41	1.88	1.98	1.43	1.43	1.88
2020	1.11	1.37	1.78	1.85	1.59	1.33	1.75
2025	1.08	1.37	1.78	1.85	1.61	1.30	1.75
2030	1.09	1.46	1.79	1.84	1.63	1.33	1.76

주) p : 잠정, e : 추정
자료 : 통계청, 「합계출산율-OECD」.

(3) 고령화사회의 진입

낮은 출산율은 우리나라의 인구구조에 전반적인 변화를 유발하고 있다. 통계청에 따르면 0세에서 14세 사이의 유소년 인구가 점차로 감소하고 있으며 평균수명의 증가 등으로 인한 65세 이상의 고령인구가 증가함에 따라 15세에서 64세 사이의 생산가능인구가 2018년을 기점으로 줄어들 전망이라고 한다.

일반적으로 전체 인구에서 65세 이상의 고령인구가 차지하는 비중으로 인구의 고령화를 측정하는데 65세 이상의 인구가 차지하는 비중이 7% 이상인 경우를 고령화사회, 14% 이상인 경우를 고령사회, 20% 이상인 경우를 초고령사회라고 부른다. 우리나라의 경우에 2000년 65세 이상 인구가 전체 인구의 7.2%를 차지하여 고령화사회에 진입하였으며 2018년에는 고령사회 그리고 2026년에는 초고령사회로 진입할 것으로 예측하고 있다(<표 1-4>, <표 1-5> 참조).

표 1-4 | 우리나라의 인구 구성비

구 분		1970	1980	1990	2000	2005	2010	2020	2030	2040	2050
구성비	0~14세	42.5	34.0	25.6	21.1	19.1	16.1	12.6	11.5	10.8	9.5
	15~64세	54.4	62.2	69.3	71.7	71.9	73.1	71.7	64.0	56.4	52.4
	65세 이상	3.1	3.8	5.1	7.2	9.0	10.8	15.6	24.5	32.8	38.1
	계	100.0	100.0	100.0	100.0	100.0	100.0	100.0	100.0	100.0	100.0

자료 : 통계청, 「장래인구추계」, 2016.

표 1-5 | 고령화 속도 비교

	도달년도			증가소요년수	
	7% (고령화)	14% (고령)	20% (초고령)	7% → 14%	14% → 20%
일 본	1970	1994	2006	24	12
프랑스	1864	1979	2018	115	39
영 국	1929	1976	2026	47	50
미 국	1942	2015	2036	73	21
한 국	2000	2018	2026	18	8

자료 : 일본 국립사회보장 · 인구문제연구소, 「인구통계자료집」, 2005.

표 1-6 | 노년부양비 추이(노년인구/생산가능인구의 비율) (단위 : %)

구분	1970	1980	1990	2000	2005	2010	2020	2030	2040	2050
부양비	5.7	6.1	7.4	10.1	12.6	15.0	21.7	38.2	60.1	77.6

자료 : 통계청, e-나라지표.

(4) 고령화 속도

우리나라의 고령화 문제에 있어서 가장 중요한 문제 중 하나는 고령화의 속도이다. 앞서 우리나라의 평균수명 증가가 빠른 속도로 상승하고 있다고 하였다. 이렇게 평균수명의 증가가 빠르게 진행되고 있는 것과 더불어 세계 최저 수준의 출산율은 고령화를 가속화시키는 요인으로 작용한다. 실제 고령화사회에서 고령사회로, 고령사회에서 초고령사회로 도달하게 되는 소요연수는 우리나라가 세계에서 가장 빠른 것으로 예측된다(<표 1-5> 참조).

(5) 고령화로 인한 노인 부양 부담비 증가

평균수명 증가와 저출산으로 인한 고령화는 개인 생활에 다양한 영향을 미친다. 먼저, 고령화로 인하여 경제활동인구가 감소하기 시작하면 노인 부양에 대한 부담이 증가하게 된다.

생산가능 연령층(15~64세) 인구 100명당 65세 이상 인구의 백분비인 노년부양비를 살펴보면 <표 1-6>에서 보는 바와 같이 1970년에 생산가능인구의 5.7%를 차지하던 노년인구가 2000년에는 10.1%로 증가하였으며 2030년에는 38.2%, 2050년에는 77.6%에 이를 것으로 예측되고 있다. 이를 노인 1명당 생산가능인구로 살펴보면 2005년에는 생산가능인구(15~64세) 7.9명당 노인 1명을 부양했지만, 2030년에는 2.6명당, 2050년에는 1.3명당 노인 1명을 부양하게 될 것으로 노인 부양의 부담이 점차 증가하고 있다(통계청, 2019).

이러한 노년부양비를 다른 나라들과 비교해 볼 때, 유럽의 경우 2010년 24.0, 2030년 37.4, 2050년 48.7로 예측되고 있으며, 북미의 경우 2010년 19.5, 2030년 33.7, 2050년 37.2로 예측되어 우리나라의 노년부양비는 2030년경에는 선진국을 추월할 것으로 보인다(통계청, 2019).

2) 노후준비의 중요성 대두

(1) 길어진 노후생활

인구의 고령화는 개인들이 노후를 보는 시각을 변화시키고 있다. 불과 30년 전만 하더라도 은퇴 이후의 삶은 그리 길지 않았다. 1980년 우리나라 국민의 평균수명은 65.7세였고 평균 은퇴 연령은 60세 전후였기 때문이다. 하지만 앞서 살펴본 바와 같이 평균수명이 증가함에 따라서 은퇴 이후의 기간이 점차로 길어지게 되었다. 평균수명이 80세, 90세가 된다면 60세에 은퇴를 하더라도 20년 혹은 30년을 더 생활할 수 있는 준비가 필요하게 된 것이다.

21세기를 사는 사람들에게는 자신이 노후의 생활비를 위해 모아둔 돈을 모두 소진하고 난 이후까지 생존하게 되는 장수위험(longevity risk)은 그 어떤 것보다 심각한 위험이다. 대부분의 사람들은 자신의 기대여명을 실제보다 짧게 예측하는 경향이 있기 때문에 자신이 모아둔 노후생활비가 생명을 다하기 전에 바닥이 나는 것은 생활의 질을 급격하게 하락시키는 요인이다. 은퇴 이후의 기간이 길어지고 은퇴 이후의 생활의 질에 대한 관심은 노후준비의 필요성을 더욱 두드러지게 만드는 요인인 것이다.

(2) 노후생활에 대한 가치관 변화

노후준비가 중요한 이슈로 등장하게 된 두 번째 배경은 사람들의 가치관 변화에 따라서 노동보다는 여가에 더욱 큰 가치를 두기 시작한 것에 있다. 생활수준이 증가함에 따라서 사람들은 노동보다는 여가를 중시하게 되었다. 평생 동안 노동과 여가를 구분하지 않고 살아왔던 선조들과 비교하면 현대를 사는 사람들은 노동과 여가에 대한 분명한 구분이 있다. 노동과 여가를 구별하고 사람들이 여가에 더욱 큰 가치를 두게 되면서 은퇴 이후의 삶의 질-특히 여가를 통한 삶-은 사람들에게 중요한 재무적 이슈가 된 것이다. 이러한 여가 중시 가치관이 증대되어 나타난 최근의 트렌드로 경제적인 준비를 통한 조기 은퇴를 희망하는 젊은층도 증가하고 있다.

(3) 노동환경의 변화

노후준비가 중요한 이슈로 등장하게 된 세 번째 배경은 노동환경의 변화에서 찾아볼 수 있다. 2021년 자료에 의하면 우리나라 근로자의 평균 직장 퇴직연령은 50세 이하인 것으로 나타났다.[3] 2020년 통계청에서 발표한 생명표에 의하면 50세인 남성의 기대여명은 32년, 여성은 37.5년으로 나타나서 50세 퇴직을 한 경우에 평균 35년의 은퇴기를 맞이하게 된다는 것을 뜻한다. 최근에는 교육과 취업을 위한 준비기간이 길어져 일하는 기간과 은퇴 이후 기간을 비교할 때, 은퇴 이후 기간이 더 길게 될 가능성이 증가하고 있다. 2020년 통계청의 경제활동인구조사에 의하면, 우리나라 근로자의 평균 근속연수는 6년 8개월로 한 직장에서 지속적으로 근무하지도 않는데다가 정년도 빠르기 때문에 노후를 위한 준비가 심각한 문제로 대두된 것을 알 수 있다. 이러한 이유로 사람들은 노후준비에 관심을 가지게 되고 그에 따라서 개인재무설계의 역할이 중요하게 되었다고 볼 수 있다.

3. 금융환경의 변화

개인재무설계가 필요하게 된 배경으로 금융환경의 변화를 빼놓을 수 없다. 개인을 둘러싼 금융환경의 변화로 저금리, 금융상품의 다양화, 금융 관련 법규의 복잡성 등을 살펴보고자 한다.

1) 저금리

우리나라 시장금리의 장기적인 추세를 살펴보면 회사채수익률의 경우 1980년대 초 30% 수준까지 상승하였으나 이후 물가가 안정되면서 1990년대 중반까지 대체로 15% 수준에서 유지되었다. 그러나 1997년 외환위기 때 일시적으로 급등하였던 금리수준은 외환위기가 극복되면서 급격하게 하락하기 시작하였다.

<표 1-7>에서 살펴볼 수 있듯이 1998년까지 15%를 상회하던 회사채수익

---

3) https://moel.go.kr/pension/intro/why.do

표 1-7 | 시장 금리 변동 추이

계정항목코드별	1995	1996	1997	1998	1999	2000	2001	2002	2003	2004	2005	2006	2007
CD유통수익률(91일)	14.1	12.6	13.4	15.2	6.81	7.08	5.32	4.81	4.31	3.79	3.65	4.48	5.16
회사채(장외3년, AA-등급)	13.8	11.9	13.4	15.1	8.86	9.35	7.05	6.56	5.43	4.73	4.68	5.17	5.7
국고채(5년)	12.5	11.6	12.2	13.2	8.59	8.67	6.21	6.26	4.76	4.35	4.52	4.96	5.28

계정항목코드별	2008	2009	2010	2011	2012	2013	2014	2015	2016	2017	2018	2019	2020
CD유통수익률(91일)	5.49	2.63	2.67	3.44	3.30	2.72	2.49	1.77	1.49	1.44	1.68	1.69	0.92
회사채(장외3년, AA-등급)	7.02	5.81	4.66	4.41	3.77	3.19	2.98	2.08	1.89	2.00	2.31	1.59	1.23
국고채(5년)	5.36	4.64	4.31	3.90	3.24	3.00	2.84	1.97	1.53	2.33	2.65	2.02	2.13

자료 : 한국은행 경제통계시스템, http://ecos.bok.or.kr/

률이 1999년 이후에는 한 자리 수준으로 하락하였고 2016년에 이르러서는 1%대로 내려온 것을 볼 수 있다. 특히 단기금리지표인 CD수익률 또한 2015년 이후 1% 수준까지 하락함에 따라 소비자들은 이자수익이 물가상승을 따라가지 못하고 있다는 인식을 가지기에 이르렀다. 이러한 저금리현상이 지속되자 대부분의 금융자산을 은행의 예금이나 적금의 형태로 가지고 있던 우리나라 가계는 예금과 적금 이외의 투자대안을 원하게 된다. 예금과 적금은 이자율이 확정되어 있어서 안전한 투자로 인식되어 왔으나 은행예금과 적금 이외의 투자대안에 대한 기본적인 지식과 경험이 부족한 투자자들은 개인재무설계 및 투자전문가의 도움을 필요로 하게 되었다.

2) 금융상품의 다양화

저금리가 지속되자 일반소비자들은 다양한 투자대안을 찾게 되고 개방화와 글로벌화로 인하여 우리나라에도 선진국형의 다양한 금융상품들이 시장에 소개되었다.

1998년 뮤추얼펀드가 처음 도입되었으며 2003년 이후부터 적립식펀드를 비롯한 펀드상품이 꾸준히 증가하였을 뿐 아니라 매우 다양한 금융상품이 유통되고 있다. 현재(2021년 6월 기준) 우리나라에서 판매되는 펀드 중에서 「자본시장과 금융투자업에 관한 법률」의 적용을 받는 펀드를 검색하면 약 22,000건이 조회된다. 시장에서 판매되는 금융상품의 수가 증가하게 되면 소비자들이 각 금융상품의 특성을 파악하는 데에 어려움이 따른다. 게다가 시장에 새롭게 도입되는 금융상품이라면 소비자들이 그러한 금융상품에 대한 정보를 제대로 파악하기 힘들게 된다. 펀드의 경우만 보더라도 그 상품의 수가 22,000개 이상이며 유형 또한 수십 가지에 이른다. 주식형, 혼합형, 채권형 등 주식편입 비중에 따라서 나누어지기도 하고 부동산펀드, 광물펀드, 금펀드 등과 같이 투자하고 있는 자산의 종류에 따라서 나누어지기도 한다. 뿐만 아니라 국내펀드와 해외펀드로 나뉘기도 하며 인덱스펀드와 같이 특정 지수에 따라 움직이는 펀드도 있다. 금융상품이 이렇게 다양하다 보니 각 금융상품의 특징이나 금융상품 구입 시 유의사항 등을 파악하고 비교하기가 힘들어지게 된다.

이렇게 복잡하고 다양한 금융상품이 시장에서 유통되기 때문에 개인재무설계의 필요성은 더욱 커지게 된다. 개인재무설계는 소비자 개인에게 가장 적합하고 알맞은 상품을 선택하는 길잡이가 될 수 있기 때문이다.

3) 금융 관련 법규의 복잡성

현재 우리나라에서 시행되는 금융 관련 법규는 은행 관련, 금융투자 관련, 보험 관련, 비은행 관련 법규들과 공통으로 적용되는 법규로 나누어서 살펴볼 수 있다.

먼저 은행 관련 법규에는 다양한 은행의 설립과 구조 등에 관한 법률 총 13개 분야의 관련 법령, 시행령 및 규정이 포함된다. 금융투자 관련 법규는 앞에서 설명한 「자본시장과 금융투자업에 관한 법률」 등 총 5개 분야의 법령 및 시행령으로 구성되어 있다.

보험 관련 법규는 「보험업법」, 「화재로 인한 재해보상과 보험가입에 관한 법률」, 「자동차손해배상 보장법」 및 관련 법규 등 3개 분야의 법령 및 시행령으로 구성되어 있으며, 비은행 관련 법규는 「상호저축은행법」 및 관련 규정, 「신용협동조합법」 및 관련 규정, 「여신전문금융업법」 및 관련 규정 등 총 7개 분야의 법령 및 시행령으로 구성되어 있다.

마지막으로 공통 관련 법규는 「금융실명거래 및 비밀보장에 관한 법률」, 「예금자보호법」, 「근로자퇴직급여 보장법」, 「전자금융거래법」, 「신용정보의 이용 및 보호에 관한 법률」, 「금융소비자 보호에 관한 법률」 등 총 28개 분야에 대한 법령, 시행령 및 규정을 포함한다(금융감독원 홈페이지 금융법규 참조).

이렇게 복잡하고 다양한 금융 관련 법규를 개인 소비자가 적용하고 따르기에는 한계가 있기 때문에 소비자들은 전문가의 도움을 필요로 하게 된다. 개인재무설계는 재무설계전문가에 의해서 실행되는 경우가 많다. 개인재무설계를 전문으로 실행하는 전문가는 따라서 복잡한 금융환경에서 소비자들이 미처 파악하지 못한 다양한 법률상의 변화나 상품의 종류를 이해하여야 하며, 소비자들의 선택에 따른 결과를 설명할 수 있어야 한다.

4. 소비자 선호의 변화

21세기에 들어서면서 우리 사회는 많은 변화를 겪어왔다. 앞에서도 설명한 사회경제적인 변화와 인구통계적인 변화는 과학기술의 다양한 변화와 함께 소비자의 선호를 변화시키는 요인으로 작용하여 왔다. 소비자를 둘러싼 환경이 변화함에 따라서 소비자가 가지고 있는 선호가 변화되는 것은 당연한 결과이다. 소비자는 예전보다 더 많은 가처분소득을 가지게 되어 생활수준이 전반적으로 향상되었다.

개방화와 글로벌화의 물결로 인하여 소비자가 선진국의 재화와 서비스뿐 아니라 문화를 받아들이고 그러한 문화를 실생활에 도입하고 있다. 평균수명이 증가되고 자녀의 수가 감소함으로 인하여 자신의 노후를 바라보는 시각의 변화를 맞고 있다. 이와 더불어 정보통신기술의 눈부신 발달로 인하여 소비자는 자신들의 요구를 좀 더 효율적으로 빠르게 충족시키는 방안을 가지고 있다. 이러한 요소들에 의한 소비자 선호의 변화 중에서 개인재무설계가 중요하게 된 소비자 선호의 변화를 살펴보면 아래와 같다.

1) 개인주의적 사고방식과 개별화의 추구

21세기의 두드러진 특징 중의 하나는 개인주의적인 사고방식이 더욱 강해졌다는 것이다. 공동체를 중시하던 20세기의 가치관과는 달리 개인의 개성과 가치가 중요하게 되고 개인들이 가지고 있는 차이를 인정하게 되며 다양성을 추구하게 된 것이다.

개인주의적인 사고방식은 개별화를 추구하는 소비자의 선호와도 관련이 깊다. 21세기에 들어서면서 사람들은 개성을 추구하고자 하는 욕구가 더욱 커졌다. 다른 사람들과 구별되는 자기 자신을 표현하고자 하는 욕구가 커진 것이다. 소비자들의 이러한 욕구는 대량생산시대에서 다품종 소량생산의 시대로 생산시장의 변화를 이끌어내었다.

개인적인 가치관을 가지고 있고 개별화를 추구하는 소비자들은 개인재무설계를 원하게 된다. 공장에서 틀로 찍어내듯이 시중에 나와 있는 금융상품을 구입하기보다는 자신의 상황을 반영한 맞춤화된 금융상품을 원하는 것이다. 개인재무설계는 개인의 재무상황과 재무목표를 바탕으로 고유한 재무설계안을 도출하게 되므로 이러한 소비자 선호에 적합하다.

2) 재무컨설팅의 중요성 인식

소비자들이 재무컨설팅(financial advice)의 중요성을 인식하고 있다는 것 또한 개인재무설계의 필요성을 증가시킨다. 사회가 발전함에 따라서 소비자들은 재화의 구입보다는 서비스상품의 구입을 많이 하게 된다. 개인재무설계는 고객에게 개인재무에 관한 어드바이스를 주는 서비스상품이라고 할 수 있다. 소비자들이 성숙해지고 사회경제적인 여건과 인구통계적인 현상으로 인하여 개인재무설계의 중요성이 증가함에 따라서 소비자들은 보다 수준 높은 어드바이스를 원하게 될 것이다. 차별화되고 동시에 전문적인 과정을 통한 개인재무설계에 관한 어드바이스는 그 중요성이 점차 커질 전망이다.

3절 개인재무설계의 역사

1. 개인재무설계의 태동

1) 재무설계의 시작

개인재무설계가 본격적으로 활성화되기 이전까지는 지금 우리가 개인재무설계라고 칭하는 유형의 전문가 활동은 찾아보기 힘들었다. 금융업에 종사하는 사람들 중에서 고객과 직접 대응하는 경우의 대부분은 상품을 중심으로 한 판매활동을 위주로 영업을 하였다.

개인재무설계의 태동은 1969년의 한 회의로 거슬러 올라가게 된다. 미국의 시카고에서 13명의 재무전문가들이 처음으로 "개인재무설계"의 개념을 논의하였고 이후 이러한 논의는 "International Association of Financial Planners" 라는 단체의 형성으로 발전되었다. 이 단체는 이후에 이름을 "International Association for Financial Planning(IAFP)"로 이름을 바꾸었고 2000년에 이 조직은 "Institute of Certified Financial Planners(ICFP)"와 병합하여 Financial Planning Association(FPA)로 발전되었다. 현재 미국을 중심으로 한 FPA는 개인재무설계분야의 중심으로 전문가들과 소비자들을 연결하고 개인재무설계의 발전을 촉진시키는 중요한 단체로 활동하고 있다.

2) 종합재무설계의 개념 태동

1969년의 전문가회의는 개인재무설계의 태동이 되는 중요한 회의였으며 또한 이후 개인재무분야의 영업활동을 새로운 모습으로 진화시키는 결정적인 계기가 되었다고 할 수 있다. 소비자들의 욕구를 일찌감치 감지하고 있던 전문가들은 시장에서 살아남기 위한 전략으로 보다 선진화된 서비스를 제공하게 된 것이다.

소비자들이 원하는 것과 소비자들에게 가장 알맞은 상품을 제공하는 것이 재무설계분야의 앞길임을 감지하던 전문가들은 자문과 상품설계 및 판매 등을 개인재무의 전 분야—보험, 투자, 은퇴, 상속 등—에 걸쳐서 통합적으로 제공하고자 종합재무설계의 개념을 발전시켰다.

3) 재무설계 교육의 태동

종합재무설계를 위해서 개인재무설계 전문가들은 개인재무의 전 분야에 대한 지식을 필요로 하게 되었고 그러한 지식의 보급을 위하여 개인재무설계 전문교육기관인 College for Financial Planning이 1971년에 미국의 콜로라도주에 설립되었다. 이 교육기관은 1973년에 처음으로 42명의 Certified Financial Planner(CFP®)를 졸업시켰으며 CFP®는 현재 전 세계 27개국에 19만 명 이상이 활동하고 있다.

2. 개인재무설계의 발전

1) CFP Board의 출범

1980년대에 접어들면서 미국의 개인재무환경이 많은 변화를 맞게 되었다. 오일쇼크와 경제침체에서 벗어나게 되고 개인들의 금융자산이 점차로 증가하게 되었다. 은퇴를 위한 다양한 상품이 등장하게 되었으며 개인들이 노후, 상속, 보험 등을 대하는 의식에도 변화가 있었다. 앞에서 말한 바와 같이 소비자들은 상품 중심으로 개인재무를 관리하기보다는 자신의 상황에 적합한 상품 선택을 희망하게 되었다.

1985년에 College for Financial Planning은 교육을 전담하게 되고 CFP® 자격인증을 전담하게 될 Certified Financial Planner Board of Standards, Inc. (CFP Board)가 출범하게 되었다. CFP Board가 출범하게 되면서 재무설계 교육은 대학으로 확산되어 1987년에 미국에서는 20개의 대학에서 CFP Board에 등록한 재무설계교육을 실시하게 되었다.

2) 재무설계의 위상 제고

개인재무설계를 위한 교육이 확산되고 개인재무설계 전문가 인증기관이 출범되어서 CFP® 자격인증의 위상이 높아지게 되면서 개인재무설계 자체도 큰 발전을 맞이하게 된다. 미국에서 초기의 개인재무설계는 상품판매를 위한 수단 혹은 상품판매를 위한 무료서비스 수준에 지나지 않았다. 개인재무설계가 특정 상품판매의 수단이 되었고 상품의 유형과 종류도 개인재무설계에 적합할 만큼 다양하지 못했으며 세금 관련 이슈도 복잡했기 때문이다. 하지만 시장의 발전은 개인재무설계, 특히 종합재무설계를 위한 환경을 만들었으며 전문가들은 개인재무설계를 고객의 입장에서 적극적으로 실행하기 시작하였다.

3) 재무설계의 다양화

1990년대에 들어서면서 경제성장 속도가 빠르게 증가함에 따라 개인재무설계분야에 진입하는 전문가의 수 또한 급격하게 증가하였다. 그 결과 미국에서는 개인재무설계분야에서 활동하는 전문자격증도 다양화되어 CFP® 이외에도 약 20여 개의 자격증이 개인재무설계와 직접적으로 관련되어 있다 (Lytton, Grable, Klock, 2006). 이러한 발전은 앞서도 설명한 바와 같이 FPA를 만들어 내었고 현재 FPA는 전문가와 소비자를 위한 상담, 교육, 출판 등 다양한 서비스를 제공하고 있다.

4) 개인재무설계의 확산

미국에서 개인재무설계가 눈부신 성장을 이루자 세계 여러 나라에서 이에 대한 관심이 증가되었다. 미국의 CFP Board는 1990년에 International CFP Council을 설립하였고 호주가 첫 번째 회원국으로 참여하게 되었다. 이후 캐나다, 일본을 비롯한 많은 나라들에서 CFP® 자격인증을 도입하게 되었고 이를 국제자격으로 격상시키기 위하여 CFP®의 국제본부인 Financial Planning Standards Board(FPSB)가 2004년에 비영리기관으로 출범하게 되었다. 현재 FPSB는 CFP®의 보급과 위상 관리를 위한 국제단체로 27개국의 회원국을 가지고 있다.

3. 우리나라에서의 개인재무설계

우리나라에서는 2000년 한국FP협회가 창립되었고 미국의 CFP Board와 업무제휴를 통해 한국에 CFP®제도를 도입하게 된 것이 개인재무설계가 태동하게 된 직접적인 계기이다. 한국FP협회는 2004년 출범한 국제기구인 FPSB에 가입하여 현재 회원관리기능을 담당하는 FP협회와 CFP® 자격인증을 담당하는 FPSB Korea로 분리되어 활동하고 있다.

우리나라에서 초기 개인재무설계는 보험업을 중심으로 확산되었다. 미국에서 개인재무설계가 태동하던 초기와 유사하게 우리나라의 보험업계에서도 개인재무설계를 상품판매의 기법으로 활용하였던 것이다. 이후 증권업계에서도 자산관리사, 투자상담사 등의 자격과 시험을 개발하기에 이르렀고 고객의 요구와 시장의 변화 등에 힘입어 개인재무설계 분야 전문가의 필요성이 더욱 증가하고 있다.

4절 개인재무설계 전문가

1. 개인재무설계 관련 전문 자격증

1) Certified Financial Planner®(CFP®)

CFP®는 개인 고객들에게 재무설계 서비스를 제공하는 전문가로 FPSB라는 CFP®국제본부에 소속되어 있는 회원국들이 제시하는 교육, 시험, 경험, 윤리의 자격요건을 충족한 사람들이다.

2) 자산관리사(Financial Planner, FP)

자산관리사는 한국금융연수원에서 행하는 국가공인 자격증으로 금융업계의 재테크 관련업무나 은행의 PB 업무를 주로 담당하는 자격증이다. CFP®와 마찬가지로 고객의 재무상태와 목표에 따른 자산관리업무를 주로 수행한다.

3) 투자자문인력 및 권유대행인

투자자문인력 및 권유대행인은 유가증권 매매거래의 위탁이나 투자에 대한 자문을 하는 사람으로 금융투자협회에서 취급하는 투자상품의 종류에 따른 다양한 자격증을 취득할 수 있다. 금융투자협회에서는 펀드투자권유대행인, 증권투자권유대행인, 펀드투자권유자문인력, 증권투자권유자문인력, 파생상품투자권유자문인력, 투자자산운용사, 금융투자분석사, 재무위험관리사의 8개 자격제도를 운영하고 있으며 이러한 자격증은 각 상품에 대한 투자권유나 투자자문의 업무를 수행한다.

4) 기타 전문가

위에서 언급한 재무설계사 외에 주로 미국에서 활동하고 있는 재무관련 전문가들을 참고로 소개하면 먼저 American College에서 주관하는 자격제도로서 필수교육을 이수하고 경험과 윤리 등 조건을 갖춘 자들에게 주는 자격증으로 Chartered Financial Consultant(ChFC)가 있다. ChFC는 CFP®와 비슷한 업무를 담당하는 재무설계 전문가라고 생각할 수 있다.

이외에 미국의 공인회계사 자격(CPA)을 획득한 사람들이 가질 수 있는 자격으로 Personal Financial Specialist(PFS)가 있으며, 보험분야 전문가로 American College에서 실시하는 Chartered Life Underwriter(CLU)가 있다. 또한 주로 경제, 재무회계, 포트폴리오 관리, 증권 분석 등의 내용을 공부하여 획득하는 자격증으로 Chartered Financial Analyst(CFA)가 있다.

2. 개인재무설계사 위상과 전망

1) 전문직으로서 개인재무설계사

전문직으로서 개인재무설계사의 위상과 전망은 상당히 높다. 미국의 경우에 개인재무설계사들의 높은 직업만족도가 이를 일부 대변해준다고 할 수 있다. 2019년 미국의 CFP Board(Certified Financial Planning Board of Standards) 조사에 의하면 93%의 재무설계사들은 자신들의 직업선택에 대하여 만족한다는 응답을 하였다. 특히, 6점척도의 응답에서 매우 만족한다는 응답이 74%를 차지하여 직업에 대한 높은 만족도를 알 수 있다. 미국의 경우에 개인재무설계 전문가의 보수 또한 높은 편으로 나타났는데 미국의 재무설계대학(College for Financial Planning)의 조사에 의하면 개인재무설계 분야의 보수는 높은 편이며 CFP®와 같은 자격증을 획득한 이후의 보수는 약 19% 정도 증가하는 것으로 조사되었다(College for Financial Planning, 2016).

2) 개인재무설계사의 보수 형태

개인재무설계사의 보수 형태는 다양하다. 기본적으로는 Fee(상담수수료), Commission(상품판매수수료), Salary(임금)의 세 가지를 바탕으로 다양한 보수 형태를 가지고 있다. 예를 들어 상담수수료만 받는 경우, 상담수수료와 상품판매수수료를 같이 받는 경우, 혹은 상품판매수수료만 받는 경우 등으로 다양한 조합을 이룰 수 있는 것이다.

(1) 상담수수료(Fee)만을 받는 전문가

개인재무설계사들 중에서 상담수수료인 Fee만을 받는 경우를 Fee-Only Planner라고 부른다. 상담수수료만을 받는 사람들은 개인재무설계 서비스를 행한 시간당 수수료를 받는 경우도 있고, 전문가가 관리하는 자산규모에 대한 일정 비율로 받는 경우도 있으며, 서비스의 건수에 따라서 수수료를 받는 경우가 있다. 이러한 재무설계사들은 상담수수료만을 받기 때문에 상품의 판매에 있어서 누구보다도 객관적인 입장을 취할 수 있다는 장점이 있다. 미국의 경우에는 이러한 유형으로 수수료를 받는 사람들이 모여서 전문협회인 National Association of Personal Financial Advisor(NAPFA)를 구성하여 활동하기도 한다.

(2) 상품판매수수료(Commission)만 받는 전문가

개인재무설계사들 중에서는 상품판매수수료인 Commission만을 받는 경우도 있다. 이러한 전문가들은 고객의 요구에 부합하는 상품을 판매하는 조건으로 개인재무설계를 제공하는 사람들이라고 할 수 있다.

(3) 임금만을 받는 전문가

반면 어떤 개인재무설계사들은 회사의 직원으로 임금만을 받는 경우도 있다. 이러한 전문가들은 자신이 제공하는 설계안이나 상담의 건수와는 관계없이 회사로부터 일정한 수준의 급여를 받는 사람들이다.

(4) 상담수수료(Fee)와 상품판매수수료(Commission)를 받는 전문가

이러한 세 가지 보수형태를 바탕으로 가능한 다양한 조합 중에서 미국의 경우 가장 많은 개인재무설계사들은 Fee와 Commission을 모두 취하는 형태의 보수를 가지고 있다. 즉, 고객에게 제공하는 상담에 대한 수수료와 상품의 판매에 대한 수수료를 복합적으로 받는 것이다. 현재 우리나라의 경우는 상담수수료인 Fee가 서서히 정착되어 가고 있는 단계로 대부분의 개인재무설계 전문가들은 상품판매수수료와 임금을 받고 있다고 할 수 있다.

3) 개인재무설계사의 활동분야

(1) 금융권의 활동분야

재무설계와 관련된 분야는 보험, 증권, 은행, 회계/세무, 재무설계 분야 등으로 나눌 수 있다. 보험업계는 개인에게 생명보험 및 손해보험의 다양한 상품을 제공하며, 증권업계는 투자와 관련된 상품의 중개를 제공하며 고객의 자산 포트폴리오를 관리한다. 은행의 경우에는 단기, 중기, 장기 예금상품을 판매하여 고객의 자금을 관리하고 대출상품을 취급하여 고객에게 자금을 빌려준다. 또한 보험이나 펀드 상품을 판매한다. 회계/세무 분야에서는 세금과 관련된 이슈(상속, 소득세 등)를 중심으로 한 서비스를 제공하며 재무설계 분야는 종합재무설계를 제공하는 것을 주된 업무로 삼고 있다.

(2) CFP®의 활동분야

2020년 12월 기준으로 우리나라에서 CFP®의 자격인증을 유지하고 있는 전문가는 약 3,583여 명으로, 이 중에서 43.3%는 은행에서 근무하고 있다. 아직 우리나라에서 독립계 재무설계회사에서 근무하고 있는 재무설계사의 수는 많지 않지만 우리나라에서 개인재무설계 분야는 앞으로 더욱 발전될 것으로 보인다. 개인을 둘러싼 경제적, 인구통계적, 사회적 환경이 개인재무설계의 필요성을 향후 더욱 가중시킬 것이며 소비자는 성숙해감에 따라서 종합적인 개인재무설계를 요구하게 될 것이기 때문이다.

5절 개인재무설계와 금융소비자 보호

1. 금융소비자 보호의 필요성

금융소비자는 금융거래에서 금융회사와 거래를 하는 당사자를 뜻하며 직접적인 거래를 하지 않더라도 잠재적으로 거래를 할 수 있는 모든 소비자를 포괄한다. 따라서 금융시장에 참여하는 소비자는 모두 금융소비자라고 할 수 있다. 일반적으로 금융소비자는 거래의 상대방인 금융회사와 비교할 때 전문적인 지식이나 정보가 부족하며 이러한 정보의 비대칭성 때문에 금융소비자 보호가 필요하다. 또한 전문적이고 조직적인 금융회사와 비교할 때 개개인의 금융소비자는 교섭력에서 열위에 처해 있다. 게다가 최근에는 금융환경이 매우 빠르게 변화하고 있고 금융기술의 발달이 가속화되어 감에 따라 금융소비자가 가지고 있는 지식이나 역량이 금융시장의 발전을 따라가지 못하는 경우가 발생하고 있다. 더불어 이러한 경우 개인의 역량에 따라 정보의 격차가 크게 발생할 수 있는데, 이를 악용한 금융사기 피해가 대두되고 있어 금융소비자 보호와 피해에 대한 구제의 필요성이 증가하고 있다.

이에 따라 현재 우리나라에서는 앞서도 언급한 바와 같이 매우 다양한 법규와 규제를 통하여 금융소비자 보호를 행하고 있다. 하지만 그간 금융소비자 보호는 은행, 보험, 비은행 등 금융의 각 권역별로 행해져 오고 있어 이를 포괄하는 법에 대한 논의가 진행되어 왔다. 이러한 논의의 결과 2020년 3월 「금융소비자 보호에 관한 법률」이 제정되었다. 이 법은 금융소비자 보호의 틀로 사전적인 정보제공 및 판매 및 영업행위의 규제 강화, 사후적인 금융소비자 문제 해결 및 소비자 권익실현을 위한 내용을 포함하고 있다.

금융소비자 보호는 현대의 금융환경에서 반드시 필요한 제도적인 장치이다. 하지만 금융소비자 보호의 체계를 갖추는 것만큼 중요한 것은 금융소비자 자신에게 의사결정의 책임이 있다는 것을 이해하는 것이다. 금융소비자 개개인이 무분별한 의사결정을 줄이고 본인에게 적합한 상품을 선택하는 것이 중요한데 이를 금융소비자의 자기책임 원칙이라고 한다.

금융소비자로서 또한 금융소비자를 대상으로 하는 개인재무설계의 전문가들에게는 본인의 권익 증진뿐 아니라 법과 제도를 준수하기 위하여 금융소비자 보호에 대한 이해가 필수적이다.

2. 사전적 예방으로서 금융소비자 보호

1) 정보제공의 강화 및 금융소비자의 역량 강화

(1) 금융 관련 정보의 제공

사전적으로 금융소비자를 보호하는 것은 금융소비자 스스로가 충분한 정보를 바탕으로 한 의사결정을 취할 수 있도록 관련 정보를 제공하는 것과 그러한 정보를 올바로 이해하고 활용할 수 있는 역량을 강화시키는 것을 포함한다. 금융소비자에게 제공하는 정보는 무엇보다도 정확한 최신의 정보이어야 한다. 또한 금융소비자가 현명한 의사결정을 내릴 수 있도록 충분한 정보가 제공되어야 한다. 일차적으로 금융소비자는 금융회사를 통해 정보를 제공받을 수 있는데 금융회사에서는 앞서 언급한 바와 같이 정확한 최신 정보를 충분히 제공할 필요가 있다. 현재 각 권역별 금융 관련 법규에서는 약관, 이자율, 비용 등 각 금융상품별로 중요한 정보를 반드시 공시해야 할 항목으로 정하여 정보공시를 규정하고 있다. 또한, 「금융소비자 보호에 관한 법률」에서도 금융위원회가 이러한 공시를 상품의 유형별(이 법에서는 상품의 유형을 예금성, 대출성, 투자성, 보장성 상품의 4가지로 구분하였음)로 내용을 알기 쉽게 비교할 수 있도록 할 수 있다고 명시하고 있으며, 특히 공시의 내용 등을 포함하여 금융감독원이 금융소비자 보호에 대한 실태를 평가하여 공표할 수 있

그림 1-3 | 금융감독원 파인 홈페이지

자료 : http://fine.fss.or.kr/main/index.jsp

도록 하였다.

이 법은 금융기관으로 하여금 공시를 비롯한 전반적인 금융소비자 보호 수행 절차 등을 명시한 금융소비자보호기준을 정할 것을 지정하고 있어, 금융소비자 보호의 체계를 갖출 것을 요구하고 있다. 각 금융사는 금융소비자가 정확하고 충분한 최신 정보를 바탕으로 한 의사결정을 할 수 있도록 하여야 한다.

금융소비자가 일차적인 정보를 각 금융회사에서 찾는다면 이차적으로는 이러한 개별적인 정보를 비교 검토하고자 할 것이다. 이러한 비교 정보는 보다 객관적이고 명확한 평가를 위해 필요한 것인데 이렇게 개별 금융회사의 정보를 비교하여 살펴볼 수 있는 곳은 각 금융 권역의 자율규제기구와 금융감독원이다. 예를 들어 금융소비자는 생명보험협회의 홈페이지에 방문하여 생명보험 상품에 대한 비교 공시 정보를 획득할 수 있으며 금융감독원의 홈페이지에 방문하게 되면 다양한 금융상품에 대한 정보를 획득할 수 있다.

정보는 정확하고, 최신의 것이어야 하고, 충분해야 하는데 더욱 중요한 것은 이러한 정보가 소비자가 이해할 수 있는 용어로 제시되어야 한다는 것이다. 하지만 금융과 관련한 용어는 어려운 법률용어와 한자, 외국어 등을 포함하고 있는 경우가 많아서 금융소비자가 이해하기 어려운 경우가 많다. 따라서 금융소비자의 시각에서 정보를 제공하려는 노력이 필요하다.

(2) 금융소비자의 역량 강화

금융소비자 역량 강화는 사전적인 금융소비자 보호의 매우 중요한 틀이다. 금융소비자 역량이란 금융소비자가 금융의사결정에 필요한 내용에 대한 지식을 갖추고 그러한 지식을 실제 의사결정에서 활용할 수 있도록 이해하여 적합하게 적용하는 능력을 말한다. 금융소비자의 역량 강화를 위해서 다양한 선행연구와 전문가는 금융교육의 효과를 역설하여 왔다. 전문가들은 금융교육이 모든 연령의 금융소비자에게 필요하다는 것을 강조하여 왔으며 모든 연령의 금융소비자가 금융을 이해하는 능력이 부족하다는 진단결과가 꾸준히 제시되어 왔다.

실제 금융교육은 학교, 직장, 금융기관, 공공기관, 언론 등의 다양한 영역에서 다양한 주체에 의해 행해지고 있다. 하지만 보다 체계적이고 지속적인 금융교육의 틀이 제시되어 효과적인 금융교육이 제공될 필요가 있다. 이에 「금융소비자 보호에 관한 법률」은 금융위원회로 하여금 금융소비자의 금융역량 향상을 위한 교육 프로그램 개발을 지정하고 있다. 금융교육이 효과적으로 제공되도록 하기 위하여 금융교육과 평생교육이 연계되도록 하였고, 금융소비자의 금융역량에 관한 조사를 3년마다 실시하여 정책에 반영하도록 하였다. 특히 금융교육의 체계적인 제공을 위하여 금융교육협의회를 설치하도록 하였다. 이에 맞추어 금융위원회는 2020년 금융교육개선 기본방향을 수립한 바 있다.

금융위원회의 금융교육개선 기본방향은 (1) 교육 콘텐츠의 효용성 및 신뢰성 제고 추진, (2) 교육콘텐츠 전달채널의 체계화와 다양화, (3) 양질의 교육인력 확보 노력 강화, (4) 실용적 교육방식 도입 및 확산 추진, (5) 학교 정규교육에서의 금융교육 강화, (6) 금융교육 추진체계 개편으로 구성되어 있으며,[4] 금융교육협의회에서 이 기본방향의 진행을 검토하고 있다.

---

4) 금융위원회, "금융교육협의회 금융교육개선 기본방향 의결"(2020), 보도자료.

2) 영업행위 규제

영업행위의 규제는 금융회사가 금융소비자 보호를 위하여 반드시 준수해야 하는 내용을 설정한 것으로 금융행위에 따라 반드시 해야 할 것과 하지 말아야 할 것을 규제하고 있다. 금융소비자 입장에서 정보를 제공받는 단계, 상품을 구매하는 단계, 상품 구매 이후의 단계별로 금융회사가 지켜야 할 금융소비자 보호의 내용을 살펴보자.

(1) 금융소비자가 정보를 제공받는 단계의 영업행위 규제

「금융소비자 보호에 관한 법률」은 금융상품에 관한 광고와 관련하여 금융상품 판매업자 등이 준수해야 할 사항을 명시하고 있으며, 특히 금융상품에 관한 광고를 할 수 있는 경우를 금융상품 판매업자 등과 금융 관련 협회, 금융지주회사 등으로 한정하고 있다. 기본적으로 금융상품 등에 관한 광고를 하는 경우에는 금융소비자가 금융상품의 내용을 오해하지 않도록 명확하고 공정하게 해야 할 것을 요구하고 있다. 이 법에서는 광고에 반드시 포함되어야 할 것과 광고에 포함하지 않아야 할 것을 정하고 있는데 대표적인 것으로는 <표 1-8>과 같은 것이 있다.

표 1-8 | 「금융소비자 보호에 관한 법률」상 광고 규제 내용

광고에 반드시 포함해야 하는 내용	광고에 포함해서는 안 되는 내용
1. 금융상품에 관한 계약을 체결하기 전에 금융상품 설명서 및 약관을 읽어 볼 것을 권유하는 내용 2. 금융상품판매업자 등의 명칭, 금융상품의 내용 3. **보장성 상품** : 기존에 체결했던 계약을 해지하고 다른 계약을 체결하는 경우에는 계약체결의 거부 또는 보험료 등 금융소비자의 지급비용이 인상되거나 보장내용이 변경될 수 있다는 사항 4. **투자성 상품** : 투자에 따른 위험, 과거 운용실적을 포함하여 광고를 하는 경우에는 그 운용실적이 미래의 수익률을 보장하는 것이 아니라는 사항 5. **대출성 상품** : 대출조건	1. **보장성 상품** 가. 보장한도, 보장 제한 조건, 면책사항 또는 감액지급 사항 등을 빠뜨리거나 충분히 고지하지 아니하여 제한 없이 보장을 받을 수 있는 것으로 오인하게 하는 행위 나. 보험금이 큰 특정 내용만을 강조하거나 고액 보장사례 등을 소개하여 보장내용이 큰 것으로 오인하게 하는 행위 다. 보험료를 일(日) 단위로 표시하거나 보험료의 산출기준을 불충분하게 설명하는 등 보험료 등이 저렴한 것으로 오인하게 하는 행위 라. 만기 시 자동갱신되는 보장성 상품의 경우 갱신 시 보험료 등이 인상될 수 있음을 금융소비자가 인지할 수 있도록 충분히 고지하지 아니하는 행위

광고에 반드시 포함해야 하는 내용	광고에 포함해서는 안 되는 내용
6. **예금성 상품** : 만기지급금 등을 예시하여 광고하는 경우에는 해당 예시된 지급금 등이 미래의 수익을 보장하는 것이 아니라는 사항(만기 시 지급금이 변동하는 예금성 상품에 한함)	마. 금리 및 투자실적에 따라 만기환급금이 변동될 수 있는 보장성 상품의 경우 만기환급금이 보장성 상품의 만기일에 확정적으로 지급되는 것으로 오인하게 하는 행위 등 2. 투자성 상품 가. 손실보전(損失補塡) 또는 이익보장이 되는 것으로 오인하게 하는 행위 나. 수익률이나 운용실적을 표시하는 경우 수익률이나 운용실적이 좋은 기간의 수익률이나 운용실적만을 표시하는 행위 등 3. 예금성 상품 가. 이자율의 범위·산정방법, 이자의 지급·부과 시기 및 부수적 혜택·비용을 명확히 표시하지 아니하여 금융소비자가 오인하게 하는 행위 나. 수익률이나 운용실적을 표시하는 경우 수익률이나 운용실적이 좋은 기간의 것만을 표시하는 행위 등 금융소비자 보호를 위하여 대통령령으로 정하는 행위 4. 대출성 상품 가. 대출이자율의 범위·산정방법, 대출이자의 지급·부과 시기 및 부수적 혜택·비용을 명확히 표시하지 아니하여 금융소비자가 오인하게 하는 행위 나. 대출이자를 일 단위로 표시하여 대출이자가 저렴한 것으로 오인하게 하는 행위 등 금융소비자 보호를 위하여 대통령령으로 정하는 행위

(2) 금융소비자가 금융상품을 구매하는 단계의 영업행위 규제

금융소비자가 금융상품을 구매하는 단계에서는 적합성의 원칙, 적정성의 원칙, 설명의 의무, 부당한 권유의 금지, 불공정영업행위의 금지가 규정되어 있다. 적합성의 원칙이란 금융상품을 권유하는 자가 권유한 해당 금융상품이 금융소비자의 상황 및 특성에 적합해야 한다는 것을 뜻한다. 「금융소비자 보호에 관한 법률」에서는 금융소비자를 일반투자자와 전문투자자로 나누고, 일반투자자의 경우 투자성, 대출성, 보장성 상품에 대하여 적합성 원칙을 따라야 한다. 구체적으로 적합성 원칙이 적용되는 상품과 각 상품 유형별로 적합성 원칙을 준수하기 위하여 파악해야 하는 사항은 <표 1-9>와 같다.

표 1-9 | 「금융소비자 보호에 관한 법률」상 적합성 원칙

적합성 원칙 적용 상품	적합성 원칙을 위해 파악해야 하는 정보
투자성 상품 – 온라인 소액투자 중개의 대상이 되는 상품과 연계투자를 제외한 투자성 상품과 수익률 변동가능성이 있는 예금성 상품	– 일반금융소비자의 해당 금융상품 취득 또는 처분 목적 – 재산상황(부채를 포함한 자산 및 소득에 관한 사항) – 취득 또는 처분 경험 – 일반금융소비자의 연령 – 금융상품에 대한 이해도 – 기대이익 및 기대손실 등을 고려한 위험에 대한 태도
대출성 상품	– 일반금융소비자의 재산상황 – 신용 및 변제계획 – 일반금융소비자의 연령 – 계약체결의 목적
보장성 상품 – 변액보험 – 보험료 또는 공제료의 일부를 금융투자상품의 취득·처분 또는 그 밖의 방법으로 운용할 수 있도록 하는 보험 또는 공제	– 일반금융소비자의 연령 – 재산상황(부채를 포함한 자산 및 소득에 관한 사항) – 보장성 상품 계약체결의 목적 – 금융상품을 취득·처분한 경험 – 금융상품에 대한 이해도 – 기대이익 및 기대손실 등을 고려한 위험에 대한 태도

적정성의 원칙이란 금융소비자가 자발적으로 상품을 구매하고자 하는 경우에도 이를 판매하는 자가 해당 금융상품이 금융소비자에게 적정한 것인가를 파악해야 한다는 것을 뜻한다. 적정성 원칙을 적용하기 위해서는 기본적으로 적합성의 원칙을 위해 파악해야 하는 정보와 동일한 정보를 파악해야 한다.

설명의 의무는 판매의 과정에서 판매자가 상품과 관련된 중요한 내용을 반드시 설명해야 한다는 것을 뜻한다. 각 상품별로 중요한 내용은 다를 수 있는데, 예를 들면 예금상품의 경우 중요한 내용은 상품의 주요 내용, 이자율, 수익률, 중도해지수수료 등이다. 설명의 의무를 이행하기 위해서는 이러한 주요 내용을 반드시 설명하고 이에 대하여 금융소비자로부터 법에 정해진 방법(기명날인, 서명, 녹취 등)에 의하여 확인을 받아야 한다. 이때 금융소비자는 이러한 중요 내용을 충분히 이해하려는 노력이 필요하다.

부당한 권유의 금지는 금융회사가 금융소비자에게 불확실한 사항에 대하여 단정적 판단을 제공하거나 확실하다고 오인하게 할 소지가 있는 내용을 알리거나, 금융상품의 내용을 사실과 다르게 알리거나, 금융상품의 가치에 중

대한 영향을 미치는 사항을 미리 알고 있으면서 금융소비자에게 알리지 않거나, 금융상품 내용의 일부에 대하여 비교대상 및 기준을 밝히지 아니하거나 객관적인 근거 없이 다른 금융상품과 비교하여 해당 금융상품이 우수하거나 유리하다고 알리거나 하는 행위를 금지한 것이다. 또한, 보장성 상품의 경우에는 금융소비자로 하여금 보장성 상품 계약에 필요한 중요한 사항을 금융상품이 직접 판매업자에게 알리는 것을 방해하거나 알리지 않도록 하거나, 부실하게 알리도록 하는 것을 금지하고 있다. 투자성 상품의 경우에는 금융소비자로부터 계약의 체결권유를 해줄 것을 요청받지 아니하고 방문·전화 등 실시간 대화의 방법을 이용하는 행위와 계약의 체결권유를 받은 금융소비자가 이를 거부하는 취지의 의사를 표시하였는데도 계약의 체결권유를 계속하는 행위를 금지하고 있다.

마지막으로 불공정영업행위를 금지하고 있는데 불공정영업행위란 금융상품판매업자 등이 우월적인 지위를 이용하여 금융소비자의 권익을 침해하는 행위로, 예를 들면 대출성 상품의 경우 금융소비자의 의사에 반하여 금융상품의 계약체결을 강요하거나 계약체결과 관련하여 부당하게 담보나 보증을 요구하는 것 등을 포함한다. 또한 금융기관 직원이 업무와 관련하여 편익을 요구하거나 제공받는 행위도 금지되어 있으며, 연계·제휴서비스 등이 있는 경우 연계·제휴서비스 등을 부당하게 축소하거나 변경하여 금융소비자의 권익을 침해하는 행위를 금지하고 있다.

3. 사후적 구제로서 금융소비자 보호

금융소비자가 금융거래를 한 이후에 문제가 발생하였을 경우에는 사후적인 보호조치가 필요하다. 이때 금융소비자는 민원을 제기할 수 있는데 우선적으로 해당 금융회사에 이러한 민원을 제기하게 된다. 금융소비자가 해당 금융회사로부터 본인의 문제에 대하여 만족할 만한 해결을 이루지 못한 경우에 금융소비자는 아래의 방법을 취하게 된다.

- 금융감독원에 금융민원 상담 및 민원 접수

• 금융감독원에 분쟁조정 신청
• 민사소송 제기

금융소비자는 금융감독원에 방문하거나 콜센터(☎1332)에 전화 혹은 인터넷 채팅을 통해 민원상담을 신청할 수 있다. 금융감독원 홈페이지를 방문하면 민원상담의 방법 및 해결에 소요되는 평균 시간, 절차 등이 자세하게 안내되어 있다. 민원의 상담으로 문제가 해결되지 않은 경우 정식으로 민원을 접수하면 금융감독원에서는 문제해결의 다음 단계로 진행한다. 금융소비자로 하여금 접수된 민원의 해결을 위하여 기존의 분쟁조정 사례를 참고할 수 있도록 하여 정보를 제공하고 분쟁의 조정이 필요한 경우 금융감독원의 분쟁조정위원회의 회의에 회부하여 사안을 해결하도록 한다. 이러한 과정을 통해서도 관련 문제를 해결하지 못하는 경우 금융소비자는 소송을 제기할 수 있다.

이렇게 현재 우리나라 금융환경에서는 금융소비자 보호 측면에서 사후적 구제를 위한 기본적인 틀이 확보되어 있는데, 이러한 틀에서 금융소비자가 체감하는 보호 및 구제의 수준이 어떠한가가 더욱 중요할 것이다.

그림 1-4 | 금융감독원 금융민원센터 홈페이지

자료 : http://www.fcsc.kr/

참고 >> 「금융소비자 보호에 관한 법률」에 의해 도입된 금융소비자의 권리

(1) 청약철회권

－법에 정해진 금융상품에 대하여 법에 정한 절차에 따라 일정 기간 이내에 청약을 철회할 수 있는 권리. 이때 금융상품 판매업자 등은 금융소비자에게 청약철회로 인한 손해배상 또는 위약금 등 금전의 지급을 청구할 수 없음.

－정해진 기간

보장성 상품 : 보험증권을 받은 날부터 15일 혹은 청약한 날부터 30일 중 먼저 도래하는 기간

대출성 상품 : 계약서류를 제공받거나 계약한 날로부터 14일

투자성 상품 : 계약서류를 제공받거나 계약한 날로부터 7일

(2) 위법계약 해지권

적합성의 원칙, 적정성의 원칙, 설명의무, 부당권유행위 금지, 불공정영업행위 금지를 위반하여 대통령령으로 정하는 금융상품에 관한 계약을 체결한 경우 5년 이내 기간 내에 서면 등으로 해당 계약의 해지를 요구할 수 있는 권리

주요용어

- 개인재무설계의 의미
- 개인재무설계의 요소
- 단일재무설계와 종합재무설계
- 개인재무설계의 필요성
- 개인재무설계의 역사
- 개인재무설계 전문가
- 개인재무설계 전문가의 보수 형태
- 금융소비자 보호의 필요성
- 사전적 예방으로서 금융소비자 보호
- 사후적 구제로서의 금융소비자 보호

심화 학습문제

1. 개인재무설계가 나의 궁극적인 삶의 목표를 달성하는 데 어떻게 도움을 줄 수 있을까요?
2. 현재 나의 재무상태에 따른 종합재무설계는 어떻게 구성되어야 할지 재무설계의 구성요소를 나열해 봅시다.
3. 재테크와 재무설계의 차이를 예를 들어 비교해 봅시다.
4. 개인재무설계의 필요성이 증가되는 다양한 이유로 사회경제적인 배경, 인구통계학적인 배경, 금융환경의 변화 및 소비자 선호의 변화를 살펴보았다. 나의 개인적인 상황과 각각을 비교하여 개인재무설계의 필요성을 설명해 봅시다.
5. 개인재무설계가 더욱 중요하게 되는 원인으로 다른 것이 있다면 어떠한 것이 있을지 논해 봅시다.
6. 개인재무설계 전문가 중에서 하나를 선택하여 자격인증의 절차에 대하여 자세히 조사해 봅시다.
7. 복잡한 금융시장에서 나 자신을 보호하기 위한 10개의 주요 원칙을 만든다면 어떠한 내용이 포함되어야 할지 생각해 봅시다.
8. 금융과 관련한 분쟁이 발생하였을 때의 절차에 대하여 조사해 봅시다.
9. 「금융소비자 보호에 관한 법률」과 관련된 기사 등을 찾아보고 해당 법률의 적용에 따른 의의 등을 조사해 봅시다.

CHAPTER 02

개인재무설계의 과정

학습목표

본 장을 학습하고 나면 여러분들은

1. 개인재무설계의 단계를 나열할 수 있다.
2. 개인재무설계에서 가치와 라이프사이클의 중요성을 설명할 수 있다.
3. 개인의 재무목표를 설정할 수 있다.
4. 개인재무설계를 위하여 필요한 자료를 나열할 수 있다.
5. 개인재무설계를 위하여 필요한 자료를 수집할 수 있다.
6. 자산부채상태표를 작성할 수 있다.
7. 현금흐름표를 작성할 수 있다.
8. 개인재무상태에 대한 분석을 할 수 있다.
9. 개인재무설계안의 작성과정을 설명할 수 있다.
10. 개인재무설계의 실행과 점검에 대하여 설명할 수 있다.

도입 이야기

구청의 재무설계 교육 프로그램 첫날이다. 김계획 씨와 이행복 씨는 아이를 이행복 씨 친정 어머니에게 맡기고 교육 프로그램에 참석하였다. 특강 강사는 본인을 재무설계사라고 소개하였다. '재무설계', 많이 들어본 말이었지만 그 정확한 뜻이 무엇인지를 모르고 있었는데 우리 가족의 목표를 달성해 나가는 과정이라는 설명을 들으니 마음 한구석이 조금은 든든해지는 느낌이 들었다. 특강 첫날의 강사는 여러 가지 질문을 던졌다. 우리 가족이 당면한 목표 그리고 우리 가족의 궁극적인 목표 등을 파악하는 것이 중요하다고 말하였다. 궁극적인 목표는 막연하게 여유로운 생활을 하는 것이라고 생각하고 있었는데 담당 강사의 예시에 의하면 그 목표를 뚜렷하게 정하는 것이 중요하게 생각되었다.

2시간 30분의 교육 프로그램의 시간은 꽤 빨리 지나간 것 같았다. 집으로 돌아오는 길에 김계획 씨와 이행복 씨는 강사의 다양한 질문에 대해 생각해 보았다. 지금 당장에 당면한 이행복 씨의 재취업문제, 전세자금을 올려주는 문제 등에 압도되어 우리 가족을 위한 장기적인 목표를 구체적으로 생각해 본 적이 없다는 것을 깨달았다.

"여보, 우리 저 특강 강사님에게 추가적으로 상담을 받아보는 것은 어떨까?" 이행복 씨는 갑자기 마음이 조급해지는 것 같았다.

"그래, 그래도 이왕 상담을 받으려는 생각이면 이것저것 좀 더 알아보고 받아보는 게 좋을 것 같아. 우리 사무실에 한 과장 동생인지 형이 은행에서 일한다고 하였는데 내가 좀 물어볼게."

고민을 하던 김계획 씨와 이행복 씨는 재무설계 전문가의 탐색을 시작하였다. 먼저 이행복 씨는 결혼 초에 가족의 보험가입을 담당하였던 보험설계사에게 재무설계 상담을 받을 수 있는지를 물어보았고, 김계획 씨는 사무실 동료의 형을 소개받았다. 또한 구청의 두 번째 강의에 참석하여 강사에게 추가적인 상담이 가능한지도 물어보았다. 보험설계사, 은행의 PB, 재무설계 강의를 하는 재무설계 전문가 중에서 어떤 사람을 선택해야 하는가에 대한 중요한 의사결정이 있었다. 김계획 씨와 이행복 씨는 실력, 전문성, 신뢰성, 윤리의식, 경험 등을 가지고 세 사람을 모두 면접하고 평가하기로 했다. 세 사람을 모두 만나는 것은 그렇게 오랜 시간이 걸리지는 않았다. 심사숙고한 끝에 재무설계 전문가이면서 상담수수료를 받는 한공정 씨를 선택하기로 했다.

"여보 오늘이 우리 가족 재무설계 첫 미팅날인 것 잊지 않았지?."

출근하는 김계획 씨에게 이행복 씨가 확인을 한다.

"알고 있어. 지난번에 가져오라고 한 자료는 다 준비된 건가?"

"글쎄……. 가져오라는 것도 너무 많고 어떤 것은 무얼 가져가야 할지 몰라서 그냥 있는 대로 준비했는데……. 당신은 회사에서 연말정산 자료나 가져와. 어쨌건, 이따 점심시간에 한공정 씨 사무실에서 만나."

김계획 씨와 이행복 씨가 가지고 가야 할 자료는 너무 많은 것 같았다. 연말정산자료, 각종 보험증권, 세금자료, 통장사본, 투자신탁 잔고자료, 게다가 작성해 오라고 부탁한 질문지는 너무 많은 문항이 있었다. 지난밤에 부부는 질문지를 작성하느라 애를 먹었다. 평소에 생각하지 못했던 가치관이나 이루고 싶은 꿈, 목표 등을 구체적으로 적으라는 내용도 있었다. 사실 질문지의 대부분은 공백으로 남아 있다. 오늘 미팅은 어떻게 진행될까? 재무설계는 어떻게 이루어지는 것일까? 복잡하고 어렵지만 한편으로는 기대가 되었다.

1절 개인재무설계의 단계

우리는 제1장에서 개인재무설계의 의미를 살펴보았다. 개인들이 가지고 있는 인생의 목표를 파악하고 개인의 재무적, 비재무적 자원을 이용하여 그러한 목표를 달성해나가는 과정이 바로 개인재무설계이다. 앞서 우리는 개인재무설계는 과정이 중요하다고 하였는데 이러한 과정은 어떠한 단계를 거치는 것인지에 대하여 살펴보고자 한다.

1. 개인재무설계 단계의 필요성

개인재무설계가 태동되기 이전에 개인의 재무관리는 가계단위에서 미시적으로 행해지거나 금융상품의 구입을 중심으로 이루어져 왔다. 금융상품의 구입은 뚜렷한 목표 없는 수익률 극대화가 주된 이슈이기 때문에 체계적인 단계를 거치지 않은 경우가 많았다. 또한, 금융상품의 구입은 상품판매의 목적으로 개인들에게 제시되는 경향이 많았기 때문에 개인의 필요와 요구가 우선되지 않는 경우도 있었다. 개인재무설계는 이러한 금융시장에서 고객의 요구와 필요를 바탕으로 고객의 이익을 최우선으로 하려는 목적에서 시작되었던 것이다. 따라서 고객의 목표를 달성하는 것이 중요해졌고 그러한 목표 달성을 위해서는 체계적인 단계를 필요로 했다. 체계적인 단계를 거치게 되면 목표를 효과적으로 달성할 수 있을 뿐만 아니라 고객 서비스 차원에서도 서비스의 일관성을 가져올 수 있다.

개인재무설계의 단계는 개인재무설계를 체계적으로 행하는 과정이며 개인의 목표에 효율적으로 달성할 수 있고 성과를 평가할 수 있는 효율적인 도구인 것이다.

2. 개인재무설계의 단계 소개

개인재무설계의 단계는 개인재무설계의 개념을 처음으로 정립하고 프로세스를 발전시킨 CFP Board의 6단계 프로세스(process)가 대표적인 것이라고 할 수 있다. 6단계 프로세스는 아래 <그림 2-1>과 같다.

1) 1단계 : 개인과 재무설계사의 관계 정립

개인재무설계의 단계는 전문가들이 고객의 목표를 달성해 나가는 것을 돕는 과정으로 개발되어 1단계는 고객과 재무설계사의 관계 정립에서 시작한다. 개인재무설계는 고객이 가지고 있는 다양한 자원을 바탕으로 하기 때문에 재무설계사는 고객에게 수많은 정보를 요청하게 된다. 그러한 정보에는 자산, 부채, 소득과 같은 가계경제에 대한 자세한 사항뿐 아니라 고객이 가지고 있는 돈에 대한 태도나 가치관과 같은 비재무적 자료를 포함한다. 이러한 자료는 개인이 재무설계사를 믿지 못한다면 쉽게 공개할 수 있는 자료가 아니다. 또한 개인재무설계는 개인의 일생에 걸쳐서 이루어지는 과정이므로 개인과 재무설계사의 신뢰를 바탕으로 한 관계가 정립되지 않으면 목표의 달성까지 장기간의 관계를 이끌어나가기 어렵다. 따라서 개인과 재무설계사와의

그림 2-1 | 개인재무설계 6단계 프로세스

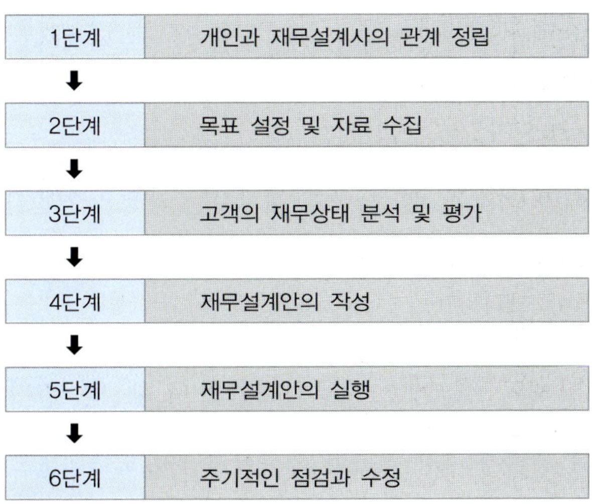

관계 정립이 무엇보다도 중요하다.

이 책을 읽는 독자는 개인재무설계사를 희망하는 사람일 수도 있고 그렇지 않을 수도 있다. 스스로 자신에 대한 개인재무설계의 모든 단계를 실행하지 않는다면 1단계인 개인과 재무설계사와의 관계 정립은 누구에게나 적용된다. 개인재무설계를 하게 되는 사람은 고객(개인)이 되거나 아니면 재무설계사가 되기 때문이다.

2) 2단계 : 목표 설정 및 자료 수집

개인과 재무설계사와의 관계가 정립되어 개인재무설계를 시작하였으면 2단계에서는 개인의 목표를 확인하고 설정하며 다양한 자료를 수집하게 된다. 목표가 명확하지 않은 경우에는 명확한 목표를 설정하는 단계를 필수적으로 거쳐야 하며 재무설계를 위한 다양한 자료를 수집해야 한다.

3) 3단계와 4단계 : 자료의 분석 평가 및 재무설계안 작성

자료를 수집한 이후에는 수집한 자료를 분석하고 평가하는 단계를 거치게 된다. 분석과 평가의 단계(3단계)에서는 현재의 재무상태에 대한 분석 및 평가와 다양한 재무설계 전략에 대한 분석을 실시하게 된다. 분석과 평가를 마치게 되면 개인의 목표와 재무상태에 가장 적합한 재무설계안을 도출하는 단계(4단계)로 진입한다.

개인의 목표와 재무상태에 가장 적합한 재무설계안은 개인이 희망하는 바에 따라서 단일재무설계일 수도 있고 종합재무설계일 수도 있다. 종합재무설계의 경우에는 각 이슈에 대한 재무설계 실행 제안이 포함된다. 재무설계안이 도출되면 이것을 개인들에게 제시하는 과정을 거친다. 재무설계안은 고객들에게 제시되는 것이므로 고객이 알아보기 쉽고 이해할 수 있는 방식으로 표현되어야 한다.

4) 5단계와 6단계 : 재무설계안의 실행 및 주기적인 점검

개인의 상태에 가장 적합한 재무설계안이 도출되었으면 이를 실행하는 단계(5단계)로 진입한다. 재무설계안의 실행은 각 재무영역에 따라서 개인의 자산을 이동하거나 상품을 구입하거나 투자를 실천하는 것을 포함한다. 실행의 단계는 하루아침에 이루어지는 것이 아니다. 실행을 시작하면 6단계인 점검과 수정으로 진입하는 것이라고 할 수 있다. 실행된 재무설계안은 개인을 둘러싼 미시적, 거시적 환경의 변화에 따라서 그리고 주기적으로 점검하고 수정할 필요가 있다.

2절 개인과 재무설계사의 관계 정립을 위한 기초

1. 의사소통능력

앞서 설명한 바와 같이 개인이 전문가를 활용하여 개인재무설계를 시작하기 위해서는 개인과 전문가인 재무설계사와의 관계 정립이 필요하다. 개인이 스스로 자신의 재무설계를 행하는 경우에는 관계 정립의 단계는 필요하지 않다. 따라서 고객인 개인과 전문가인 재무설계사의 관계 정립은 개인이 전문가의 도움으로 재무설계를 행하는 경우에 필요한 것이다. 이 단계에서 개인과 재무설계사 모두에게 가장 필요한 것은 의사소통능력(communication skill)이다.

1) 의사소통의 유형

의사소통(communication)이란 두 명 혹은 그 이상의 당사자가 정보를 교환하는 모든 행위를 말한다. 커뮤니케이션은 최소한 2인 이상이 참여하는 행위이며, 상호간에 전달하게 되는 내용을 필요로 하고, 그러한 내용의 전달을 통해 서로를 이해하고, 이해를 바탕으로 신념과 행동의 변화를 유발하는 것이라고 할 수 있다. 전달하고자 하는 내용이 효과적으로 전달되면 소통이 이루어지고, 소통을 통해서 서로를 이해하고 나면 상대방을 변화시킬 수 있다.

(1) 언어적 의사소통

의사소통은 크게 언어적인 의사소통과 비언어적인 의사소통으로 구분할 수 있다. 언어적인 의사소통은 말 그대로 대화를 통해서 의사를 전달하는 행위를 말한다. 우리는 대화를 할 때 단순히 말을 하는 것뿐만 아니라 억양, 속도, 유창성, 웃음, 잠시 동안 말을 멈추는 것 등이 동시에 작용하여 의사를 전달한다.

이러한 요소들은 말하는 스타일을 결정하게 되는데, 예를 들면 말을 빨리 하는 것과 천천히 하는 것, 억양이 센 경우와 그렇지 않은 경우, 톤이 높은 경우와 그렇지 않은 경우 등은 말하는 스타일을 구성하게 되는 것이다. 말의 속도, 억양, 유창성, 웃음, 말의 멈춤, 혹은 침묵은 대화에서 말하는 사람의 의사를 전달하는 보조역할을 한다.

(2) 비언어적 의사소통

비언어적인 의사소통은 말을 이용하지 않은 의사전달이다. 표정이나 반응과 같은 신체 기관의 표현, 상징물, 공간, 시각물 등에 의해서 발생되는 표현 모두를 비언어적인 표현이라고 한다(이현국, 2007). 비언어적인 표현은 말을 하고 있지 않은 순간에도 의사소통이 계속 진행되고 있다는 것을 알려준다. 고개를 끄덕이거나, 미소를 보인다거나, 웃거나, 우는 행동 등은 의사소통에 열심히 참여하고 있다는 것을 나타내 준다. 언어적 의사소통을 보완하는 수단으로 혹은 언어적 의사소통을 강화하는 수단으로 비언어적인 의사소통이 사용된다. 비언어적인 의사소통은 개인의 외모, 의복, 얼굴 표정, 시선, 자세, 공간 등을 포함한다.

2) 개인재무설계에서 효과적인 의사소통의 방법

개인재무설계에서 효과적인 언어표현의 방법과 비언어적 표현의 방법을 살펴본다.

(1) 효과적인 언어표현의 방법

첫째, 효과적인 언어표현을 위해서는 보편적으로 사람들이 사용하는 표현을 과도하게 벗어나지 않도록 한다. 늘 하던 표현을 벗어나게 되면 의사전달을 효과적으로 하기 어렵다.

둘째, 표현은 분명하게 한다. 전달하기 힘든 내용일수록 분명하게 알리는 것이 중요하다. 분명한 표현을 위해서는 언어적인 표현과 비언어적인 표현이 일치해야 한다. 분명한 표현을 위해서는 한 번에 한 가지씩만을 말해야 한다.

셋째, 효과적인 언어전달을 위해서는 솔직하게 표현하는 것이 중요하다. 가능한 있는 그대로 솔직하게 전달하는 것이 정확하게 자신의 의사를 전달하는 가장 좋은 방법이다. 관계 정립과 관계의 지속을 위해서 솔직하게 표현하는 것은 의사소통에서 늘 신경 써야 할 사항이다.

넷째, 지나치게 과장되거나 왜곡되지 않은 표현을 하도록 한다. 과장된 표현을 사용하거나 농담이나 유머를 지나치게 사용하게 되면 전하려는 메시지와 농담의 구별에 혼란을 느낄 수 있다. 또한 지나치게 과장된 표현을 사용하는 것은 진실성을 제공하지 못한다.

다섯째, 상황이 어렵게 처했다거나 전달하려는 내용이 전달하기 힘든 일일 때 가능한 미루지 말고 즉각적으로 전달하는 것이 중요하다.

마지막으로 듣는 사람에게 상처를 주거나 기분을 상하게 만드는 표현을 삼가는 것이 필요하다. 상처 주는 단어, 위협적인 단어, 빈정거리는 말, 비난하는 말, 비교하는 말, 차별적인 말 등은 반드시 피해야 할 사항임을 명심해야 한다.

(2) 효과적인 비언어 표현의 방법

비언어적인 표현을 효과적으로 이용하면 의사전달력을 향상시킬 수 있다. 비언어적인 표현을 효과적으로 하는 방법을 몇 가지 살펴보면 다음과 같다.

첫째, 앉아서 상담을 할 경우에는 책상 앞에 다가 앉는다. 앉는 자세는 말하는 사람의 열정과 진지함을 나타낸다.

둘째, 시선에 각별한 주의를 한다. 아래쪽의 탁자만 쳐다본다거나 천장만을 바라보거나 서류에만 시선을 집중하는 것은 좋지 않다. 밖을 자주 내다보거나 여러 사람(예 부부 공동)과 상담을 하는 중에 특정인에게만 시선을 주는 것도 나쁘다.

셋째, 침묵을 적절히 이용한다. 상담에서 침묵은 침묵으로 하여금 상대방이 전한 말을 이해할 수 있는 시간을 갖게 하는 역할을 한다. 상대방이 정보를 받아들이고 이해하는 속도에 각별한 주의를 기울여야 한다. 또한 상담중의 적당한 침묵의 사용은 친근감이나 호감을 전달하기도 한다. 자신이 해야 할 말만을 끊임없이 전달하고 끝나는 상담은 긍정적으로 받아들여지지 못한다.

2. 개인의 가치와 라이프사이클에 대한 이해

개인재무설계는 개인에게 있어서는 기성복이 아닌 맞춤과 같은 것이다. 따라서 개인이 가지고 있는 가치와 배경에 대한 이해는 중요하다. 본 절에서는 개인의 가치와 배경, 특히 라이프사이클에 대하여 이해하고자 한다.

1) 개인의 가치

(1) 가치의 의미

가치란 사람들이 중요하게 여기는 것으로 자신이 가장 우선순위를 두는 것 혹은 어떤 일을 하고 삶을 살아가는 데 있어서 원동력과 이유를 제공하는 것이라고 할 수 있다. 가치는 대부분의 사람들이 선한 것, 중요한 것, 좋은 것, 혹은 바람직한 것 등을 결정하는 기준이 된다. 가치는 개인재무설계에서 목표와 목표의 우선순위를 설정하는 데 기준이 된다.

가치는 명확하게 규정된 경우도 있고 그렇지 않은 경우도 있다. 사람들은 자신이 추구하는 가치를 항상 뚜렷하게 기억하고 그에 따라서 활동하는 것은 아니다. 경우에 따라서 그러한 가치가 명시적으로 나타나는 경우도 있고 암시적으로 영향을 주는 경우도 있다.

(2) 가치의 영향

가치는 사람들의 행동에 다양한 영향을 미친다. 첫 번째로 가치는 사람들의 개인적인 행동이나, 직업 행동, 의사결정, 대인관계 등에 영향을 미친다. 예를 들어 시간을 잘 지키는 것에 큰 가치를 두는 사람들은 개인적이거나 직업에서 또는 대인관계에 있어서 항상 시간을 지키려고 노력한다. 정의를 추구하는 가치를 가진 사람들은 의사결정의 순간에 정의를 생각할 것이다.

두 번째로 사람들은 가치를 일의 우선순위를 결정하는 데에 사용한다. 사람들이 가지고 있는 시간과 자원의 한계는 우리들로 하여금 끊임없이 우선순위 의사결정을 하게 만든다. 때로는 일의 급박함에 따른 의사결정이 있겠지만 시간적인 한계가 동일한 경우라면 일의 우선순위는 개인이 가진 가치에 따른다.

세 번째로 가치는 사람들의 인생목표와 삶의 목적에서 기반이 되는 역할을 한다. 자신이 인생에서 궁극적으로 이루려고 하는 바를 결정할 때 사람들이 기본으로 삶는 것은 자신이 가지고 있는 가치이다. 사람들이 가지고 있는 장기 목표일수록 또한 궁극적인 인생의 목적일수록 사람들은 가치를 기준으로 한다.

(3) 가치를 파악하는 방법 – 가치대화법

가치대화법이란 고객이 가지고 있는 가치를 기반으로 개인재무설계를 이끌어내는 기법이다. 가치는 개인의 의사선택에서 우선순위를 결정하게 하는 요소일 뿐 아니라 개인이 시간과 돈을 소비하는 방식인 라이프스타일과도 밀접하게 관련되어 있다. 가치는 때로는 고객의 개인적인 성향(personality trait)과도 관련이 깊으며 사회화의 영향을 받은 것이기도 하다. 가치는 지속적인 것으로 가치가 형성이 되면 쉽게 바뀌지 않는다. 하지만 사람들은 이러한 가치를 항상 명시적으로 생각하고 있는 것은 아니며 때로는 자신이 진정으로 추구하는 가치가 어떤 것인지 깨닫지 못하는 경우도 많다. 개인재무설계를 실행할 때 개인의 가치를 파악하게 되면 개인은 그것을 기반으로 한 재무설계안에 대하여 더욱더 만족할 수 있다.

가치대화법은 빌 배크락(Bill Bachrach, 2000)에 의해서 고안된 기법으로 개인 간의(고객과 재무설계사, 혹은 개인과 개인) 대화를 통해서 가치를 파악하는 과정을 뜻한다. 개인의 마음속에 내재되어 있는 가장 중요하고 기본적인 가치를 파악하기 위해서 배크락은 가치사다리(value stair step)를 통한 대화를 제안한다.

재무설계에서 가치사다리의 첫 단계는 "돈"에서 시작한다. 가치사다리의 첫 번째 질문은 "돈에 대하여 당신에게 중요한 것은 무엇입니까?(What is important about money to you?)"라는 질문이다. 이 질문은 돈의 중요성, 돈의 의미, 돈이 가지는 역할 등을 묻는 질문이 아니다. 이 질문은 돈에 대한, 돈이 줄 수 있는 것에 대한, 혹은 돈이 제공하는 것에 대한 중요성을 묻는 것에 더 가깝다고 할 수 있다. 어떤 사람에게 돈은 더 많은 물건일 수 있다. 어떤 사람에게 돈은 더 많은 시간일 수 있다. 가치사다리 질문법에서 중요한 사항은 상대방에게 강요하지 않으며 힌트나 답을 제공해서는 안 된다는 것이다.

상대방이 첫 번째 질문에 대한 답을 하면 가치사다리는 그 답을 토대로 다음 단계로 올라가게 된다. 예를 들어 첫 번째 질문에 대한 답이 "더 많은 시간" 이었다고 하면, 두 번째의 질문은 "더 많은 시간에 대하여 당신에게 중요한 것은 무엇입니까?"라는 질문이다. 첫 단계의 질문과 마찬가지로 이 질문도 더 많은 시간에 대한 중요성을 묻는 질문으로 대화를 이어가는 것이다. 두 번째 단계에 대한 해답을 상대방이 제시하게 되면 그 대답을 중심으로 세 번째 단계의 질문을 하게 되고, 세 번째 단계의 답이 주어지면 네 번째 단계로 가치의 사다리는 상대방이 더 이상 대답을 찾을 수 없을 때까지 계속 이어진다.

이렇게 더 이상 대답할 것이 없을 때 개인의 마음속에 자리 잡고 있는 가치를 발견하게 된다. 가장 높은 수준 혹은 가장 기본이 되는 궁극적인 가치를 발견하게 된다는 것이다. 이러한 가치를 발견하게 되면 개인은 개인재무설계 단계의 다음 과정으로 진입할 수 있게 된다.

2) 개인의 라이프사이클에 대한 이해

(1) 라이프사이클의 개념

라이프사이클(life cycle), 특히 가족의 라이프사이클(family life cycle)은 가계가 결혼과 이혼, 출생과 사망 등을 겪으면서 시간에 따라 지나게 되는 다양한 단계가 가계의 소득과 지출에 어떠한 영향을 주는지를 살펴보기 위해 만들어진 개념이다.

가족의 라이프사이클 개념은 1903년 로웬트리(Rowentree)라는 영국의 경제학자에 의해 빈곤문제의 연구에 처음 사용되었다고 한다(Xiao, 1996 재인용). 현재는 사회학, 심리학, 마케팅, 소비자학 등에서 라이프사이클의 개념이 널리 사용되고 있다. 라이프사이클 개념이 발달되어 온 주된 이유는 라이프사

그림 2-2 | 일반적인 라이프사이클 단계

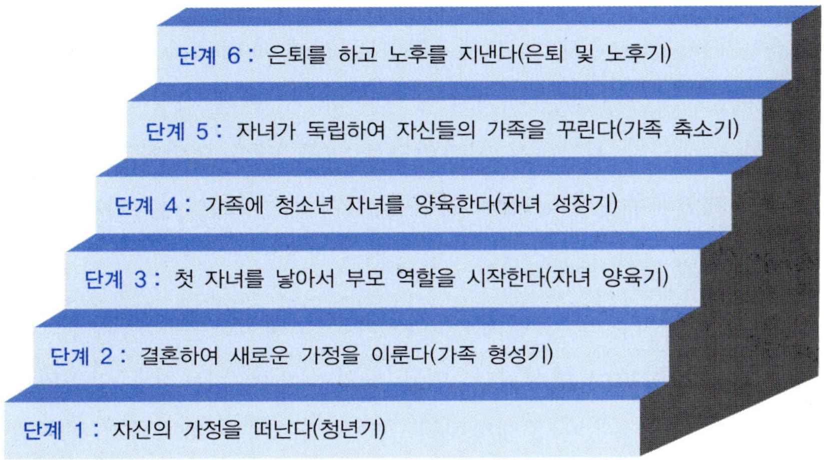

이클 개념을 사용하였을 때 가계를 상이한 집단으로 구분할 수 있고 각 단계에 있는 가계의 다양한 행동을 설명하는 데 도움이 되었기 때문이다.

초기 연구 이후, 1965년 글릭(Glick)과 파커(Parker)는 라이프사이클을 구분하는 데 몇 가지 변수를 설정하였다. 이들은 결혼과 함께 형성된 가족의 중요한 사건으로 첫 자녀의 출산, 막내 자녀의 출산, 첫 자녀의 결혼, 막내 자녀의 결혼, 그리고 배우자의 사망을 들었다. 가계는 이러한 사건에 따라서 사회경제적인 지위와 가족 간의 역할 그리고 가계의 소득 및 소비 지출 패턴 등에 변화를 경험하게 되는 것이다.

(2) 일반적인 라이프사이클 단계

일반적으로 라이프사이클 단계(life cycle stages)는 <그림 2-2>와 같이 여섯 단계를 거친다.

① 단계 1 : 청년기(독신기)

미국의 경우에 많은 사람들이 대학입학 혹은 첫 취업과 더불어 자신이 속해 있던 가계를 떠나게 된다. 우리나라의 경우도 때에 따라서는 대학입학 혹은 취업과 더불어 부모의 가계로부터 독립하는 경우가 있다. 이러한 청년기는 정신적으로는 자기 자신에 대한 스스로의 책임감을 느끼는 시기로 정서적인 독립과 재정적인 독립을 맞이하게 된다. 이 시기는 또한 첫 번째 직장을 가지기 시작하는 시기이므로 개인재무설계 측면에서 보면 생애 첫 개인재무설계를 시작하게 되는 시기가 될 것이다. 첫 번째 직장을 가지고 고정적인 수입이 발생되기 시작하는 시기이므로 그에 따른 대비가 필요하다. 이 시기는 또한 개인재무설계의 개념 확립에 있어서 중요한 시기이기도 하다.

② 단계 2 : 가족 형성기

라이프사이클의 두 번째 단계는 가족을 형성하는 시기이다. 대부분의 가족은 결혼을 통하여 형성된다. 미국 등의 나라에서는 결혼 이외의 형태로 가족을 구성하는 경우가 존재하지만 우리나라에서는 아직까지 결혼을 통한 가족 형성이 대부분이다. 이 시기는 새로운 시스템인 가족으로의 적응이 가장 큰 이슈가 된다. 결혼을 통한 가족 형성기는 개인재무설계의 새로운 국면을 제공한다. 이제 개인재무설계는 개인만의 차원이 아닌 가족의 차원으로 성장하게 된다. 소득원이 증가할 수 있으며 가계의 목표에 변화를 맞이한다. 재무목표 또한 개인적인 목표가 아닌 배우자와의 협의에 의해 결정하는 목표가 된다.

③ 단계 3 : 자녀 양육기

결혼을 하여 가족을 형성하는 것과 첫 자녀가 출생하여 자녀 양육을 시작하는 것은 가계의 라이프사이클상에서 새로운 국면이다. 이 시기에는 가족 혹은 가계라는 시스템에 새로운 구성원을 받아들인다. 자녀는 가족이라는 시스템에 자연스럽게 받아들여지는 구성원이다. 재무적으로 보면 자녀의 출생은 재무목표의 변화를 의미한다. 재무목표의 우선순위에 변화가 발생할 수도 있으며, 재무목표를 설정하는 가치 자체가 변화할 수도 있다. 자녀의 양육에 수반되는 비용에 대하여 가계는 심각하게 고려해야 하며 준비가 되지 않았을 경우에는 그에 대한 비상대책이 취해질 수도 있다.

④ 단계 4 : 자녀 성장기

자녀가 태어나고 자녀가 성장하여 청소년기에 들어서는 시기를 자녀 성장기라고 한다. 자녀가 청소년기에 들어서게 되면 가계는 다양한 변화를 수용해야 한다. 자녀의 성장에 따른 감정의 변화와 독립에 대한 욕구 등을 수용해야 하며 그에 따른 다른 확대가족 및 다른 시스템과의 관계변화에 대처해야 한다. 이 시기에는 부부 모두가 중년기에 접어들게 되므로 부부 자신에게 새로운 변화가 발생할 수 있는 시기이다. 우선 커리어 상의 변화가 발생할 수 있다. 최근 우리나라의 경우 40대 조기 퇴직과 더불어 새로운 직업을 찾는 경우가 꾸준히 증가하고 있으며 이러한 변화는 가계재무뿐 아니라 가족관계에도 다양한 영향을 미치는 요인이 된다.

⑤ 단계 5 : 가족 축소기

자녀가 성장하여 교육과 결혼 등의 이유로 가족을 떠나기 시작하면 가계는 새로운 라이프사이클 단계에 들어서게 된다. 정서적으로, 재정적으로 많은 준비가 필요한 시기이다. 자녀가 성공적으로 가계를 떠나게 되는 것이 경우에 따라서는 즐겁고 행복한 일이 될 수 있으나 때로는 가계가 다음 단계로 전이하는 데에 따르는 다양한 문제점을 수반하게 된다. 재정적으로 이 시기는 소득과 지출의 규모가 가장 커지는 시기이다. 자녀의 교육과는 다른 차원의 지출이 발생하게 되는 시기이기도 하다. 자녀의 대학교육과 결혼비용 등의 지출이 발생하게 되며, 노후를 위한 구체적인 준비가 완성되어가는 시기이다.

⑥ 단계 6 : 은퇴 및 노후기

이 시기에는 부부의 주된 소득원이 끊기고 인생의 노후를 보내게 된다. 평균수명의 꾸준한 증가에 따라 은퇴 및 노후의 기간이 꾸준히 증가하고 있다. 인구학자인 윌리엄 새들러(William Sadler)는 이 시기를 제3연령기(the third age)라고 명명하였다. 이 시기는 배우자, 형제자매, 혹은 자신의 죽음에 대한 대비가 필요한 시기이다. 개인재무설계에 있어서 이 시기는 인생 전체에서 차지하는 비중이 큰 중요한 시기이다. 은퇴 등으로 인하여 고정적인 수입원이 없는 경우를 대비하여 준비해야 할 뿐 아니라 갑작스런 의료비에 대응할 수 있는 재원이 마련되어야 하고 상속의 동기가 있는 가계의 경우에는 그에 대한 대비가 이루어져야 한다. 개인재무설계의 장기 계획에서의 성공 여부를 확인하게 되는 시기이기도 하다.

3절 목표의 설정 및 자료 수집

1. 목표란?

1) 목표의 정의

사전적인 정의에 의하면 목표란 (1) 어떠한 목적을 이루려고 지향하는 실제적인 대상, (2) 목적으로 삼아 도달해야 할 곳, 혹은 (3) 행동을 취하여 이루려는 최후의 대상이라고 한다. 제1장의 개인재무설계 정의에서 우리는 목표와 목적을 구분하여 살펴보았는데 목적은 (1) 실현하고자 하는 일이나 나아가는 방향, (2) 실현하고자 하는 목표의 관념, 혹은 (3) 사실이 존재하는 이유 등으로 정의된다.

본서에서 목표는 사람들이 희망하고 이루고 싶어 하는 구체적인 것으로, 목적은 개인이 존재하는 이유로 실현하고자 하는 목표들의 방향을 뜻하는 것으로 이해한다. 따라서 개인들의 궁극적인 목적은 모든 목표들이 나아가는 방향으로 개인이 존재하는 이유에 대한 철학적인 관념이라고 생각할 수 있으며, 목표는 그러한 목적을 위하여 이루고자 하는 실제적인 대상들이라고 생각할 수 있다.

2) 목표와 목적

사람들은 대부분 목표를 가지고 있다. 하지만 구체적인 목표를 가지고 있는 경우는 그리 많지 않다. 인생의 궁극적인 목적에 있어서는 더욱 그렇다. 인생의 목적을 파악하는 것은 어찌 보면 일생에 걸쳐 가능한 일일 수 있다. 개인재무설계는 이러한 목적을 파악하고 목표들을 구체화한다는 데에 그 의의가 있다.

(1) 재무적 목표와 비재무적 목표

인생의 궁극적인 목적을 달성하기 위한 구체적인 목표들에는 여러 가지가 있다. 재무적인 목표도 있고 비재무적인 목표도 있을 것이다. 재무적인 목표는 개인의 재무와 관련된 목표로, 예를 들면 결혼자금의 마련이나 주택구입자금의 마련과 같은 것이 포함된다. 비재무적인 목표는 금전과 관계없이 개인적으로 이루고자 하는 목표가 될 수 있다. 건강한 신체를 유지하는 것 혹은 자서전을 쓰는 것과 같은 것이 비재무적인 목표가 될 것이다.

개인재무설계는 단지 재무적인 목표만을 다루는 것은 아니다. 재무적인 목표의 달성은 재무설계안을 통해서 직접적으로 이루어지고, 비재무적인 목표의 달성은 재무적 목표가 실현됨으로써 직접 또는 간접적인 영향을 받아서 이루어질 수 있기 때문이다. 예를 들면 건강한 신체단련을 위한 체력단련비의 마련을 통해서 체력단련을 위한 자금을 조달할 수 있을 것이며 목적자금이 라이프사이클에 맞게 마련된다면 체력단련을 위한 여가시간 마련이 용이해질 수 있다. 개인재무설계가 인생의 궁극적인 목적하에 다양한 목표들을 유기적으로 연결하는 인생의 로드맵이 될 수 있는 것이다.

(2) 구체적인 목표 설정

개인재무설계에서 설계안의 도출에는 재무목표의 설정이 필요한데, 그러한 목표는 구체적이어야 한다. 목표가 구체적이지 못하면 재무설계안 도출과 실행에 어려움이 있기 때문이다. "부자가 되는 것" 혹은 "돈 걱정 하지 않고 사는 것"과 같은 목표는 개인재무설계에 적합하지 못한 목표이다. "최대한의 수익률을 얻는 것" 혹은 "목돈마련하는 것"과 같은 목표도 개인재무설계에는 적합하지 않다.

개인재무설계에 적합한 재무목표는 자금의 용도와 규모, 달성시기가 구체적으로 설정된 목표이다. 예를 들어 "주택구입자금 마련을 위하여 앞으로 3년 이내에 2억원을 마련하는 것"과 같이 표현되는 목표가 적합하다.

2. 목표를 설정하기 위한 방법

개인들은 누구나 목표를 가지고 있지만 그것을 구체적으로 이야기하는 것을 어려워하는 경우가 대부분이다. 우리는 앞에서 재무설계의 목표는 구체적이어야 한다는 것을 살펴보았다. 그렇다면 구체적인 목표를 설정하기 위한

표 2-1 | 라이프사이클 단계에 따른 재무관심사

라이프사이클 단계	일반적인 재무관심사
청년기	첫 직장 잡기, 직업능력 향상을 위한 교육비 마련, 결혼자금 마련 등
가족 형성기	결혼 이후의 변화한 가족관계에 따른 자금 마련, 첫 자녀 출생 준비 자금 마련, 자동차 구입자금 마련 등
자녀 양육기	자녀들의 교육자금 마련, 주택자금 마련 등
자녀 성장기	자녀들의 교육자금 마련, 자녀들의 결혼자금 마련, 노년기 부모 생활보조자금 마련 등
가족 축소기	노후자금마련, 기타 목적 자금 마련 등
은퇴 및 노후기	노후생활자금 운용, 상속 및 증여에 대한 계획 등

방법은 어떠한 것들이 있을까? 본 절에서는 목표를 설정하기 위한 방법을 살펴본다.

1) 라이프사이클 단계에 따른 재무관심사를 살펴본다

앞에서 우리는 개인의 라이프사이클이 가지는 중요성에 대하여 살펴보았다. 사람들은 일생에 걸쳐서 결혼, 출산, 육아, 직업에서의 은퇴, 노후 등의 사건들을 거치고 그러한 사건에 따른 라이프사이클 단계를 지나게 된다. 앞에서 살펴본 라이프사이클의 6단계에 따라서 관심사를 살펴보는 것은 재무목표의 설정에 도움이 된다. 라이프사이클 상에 따른 일반적인 관심사는 <표 2-1>과 같은 것들이 있다.

2) 기간에 따른 재무관심사를 설정한다

재무목표를 파악하고 설정하는 두 번째 방법은 기간에 따라서 재무관심사를 파악하는 것이다. 가장 먼저 오늘에서 시작하여 한 달, 6개월, 1년, 3년, 5년, 10년, 10년 이상의 기간을 구별하여 재무적인 관심사를 생각해보는 것이다. 재무목표의 설정에서 1년 이내의 목표는 단기목표에 속한다. 1년에서 5년 사이의 목표는 중기목표, 5년에서 10년 사이는 장기목표, 10년이 초과되는 경우는 최장기목표로 구분할 수 있다. 따라서 단기, 중기, 장기, 최장기의 시간에 따라서 재무관심사를 나열하고 그것에서부터 목표를 설정해나가는 것이다.

3. 재무목표의 설정

개인의 재무목표를 확인하게 되면 재무목표를 명확하게 설정하고 설정한 재무목표의 우선순위를 결정해야 한다. 명확하게 설정된 재무목표는 비로소 개인재무설계안의 기초가 될 수 있다. 재무목표는 설정에는 우선순위를 결정하는 것이 중요하다. 이루고자 하는 다양한 목표가 있는 경우 다양한 모든 목표를 충족시키기가 어려울 때에는 우선순위에 따른 의사결정을 내려야 하기 때문이다. 때로는 재무목표의 설정과 우선순위의 설정이 동시에 이루어질 수도 있으며 목표의 설정 이후에 우선순위가 설정될 수도 있다. 재무목표의 설정은 <표 2-2>의 예시를 참고할 수 있다.

표 2-2 | **기간에 따른 재무목표의 설정과 그 우선순위(김계획 씨 가계의 20XX년 1월 1일 기준 재무목표)**

기 간	목표의 우선순위	내 용	목표자금	목표기한
단기 (1년 이내)	1순위	어버이날 감사선물자금	50만원	20XX년 5월 4일
	2순위	여름휴가자금	150만원	20XX년 7월 15일
	3순위	연말 감사선물자금	150만원	20XX년 12월 1일
중기 (1~5년)	1순위	주택확장이전자금	5,000만원	20XX+2년 3월 1일
	2순위	자녀 교육자금	1,000만원	20XX+3년 2월 28일
	3순위	자동차 구입자금	1,800만원	20XX+2년 11월 30일
장기 (5~10년)	1순위	자녀 대학등록자금	3,000만원	20XX+10년 2월 1일
	2순위	결혼 15주년 기념 여행자금	500만원	20XX+6년 5월 1일
	3순위	주택마련자금	10,000만원	20XX+10년 12월 31일
최장기 (10년 이상)	1순위	자동차 교체 구입자금	2,500만원	20XX+12년 2월 1일
	2순위	노후준비자금 마련	30,000만원	20XX+20년 12월 31일

4. 자료의 수집

1) 자료 수집의 중요성

개인의 재무목표가 설정되어 개인재무설계안을 도출하기 위해서는 다양한 자료를 수집하여야 한다. 개인재무설계의 자료는 정확하고 오차가 없이 수집되어야 재무설계를 성공적으로 수립할 수 있다. 자료 수집이 재무설계에서 중요한 이유는 다음과 같다.

(1) 개인의 상황에 대한 이해

자료의 수집은 개인의 상황에 대한 좀 더 심도 깊은 이해를 가능하게 해준다. 개인에 대한 다양한 자료의 수집은 개인의 경제적인 상황, 개인의 가치관, 위험수용성향 및 기타 개인의 비경제적인 상황 등을 포괄적으로 이해할 수 있도록 해준다. 개인에 대한 포괄적인 이해는 최적의 재무설계안 도출을 위해 필수적이다.

(2) 개인이 설정한 목표에 대한 이해

자료의 수집은 개인이 설정한 목표를 명확하게 해주며 개인이 재무설계의 실행으로 인하여 어떠한 결과를 예측할 수 있는지에 대하여 이해할 수 있도록 도와준다. 개인을 둘러싼 상황을 이해하는 것은 개인이 설정한 목표의 배경을 이해할 수 있도록 해주며 또한 개인의 상황에 대한 이해는 목표를 더욱 명확하게 만들어 줄 수 있다. 명확한 목표와 개인을 둘러싼 상황에 대한 이해는 재무설계를 실행하였을 때 개인이 어떠한 것을 기대할 수 있는가 하는 개인의 기대수준을 결정할 수 있도록 도와준다.

(3) 충분한 분석과 다양한 대안 검토를 가능하게 함

자료의 수집은 개인에게 가장 적합한 재무설계안을 도출할 수 있도록 충분한 분석과 다양한 대안 검토를 가능하게 해준다. 재무설계안을 도출할 때 정확하지 않은 자료를 바탕으로 한다면 개인을 위한 최적의 재무설계안을 만들어낼 수 없다. 부정확한 자료를 바탕으로 한 설계안을 실행했을 때의 결과 또한 기대수준 이하가 될 것이다. 따라서 충분한 분석과 다양한 대안 검토를 위하여 자료 수집은 필수적이라고 할 수 있다.

2) 자료의 수집방법

개인재무설계를 위한 자료의 수집방법에는 직접적인 1차 자료의 이용, 설문지를 이용한 자료의 수집, 그리고 대면 면접을 통한 자료의 수집이 있다.

(1) 직접적인 1차 자료의 이용

직접적인 1차 자료의 이용이란 개인의 은행잔고 증명서나 투자신탁 거래내역서, 종합소득세 신고서 등의 자료를 이용하는 것을 뜻한다. 직접적인 1차 자료를 이용하는 것은 개인이 가지고 있는 각종 증명서나 거래내역서를 빠짐없이 살펴볼 수 있다면 가장 정확한 자료의 수집방법이라고 할 수 있다.

하지만 개인으로부터 모든 금융거래의 자료를 수집하기는 쉽지 않다. 개인이 그러한 자료를 가지고 있지 않는 경우가 많으며 시간과 비용이 소요되는 경우도 있기 때문이다. 또한 이러한 금융거래의 자료는 다양한 개인정보가 포함되어 있기 때문에 경우에 따라서는 개인들이 이러한 문서를 재무설계 전문가에게 공개하는 것을 꺼려하는 경우도 발생할 수 있다. 따라서 개인재무설계사들이 이러한 정보를 고객에게 요구할 경우에는 반드시 자신들이 고객의 개인정보를 어떻게 보호할 것인가에 관하여 안내하여야 하며 그러한 안내내용을 따라야 한다.

(2) 설문지 이용

자료 수집의 두 번째 방법은 설문지를 이용하는 방법이다. 설문지를 이용할 때에는 개인재무설계에 필요한 정보들을 고객이 가장 쉽게 기입할 수 있도록 만드는 것이 중요하다. 설문지가 너무 길거나 설문 문항이 애매하거나 혹은 답변을 할 수 없는 문항이 포함되어 있어서는 안 된다. 설문 문항은 개인이 이해하기 쉬워야 하며 간단하고 작성하기 쉽고 너무 길지 않아야 한다. 설문지를 이용할 때에는 개인들이 응답하기에 가장 용이한 방법을 제공해야 한다. 우편설문, 온라인설문, 이메일 등 전자매체를 이용한 설문 등 다양한 방법 중에서 개인이 선택할 수 있도록 만드는 것도 좋다.

(3) 대면 면담 이용

세 번째 자료 수집방법은 대면 면담을 이용하는 것이다. 개인과 재무설계 전문가가 직접 만나서 자료를 수집하는 방법이다. 이 방법은 개인과 재무설계 전문가와의 직접적인 의사소통을 이용하는 방법이므로 정보수집 이상의 자료를 얻을 수 있다.

(4) 효과적인 자료 수집의 방법

위에서 본 것처럼 개인재무설계를 위한 자료의 수집방법은 다양하지만 대부분의 경우 전문가를 통한 개인재무설계의 자료 수집은 다양한 방법의 조합을 통해서 이루어진다. 직접적인 1차 자료와 설문지, 대면 면담을 적절히 혼용하는 방법이다. 설문지를 이용하여 비교적 간단하고 응답이 쉬운 항목들을 조사하고 고객이 기억하지 못하거나 이해하기 어려운 것들을 직접 자료와 대면 면담을 통하여 수집하는 것이다. 설문지 조사가 가장 첫 번째로 실행되어 설문지 조사의 자료가 대면 면담의 기초자료가 될 수 있도록 하며 기억하지 못하는 정보를 직접적인 1차 자료를 통해서 수집하는 것은 비교적 정확한 자료 수집의 방법이 될 수 있다.

또한 효과적인 자료의 수집을 위해서 재무설계 전문가는 자료 수집의 중요성을 개인들에게 정확하게 인지시켜야 한다. 자료 수집이 정확하게 이루어지지 않으면 개인의 상태를 정확하게 분석할 수 없으며 따라서 개인에게 가장 알맞은 재무설계안을 도출할 수 없다는 것을 인지시킬 필요가 있다. 또한 앞에서 설명한 바와 같이 개인의 정보를 보호하기 위하여 최선을 다하는 모습을 보여주어 개인에게 신뢰를 심어주어야 한다.

3) 개인재무설계에 필요한 정량적 자료

개인재무설계에 필요한 자료는 여러 가지가 있는데 그러한 자료를 정량적 자료와 정성적 자료로 나누어서 살펴볼 수 있다. 정량적 자료란 수치화할 수 있는 자료를 말하며 개인의 재무상태에 대한 다양한 자료를 포함한다. 정량적 자료는 다음과 같은 것들이 있다.

(1) 소득자료

개인의 소득자료는 가장 중요한 정량적 자료 중의 하나이다. 소득은 소득의 원천에 따라서 근로소득, 사업소득, 재산소득, 그리고 이전소득으로 나뉘며 소득의 주기에 따라서 정기소득과 비정기소득 등으로 나뉠 수 있다. 개인재무설계를 위해서는 최대한 정확한 소득의 자료를 수집해야 한다. 따라서 모든 소득 근원에 대한 자료를 수집하며 가능하면 연말정산이나 종합소득세 신고 등의 자료를 함께 수집하여 참고한다. 또한 향후 2~3년 동안에 소득의 변화가 예상된다면 그러한 사항에 대한 자료를 수집하는 것도 중요한데, 이는 목표 달성을 위해 예상되는 변수를 고려하기 위함이다.

(2) 지출자료

소득의 자료와 함께 개인재무설계에 필요한 정량적 자료는 지출의 자료이다. 대부분의 사람들은 자신들의 정확한 소득과 정확한 지출을 알지 못한다. 소득자료의 경우에는 연말정산이나 종합소득세 신고 등을 통해서 기록이 남는 경우가 있지만 지출의 경우에는 특별한 지출기록의 시스템을 가지고 있지 않는 한 정확한 액수를 파악하기 힘들다. 정확한 지출의 자료를 위해서 개인으로 하여금 일정기간(예 1개월) 동안 지출기록을 하도록 하는 경우도 있다. 지출의 기록을 1개월 정도 하게 되면 특별한 경우와 일반적인 경우를 가늠하고 1개월보다 큰 단위(예 분기, 6개월 또는 1년)마다 발생하는 정기적인 지출을 고려하여 비교적 정확한 지출자료를 수집할 수 있다.

(3) 자산 및 부채 자료

자산의 종류에 따라서 해당 자산에 대한 자료를 빠짐없이 수집한다.

① 금융자산

금융자산의 경우에는 예금, 적금, 직접투자, 간접투자 등 자산의 유형에 따라서 예치되어 있는 금융기관, 명의, 취득일, 만기일, 현재 잔고 혹은 평가액 등을 조사한다. 금융자산의 자료는 가장 수집하기 어려운 자료 중의 하나이지만 최적의 재무설계안 도출을 위해서는 최대한 정확한 자료의 수집이 필요하다.

② 부동산 자산

부동산 자산의 경우에는 재산의 소유권에 대해서는 소유자의 이름, 소유자와 고객과의 관계나 담보 관계를 기록한다. 소유 관계는 소유자, 임차인과 소유자의 관계, 담보 관계에서는 채권자, 채권금액 등이 조사대상이 된다. 재산의 취득날짜, 취득비용, 공시지가 등도 될 수 있으면 정확하게 수집한다. 담보제공 여부와 설정금액 및 현재 잔액도 기록해야 한다. 기타 개인 사용자산의 경우에도 자산의 유형, 명의, 취득일, 현재 평가액 등을 수집한다.

③ 부 채

개인이 가지고 있는 부채의 자료도 부채의 유형에 따라서 수집해야 한다. 최초 부채의 규모, 부채 발생일, 이자율, 잔여기간, 현재 잔액, 원리금 상환금액, 이자금액 등의 자료는 개인재무설계안 도출에 필수적이다. 부채의 경우는 신용부채와 담보부채 그리고 소비자부채 등 개인이 가지고 있는 모든 부채에 대하여 조사한다.

(4) 보험 관련 자료

생명보험, 상해보험, 의료보험 등의 보험에 가입한 경우에는 보험증권을 참고로 하여 보험계약자와 피보험자, 보험료, 보장내역, 보험계약일, 대출약관 유무 등에 대한 상세한 자료를 조사해야 한다. 보험 중에서 보장성 보험의 경우 자산 항목으로 구분하기 어려울 때에도 보험의 보장내역에 대하여 조사하여 기록해 둔다. 특히 민영건강보험이나 의료보험에 가입되어 있는 경우에는 그 내용을 기록하여 의료비 지출에 대한 대비 수준을 파악한다. 보험의 혜택을 받기 위해서 필수로 지불해야 하는 보험료의 액수가 따로 존재하는 경우에는 그러한 정보도 기록해 둔다.

(5) 세금 관련 자료

개인재무설계안의 도출을 위해서는 세금 관련 자료도 중요하다. 경우에 따라서는 최근 3년간의 소득세 신고 자료와 기타 세금신고의 자료를 필요로 할 수 있다. 세금과 관련된 자료는 개인이 기억하지 못하는 경우가 많으므로 직접적인 1차 자료를 수집하는 것이 좋다.

(6) 상속과 증여에 관련된 자료

개인이 상속 또는 증여와 관련한 정보가 존재하는 경우에는 이에 대한 자료를 수집해야 한다. 피상속인 혹은 증여인인 경우와 상속인 혹은 수증인인 경우 모두 상속 및 증여와 관련된 금액, 거래일, 세금 관련 정보 등을 수집해야 한다. 상속이나 증여가 예측되는 경우에도 예측 금액과 일시 등을 수집하는 것은 개인재무설계안 도출에 중요한 정보가 된다.

상속과 증여에 대한 자료 중에는 정량적인 자료뿐 아니라 정성적인 자료도 포함될 수 있다. 예를 들면 개인이 상속과 증여에서 추구하는 것이나, 상속과 증여와 관련한 보험 가입 유무, 유언장 작성 유무 등에 대한 정보가 있다.

(7) 은퇴와 관련된 자료

은퇴와 관련하여 연금이나 퇴직금 등이 존재하는 경우에는 이에 대한 자료 수집이 필요하다. 은퇴를 한 경우라면 은퇴의 시기 등에 대한 자료가 필요하며 은퇴를 위해서 연금을 가입한 경우나 혹은 퇴직금을 받게 되는 경우에는 그와 관련된 자료를 수집한다. 은퇴를 위해서 따로 자금을 마련해 둔 경우에는 그 자금의 소재와 규모 등을 조사한다.

(8) 개인사업과 관련된 자료

개인사업자의 경우는 그와 관련된 자료 수집이 필요하다. 사업체의 규모와 소득, 관련 세금 등 개인재무설계에 영향을 미치는 자료에 대하여 정확한 조사가 필요하다. 개인사업자의 경우에 관련된 자료는 근로소득자의 경우와 다른 정보를 포함할 수 있다.

(9) 종업원 복지와 관련된 자료

개인에 따라서는 근무하고 있는 직장에서 제공하는 다양한 종업원 복지 혜택을 보는 경우가 있다. 그러한 종업원 복지 중에는 자녀의 학비보조, 체력단련비 보조, 식사비, 유류비 등의 보조를 포함하며 스톡옵션이나 종업원지주제도를 통한 주식을 포함할 수 있다. 이러한 정보는 개인재무설계의 중요한 자료가 되므로 정량적인 자료 수집에 포함시켜야 한다.

이외에도 개인의 재무와 관련된 정량적인 자료를 수집한다. 예를 들면 일회성의 상금이나 자산매각 등이 발생할 경우에는 소득에 포함시켜 수집해야 한다.

4) 개인재무설계에 필요한 정성적 자료

개인재무설계는 개인의 재무적, 비재무적 자원을 모두 이용하게 되며 양으로 측정할 수 없는 정성적 자료는 재무설계안이 개인에게 적합한 것인가를 파악하는 중요한 도구가 된다. 정성적 자료는 양으로 측정하거나 수치화할 수 없는 가치, 꿈, 희망, 목표 등을 뜻한다. 정성적 자료를 수집하는 데에는 많은 시간이 소요된다. 어떤 자료는 개인과 재무설계 전문가가 오랜 기간 동안 관계를 유지해 나감으로 인해서 파악되는 경우도 있다. 정성적 자료는 옳고 그름이 없는 자료이다. 따라서 정성적 자료 수집에 주관적인 편견이 개입되어서는 안 된다. 일반적으로 개인재무설계에 필요한 정성적 자료는 아래와 같다.

(1) 가족사항

본인, 배우자, 자녀, 부양가족의 이름, 생년월일, 직업 등에 대하여 조사한다. 가족사항의 특이점을 조사하는 것 또한 최적의 개인재무설계안 도출에 도움이 된다. 예를 들어 유학을 하고 있는 자녀가 있다거나 특별한 필요(부가적인 의료비, 교육비, 혹은 생활비 보조)가 있는 경우에도 기록하여 두는 것이 좋다.

(2) 가치관, 꿈이나 희망사항

앞서 살펴본 바와 같이 개인의 가치관은 개인재무설계의 토대가 되는 정보이므로 가치관이나 꿈, 희망사항에 대한 정보를 수집하는 것은 중요하다. 재무목표를 설정하는 과정에서 가치관, 꿈, 희망사항에 대한 자료가 대부분 획득되기 때문에 이러한 자료는 재무목표의 설정단계에서 수집하는 것이 자연스럽다.

(3) 위험수용성향

① 위험수용성향의 의미

투자와 관련된 위험에 있어서 사람들은 각자 자신이 받아들이고 수용할 만한 위험의 크기를 가지고 있다. 어떤 사람은 투자위험이 큰 것을 쉽게 받아들이는 반면 어떤 사람은 투자에 있어서 위험을 받아들이려고 하지 않는다. 이렇게 사람들마다 받아들이게 되는 위험의 크기에는 차이가 있는데 이러한 개인의 성향을 위험수용성향(financial risk tolerance)이라고 한다.

위험수용성향에 대하여 다양한 정의가 존재하는데 표현에 차이는 있지만 재무위험수용성향의 의미는 불확실성하에서의 의사결정에 기꺼이 참여하려는 성향으로 정의된다. 이때 일반적으로 사람들이 위험을 추구한다거나 회피한다고 하는 위험은 위험(risk)이라기보다는 손실(loss)이다. 사람들은 손실을 회피하려고 한다. 따라서 학자들은 최근에 위험수용성향의 개념을 재무의사결정과 관련하여 사람들이 기꺼이 선택하는(혹은 수용하는) 손실의 크기로 정의하기도 한다.

② 위험수용성향의 의의

위험수용성향은 재무설계에 있어서 중요한 요소이다. 미국의 경우에는 재무설계사가 반드시 고객의 위험수용성향을 측정하여 고객의 다른 정보와 함께 보관해야 한다. 재무설계안이 고객의 이익을 최우선으로 하고 고객에게 최적의 설계안인지를 평가하는 데 고객의 위험수용성향이 기준이 되기 때문이다. 고객에게 제시된 재무설계안이 고객의 위험수용성향과 맞지 않게 되면 (즉, 위험회피적인 고객에게 위험이 지나치게 큰 상품 위주의 재무설계안을 제시하였다거나, 위험추구형의 고객에게 지나치게 안정적인 상품 위주의 재무설계안을 제시한 경우 등), 고객은 불만을 느끼게 된다. 고객이 불만족하게 되는 것은 고객의 이익을 최우선으로 하지 않았기 때문이므로 고객의 위험수용성향에 관한 자료는 필수적으로 수집해야 하는 자료이다.

③ 위험수용성향 측정도구

위험수용성향을 측정하는 도구는 다양한 형태로 개발되어 있다. <표 2-3>은 몇 가지 위험수용성향의 측정도구를 보여준다.

표 2-3 | 위험수용성향 척도 예시

유형 1 : 상황에 대한 개인의 동의 정도를 묻는 질문
Grable & Joo(2004)의 위험수용성향 척도

아래의 상황 문장에 대한 당신의 동의 정도에 표시하시오.	매우 그렇다	그렇다	그렇지 않다	전혀 그렇지 않다
투자는 이해하기 너무 어렵다.				
나는 내 돈을 은행에 예치하는 것이 주식시장에 넣어두는 것보다 편하다.				
"위험"이라는 단어를 생각할 때 "손실"이라는 단어가 저절로 떠오른다.				
투자에서 돈을 버는 것은 "운"이 따라야 한다.				
투자에 있어서는 안정성이 수익성보다 우선한다.				

유형 2 : 시나리오형 질문
위험수용성향 측정 회사의 위험수용성향 질문 예시

다른 사람과 비교하여 본인은 투자위험을 수용하려는 정도가 어떠하다고 생각하십니까?

1. 절대적으로 위험회피자
2. 상당한 위험회피자
3. 위험회피자
4. 보통수준의 위험추구자
5. 위험추구자
6. 매우 높은 위험추구자
7. 절대적으로 높은 위험추구자

당신이 TV 퀴즈 프로그램에 참가하고 있는데 아래의 사항 중 하나를 선택해야 한다면 어떤 것을 고르겠습니까?

1. 현금으로 100만원
2. 50%의 확률로 500만원 획득할 수 있는 기회
3. 25%의 확률로 1,000만원을 획득할 수 있는 기회
4. 5%의 확률로 1억원을 획득할 수 있는 기회

유형 3 : 직접적인 질문
미국의 Survey of Consumer Finances의 위험수용성향 측정 도구 예시

다음 중 투자를 할 때 귀하의 생각과 가장 가까운 것은 어느 것입니까?
1. 최대한 많은 수익을 얻기 위해 상당한 투자위험을 감수한다/할 것이다.
2. 평균 이상의 수익을 기대하며, 평균 이상의 투자위험을 감수한다/할 것이다.
3. 평균 정도의 수익을 얻기 위해, 평균 정도의 투자위험을 감수한다/할 것이다.
4. 수익률이 낮더라도 최소한의 위험만을 감수한다/할 것이다.

보다 직접적인 위험수용성향 질문 예시
귀하께서 감내할 수 있는 투자손실은 원금의 몇 %입니까?

유형 4 : 카테고리형 질문
국내 금융사에서 주로 사용하는 방법 예시

귀하의 저축 및 투자 성향과 가장 가까운 보기에 체크하여 주십시오.
① 예·적금 수준의 수익률을 기대하며 원금손실이 발생하지 않는 것을 원함.
② 투자원금의 손실위험은 최소화하고, 이자소득이나 배당소득 수준의 안정적인 투자를 목표로 함. 예·적금보다 높은 수익을 위해 자산 중 일부를 변동성 높은 상품에 투자할 의향이 있음.
③ 예·적금보다 높은 수익을 기대할 수 있다면 일정수준의 손실위험을 감수할 수 있음.
④ 위험을 감내하더라도 높은 수준의 투자수익의 실현을 추구함. 투자자금의 상당 부분을 주식, 주식형 펀드 또는 파생상품 등에 투자할 의향이 있음.
⑤ 시장평균 수익률을 훨씬 넘어서는 높은 수준의 투자수익을 추구하며, 이를 위해 자산가치의 변동에 따른 손실위험을 적극 수용. 투자자금의 대부분을 주식, 주식형 펀드 또는 파생상품 등에 투자할 의향이 있음.

(4) 라이프스타일

라이프스타일은 개인이 돈과 시간을 활용하는 방법 또는 사람들이 살아가는 방법으로 사람들의 가치, 관심, 일상생활에 대한 의견 등을 포함한다. 라이프스타일은 복잡하고 빠르게 변화해가는 소비자의 행동을 이해하고 예측하기 위한 도구로 소비자의 내재된 가치나 욕구에 대한 심층적인 이해를 가능하게 해주는 도구가 된다(남승규, 2006). 개인들의 일, 휴가, 취미 등에 관한 행동과 가족, 일, 지역사회, 신앙 등과 같은 개인의 관심사항, 자기 자신이나 사회, 경제, 정치 등에 관한 의견을 조사하여 개인이 어떠한 라이프스타일을 추구하는지를 파악하는 것은 개인이 원하는 재무설계안을 도출하는 데 유용하다.

(5) 고용과 관련된 사항

개인의 고용과 관련된 사항은 개인재무설계에서 빼놓을 수 없는 정성적 자료의 하나이다. 근로소득자의 경우에는 현재 직장에 관한 자세한 정보, 직장의 위치, 근속연수, 직위, 하는 일, 만족도 등을 조사하고 향후 직업의 변화에 대한 정보를 수집하는 것도 도움이 된다. 자영업자의 경우에는 사업체와 관련한 다양한 정보, 즉 사업체의 종류, 규모, 설립연도, 유형, 자산·부채 상황, 고용인 상황 등을 조사하도록 한다.

(6) 건강 관련 사항

개인의 건강은 삶에 있어서 가장 중요한 요소 중의 하나이다. 자신이 느끼는 주관적인 건강상태를 조사하고 질병이 있는 경우에는 자세한 자료를 수집하도록 한다. 특별히 의료비를 준비해야 하는 경우에는 의료비의 규모와 의료비의 예상 지출기간 등을 조사하는 것이 도움이 된다.

(7) 개인재무설계 관련 경험, 지식 및 태도

개인이 재무설계와 관련된 경험이 있는지, 개인재무에 관한 지식과 태도가 어떠한지에 관한 지식은 개인재무설계안 도출과정에 많은 도움이 된다. 개인재무설계와 관련된 경험과 지식 정도에 따라서 개인의 이해수준과 기대수준에 큰 차이를 보이기 때문이다. 예를 들어 투자경력이 많은 사람들은 투자의 용어에 대한 지식이 높을 것이며 금융시장 환경 변화에 따른 기대수준을 예측할 수 있을 것이다. 개인재무설계에 대한 관심이 높은 사람들은 개인재무설계에 대한 태도를 형성하여(긍정적 혹은 부정적 태도) 그에 따른 기대수준이 다르게 될 것이다.

(8) 개인재무설계 관련 전문가 자료

개인재무설계와 관련된 전문가는 회계사, 세무사, 변호사, 보험설계사, 증권사 직원, 은행의 PB, 중개인 등이 있다. 경우에 따라서는 이러한 전문가가 개인의 재무 문제를 상담해 줄 수 있으며 거래관계를 유지할 수도 있다. 관련 전문가가 있는 경우에는 그러한 전문가들에 대한 자료를 수집해두는 것이 최적의 개인재무설계안을 도출하고 실행하는 데 도움이 된다. 전문가들의 이름과 연락처 등을 수집하여서 특정 문제가 발생하였을 경우 긴밀한 협력을 이루도록 한다.

5) 개인재무설계와 관련해서 수집해야 할 1차 자료의 사본

개인재무설계와 관련하여 몇 가지 1차 자료의 사본을 수집해야 한다. 앞에서도 말한 바와 같이 이러한 자료를 수집한 경우에는 개인정보 보호에 각별히 신경을 써야 한다. 재무설계과정에 필요한 1차 자료의 사본에는 아래와 같은 것들이 있다.

- 최근의 급여명세서
- 최근의 연말정산 자료
- 최근의 종합소득세 자료
- 최근의 세금 자료
- 각종 보험증권
- 연금의 증권
- 신탁증서
- 유언장 사본 등

4절 자료의 분석 및 평가

개인의 재무목표가 구체적으로 설정되고 개인재무설계에 필요한 각종 자료가 수집된 이후에는 그러한 자료를 분석하고 평가하는 단계로 진입하게 된다. 개인재무설계를 위해 수집한 자료들은 다양한 표로 정리되고 체계적인 방법에 의하여 분석되어 개인의 상태를 평가하게 된다.

1. 개인재무제표

개인재무설계를 위하여 조사된 자료들은 개인의 재무상태를 파악하기 위한 표로 정리된다. 개인의 재무상태를 파악하고 개인에게 적합한 재무설계안을 도출하기 위하여 필요한 표에는 자산부채상태표(Asset-Liability Statement, 혹은 순자산표; Net Worth Statement), 현금흐름표(Cash Flow Statement), 그리고 예산(Spending Plan)이 있다. 이 중에서 개인의 재무상태를 평가하고 분석하기 위한 표는 자산부채상태표와 현금흐름표이며 재무설계안의 실행을 위하여 작성하는 표는 예산이다. 본 절에서는 자산부채상태표와 현금흐름표에 대하여 살펴보고 예산은 제4장 현금관리에서 자세히 다루도록 한다.

1) 자산부채상태표(Asset-Liability Statement)

(1) 자산부채상태표의 정의

자산부채상태표는 순자산표(Net Worth Statement)라고도 불리며 기업의 대차대조표와 유사하게 일정시점에서 개인의 재무상황을 나타낸 표이다. 자산부채상태표는 개인 혹은 가계의 자산, 부채, 순자산의 상황을 일정시점에서 한눈에 파악할 수 있도록 만든 표이다. 이때 개인 혹은 가계의 자산은 부채와 순자산의 합으로 이루어져 있다.

자산 = 부채 + 순자산

자산부채상태표는 특정 시점을 기준으로 한다. ○○○○년 ○○월 ○○일을 기준으로 하여 그 시점에서 개인(또는 가계를 모두 개인으로 표시함)이 소유하고 있는 자산(assets)과 빚지고 있는 부채(liabilities), 그리고 순자산(net worth)을 보여주는 표이다.

(2) 자산부채상태표의 의의

자산부채상태표는 특정 시점에서 개인의 자산과 부채의 상태를 한눈에 보여주는 역할을 한다. 따라서 시점이 변화함에 따라서 자산과 부채의 상태에 대한 변화를 파악할 수 있다. 예를 들면 2021년 1월 1일의 자산부채상태표와 2022년 1월 1일의 자산부채상태표를 비교함으로써 개인의 자산과 부채의 변화를 파악할 수 있다. 이러한 비교를 통해서 재무상태가 개선되었는지 혹은 악화되었는지를 살펴볼 수 있고 자산의 종류와 부채의 유형에 따른 증감을 비교할 수 있다.

개인재무설계에서는 특정 시점의 자산부채상태표뿐만 아니라 개인재무설계안을 실시한 이후의 추정자산부채상태표를 작성하기도 한다. 예를 들어, 현재 2021년 1월 1일의 자산부채상태표를 조사하여 재무설계안을 작성하고 그 재무설계안을 실행하였을 경우에 자산부채의 상태가 어떻게 변화하는지를 보여주기 위하여 2022년 1월 1일의 자산부채상태표 혹은 2023년 1월 1일의 자산부채상태표를 추정하여 작성하는 것이다. 이때 추정자산부채상태표는 물론 정확한 자산부채상태표가 될 수는 없다. 자산과 부채의 미래가격을 정확하게 예측할 수 없기 때문이다. 하지만 추정자산부채상태표는 재무설계안을 실행한 이후에 자산과 부채의 변화 방향을 가늠할 수 있게 해준다.

(3) 자산부채상태표의 작성방법

자산부채상태표를 작성하기 위해서는 자산과 부채를 분류하고 자산과 부채의 가치를 평가하여야 한다. 먼저 자산의 분류방법과 평가방법을 살펴본다.

① 자산의 분류

자산부채상태표를 작성할 때 개인이 소유하고 있는 자산을 분류하지 않으면 분석이 불가능하다. 자산의 분류는 개인이 소유하고 있는 자산의 성격 또는 목적에 맞게 분류하는 것이 가장 좋은 방법이다. 개인에 따라서 소유하고 있는 자산의 종류가 다르기 때문에 모든 사람들의 자산을 동일한 틀로 맞추어서 분류하는 것은 개인재무설계안의 도출에 적합하지 않을 수도 있다. 하지만 자산의 분류방법에는 일관성과 체계가 있어야 한다. 주먹구구식으로 일정한 체계 없이 자산을 분류하게 되면 분석에 어려움이 발생하고 그러한 분석은 최적의 개인재무설계안을 도출하는 데 방해가 될 것이다.

자산은 크게 금융자산과 부동산 자산으로 구분하기도 하고, 금융자산과 부동산 자산의 종류를 세분화하여 현금성자산, 투자자산, 부동산 자산, 개인사용자산, 기타 자산 등으로 구분하기도 하며, 이러한 분류 이외에 은퇴자산을 따로 구분하여 분류하기도 한다.

자산을 분류할 때에는 종류를 세분하여 다양하게 분류하는 것과 항목을 크게 묶어서 분류하는 것 사이에 장단점이 존재한다. 자산을 지나치게 세분하는 것이 적합하지 않은 경우는 고객의 자산이 동질적일 때일 것이다. 지나친 자산의 세분은 표를 복잡하게 만들어서 보는 사람이 이해하기 힘들 수 있다. 하지만 자산을 지나치게 크게 묶는다면 각 자산군 사이의 구체적인 변화를 이해하기 힘들 수가 있다. 본 장에서는 자산을 현금성자산, 안전금융자산, 금융투자자산, 부동산 자산, 개인사용자산, 기타 자산으로 구분하기로 한다.

현금성자산 현금성자산이란 현금과 현금등가물(cash equivalents)을 지칭하는데 이러한 자산들은 쉽게 현금으로 전환할 수 있어서 유동성이 큰 자산들이다. 현금 및 현금등가물에는 수시입출금을 목적으로 한 통장의 예금, 단기간(대부분의 경우 6개월 이내를 단기간으로 분리한다)의 저축을 위한 CMA, MMF, MMDA 등의 잔고, 단기 투자를 위한 금융상품의 잔액[예 만기가 6개월인 양도성예금증서(Certificate of Deposit)] 등을 포함한다.

안전금융자산 안전금융자산이란 금융자산 중에서 원금손실의 가능성이 없고 예측가능한 혹은 고정된 이윤을 창출할 수 있는 자산을 말한다. 예를 들면 만기가 1년 이상인 적금이나 정기예금, 이자율이 고정된 저축성 보험이나 개인연금 등의 상품이 안전금융자산에 포함된다.

금융투자자산 금융투자자산이란 금융자산 중에서 원금손실 가능성이 있는 금융상품으로 주식, 채권, 뮤추얼펀드 등을 포함한다. 금융투자자산을 주식과 채권과 같은 직접투자, 펀드와 같은 간접투자로 나누어서 살펴보기도 하며 투자자산의 유치기관(은행, 증권회사, 보험사 등)에 따라서 나누기도 한다.

부동산 자산 부동산 자산은 투자목적 혹은 거주목적의 부동산을 모두 포함한다. 토지, 임야, 주택, 아파트 등의 형태로 이루어진 자산은 부동산 자산으로 분류한다.

개인사용자산 개인사용자산은 개인의 사용을 목적으로 하는 자산(예 자동차, 가구, 보트, 회원권, 의류, 보석 등)이 포함된다. 경우에 따라서는 개인이 거주하고 있는 집을 개인사용자산에 포함시키기도 한다.

기타 자산 기타 자산은 분류하기 모호한 자산들을 포함한다. 예를 들어 생명보험의 해약환급금이나, 퇴직금, 공적연금 등은 기타 자산으로 구분할 수 있다.

자산의 분류에서는 각 자산이 가지고 있는 목적을 고려한다면 일관성 있는 분류가 이루어질 수 있다. 예를 들어 고가구를 수집하는 목적이 직접 사용을 위한 것이라면 개인사용자산이 될 것이고 투자를 위한 수집이라면 투자자산에 포함시켜야 할 것이다. 또한 자산의 분류는 상호배타적이고 모든 자산을 포함할 수 있어야 한다. 어떠한 기준에도 맞지 않는 자산이 발생한다거나 여러 기준에 동시에 포함되는 자산이 있다면 정확한 자산부채상태표의 도출이 어렵다.

② 자산의 평가방법

자산부채상태표는 일정시점을 기준으로 한 것이기 때문에 자산부채상태표의 작성 기준일의 잔액, 종가, 공정시장가격(Fair Market Value)으로 평가한다. 예금상품의 경우에는 기준일의 예금 잔액으로, 상장주식의 경우에는 기준일의 종가로, 비상장주식의 경우에는 거래가 혹은 공정평가금액으로 평가한 금액을 표시한다. 채권, 수익증권, 펀드의 경우에는 기준일의 시가평가액으로 하며 부동산 자산의 경우에는 감정평가액을 기준으로 하되 감정평가액이 존재하지 않는 경우에는 최근의 거래가로 평가한다. 기타 다른 자산의 경우는 현재상태의 공정시장가격으로 평가한다. 특히 개인사용자산의 경우에도 구입가나 재구매가(replacement value)보다는 현재의 공정시장가격으로 평가한다.

만일 자산에 담보가 설정되어 있거나 부채가 포함되어 있는 경우에는 자산의 현재 공정시장가격을 자산으로 표기하고 부채잔액 혹은 담보설정액을 부채란에 표기한다. 예를 들어 5억원짜리 아파트를 3억원에 전세 준 경우에는 현재 거래되는 가격인 5억원을 자산 항목에 3억원의 아파트 전세금을 부채 항목에 표기한다.

이러한 정보를 가지고 자산부채상태표를 작성할 때에는 기준일의 가격을 메모해 두어서 자산부채상태표 작성의 근거를 남기도록 한다.

③ 부 채

자산과 마찬가지로 부채도 부채의 성격에 따라서 분류하는 것이 좋다. 상환의 기간에 따라서 만기가 1년 미만인 단기부채와 1년을 넘는 장기부채로 나눌 수 있으며, 부채의 성격에 따라서 소비자부채, 주거 관련 부채, 기타 부채 등으로 나누어서 살펴볼 수 있다. 이때 주거와 관련된 부채를 별도의 부채 항목으로 살펴보는 것이 좋다. 주거와 관련된 부채의 부담은 가계 재무에 크게 영향을 주는 항목이기 때문이다. 상환기간에 따른 분류를 하는 경우 주거 관련 부채의 만기에 따라 단기 또는 장기로 구분하여 작성하는 것을 권한다. 부채의 규모는 자산부채상태표 작성기준일의 잔액으로 나타낸다.

④ 순자산

순자산은 자산과 부채의 차액이다. 따라서 부채가 없는 경우의 순자산은 자산과 동일한 금액이 될 것이며 부채가 자산보다 많은 경우의 순자산은 음의 값을 가지게 된다. 개인재무설계에서 바람직한 모습은 순자산의 증가이다. 순자산이 증가되는 것은 자산부채상태표를 주기적으로 살펴보면 알 수 있다. 하지만 이러한 순자산의 증가가 어떠한 원인에 의해서 발생한 것인가는 현금흐름표를 보면 자세히 알 수 있다.

순자산을 변화시키는 거래는 자산과 부채가 서로 다른 크기만큼 변화하는 거래이다. 자산과 부채가 같은 크기만큼 변화하였다면 순자산의 증감은 발생

표 2-4 | 순자산의 변화에 영향을 주는 거래

거래 내역	자 산	부 채	순자산
2,000만원 상당의 자동차를 전액 현금으로 구입한 경우	현금성자산 −2,000		
	개인사용자산 +2,000	0	
	총자산 변화 없음	총부채 변화 없음	변화 없음
2,000만원 상당의 자동차를 1,000만원 현금, 1,000만원 할부로 구입한 경우	현금성자산 −1,000	소비자부채 +1,000	
	개인사용자산 +2,000		
	총자산 +1,000	총부채 +1,000	변화 없음
2,000만원 상당의 자동차를 현금으로 구입하여 자녀에게 증여한 경우	현금성자산 −2,000		
	총자산 −2,000	총부채 변화 없음	−2,000 감소
2,000만원 상당의 자동차를 현금과 할부 1,000만원씩으로 구입하여 자녀에게 증여한 경우	현금성자산 −1,000	총부채 +1,000	
	총자산 −1,000	총부채 +1,000	−2,000 감소

하지 않는다. 예를 들어서 2,000만원 상당의 자동차를 구입하였다고 할 때 이를 예금인출금액으로 구입하였다면 예금에서 2,000만원이 차감되어 현금성자산이 감소되는 반면 2,000만원 상당의 자동차를 구입하게 되어서 개인사용자산이 증가한다. 이때 현금성자산과 개인사용자산의 크기가 동일하게 증감되므로 전체적인 순자산에는 변화가 없다. 반면, 2,000만원 상당의 자동차를 구입할 때, 예금은 1,000만원만 사용하고 할부를 1,000만원 사용했다고 하면, 현금성자산에서 1,000만원 감소, 개인사용자산에서 2,000만원 증가, 부채에서 1,000만원 증가하게 되어 전체적으로 순자산의 증감은 없게 된다. 하지만 2,000만원 상당의 자동차를 구입하여 따로 살고 있는 자녀에게 증여한 경우에는 현금으로 전액을 지불하든 일부 할부를 사용하든 순자산에서 2,000만원이 감소하게 된다. 이러한 순자산의 변화를 정리하면 <표 2-4>와 같다.

⑤ 자산부채상태표의 작성

자산부채상태표는 <표 2-5>와 같이 작성한다. 자산을 왼쪽 편에 부채와 순자산을 오른쪽 편에 종류별로 기입하고 작성한 기준일을 표시한다. 단위를 표시해야 하며 특이한 사항은 주석으로 표시하여 나중에라도 이해하기 쉽도록 한다. 각각의 항목에 대한 합을 표시하며 총자산과 총부채, 순자산은 쉽게

표 2-5 | **자산부채상태표 예시(김계획 씨 부부의 자산부채상태표)**

20XX년 1월 1일 기준 (단위 : 만원)

자 산		부채와 순자산	
항 목	금 액	항 목	금 액
현금성자산		단기부채	
은행예금	700	신용카드 잔액	250
만기 6개월인 CD	500	단기 신용대출 잔액	100
CMA 통장 잔액	1,200	계	350
계	2,400	장기부채	
안전금융자산		자동차 할부 잔액	990
적금	200	주택담보대출 잔액	15,000
정기예금	1,000	학자금 융자 잔액	3,000
계	1,200	계	18,990
금융투자자산			
주식포트폴리오	4,000		
펀드	2,000		
계	6,000		
부동산 자산			
거주 아파트	25,000	총부채	19,340
토지	10,000		
계	35,000		
개인사용자산			
자동차	2,000		
피트니스회원권	1,000		
계	3,000		
총자산	47,600	순자산	28,260

알아볼 수 있도록 표시한다.

⑥ 자산부채상태표 작성시 유의점

자산부채상태표는 작성을 하는 기준일의 자료를 이용해야 한다. <표 2-5>의 경우와 같이 자산부채상태표의 작성일이 20XX년 1월 1일이라면 각 자산의 평가액은 20XX년 1월 1일을 기준으로 해야 한다. 자산부채상태표를 작성할 때에는 개인이 가지고 있는 모든 자료를 수집해서 빠짐없이 기록해야 한다. 누락이 발생하는 경우에는 정확한 개인의 재무상태를 파악할 수 없기 때문이다.

또한 자산부채상태표는 다른 사람이 보기에도 작성의 기준이 이해하기 쉬워야 한다. 자산부채상태표는 일정 주기를 기준으로 업데이트되어야 하기 때문에 까다로운 기준을 사용하여 자산을 분류하는 것은 좋지 못하다. 개인재무설계 전문가는 일반적으로 자산부채상태표를 작성할 때 자세한 사항을 정리한 표와 개인이 한눈에 알아보기 쉽게 중요사항을 요약한 요약정리표를 만든다. 자세한 표는 개인이 보유한 자산의 상세한 내역—즉, 종목, 수량, 기준가 등—을 포함하고 있는 것으로 개인재무설계안 작성의 중요한 정보를 포함한다. 요약표는 개인의 재무상태에 대한 현황을 알기 쉽게 정리한 것으로 재무설계 전문가와 개인의 의사소통에 도움이 된다. 때로 사람들은 자세한 내역을 일일이 살펴보는 것보다는 큰 그림상에서 재무상태를 보고 싶어하기 때문이다.

2) 현금흐름표(Cash Flow Statement)

(1) 현금흐름표의 개념

현금흐름표는 일정기간 동안 개인 또는 가계의 현금 유입과 유출을 나타내는 표이다. 자산부채상태표가 일정시점에서 개인의 자산과 부채의 상태를 보여주는 표라면 현금흐름표는 말 그대로 일정기간의 현금흐름을 나타내는 표이다. 기간은 대부분 1년을 단위로 하는 경우가 많은데 보다 짧은 기간(예 1개월)을 단위로 하였을 경우에는 그보다 긴 기간(예 6개월 혹은 1년)을 주기로 하는 현금의 유입이나 유출이 누락될 위험이 있기 때문이다. 그렇다고 해서 1개월 단위 혹은 분기 단위의 현금흐름표가 잘못된 것은 아니다. 경우에 따라서는 1개월 단위의 현금흐름이 개인에게 이해가 쉬울 수 있다.

현금흐름표는 ○○○○년 ○○월 ○○일부터 ○○○○년 ○○월 ○○일까지라는 기준 기간과 함께 표시된다. 현금흐름표는 기준 기간 동안에 발생한 모든 현금의 유입과 유출을 표시하는 표이다.

(2) 현금흐름표의 중요성

현금흐름표의 작성은 수입과 지출의 내역에 대한 이해에 도움을 준다. 현금흐름표는 소득근원에 대한 분석, 지출에 대한 분석, 투자여력에 대한 분석 등을 가능하게 해준다. 현금흐름표를 살펴보면 현금의 유입이 어떻게 이루어지고 있으며 소득은 어떠한 역할을 차지하고 있는지에 대하여 파악할 수 있기 때문이다.

또한 현금의 유출을 살펴보면 지출 분석을 할 수 있다. 생활비에 낭비는 없는지, 개선할 사항이 포함되어 있지는 않은지, 특정항목이 지나치게 큰 비중을 차지하고 있어서 부담이 되지는 않은지, 확인되지 않게 새어나가는 돈은 없는지 등을 파악할 수 있다. 또한 유입과 유출의 비교는 투자와 저축의 여력을 분석하는 데 도움이 된다. 따라서 현금흐름표는 자산부채상태표와 함께 개인재무설계안 작성에 필수적인 개인재무제표가 된다.

자산부채상태표와 마찬가지로 개인재무설계를 실시한 이후의 현금흐름표를 작성할 수 있는데 이를 추정현금흐름표라고 한다. 재무설계안을 실시하게 되면 현금의 흐름이 어떻게 변화하는가에 대하여 보기 쉽게 정리한 것이 추정현금흐름표라고 할 수 있다. 추정현금흐름표의 작성은 개인으로 하여금 재무목표 실현을 위한 지출의 계획을 알려주는 단서가 되기도 한다. 자세한 지출의 계획은 제4장의 예산에서 살펴보도록 하겠다.

(3) 현금흐름표 작성방법

① 유입(Inflows)

현금의 유입은 해당되는 기준 기간 동안에 가계로 들어오는 모든 금전적 유입을 포함한다. 금전적인 유입은 소득, 이자수입이나 배당금, 투자의 수익금뿐 아니라 예금을 인출한 경우나 대출을 받아서 현금이 유입되는 경우 등을 모두 포함한다. 따라서 현금의 유입은 단순히 소득을 뜻하는 것이 아니다. 소득과 현금유입은 구별된다. 소득은 임금이나 이자, 투자수익금 등을 말하지만 빌려준 돈을 되돌려 받았다거나 투자자산을 매각한 원금은 소득이 아니다. 하지만 현금의 유입은 개인의 계좌로 들어오는 모든 금액을 포함한다. 따라서 임금, 이자, 투자수익금뿐 아니라 빌려주었다가 되돌려 받은 돈, 투자자산을 매각한 금액, 빌려온 돈 등도 모두 현금의 유입에 포함된다.

현금의 유입을 분류하여 작성하는 것은 일정기간 동안의 현금유입을 빠짐없이 기록하는 데 도움이 된다. 분류의 기준은 알기 쉽고 상호배타적이며 모든 것을 포함해야 한다. 현금의 유입은 소득 원천에 따른 소득(근로소득, 사업소득, 재산소득, 이전소득, 기타 소득), 기타 유입(저축 및 투자 금액, 대출금 등)으로 분류할 수 있다.

근로소득은 임금과 보너스 등이 포함되며 재산소득은 금융투자자산의 이자나 배당금뿐 아니라 부동산 투자에서 발생하는 임대소득 등이 포함된다. 이전소득은 정부나 공적기관에서 받는 이전소득뿐 아니라 부모나 친지로부터 유입되는 소득을 포함한다.

일정기간 동안 현금의 유입을 빠짐없이 포함하여 기록하는 것이 중요하기 때문에 기간의 선택에 유의해야 한다. 예를 들어 1년에 2번만 발생하는 소득이 있다면 기간을 1개월로 하였을 경우에는 이러한 소득을 월별로 계산하여 (1년 총소득/12) 유입에 반영하도록 한다.

② 유출(Outflows)

유출은 일정기간 동안 빠져나간 현금을 모두 포함한다. 고정지출과 변동지출 그리고 저축과 투자의 항목으로 구분할 수 있다. 고정지출은 매월 혹은 매년 일정하게 지출이 유지되는 항목을 말한다.

예를 들면, 부채상환금으로 원리금 상환금이나 월세, 매월 일정 금액씩 지불하는 기부금 등과 같은 항목이 이에 포함된다고 할 수 있다. 반면 변동지출은 지출금액의 변동이 있는 항목으로 식비, 오락비, 교통통신비 등과 같은 일상 생활비가 포함된다. 저축 및 투자는 규칙적으로 발생된 것과 불규칙적으로 발생된 것을 모두 포함한다. 현금의 유입과 유출은 파악하기 어려운 항목이다. 따라서 어디로 유출되었는지를 파악하기 어려운 경우에는 기타 혹은 미확인 유출로 표시하며, 모든 유출을 빠짐없이 기록하고 남는 금액이 있다면 저축과 투자로 간주한다. 하지만, 미확인 유출이 있다면 기타항목으로 포함할 수 있다.

표 2-6 | 현금흐름표의 예시(김계획 씨 부부의 현금흐름표)

20XX년 1월 1일 ~ 20XX년 12월 31일 (단위 : 천원)

현금의 유입		현금의 유출	
항 목	금 액	항 목	금 액
근로소득		고정지출	
급여	40,000	대출금 상환금	18,000
보너스	4,000	세금	4,500
계	44,000	고정 관리비	6,000
재산소득		고정 기부금	1,200
이자수입	5,000	계	29,700
임대료 수입	12,000	변동지출	
계	17,000	식비	5,500
이전소득		사교육비	12,000
부모님으로부터 보조	2,400	교양오락비	5,000
계	2,400	교통통신비	3,200
기타소득		기타	5,000
상금	2,000	계	30,700
원고료	1,000	저축 및 투자	
계	3,000	적립식 투자	18,000
기타 유입		정기적금	12,000
대출금	15,000	계	30,000
적금해약	10,000	기타	
계	25,000	미확인 유출	1,000
총유입	**91,400**	**총유출**	**91,400**

③ 현금흐름표의 작성

현금흐름표는 일정기간을 기준으로 하여 작성한다. 표의 왼쪽에는 현금의 유입을 표의 오른쪽에는 현금의 유출을 표시한다. 단위를 표시하며 특이사항은 주석을 이용해서 표시한다. 현금의 총유입과 총유출은 동일해야 하므로 미확인된 유출이나 유입이 있는 경우를 주의한다. 현금흐름표의 예는 <표 2-6>과 같다.

④ 현금흐름표 작성시 유의사항

현금흐름표를 작성할 때에는 일정기간 동안 가계에 유출되고 유입되는 모든 현금의 변동을 기록해야 하는 것이 무엇보다 중요하다. 따라서 누락이 없도록 하는 것이 가장 중요하다. 현금흐름표는 일정기간 동안 모든 현금의 유입과 유출을 표시하므로 그 기간의 유입과 유출의 크기는 동일하다.

현금흐름표의 작성은 개인이 이해하기 쉬워야 한다. 항목의 분류에서 의사소통이 가장 원활한 방법을 택하는 것이 도움이 된다. 분석과 평가를 위한 항목이 구분되어 있지 않다면 분석과 평가를 위하여 현금흐름표를 다시 작성해야 하는 번거로움이 발생할 수 있다. 따라서 항목의 분류에 신중을 기해야 한다. 앞에서 자산부채상태표에서 설명한 바와 같이 상세한 현금흐름표와 요약 현금흐름표를 작성하면 지속적인 업데이트에도 도움이 될 것이다.

현금흐름에 대한 해석에는 각별한 주의가 필요하다. 예를 들어 예금을 해약하여 잠시 동안 투자예비자금으로 가지고 있는 경우에는 현금의 유입이 평년과 비교할 때 많아질 수 있다. 일시적인 현금의 유입을 고려하여 장기적인 재무설계안을 작성하게 된다면 재무설계안의 실행에 곤란을 겪을 수 있다. 따라서 적용에 주의가 필요한 경우에는 각주를 활용하여 표시하도록 한다.

2. 개인재무설계 자료의 분석 및 평가

1) 개인재무설계 자료의 분석 및 평가의 의의

개인재무설계의 자료를 바탕으로 자산부채상태표와 현금흐름표와 같은 재무제표를 작성하였다면 이것을 토대로 개인의 재무상태에 관한 전반적인 분석과 평가를 시행해야 한다. 분석과 평가는 개인재무설계의 실행안을 도출하는 기본이 되기 때문에 최대한 정확한 기준을 가지고 해야 한다.

개인의 재무제표를 바탕으로 재무상태에 관한 전반적인 분석을 하는 목적은 개인의 재무상태에 대한 강점과 약점을 파악하는 데에 있다. 더 나아가서 단순한 강점과 약점의 파악뿐 아니라 좀 더 포괄적인 SWOT분석을 사용하기도 한다. 개인의 재무상태에서의 강점(Strength), 약점(Weakness), 기회(Opportunity)와 위험요소(Threat)를 파악하는 것이다. 개인재무설계안을 도출하기 위해서는 이러한 요소들을 정확하게 파악하고 있을 때 위험요소와 약점을 극복하고 강점과 기회를 활용하여 목표를 달성할 수 있다. 개인재무상태의 분석은 이러한 강점을 강화하고 약점을 보완하기 위하여 필수적인 단계이다. 개인재무상태의 분석을 위해서는 몇 가지 요소에 대한 일반적인 가정과 평가를 위한 준거기준이 필요하다.

(1) 개인재무상태 분석을 위한 가정

개인재무상태의 분석을 위한 가정치는 일반적으로 이해하고 받아들일 수 있는 것으로 설정되어야 한다. 예를 들면 물가상승률이나 이자율, 기대여명 등에 대한 가정이 필요한데 일반적으로 받아들일 수 있는 값들에는 과거의 평균치라든가 경험생명표 등이 있다. 터무니없는 가정을 바탕으로 분석하고 그에 따라서 재무설계안을 작성하는 경우에는 목표의 달성이 어려워질 수밖에 없다.

(2) 개인재무상태 평가에 대한 준거기준

개인재무상태의 평가에 대한 준거기준은 개인재무설계가 발전되어 있는 외국의 준거기준을 따르는 경우가 많다. 벤치마크라고 할 수 있는 준거의 기준들로 외국의 값들을 그대로 적용할 때에는 우리의 실정과 맞지 않을 수도 있으므로 주의를 기울여야 한다. 준거의 기준을 일반 사람들의 평균값으로 하는 경우도 있다. 이는 보통의 사람들이 하는 정도를 준거로 삼는 것이다. 개인재무설계의 분석 및 평가 준거기준은 개인재무설계가 정착되어 더욱 발전하고 이 분야의 연구가 활발하여지고 전문가집단이 증가함에 따라서 우리 실정에 맞는 값들로 바뀌게 될 것이다.

2) 자산 및 부채 상태의 분석 및 평가

자산 및 부채상태의 분석 및 평가는 주로 자산부채상태표의 자료를 가지고 이루어진다. 자산상태의 분석과 부채의 분석을 나누어서 살펴보자.

(1) 자산상태의 분석 및 평가

개인재무제표, 특히 자산부채상태표에서 자산상태의 분석은 개인의 자산이 어떻게 구성되어 있는가를 파악하려는 것이다. 일반적으로 우리나라 가계의 자산은 대부분(약 80% 정도) 부동산 자산으로 이루어져 있어 부동산 가격이나 금리의 변동에 의한 위험성이 높다.

가계의 자산상태를 분석할 때에는 가계자산의 구성이 어떻게 이루어져 있는가를 살펴본다. 부동산 자산이 지나치게 많은지, 투자자산의 구성은 어떻게 이루어져 있는지, 가계의 자산이 적절하게 분산되어 있는지를 살펴보아야 한다. 가계자산이 지나치게 편중되어 있는 것은 좋지 못하다.

하지만 자산구성에 관한 종합적인 준거기준이 존재하는 것은 아니다. 유동성을 위한 현금성자산의 크기, 투자성향에서 직접투자와 간접투자의 비중 등에 관한 지표는 외국의 예를 중심으로 설정되어 있으나 전체 자산에서 각 자산이 차지하는 비중에 특별한 준거기준이 존재하지는 않는다. 개인재무설계의 전문가인 경우에는 자산의 구성을 고객 개인의 특성(연령, 총자산의 규모, 소득의 규모)에 따른 집단의 평균과 비교하는 것도 고객의 위치를 평가하는 데 도움이 될 수 있다.

참고로 2018년 통계청에서 실시한 가계금융복지조사의 결과에 의한 우리나라 가계의 자산 현황을 살펴보면 다음의 <표 2-7>~<표 2-9>와 같다.

표 2-7 | 우리나라 중간소득(소득2~4분위) 가계의 자산부채상태(2018년 3월 31일 기준)

(n=11,816,922* 단위 : 만원)

항 목	평 균	표준편차	구성비
총자산	34,655.44	40,357.22	100.0%
금융자산	6,221.79	10,341.27	18.0%
안전금융자산	2,772.83	6,949.11	8.0%
저축성 보험	2,232.13	3,117.16	6.4%
금융투자자산	1,216.84	5,814.72	3.5%
실물자산	28,433.65	36,244.26	82.0%
거주주택사용자산	17,643.47	19,985.56	50.9%
거주주택 이외 부동산	9,137.81	26,003.06	26.4%
기타 실물자산	1,652.37	4,160.14	4.8%
총부채	6,400.57	12,253.96	18.5%
담보대출	3,774.78	8,426.25	
신용대출	672.63	2,782.24	
기타 대출	351.98	1,939.51	
임대보증금	1,601.18	6,846.79	
순자산	28,254.87	35,595.52	

*가중치를 적용한 소득2~4분위 응답자 수
자료 : 통계청(2019), 가계금융복지조사, 원자료를 저자가 가공함.

표 2-8 | 우리나라 중간소득(소득2~4분위) 가계의 연령대별 자산부채상태(2018년 3월 31일 기준)

(n=11,816,922* 단위 : 만원)

항 목	2030대 (n=2,332,103*)	4050대 (n=5,869,715*)	60대 (n=3,615,104*)
평균 가구원수 (명)	2.84	3.25	2.33
평균 연령 (세)	34.30	49.57	67.82
총자산	24,220.68	32,353.36	45,124.70
금융자산	4,340.65	6,462.15	7,045.05
안전금융자산	1,848.51	2,421.62	3,939.34
저축성 보험	1,713.98	2,782.33	1,673.03
금융투자자산	778.16	1,258.19	1,432.68
실물자산	19,880.03	25,891.21	38,079.66
거주주택사용자산	14,267.67	16,587.00	21,536.55
거주주택 이외 부동산	4,119.80	7,451.07	15,113.63
기타 실물자산	1,492.56	1,853.14	1,429.48
총부채	6,274.40	6,857.87	5,739.45
담보대출	4,295.73	4,234.99	2,691.48
신용대출	869.47	797.27	343.29
기타 대출	337.18	399.99	283.57
임대보증금	772.01	1,425.62	2,421.11
순자산	17,946	25,495	39,385

*가중치를 적용한 응답자 수
자료 : 통계청(2019), 가계금융복지조사, 원자료를 저자가 가공함.

표 2-9 | **소득분위에 따른 가계의 자산부채상태(2018년 3월 31일 기준)**

(단위 : 만원)

항 목	1분위 (n=3,939,055*)	2분위 (n=3,938,710*)	3분위 (n=3,940,423*)	4분위 (n=3,937,789*)	5분위 (n=3,938,307*)
평균 가구원수 (명)	1.58	2.33	2.95	3.38	3.66
평균 연령 (세)	65.68	55.06	51.35	50.00	50.71
총자산	13,331	23,404	34,408	46,157	90,577
금융자산	1,860	3,923	6,040	8,703	18,681
안전금융자산	1,158	1,866	2,562	3,891	7,961
저축성 보험	479	1,296	2,213	3,187	5,496
금융투자자산	223	761	1,265	1,625	5,224
실물자산	11,470	19,481	28,368	37,454	71,896
거주주택사용자산	7,992	12,747	17,569	22,616	36,912
거주주택 이외 부동산	3,240	5,934	9,144	12,336	30,762
기타 실물자산	237	800	1,655	2,502	4,222
총부채	1,579	3,763	6,447	8,992	16,877
담보대출	700	2,014	3,797	5,514	9,635
신용대출	132	408	636	974	1,689
기타 대출	161	338	347	371	516
임대보증금	585	1,003	1,666	2,134	5,038
순자산	11,752	19,641	27,961	37,165	73,700

*가중치를 적용한 응답자 수
자료 : 통계청(2019), 가계금융복지조사, 원자료를 저자가 가공함.

그림 2-3 | **김계획 씨 부부의 자산 구성 현황**

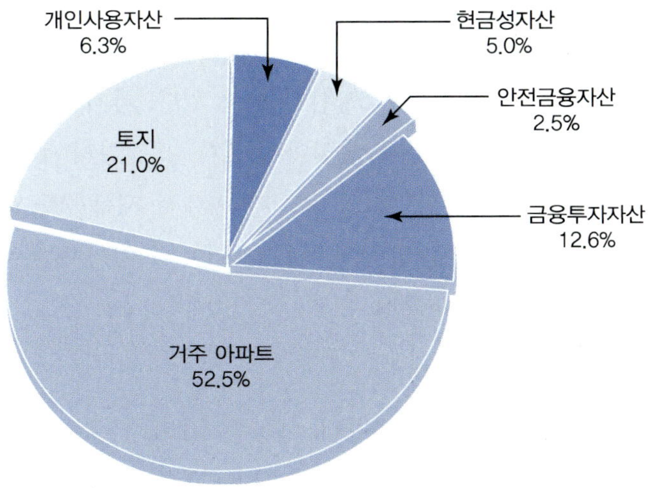

앞에서 제시한 <표 2-5>를 기준으로 김계획 씨 가계의 자산상태를 분석하면 아래와 같다. 먼저 자산의 비중을 그래프로 나타내면 <그림 2-3>과 같다. 김계획 씨 부부의 경우 부동산 자산(거주 아파트와 토지)은 총자산의 약 73.5%를 차지하고 있으며 금융자산은 현금성자산 5%, 안전금융자산 2.5%, 금융투자자산 12.6%로 총 20.2%를 차지한다. 40대인 김계획 씨 부부의 자산을 통계청의 2018년 가계금융복지조사와 비교할 때(<표 2-8> 참조) 부동산 자산의 비중은 4050연령집단의 평균인 74.3%보다 약간 낮다고 할 수 있다.

(2) 부채의 분석

부채의 분석은 자산부채상태표와 현금흐름표상에서 부채상환액을 이용한다. 부채를 분석하기 위해서는 부채의 규모, 용도, 부채부담 등을 살펴본다. 부채의 규모가 총자산에 비하여 지나치게 크지는 않은지, 부채의 용도가 가계의 재무상태를 바람직한 방향으로 이끌고 재무목표의 달성에 도움이 되는 것인지, 부채상환액이 지나치게 부담이 되지는 않는지 등을 살펴보아야 한다.

부채는 없는 것이 바람직하다. 하지만 긍정적인 부채도 있다. 부채를 적절하게 사용하면 재무목표의 달성에 보다 효과적으로 달성하게 되는 경우가 있다. 예를 들면 높은 이율의 저축이나 투자상품을 해약하는 것보다는 이율이 낮은 경우 단기 대출을 이용하여 목적자금으로 사용하는 것이 나을 수 있다. 또한 장기적으로 가치의 상승이 이자지급액보다 높을 것으로 예측되는 경우에도 부채를 활용하는 것을 고려해 볼 수 있다. 하지만 부채는 개인의 소득과 지급여력, 자산의 구조 등에 알맞아야 한다. 적절하지 못한 부채나 과도한 부채는 가계재무상태에 위협적인 요소가 되어서 재무목표 달성에 저해가 되며 다양한 면에서 개인생활의 질을 하락시키는 요인이 된다. 부채의 분석을 부채의 유형에 따라 살펴본다.

① 소비생활 관련 부채

소비생활 관련 부채란 일반적으로 주택구매나 투자를 제외한 소비생활과 관련된 부채를 말한다. 신용카드의 사용, 할부구매, 현금대출 등을 활용하여 생활자금, 교육자금 등으로 사용하는 일상적인 소비생활에서 발생하는 부채를 포함한다. 소비생활 관련 부채의 규모를 소비자부채비율로 살펴본 그리닌저 등(Greninger et al., 1996)과 리튼 등(Lytton et al., 2006)은 소비생활부채상환액이 순소득(총소득에서 세금을 뺀 소득)의 15% 이하가 적당하다고 하였다. 양세정 등(2013)의 연구에서는 소비생활을 위한 부채상환액은 총소득을 기준으로 10% 이하가 바람직하다고 제시한 바 있다.

소비자생활 관련 부채 비중을 살펴볼 때 신용카드의 사용금액을 포함시키는데, 이때 중요하게 살펴보아야 할 것은 개인이 신용카드를 편리성 때문에 사용하는지 혹은 신용사용을 목적으로 하는지를 보는 것이다. 편리성 위주로 신용카드를 사용하는 경우는 신용카드의 할부사용이나 리볼빙결제(revolving, 일부결제금액 이월약정이라고 표현)를 하지 않는 경우로 실제 소비자부채를 사용한다기보다는 결제의 수단으로 신용카드를 사용하는 것이기 때문에 소비생활 관련 부채상환액이 높더라도 가계재무구조에 위협을 주는 상황이 아니다. 따라서 신용사용이나 할부사용의 경우를 소비생활 관련 부채로 포함시키도록 한다.

② 주거 관련 부채

주거 관련 부채의 경우는 주택담보대출의 원리금 상환금액 및 주거와 관련한 비용을 함께 고려해서 살펴본다. 주거 관련 부채의 부담을 살펴보는 지표는 대부분 미국에서 개발된 것으로 자가주택을 소유한 경우와 그렇지 않은 경우로 나누어서 계산한다. 자가주택을 소유한 경우에는 주거와 관련된 총비용(주택담보대출 원리금상환액, 주택 관련 보험료 및 세금, 주택관리비, 주택과 관련된 보수비용, 주택 유지비용 등)이 총소득의 35%를 넘지 않도록 권고하고 있다. 여기에서 총소득은 세전소득을 말한다. 자가를 보유하고 있지 않은 경우에는 주거 관련 총비용이 총소득의 30%를 넘지 않아야 한다고 한다.

주거 관련 부채 부담을 살펴볼 때 경우에 따라서는 주택담보대출 원리금상환액과 세금, 그리고 주택 관련 보험의 합이 총소득의 28% 이내이어야 한다는 권고사항이 있다. 이 경우에는 주택 유지 및 보수와 관련된 비용을 포함하지 않는 수치이다. 이는 미국에서 주택담보대출(모기지) 심사에서 사용되는 비율로 주택담보대출 원리금상환액(Principle, Interests), 주거 관련 세금(Tax), 주거 관련 보험(Insurance)의 합이 총소득의 28% 이하이어야 한다는 기준에 따른 것이다.

주거와 관련한 부채가 과다한 경우에는 가계재무건전성에 심각한 문제가 발생할 위험이 있다. 특히 자산의 대부분이 주택으로 이루어져 있는 경우 주택에 과도한 부채가 설정되어 있다면 소득이 불안정하게 되면 채무부담액이 생활의 질 하락으로 이어질 뿐 아니라 심각한 경우에는 가계재무구조의 위험요인이 될 수 있다.

우리나라의 기준으로는 양세정 등(2013)의 연구에서 거주주택 마련을 위한 부채상환액은 총소득의 20% 이하가 바람직하다고 제시하였으며, 총자산을 기준으로 거주주택 마련을 위한 부채의 잔액은 30% 이하가 바람직하다고 제시하였다.

③ 총부채

총부채는 소비자부채와 주거 관련 부채 모두를 포함하는 부채액을 말한다. 총부채를 평가할 때에는 총부채의 규모와 총부채의 규모와 총부채상환액이 총소득에서 차지하는 비중을 살펴본다. 총부채의 규모는 자산부채상태표 상의 총부채로 총부채가 총자산과 비교하여 어떠한 규모인가를 살펴본다. 자산

한걸음 더 대출 심사에서 사용하는 부채 부담 비율

- DTI(Debt to Income Ratio), **총부채상환비율** : 주택담보대출의 원리금상환액과 기타 부채의 이자상환액이 총소득에서 차지하는 비율
  - 예 연간 주택담보대출 원리금상환액이 1,200만원이고 다른 대출의 이자상환액 총합이 800만원이며 총소득이 6,000만원이라면 DTI＝(1,200만원＋800만원)/6,000만원으로 33.3%가 됨.
- DSR(Debt Service to Income Ratio), **총부채원리금상환비율** : 모든 부채의 원리금상환액이 총소득에서 차지하는 비율
  - 예 연간 주택담보대출 원리금상환액이 1,200만원이고 다른 대출의 원리금상환액 총합이 1,200만원이며 총소득이 6,000만원이라면 DSR＝(1,200만원＋1,200만원)/6,000만원으로 40%가 됨.
- LTV(Loan to Value Ratio), **담보인정비율** : 대출금액이 담보물의 가치에서 차지하는 비율
  - 예 주택담보대출을 하려고 할 때, 해당 주택의 가치가 10억원이고 대출금액이 5억원이라면 LTV＝5억원/10억원으로 50%가 됨.

대비 부채총액은 적으면 적을수록 바람직하다고 할 수 있다. 일부 전문가들은 총자산 대비 총부채잔액이 40% 이하이면 적당하다고 한다. 하지만 자산과 부채의 비율은 자산의 규모와 개인의 라이프사이클 단계 등에 영향을 받게 되므로 지속적인 개선이 이루어지도록 하는 것이 중요하다고 할 수 있다.

총부채상환액은 주거 관련 부채상환액과 소비자부채상환액의 합을 말하는데 이러한 총부채상환액은 총소득의 36%를 넘지 않아야 한다는 것이 미국 모기지 심사의 기준이다. 우리나라의 경우 은행대출의 심사기준은 총소득의 40% 이내이다. 양세정 등(2013)의 연구에서 발표된 우리나라 가계를 위한 가이드라인은 총자산 대비 총부채잔액은 40% 이하가 바람직하다고 하였으며, 총소득을 기준으로 한 총부채상환액은 30% 이하가 적당하다고 하였다.

앞의 <표 2-5>와 <표 2-6>에 제시되어 있는 김계획 씨 부부의 사례를 중심으로 부채상태에 관하여 분석해 보면 아래와 같다. 김계획 씨 부부의 경우 총부채는 19,340만원으로 총자산 47,600만원의 약 40.6%이다. 우리나라의 전문가들이 말하는 40%를 약간 넘는 수준이다. 김계획 씨 부부의 경우 따라

서 추가적인 부채의 발생을 삼가야 할 것으로 보인다. 김계획 씨 부부의 소비자부채상환액을 살펴보려면 소비자부채인 신용카드 잔액, 단기대출 잔액, 그리고 자동차대출 잔액에 대한 부채상환액을 파악해야 한다. <표 2-5>와 <표 2-6>에서는 이러한 정보를 직접적으로 파악할 수 없으나 개인재무설계의 자료 수집에서는 각 대출에 관한 자세한 정보가 나와 있을 것이다. 각 대출의 원금, 이자율, 기간 등의 정보로부터 부채상환액을 비교할 수 있으며 부채의 유형에 따라서 그 값을 결정할 수 있다. <표 2-5>와 <표 2-6>에서 계산할 수 있는 금액은 총부채상환액 대비 총소득의 비율이다. 김계획 씨 부부의 경우 총부채상환액은 1,800만원으로 총소득 6,640만원의 27.1%이다. 따라서 이 수치가 30% 이하이므로 부채상환액의 부담은 적정한 수준이라고 할 수 있다.

3) 현금흐름의 분석 및 평가

현금흐름에 대한 분석과 평가는 개인의 소득원천에 대한 다양성, 소비 및 저축성향에 대한 분석 등으로 이루어진다.

(1) 소득원의 다양성

소득원천에 대한 다양성 분석은 소득의 원천이 한 곳인 경우보다 여러 곳인 경우가 위험상황에 처했을 때 대처능력이 높아진다는 면에서 다양할수록 좋다고 할 수 있다. 하지만, 하나의 소득원이 있다고 하더라도 그러한 소득의 금액이 큰 경우에는 재무상태가 약하다고는 할 수 없지만 소득의 다양화는 장기적으로 건전한 재무상태를 유지하는 데 도움이 된다.

(2) 소비성향에 대한 분석

소비성향에 대한 분석을 통해서 가계의 지출구조와 소비 습관 등을 점검해 볼 수 있다. 가계의 지출을 고정지출과 변동지출로 나누어서 살펴보아 변동지출이 과다하고 증가하는 추세에 있다면 예산에 맞는 지출생활을 하고 있는지를 점검해 보아야 한다. 재무목표를 위하여 줄일 수 있는 변동지출이 있는 경우에는 지출에 대한 가이드라인이라고 할 수 있는 예산을 작성하여 따르도록 한다. 예산에 대한 자세한 내용은 제4장에서 살펴보도록 하겠다.

(3) 저축성향에 대한 분석

저축성향에 대한 분석은 가계나 개인의 총저축액의 총소득대비 비율로 살펴볼 수 있다. 우리나라는 저축률이 높은 나라 중의 하나였다. 실제 1980년대부터 가계의 순저축률은 20%를 상회하였으며 이러한 높은 저축률은 1990년대 중반까지 이어졌다. 하지만, 2000년 이후 저금리 시대에 들어서면서 우리나라 가계의 순저축률은 10% 미만으로 나타나고 있다(<표 2-10> 참조).

한편 미시적인 자료인 통계청의 2021년 1/4분기 가계조사에 의하면 가계의 평균소비성향과 흑자율은 소득분위에 따라서 크게 차이가 나서 흑자율의 경우 −54.5%에서 43.5%에 이르는 것으로 나타났으며, 가구주의 연령에 따라서는 23.8%에서 36.4%의 흑자율을 보이고 있는 것으로 나타났다(<표 2-11> 참조).

가계의 저축성향은 총저축금액이 총소득에서 차지하는 비율을 계산하여 값을 구하는데 재무설계 전문가들은 최소한 20% 이상의 저축을 권고하는 경우도 있다. 예를 들어 양세정 등(2013)은 바람직한 가계 재무목표 달성을 위하여 30% 이상을 저축하는 것을 제안하였다. 하지만 저축률은 가계의 소득과 라이프사이클에 크게 영향을 받는 것으로 무조건적인 수치를 결정하는 것

표 2-10 | 우리나라 가계의 저축률

연도	1980	1981	1982	1983	1984	1985	1986	1987	1988	1989
가계순저축률(%)	8.2	8.6	9.8	11.2	14.0	14.9	19.7	22.7	24.3	22.6
연도	1990	1991	1992	1993	1994	1995	1996	1997	1998	1999
가계순저축률(%)	21.7	23.8	22.5	21.2	19.6	17.1	16.3	14.5	21.2	14.6
연도	2000	2001	2002	2003	2004	2005	2006	2007	2008	2009
가계순저축률(%)	8.4	5.0	1.0	4.3	7.4	6.0	4.9	3.2	3.3	4.2
연도	2010	2011	2012	2013	2014	2015	2016	2017	2018	
가계순저축률(%)	2.8	2.2	2.8	4.5	5.9	8.4	7.5	6.5	6.9	

자료 : 한국은행, 국민계정
가계순저축률 = [가계 순저축 ÷ (가계 순조정처분가능소득 + 연금기금의 가계순지분 증감)] × 100
가계저축률은 '가계순저축률'을 말하며, 세금과 이자 등을 제외하고 개인이 쓸 수 있는 모든 소득(가처분소득) 가운데 소비지출에 쓰고 남은 돈의 비율을 뜻함.

표 2-11 | 전국 1인 이상 가구의 평균소비성향 및 흑자율(2021년 1/4분기)

구 분		평균소비성향	흑자율(저축률)
소득 구간별	1분위	154.5%	-54.5%
	2분위	84.7%	15.3%
	3분위	74.4%	25.6%
	4분위	65.5%	34.5%
	5분위	56.5%	43.5%
가구주 연령별	39세 이하	63.6%	36.4%
	40대	76.2%	23.8%
	50대	67.7%	32.3%
	60세 이상	67.7%	32.3%

자료 : 통계청(2021), 가계동향조사, kosis.kr

보다는 가계의 라이프스타일과 재무목표에 맞게 설정하고 자신의 또래 집단과 비교하는 것이 전체적인 상황에서 개인의 위치를 파악하는 데 도움이 될 것으로 보인다.

앞의 김계획 씨의 경우 현금흐름에 대하여 분석을 하면 김계획 씨의 소득은 근로소득과 재산소득, 이전소득, 기타소득 등 다양한 소득근원을 가지고 있다. 근로소득이 전체 소득에서 차지하는 비중이 66%로 가장 높으나 재산소득도 26%를 차지하고 있어서 소득근원의 편중이 심하지 않은 편이다(<그림 2-4> 참조). 한편 <표 2-6> 현금흐름표에서 김계획 씨 부부의 지출내역을 살펴보면 고정지출과 변동지출, 저축 및 투자가 비슷한 수준으로 나타나고 있다(<그림 2-5> 참조).

4) 유동성 분석

가계의 유동성 분석이란 가계의 자산 중에서 유동자산이 차지하는 비중이 적당한가를 살펴보는 것이다. 유동자산이란 쉽게 현금화가 가능한 자산을 말한다. 따라서 앞의 자산부채상태표에서 현금성자산에 해당되는 자산을 뜻한다고 할 수 있다. 유동성 분석을 비상예비자금의 분석으로 표현하기도 하는데 이는 비상시에 소득이 중단되는 상황이 발생하면 가계가 유동성자산을 활

그림 2-4 | 김계획 씨 부부의 소득 구성

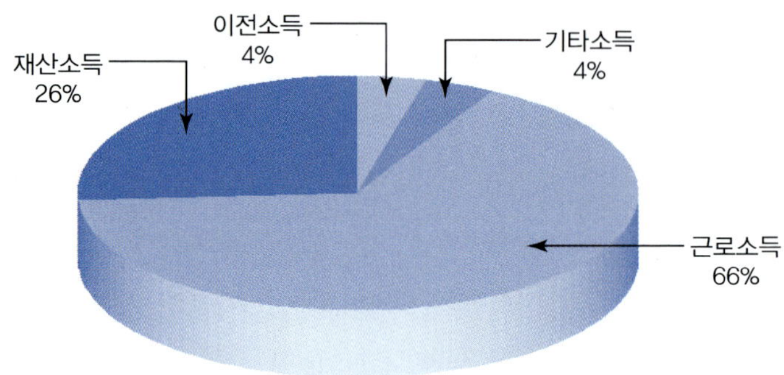

그림 2-5 | 김계획 씨 부부의 지출 내역

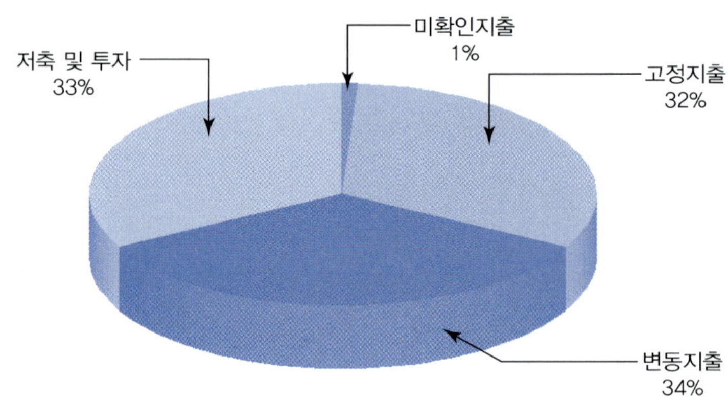

용하여 어느 정도를 생활할 수 있는가를 나타내기 때문이다.

재무설계 전문가들은 유동성자산, 즉 비상예비자금을 소득세를 제외한 월평균 고정지출과 월평균 변동지출의 합의 3배 내지 6배를 준비하여야 한다고 말한다. 즉, 3개월 내지 6개월 수준의 생활비를 비상예비자금으로 확보해야 한다는 것이다. 3개월에서 6개월의 생활비를 비상예비자금으로 확보해야 한다는 것은 소득이 중단되었을 경우 다른 소득활동을 시작해서 정상적인 생활이 영위될 수 있을 때까지의 준비기간이 약 3개월에서 6개월 정도 걸린다고 예상한 것에서 나온 개념이다. 하지만 한 직장에서 다른 직장으로 이직하는 것은 그것이 비자발적인 경우에 쉬운 일이 아니다. 또한 구직활동은 직업의 유형에 따라서 다르게 나타난다. 근로소득자와 자영업자의 경우는 특히 큰 차이가 있을 것이다. 자영업을 하는 경우에는 비상예비자금을 근로소득자보다 넉넉하게 준비하는 것이 좋다는 의견도 있다.

위의 예에서 나온 김계획 씨의 경우 총 월평균 생활비는 <표 2-6>에서 살펴볼 수 있는 바와 같이 465.8만원이다{(고정지출+변동지출−세금)/12}. 따라서 이 경우 적정한 비상예비자금은 466만원의 3배에서 6배가량인 1,397.5만원에서 2,795만원 수준이다. <표 2-5>에 의하면 김계획 씨는 현금성자산으로 2,400만원을 가지고 있다. 이 금액은 김계획 씨의 월평균 생활비의 약 5배에 해당하는 금액으로 만일의 경우 김계획 씨 부부의 소득이 중단되면 비상예비자금으로 5개월 정도를 생활할 수 있다. 최근에는 비상예비자금으로 활용할 수 있는 자산을 적금이나 정기예금 등의 안전금융자산을 포함하는 경우도 있다. 이러한 경우 김계획 씨의 경우 총 3,600만원의 자금을 비상시에 활용할 수 있다.

5) 투자성향 분석

개인의 재무상태를 분석할 때에는 투자성향에 대한 분석을 포함하도록 한다. 투자성향이란 개인이 위험수용성향에 맞게 투자를 하고 있는지를 알 수 있게 해주어 지나치게 보수적으로 투자하고 있지는 않은지 혹은 지나치게 공격적으로 투자하고 있지는 않은지를 평가한다. 투자성향을 분석할 때에는 전체 저축 및 투자액에서 위험자산에 투자하는 비중을 살펴볼 수 있다.

재무비율에 대한 초기 연구를 수행한 미국의 그리닌저 등(Greninger et al., 1996)의 연구를 살펴보면 투자의 성향은 자산배분에 관한 비율을 통해서도 파악할 수 있는데 그리닌저 등은 순자산에서 투자자산이 차지하는 비중을 50% 정도로 권장하고 있으며 전체 투자에서 해외투자가 차지하는 비중을 10% 정도로 권장하고 있다. 한편 우리나라 가계에 적합한 가계재무비율을 연구한 양세정 등(2013)은 총저축에서 금융투자저축이 차지하는 비중을 30% 이상으로 하는 것이 바람직하다고 권장하였다.

6) 재무목표에 따른 분석

재무상태에 관한 분석에는 재무목표에 따른 필요자금 분석을 포함한다. 종합재무설계에 포함되는 다양한 재무이슈에 대한 목표에 가계가 어떻게 접근하고 있는가를 평가하는 것이다. 이러한 분석은 개인재무설계가 실행되어 감에 따라서 그 중요성이 더해지는 분석이라고 할 수 있다. 목표에 맞게 가계의 자산과 부채, 현금흐름이 부합되어 있는지를 살펴보는 것이 필요하다.

이러한 분석에서는 분석하는 사람의 편견이 포함되어서는 안 된다. 주관적인 견해보다는 개인의 목표에 맞게 객관적이고 전문적인 평가를 내리도록 해야 한다. 다양한 자료를 이용하는 것도 객관성이나 추세를 이해하는 데 도움이 될 수 있다.

5절 개인재무설계안의 작성

1. 개인재무설계안 작성 시 유의점

1) 개인의 목표와 이익을 최우선으로 함

개인재무설계안을 작성할 때에는 개인의 목표와 이익을 최우선으로 해야 하며 개인을 둘러싼 환경의 변화를 염두에 둘 필요가 있다. 개인재무설계안은 개인에게 적합한 것이어야 하며 전문가나 사회적인 트렌드에 의해 좌우되는 것은 아니다. 따라서 개인재무설계안을 작성하는 전문가는 고객의 입장을 최우선으로 해야 한다는 것을 명심할 필요가 있다.

또한 개인의 가치나 라이프스타일에 적합하지 않은 설계안을 작성하거나 실행에 무리가 따르는 설계안을 작성하지 않도록 해야 한다. 소비지출을 지나치게 크게 줄여야 한다거나 라이프스타일의 무리한 변화를 요구하는 재무설계안은 실행가능성이 적다.

2) 환경의 변화에 유연해야 함

개인재무설계안을 작성할 때에는 환경의 변화에 유연적으로 변화할 수 있는 여지를 생각해두어야 한다. 결혼 혹은 자녀출산과 같은 개인의 라이프사이클상 변화가 예측된다거나 경제적인 여건의 변화에 유연적으로 대처할 수 있는 재무설계안을 도출하도록 노력해야 한다. 상품의 선택이나 제안이 단기간에 변경하였을 경우 큰 손해를 가져온다거나 변경이 어려운 경우를 포함하고 있다면 그러한 선택에 대하여 심사숙고할 필요가 있다.

3) 종합적인 입장을 취함

개인재무설계안을 작성할 때에는 최대한 종합적인 입장을 취하는 것이 좋다. 개인재무설계안이 특정 목표 하나만을 위한 단일재무설계라고 하더라도 그러한 설계안을 실행하였을 때에 관련되는 세금문제와 위험관리 부분을 고려하는 전문성이 필요하다.

2. 개인재무설계안의 작성방법

재무상태에 대한 분석과 평가가 끝나면 개인재무설계안의 작성과정으로 진입하게 된다. 개인재무설계안의 작성은 개인의 재무목표에 대한 다양한 제안으로 이루어지게 된다. 따라서 개인재무설계안을 작성하는 전문가의 주관적인 의견이 개입될 수 있다. 개인재무설계안은 재무목표를 향한 단 한가지의 모범답안은 아니다. 따라서 다양한 대안이 제시될 수 있다. 개인의 재무상태에 관한 분석과 평가 이후 개인재무설계안의 작성과정은 아래와 같다.

1) 필요자금 계산

개인재무설계안을 작성하기 위해서는 필요자금에 대한 계산이 필요하다. 우리는 앞에서 개인의 재무목표를 설정할 때 필요한 자금을 명확히 해야 한다고 배웠다. 개인재무설계안의 작성에서 필요자금의 계산은 다양한 요인을 고려한 계산이다. 장기재무목표의 경우에 필요자금은 개인이 예측하는 단순한 금액이 아니다. 인플레이션이 고려되어야 하고 수익률이 적용되기 때문에 정확한 계산이 필요하다. 따라서 단순한 수익률이 아닌 인플레이션을 고려한 수익률이 사용되기도 한다. 필요자금을 계산하고 그에 따른 월평균 저축액 혹은 초기 투자액을 계산한다.

이러한 계산에는 화폐의 시간가치에 대한 이해를 필요로 한다. 화폐의 시간가치는 제7장에서 자세히 다루도록 하겠다.

2) 상품의 선택

필요자금을 계산하고 그에 따른 저축액이 결정되었다면 그러한 목적에 맞는 상품의 선택을 거친다. 상품의 선택은 고객의 위험수용성향에 따른다. 2009년부터 시행된 「자본시장과 금융투자업에 관한 법률」은 고객의 위험수용성향에 맞는 상품을 선택하도록 하고 있다. 제1장에서 설명한 바와 같이 고객의 투자목적, 위험수용성향 및 투자 여건 등에 따라 적합한 금융상품을 선택하도록 해야 한다.

3) 추정재무제표 및 예산 작성

재무목표에 따른 필요자금과 저축액이 결정되고 그에 따른 상품의 선택이 이루어지면 재무설계안의 실행에 대한 추정재무제표를 작성한다. 앞에서 설명한 바와 같이 추정자산부채상태표와 추정현금흐름표를 작성하여 재무설계안의 실행이 가져오는 결과를 보여준다. 또한 재무설계안의 실행에 적합한 예산을 수립해야 한다.

3. 개인재무설계안

개인재무설계안은 일반적으로 다음과 같은 내용을 포함하고 있다.

- 개인에 대한 정보
- 개인이 재무설계사를 고용한 경우에는 업무수행의 범위 내용
- 재무목표 및 우선순위

- 개인의 자료
- 개인재무설계의 분석에 사용된 가정
- 개인의 자산부채상태표와 현금흐름표
- 현재 재무상태에 대한 분석 및 평가 내용
- 재무목표의 실현을 위한 제안
- 제안에 따른 추정재무제표
- 제안에 따른 예산
- 기타 필요한 내용

개인재무설계안은 다양한 분석과 자세한 내용을 포함하고 있기 때문에 요약을 포함하는 경우가 많다. 개인의 자세한 재무상태에 대한 표를 상세하게 보여주는 것과 자세한 분석의 내용들은 부록에 삽입하고 중요한 내용을 요약해서 앞부분에 배치하는 것은 의사소통에 도움이 된다. 요약의 내용에는 개인자료와 가정들을 설명하고 개인의 자산부채상태표와 현금흐름표를 제시하여 현재의 재무상태에 대한 분석을 설명하고, 제안의 내용을 설명하는 것을 포함한다.

개인재무설계 전문가는 고객의 재무설계안을 작성할 때 고객의 언어로 표현하는 것이 중요하다. 지나치게 전문적인 용어를 사용한다거나 이해하기 어려운 수식과 도표가 삽입되는 것은 의사소통에 저해가 된다. 또한 개인재무설계안이 실패하는 경우도 예상해야 한다. 개인재무설계 전문가는 고객에게 환경의 변화와 그에 따른 실패가능성에 대하여 충분한 설명이 필요하다.

4. 종합적인 개인재무설계안 도출을 위한 제언

종합적인 측면에서 개인재무설계안을 도출하기 위해서는 개인재무를 둘러싼 모든 영역을 점검해야 한다. 종합적인 개인재무설계안의 도출을 위한 제언을 리튼 등(Lytton et al., 2006)이 제시한 내용을 중심으로 살펴보겠다.

개인재무설계안을 작성할 때에는 다음과 같은 내용에 대하여 점검하는 것이 도움이 된다.

1) 현금흐름에 대한 점검

① 현금흐름표와 자산부채상태표의 점검과 평가는 객관적인 준거기준을 이용해서 행해졌는지를 살펴본다.
② 비상예비자금의 확보를 위한 제언이 이루어졌는지 살펴본다.
③ 현금유출을 평가하여 개인의 투자여력을 최대화하였는지 살펴본다.
④ 부채가 존재하는 경우 부채의 감소와 부채상환에 대한 계획을 포함하고 있는지 살펴본다.
⑤ 개인의 저축성향과 저축에 대한 태도에 맞는 제안이 이루어졌는지 살펴본다.

2) 세금설계에 대한 점검

① 개인의 장·단기 세금이슈를 점검하였는지 살펴본다.
② 소득세 절세를 위한 방안이 포함되어 있는지 살펴본다.
③ 금융 관련 세금과 부동산 관련 세금에 대한 이슈를 점검하였는지 살펴본다.
④ 상속 및 증여와 관련된 세금이슈를 점검하였는지 살펴본다.
⑤ 기타 개인에게 필요한 세금이슈가 절세전략과 함께 고려되었는지 살펴본다.

3) 위험관리에 대한 점검

① 위험관리를 위한 분석이 이루어졌는지 살펴본다.
② 생명보험에 대한 분석과 대안이 포함되었는지 살펴본다.
③ 상해보험의 필요성에 대한 분석과 그에 대한 대안이 포함되었는지 살펴본다.
④ 건강보험, 장기간병보험, 기타 특수 위험관리에 대한 분석과 대안이 포함되었는지 살펴본다.

4) 투자설계에 대한 점검

① 투자설계를 위한 목표가 명확하게 설정되었는지 살펴본다.
② 투자목표가 달성될 수 있는 투자설계가 이루어졌는지 살펴본다.
③ 개인의 투자성향, 투자기간, 투자목적에 맞는 자산배분이 이루어졌는지 살펴본다.
④ 투자설계의 대안들에 대한 세금이슈가 고려되었는지 살펴본다.

5) 은퇴설계에 대한 점검

① 은퇴설계의 목표가 명확하게 설정되었는지 살펴본다.
② 은퇴설계의 목표의 달성 여부에 대하여 분석되었는지 살펴본다.
③ 개인의 목표와 투자기간, 투자성향에 알맞은 은퇴설계가 이루어졌는지 살펴본다.
④ 은퇴자금마련을 위한 모든 대안들이 고려되었는지 살펴본다.
⑤ 은퇴설계와 관련된 세금혜택이 충분히 활용되었는지 살펴본다.

6) 상속 및 증여 설계에 대한 점검

① 상속과 증여에 대한 계획이 이루어졌는지 살펴본다.
② 상속과 증여에 관련한 서류가 작성되었는지 살펴본다.
③ 상속과 증여와 관련한 비용최소화와 절세전략이 고려되었는지 살펴본다.
④ 상속과 증여에 관한 장기적인 계획을 실천하도록 제안되었는지 살펴본다.

7) 부동산 및 기타 목적자금 설계에 대한 점검

① 부동산 투자가 개인의 목적에 맞게 이루어졌는지 살펴본다.
② 부동산 관련 세금이슈가 충분히 고려되었는지 살펴본다.
③ 개인의 생활의 질을 향상시키는 부동산설계가 이루어졌는지 살펴본다.
④ 부동산 관련 부채의 적정성에 대하여 점검하였는지 살펴본다.
⑤ 기타 목적자금 설계에 대한 세금이슈와 설계대안이 포함되었는지 살펴본다.

6절 실행 및 점검

1. 개인재무설계안의 실행

개인재무설계안이 수립되었으면 실행의 단계로 진입한다. 개인재무설계안의 실행은 매우 중요한 단계이다. 재무목표에 따라서 아무리 좋은 재무설계안이 수립되었다고 하더라도 실행이 이루어지지 않으면 의미가 없기 때문이다. 개인재무설계안의 실행은 개인이 재무설계 전문가를 고용한 경우에 재무설계안을 수립한 전문가에 의해서 실행될 수도 있고 다른 전문가에 의해서 실행될 수도 있다. 이러한 의사결정은 재무설계 전문가를 고용하는 시점에서 업무의 범위를 설정하면서 결정한다. 재무설계 전문가가 실행을 한다면 고객의 동의가 반드시 필요하다.

1) 개인재무설계안의 실행에서 고려해야 할 점

개인재무설계안의 실행에서는 대안에 대한 다양한 검토가 필요하다. 상품의 선택에서 제시된 다양한 대안에 대하여 실제 실행할 경우의 고려점을 살펴보아야 한다. 그러한 고려점에는 비용, 수수료, 법적인 제약 등이 있다.

개인재무설계안의 실행에서는 거래의 시점에 대한 검토가 필요하다. 기존자산을 해약하거나 팔아야 할 경우에는 그 시점을 결정해야 하며 새로운 상품을 구입해야 하는 경우에도 시점에 대한 의사결정이 필요하다.

개인재무설계안의 실행에서는 금융기관의 선정에 대한 의사결정이 필요하다. 기존의 금융기관을 이용할 것인지 새로운 금융기관과 거래를 할 것인지 경우에 따라서는 계좌를 이동할 것인지 계속 유지할 것인지에 대한 의사결정을 해야 한다.

또한 다른 전문가와의 협력에 대하여 고려해 보아야 한다. 개인재무설계의 실행이 변호사나 세무전문가, 부동산전문가와 같은 다른 전문가와의 협력이 필요하다면 어떠한 전문가를 이용할 것인지, 전문가를 이용하는 범위는 어떻게 설정할 것인지에 대하여 고려해야 한다.

표 2-12 | 개인재무설계안 실행 확인표 예시

제안내용	실행주체	실행시기	실행기관	실행이유	실행방법	현금흐름상의 변화	자산부채 상태상의 변화
신용카드 부채 300만원을 완납한다.	본인	즉시	주거래 은행	부채에 따른 과도한 이자를 감소시킨다.	CMA계좌의 잔액을 이용한다.	이자액 감소에 따른 현금지출 감소	변화 없음.
적립식 펀드에 가입한다.	재무 설계사	다음달	증권사	목적자금 마련을 위해 적립식 펀드에 가입한다.	펀드를 선택하고 계좌를 개설한다.	적립식 펀드 저축으로 인한 현금지출 증가	자산상태상의 변화 있음.

2) 개인재무설계의 실행

개인재무설계안에서 제안한 사항에 대하여 상품, 금융기관, 거래의 일시 등을 결정하였다면 그에 대한 실행을 한다. 개인재무설계안의 실행을 재무설계사에 의해서 할 경우에 재무설계사는 고객에게 상품판매수수료에 대하여 고지한다. 상품판매수수료가 부과되는 경우나 상품판매수수료 이외의 보수가 발생하는 경우 등을 고객에게 알려서 문제 발생의 여지를 남기지 않아야 한다.

개인재무설계안을 실행할 때에는 각 항목에 대한 확인표를 사용하는 것도 도움이 된다. 리튼 등(Lytton et al., 2006)은 <표 2-12>와 같은 확인표를 제안한다. 확인표의 예시는 나와 있는 바와 같이 신용카드 잔액을 일시금으로 CMA계좌에서 완납하라는 제안에 대하여 실행의 주체, 시기, 기관, 이유, 방법 등을 표시하고 그러한 행위로 인한 현금흐름상의 변화와 자산부채상태상의 변화를 나타내는 방법으로 실행을 촉진시키는 방법이다.

2. 개인재무설계안의 주기적 점검

개인재무설계 단계의 마지막 단계는 주기적인 점검이다. 개인재무설계가 실행된 이후에 점검을 하지 않게 되면 목표 달성 여부를 평가할 수 없다. 주기적인 점검은 말 그대로 일정한 주기로 개인의 재무설계를 살펴보는 행위이다. 1년 단위 혹은 6개월 단위 혹은 분기마다 개인의 재무설계안의 내용을 살펴보고 점검하는 것을 뜻한다. 개인재무설계안의 주기적 점검에 대하여 자세히 살펴보면 아래와 같다.

1) 주기적 점검의 의의

개인재무설계에 대한 주기적인 점검은 개인의 재무목표 달성의 과정을 점검하는 과정이다. 주기적으로 점검하면 개인적인 상황과 시장 상황의 변화에 대처가 가능하며 변화하는 상황에 대처하여 수정된 재무설계안을 마련하는 계기가 된다. 개인의 신상에 변화가 발생하였다거나 금융환경을 둘러싼 법규의 변경이나 새로운 상품의 출현은 재무설계안의 점검을 필요로 하는 상황이며 그에 따라서 재무설계안을 수정할 수 있는 기회를 마련하는 것이 주기적인 점검이다.

주기적인 점검은 또한 개인이 재무설계사를 고용하였을 경우에는 재무설계사가 개인고객과의 관계를 지속시키는 매개가 되기도 한다. 앞에서 말한 바와 같이 재무설계는 일생을 걸친 과정이기 때문에 재무설계사와 개인고객의 지속적인 관계는 무엇보다도 중요하다. 따라서 주기적인 점검은 재무설계사와 개인고객의 관계유지에 도움이 되는 단계이다. 주기적인 점검은 개인재무설계가 1회에 끝나는 사건이 아님을 말해주는 단계이기도 하다. 개인재무설계는 1회의 설계로 끝나는 것이 아니라 개인의 라이프사이클 진행과 함께 지속적으로 진행되는 과정임을 나타내는 단계로서 의의를 가진다.

2) 점검이 특별히 필요한 상황

경우에 따라서는 1년, 6개월, 혹은 분기 주기가 아니어도 특별히 개인재무설계안의 점검이 필요한 상황이 발생될 때가 있다. 신상의 변화로 인하여 재무목표를 수정해야 한다거나 특별한 재무적인 니즈가 발생하였을 경우에는 즉각적인 점검이 필요하다. 개인재무설계안에 대하여 즉각적인 점검이 필요한 상황은 아래와 같다.

(1) 개인을 둘러싼 라이프사이클상의 변화가 발생하였을 때

개인을 둘러싼 라이프사이클상의 변화는 결혼, 이혼, 출산, 은퇴, 자녀의 취학이나 유학 또는 결혼, 가족 구성원의 죽음 등이 있다. 본인의 결혼이나 이혼, 출산, 또는 은퇴는 재무목표의 수정을 필요로 하게 되며 개인재무상태의 변화를 가져오는 사건이다. 따라서 이러한 경우에는 개인재무설계안에 대한 점검이 필요하다. 또한 자녀의 취학, 유학, 혹은 결혼 등도 재무목표의 수정과 변경, 재무상태의 변화를 수반하는 경우가 많기 때문에 재무설계안에 대한 점검이 필요하다.

(2) 개인의 재무상태에 커다란 변화가 발생하였을 때

생각지도 못했던 유산을 받았다거나, 보험금 지급의 사유가 발생하였을 때, 부채상환금액이 급하게 필요하다거나, 생각지도 못했던 목돈지급사유가 발생하였을 때, 혹은 실직이나 이직으로 고용상태의 변화가 발생했을 때 등은 개인재무설계에 대한 즉각적인 점검을 필요로 하는 경우이다. 재무목표뿐 아니라 재무상태의 변화를 직접적으로 유발하기 때문에 손실을 최소화하고 목표의 달성에 지장이 없도록 재무설계안을 점검하고 수정해야 한다.

(3) 금융환경의 급격한 변화가 발생하였을 때

금융을 둘러싼 법규의 변화가 생겼다거나 시장이 급격하게 변화를 겪는다면 재무설계를 점검해보아야 한다. 이러한 상황은 개인재무설계안의 급격한 변화를 요구하는 것이 아닐 수도 있다. 하지만 금융환경의 변화에 비추어 개인재무설계안의 적합도를 점검하는 것은 중요하다.

3) 주기적 점검

주기적인 점검에는 개인의 재무상태에 대한 점검과 경제환경에 대한 점검이 포함된다. 일반적으로 제시하는 점검사항에는 아래와 같은 것들이 있다.

① 개인의 신상과 관련된 사항 점검 : 개인의 신상과 관련된 사항으로 재무목표의 변화, 신상의 변화, 건강상태의 변화 등을 살펴본다.

② 투자와 관련된 사항 점검 : 투자와 관련하여 수익률, 상품의 변화, 세금 관련 이슈, 수수료와 비용의 문제, 새로운 투자대안에 대한 사항을 살펴본다.

③ 금융환경과 관련된 사항 점검 : 금융기관과 관련된 사항, 전체적인 경제동향과 관련된 사항, 특정 투자상품시장과 관련된 사항 등을 살펴본다.

주요용어

- 개인재무설계의 단계
- 개인의 가치
- 라이프사이클
- 재무목표의 설정
- 재무제표
- 자산부채상태표
- 현금흐름표
- 재무상태의 분석
- 부채적정성
- 개인재무설계안
- 개인재무설계안의 실행
- 개인재무설계안의 주기적 점검

심화 학습문제

1. 개인재무설계에서 커뮤니케이션이 중요한 이유를 설명하고 재무설계사와 고객과의 지속적인 관계 정립을 위한 커뮤니케이션 전략을 논의해 봅시다.
2. 자신 혹은 가계의 재무상태에 대하여 분석해 봅시다. 가계가 건전하게 성장할 수 있는 재무상태를 위한 기본적인 가이드라인을 탐색해 봅시다.
3. 자신의 상황을 바탕으로 재무설계안을 작성해 봅시다. 먼저 재무목표를 설정하고 자신의 자료를 수집한 다음, 재무제표를 작성하여 분석하고 재무설계안을 작성해 봅시다.
4. 개인재무설계의 실행을 촉진시키는 확인표를 자신의 상황에 맞게 개발해 봅시다.
5. 개인재무설계의 주기적인 점검이 필요한 이유와 효율적인 주기적 점검을 위한 규칙을 작성해 봅시다.

CHAPTER 03

기본 경제환경의 이해

| 제 1 절 | 기초 경제이론

| 제 2 절 | 금융시장과 금융기관의 이해

| 제 3 절 | 주요 경제지표의 이해

| 제 4 절 | 인구구조와 경제환경 변화의 이해

| 제 5 절 | 핀테크의 이해

학습목표

본 장을 학습하고 나면 여러분들은

1. 수요공급법칙을 설명할 수 있다.
2. 국민경제의 순환과 국민소득, 총수요와 총공급에 대하여 설명할 수 있다.
3. 경제정책의 수단과 효과에 대하여 설명할 수 있다.
4. 금융시장과 금융기관의 종류와 역할에 대하여 설명할 수 있다.
5. 경기, 인플레이션, 금리, 환율 등 일상생활에서 자주 접하는 경제변수에 대하여 설명할 수 있다.
6. 우리나라 인구구조 변화의 특징을 설명할 수 있다.
7. 인구구조 변화가 미치는 사회경제적 영향을 이해할 수 있다.
8. 핀테크의 기본 개념과 금융산업에 미치는 영향을 이해할 수 있다.

도입 이야기

김계획 씨와 이행복 씨는 한공정 씨와 3번째 미팅을 마쳤다. 생각보다 시간이 많이 걸리는 작업이라고 느꼈지만 가족이 가지고 있는 목적이 명확해지고 재무목표도 구체적으로 설정할 수 있게 되었다. 무엇보다도 부부가 서로에 대하여 더 잘 알게 된 것 같았다.

"재무설계의 좋은 점은 재무적인 것 말고 다른 점도 있네. 당신이랑 이렇게 많은 얘기를 한 적이 언제였는지 기억도 안 나는데 말이야."

이행복 씨는 부부의 가치관, 목표 등을 이야기할 기회가 생겼던 점을 무척 좋아했다. 김계획 씨도 아내가 좋아하니 무엇인가 좋은 선물을 하고 칭찬을 받은 느낌을 받았다.

재무설계를 시작하고 이행복 씨는 아이와도 경제에 관한 이야기를 나누어야겠다고 마음먹었다. 아직은 어린아이이지만 경제에 대한 개념을 심어주면 좋을 것 같다는 생각 때문이었다. 아이에게 경제에 대한 개념을 심어주기 위해 이행복 씨는 잘 보지 않던 신문의 경제란을 꼼꼼히 읽어야겠다고 마음먹었다.

"어디 보자, 오늘은 어떤 일이 일어났나……." 경제란의 기사 중에는 「한국은행은 기준금리를 현재 수준으로 유지하여 통화정책을 운용하기로 하였다」는 기사가 있었다. 통화정책이니 기준금리이니 하는 이야기들이 머리가 아팠다.

"다른 기사는 어떤 것이 있나?" 「경기회복, 인플레이션 국면 때는 원자재에 투자하면 어떨까?」, 「원달러 하락에도 엔고로 견디는 수출업계」……. 신문기사는 예전에 고등학교 시절에 배웠던 것 같은 다양한 경제용어들이 가득 차 있었다. 늘 접하던 말들이고 배웠던 것이고 알고 있었던 것이라고 생각했는데 막상 아이에게 경제기사 읽은 것을 설명하려고 하니 신문내용을 제대로 파악하고 있는 것인지 자신이 서지 않았다.

"경제에 대한 기본적인 이해는 나부터 필요하구나." 이행복 씨는 아이에게 거창한 경제교육을 할 수 있을 것 같았던 자신의 모습을 생각하며 미소를 지었다.

"쉬운 경제관련 책이라도 읽어볼까? 내가 반드시 알아야 할 기본적인 경제지식은 어떤 것이 있을까?" 개인재무설계를 시작하고 나니 남편과 다양한 이야기도 하게 되었고 지적 수준도 증가하게 된 기분이 든다. 아주 쉬운 경제학 서적을 하나 사서 볼까 하는 마음으로 이행복 씨는 서점으로 향하였다.

1절 기초 경제이론

장기적인 관점에서 재무설계를 올바르게 하기 위해서는 각종 경제현상을 올바르게 이해하고 있어야 한다. 수요공급에 의한 시장가격결정과정과 국민경제의 순환과정을 이해하고, GDP, 통화지표, 환율, 물가, 고용, 국제수지 등의 각종 경제변수를 관찰하고 이를 바탕으로 정부의 경제정책의 영향을 정확하게 이해하는 것이 필요하다.

그러나 현실의 경제현상은 매우 복잡하기 때문에 특정한 경제이론을 습득한다고 해서 현실경제를 완벽하게 이해할 수는 없다. 더욱이 같은 경제현상에 대해서도 학자 간 견해가 다른 경우가 많아 일반사람들의 이해가 쉽지 않은 상황이다. 따라서 본 장에서는 복잡한 경제이론보다는 재무설계를 위해 알아야 할 기본적인 경제원리 및 거시경제에 대한 이해를 높이고 현실경제에서 자주 접하는 각종 경제변수의 개념과 정부의 경제정책에 대해 알아봄으로써 재무설계의 기초를 제공하고자 한다.

1. 수요공급의 법칙

수요와 공급의 이론은 시장경제에서 가격이 결정되고 자원이 배분되는 원리를 설명해 주는 이론이다. 따라서 경제환경을 이해하기 위해서는 반드시 수요와 공급의 원리를 이해할 필요가 있다. 수요와 공급의 이론과 관련된 기본개념과 가격결정원리 그리고 나아가 수요와 공급의 이론이 어떻게 현실에 적용되는가를 살펴보자.

1) 수요와 공급

(1) 수요(demand)

수요란 소비자가 재화나 서비스를 구매하고자 하는 욕구를 말하며, 이러한 구매욕구가 구체화되어 상품의 수량으로 나타날 때 그것을 수요량이라고 한다. 수요량에 영향을 미치는 요인들은 가격, 소득, 연관재의 가격, 취향 등이다. 이 중 다른 조건이 불변일 때 가격이 오르면 수요량은 줄고 가격이 내리면 수요량이 늘어나는 가격과 수요량의 관계를 수요의 법칙(law of demand)이라 한다.

(2) 공급(supply)

공급이란 생산자가 상품을 판매하고자 하는 욕구를 말하며 판매하고자 하는 상품의 수량을 공급량이라고 한다. 공급에 영향을 미치는 요인은 가격, 생산요소의 가격, 기술 등이다. 이 중 다른 조건이 일정할 때 가격이 내리면 공급량은 줄고 가격이 오르면 공급량이 늘어나게 된다. 이와 같은 가격과 공급량의 관계를 공급의 법칙(law of supply)이라 한다.

2) 균형가격의 결정과 수요공급의 법칙

수요와 공급은 시장에서 만나 거래량과 가격이 결정된다. 시장수요곡선과 시장공급곡선이 만나는 점을 균형(equilibrium)이라고 한다. 두 곡선이 만나는 점의 가격을 균형가격(equilibrium price), 거래량을 균형거래량(equilibrium quantity)이라고 한다.

균형가격에서는 소비자들이 구입할 의사와 능력이 있는 수량이 판매자들이 공급할 의사와 능력이 있는 수량과 정확하게 일치한다. 이 가격에서 소비

그림 3-1 | 시장균형과 수요공급의 법칙

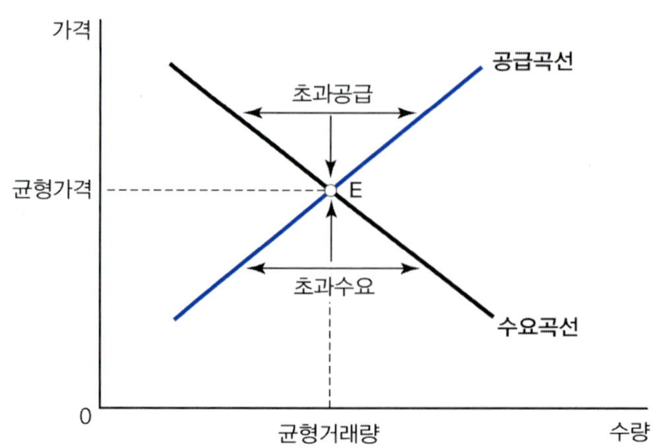

한걸음 더 뉴욕의 새벽시장

시장균형에서는 주목할 만한 상황들이 일어난다. 팔고자 하는 사람은 누구나 사고자 하는 사람을 만날 수 있고 사고자 하는 사람은 누구나 팔고자 하는 사람을 만날 수 있다. 이는 참 멋진 이론이기는 하지만 이 상황이 과연 실제로 가능할까?

뉴욕시의 매일 아침 동틀 무렵에, 1835년 이후 계속 운영되어 온 유명한 풀튼 수산시장에서 이에 대한 답을 확인할 수 있다. 그곳에서는 매일 아침 어부들이 자신들의 어획물을 가지고 식당주인, 시장상인, 그리고 수많은 중개업자들과 가격협상을 한다. 이 협상은 매우 아슬아슬하다. 손님들에게 신선한 수산물을 제공하지 못하는 식당주인들은 많은 사업상의 손실을 입을 것이다. 따라서 구매자가 판매자를 만나는 것은 매우 중요하다. 판매자에게는 판매가 더욱 중요하다. 팔리지 않은 수산물은 그 가치를 잃어가기 때문이다. 그러나 이 시장은 늘 균형에 이른다. 모든 구매자는 판매자를 만나게 되고, 그 반대상황 역시 성립한다. 매일 각 수산물의 가격이 수요량과 공급량을 일치시키는 가격으로 수렴하기 때문이다. 따라서 균형에 이르는 시장의 원리는 이론적인 것만은 아니다. 우리가 매일 아침 보고 냄새를 맡는 것들에도 그 원리가 있기 때문이다.

(자료 : 크루그만, 『크루그만의 경제학』에서 발췌)

자들은 원하는 만큼의 재화를 살 수 있고 판매자들은 원하는 만큼의 재화를 팔 수 있으므로 소비자와 판매자 모두가 만족스런 상태이다. 이러한 이유로 균형가격을 시장청산가격(market-clearing price)이라고도 한다.

소비자와 판매자들의 행동을 통해 시장은 자연스럽게 수요와 공급의 균형을 향해 움직인다. 예를 들어 가격이 균형가격보다 낮으면 수요량이 공급량을 초과하는 초과수요가 생기는데 자연스럽게 가격이 상승하고 결국 균형이 회복된다.

반면 가격이 균형가격보다 높아 공급량이 수요량을 초과하는 초과공급(surplus)이 생기면 판매자들은 재고가 쌓이게 되므로 가격을 낮추게 될 것이다. 이러한 조정과정은 가격이 균형가격수준으로 내려갈 때까지 계속될 것이다. 이러한 균형가격에 대응하는 수요량과 공급량이 일치되는 점에서 시장가격이 결정된다는 법칙을 수요공급의 법칙(law of demand and supply)이라 한다.

2. 거시경제의 이해

1) 국민경제의 순환과 국민소득

(1) 국민경제의 순환

국민경제를 구성하는 기본 경제주체는 가계와 기업이다. 가계는 소비의 주체인 반면 기업은 생산의 주체이다. 기업은 이윤을 극대화하는 것을 목표로 물건을 생산한다. 기업은 생산물을 가계의 소비자들에게 판매하여 수입을 얻게 되는데 이 수입은 기업의 생산과정에서 생산요소를 제공했던 가계에 보수를 지불하는 데 쓰인다. 이는 곧 가계의 소득이 되고 가계는 이 소득으로 구매행위를 한다. 즉, 가계의 소득이 기업의 생산물에 대한 수요를 구성한다. 그리고 기업은 이 수요를 기반으로 다시 생산활동을 수행한다. 즉, 가계의 소득이 기업의 생산물에 대한 수요를 구성하고 기업은 이 수요를 기반으로 생산활동을 수행한다. 여기에 조세와 정부지출을 하는 정부부문과 수출과 수입 등 해외부문을 도입하면 개방경제 하에서 국민경제의 순환과정이 완성된다.

(2) 국민소득과 3면 등가의 법칙

국민소득이란 한 나라의 가계, 기업, 정부 등 모든 경제주체가 일정기간 동안 새로이 생산한 재화와 서비스의 가치를 시장가격으로 평가하여 합산한 것으로 흔히 국내총생산(Gross Domestic Product : GDP)이라는 용어로 불린다.

국민소득은 세 가지 측면에서 파악되는데 이를 생산국민소득, 분배국민소득, 지출국민소득이라 부르고 있다. 그리고 이러한 세 가지 국민소득은 그 크기가 똑같다. 그것은 앞에서 본 바와 같이 국민소득이 생산 → 분배 → 지출과정을 통하여 순환하기 때문이다.

먼저 생산주체인 기업이나 정부가 노동, 자본, 토지 및 경영 등의 생산요소를 투입하여 생산활동을 수행한 결과로 부가가치, 즉 생산국민소득이 발생한다. 여기에서 생산에 참여한 근로자는 임금, 돈을 빌려준 사람은 이자, 토지를 빌려준 사람은 지대 등 생산요소를 제공한 데 대한 대가를 받게 된다.

한편 정부는 다른 경제주체에 의해 생산된 재화와 서비스의 거래와 관련하

그림 3-2 | 개방경제 하에서의 국민경제의 순환과정

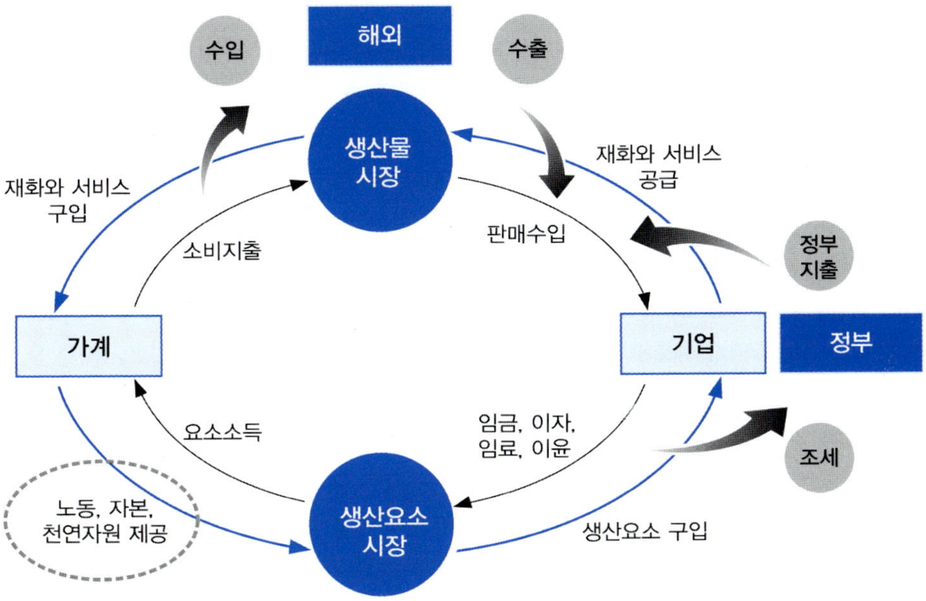

여 세금(생산세 및 수입세)을 부과하게 된다. 그리고 이들 소득을 공제한 나머지가 이윤으로서 기업에게 돌아가게 되는데, 이와 같은 소득을 모두 합하여 분배국민소득이라 한다. 따라서 생산국민소득과 분배국민소득은 같아진다. 또 분배된 소득은 개인이 물건을 구입하는 데 사용(소비)하거나 기업이 미래의 생산을 위하여 공장을 짓거나 기계를 사들이는 데 지출(투자)함으로써 최종생산물에 대한 수요로 나타나며 이를 지출국민소득이라 한다.

이와 같이 국민소득은 만들어서(생산) 나누어 갖고(분배) 쓰는(지출) 양이 모두 같게 되는데, 이를 가리켜 국민소득 3면 등가의 법칙이라 한다. 따라서 국민소득은 생산 측면에서는 부가가치를 합산하여, 분배 측면에서는 생산에 참여한 생산요소에 대한 대가를 합산하여, 지출 측면에서는 소비나 투자로 지출한 비용을 합산하여 구할 수 있다.

한걸음 더 저축의 역설: 신용카드로 펑펑 쓰는 네가 고맙다

국민경제의 순환과정에서 보듯이 어느 한 부문의 경제활동에 문제가 생기면 국민경제 전체에 문제가 발생한다. 최근 우리나라 경제의 가장 큰 문제 중 하나는 내수가 부족하다는 것이다. 내수란 국내소비를 의미하는데 좀처럼 소비심리가 회복되지 못하고 있어 내수침체가 지속되고 있다. 이러한 원인은 크게 노동시장의 불안정이 확대되었을 뿐 아니라 수명이 길어져서 장기생존에 대한 리스크가 확대되어 사회 전반적으로 불확실한 미래에 대한 대비의 필요성이 높아져 소비보다는 보험, 연금 등 저축의 필요성이 증가하였기 때문이라고 판단된다.

최근 홈쇼핑에서 가장 많이 팔리는 상품이 보험이라는 점은 이를 반증한다고 볼 수 있다. 이러한 현상은 저축증대가 유효수요의 부족으로 경기침체를 가져온다는 케인즈의 저축의 역설과 같은 효과를 지니게 된다. 소비감소는 기업판매부진으로 이어지고 결국 실업증대 → 소득감소 → 소비감소의 악순환에 빠지게 된다.

일찍이 1990년대에 장기경기불황에 빠진 일본이 이러한 경험을 하였는데 그에 대한 해결책이 매우 어려운 것으로 증명되고 있다. 소비를 증대시키기 위해 갖가지 아이디어가 나왔는데 그중에는 헬리콥터에서 돈을 뿌리는 방법까지 제시되기도 하였다. 최근에는 상품권을 나누어 주어 소비를 진작시키는 방법까지 동원되고 있는 실정이다. 우리나라에서도 이와 비슷하게 저소득층에게 유류세를 환급해 주어 어느 정도 호응을 얻은 바 있다.

이런 상황에서 만약 돈 많은 부자들이 돈을 펑펑 쓴다면 어떠한 생각을 가져야 할까? 배 아파할 것이 아니라 오히려 경제를 살리기 위해 도움을 주는 고마운 일이 아닐까? 신용카드로 펑펑 쓰는 옆집 사람이 고마운 것이다.

2) 총수요와 총공급

(1) 총수요

국민경제 전체의 재화와 서비스의 수요주체는 크게 가계, 기업, 정부, 해외부문의 4부문으로 구성된다. 이들 각 부문이 수요하는 것을 모두 합한 것을 총수요라고 한다. 즉, 가계의 수요를 소비, 기업의 수요를 투자, 정부의 수요를 정부지출, 해외로부터의 수요는 수출이 된다.

$$Y = C + I + G + NX$$

C: 소비, I: 투자, G: 정부지출, NX: 순수출(수출－수입)

이러한 총수요는 일반 재화와 비슷하게 경제 전체의 물가가 상승하게 되면 하락하는 특성을 지니게 된다.

(2) 총공급

국민경제 전체의 재화와 서비스의 공급총량을 총공급이라고 하는데 장기적으로 그 경제가 지니고 있는 노동과 자본의 양, 그리고 생산기술에 의해 좌우된다. 그런데 물가변동은 장기적으로는 총공급에 영향을 미치지 못하나 단기적으로는 노동과 자본의 양과 생산기술에 영향을 미치게 된다. 따라서 단기적으로는 물가가 오르면 총공급이 증가하는 현상이 나타나게 된다. 그러나 장기적으로는 물가수준이 국민경제 전체의 공급량을 결정하는 자본, 노동 및 기술과 같은 생산요소에 영향을 미치지 못하므로 물가수준과 관계없이 총공급은 일정하다.

(3) 국민경제의 균형

국민경제의 균형은 개별 상품의 균형가격과 거래량 결정원리와 비슷하게 한 나라 경제 안에서 총수요와 총공급에 의해 국민경제 전체의 물가수준과 산출량이 결정된다.

그림 3-3 | 국민경제의 균형

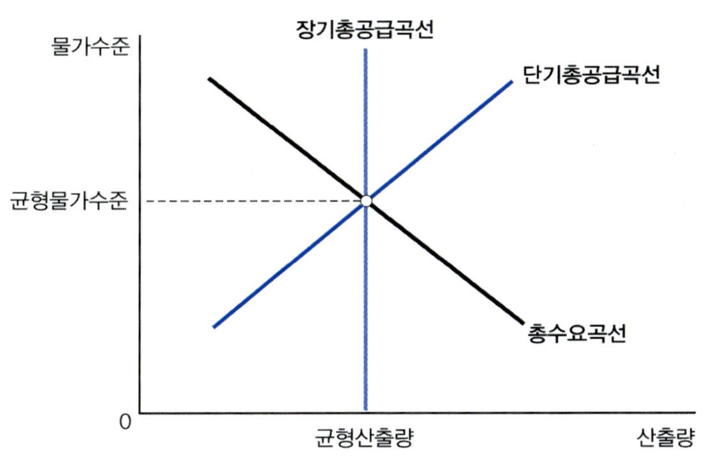

3. 경제정책의 수단과 효과

국민경제의 활동은 시간이 흐를수록 경제활동인구가 늘어나고 자본이 축적되고 기술이 진보하여 생산능력이 높아지므로 대부분의 경우 전년도에 비해 성장하는 것이 일반적이다. 그러나 어떤 해에는 이처럼 경제가 정상적으로 성장하지 않는다. 경제활동은 단기적으로 변동하게 되는데, 이러한 단기적인 경기변동을 줄여 경제를 안정화시키는 것이 경제정책의 가장 중요한 목표가 된다.

정부의 경제정책은 재정정책과 통화정책으로 구분할 수 있다. 정부는 경제정책을 통하여 산출량증대, 완전고용달성, 물가안정, 국제수지균형, 환율안정 등의 목표를 달성하려고 한다. 재정정책(fiscal policy)은 정부의 세입과 세출의 조정을 통해 수요를 조정하는 정책을 의미하며, 통화정책(monetary policy)은 통화량과 이자율을 조정하는 정책을 의미한다.

1) 재정정책

(1) 재정의 의의와 기능

가계, 기업, 해외부문과 더불어 국민경제의 주체 중 하나인 정부는 정부지출과 조세를 정책수단으로 사용하는 경제정책을 수행하는데 이를 재정정책이라 한다.

재정(財政)은 시장의 실패가 나타나는 경우 정부가 개입하여 자원의 최적배분을 달성할 뿐만 아니라 경기변동폭을 완화하여 경제안정을 유지하는 기능을 한다. 또한 재정은 각 경제주체가 납부하는 세금의 크기와 제공받는 서비스의 크기라는 양면을 조정함으로써 소득의 재분배를 실현할 수 있다.

(2) 재정정책의 수단과 효과

국민경제에 있어서의 재정의 기능이 효과적으로 작용하기 위해서는 재정정책 수행 시 어떤 정책수단을 얼마나 효율적으로 사용하는가에 중점을 두어야 한다. 재정정책의 수단에는 크게 재정지출정책과 조세정책이 있다. 재정지출정책이란 재정지출의 규모와 내용을 조절하여 경기, 자원배분, 소득재분배

한걸음 더 최저임금제도의 딜레마

최저임금제도는 고용주가 피고용인에게 노동의 대가로 지불해야 하는 최소한의 임금수준을 법으로 규정하는 제도이다. 이는 노동시장에서 상대적으로 열위에 있는 노동자를 보호하기 위해 정부가 적극적으로 개입하는 정책이라고 볼 수 있으며 저소득층의 최저생계를 보장하는 효과를 지니고 있다.

그러나 <그림 3-4>에서 보는 바와 같이 노동시장에서 최저임금이 균형임금보다 높게 되면 노동의 공급량이 수요량을 초과하게 되어 실업이 발생된다. 이러한 비자발적 실업은 최저임금제도의 정책목표와는 반대로 노동시장에 진입하지 못하거나 한계고용상태에 있는 저소득층의 생활을 더욱 어렵게 만들게 되는 역효과를 발생시키는 문제를 야기하게 된다. 따라서 최저임금제도는 이러한 부작용을 예상하고 최소화할 수 있는 정책적 고려가 선행되어야 한다.

그림 3-4 | 최저임금제도의 효과

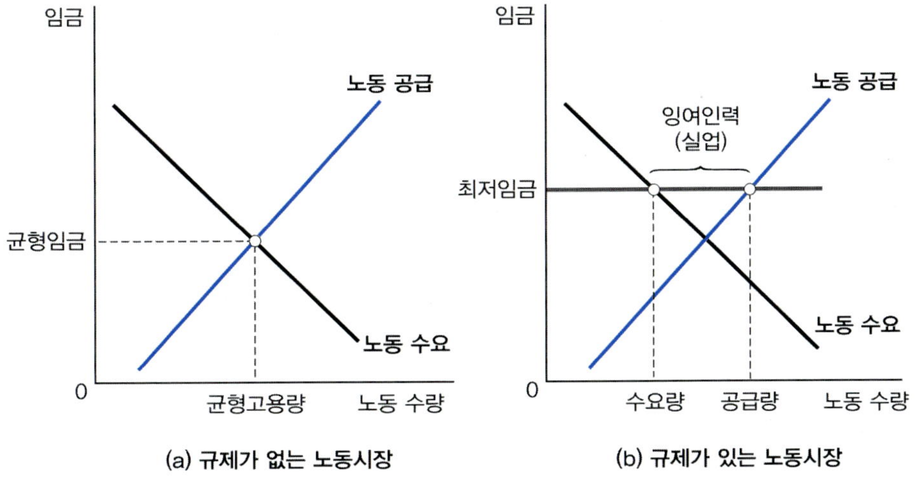

(자료 : 맨큐의 경제학)

등에 직접적으로 영향을 미치고 그 파급효과를 통해 민간의 경제활동에 영향을 미치는 정책을 말한다. 또한 조세정책은 민간부문 각 경제주체의 세후소득(가처분소득)의 크기를 조절함으로써 민간의 경제활동에 간접적으로 영향을 미치기 위하여 세율이나 과세대상 범위 등을 조절하는 것을 말한다. 경제

그림 3-5 | 재정정책의 파급효과

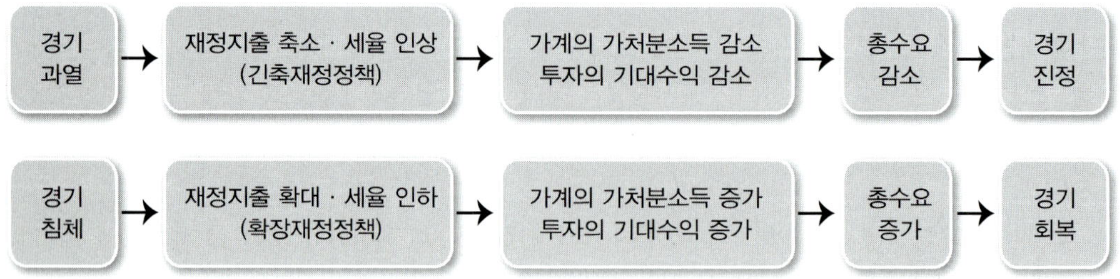

자료 : 한국은행, 알기 쉬운 경제이야기(2008).

가 불황일 때 정부는 공공투자 사업을 벌이는 등의 방법으로 재정지출을 확대하고 세율을 인하하여 총수요의 증가를 유도한다.

2) 통화정책

(1) 통화정책의 정의와 목표

통화정책이란 중앙은행이 통화의 양이나 금리와 같은 정책수단을 사용하여 국민경제의 안정적 발전을 도모하는 정책을 의미한다. 경제활동에 있어 금리가 지나치게 낮거나 필요한 돈보다 너무 많은 돈이 공급될 경우 경기과열과 이에 따른 물가불안이 나타나기 쉽다. 반대로 금리가 지나치게 높거나 돈이 너무 적게 공급되면 경기가 침체되고 실업이 늘어나게 된다. 따라서 경기의 과열이나 침체 없이 경제가 안정적으로 성장하기 위해서는 금리나 통화량을 적정한 수준으로 조절할 필요가 있다.

통화정책의 목표는 물가안정, 완전고용, 경제성장, 국제수지 균형, 금융안정 등을 달성하는 것이다. 이 중에서도 특히 물가안정이 통화정책의 가장 중요한 목표가 된다. 이는 물가가 안정되지 않고서는 경제 내의 불확실성을 줄일 수 없고 장기적인 경제성장과 국제수지 균형 및 금융시장 안정 등 다른 목표도 달성하기 어렵기 때문이다.

그림 3-6 | 통화정책의 파급경로

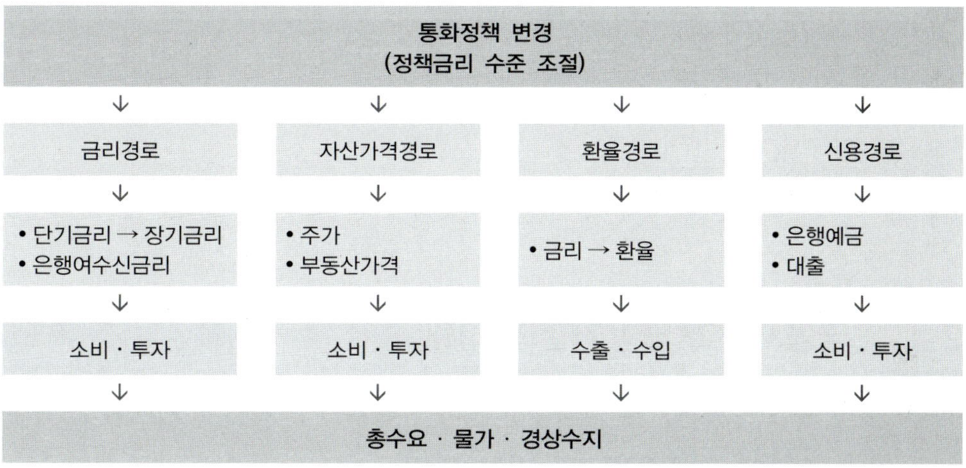

자료 : 한국은행, 알기 쉬운 경제이야기(2008).

(2) 통화정책 수단과 효과

중앙은행이 구사할 수 있는 통화정책 수단은 크게 간접조절수단과 직접조절수단으로 구분된다. 직접조절수단은 시장의 흐름보다는 정책당국에 부여된 행정적 권한을 통하여 수행되는 것으로서 은행 여수신금리를 규제하거나 은행대출규모를 일일이 통제하는 것을 예로 들 수 있다.

반면 간접조절수단은 시장의 자연스런 흐름에 부합하는 이른바 시장친화적 정책수단으로서 중앙은행을 통하여 풀려나가는 본원통화를 조절함으로써 궁극적으로 시중의 통화량을 조절하고자 할 때 사용되는 정책수단이다. 간접수단으로는 중앙은행 대출정책, 지급준비율정책 및 공개시장조작정책이 이에 해당된다.

우리나라의 경우 한국은행의 설립 이후 1980년대까지는 직접조절수단에 주로 의존하였으나 1980년대 이후 경제규모가 확대되고 구조도 복잡해지면서 시장원리에 의한 경제운용의 필요성이 커짐에 따라 현재 한국은행은 일상적 통화정책 수행을 모두 간접조절수단에 의존하고 있다.

통화정책은 길고 복잡한 경로를 거쳐 실물경제에 영향을 주는데 금리, 자산가격, 환율, 신용경로 등을 통해 실물경제에 파급된다. 금리경로를 예로 들어 설명하면 만약 한국은행이 단기금리를 조절하면 그 효과가 단기금융시장 → 장기금융시장 및 은행대출시장 → 기업투자 → 경제성장 및 물가의 실물부문까지 유기적으로 파급되어 나가는데 효과전달이 금리라는 매개수단을 통해 이루어진다.

2절 금융시장과 금융기관의 이해

1. 금융시장(financial markets)

1) 금융시장의 정의와 기능

경제주체 사이에 자금의 융통, 즉 금융거래가 이루어지는 장소를 금융시장이라 한다. 금융시장은 국민경제 내에서 다음과 같은 기능을 수행한다.

첫째, 금융시장은 자금의 수요자와 공급자를 연결시켜 주는 자금중개기능을 수행함으로써 자금을 효율적으로 배분하고 나아가 경제 전체의 후생증진에 기여한다.

둘째, 경제주체들이 금융거래를 하는 데 들어가는 탐색비용과 정보비용 등 각종 비용과 시간을 줄여주는 한편 적절한 자금운용 및 차입기회를 제공한다. 투자자에게는 금융상품을 언제라도 다시 팔아 현금화할 수 있도록 높은 유동성을 제공한다.

셋째, 금융시장은 금융상품의 가격, 즉 금리나 주가 등을 결정할 뿐 아니라 가격을 통해 자금수요자의 신용상태와 수익성 등에 관한 각종 정보를 전달한다. 자금수요자에 대한 각종 정보는 시장참가자들에게 위험을 잘 관리할 수 있도록 도와준다.

2) 금융시장의 종류

금융시장은 거래단계, 거래형태 및 상품의 성격 등에 따라 여러 가지 유형으로 구분된다. 먼저 거래단계에 따라서는 발행시장(primary market)과 유통시장(secondary market)으로 구분할 수 있다. 발행시장은 자금의 수요자가 주식, 채권 등 증권을 새로 발행하여 자금을 조달하는 시장이며, 유통시장은 이미 발행된 증권이 거래되는 시장이다. 유통시장은 보유하고 있던 주식이나 채권 등을 손쉽게 현금화할 수 있게 해주는 기능을 수행한다.

또한 금융시장은 금융거래가 어떤 형태로 이루어지느냐에 따라 직접금융과 간접금융으로 구분된다. 직접금융은 자금공급자가 자금의 최종수요자가 발행한 채무증서나 주식 등의 직접증권을 자기위험 부담 하에 직접 매입하는 형태로 금융거래가 이루어진다. 직접금융은 주로 증권회사를 통해 이루어지는데, 증권회사는 자금공급자의 위탁에 의해 증권매매를 대행해 주고 수수료를 받거나 자신이 자금공급자로서 직접 금융시장에 참가하기도 한다. 이와 달리 간접금융은 은행이나 자산운용회사가 예금증서나 수익증권과 같은 간접증권을 발행하여 자금공급자로부터 자금을 조달하고 이 자금으로 자금수요자가 발행한 직접증권을 매입하는 방식을 취함으로써 자금의 수요자와 공급자 사이를 금융기관이 중개하는 형태로 금융거래가 이루어진다.

금융시장은 또한 거래되는 금융상품의 성격에 따라 단기금융시장, 자본시장, 파생금융상품시장, 예금・대출시장, 외환시장 등으로 구분된다. 본서에서는 발행시장과 유통시장 및 단기금융시장과 자본시장, 그리고 파생상품시장에 대해서만 상세히 설명한다.

(1) 발행시장과 유통시장

발행시장(primary market)은 단기금융상품이나 채권, 주식 등 장기금융상품이 신규로 발행되는 시장이며, 유통시장(secondary market)은 이미 발행된 장단기 금융상품이 거래되는 시장을 말한다.

발행시장에서 증권의 발행은 그 방식에 따라 직접발행과 간접발행으로 구분된다. 직접발행은 증권을 발행할 때, 금융기관을 통하지 않고 발행회사가 직접 투자자에게 증권을 판매하는 것을 의미하는데, 발행회사는 증권이 판매되지 않음으로 인해 생기는 발행위험을 모두 부담하게 된다. 간접발행은 인수기관(underwriting institution)이 중심적인 역할을 수행하는데, 인수기관은 해당

증권의 발행업무를 대행할 뿐 아니라 발행증권의 전부 또는 일부를 인수함으로써 발행위험을 부담하고 발행된 증권의 유통시장을 조성(market-making)하는 역할을 수행한다. 우리나라에서는 회사채 또는 주식을 공모방식으로 발행할 때 주로 증권회사가 인수업무를 담당하고 있다. 정부가 국고채를 발행할 때에는 국고채전문딜러(PD : primary dealer)가 경쟁입찰에 독점적으로 참여하고 매수호가와 매도호가를 제공함으로써 시장조성활동을 수행하고 있다.

한편 유통시장은 이미 발행된 증권이 거래되는 시장인데 투자자가 보유 중인 회사채나 주식을 쉽게 현금화할 수 있게 함으로써 증권의 유동성을 높여주는 역할을 한다. 또한 증권의 발행가격을 결정하는 발행시장에 영향을 미침으로써 자금수요자의 자금조달비용에도 영향을 준다. 투자자들은 발행시장과 유통시장의 가격을 비교하여 가격이 낮은 상품을 매입하게 되므로 유통시장의 가격이 높으면 발행시장의 가격도 높아져 증권발행자는 낮은 비용으로 필요자금을 조달할 수 있게 된다.

(2) 단기금융시장과 자본시장

단기금융시장은 만기 1년 미만인 단기금융상품이 거래되는 시장으로서 화폐시장(money market)이라고도 한다. 단기금융시장은 가계, 기업, 금융기관 등이 단기적으로 여유자금을 운용하거나 부족한 자금을 조달하는 시장이다. 사람들은 미래의 불확실성에 대비하여 현금을 갖고 있는데, 이 경우 보유현금만큼 이자수입을 포기하는 것과 같다. 그러나 단기금융시장이 발달하면 여유 현금이 생길 경우 안전성과 유동성이 높은 단기금융상품에 운용하고 자금이 일시 부족한 경우에는 단기채무증서 발행을 통하여 자금을 조달함으로써 현금보유에 따른 기회비용을 줄일 수 있다.

또한 단기금융상품은 장기상품에 비하여 금리변동에 따른 가격변동폭이 크지 않아 원금손실의 위험이 적으며, 유통시장에서 해당 상품을 팔아 쉽게 현금화할 수 있어 유동성 위험도 크지 않다. 일반적으로 단기금융시장 참가자들은 대부분 위험을 회피하려는 경향이 높고 금융상품의 수익성보다는 안전성과 유동성을 중시한다고 볼 수 있다. 한편 단기금융시장은 중앙은행이 통화정책을 수행하는 장소가 되는 시장인데 한국은행은 공개시장조작을 통해 콜금리가 기준금리에 일치하도록 유도하고 있다.

우리나라의 단기금융시장으로는 콜(call)시장, 환매조건부채권매매(RP 또는 Repo : repurchase agreement)시장, 양도성예금증서(CD : negotiable certificate of deposit)시장, 기업어음(CP : commercial paper)시장, 표지어음시장, 통화안정증권시장 등이 있다.

자본시장(capital market)은 주식과 채권이 거래되는 시장이다. 자본시장은 기업과 정부 등이 장기적으로 필요한 자금을 조달하는 시장이라는 의미에서는 은행의 시설자금 대출 등 장기대출시장을 포함하기도 하지만 일반적으로는 주식과 채권이 발행되고 유통되는 증권시장을 말한다.

기업은 주식이나 채권을 발행하여 장기자금을 조달한다. 기업이 주식이나 채권을 발행시장에서 매각하고 나면 이 주식들은 조직화된 증권시장이나 장외시장에서 거래된다. 우리나라의 증권시장은 한국거래소(KRX : Korea Exchange)가 개설한 유가증권시장과 코스닥시장(KOSDAQ), 파생상품시장과 장외주식호가중개시장(제3시장)이 있다.

(3) 파생상품시장

투자자들은 다양한 금융상품을 분산하여 보유함으로써 가격변동에서 오는 위험을 어느 정도 줄일 수 있다. 그러나 현실적으로 투자의 다양화만으로는 위험을 줄이는 데 한계가 있다. 우선 분산투자를 위해 다양한 금융상품을 보유하기 위해서는 충분한 자금이 있어야 한다는 제약이 있다. 또한 다양한 투자위험에 대해 효율적인 분산투자방법을 찾기도 그리 쉽지 않다. 이런 한계를 극복하고 좀 더 효율적으로 위험을 줄이기 위해 고안된 것이 파생금융상품(financial derivatives)이다.

파생금융상품의 가격은 채권, 주식, 외환 등 기초가 되는 상품의 가격변동에 따라 파생적으로 결정되는 특성이 있다. 그렇기 때문에 파생이란 말이 붙은 것인데, 대표적인 파생금융상품에는 선물(futures), 옵션(option), 스왑(swap)이 있다.

먼저 선물은 기초가 되는 금융상품을 미래의 정해진 시점에 특정한 가격으로 사고팔기로 미리 약속하는 거래를 말한다. 예를 들어 기업이 3개월 후에 수출대금으로 달러를 받을 계획인데 향후 3개월 동안 환율이 변동함으로써 발생하는 위험을 회피하기 위해 은행과 1달러당 1,200원인 현재 환율에 달러를 팔기로 계약을 맺을 수 있다.

또한 옵션은 미래의 일정한 시점 또는 기간 동안 미리 약속한 가격으로 주식, 채권, 환율 등을 사거나 팔 수 있는 권리만 부여하는 계약이다. 따라서 반드시 이를 이행해야 할 의무까지 갖는 것은 아니라는 점에서 선물과 차이가 있다.

스왑은 두 개의 금융자산 또는 부채에서 파생되는 미래의 현금흐름을 교환하기로 하는 계약을 말한다. 스왑은 교환하는 대상에 따라 크게 통화스왑과 금리스왑으로 구분할 수 있다.

한걸음 더 2008년 글로벌 금융위기의 원인 및 진행과정

2000년 초의 IT 버블붕괴 이후 급속한 경기침체를 막기 위해서 미국 연방준비은행(FRB)은 정책금리를 1%까지 인하하는 등 금융완화정책을 지속하였다. 금융기관들은 이러한 저금리 기조 하에서의 수익확보를 위해 신용도가 낮은 저소득층에게도 無서류(low-doc, no-doc) 대출, NINJA (no income, no job, no asset) 대출, 통상적인 대출한도를 초과하는 점보(jumbo) 대출 등과 신용등급이 낮은 사람들을 위한 주택담보대출인 서브프라임 모기지 대출이 급증하였다. 이러한 금융기관 간 과다한 대출경쟁이 나타나면서 주택가격 버블이 형성되어 미국의 경우 주택가격은 1997년부터 상승하기 시작하여 2006년 중반까지 190.2% 상승하였다.

과다한 주택가격 상승과 통화량 증가에 대응하여 FRB는 급격히 금융긴축으로 전환하였고 주택가격 및 주가의 폭락과 서브프라임 모기지 대출의 연체가 급증하였다. 과열양상을 보이던 주택경기가 냉각되면서 2006년 6월 말(정점) 대비 2009년 3월 말 주택가격은 -33.1% 하락하였다. 서브프라임 모기지 대출연체율이 2005년 1%대(90일 이상 연체)에서 2008년 10월에는 15.2%로 급증하였다.

금융기관은 레버리지(자산/자기자본) 비율을 줄이기 위해 소유자산을 매각하여 대차대조표상의 자산 및 부채를 축소하는 '증권화 상품의 디레버리지(de-leverage)' 현상이 나타남에 따라 부동산 대출증권을 기초로 한 증권화상품의 가격하락이 가속화되었다. 이러한 현상은 신용평가회사인 Moody's사와 S&P사가 대형 보증회사인 모노라인에 대한 신용등급을 격하시킴으로써 크레디트 시장으로부터 자금이탈은 물론 미국 채권의 신용평가 시스템에 대한 신뢰가 저하되는 사태로 발전하였다.

서브프라임 모기지 관련 금융기관의 손실규모가 확대될 것으로 전망되고, 투자은행 등에 대한 신용등급 하향조정과 유동성 위기는 금융기관의 파산으로 이어졌다. 세계 5위 투자은행인 베어스턴스가 운용하던 헤지펀드 두 곳은 서브프라임 모기지를 기초자산으로 개발된 파생금융상품에 투자했다 막대한 손실을 입었다. 결국 베어스턴스는 이 사건 이후 자금난에 시달리다 2008년 3월 미국의 상업은행인 JP모건체이스에 팔렸다.

IndyMac(주택대부조합)의 영업정지(2008.7.4), IndyMac Bank의 영업정지(2008.7.11), 정부지원 모기지 금융기관인 Fannie Mae 및 Freddie Mac에 대한 구제금융 제공(2008.9.7), 리먼 브라더스의 파산 및 메릴린치의 BOA 인수(2008.9.15) 등으로 금융시장의 불안심리가 극도로 증폭되었다. 금융시스템의 붕괴위기는 미국의 경기침체를 비롯하여 전 세계로 위기가 확산되는 등 대공황 이래 최악의 상황으로 발전하였다. 세계 3위 투자은행인 메릴린치는 500억 달러에 미국의 상업은행인 뱅크오브아메리카(BOA)로 넘어갔다.

이에 FRB는 더 이상의 금융기관 파산이 이어질 경우 금융시스템 전체의 붕괴로 이어질 것으로 판단하여 AIG에 1,500억 달러, 시티그룹에 450억 달러를 지원하는 등 무제한적인 금융기관에 대한 구제금융을 지원하며 연쇄적인 금융기관 파산방지에 적극적으로 나서게 되었다.

FRB의 지원으로 투자은행들은 살아남을 수 있었지만 잃은 것도 많다. 그동안 투자은행은 별다른 규제를 받지 않고 자유로운 영업을 해왔지만, 자금지원 이후 FRB로부터 다양한 규제를 받게 되었다. 이 때문에 자유방임을 추구하는 미국식 금융자본주의가 이번 위기를 맞아 쇠락하고 있다는 분석도 나오고 있다. 앞으로 금융분야에 대한 엄격한 정부 규제가 시작될 것이라는 전망이 매우 우세하다. 이번 사태를 계기로 미국 금융시장의 구조가 어떻게 바뀔지는 전 세계의 초미의 관심이다.

(자료 : 정후식, "대공황 이후 주요 금융위기 비교", 한은조사연구(2009.8)에서 일부 내용 인용)

2. 금융기관(financial institutions)

1) 금융기관의 개념과 역할

금융기관이란 자금의 공급자와 수요자 사이에서 중개역할을 담당하는 금융중개기관을 의미한다. 금융기관은 자금의 공급자와 수요자 사이에서 중개역할을 담당하여 자금의 흐름이 원활하게 이루어지도록 한다. 또한 금융거래에 따른 각종 비용을 절감시켜 줄 뿐만 아니라 거래목적에 맞추어 다양한 만기와 금액의 금융상품으로 변환시키고 채무불이행 및 가격변동 위험을 축소시켜 시장참가자들 모두에게 이익이 된다.

따라서 금융기관은 자금의 융통을 통한 경제활동의 촉진이라는 금융시장의 핵심기능이 원활히 작동될 수 있도록 하는 금융시스템의 중추라고 할 수 있다. 또한 금융기관은 다양한 지급결제제도를 통하여 금융기관과 고객, 금융기관과 금융기관, 고객과 고객 간의 금융거래를 종결시켜 주는 역할을 수행한다.

금융기관은 오랜 역사를 통해 다양한 사회적 요구에 부응하여 발전되어 왔으며 그 과정에서 금융기관 사이에 분업이 나타나게 되었다. 금융기관은 취급하는 금융서비스의 성격에 따라 은행, 은행과 유사한 금융상품을 취급하는 비은행 예금취급기관, 보험회사, 증권회사, 기타 금융기관 등 여러 가지 형태로 나누어진다.

2) 금융기관의 종류

(1) 은 행

우리나라 은행은 은행법에 의거 설립·영업하는 일반은행과 개별 특수은행법에 의거 설립·영업하는 특수은행으로 구분한다. 은행은 고유업무 이외에 이와 분리된 별도의 계정(은행신탁계정)으로 자본시장법에 의한 신탁업을 겸영하고 있다.

일반은행(commercial bank)은 예금·대출 및 지급결제 업무를 고유업무로 하고 있어 상업은행으로도 불리며 시중은행(2개 인터넷전문은행 포함), 지방은행 및 외국은행 국내지점 등으로 구분된다.

특수은행은 1960년대 들어 국민경제의 취약부문과 전략적 육성이 필요한 부문에 대한 금융지원 강화를 위하여 설립되었으며 주택금융, 중소기업금융, 농·수·축산금융 등과 같이 일반은행만으로는 충분히 뒷받침하기 어려운 분야를 전문적으로 맡아 자금을 공급하여 왔다. 한편 특수은행은 그동안 정부의 지원, 채권발행, 외국으로부터의 차입과 같은 방법으로 많은 자금을 조달하여 왔으나 최근에는 금융자율화의 진전 및 특수은행에 대한 정부의 지원 축소 등으로 특수은행의 업무 성격이 일반은행과 큰 차이가 없게 되었다. 이에 따라 일부 특수은행은 이미 일반은행으로 전환되었다.

(2) 비은행 예금취급기관

비은행 예금취급기관에는 종합금융회사, 자산운용회사, 상호저축은행, 신용협동기구 및 우체국예금이 있다.

종합금융회사는 증권중개업무와 보험업무를 제외한 장·단기 금융, 투자신탁, 시설대여 등 국내 금융기관이 영위하는 거의 모든 금융업을 영위한다. 자산운용회사(구 투자신탁회사)는 일반투자자로부터 조달한 자금을 주식, 채권 등 금융상품에 투자하여 그 운용수익을 배당하는 것을 주요 업무로 하고 있다. 상호저축은행(구 상호신용금고)은 지역의 서민과 소규모 기업을 대상으로 하는 여수신업무에 전문화하고 있는 금융기관이다.

신용협동기구는 조합원에 대한 여수신을 통한 조합원 상호 간 상부상조를 목적으로 운영되고 있다. 직장 단위의 신용협동조합, 지역 단위의 새마을금고, 농·수협 단위조합의 농어민을 위한 상호금융이 이에 해당된다. 우체국예금은 전국에 고루 분포되어 있는 체신관서를 금융창구로 활용하는 국영 금융으로서 농어촌과 도시의 소액 가계저축예금을 주로 취급하고 있다.

(3) 보험회사, 금융투자업자, 기타 금융기관 등

보험회사는 사망·질병·노후 또는 화재나 각종 사고를 대비하는 보험을 인수·운영하는 금융기관으로 생명보험회사, 손해보험회사, 우체국보험, 공제기관 등으로 구분된다. 손해보험회사에는 일반적인 손해보험회사 외에도 재보험회사와 보증보험회사가 있다. 또한 국가기관이 취급하는 국영보험인 우체국보험과, 유사보험을 취급하는 공제기관이 있다.

금융투자업자는 주식, 채권 등 유가증권과 장내·장외파생상품 등 금융투자상품의 거래와 관련된 업무를 하는 금융기관이다. 일반적으로 증권회사가 여기에 해당되며 투자매매·중개업자, 집합투자업자, 투자자문·일임업자, 신탁업자로 분류된다.

기타 금융기관에는 금융지주회사, 리스·신용카드·할부금융·신기술사업금융을 취급하는 여신전문금융회사, 벤처캐피탈회사, 증권금융회사, 그리고 한국무역보험공사, 한국주택금융공사, 한국자산관리공사, 한국투자공사 등이 있다.

한편, 금융기관의 범주에 들지는 않지만 금융보조기관은 금융거래에 직접 참여하기보다 금융제도의 원활한 작동에 필요한 여건을 제공하는 것을 주된 업무로 하는 기관을 의미한다. 여기에는 예금보험공사, 금융결제원, 한국예탁결제원 등 금융하부구조와 관련된 업무를 영위하는 기관과 한국거래소, 신용보증기관, 신용정보회사, 자금중개회사 등이 포함된다.

3) 금융기관별 금융상품

금융기관별 업무영역이 엄격하게 정해져 있던 과거에는 금융기관별로 판매할 수 있는 금융상품이 정해져 있었다. 판매사별로 금융상품을 분류함으로써 투자자 입장에서는 간단하게 금융상품의 종류를 이해할 수 있다는 장점이 있다. 그러나 금융산업에 대한 규제완화로 금융기관들이 다른 금융기관들의 상품을 자유로이 판매할 수 있으므로 재무설계에서 점점 그 의미가 퇴색되고 있다. 다음의 <표 3-1>은 금융기관별로 취급하는 대표적인 금융상품을 나타내고 있다.

표 3-1 | 금융기관별 주요 금융상품

구 분	취급상품
은행 (농·수협 중앙회 포함)	(주요 상품) 요구불예금, 저축성 예금, 신탁상품, CD·RP 등 시장성상품 저축예금, 가계당좌예금, 시장금리부 수시입출금식예금(MMDA), 정기적금, 상호부금, 정기예금, 실세금리연동형 정기예금, 양도성예금증서(CD), 환매조건부채권(RP), 표지어음, 금융채, 청약저축, 주택청약예금, 주택청약부금, 장기주택마련저축, 연금신탁, (신)노후생활연금신탁, 특정금전신탁, 퇴직신탁, 생계형저축
종합금융회사	(주요 상품) CMA, CP, 발행어음 기업어음(CP), 발행어음, 표지어음, 어음관리계좌(CMA), 생계형저축
상호저축은행	(주요 상품) 예금, 적금, 신용부금, 표지어음 보통예금, 기업자유예금, 정기예금, 정기적금, 자유적립예금, 장기주택마련저축, 신용부금, 표지어음, 생계형저축
상호금융 (지역농·축협, 구별 수협, 지역산림조합)	(주요 상품) 출자금, 예탁금, 적금 출자금, 보통예탁금, 자립예탁금, 정기예탁금, 정기적금, 농어가목돈마련저축, 부금공제, 생계형저축

구 분	취 급 상 품
신용협동조합	(주요 상품) 출자금, 예탁금, 적금
	출자금, 보통예탁금, 자립예탁금, 자유저축예탁금, 정기예탁금, 정기적금, 자유적립적금, 생계형저축
새마을금고	(주요 상품) 출자금, 예탁금, 적금
	출자금, 보통예탁금, 자립예탁금, 정기예탁금, 정기적금, 자유적립적금, 생계형저축
자산운용회사	(주요 상품) 수익증권, 뮤추얼펀드
	단기금융상품펀드(MMF), 수익증권, 뮤추얼펀드(Mutual Fund), 엄브렐러펀드, 생계형펀드
우체국	(주요 상품) 우체국예금·보험
	보통예금, 가계우대정기적금, 자유저축예금, 근로자우대저축, 저축예금, 환매조건부채권, 정기예금, 복리정기예금, 정기적금, 장학보험, 개인연금보험, 어린이보험, 종합건강보험, 생계형저축
생명보험회사	(주요 상품) 보장성 보험, 저축성 보험
	보장성 보험(상해보험, 질병보험, 장기간병보험, 어린이보험, 암보험, 종신보험), 저축성 보험(교육보험, 연금보험, 양로보험), 생계형보험
손해보험회사	(주요 상품) 재산보험, 배상책임보험, 제3보험, 보증보험, 재보험
	재산보험(화재보험, 해상보험), 배상책임보험(자동차보험, 생산물배상책임보험), 제3보험(상해, 질병, 장기간병보험), 여행자보험, 보증보험, 연금보험, 퇴직보험, 생계형보험
금융투자업자(증권회사)	(주요 상품) 증권저축, 채권저축, 수익증권, 뮤추얼펀드
	단기금융상품펀드(MMF), 수익증권, 뮤추얼펀드, 증권저축, 생계형저축
증권금융회사	실권주 청약예수금, 환매조건부채권

3절 주요 경제지표의 이해

1. 경기(business cycle)

1) 경기의 의미와 중요성

경기는 일상생활에서 경제형편을 나타내는 의미로 사용된다. 보통 개별 기업 입장에서는 매출이 늘거나 수익성이 나아지면 경기가 좋다고 한다. 개인들은 월급이나 보너스가 높아지거나 가지고 있는 주식의 가격이 오르면 경기가 괜찮다고 느낀다. 그렇지만 개별 경제주체들이 느끼는 경기는 각자 처한 여건과 판단기준에 따라 서로 크게 다르다. 따라서 개별 주체들의 경제활동을 가지고 여러 부문과 다양한 산업들로 구성되어 있는 국민경제 차원에서 경기를 판단하기는 어렵다. 일반적으로 경기가 좋다는 것은 소비, 생산, 투자 등의 경제활동을 종합해 볼 때 통상 기대하는 평균수준 이상으로 활발한 경우를 말하며 경기가 나쁘다는 것은 그의 반대현상을 의미한다.

일반적으로 경기란 생산, 소비, 투자, 고용 등 실물부문 활동과 돈의 양, 금리, 주가, 환율 등의 금융부문 활동, 그리고 수출입 등 해외부문 활동을 망라하는 여러 가지 경제변수들의 움직임을 종합한 것이라고 할 수 있다. 따라서 이러한 경기는 인체에 비유하면 체온과 같다고 볼 수 있다. 체온이 너무 높거나 낮으면 몸에 이상이 생기는 것과 마찬가지로 경기가 너무 과열되거나 침체되면 국민경제에 여러 가지 부작용이 나타나게 된다(한국은행, 알기 쉬운 경제이야기).

경기가 장기적인 성장추세를 중심으로 반복하여 오르고 내리고 하는 것을 경기변동 또는 경기순환(business cycle)이라고 부른다. 경제활동이 활발하면 경기가 상승하여 정점에 이르게 되고 이후 경제활동이 부진해지면 경기가 하강하여 저점에 이르게 된다. 이러한 경기변동은 민간기업의 투자지출을 비롯한 수요충격, 통화량 변동과 같은 화폐적 충격, 불완전 정보에 의한 기대, 기술이나 생산성의 변동 등 경제 내의 여러 가지 실물 및 화폐적 요인에 의해 발생한다. 현실경제에서는 이들 요인들이 복합적으로 작용하여 경기가 상승

그림 3-7 | 경기사이클

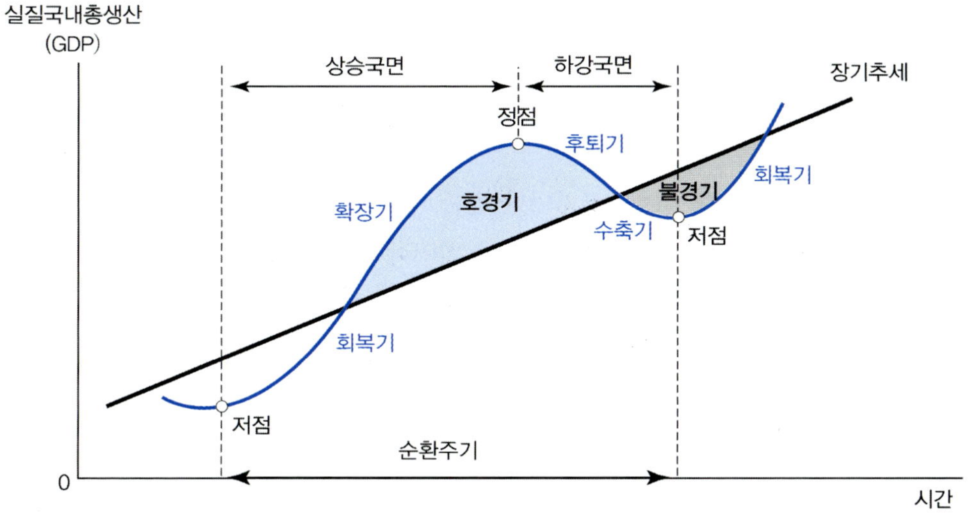

자료 : 한국은행, 알기 쉬운 경제이야기(2008).

과 하강을 반복한다.

경기를 정확히 파악하는 것이 중요한 이유는 어떤 경제행위를 결정하는 데 있어 경기의 판단과 예측이 매우 중요한 고려사항의 하나로서 그 정확성 여부에 따라 미래의 경제적 성과가 크게 달라질 수 있기 때문이다. 경기전망에 따라 가계는 부동산이나 주식과 같은 자산의 구입시기를 결정하고, 기업은 제품수요를 전망하여 이에 적합한 생산과 설비투자 계획을 수립하며, 정부는 국민경제의 안정적인 성장이 지속될 수 있도록 경제여건에 알맞은 경제정책을 실행한다.

2) 경기의 판단방법

현재의 경기상황을 파악하거나 장래의 경기를 예측하는 방법으로는 여러 가지가 있다.

첫째, 경기와 관련성이 높은 개별 경제지표들의 움직임을 관찰하는 방법이 있다. 개별 경제지표에 의한 방법은 생산, 투자, 고용, 수출 등 경기의 움직임을 잘 반영한다고 간주되는 개별 경제지표들의 추이를 경기변동이론이나 과거의 경험적인 사실 등에 비추어 종합적으로 판단하는 것으로서 가장 기본적인 경기분석기법이라고 할 수 있다. 개별 경제지표 중 가장 대표적인 것으로 GDP(국내총생산)를 들 수 있다. GDP는 한 나라의 모든 경제주체가 일정기간 동안 생산한 재화와 서비스의 부가가치를 금액으로 환산하여 합계한 것으로 각 부문의 생산, 소비, 투자, 수출 등의 수요를 살펴볼 수 있는 종합적인 지표로서 유용하다. 다만, 분기마다 집계되는 GDP는 추계하는 데 시간이 걸린다는 단점이 있어 신속한 경기동향 파악에는 월별로 발표되는 산업생산지수나 도소매판매액지수 등을 이용하게 되는데 경제 전체의 종합적인 경기동향의 파악에는 한계가 있다.

둘째, 각 부문의 경제동향을 잘 반영해 주는 지표들을 활용하여 종합경기지표를 작성하여 경기의 움직임을 판단하는 방법이다. 가장 널리 이용되고 있는 것으로는 경기종합지수와 경기확산지수 등이 있다. 이 중 경기종합지수는 비교적 가까운 장래의 경기동향을 예측하는 선행지수, 현재의 경기상태를 나타내는 동행지수, 경기의 변동을 사후에 확인하는 후행지수 등을 만들어 경기판단과 예측에 활용한다. 이 방법은 현 경기국면을 비교적 정확하게 파악하고 전환점을 예측하는 데 유용하게 활용할 수 있다는 장점이 있는 반면, 경제구조가 빠르게 변화할 경우 경기지표의 대응성이 떨어질 가능성이 크다. 이에 따라 경제구조의 변화에 맞추어 구성지표나 그 합성방법을 지속적으로 보완해야 하는 문제점이 있다.

셋째, 소비자나 기업가와 같은 경제주체들을 대상으로 설문조사를 실시하고 그 결과를 이용하는 경제심리지표를 이용하는 방법이 있다. 경제심리지표에 의한 방법은 기업가나 소비자와 같은 경제주체들의 경기에 대한 판단, 전망 및 계획 등이 국민경제에 중대한 영향을 미친다는 경험적인 사실에 바탕을 두고 각 경제주체들을 대상으로 한 설문조사 결과에 의거 전반적인 경기동향을 파악하는 방법이다. 가장 많이 사용하는 것이 기업가를 대상으로 한 기업경기조사(Business Survey Index : BSI)와 소비자를 대상으로 한 소비자동향조사(Consumer Survey Index : CSI) 등이다. 이 방법은 다른 방법보다 비교적 손쉽게 경기변동을 판단할 수 있는 장점이 있다. 그러나 조사결과가 응답자의 주관과 심리적인 요인에 의해 다르게 나타날 수 있어 정확히 경기상황

한걸음 더 일상생활에서의 경기판단방법

2008년 노벨경제학상을 받은 폴 크루그먼(Paul Robin Krugman)은 사소한 일상 속에서도 현재의 경기상황을 판단할 수 있다고 주장하였다. 그에 따르면 경기가 좋을 때에는 TV에서 코믹광고가 많이 나오고 경기가 나빠지면 TV광고에서 같은 상품이름이 15번이나 반복된다고 한다.

『1997년 미국 연례보고서』의 저자 메레디스 백비(Meredith Bagby)도 스타벅스의 커피 맛을 보고 경기를 진단할 수 있다고 한다. 즉, 경기부진이 예상되면 대부분의 커피전문점들이 비용절감을 위해 커피 농도를 줄이기 때문에 보통 때보다 커피 맛이 옅어진다는 것이다.

이 밖에도 경기가 안 좋을 때에는 담배꽁초의 길이가 더욱 짧아지고 소주 소비량이 늘고 성형외과가 잘 안 된다든지 하는 비공식적인 경기판단방법들이 많이 있다.

(자료 : 부산일보, 2008년 11월 15일자 일부 발췌)

을 판단하고 경기전환점을 예측하기 어렵다는 단점이 있다.

넷째, 각종 경제변수들의 상호의존관계를 계량경제학적 측면에서 규명하여 분석하는 계량모형방법이 있다. 예를 들어 소득은 소비, 투자, 정부지출 및 수출입차를 합한 것이고, 소비는 가처분소득의 함수, 투자는 소득과 이자율의 함수라는 식으로 모형을 설정하여 분석한다. 이 방법은 주요 거시경제변수들의 움직임을 정교하고 치밀한 통계기법에 의해 구체적으로 측정할 수 있다는 장점도 있지만, 경제여건과 구조에 급격한 변화가 있을 경우 경제변수들 간의 상관관계가 변하게 되어 기존모형에 의한 예측력이 떨어지는 단점도 있다.

2. 인플레이션(inflation)

1) 물가지수의 의미와 종류

일정시점에서 보면 가격이 오르는 상품이 있는가 하면 내리는 상품도 있어 상품가격은 매우 다양하게 변동한다. 따라서 개별 상품의 가격을 가지고서는 전반적인 상품가격의 변화를 판단하기 어렵기 때문에 여러 가지 상품의 가격들을 종합하여 한 눈에 알아볼 수 있도록 평균적인 가격수준을 구할 필요가

한걸음 더 인류가 경험한 최악의 인플레이션 : 초인플레이션(hyper-inflation)

초인플레이션(hyper-inflation)은 일반적으로 월평균 물가상승률이 50%를 초과하는 경우를 말하는데, 초인플레이션 하에서는 1년 후면 물가수준이 100배 이상으로 높아진다. 물가가 심하게 오르는 국가에서 어떤 사람이 빵 하나를 사기 위해 손수레에 돈을 싣고 시장에 갔었는데 빵을 구입하기 위해 잠시 두리번거리는 사이에 돈은 그대로 두고 손수레만 훔쳐갔다는 이야기가 있다. 실제로 이런 일이 세상에서 일어날 수 있을까 하는 의구심을 가질 수 있으나 과거에 여러 나라에서 비슷한 경우가 발생했다.

인류 역사상 최고의 초인플레이션은 유고슬라비아에서 1993년 내전 중에 발생했던 연간 6천조%의 물가상승률이다. 당시 유고슬라비아는 전비조달을 위해 조폐국을 24시간 내내 가동시켜 화폐를 발행하였으며 화폐개혁도 20차례나 실시했다. 그 다음은 헝가리로 1945년 8월에서 1946년 7월의 1년 동안에 물가가 4,200조%나 올랐다. 또 제1차대전 이후 독일은 돈의 가치가 너무 떨어져 돈을 땔감으로 사용하고 어린이들이 딱지 대신에 돈다발을 장난감으로 가지고 놀 정도였는데, 이는 이후 나치즘이 등장하는 계기가 되었다고 한다. 또한 러시아의 경우 가격자유화 조치가 시행된 1992년 한 해 동안에 소비자물가가 무려 17배 이상이나 올랐다고 한다.

(자료 : 한국은행, 알기 쉬운 경제이야기(2008) 중 요약)

있는데, 이렇게 만든 가격수준을 물가라고 말한다. 이러한 종합적인 물가수준을 일정한 기준에 따라 지수로 나타낸 것을 물가지수(price index)라고 한다. 보통 기준연도의 물가지수를 100으로 놓고 어떤 시점의 물가지수와 비교하여 보면 물가의 변동률을 쉽게 알 수 있다. 가령 어느 해의 물가지수가 105라면 기준연도에 비해 평균적인 물가수준이 5% 상승하였음을 나타낸다.

물가수준을 측정하기 위해 다양한 지수가 개발되어 있다. 우리가 흔히 물가지수라 하면 소비자물가지수와 생산자물가지수를 의미한다. 통계청이 작성하는 소비자물가지수는 소비생활에서 실제로 구입하고 있는 상품이나 서비스의 거래가격을 조사한 것이다. 가계의 생계비 평균 내지는 구매력의 변동을 측정하고 통화정책의 운영에 있어서 물가안정목표 지표로 사용되는 등 일반인은 물론 정책당국과 언론의 관심이 높다.

한국은행에서 작성하는 생산자물가지수는 국내에서 생산된 상품과 운수통신, 금융, 부동산 등 기업서비스가 국내시장에 출하되어 1차 단계에서 기업

상호 간에 이루어진 거래가격의 변동을 측정한 것이다. 이러한 생산자물가지수는 다른 물가지수에 비해 조사대상 범위가 넓고 전반적인 상품의 수급동향을 반영한다는 점에서 일반 물가수준을 잘 나타낸다고 할 수 있다.

한편 소비자물가지수에서 곡물 이외의 농산물과 석유류 등 외부 충격에 의해 일시적으로 가격이 급등락하는 품목을 제거하고 난 뒤 산출하는 기조적인 소비자물가지수를 나타내는 근원인플레이션(underlying inflation 또는 core inflation)이 있다. 이 밖에도 GDP 디플레이터(deflator)라는 물가지수가 있는데, 이는 명목GDP를 실질GDP로 나눈 값을 백분율로 나타낸 것이다. 이러한 GDP 디플레이터는 소비자물가지수, 생산자물가지수, 수출입물가지수, 임금, 환율 등 각종 가격지수가 반영되어 있다는 점에서 다른 물가지수보다 훨씬 더 포괄적인 성격을 갖는 물가지수라고 말할 수 있다.

2) 인플레이션의 의미와 영향

일반물가가 지속적으로 오르는 현상을 인플레이션(inflation)이라 하고 흔히 물가상승이라고 한다. 인플레이션의 측정에는 보통 소비자물가지수나 GDP 디플레이터가 사용된다. 한편 물가가 계속해서 하락하면서, 동시에 경기후퇴나 불황을 동반하는 상태를 디플레이션(deflation)이라고 한다. 이에 반해 경기는 후퇴하는데 물가가 상승하는 상황을 스태그플레이션(stagflation)이라고 한다. 이는 불황에도 불구하고 물가가 급등하는 경제상황을 의미하는데 유가 등 원자재가격이 급등하여 공급 측면에서의 가격상승요인이 있을 때에 발생하는 경우가 많다.

화폐의 가치가 떨어지는 인플레이션이 발생하면 개인이나 기업의 경제활동에 막대한 영향이 미치게 된다. 특히 예상하지 못한 인플레이션은 소득분배 및 자원배분을 왜곡시키고 민간의 저축과 투자를 위축시키며 국제경쟁력을 약화시킴으로써 국민경제의 건전한 성장에 걸림돌이 된다. 따라서 어느 나라에서나 물가안정은 매우 중요한 정책목표가 되고 있다.

3. 금리(interest rate)

1) 금리의 개념

일상생활에서 남는 돈을 은행에 예금하거나 다른 사람에게 빌려줄 때도 있지만 돈이 부족해 빌려야 하는 경우도 있다. 돈을 빌린 사람은 일정기간 돈을 빌려 쓴 것에 대한 대가를 지급하는데 이를 이자라 하며, 이자의 원금에 대한 비율을 금리 또는 이자율이라고 한다.

이자는 은행에 예금하는 경우에도 발생하는데 은행이 예금주의 돈을 빌려 쓴 대가를 지급하는 것이라고 볼 수 있다. 예를 들어 은행에 1,000만원을 예금하고 1년 뒤에 1,100만원을 받는다면, 돈을 예금한 대가로 받는 100만원이 이자이다. 이 경우 예금금리는 이자 100만원의 원금 1,000만원에 대한 비율, 즉 10%이다. 이러한 이자율은 현재의 소비를 희생한 대가라고 볼 수 있다. 즉, 1,000만원을 예금하지 않으면 누릴 수 있는 영화관람, 외식, 옷 구입 등 현재 소비의 만족을 포기한 대가라고 할 수 있다. 또한 이자는 금융거래를 하고 일정기간이 지나야 발생하므로 이자를 돈의 시간가치라고도 한다.

2) 금리의 결정요인

금리가 어떻게 결정되는가는 학자에 따라 여러 가지로 설명되고 있으나 기본적으로 시장의 수요와 공급 원리에 의해 결정된다. 시장에서 상품을 사고자 하는 수요와 팔고자 하는 공급이 변동함에 따라 상품가격이 달라지는 것과 마찬가지이다. 돈의 가격인 금리도 돈을 빌리려는 수요가 공급보다 많으면 올라가게 되고, 반대로 돈을 빌려주려는 공급보다 수요가 적으면 떨어지게 된다.

먼저 자금의 수요는 주로 생산활동을 하는 기업의 투자에 의해 좌우된다. 즉, 경기전망이 좋아지면 이익증가를 예상한 기업의 투자가 늘어나 돈에 대한 수요가 증가하고 금리는 올라가게 된다. 한편 돈의 공급은 주로 가계에 의해 이루어지는데 가계의 소득이 적어지거나 소비가 늘면 돈의 공급이 줄어들어 금리가 오르게 된다. 또한 물가가 오를 것으로 예상되면 돈을 빌려주는 사람은 같은 금액의 이자를 받는다 하더라도 그 실질가치가 떨어지므로 더 높은 금리를 요구하게 되어 금리는 상승하게 된다. 이 밖에 금리는 차입자의 신용과 돈을 빌리는 기간 등에 따라 그 수준이 달라지는데 빌려준 돈을 못 받을 위험이 클수록, 그리고 차입기간이 길수록 금리가 높은 것이 일반적이다.

3) 금리의 종류

금리는 다양한 기준에 의해 여러 종류로 구분할 수 있다.

(1) 단리와 복리

금리는 계산하는 방법에 따라 단리와 복리로 나눌 수 있다. 단리는 단순히 원금에 대한 이자를 계산하는 방법이며, 복리는 이자에 대한 이자도 함께 감안하여 계산하는 방법이다. 예를 들어 1,000만원을 연 10%의 금리로 은행에 2년간 예금할 경우 만기에 받게 되는 원금과 이자의 합계액은 단리방식으로는 1,200만원[1,000만원 × (1+0.1 × 2)]이 되지만 복리방식으로는 1,210만원[1,000만원 × $(1+0.1)^2$]이 된다.

(2) 명목금리와 실질금리

금리는 돈의 가치변동, 즉 물가변동을 고려하느냐 안 하느냐에 따라 실질금리(real interest rate)와 명목금리(nominal interest rate)로 구분할 수 있다. 명목금리는 물가상승에 따른 구매력의 변화를 감안하지 않은 금리이며, 실질금리는 물가변동과 관계없이 구매력이 유지된다는 가정 하에 받게 되는 금리를 말하는데, 예를 들어 쌀 1가마니를 빌려주고 1년 후에 쌀 1가마니와 1말을 받았다면 쌀 1말이 실질금리가 된다.

돈을 빌리고 빌려줄 때에는 보통 명목금리로 이자를 계산하지만 실제로 기업이 투자를 하거나 개인이 예금을 하려고 할 때에는 실질금리가 얼마인가에 관심을 갖게 된다. 예를 들어 1년 만기 정기예금의 금리가 연 5%이고 물가상승률이 연 5%라고 하면 실질금리는 0%인 결과가 나타날 수 있다. 따라서 예금가입자가 받는 실질이자소득은 같은 금리수준에서 물가상승률이 낮을수록 늘어나게 된다. 따라서 명목금리와 실질금리는 다음과 같은 관계를 지니게 된다.

명목금리 = 실질금리 + 물가상승률

(3) 콜금리와 채권수익률

금리는 거래되는 금융시장을 기준으로 구분할 수도 있다. 금융기관 사이의 단기자금거래가 주로 이루어지는 콜시장에서 형성되는 금리를 콜금리라고 한다. 또한 채권시장에서 형성되는 금리는 채권수익률이라고 한다. 채권수익률은 채권의 종류나 만기에 따라 국고채수익률, 회사채수익률 등 매우 다양하게 존재한다.

4) 금리변동의 영향

금리의 움직임은 소비, 투자, 물가는 물론 국가 간의 자금흐름 등 여러 분야에 영향을 미친다.

가계의 소비는 기본적으로 소득수준에 영향을 받아 결정되나 금리에도 영향을 받는다. 금리가 오르면 금융기관에 같은 금액의 돈을 맡기더라도 더 많은 이자를 받을 수 있기 때문에 저축을 늘리고 소비를 줄이게 되며, 반대로 금리가 떨어지면 소비를 늘리게 된다. 한편 은행에서 주택담보대출을 받은 가계는 금리가 오르게 되면, 금리부담이 증가하여 가처분소득이 감소하게 되므로 소비가 줄어들게 된다.

기업의 입장에서 금리는 자금을 조달하는 데 드는 비용이기 때문에 금리가 오르면 기업은 자금차입에 따른 비용부담이 늘어나게 되어 투자가 줄어들고 반대로 금리가 낮아지면 투자는 늘어나게 된다.

금리변동은 물가에도 영향을 미친다. 금리가 오르면 기업의 투자활동이 위축되고 개인도 소비보다는 저축을 많이 하는 등 전체적으로 상품을 사는 수요가 줄어들어 물가를 하락시키게 된다. 그러나 이자가 상품의 생산원가에 포함되기 때문에 금리가 오르는 경우 제품가격을 올리는 요인이 될 수도 있다. 이와 같이 금리가 물가에 미치는 영향은 서로 상반된 두 가지 요인 중 어느 쪽 영향이 더 큰가에 따라 달라지는데, 원가상승 효과보다 수요감소 효과가 더 크기 때문에 물가가 떨어진다는 것이 일반적인 견해이다.

또한 금리의 변동은 나라와 나라 사이 돈의 움직임, 즉 자본이동에도 영향을 미친다. 환율 등 다른 여건이 같은 경우에 국내 금리가 올라 외국 금리보다 높아지면, 금리가 높은 우리나라로 자금이 유입되는 현상이 나타난다.

금리는 금리의 변동을 가져오는 요인과 영향을 서로 주고받으면서 이처럼 투자, 소비, 물가 등 실물부문으로 파급된다. 금리는 국민경제에 미치는 영향이 폭넓고 다양하므로 각국의 중앙은행은 경기를 조절하는 수단으로 금리를 이용할 뿐 아니라 금리변동이 너무 심하면 불확실성이 증대되어 기업의 투자 등 경제주체들의 각종 경제활동에 대한 의사결정을 어렵게 하므로 급격하게 변동되지 않도록 관리하고 있다.

4. 환율(exchange rate)

1) 환율의 정의와 종류

환율은 한 국가의 돈과 다른 국가의 돈 사이의 교환비율을 의미한다. 똑같은 품질의 물건 값이 세계 어느 나라에서나 같다고 가정을 한다면 다음과 같이 햄버거 한 개 가격이 미국에서는 2달러이고 우리나라에서는 2,000원일 경우 우리나라 돈과 달러화 사이의 환율은 달러당 1,000원이 된다. 이것이 유명한 빅맥지수로 알려진 환율계산법이다. 여기서 환율(달러)을 1,000원/달러(1달러당 1,000원)로 표시한 것은 국제금융거래에 있어 기축통화인 미국달러화를 기준으로 나타낸 것으로 이 경우 환율은 외환(달러)의 가격을 의미하게 된다.

원/달러환율 = 원화(₩)/달러($)

우리나라 환율은 이와 같은 자국통화표시법을 사용하는데 달러당 원화금액이 커지는 경우 환율이 상승 또는 원화가치가 하락하였다고 한다. 따라서 자국통화표시법에 의한 환율은 그 나라 돈의 대외가치와 반비례한다. 예를 들어 원/달러환율이 달러당 1,100원에서 1,200원으로 변동한 경우 원/달러환율은 상승하고 반대로 원화의 가치는 달러화에 대하여 하락한 것을 의미한다.

실생활에서 사용되는 환율의 종류를 살펴보면 가장 기본적인 것이 매매기준율인데 매매기준율은 여러 가지 외화매매의 기준이 되는 환율로서 외환시장의 평균 환율을 의미한다. 은행들은 거래대상 외환에 따라 이 매매기준율에 약간의 스프레드를 가감하여 전신환 매입·매도율, 여행자수표 매입·매도율, 현찰 매입·매도율 등을 고시한다. 스프레드는 현찰환율, 여행자수표환율, 전신환환율 순으로 큰 것이 일반적이다. 해외에 송금을 하거나 해외에서 신용카드를 사용하였을 경우에 적용되는 환율은 전신환매매율이다.

2) 환율의 변동원인

외국 돈의 가격인 환율은 일반적인 물건의 가격과 마찬가지로 기본적으로 외국 돈의 수요와 공급에 의하여 결정된다. 외국 돈에 대한 수요는 외국으로부터 상품과 서비스를 수입하거나 외국의 금융자산을 구입하고자 하는 경우 일어나며, 공급은 상품 및 서비스의 수출이나 이전거래 등에 의해 외환수입이 있거나 우리나라의 금융자산을 사기 위해 외국 돈이 들어오는 경우 발생한다. 따라서 환율의 움직임은 상품의 수출입뿐만 아니라 서비스거래, 이전거래, 자본의 이동 등과 밀접한 관계를 가지고 있다.

(1) 국제수지

상품의 수출이 수입보다 많고 서비스거래 결과 수입이 지급보다 많아 경상수지 흑자가 발생하거나 자본수지 흑자가 발생하면 일정기간 동안 우리나라로 들어온 외국 돈이 나간 외국 돈보다 많아 외환시장에서 외환공급이 외환수요를 초과하게 된다. 이 경우 사려고 하는 외국 돈보다 팔려고 하는 외국 돈이 많아짐에 따라 외국 돈이 흔해져서 외국 돈의 가치가 떨어지고 우리 돈의 가치가 오르게 되어 환율이 내려가게 된다. 반면에 경상수지와 자본수지가 적자이면 외환수요가 외환공급보다 많아져 외국 돈이 귀해짐에 따라 환율은 올라가게 된다.

(2) 통화량, 경제성장률, 물가

일반적으로 우리나라의 통화량 증가율이 다른 나라보다 높다면 상대적으로 더 높은 물가상승으로 우리 돈의 가치가 외국 돈보다 떨어져 환율이 높아진다. 또한 우리나라의 경제성장률이 다른 나라보다 높을 경우에는 생산물량이 확대되고 우리 경제의 신뢰도가 높아질 것이므로 우리 돈의 가치가 높아져 환율이 떨어진다. 이때 통화량의 증가나 경제성장이 장기에 걸쳐 서서히 나타나는 것이라 하더라도 이러한 변화가 상당한 확신을 가지고 예상된다면 환율은 이러한 외환거래자들의 예상을 즉각적으로 반영한다. 따라서 환율은 장기에 걸쳐 서서히 변화하는 여러 가지 요인들이 구체화되기 전에 외환거래자에 의하여 먼저 변동하게 된다.

한편 우리나라의 물가가 외국보다 많이 오르게 되면 우리나라의 물건가격이 상승하여 수출경쟁력이 약화되는 반면 수입수요는 증대된다. 따라서 외환의 수요가 많아져 우리나라 돈의 가치도 떨어지게 된다. 예를 들어 우리 돈 1,000만원으로 살 수 있는 자동차를 일본 돈 100만 엔으로 살 수 있다면 우리 돈의 단위당 구매력은 일본 돈의 1/10에 해당되고 이 구매력으로 평가한 환율은 100엔당 1,000원이 된다. 그런데 우리나라에서만 물가가 상승함으로써 자동차 가격이 1,200만원으로 오른다면 우리 돈의 구매력은 일본 돈의 1/12로 떨어지고 환율은 100엔당 1,200원으로 올라가게 된다. 역사적으로 보아도 인플레이션이 지속되는 국가의 통화가치는 하락하는 반면 물가가 안정된 국가의 통화가치는 상승하는 것이 일반적이다.

(3) 이자율

환율은 이자율변동에 매우 민감하게 반응한다. 만일 우리나라의 이자율이 상승하면 우리나라의 은행예금, 채권 등 금융자산의 예상수익률도 높아지게 된다. 우리나라 금융자산에 대한 예상수익률은 높아진 데 반해 외국의 금융자산에 대한 예상수익률은 변함이 없다면 우리나라의 금융자산을 더 선호하게 된다. 이에 따라 우리 금융자산을 사기 위해 외국 돈이 들어오게 되고 그 결과 많아진 외국 돈에 의해 우리 돈의 가치가 상대적으로 올라가게 되어 환율은 떨어진다.

그러나 이때 유의할 것은 환율에 영향을 주는 이자율은 실질예상수익률이라는 점이다. 즉, 우리나라의 명목이자율이 외국에 비해 높더라도 기대인플레이션율이 더 높아 실질예상수익률이 낮다면 오히려 우리나라 돈의 가치는 상대적으로 떨어지게 된다는 것이다.

이와 같이 환율은 국제수지, 물가, 내외금리차, 외환거래자의 예상 및 중앙은행의 외환시장개입 등 경제적 요인에 의해 수시로 변동될 뿐만 아니라 전쟁, 천재지변, 정치적 불안정 여부 등 비경제적 요인에도 영향을 받아 변동한다.

3) 환율변동이 경제에 미치는 영향

환율은 국내물가, 내외금리차 등 경제여건에 따라 변동하지만, 그 반대로 환율변동이 국내물가, 생산, 국제수지 등 국내경제에 많은 영향을 미치기도 한다. 환율이 떨어져 원화가치가 상승하면 달러화로 표시한 수출상품의 가격이 상승하여 경쟁국 제품에 비해 가격이 비싸지게 되므로 외국으로부터의 수출주문량이 줄어들게 된다. 수출이 줄어들면 경제성장이 둔화되고 실업자가 늘어나게 되어 고용사정이 어렵게 된다. 반면에 상품수입에 있어서는 환율하락분만큼 수입상품가격이 하락하게 되므로 수입품의 소비가 늘게 되어 수입이 증가하는 것이 일반적이며 이에 따라 경상수지는 악화될 것이다.

그러나 원화절상의 효과가 부정적인 것만은 아니다. 환율이 내려가면 수입상품의 가격이 하락할 뿐만 아니라 외국으로부터 원료를 수입하여 생산하는 상품의 제조원가를 하락시키게 되므로 결과적으로 국내물가가 내려가는 긍정적인 측면도 있다. 우리나라의 경우 제조업부문은 원유, 철강재, 비철금속 등 수입원자재의 투입비율이 크기 때문에 환율이 물가에 미치는 영향은 매우 크다고 할 수 있다. 또한 외환자유화의 진전과 대외거래 증가에 따라 우리나라의 기업과 금융회사들은 많은 자본을 외국으로부터 빌려오고 있는데, 환율이 내리면 외국 빚을 지고 있는 기업에게는 그만큼 원금상환부담이 줄어들고 이는 결국 원가를 절감시켜 일반소비자에게 싼 가격으로 물건을 제공할 수 있게 된다. 이와 같이 원화가치가 상승하면 일반적으로 수출은 줄어들고 수입은 늘어나 경상수지를 악화시키는 면도 있지만, 한편으로는 수입물가 하락을 통해 국내물가 안정을 기할 수 있고 국내기업의 외채상환부담이 경감되는 긍정적인 점도 발생하게 된다.

한편 이와 반대로 환율이 올라 원화가치가 하락하면 달러화표시 수출품 가

한걸음 더 이제는 빅맥지수가 아닌 아이팟지수

애플의 인기 MP3 플레이어인 아이팟이 전 세계 26개국의 통화가치를 비교하는 지수로 등장했다. AFP통신 18일(현지시간) 보도에 따르면 호주의 커먼웰스은행은 26개국에서 아이팟 나노 2GB 제품의 2007년 1월 시판가격을 미국 달러화로 환산해 '콤섹 아이팟지수(CommSec iPod Index)'를 발표했다.

이는 동일 제품의 가격은 세계 어디서나 같다는 '일물일가의 법칙'과 각국의 물가수준을 반영해 환율을 비교하는 구매력평가이론(PPP)을 기반으로 국가별 아이팟 가격을 미 달러화로 환산해 비교한 것이다. 현재는 이코노미스트지가 지난 1986년 이후 매년 세계 각국의 맥도널드 햄버거 빅맥가격을 조사해 발표하는 '빅맥지수'를 참고하고 있다. 그러나 디지털 시대를 맞아 앞으로는 아이팟지수가 더욱 중요한 통화가치 비교지수로 떠오를 전망이다. 아이팟은 지난 2002년 출시된 이후 전 세계적으로 8,800만 대가 팔릴 정도로 인기를 구가하고 있기 때문이다.

아이팟지수에 따르면 브라질의 아이팟 가격이 327.71달러(약 30만 7,000원)로 가장 높았으며 그 뒤를 인도(222.27달러)가 이었다. 가장 싼 가격에 아이팟을 살 수 있는 나라는 144.20달러를 기록한 캐나다로 조사됐다.

미국 내 아이팟 판매가격은 147달러로 나타났고, 한국의 아이팟 가격은 176.17달러로 조사대상 26개국 중 16위를 차지했다. 크레이그 제임스 커먼웰스 수석 이코노미스트는 "아이팟지수를 보면 미국 달러화가 상대적으로 저평가돼 있는 것을 알 수 있다"며 "달러화가 앞으로 강세를 보일 가능성이 높다"고 설명했다.

(자료 : 서울경제, 2007년 1월 19일)

격이 하락하므로 수출은 잘되고 수입상품가격이 상대적으로 비싸져서 수입은 줄어드는 것이 일반적이며, 이에 따라 경상수지의 개선을 기대할 수 있다. 하지만 원자재 및 부품의 해외의존도가 높은 나라의 경우 원자재 및 부품을 높은 가격을 주고서라도 수입할 수밖에 없어 수입감소는 제한적일 수밖에 없는 측면도 있다. 또한 환율인상으로 수입원자재 가격이 상승함에 따라 국내물가가 올라가게 되며 외국 빚을 지고 있는 기업들의 원금상환부담이 가중되는 효과도 발생하게 된다.

이와 같이 환율변동은 경제 여러 분야에 이해가 상반되는 영향을 미치게 되므로 환율은 가능한 한 실세를 반영하여 안정되도록 하는 것이 바람직하다고 볼 수 있다.

한걸음 더 외환위기와 외환보유액

1997년 외환위기 당시 우리나라는 외환보유액이 30억 달러에 불과해 결국 IMF에 구제금융을 신청하였다. 외환보유액은 한 나라가 일정시점에서 보유하고 있는 대외외환채권의 총액을 의미한다. 외환보유액은 국제수지의 일시적인 역조를 보전하기 위한 준비역할을 한다. 외환시장에서 외국인투자자는 나중에 투자결정에 따른 책임소재를 회피하기 위해 다른 투자자와 같이 행동하는 군집행동을 보이는 경우가 많다. 이러한 외환시장의 패닉현상이 있는 경우 외환보유액이 충분하다면 시장에 외환을 매각하여 외환시장의 안정성을 유지할 수 있다. 따라서 외환보유액이 넉넉하다는 사실은 국가신인도를 높여주는 역할을 한다. 우리나라의 외환보유액은 2017년 말 현재 3,958억 달러로 세계 9위 수준이다.

한편 현재 전 세계의 외환보유고의 대부분을 중국, 일본, 한국, 대만 등 동아시아 각국의 중앙은행이 보유하고 있는데 이들 중앙은행은 외환을 지하금고에 단순히 보관하고 있는 것이 아니라 국제금융시장에서 운용하고 있다. 그중에서도 미국의 국채를 많이 보유하고 있는데 결과적으로 미국정부는 이들 국가에 커다란 빚을 지고 있는 셈이다. 특히 2017년 말 현재 3조 1,399억 달러가 넘는 외환보유액을 가지고 있는 중국은 갈수록 미국에 대한 발언권이 높아지고 있다.

4절 인구구조와 경제환경 변화의 이해

인구는 국가를 구성하는 기본 요소인 동시에 사회를 변화시키는 가장 기본적인 요인이다. 경제적으로 볼 때도 각 연령대에 따라서 소비와 투자패턴이 달라질 뿐 아니라 생산의 기본단위가 되는 노동에 대한 시장의 구조도 인구구조의 변화에 따라 크게 달라진다.

지금 우리나라는 세계에서 유례없는 인구구조의 변화를 겪고 있다. 따라서 우리나라의 인구구조 및 이에 따른 미래경제환경의 변화를 이해하는 것은 재무설계과정에서 주식, 채권, 부동산 등 투자환경 및 사회변화를 이해하는 기초가 된다고 볼 수 있다.

1. 우리나라 인구구조 변화의 특징

1) 저출산과 총인구 감소

우리나라 인구구조의 가장 중요한 변화는 절대인구가 감소할 것이라는 점이다. 인구감소의 가장 큰 원인은 출산율의 하락 때문인데 1970년의 4.53명이었던 우리나라의 출산율은 이후 지속적으로 하락하여 1983년 인구대체수준인 2.1명 아래로 하락하여 2019년 0.92명에 이르는 실정이며, 향후에도 이러한 저출산현상이 상당기간 지속될 것으로 예상된다. 통계청에 따르면 출산율의 지속적인 하락으로 총인구는 2028년 5,194만 명을 정점으로 감소할 것으로 전망된다.

한편 그동안 교육, 주택, 노동시장에서 수요를 증폭시켰던 1955년생부터 1963년생에 이르는 베이비붐세대는 1955년생이 60세가 되는 2015년경부터 본격적으로 은퇴가 시작되고 있다. 그러나 인구감소에도 불구하고 1인가구 및 부부가구의 증가 등으로 가구수는 계속해서 증가할 것으로 예상된다. 따라서 가구당 인원수는 감소할 것으로 보인다.

표 3-2 | 가구구조 변화추이

구 분	2000년	2010년	2020년(예상)	2030년(예상)
총가구(만 가구)	1,451	1,749	2,035	2,204
가구원수(명)	3.1	2.7	2.4	2.2
1인가구(만 가구)	226(15.5)	417(23.9)	617(30.3)	744(33.8)
부부가구(만 가구)	179(12.3)	263(15.0)	338(16.6)	428(19.4)

주 : ( )는 총가구 대비 비중.
자료 : 통계청, 장래가구추계 ; https://kosis.kr/statHtml/statHtml.do?orgId=101&tblId=DT_1BZ0503&conn_path=I3

2) 급격한 고령화

우리나라 인구구조 변화의 또 다른 특징은 고령화가 급속하게 진행되고 있다는 점이다. 일반적으로 유엔인구유형 기준에 따르면 65세 이상 노인인구가 7% 이상이면 고령화사회, 14% 이상 고령사회, 20% 이상 초고령사회로 분류

표 3-3 | 우리나라의 고령화 추이

연 도	내 용
2000년 이후	고령화 사회 진입
2008년 이후	노인인구 500만 명 돌파(10명 중 1명이 노인)
2016년 이후	유소년 인구보다 노인인구가 더 많아짐
2017년 이후	고령사회 진입
2025년 이후	초고령사회 진입(5명 중 1명이 노인)

주 : 유소년 인구 : 0~14세 사이의 인구, 노인 인구 : 65세 이상의 인구
자료 : 통계청, 「향후 10년간 사회변화 요인분석 및 시사점」(2009).

한다. 우리나라는 인구감소와 함께 고령화가 가장 빨리 진행되는 국가이다. 2000년에 7.2%로 이미 고령화사회에 진입하였으며 2017년에는 고령사회에, 2025년에는 20%가 넘는 초고령사회가 될 것으로 예측되고 있다. 또한 우리나라의 고령화 추세는 세계에서 유례를 찾아보기 어려운 정도로 빠른 속도로 진행되고 있어 고령사회에 대비한 준비기간이 크게 부족한 실정이다.

2. 인구구조 변화의 영향

1) 저출산의 영향

저출산은 향후 한국 사회에 사회경제적으로 커다란 영향을 미치게 된다. 첫째, 노동력 감소와 국가경쟁력 약화를 들 수 있다. 한 나라의 출산율은 그 나라의 인구와 직접적인 관계를 가진다. 인구는 국가에게 있어 중요한 자원이 되며 더 나아가 국가경쟁력이 된다. 저출산현상이 계속되면 노동력 감소와 노인인구부양비 문제가 야기될 것이며 이는 더 나아가 국가경쟁력을 떨어뜨릴 것이다. 특히 우리나라와 같이 지하자원이 풍부하지 못하고 인적자원이 주가 되는 나라에서는 그 심각성이 더할 것이라고 예상할 수 있다.

둘째, 저출산에 의한 총인구의 감소에 따라 학령인구는 지속적으로 감소할 것으로 전망되고 있다. 1970년대 초등학교 재적 학생수가 570만 명 규모에서 2020년 현재 270만 명 규모로 축소되었다. 이와 더불어 군입대자원도 2012년 37만 명을 기점으로 지속적으로 하락할 것으로 예상된다. 한편 이처럼 학

한걸음 더 2305년 한국인 멸종?

통계청이 발표한 "세계 및 한국의 인구현황"에 따르면 한국의 국가별 인구순위는 2009년 26위, 2025년 32위, 2050년 46위로 하락세가 지속될 것으로 보인다. 전문가들은 현재 인구성장률 상황을 시한폭탄이라고 표현하면서 지금 상태로 놔둘 경우 2305년에 한국인이 멸종할 것이라고 경고하고 있다. 이를 막기 위해서는 출산율을 끌어올리는 쪽에 정책의 초점을 맞춰야 한다고 입을 모은다. 하지만 1960년대 공업화 이후 인구증가를 억제하려고 실시한 가족계획이 20년이 걸려서야 출산율 저하로 나타났지만 출산율 올리기 정책은 그보다 더 긴 30~40년의 시간이 걸릴 것이라고 전망하고 있다.

저출산 문제를 해결하기 위해서는 다양한 정책이 구상되고 있다. 우선 세제, 보육, 금융, 주택, 교통, 노동, 취업 등 모든 영역에서 다자녀가구가 손해를 보지 않는 정책이 필요하다. 결혼해서 출산을 하면 혜택을 주고 반대의 경우 불이익을 주는 구조의 정책이나, 모든 정책을 시행할 때 출산영향평가를 시행, 출산에 해로운 제도를 없애고 출산율 올리기를 위한 특별회계 제도를 운영하는 등이 그러한 정책이 될 것이다. 또한 출산 적령기 여성들이 안심하고 아이를 낳을 수 있는 환경을 만들어서 여성의 출산이 자기계발의 걸림돌이 되지 않도록 지원하는 노력도 필요하다.

(자료 : 연합뉴스, "한국, 저출산·'고령화 탈출구' 시급", 2009년 7월 10일자에서 요약)

령인구가 대폭 줄면서 상급학교 진학률은 계속 높아지는 추세이다. 2020년 중학교 진학률은 100.0%, 고등학교 진학률은 95.7%로 초·중등 학생 거의 모두가 상급학교로 진학한 것으로 나타났다. 다만, 대학(교) 진학률은 경기부진과 대졸청년실업증가 등의 영향으로 2008년 83.8%를 정점으로 점차 하락하여 2020년 72.5%에 이르고 있다.

셋째, 사회복지적 차원에서 노인복지 재원에 대한 생산인구의 과중한 부담이 예상된다. 복지의 재원은 대부분 국민의 세금으로 충당된다. 노인인구는 의학기술의 발달 등으로 인한 평균수명의 연장으로 증가하는 데 반해 저출산

표 3-4 | 대학 진학률 추이 (단위 : %)

구 분	1980	1990	2000	2008	2015	2020
대학 진학률	27.2	33.2	68.0	83.8	70.8	72.5

자료 : e-나라지표 : 취학률 및 진학률

으로 인해 생산인구의 감소로 인해 복지재원에 생산인구의 과중한 부담문제가 야기된다.

넷째, 사회경제적으로 저출산으로 말미암아 유치원 및 산부인과, 유아용품 제조와 같은 업종이 쇠퇴하는 반면 실버산업이 각광을 받는 등 산업구조의 커다란 변화가 예상된다.

2) 고령화의 영향

고령화는 우선 노인부양을 위한 사회적 부담이 급격히 증가한다는 문제점을 야기한다. 통계청에 따르면 우리나라의 노년부양비(65세 이상 인구/15~64세 인구)는 2000년 10.1%에서 2040년에는 60.1%로 급증할 것으로 예상되고 있어 2040년에는 젊은 인구 2명이 1명의 노인을 부양하기도 버거운 구조가 될 것으로 보인다. 이는 결국 사회활력을 크게 떨어뜨리고 노인 관련 재정지출이 크게 증가시키게 된다.

이러한 점은 공적연금의 부담으로 나타나는데, 2020년 국민연금가입자 중 노령연금수령자가 19.4%였으나 2030년 33.8%, 2050년에는 93.1%에 이를 것으로 전망되어 연금수지의 악화가 필연적일 것으로 보인다(<표 3-5> 참조).

또한 고령화는 노인의료비의 급격한 증가를 야기하고 있다. 이는 자칫 세

표 3-5 | 국민연금 가입자수 및 제도부양비 (단위 : 만 명, %)

연 도	국민연금 가입자수(A)	노령연금 수급자수(B)	제도부양비(B/A)
2020	2,234	434	19.4
2030	2,087	705	33.8
2040	1,825	1,095	60.0
2050	1,539	1,432	93.1

자료 : 국회예산정책처, 「4대 공적연금 장기 재정전망」(2020).

표 3-6 | 국민건강보험 진료비 중 65세 이상 노인진료비 비중 추이 (단위 : %)

구 분	1994	2000	2005	2010	2015	2020
노인의료비 비중	11.3	17.5	24.4	32.4	37.6	43.1

자료 : 국민건강보험관리공단, 연도별 건강보험 주요 통계.

대 간의 갈등으로 확대될 수 있는 문제를 내포하고 있다. 국민건강보험에서 65세 이상의 노인진료비가 차지하고 있는 비중이 해마다 급격히 높아져 2020년에는 43.1%에 이르러 2000년도에 비해 무려 25.6%p 이상 높아졌다(<표 3-6> 참조).

3) 베이비붐세대 은퇴의 영향

베이비붐세대의 은퇴가 본격적으로 도래함에 따라 우리 사회의 다방면에 막대한 영향을 미칠 것으로 보이고 있다. 일반적으로 한국의 베이비붐세대는 1955~1963년에 태어난 사람들을 의미하는데 현재 약 810만 명에 이르고 있다. 1963년 이후의 매년 90만 명 이상씩 태어난 기간까지 합하면 연령대가 1974년생까지로 확대된다. 이 베이비붐세대는 1955년생이 60세가 되는 2015년부터 은퇴가 본격화되고 있는데, 베이비붐세대의 은퇴로 한국 사회는 매우 큰 변화에 직면하게 될 것이다. 베이비붐세대의 은퇴가 미치는 사회경제적 영향을 살펴보면 다음과 같다.

첫째, 소비 면에서는 내수소비의 위축이 불가피할 것으로 판단된다. 일반적으로 60세 이상 가구의 소비규모는 40대 가구의 65%, 50대 가구의 70% 수준인 것으로 나타나고 있어 베이비붐세대의 은퇴에 따른 고령화는 내수소비의 위축을 가져올 것으로 보인다. 이러한 소비감소는 생산가능인구의 비중 감소와 맞물려 투자율 및 성장률의 하락으로 나타날 것으로 예상된다.

둘째, 고용 면에서는 베이비붐세대의 약진으로 그 앞 세대는 조기 강제 퇴직당하는 등 직업의 안정성이 취약했던 반면 앞으로 베이비붐세대의 퇴장에 따라 젊은 세대들에게는 직업의 안정성이 크게 제고될 것으로 판단되고 취업경쟁이 완화되어 청년실업의 문제가 점차 완화될 것으로 보인다. 이런 점에서 직업의 안정성을 이유로 공기업 등 공공부문 취업을 극단적으로 선호하는 현상은 점차 감소할 것으로 예상된다.

셋째, 베이비붐세대의 은퇴는 부동산시장에 막대한 영향을 미칠 것으로 분석되고 있다. 우리나라의 경우 주택보유는 30대 들어 늘어나면서 50대에 최대 보유연령이 되고 60대에 들어서 감소하는 현상을 보인다. 따라서 대략적으로 35세에서 54세까지를 주택매입세대라고 볼 수 있다.

일본의 경우 1990년대 베이비붐세대의 은퇴와 함께 35~54세의 인구가 감소하였는데 이 시기는 부동산 거품이 붕괴된 시기와 일치하고 있다. 따라서 부동산 거품 붕괴가 베이비붐세대의 은퇴에 따른 수요감소와 밀접하게 관련이 있다고 추정하고 있다. 우리나라의 경우에도 일본의 예를 따를지를 살펴보아야 한다.

넷째, 부동산 이외의 자산시장에도 커다란 변화가 나타날 것으로 보인다. 미국의 베이비붐세대들은 40~50대가 되면서 금융시장에 새로운 흐름을 형성했다. 미국의 주식시장은 베이비붐세대가 40대에 들어선 1985년 이후에 장기상승세를 보였으며 1990년대에 들어서는 뮤추얼펀드 규모가 7배 성장했다. 40대와 50대는 장기금융자산인 주식이나 채권의 형태로 은퇴자금을 본격적으로 축적하는 시기이므로 베이비붐세대는 자산시장을 변화시키는 가장 중요한 요인이 되고 있다.

이러한 변화 이외에 미국의 경우를 보면 노후를 대비하여 자산컨설팅에 대한 요구가 증가하고 실버산업 등 새로운 산업분야의 부각이 예상된다.

5절 핀테크의 이해

1. 핀테크의 개념

핀테크(FinTech)는 금융(Finance)과 기술(Technology)의 합성어이다. 핀테크는 금융시스템을 보다 효율적으로 만드는 기술을 총칭하는 개념인 동시에, 이러한 기술을 기반으로 하는 기업들로 구성된 산업을 의미한다. 그동안은 기술이 금융을 지원한다는 개념이 강했기 때문에 '인터넷 뱅킹', '모바일 뱅킹', '사이버 증권' 등과 같은 용어가 사용되어 왔다. 즉, 인터넷이나 모바일을 통한 은행 거래의 지원, 온라인을 통한 증권 거래의 지원과 같이 기존에 수행되고 있던 금융 서비스를 온라인화 및 모바일화하고, 기존의 금융기관 업무를 자동화하고 지식기반 업무로 변화시키는 것이 금융에서 기술의 역할

표 3-7 | **글로벌 핀테크 트렌드 현황 및 전망**

글로벌 핀테크 트렌드		현황 및 전망
1	핀테크 기업 인수·합병 확대	수익모델이 검증된 성장단계 기업에 대한 투자 선호 현상 반영
2	빅테크(Big-Tech) 기업의 시장 잠식 가속화	규모의 경제 효과를 누릴 수 있는 결제, 대출, 보험 영역을 중심으로 빅테크 기업의 시장지배력 확대
3	핀테크 기업과 전통금융기관 간 협력 강화	빅테크 기업 출현으로 금융회사와 핀테크 기업 간 관계가 경쟁에서 협업으로 변화하는 양상
4	핀테크 기업의 종합 금융플랫폼 사업 확대	(국내) 마이데이터·오픈뱅킹 본격화시 핀테크 기업의 적극적 서비스 영역 확장 시도 예상
5	핀테크 기업의 IPO 성공 추세 둔화	(국내) 핀테크 기업의 경영권 우려 등으로 기업 공개를 기피하는 경향
6	금융IT 인프라의 클라우드 전환 가속화	보안관리 및 비용절감 등의 사유로 핵심(Core) 시스템의 클라우드 전환이 가속화
7	인슈어테크의 성장	미국·유럽의 전통 보험사들이 성장잠재력이 풍부한 아시아 지역에서 대체 보험 상품 출시 확대
8	블록체인 기술 적용 확대	거래비용 절감 및 편리성 등으로 암호자산을 활용한 지급결제 서비스 활성화 예상
9	레그테크(RegTech) 투자 가속화	(국내) 글로벌 대비 컴플라이언스 기능 강화를 위한 레그테크 적용이 다소 부진 –국내의 경우 주로 자금세탁방지 및 이상거래탐지 분야를 중심으로 레그테크 적용을 시도
10	사회적 혁신금융의 부상	밀레니얼 세대의 관심 및 금융기관 니즈 등으로 임팩트 핀테크(Impact Fintech)의 성장 가능성 대두

자료: 금융감독원(2019), 글로벌 핀테크 10대 트렌드 및 시사점.

이었다. 그러나 이제는 기술로 인해 금융 비즈니스의 모델 자체가 혁신되고, 새로운 금융 비즈니스 모델이 등장하고 있다. 전통적인 금융기관이 아닌 스타트업기업이 새로운 금융기업으로 등장하고 있는 등 핀테크로 인해 기술이 금융을 주도하는 현상이 나타나고 있는 것이다.

2. 핀테크와 4차 산업혁명

최근 세계경제는 4차 산업혁명이 일어나고 있다고 인식되고 있다. 18세기에서 19세기 초반까지 진행된 1차 산업혁명, 19세기 후반기에서 20세기 초까지 진행된 2차 산업혁명, 20세기 후반에 진행된 인터넷과 정보통신에 의해 주도된 3차 산업혁명에 이어서 이제 네 번째 산업혁명이 일어나고 있다는 의미이다.

영국에서 시작된 1차 산업혁명은 증기기관을 기반으로 한 기술의 혁신과 새로운 제조공정으로의 전환과 이로 인해 일어난 사회경제적 변화를 의미한다.

2차 산업혁명에서는, 1850~60년대는 정보통신(전신)업, 철강, 화학산업에서, 1870년대는 석유산업에서, 1880년대는 전기산업, 음료산업에서, 1890년대는 다시 정보통신(전화, 무선전신), 백화점 산업에서, 1900년대는 라디오, 자동차산업에서, 1910년대는 영화와 항공산업에서 혁신이 일어났다. 5년에서 10년 사이에 새로운 산업이 지속적으로 탄생하였다.

3차 산업혁명은 1970년대의 반도체, PC, 소프트웨어, 1980년대의 금융산업, 1990년대의 인터넷 등으로 정보통신분야에서 혁신이 나타났다. 무어(Moore)의 법칙에 의하면 1980년대 10년 동안 컴퓨터의 가격대비 성능비율은 천 배가량 증가하였다.

4차 산업혁명은 인공지능, 사물인터넷, 빅데이터, 모바일 등 첨단 정보통신기술이 경제·사회 전반에 융합되어 혁신적인 변화가 나타나는 산업혁명을

그림 3-8 | 4차 산업혁명

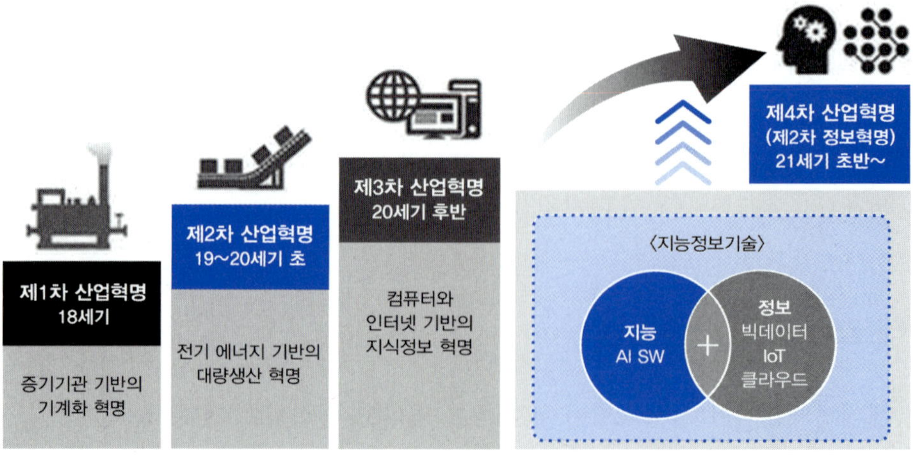

자료 : 미래창조과학부 블로그.

의미한다. 4차 산업혁명에는 인공지능(AI), 사물인터넷(IoT), 클라우드 컴퓨팅, 빅데이터, 모바일 등 지능정보기술이 기존 산업과 서비스에 융합되거나 3D 프린팅, 로봇공학, 생명공학, 나노기술 등 여러 분야의 신기술과 결합되어 실세계 모든 제품·서비스를 네트워크로 연결하고 사물을 지능화한다. 4차 산업혁명은 초연결(hyperconnectivity)과 초지능(superintelligence)을 특징으로 하기 때문에 기존 산업혁명에 비해 더 넓은 범위(scope)에 더 빠른 속도(velocity)로 크게 영향(impact)을 끼친다.

'4차 산업혁명'이라는 용어는 2016년 세계경제포럼(WEF : World Economic Forum)에서 언급되었으며, 정보통신기술(ICT) 기반의 새로운 산업 시대를 대표하는 용어가 되었다.

3. 핀테크와 금융산업의 변화

4차 산업혁명에 따른 비즈니스가 변화하면서 그 기초 인프라를 제공하는 금융부문에서도 변화가 나타나고 있다. 금융시스템의 기초는 지급결제제도인데, 이 부문에서 가장 큰 변화가 일어나고 있다. 온라인으로 결제가 바로 이루어지고 온라인 혹은 오프라인 쇼핑몰을 이용하여 송금이 가능해지는 변화이다. 예를 들어 국내 편의점에서 송금하면 외국의 편의점 ATM에서 찾을 수 있게 된 것이다. 과거에 은행만이 하던 역할을 이제는 편의점들이 할 수 있게 된 것이다. 협의의 핀테크는 이런 지불결제 시스템에서의 변화와 그 기초가 되는 기술을 지칭하고 있다. 이러한 핀테크로 인해 향후 금융산업에 나타날 변화를 살펴보면 다음과 같다.

첫째, 전통적인 은행업과 다른 산업의 경계가 무너질 것이다. 편의점이나 쇼핑몰이 송금과 환전업을 동시에 할 수 있게 됨에 따라 전통적인 금융의 결제기능이 이제 은행이 독점할 수 있는 상황이 아니라는 것을 의미한다. 은행업뿐 아니라, 보험, 증권, 자산관리 등에 있어서도 이러한 일이 가속화될 것으로 생각된다.

둘째, 화폐의 역할을 하는 다양한 결제수단이 출현할 것이다. 편의점이나 쇼핑몰이 금융의 기능을 한다면, 쇼핑몰에 쌓은 포인트가 화폐의 역할을 하게 되므로 화폐의 정의가 새롭게 내려져야 할 것이다. 예를 들어, 인터넷 쇼핑몰에 쌓은 포인트를 다른 사람이 물건을 사는 데 사용하거나 ATM에서 현금으로 교환하는 일이 가능할 것이다. 이런 경우, 쇼핑몰의 포인트는 현금의 기능을 하게 된다. 또한 온라인 지급·결제가 활성화되면, 비트코인 등 전자화폐의 화폐로서의 역할이 증대될 것이다. 따라서 다양한 전자화폐가 출현하여 기존의 화폐의 기능을 대신할 가능성이 높아질 것으로 전망된다.

셋째, 금융과 비금융이 결합된 종합서비스의 결합이 부각될 것이다. 즉, 빅데이터 등을 활용하여 개인의 활동에 대한 광범위한 정보수집을 바탕으로 대출, 보험, 자산운용 등 금융서비스와 상품구매 등 비금융업무와의 연계가 이루어질 것이다. 이는 금융이 소비자에게 금융서비스를 하는 동시에 소비상품에 대한 추천 등과 함께 결합하여, 상품 판매와 금융이 혼합되는 비즈니스 모형이 등장할 것을 의미한다.

넷째, 새로운 금융서비스와 시장의 창출이 이루어질 것이다. 소셜네트워크, 그리고 대출자의 일상생활 활동에 대한 상세한 정보를 칩이나 센서를 통해서 수집하여 이를 바탕으로 대출 혹은 보험을 제공하는 서비스 등은 기존의 대출, 보험에서 제외되었던 사람들이 이러한 금융서비스를 받는 것이 가능해질 것이다. 또한 대출자 혹은 보험자의 상세한 정보를 실시간으로 제공받을 경우 비대칭정보가 가져오는 도덕적 해이와 역선택을 상당 부분 방지할 수도 있을 것이다. P2P 대출, 크라우드 펀딩 등 새로운 자금조달의 방법이 세간의 주목을 끄는 것은 이 때문이다. 직접 금융시장에서 증권거래소는 이미 상당한 인터넷 대안 거래소들이 존재하고 있다. 이러한 대안 거래의 가능성은 앞으로 더욱 증가할 것이다. 예를 들어, 거대한 기업의 사업 부문에 대한 가상주식, 선물, 옵션 등을 거래하는 사이버 거래소도 상당수 생겨날 것으로 예상된다.

한걸음 더 비트코인(Bitcoin)

비트코인은 정부나 중앙은행, 금융회사의 개입 없이 온라인상에서 개인과 개인이 직접 돈을 주고받을 수 있도록 암호화된 가상화폐(암호화폐)로, 지폐나 동전과 달리 물리적인 형태가 없는 온라인 가상화폐(디지털 통화)를 의미한다. 비트코인의 어원은 디지털 단위인 '비트(bit)'와 '동전(coin)'을 합친 용어다. 나카모토 사토시라는 가명의 프로그래머가 빠르게 진전되는 온라인 추세에 맞춰 갈수록 기능이 떨어지는 달러화, 엔화, 원화 등과 같은 기존의 법화(法貨 · legal tender)를 대신할 새로운 화폐를 만들겠다는 발상에서 2009년 비트코인을 처음 개발했다.

특히 2009년은 미국발(發) 금융위기가 한창이던 시기여서 미연방준비제도(Fed)가 막대한 양의 달러를 찍어내 시장에 공급하는 양적완화가 시작된 해로, 달러화 가치 하락 우려가 겹치면서 비트코인이 대안 화폐로 주목받기 시작했다. 비트코인을 만드는 과정은 광산업에 빗대어 mining(캔다)이라고 하며, 이러한 방식으로 비트코인을 만드는 사람을 마이너(miner), 즉 광부라고 부른다. 컴퓨터 프로그램으로 수학문제를 풀어 직접 비트코인을 채굴하거나 채굴된 비트코인을 거래하는 시장에서 구입할 수 있다.

비트코인은 은행을 거치지 않고 개인과 개인이 직접 돈을 주고받을 수 있도록 '분산화된 거래장부' 방식을 도입했다. 시스템상에서 거래가 이뤄질 때마다 공개된 장부에는 새로운 기록이 추가된다. 이를 '블록체인'이라고 한다. 블록체인 기술은 비트코인의 안전성을 보장하는 기술로 향후 보안 관련 핵심기술로의 발전가능성이 무궁무진하다고 평가되고 있다.

비트코인은 완전한 익명으로 거래되어 컴퓨터와 인터넷만 되면 누구나 비트코인 계좌를 개설할 수 있다. 이 때문에 비트코인은 돈세탁이나 마약거래에 사용되는 문제점도 드러나고 있다. 또 다른 특징은 통화 공급량이 엄격히 제한된다는 점이다. 비트코인의 총 발행량은 2,100만 개로 정해져 있다.

비트코인 이외에도 이더리움, 리플, 비트코인클래식, 넴 등 전 세계적으로 1,200개가 넘는 가상화폐가 개발되어 시장에 거래되고 있다. 아직 가상화폐는 도입초기라 향후 어느 화폐가 주도적인 화폐로 부각될 것인지는 알 수 없다. 비트코인을 비롯한 가상화폐에 대한 과도한 기대와 인기로 2017년부터 비트코인가격이 폭등하였는데 2010년 피자 2판에 10,000개의 비트코인을 지불하여 비트코인 1개에 0.4센트 하던 가격이 10,000달러가 넘어서게 되어 불과 수백만 배로 가격이 폭등하여 심각한 버블논쟁과 법적인 규제 논란을 야기하고 있다. 중국은 2017년 9월 기업들이 가상화폐 발행을 통해 자금을 조달하는 가상화폐공개(ICO)를 불법으로 규정했고, 중국 내 모든 가상화폐거래소를 폐쇄하는 등 가상화폐시장 규제를 강화하고 있으며, 각국의 정부가 가상화폐에 대하여 적극적인 규제 움직임을 보이고 있다.

주요용어

- 수요공급의 법칙
- 균형가격과 균형거래량
- 국민소득의 3면 등가의 법칙
- GDP
- 총수요와 총공급
- 재정정책
- 통화정책
- 발행시장
- 유통시장
- 단기금융시장
- 자본시장
- 파생상품시장
- 금융기관
- 경기
- 인플레이션
- 금리
- 단리와 복리
- 환율
- 인구구조
- 베이비붐세대
- 고령화
- 핀테크
- 비트코인

심화 학습문제

1. 정부가 저소득층을 보호하기 위해 주택임대료를 시장가격보다 낮게 유지하도록 규제할 경우 어떠한 일이 생길 것인가에 대해 토론해 봅시다.
2. 국민경제에서 가계부문의 수요가 부족하게 되면 국민경제에 어떤 영향을 미치는지를 논의해 봅시다.
3. 경기가 침체기에 있을 때 경기를 부양하기 위해서는 어떠한 정책을 사용하게 되는지에 대해 재정정책과 통화정책으로 구분하여 설명해 봅시다.
4. 파생상품시장에는 어떠한 금융상품이 거래되는지를 찾아봅시다.
5. 금융기관의 기능을 설명해 봅시다.
6. 일상생활에서 현재의 경기상황을 판단할 수 있는 방법을 찾아봅시다.
7. 원달러 환율이 하락하면 일상생활에 어떠한 영향이 있는지를 논의해 봅시다.
8. 우리나라의 인구구조의 특징을 설명하고 인구구조 변화가 경제에 어떠한 영향을 미칠 것인가 논의해 봅시다.
9. 핀테크란 무엇이며 금융산업에 어떠한 영향을 미칠 것인가 논의해 봅시다.

PART 02

개인재무의 관리 및 보호

제 4 장 현금관리

제 5 장 위험관리와 보험

제 6 장 세금설계

CHAPTER

04

현금관리

| 제 1 절 | 예 산

| 제 2 절 | 현금관리

| 제 3 절 | 신용 및 부채관리

학습목표

본 장을 학습하고 나면 여러분들은

1. 예산의 의미와 필요성에 대하여 말할 수 있다.
2. 예산을 작성할 수 있다.
3. 예산을 실행하는 방법을 설명할 수 있다.
4. 현금관리를 위한 금융상품을 나열할 수 있다.
5. 합리적인 구매의 중요성을 설명할 수 있다.
6. 자동차의 구매와 리스에 대하여 비교 설명할 수 있다.
7. 소비자 신용의 의미를 설명할 수 있다.
8. 소비자 신용과 관련된 제도를 설명할 수 있다.
9. 부채관리의 중요성을 설명할 수 있다.
10. 부채관리 방안에 대하여 설명할 수 있다.
11. 현금관리와 관련한 금융사기의 피해를 예방할 수 있다.

도입 이야기

재무설계 상담을 시작하고 처음 세 차례의 미팅에서 한공정 씨는 다양한 질문을 하고 김계획 씨와 이행복 씨의 이야기를 많이 들었다. 본격적인 재무설계안의 작성을 위해서 한공정 씨는 먼저 김계획 씨와 이행복 씨의 소득과 지출내역에 대한 자료를 원했다.

"정확한 자료를 가지고 있을 때 정확한 설계안이 나오게 됩니다. 소득과 지출에 대해 정확한 자료를 만들기 위해서는 실제로 소득과 지출을 기록하는 것이 가장 좋습니다."

한공정 씨는 소득과 지출에 대한 자료를 수집하기 위하여 김계획 씨와 이행복 씨에게 지출기록의 작성을 부탁하면서 간편한 스마트폰 앱을 소개하여 주었다. 그동안 돈이 들어오고 나가는 것을 잘 깨닫지 못했었는데 모든 것이 간편하게 기록되는 스마트폰 앱을 사용하니 우리 가계의 현금흐름을 어느 정도 파악할 수 있게 되었다. 뿐만 아니라 어떤 항목에 지출되는 돈이 많은지, 그리고 예상치 못한 지출이 발생하는 빈도는 어느 정도인지 등을 알 수 있게 되었다.

"이 앱은 앞으로도 계속 사용해 보는 게 좋겠어."

김계획 씨와 이행복 씨는 당분간 지출 기록 앱을 지속적으로 사용하려고 마음먹었다. 그리고 현금의 기록과 관리에 간편한 다른 프로그램을 찾아보기로 하였다. 조금이라도 수수료를 줄여주는 앱이라든가, 현명한 쇼핑을 도와주는 앱 등이 다양한 커뮤니티에서 추천되고 있었다.

한공정 씨는 현금을 잘 관리하는 것이 재무목표를 달성하기 위하여 가장 기본적인 것임을 강조하였다. 더불어 현금관리의 실패가 어떠한 결과를 초래할 수 있는지에 대한 이야기도 들었다. 그러고 보니 김계획 씨는 옆 부서에서 일하고 있는 정 아무개 과장이 최근에 신용회복위원회에 찾아갔더라는 이야기도 들었고, 이행복 씨의 대학친구가 보이스피싱 사기를 당했다는 이야기도 들었다. 이참에 김계획 씨와 이행복 씨는 신용회복위원회에서 하는 일은 무엇인지, 보이스피싱이나 핀테크를 이용한 금융사기의 예방법은 무엇인지도 물었다. 현금의 관리뿐 아니라 신용을 관리하는 것이 중요한 것임을 알게 된 김계획 씨와 이행복 씨는 현금관리, 신용관리, 그리고 부채관리에 대한 다양한 정보를 찾아보기로 작정하였다.

1절 | 예 산

1. 예산 개요

1) 예산의 의미

예산(budget)은 수입을 기초로 한 지출에 대한 세부계획이라고 할 수 있다. 지출에 대한 세부계획이라는 의미로 예산 대신에 지출계획(spending plan)이라는 말을 사용하기도 한다. 예산은 예상되는 기대소득에 근거한 미래의 지출계획으로 소득과 지출의 균형을 맞추는 계획이자 개인재무설계안의 실행을 위한 지침이기도 하다.

우리는 앞서 현금흐름표를 학습하였다. 현금흐름표는 일정기간 동안에 현금의 유입과 유출을 정리한 표로 과거 현금 유입과 유출에 대한 개인재무제표인 반면, 예산은 수입을 기초로 한 지출의 계획으로 향후 지출을 위한 지침이라고 할 수 있다. 예산은 자산부채상태표, 현금흐름표와 함께 개인재무설계에서 중요한 개인재무제표 중의 하나라고 할 수 있다.

2) 예산의 중요성

예산은 개인재무설계에 있어서 재무설계안의 실행에 중요한 역할을 담당한다. 개인재무설계안의 실행을 위해서는 현금을 실질적으로 관리하여 집행하는 계획이 필요하기 때문이다. 성공적인 예산을 위해서는 개인의 재무상태와 라이프스타일, 가치와 선호 등에 의한 예산수립이 필요하다.

예산은 현금의 지출계획이므로 지출계획이 없는 경우와 비교하면 현금을 계획성 있게 사용할 수 있다. 특히 예산을 지출의 기록과 함께 사용하게 되면 지출의 각 항목별로 지출내역을 알게 되어서 예산이 현실성 있게 수립되었는지 평가할 수 있다. 과소비와 낭비는 없는지, 지나치게 과다한 예산이 편성되어 있지는 않은지, 적자가 발생하는 부분은 없는지 등에 대하여 확인이 가능하다.

또한 예산은 대략적인 지출의 정도를 가늠하게 해주는 지표 역할을 한다.

생활비의 잔고 정도를 예측할 수 있게 도와주며 갑작스럽게 돈을 빌려야 하는 상황을 미리 방지할 수 있도록 도와준다.

구체적인 예산은 지출의 규모가 큰 내구재의 구입에 대한 계획과 통제를 가능하게 해준다. 또한 항목별 지출의 범위에 대한 가족 간의 의사소통을 위해서 예산이 사용될 수 있다. 가족의 일부가 특정 항목에 대한 지출을 원하는 경우 가족의 예산 내에서 타당성을 검토할 수 있고 의사소통 및 의사결정의 자료로 활용될 수 있다.

계획적인 지출은 재무목표의 달성에 직접적으로 도움을 주는 행동이므로 지출관리에 대한 학습은 매우 중요하다.

3) 예산의 장점과 단점

(1) 예산의 장점

예산은 개인재무설계를 실행하고 검토하는 수단이 된다. 예산은 개인재무설계안의 실행을 위하여 어떠한 곳에 얼마나 지출해야 하는지를 알려준다. 예산은 또한 개인재무설계안의 진행 여부를 검토할 수 있도록 도와주는 수단이 된다. 예산의 실행으로 저축과 투자가 진행되는 정도를 가늠할 수 있고 실제 행동이 발생하였는지를 검토할 수 있다.

예산은 개인재무설계의 목표를 달성할 수 있도록 동기부여를 할 수 있다. 예산의 수립은 실제로 자신이 수립한 재무목표가 달성 가능한 것임을 알려주는 것이다. 예산은 재무목표의 실현을 위해서 수립한 것이기 때문에 예산을 실행하는 것이 재무목표의 달성임을 이해할 때 목표 달성을 위한 동기부여가 가능하게 된다.

예산은 소비지출의 행동을 개선하는 데 도움을 준다. 지출의 자세한 계획인 예산은 소비지출 행동의 지침이 되기 때문에 과소비나 충동적인 소비, 과시적인 소비를 통제하는 역할을 할 수 있다.

예산은 또한 비상시를 대비할 수 있도록 도와준다. 예산을 따르는 지출계획은 소득이 부족한 비상사태를 유발시키지 않을 뿐 아니라 예산에 의한 지출을 한다면 실제 비상사태에 직면하더라도 문제해결을 위한 대책을 쉽게 마련할 수 있도록 도와준다.

(2) 예산의 단점

하지만 예산이 부정확한 정보에 의해서 수립되었다면 예산의 효용성은 떨어지게 된다. 당사자에 대한 부정확한 정보에 의해 수립된 예산은 그 개인을 위한 예산이라고 할 수 없다.

예산의 설정이 과도한 소비지출의 삭감을 요구한다거나 개인의 가치관이 반영되지 않고 라이프스타일의 변화를 요구한다면 그러한 예산은 실효성이 없다. 과도한 소비행동패턴의 변화는 단기간 이내에 조절되는 것이 아니기 때문에 비현실적인 예산이 실행되기는 힘들다.

예산을 소비의 자유 내지는 자율성까지 구속하는 것이라고 여기는 견해도 있다. 이러한 부정적인 견해를 해소시키고 예산의 중요성과 장점을 이해하는 것이 예산 실행으로 인한 재무목표 달성에 접근하는 길이다.

2. 예산의 작성방법

1) 예산 수립의 기준

예산을 작성하기 이전에 예산 수립에 대한 일반적인 기준을 살펴보자. 먼저 예산 수립의 기간을 설정하여야 한다. 일반적으로 예산은 월 단위 혹은 1년 단위로 한다. 개인이 실행하기에 가장 편리한 예산은 월 단위의 예산이라고 할 수 있다. 대부분의 소득이 월 단위로 발생하고 지출 또한 월 단위로 발생하는 경우가 많기 때문이다. 하지만 월 단위로 발생하지 않는 소득과 지출도 존재한다. 간헐적으로 발생하는 세금이나 보험료, 특별 상여금 등은 예산에서 간과해서는 안 되는 부분이다. 따라서 효율적으로 예산을 수립하기 위하여 1년 단위의 예산을 수립하고 1개월 단위의 세부예산을 결정하는 방법을 고려한다.

두 번째로 예산을 수립하기 위해서는 필요(Needs)와 욕구(Wants)를 구분한다. 개인이 원하는 생활의 질을 누리기 위한 필요와 욕구를 구분하고 그에 따른 우선순위를 설정하는 것이 좋다. 일상생활에 꼭 필요한 의식주와 같이 실생활 유지에 꼭 필요한 것을 먼저 결정한 이후에 선택적으로 가지고 싶은 욕구를 결정한다. 또한 고정지출과 변동지출을 구분하여, 필수적이며 일정 금액이 정해진 고정지출을 먼저 배분하고 변동지출을 결정한다. 따라서 필요에 의한 지출과 고정지출을 먼저 결정한 이후 선택적인 사항들과 변동지출을 결정한다.

예산은 유연성이 있어야 하며 변화를 고려해야 한다. 예산은 예기치 않은 비상상황에 대처할 수 있도록 유연하게 설정될 필요가 있다. 또한 예산을 실행하는 동안 소비자에게 발생할 수 있는 다양한 변화를 수용할 수 있도록 해야 한다. 예를 들어 수입원의 변화가 생긴다거나 특별한 지출이 발생하더라도 유연하게 대처할 수 있는 여지를 준비해 두는 것이 필요하다.

예산은 단순하고 알기 쉬워야 하며 그 형식과 포함되는 내용에 일관성이 있어야 한다. 예산이 너무 복잡하거나 지나치게 자세하다면 계획하기도 어려울 뿐 아니라 실행에도 어려움이 있을 수 있다. 또한 예산의 항목에 대한 일관성이 없다면 예산의 실행에 혼란을 유발할 수 있으며 지출항목 간의 지출 추적에 어려움을 겪을 수 있다. 따라서 예산의 형식은 알기 쉽고 일관성 있게 결정하도록 한다.

2) 예산의 작성방법

예산의 작성은 앞에서 살펴본 바와 같이 재무설계안의 작성과 실행에서 중요한 지출의 계획이자 지침이다. 따라서 예산의 작성에는 개인재무설계의 구체적인 재무목표가 바탕이 되어야 한다. 이러한 재무목표를 바탕으로 예산을 작성하는 방법을 단계별로 살펴보면 아래와 같다.

(1) 기대소득의 추정

예산을 작성하기 위해서는 먼저 모든 소득근원으로부터 기대소득을 추정하는 것이 필요하다. 근로자라고 하더라도 단순히 임금이나 보너스만을 생각하는 것은 정확한 소득의 추정을 위해서 바람직하지 않다. 재무설계의 단계에서 살펴본 현금흐름상의 모든 소득을 기초로 하되 일정하지 않은 비정기적인 소득도 파악하도록 한다.

소득은 크게 근로소득, 사업소득, 재산소득, 이전소득, 기타소득으로 구분한다. 먼저 근로소득은 급여나 보너스와 같이 근로에 의한 소득을 말한다. 근로소득을 추정할 때에는 매월 받는 급여와 비정규적인 보너스, 특별 상여금 등을 모두 포함하도록 한다. 사업소득은 자영업 혹은 기타 사업을 통한 소득을 말한다. 재산소득이란 금융자산 혹은 부동산자산에서 발생되는 소득을 말한다. 예를 들면, 이자소득, 배당금, 신탁소득, 부동산 임대소득 등이 재산소득에 해당된다. 이전소득이란 다른 사람 혹은 기관으로부터 이전되는 소득으로 위자료나 자녀양육비, 부모님이나 친지로부터의 보조, 혹은 정부기관으로부터의 생활비 보조 등이 포함된다. 기타소득은 다른 소득에 포함시키기 어려운 소득을 분류할 때 사용되며 연금소득 혹은 기타 불규칙한 소득이나 1회성의 소득을 말한다. 상금이나 당첨금 등도 해당될 수 있다.

(2) 현재 지출의 확인

모든 소득근원으로부터 개인 또는 가계의 총소득을 추정하였으면 다음은 현재 지출을 확인해야 한다. 현금흐름표의 자료를 이용하거나 이전의 예산을 참고하여도 좋고 가계부와 같은 지출 기록을 이용할 수도 있다. 현재 지출의 확인을 위한 가장 좋은 방법은 일정 기간 동안 지출을 기록하는 것이다. 매월 고정적으로 지출되는 것은 확인이 비교적 쉽지만 변동적인 지출을 파악하는 것이 어려우므로 일정 기간(예를 들면 2주~2개월)의 지출을 기록하는 것은 현재 지출 확인에 도움이 된다. 현재 지출의 확인은 현실적인 예산을 작성하는데 도움이 된다. 현재의 지출에 근거하지 않고 바람직하다고 생각되는 예산을 작성하게 되면 지출이 지나치게 억제되거나 예산을 실행하기가 어려워져서 예산의 작성이 무용지물이 될 수 있다.

(3) 지출의 항목을 확인하여 각 항목별 지출비용을 추정

모든 소득근원으로부터의 기대소득을 추정하고 현재 지출을 확인하면 현재의 지출을 토대로 지출 항목을 설정하고 그 항목별로 비용을 추정하는 단계로 진입한다. 현재의 지출을 토대로 한 지출 항목의 설정을 위해서는 가계의 지출을 소비지출과 비소비지출로 나누어서 살펴보는 것이 도움이 된다.

표 4-1 | 가계지출 항목

가계지출	
소비지출	비소비지출
생계 및 생활을 위해 소비하는 내구재, 비내구재, 준내구재의 상품 및 서비스의 구입에 대한 대가로 지출하는 비용 1. 식료품 및 비주류음료 2. 주류 및 담배 3. 의류 및 신발 4. 주거 및 수도광열 5. 가정용품 및 가사서비스 6. 보건 7. 교통 8. 통신 9. 오락·문화 10. 교육 11. 음식·숙박 12. 기타 상품 및 서비스	조세, 공적연금, 사회보험, 비영리단체로 이전, 가구간 이전 등 소비지출 및 자산구입이 아닌 금액 1. 조세 : 소득세, 주민세, 자동차세, 재산세 등 2. 공적연금 : 국민연금, 기타 연금, 일반 기여금 3. 사회보험 : 국민의료보험, 고용보험 등 4. 기타 비소비지출 : 비영리단체로 이전, 가구간 이전 등

자료 : 통계청(2021), 가계동향조사, 통계설명자료.

통계청에서 실시하는「가계동향조사」자료에 의하면 소비지출과 비소비지출은 <표 4-1>과 같이 구분된다.

개인 및 가계의 예산에서의 항목은 가계의 상황에 따라서 구분되는 것이 바람직하며 가계에서 실제 지출이 발생하지 않는 항목에 대해서는 예산을 할당하지 않는다. <표 4-1>에서 보여주는 바와 같이 지출의 항목은 크게 소비지출과 비소비지출로 구분하고 저축 및 투자를 따로 설정하기도 하며 현금흐름표에서 살펴본 바와 같이 고정지출, 변동지출, 저축 및 투자 등으로 구분하여도 무방하다.

이때에도 개인과 가계의 특성에 따라 고정지출과 변동지출을 구분한다. 일반적인 고정지출의 항목은 비소비지출 중에서 조세, 공적연금, 사회보험료, 고정적으로 발생되는 이전지출, 주거비 중에서 임차료나 관리비, 모기지상환금 등이 포함된다. 또한 교육비 중에서 공교육비에 해당되는 부분도 고정지출로 여겨질 수 있으며 고정적으로 발생하는 소비지출(예를 들면 정액제 요금)도 고정지출에 포함할 수 있다. 이러한 구분은 개인의 상황에 맞게 사용이 편리하게 구분해야 하지만 유념해야 할 사항은 일관성의 유지이다. 앞의 예산 수립의 기준에서 살펴본 바와 같이 일관성 없는 예산의 작성은 혼란을 가중시키고 예산과 집행을 항목별로 살펴보는 데 어려움을 준다.

(4) 소득대비 지출의 비교

예산 작성의 다음 단계는 소득대비 지출을 비교하여 재무목표의 실현가능성을 파악하는 것이다. 소득의 추정과 지출의 확인 및 배정을 통한 추정이 이루어지면 그러한 예산 작성에 재무목표의 실현을 위한 지출이 포함되어 있는가 목표 달성을 위한 계획에 무리가 없는가 등을 확인해야 한다. 만일 추정된 소득과 지출에 차이가 발생한다면 문제의 해결을 위한 방안을 모색하도록 한다. 예를 들어서 추정된 소득이 지출보다 과다하다면 누락된 지출항목이 없는지 검토하여 과다소득 부분을 저축과 투자에 더 많이 할애한다.

하지만 추정된 지출이 소득보다 과다하다면 자세한 검토를 통해서 문제해결 방안을 찾는다. 먼저 고정지출을 검토한다. 모든 고정지출의 항목이 정확하게 추정되었는지 살피고 난 후 변동지출의 항목을 검토한다. 변동지출 부분에서 삭감이 가능한 부분을 확인해 보고 전체적인 지출항목 간의 균형을 생각해서 조정을 실시한다. 이때 지출의 삭감을 위해서는 과도한 지출 억제보다는 점진적인 지출조정이 바람직하다. 과도하게 지출금액을 삭감하려는 예산은 실행이 어려워져서 재무목표 달성에 효과적으로 작용하지 못한다. 지출항목 간의 균형을 살펴보기 위하여 우리나라 가계의 지출 구성비를 살펴보는 것이 도움이 될 수도 있다. <표 4-2>는 통계청의 2021년 가계동향조사자료를 이용한 연령대별 지출 구성비이다. 이 표는 통계청 국가통계포털(kosis.kr) 홈페이지를 방문하면 새로운 데이터를 활용하여 업데이트가 가능하다.

지출을 줄이는 방안을 모색함과 동시에 소득의 증대 방안을 고려할 수도 있다. 현재의 소득 이외 다른 소득근원을 살펴보고 소득을 극대화하는 방안을 살펴보아 예산작성을 수정하도록 한다. 하지만 소득의 증대는 단기간에 이루어질 수 없으므로 장기간의 계획을 통해야 하므로 심사숙고하여 예산을 수정한다.

표 4-2 | **연령대별 가계지출 항목별 구성비**

지출 항목	39세 이하	40대	50대	60세 이상
소비지출	73.48%	72.55%	71.77%	75.62%
식료품 및 비주류 음료	11.68%	10.36%	10.65%	16.34%
주류 및 담배	1.11%	1.12%	1.00%	1.16%
의류 및 신발	3.24%	3.40%	2.88%	2.49%
주거 및 수도광열	10.32%	9.13%	9.32%	12.69%
가정용품 및 가사서비스	3.60%	3.92%	2.98%	3.44%
보건	6.52%	4.72%	5.74%	10.33%
교통	8.23%	8.13%	8.29%	8.72%
통신	3.65%	3.45%	3.76%	3.29%
오락 및 문화	4.17%	4.47%	4.05%	2.82%
교육	6.15%	10.19%	7.97%	1.24%
음식 및 숙박	8.89%	8.39%	8.95%	6.90%
기타 상품 서비스	5.93%	5.28%	6.18%	6.20%
비소비지출	26.52%	27.45%	28.23%	24.38%

자료 : 통계청(2021), 전국가구(1인 이상)의 가구주 연령별 가계수지(2021년 1/4분기 기준).

(5) 예산의 확정

예산의 항목을 비교하여 수정한 이후에는 예산을 확정한다. 예산을 확정하면 그러한 예산을 실행하기 좋은 방향으로 제시한다. 연단위의 예산을 작성하고 실행을 위해서는 보다 자세한 월단위의 예산을 편성하는 것은 좋은 방법이다. 왜냐하면 소득과 지출의 종류에 따라서 발생이 매월 규칙적으로 일어나지 않는 것이 있기 때문이다. 연단위의 소득과 지출의 흐름을 살펴볼 수 있고 실행에 있어서 편리한 월단위의 예산을 같이 볼 수 있도록 하는 것이 유용하다. 다음 <표 4-3>과 <표 4-4>의 예산을 참고할 수 있다.

표 4-3 | **예산 : 기대소득의 추정**

고 객 명 :						기간 : ○○○○년 기준	
소득근원		연간 총액	1월	2월	……	11월	12월
근로소득	소득자 : A						
	소득자 : B						
	소득자 : C						
재산소득	이 자						
	배당금						
	임대소득						
	기 타						
사업소득							
이전소득							
기타소득							

표 4-4 | **예산 : 지출계획**

고 객 명 :								
예산 작성일								
지출항목		연간 총액	1월	2월	3월	……	11월	12월
고정지출	세 금							
	국 민 연 금							
	사 회 보 험 료							
	이 전 지 출							
	주 택 임 대 료							
	대 출 상 환 금							
	주 택 관 리 비							
	기 타							
저축 및 투자	보 험 료							
	저 축							
	투 자							
	기 타							
변동지출	식 료 품							
	외 식 비							
	주 거							
	광 열 · 수 도							
	가구 · 가사용품							
	피 복 · 신 발							
	보 건 · 의 료							
	교 육							
	교 양 · 오 락							
	교 통							
	통 신							
	기타 소비지출							

3. 예산의 실행방법

예산의 작성이 끝나면 예산을 실행하는 단계가 필수적이다. 아무리 잘 짜여진 예산이라고 하더라도 실행하지 않으면 아무런 소용이 없기 때문이다. 예산을 실행하는 것은 실제 소득과 지출을 기록하는 것에서 시작되며, 현금흐름상에 문제가 있는 경우에는 그러한 문제를 해결하고, 예산의 기간이 경과하면 그 기간에 대한 분석을 하는 것으로 종결된다.

1) 실제 소득과 지출의 기록

예산을 실행할 때 실제 소득과 지출을 기록하는 방법은 두 가지 방법이 있다. 현금방법(cash basis)과 발생방법(accrual basis)이 두 가지이다.

현금방법이란 실제로 현금이 유입되거나 유출되는 것을 기준으로 소득과 지출을 기록하는 것이다. 실제로 통장에서 금액이 빠져나간 날에 그러한 지출을 기록하는 것이다.

반면 발생방법은 실제 금액이 빠져나가지 않았더라도 거래가 이루어진 것을 기준으로 작성하는 것이다. 예를 들면 신용카드로 장보기를 한 경우 신용카드의 대금이 은행에서 빠져나가지 않았지만 장보기 한 날에 지출한 것으로 기록하는 방법이다. 현금방법을 사용하든 발생방법을 사용하든 지속적으로 일관성 있게 기록하는 것이 중요하다.

(1) 지출의 상세 기록

현금을 지출하는 경우에는 가장 중요한 관리의 원칙은 영수증을 챙기고 지출의 내역을 기록하는 것이다. 지출의 기록방법은 매일매일 항목에 관계없이 총지출을 기록하는 금전출납부 형식이 있고, 각 예산 항목에 따라 지출이 발생한 경우에 그 항목을 기록하는 방식이 있다. 예산의 각 항목에 따라 지출을 기록하는 방법은 예를 들어 교통비에 80,000원을 예산한 경우 매일매일 발생한 교통비를 80,000원에서 차감하여 기록하는 형식이다(<표 4-5> 참조).

이렇게 지출 기록을 항목별로 나누어서 기록한다면 예산의 실행을 쉽게 파악할 수 있고 월말이 되면 각 예산 항목에서 남은 것은 얼마인지 더 사용한

표 4-5 | 차감기록 방법

20XX년 X월 지출기록					
식비 예산 : 100,000원		교통비 예산 : 80,000원		오락비 예산 : 80,000원	
사용금액	잔액	사용금액	잔액	사용금액	잔액
5/1: 5,000	95,000	5/1: 2,000	78,000		
5/2: 4,500	90,500	5/2: 2,500	75,500		
⋮		⋮			

것은 얼마인지를 한눈에 알 수 있다.

(2) 비상자금의 활용

예산을 실행할 때의 어려움은 소득과 지출이 계획한 대로 이루어지지 않는다는 것이다. 이러한 점을 예방하기 위하여 앞에서 연단위의 예산을 가지고 월단위의 실행예산을 편성하는 것이 좋다고 설명하였다.

하지만 생활을 하다 보면 모든 것이 계획대로 이루어지지 않게 마련이다. 어떤 달은 지출이 소득을 넘기도 하고 어떤 달에는 월말이 되어도 남는 금액이 있게 된다. 이러한 자금은 비상자금으로 따로 관리하는 것이 예산의 실행에 도움이 된다. 이러한 비상자금을 위해서 통장을 따로 개설하여 관리하는 것이 다소 번거로운 일이라고 여겨질 수 있지만 그달그달 남는 금액을 모아서 따로 관리하게 되면 예기치 못한 지출을 대비할 수 있고 지출이 발생하지 않더라도 비상자금이 저축으로 남게 되기도 하며, 소득의 감소에 대비할 수 있다.

(3) 예산의 통제

예산의 통제는 예산이 정확하게 실행되고 있는가를 점검하는 것을 뜻한다. 수입과 지출을 빠짐없이 기록하였다고 생각했는데 월말이 되어 지출액에 오차가 발생하였을 때 그 오차의 원인을 찾아내는 것은 쉽지 않다. 때로는 개인이 사용하는 모든 지출을 빠짐없이 기억해내서 기록하는 것이 어려운 일이지만 수입과 지출의 오차가 크다면 효과적인 예산 실행의 방법을 사용하는 것이 좋다.

예산을 통제하는 방법으로 가장 효과적인 방법은 자세한 기록이다. 영수증을 반드시 챙기는 습관은 그러한 기록을 용이하게 만든다. 더욱 자세한 기록이 필요한 경우에는 영수증에 지출의 목적이나 용도를 표시하는 방법을 사용한다. 금액만 표시되어 있는 신용카드전표와 같은 것은 그 용도가 무엇이었는지를 간단히 기록해 두는 것으로 지출의 통제가 된다. 하지만 모든 지출을 기록하는 것이 어려울 수 있기 때문에 이러한 방법은 실효성이 없을 수 있다. 이때 사용할 수 있는 방법으로는 봉투사용법이 있다.

봉투사용법이란 말 그대로 예산에 편성된 각 항목별 금액을 각 항목별 봉투에 넣어두고 각각의 봉투에서 지출을 실행하는 방법이다. 봉투에 남아 있는 금액을 수시로 점검할 수 있고 봉투의 금액이 소진되면 예산항목에 대한 지출이 전부 실행되었다는 것을 알 수 있다. 하지만 봉투에 현금을 넣고 쓰는 것에 위험이 있고 때로 규모가 큰 금액의 경우에는 기회비용이 존재할 수도 있기 때문에 봉투사용법을 응용한 항목별 지출 기록을 사용할 수 있다.

최근에는 지출의 기록을 용이하게 해주는 다양한 스마트폰 앱과 컴퓨터 프로그램이 개발되어 있다. 이러한 프로그램들은 직접 영수증을 모으고 기록을 하는 번거로움을 덜어준다. 이렇게 다양한 금융기술의 발전을 활용하는 것도 중요하지만 무엇보다도 꾸준한 사용으로 인하여 습관을 형성하는 것이 중요하다.

2절 | 현금관리

1. 현금관리

1) 현금관리의 의미

현금관리는 개인의 소득 중에서 현금 혹은 현금성을 가진 현금등가물(cash equivalents)을 어느 정도로 가지고 있으며 이를 어떻게 관리할 것인가를 말한다. 현금관리는 매월 발생하는 지출을 효과적으로 관리하여 가능한 이자소득을 극대화하고 수수료 및 비용을 최소화하는 방법을 포함한다. 이러한 현금관리를 위해서는 이자소득을 얻는 것도 중요하지만 동시에 유동성(liquidity)을 확보하고 안정성을 높이는 것에도 관심을 가져야 한다. 현금관리를 위해서는 은행의 보통예금 통장이나, 저축성 예금, MMF(Money Market Funds)나 CMA, 단기간의 예금 등을 활용한다.

2) 현금관리에 적절한 금융상품

(1) 요구불예금

예금자의 지급요청이 있을 때에는 언제든지 조건 없이 지불하는 예금을 요구불예금(demand deposit)이라고 한다. 예금의 인출이 자유로운 것이 가장 큰 특징이며 현금과 거의 같은 유동성을 가지고 있다. 따라서 통화성 예금이라고도 한다. 대부분의 요구불예금은 이자가 없거나 매우 낮게 책정되어 있다. 요구불예금 중에서 개인 및 가계와 관련되는 것으로는 보통예금과 가계당좌예금 등이 있다. 보통예금은 대표적인 요구불예금으로 가입대상이나 예치금액, 예치기간, 입출금 등의 제한이 없다.

(2) 저축상품

저축상품 중에서 저축예금은 요구불예금과 마찬가지로 자유로운 입출금이 가능한 예금이며 보통 요구불예금보다는 높은 이자를 지급한다. 저축상품 중에는 일시적으로 환급을 요구하지 않을 것을 약정하고 일정금액을 은행에 예치하는 정기예금이 있다. 일정기간 동안 출금을 하지 않는다는 약정이 있으므로 보통의 저축예금보다는 다소 높은 이자를 지급한다. 금융기관의 입장에서는 다른 예금보다 안정이 보장되고 예금자 입장에서는 일시적인 목돈 운용과 안정적인 저축수단이 된다.

(3) MMF, MMDA

MMF(Money Market Funds)는 투자신탁회사나 증권회사에서 운용하는 상품으로 예금자의 자금으로 펀드를 구성하여 단기상품에 투자하여 수익을 얻는 상품이다. 보통예금과 마찬가지의 수시입출금 기능을 가지고 있으며, MMF를 매입하는 과정을 거치기 때문에 거래시점과 입출금에 제한이 따를 수 있다. 예를 들면 예금 중에서 MMF의 매입신청 금액은 MMF로 자동이체되기 전까지는 인출할 수 없다. MMF는 보통예금보다 높은 이자를 지급하는 상품이다.

MMDA(Money Market Deposit Account)는 은행이나 농업협동조합 등에서 취급하는 고금리 저축성 예금상품이다. 보통예금과 마찬가지로 자유로운 입출금이 가능하며 가입대상에 제한이 없다. 보통예금보다는 높은 이자를 지급하지만 잔액의 규모에 따라 이자율이 결정되어서 잔액이 소액이거나 예치기간이 짧을 경우에는 이자율이 낮거나 없을 수 있다. 또한 일반적으로 은행에서는 MMDA를 개설할 때 최소금액을 정한 경우가 있어서 적은 금액으로 통장개설이 불가능할 수도 있다.

(4) CMA

CMA(Cash Management Account)는 개인의 예금을 어음이나 채권에 투자하여 수익을 내는 실적배당 금융상품이다. 단기금융상품으로 인기를 모으고 있으나 최근에는 증권회사의 입출금기능 확대로 인하여 보통예금과 같은 현금관리계좌로 사용되고 있다. 입출금 이외에도 자동납부, 급여이체 등이 가능하며 주식청약도 가능하다. 단기간의 여유자금이나 현금관리에 적합한 것으로 소개되고 있다. 종합금융회사의 CMA는 예금자보호적용대상이 되지만 증권회사의 경우는 예금자보호법에 의한 보호대상이 아니다.

한걸음 더

예금자보호란?

예금자보호란 예금자보호법에 의하여 금융기관이 파산 등을 하여 예금을 지급할 수 없는 경우 예금자를 보호하고 금융제도의 안정성을 유지하기 위한 제도를 말한다. 우리나라의 예금자보호법은 예금자보호제도의 적용, 예금보험공사, 예금자보호제도의 적용 등을 규정하고 있다. 예금자보호법은 금융기관별로 예금자 1인당 원금과 예금보험공사가 적용하는 이자(통상 3.5% 이내)를 합하여 5,000만원을 한도로 예금을 보호해 주도록 하고 있다.

■ **예금자보호 적용대상 금융기관**

- 은행법에 의해 인가를 받은 금융기관
- 한국산업은행
- 중소기업은행
- 농업협동조합 중앙회
- 수산업협동조합 중앙회
- 장기신용은행
- 은행법에 의해 인가를 받은 외국 금융기관의 국내지점 및 대리점
- 자본시장과 금융투자업에 관한 법률에 따라 증권을 대상으로 투자매매업·투자중개업의 인가를 받은 투자매매업자·투자중개업자(같은 법 제78조에 따른 전자증권중개업무를 영위하는 투자중개업자를 제외한다)
- 보험업법에 인가를 받은 보험회사(재보험 또는 보증보험사업을 주로 하는 보험회사로서 대통령령이 정하는 보험회사를 제외한다)
- 자본시장과 금융투자업에 관한 법률에 따른 종합금융회사
- 상호저축은행법에 따른 상호저축은행 및 상호저축은행중앙회

단, 농·수협의 지역조합은 예금보험 가입금융기관이 아니며, 각 중앙회가 자체적으로 설치·운영하는 상호금융예금자보호기금을 통해 예금자를 보호하고 있으며, 우체국 및 새마을금고는 「예금자보호법」에 따른 보호대상금융기관이 아니므로 우체국에서 취급하는 예금은 「우체국예금·보험에 관한 법률」에 따라 정부가 지급을 보장하고 새마을금고 예금의 경우 「새마을금고법」에 따라 보호됨.

■ **예금자보호 적용이 되지 않는 예금**

- 정부 또는 지방자치단체로부터 조달한 금전
- 한국은행, 「금융위원회의 설치 등에 관한 법률」에 의하여 설립된 금융감독원 또는 예금보험공사로부터 조달한 금전

- 부보금융기관으로부터 조달한 금전. 다만, 부보금융기관이 근로자퇴직급여 보장법에 따른 확정기여형 퇴직연금 또는 개인퇴직계좌의 적립금을 예치한 경우 그 적립금은 제외한다.
- 은행의 예치금액 중에서 양도성예금증서, 개발신탁, 채권, 환매조건부채권의 매도
- 투자매매업자, 투자중개업자가 투자자로부터 예탁받은 금전 중에서 (1) 투자자예탁금에 관하여 발생한 조세의 납부를 위하여 예탁되어 있는 금전, (2) 환매조건부채권을 매도하여 조달한 금전, (3) 자본시장과 금융투자업에 관한 법률에 따라 모집 또는 매출되는 증권의 취득 또는 매수의 청약을 위하여 예탁되어 있는 금전, (4) 자본시장과 금융투자업에 관한 법률에 따라 고객에게 대부한 증권의 담보를 위하여 예탁된 금전 중 같은 법에 따라 인가를 받은 증권금융회사에 보관된 금전
- 보험회사의 수입보험료 중에서 (1) 보험계약자 및 보험료납부자가 법인인 보험계약에 의하여 수입한 수입보험료. 다만, 확정기여형 퇴직연금, 개인퇴직계좌 또는 퇴직보험계약에 의하여 수입한 수입보험료는 제외, (2) 보증보험계약에 의하여 수입한 수입보험료, (3) 재보험계약에 의하여 수입한 수입보험료
- 부보금융기관의 해외 지점이 조달한 금전으로서 해당 해외 지점이 소재한 국가의 예금보험제도 등에 의하여 보호되고 있다고 공사가 인정한 금전

* 보다 자세한 정보를 얻기 위하여 예금자보호법에 대하여 설명된 법령 설명 홈페이지를 방문
easylaw.go.kr/CSP/CnpClsMain.laf?popMenu=ov&csmSeq=579&ccfNo=4&cciNo=2&cnpClsNo=1

3) 금융거래의 주의사항

(1) 금융실명거래

현재 우리나라는 금융거래의 정상화와 합리적인 과세기반을 마련하기 위해 은행예금이나 증권투자 등 금융거래를 할 때 실제 명의로 해야 하는 금융실명제를 실시하고 있다. 「금융실명거래에 관한 법률」은 1982년부터 제정되었으며 전면적인 실시는 1993년 「금융실명거래 및 비밀보장에 관한 대통령 긴급명령」의 공표로 시작되었다. 「금융실명거래 및 비밀보장에 관한 법률」은 실지명의에 의한 금융거래를 실시하고 그 비밀을 보장하여 금융거래의 정상화를 기함으로써 경제정의를 실현하고 국민경제의 건전한 발전을 도모하는 것을 목적으로 제정되었다. 따라서 이 법이 정하는 금융기관(은행, 농협, 수협 등의 조합과 중앙회, 새마을금고, 보험회사, 증권사, 우체국 등)과의 거래는 실지명의에 의해야 하며 금융거래의 비밀은 보장된다.

한걸음 더 전자금융거래 시 주의사항

- 비밀번호는 다른 사람이 쉽게 추측할 수 있는 것을 사용하지 않는다.
- 비밀번호를 모두 같은 것으로 하지 않는다.
- 비밀번호는 정기적으로 변경하고 비밀번호의 노출이 의심되는 때에는 즉각 금융기관에 통보한다.
- 보안카드는 하드디스크에 보관하지 않는다.
- 전자금융거래의 정보는 수첩, 지갑 등에 기록하지 않는다.
- 전자금융거래를 다른 사람에게 부탁하지 않는다.
- 전자금융거래의 알리미 서비스를 적극적으로 이용한다.
- PC방 등의 공동 컴퓨터는 가급적 사용하지 않으며 사용한 경우에는 관련 정보를 반드시 삭제한다.
- 전자금융거래의 1회 이체 한도 및 1일 이체 한도는 적절하게 설정한다.

(2) 전자금융거래

전자금융거래는 금융거래의 중요한 부분을 차지하는 것으로 소비자가 금융기관이 제공하는 정보를 거래의 개시에서 종료까지 전자적 수단[컴퓨터, 현금자동지급기, 출납기(ATM), 전화기, 스마트폰 등]만을 이용하여 거래하는 것을 뜻한다. 전자금융거래는 기본적으로 사람이 개입되지 않는 거래이기 때문에 개인정보가 유출되지 않도록 철저한 주의가 필요하다. 최근에는 스마트폰을 이용한 금융거래가 증가하고 있어 이와 관련된 보안에도 주의가 필요하다.

2. 합리적인 구매

1) 구매의사결정 과정

합리적인 구매는 현금관리의 중요한 부분을 차지한다. 일반적으로 개인이 상품이나 서비스를 구매할 때 어떠한 과정을 거치는가는 구매하는 상품의 특징이나 개인의 성향에 따라 다르다. 구매하는 상품이 습관적으로 자주 구매하는 것이라면 개인은 별 의사결정 과정 없이 반복적으로 상표를 중심으로

그림 4-1 | 구매의사결정의 단계

구매한다고 한다. 반면 구매하는 상품이 고가이거나 대안이 다양하고 의사결정에 시간적 여유가 있을 때는 보다 복잡한 의사결정의 단계를 거치게 된다.

일반적인 구매의사결정의 단계는 <그림 4-1>과 같다. 구매의사결정의 각 단계를 보다 자세히 살펴보고자 한다.

(1) 문제인식의 단계

문제인식이란 개인이 바라는 상황과 현실이 불일치할 때 발생한다. 예를 들어 가정에 아기가 태어나서 자기소유의 자동차가 필요하게 되는 경우 개인이 바라는 상황은 아기를 태울 수 있는 자기소유의 자동차일 것이다. 하지만 현실에서 그러한 자동차가 없을 경우에 개인은 문제를 인식하게 된다. 문제가 발생하게 되면 사람들은 그러한 문제의 해결을 모색하게 된다. 하지만 문제의 종류와 사람들이 문제를 느끼는 정도에 따라서 문제의 해결을 모색하는 경우도 있지만 그렇지 않은 경우도 있다.

문제인식을 발생시키는 원인으로는 현재 상태에 만족하지 못한다거나, 상황이 변화했을 때, 준거집단의 영향, 다른 구매의사결정과정과 연관성, 마케팅의 영향 등이 있다.

(2) 정보탐색의 단계

현실과 바람직한 상황의 불일치에 의하여 문제를 인식하게 되면 사람들은 정보를 탐색하기 시작한다. 정보탐색이란 인식된 문제의 해결을 위하여 구매하고자 하는 제품의 가격, 상점, 품질, 대안 등을 찾아내는 활동이다(이연숙 등, 2000). 정보를 탐색하는 것은 단지 구매 이전에만 국한된 것은 아니다. 구매 이전에 구매의 대안에 대하여 탐색하는 것을 구매 전 탐색이라고 하며, 특정 구매와 관계없이 일상적인 정보의 저장을 위한 정보탐색은 계속적 탐색이라고 한다. 정보탐색은 내적 탐색과 외적 탐색으로 구분되기도 하는데 내적 탐색이란 개인의 기억을 회상하여 저장된 기억 중에서 정보를 탐색하는 것을 뜻하며, 외적 탐색은 외부의 정보원천으로부터 새로운 정보를 탐색하는 것을 뜻한다.

정보탐색 시에 개인이 찾게 되는 정보는 제품과 제품의 대안에 대한 정보, 각 대안의 특성과 속성에 대한 정보, 상표의 비교를 위한 평가기준에 대한 정보, 평가기준의 가중치에 대한 정보, 판매점에 대한 정보, 가격 및 유지비용에 대한 정보가 있다(이연숙 등, 2000).

(3) 대안평가의 단계

정보탐색을 마치면 대안을 평가하는 단계에 이르게 되는데 대안을 평가하기 위해서는 먼저 평가기준과 평가방법을 설정하고 평가하게 된다. 평가의 기준은 가격과 품질을 기초로 하여 다양한 속성을 포함한다. 평가의 기준은 구매하려는 상품이나 서비스의 종류에 따라서 다르게 설정될 것이다. 예를 들어서 개인재무설계 서비스를 탐색하고자 한다면 개인재무설계 서비스를 제공하는 전문가와 회사에 대한 다양한 평가의 기준을 설정하게 될 것이다. 회사의 크기와 지명도, 역사뿐 아니라 전문가의 성별, 연령별 구성비, 전문가의 자격증, 평균적으로 서비스를 처리하는 정도, 수수료 등에 대한 사항을 평가할 수 있다. 이러한 기준을 설정하게 되면 평가를 실행하게 된다. 평가를 실행한 이후에는 결과에 따라 최적대안을 선택한다.

(4) 구매의 과정

최적의 대안이 선택되었으면 구매가 이루어진다. 구매과정은 상점, 상품, 상표의 선택을 포함하며 지불의 방법이 결정된다. 상점과 상품을 선택하고 상표를 고르는 과정은 구매하고자 하는 재화와 서비스의 유형에 따라서 다양하게 나타난다. 지불의 방법은 현금구매와 신용구매로 나눌 수 있으며 신용구매는 할부구매와 신용카드 구매로 나누어진다.

(5) 구매 후 평가

개인이 재화나 서비스를 구매한 이후에는 자신의 선택에 대한 평가를 내리게 된다. 평가는 만족과 불만족의 형태로 나타나게 되는데 만족은 재구매로, 불만족은 불평행동 등으로 이어진다. 재화와 서비스가 개인이 기대했던 수준에 도달하게 되면 만족의 상태가 된다. 만족을 하게 되면 긍정적인 경험을 하게 되는 것이므로 기억에 저장되어 재구매로 이어진다. 하지만 기대했던 수준에 미치지 못하여 불만족 상태가 되면 적극적으로 불평행동을 한다거나 그 제품을 다시는 구매하지 않게 된다.

2) 내구재의 구매

내구재를 구매하는 과정은 소비의 규모와 빈도를 고려할 때 보통 소비재의 구매과정보다는 일반적으로 정교한 구매의사결정과정을 거치게 된다. 일반적인 구매과정에서 개인이 염두에 두어야 할 점들은 내구재 구매에도 적용된다.

(1) 충동구매를 피한다

먼저 구매를 충동적으로 하지 않아야 한다. 구매의 의사결정과정은 앞서 설명한 바와 같이 문제의 인식, 정보탐색, 대안평가 등의 단계를 거쳐서 구매에 이르게 되는데 충동구매의 경우는 문제인식에서 바로 구매행동으로 연결되는 구매이다. 따라서 충분한 정보와 대안에 대한 평가가 이루어지지 않았기 때문에 대부분의 경우는 비용을 추가로 지불하게 된다. 내구재 구매의 경우에는 충분한 정보탐색과 대안의 평가가 필수적이다.

(2) 최적의 구매시기를 결정한다

내구재를 구매하는 경우에는 최적의 구매시기를 결정하는 것이 중요하다. 예를 들어, 자동차 같은 경우는 새로운 모델이 나오기 직전에 가격이 저렴하고 월말이 월초보다 가격이 내려가는 경우도 있다.

(3) 장기적인 계획을 세운다

특히 내구재를 구매할 경우에는 장기적인 계획을 세우는 것이 중요하다.

라이프사이클에 따라서 중요 내구재 구매의 시기를 결정하고 미리 계획하는 것은 소득과 지출의 균형을 최적화할 수 있는 방안이다. 소득이 적은 시기에는 불필요한 내구재 구매를 피하고 소득이 높은 시기로 이전하여 구매하거나 전반적인 내구재의 수명을 고려하여 지출의 계획을 세우는 것은 합리적인 재무설계의 방안이다.

(4) 구매 전 충분한 탐색을 거친다

내구재를 구매할 경우에는 반드시 구매 전 탐색을 거친다. 구매 전의 탐색에서는 재화와 서비스에 관한 정보를 수집한다. 제조사와 판매처, 수리, 교환, 워런티 등의 내용을 비교하는 것이 필요하다. 이러한 비교는 온라인을 통해서도 가능하며 소비자 정보지의 물품테스트를 살펴보는 것도 도움이 된다. 내구재를 구매하면서 할부를 이용하게 되는 경우는 할부의 비용을 탐색하는 것도 필요하다. 할부의 비용을 탐색할 때에는 이자율 이외에도 부가 수수료를 살펴보아야 한다.

3) 자동차 구매 : 구매와 리스

자동차는 이제 우리의 생활에서 꼭 필요한 내구재의 하나가 되었다. 대부분의 사람들은 일생을 통해 한 번쯤은 자동차 구매를 경험하게 된다. 자동차를 구매하는 것은 구매의 금액이 크고 자동차를 사용하는 기간이 길기 때문에 중요한 재무의사결정의 하나이다. 따라서 다른 내구재의 구매와 마찬가지로 계획된 구매가 필요하다. 또한 자동차의 구매 시에는 신용구매(자동차 할부)가 동시에 이루어지는 경우가 많기 때문에 신용사용에 대한 의사결정이 필요하다. 또한 최근에는 자동차를 구매하지 않고 임대하는 리스가 가능하여 자동차 구매의 의사결정이 복잡하게 되었다. 본 절에서는 자동차 구매와 리스에 대하여 알아두어야 할 사항을 살펴본다.

(1) 자동차 구매에서 고려해야 할 점

① 예산 범위

자동차를 구매하기 위해서는 개인의 예산 범위를 알아야 한다. 개인이 자동차 구매를 위해서 사용가능한 금액이 어느 정도인지를 파악하는 것이 중요하다. 이때 예산에는 자동차를 구매하는 데 필요한 모든 비용을 따져보아야 한다. 단순히 자동차의 가격을 예산의 범위에서 정해서는 안 된다. 자동차를 구매할 때에는 자동차 가격 이외에 부가세, 취득세, 등록세 등의 세금, 인도비용, 자동차보험료 등의 비용이 발생한다. 또한 할부구매를 따져보아야 대출과 관련하여 금융수수료와 근저당 설정 수수료가 발생된다. 따라서 예산의 범위를 자동차 가격에 한정하게 되면 기타 부대비용의 마련에 어려움을 겪을 수 있다.

② 유지비용

자동차를 구매할 때 꼼꼼히 따져보아야 할 것은 자동차에 대한 유지비용이다. 자동차를 운행하는 데에 들어가는 유지비용에는 유류비, 주차비, 세차비 등의 직접적인 비용뿐 아니라, 자동차를 소유하고 있는 경우의 세금, 보험료 등의 필수비용과 유지 보수에 들어가는 비용 등이 있다.

③ 선호와 라이프스타일

자동차를 구매할 때에는 자신의 선호와 라이프스타일을 고려한다. 선택의 종류가 다양하기 때문에 무조건 유행을 따른다거나 무조건 브랜드나 제조사를 따르는 것은 좋은 방법이 아니다. 자동차를 얼마나 자주 운행하는지, 장거리를 주로 운행하는지, 도심에서 주로 운행하는지도 고려해 보아야 한다. 자동차를 사용하는 사람의 수와 자동차 운행의 목적이 어떤 것인지를 따져보는 것이 좋다. 여가를 위해 주로 사용하는 것인지, 사업상의 목적으로 사용하는 것인지에 따라서도 선택이 달라지게 되며 라이프사이클상의 변화가 있는 경우에는 그러한 변화를 고려해 보아야 한다.

(2) 구매 혹은 리스

① 리스(Lease)

리스는 사법상의 임대차를 말한다. 임대업을 하는 개인이나 회사가 사용료를 받고 일정기간 동안 물건을 임대하는 것을 리스라고 한다. 미국의 경우 신차 판매의 30~80% 정도가 리스되는 것으로 파악되고 있다. 자동차를 구매할 것인지 혹은 리스할 것인지를 결정하기 위해서는 리스에 대한 기본적인 특징을 파악해야 한다. 리스에는 개방식 리스(open-end lease)와 폐쇄식 리스(closed-end lease)가 있다. 개방식 리스란 리스기간이 끝난 뒤에 자동차의 잔존가치와 시장가치의 차이를 지불하고 자동차를 구입하는 리스이며, 폐쇄식 리스란 리스기간이 끝난 이후에 초과마일사용이나 파손 등의 비용 이외 추가 비용이 발생하지 않는 리스를 말한다.

자동차의 리스에 있어서는 특히 다음과 같은 사항을 고려할 필요가 있다.

먼저 리스를 하는 데에 따르는 총비용(cross capitalized cost)을 고려해야 한다. 리스를 하는데 수반되는 총비용에는 자동차 가격뿐만 아니라 자동차 딜러, 혹은 판매회사에서 요구하는 기타 비용(수리 및 보상에 관한 비용, 보험에 관한 비용 등)을 모두 포함한 금액이다.

두 번째 고려사항은 리스를 하는 당시에 들어가는 초기비용이다(capitalized cost reduction). 이러한 비용은 계약금이나 초기 다운 페이먼트(down payment) 등을 포함하며 리베이트나 트레이드 인(자신이 타고 다니던 기존의 자동차를 교환하면서 기존의 자동차에 대한 가치를 인정받는 것)하는 금액 등을 감안한 비용이 된다. 총비용에서 초기비용을 제외하면 리스에 들어가게 되는 비용(adjusted capitalized cost)을 계산할 수 있다.

이러한 리스비용에서 고려해야 할 것은 리스의 이자율과 리스계약기간이 끝난 후의 잔존가치이다. 리스의 이자율은 리스를 하는 동안 매월 납입하게 되는 금액의 크기를 결정하게 되며, 리스계약기간이 끝난 시점의 자동차 가치는 리스 이후에 리스한 자동차를 구매할 것인지의 의사결정에 영향을 주는 요소이다. 자동차를 리스하는 경우에는 이러한 요소를 파악한 이후에 의사결정을 한다.

② 구매 혹은 리스의 의사결정

자동차를 구매할 것인지 혹은 리스할 것인지를 결정할 때에는 자신의 선호, 생활양식, 예산, 자동차의 사용정도 등을 고려하는 것이 좋다. 자동차를 구매하는 것은 자동차를 실제로 소유할 수 있다는 장점이 있다. 할부로 구매한 경우에 할부금액을 모두 갚은 이후에는 자신이 원하는 경우에는 언제든지 자동차를 팔 수 있다.

또한 자신 소유의 자동차이므로 마일리지 사용의 제한이나 보험가입의 제한 등이 따르지 않는다. 하지만 자동차를 구매하는 경우에는 비용이 많이 든다. 현금으로 구매하지 않는다면 할부에 따른 수수료와 이자를 지불해야 하며 자동차에 따라서는 할부 잔액이 자동차의 시장가치보다 높은 경우가 발생하게 된다. 즉, 자동차에 따라서 시장가치가 많이 떨어지는 경우에는 할부 잔액이 시장에서 판매되는 금액보다 높은 경우가 발생하여 시장가격보다 높은 금액의 부채를 가지게 되는 현상(upside-down)이 발생한다.

반면, 리스를 하는 경우에는 리스를 하면서 매월 내는 금액이 할부구매의 월 납입금액보다 낮은 경우가 많다. 리스를 하는 것은 정해진 기간 동안 자동차를 빌려서 사용하는 것이기 때문에 그 기간 동안의 자동차 사용에 대한 비용만을 지불하게 된다. 따라서 리스의 비용이 할부구매의 비용보다 낮은 것이다.

자동차를 리스하는 경우는 항상 자동차에 대한 사용료를 지불한다. 이는 자동차를 구매하여 가격을 완납하는 경우에 발생하지 않는 비용이다. 또한 경우에 따라서는 리스기간이 만료하고 난 이후의 비용과 리스를 개시하는 데에 드는 비용이 클 수 있다. 리스를 하는 경우에는 마일리지 사용에 제한이 따르고 차량에 대한 보험료가 소유한 경우보다 높을 수 있다.

따라서 개인은 이러한 장단점과 함께 자신의 생활방식과 선호에 의해 구매 혹은 리스에 대한 의사결정을 하는 것이 바람직하다. 몇 년에 한 번씩 신차를 운전하기 원하는 운전자라면 리스를 고려해 볼 수 있다. 하지만 리스를 하는 경우에는 자동차 리스비용이 항상 지출된다는 것을 염두에 두어야 한다. 리스의 비용이 할부구매의 월 납입금액보다 적다고 해서 리스의 비용이 구매의 비용보다 항상 낮은 것은 아니다. 초기에 들어가는 비용, 자동차를 사용하면서 들어가는 비용, 그리고 리스가 끝난 뒤에 들어가는 비용을 모두 고려하여 경제적인 합리성 여부를 판단해야 한다. 자동차를 구매한 경우에는 자신의 소유가 되어 되팔 수 있기 때문에 그러한 가치도 함께 고려해 보는 것이 현명할 것이다. <표 4-6>은 자동차 구매와 리스를 비교한 것이다.

표 4-6 | 자동차 구매와 리스의 비교

내 용	구 매	리 스
소유 여부	자동차를 본인이 소유하는 것임.	자동차를 소유하는 것이 아님.
초기비용	다운 페이먼트, 세금, 등록비, 기타 수수료 등	첫 달의 사용금액, 보증금, 다운 페이먼트와 같은 초기 금액, 세금, 등록비, 기타 수수료 등
월 납입금액	할부구매하는 경우 월 납입금액은 할부기간 전체 동안의 전체 할부금액에 대한 이자를 포함한 금액이므로 일반적으로 리스 납입금액보다 높음.	리스하는 경우의 월 납입금액은 리스기간 동안의 감가상각에 대한 비용과 세금, 수수료 등을 지불하는 것이므로 할부구매의 납입금액보다 낮은 편
중도상환	할부금액을 중도에 전액 상환하는 경우는 수수료를 포함한 대출 잔액을 지불	리스를 중도에 포기하는 경우에는 중도상환수수료를 지불
자동차 반납	새로운 자동차를 원할 경우에는 구매한 자동차를 판매하거나 신차로 교체 구입(trade in)	리스기간이 끝난 경우에 자동차를 반납하면서 리스 만료 비용을 지불하는 경우도 있음.
마일리지	본인 소유의 자동차이므로 마일리지가 많은 경우 자동차를 교체할 때 가치가 낮아질 수 있음.	리스기간의 마일리지 제한이 존재

3절 | 신용 및 부채관리

1. 신용의 의미

1) 신용의 의미

신용(credit)이란 미래에 대가를 지불할 것을 약속하고 현 시점에서 상품이나 현금 또는 서비스를 제공받기로 하는 일종의 계약행위이다. 신용은 신뢰를 바탕으로 하는 계약행위이다. 따라서 때로 신용은 신뢰 그 자체를 말하기도 하며 신뢰를 받을 만한 정도를 의미하기도 한다. 신용의 구체적인 행위는 대출이나 신용판매 등으로 나타나게 된다. 다양한 신용의 유형을 아래에서 살펴보도록 한다.

2) 신용의 유형

신용의 유형은 크게 대출과 신용판매로 나뉠 수 있다. 대출은 또다시 담보의 제공 여부, 거래의 방식, 대출 상환방식에 따라서 구별할 수 있으며 신용판매는 신용카드를 이용한 판매와 할부판매로 나누어진다.

(1) 대출의 유형

① 담보의 제공 여부에 따른 대출의 종류

담보의 제공 여부에 따라 신용대출과 담보대출로 구분할 수 있다. 신용대출이란 말 그대로 개인의 신용(즉, 신뢰할 만한 정도)에 의해 이루어지는 대출이다. 개인의 직업이나 소득, 재산 상태, 혹은 금융기관에의 기여도 등을 종합하여 이자율과 신용대출금액의 한도가 결정되는 대출이다. 개인의 신용을 바탕으로 하기 때문에 경우에 따라서는 신용대출의 접근성에 한계가 존재한다.

담보대출이란 대출의 상환을 보증할 만한 가치물에 저당권을 설정한 이후에 이루어지는 대출이다. 담보대출의 담보물은 부동산, 동산, 예금, 적금, 유가증권, 채권 등 다양하다. 담보대출은 담보물이 존재하기 때문에 신용대출에 비해 이자가 낮은 장점이 있다. 하지만 담보물에 대한 감정, 대출 승인 이후의 저당권 설정 등의 절차를 요구하므로 신용대출에 비해 복잡하고 시간이 더 걸릴 수 있다. 담보대출에는 특정한 물적 담보 외에 연대보증을 필요로 하는 인적 담보도 포함된다.

② 거래의 방식에 따른 대출의 종류

거래의 방식에 따라서는 건별거래대출과 한도거래대출로 나눈다. 건별거래대출은 대출금 전액을 대출과 함께 받는 형태이고, 한도거래는 한도 내에서 수시로 대출금을 인출할 수 있는 것을 말한다. 아파트 담보대출은 건별거래대출에, 마이너스 통장은 한도거래대출에 속한다(정순희, 2003).

③ 대출금 상환방식에 따른 대출의 종류

대출금의 상환방식은 만기일시상환, 원금균등분할상환, 원리금균등분할상환, 거치기간 이후의 상환 등이 있다. 먼저 만기일시상환이란 만기까지 원금에 대한 이자만을 지급하다가 만기에 원금 전체를 상환하는 방식이다. 원금

균등분할상환이란 원금을 균등하게 분할하여 상환하는 방식으로 남은 잔액에 대한 이자를 지급한다. 원리금균등분할상환이란 매월 원금과 이자를 포함하는 균등한 금액을 만기까지 상환하는 방식이다. 매월 균등한 금액을 상환하기 때문에 대출 초기의 상환금에서는 이자의 크기가 대출 말기의 상환금에서는 원금의 크기가 크게 된다.

(2) 신용카드의 사용

신용카드는 신용대출과 신용판매를 가능하게 하는 지불수단이다. 우리나라에서는 1980년대 후반부터 급속하게 보급되었으며 신용카드의 사용을 통한 거래의 투명성 확보를 위하여 1999년부터는 신용카드 사용금액에 대한 소득공제를 실시하게 되었다.

신용카드는 거래 당사자나 대금지급방법 등에 따라서 구분할 수 있는데 백화점 카드와 같이 발행인과 카드회원 사이에만 거래되는 것을 양당사자카드, 대부분의 은행카드나 전업계 신용카드(삼성, 현대 등)와 같이 카드 발행인, 카드회원 및 가맹점이 거래하는 삼당사자 카드, 비자나 마스터와 같이 다수의 카드 발행인, 회원, 가맹점이 거래하는 다당사자 카드가 있다. 또한 대금지급방법에 따라서는 아멕스카드와 같이 거래의 대금을 일정기간(grace period)이 지난 후에 일시납으로 전액 납부해야 하는 카드와, 이용금액을 분할로 이자와 함께 납부하는 카드, 그리고 사용금액에 대하여 최소금액(예를 들면 잔액의 10%)만을 납부하고 신용한도 내에서 연체 없이 계속해서 사용할 수 있는 리볼빙카드(revolving, 회전결제)가 있다. 우리나라에서 사용되는 신용카드는 대부분 일시납, 할부, 리볼빙 모두가 가능하여 소비자가 대금 지불의 방법을 선택할 수 있도록 하고 있다.

3) 신용의 장점 및 단점

(1) 신용의 장점

신용은 과도하게 사용하면 문제가 되지만 적절하게 사용하면 효용 및 구매력을 증대시키고 소비흐름을 원활하게 할 수도 있다.

신용의 첫 번째 장점은 우선 현재시점에서 구매력을 증가시킨다는 점이다.

한걸음 더 각종 신용카드의 비교

신용카드 (Credit Card)	현금카드 (Cash Card)	체크카드 (Check Card)	직불카드 (Debit Card)
• 신용을 바탕으로 거래 • 신용한도 내에서 구매와 할부거래가 가능 • 구매금액이 결제일에 통장에서 차감됨(결제일에 따라서 구매일의 기간이 다름).	• 은행의 자동화기기를 사용하기 위한 카드 • 주로 입출금 용도로 사용 • 체크카드나 신분증을 겸한 종합기능을 가진 것도 있음.	• 대금 결제 시 은행 계좌에서 결제금액이 바로 빠져나가는 카드 • 신용카드 가맹점에서 사용 가능 (VISA와 MASTERCARD의 제휴사 로고가 있는 경우는 해외에서도 그러한 제휴사 가맹점에서 사용 가능) • 은행계좌의 잔고 한도 내에서만 구매 가능	• 대금 결제 시 은행 계좌에서 결제금액이 바로 빠져나가는 카드 • 직불카드 가맹점에서 사용 • 인터넷 전산망 가동 시간에만 사용 가능 • 은행 계좌의 잔고 한도 내에서만 구매 가능 • 할부거래, 인터넷 거래 불가능

개인의 라이프사이클 소득과 지출의 패턴은 항상 일치하는 것이 아니다. 특정 시기에는 소득이 지출을 충당하지 못하는 경우가 존재한다. 이러한 때에 신용은 미래의 소득을 미리 사용하여 현재 부족한 소득을 대신할 수 있다.

신용의 두 번째 장점은 개인생활에서 필요한 재화나 서비스를 즉시 구입할 수 있게 하여 만족을 높여주는 역할을 한다. 이러한 면에서 즉시 구입하고 나중에 지불하는 신용카드는 소비를 활성화시키는 역할을 한다.

신용은 또한 물가상승에 대비할 수 있다는 장점이 있다. 가격이 많이 오를 것으로 예상되는 재화는 신용을 이용해서 미리 구매가 가능하며 싼 가격에 의한 이익을 볼 수 있다. 또한 신용은 개인의 현금관리에 융통성을 제공할 수 있다. 또한 신용의 사용은 소득의 불규칙성을 상쇄시킬 수 있다. 소득이 평균보다 낮은 경우에는 신용을 이용하고 소득이 높은 경우에 되갚는 방법으로 융통성을 발휘할 수 있다.

한걸음 더 신용카드를 사용하면 어떤 점이 좋은가?

1. 현금을 가지고 다니는 번거로움과 위험 감소
2. 개인의 신용사용에 대한 기록 축적
3. 다양한 부가서비스 활용
4. 여행이나 예약에서 본인확인이나 신용의 수단으로 이용
5. 투명한 유통거래에 도움

(2) 신용의 단점

신용을 사용하는 데에는 장점만 존재하는 것은 아니다. 신용의 장점은 때로 단점으로 작용하기도 한다. 신용은 앞서 설명한 바와 같이 미래의 소득을 당겨서 쓰게 되는 것이므로 현재의 구매력을 증가시키는 장점이 있지만 미래의 구매력을 감소시키게 된다. 따라서 현재에 지나친 신용의 사용은 미래 생활의 질을 하락시킬 수 있다.

또한 신용의 사용은 과소비나 충동구매를 가능하게 만든다. 사고 싶은 물건을 지금 살 수 있도록 하여 현재의 만족을 증가시키기도 하지만 필요 없는 물건을 사게 만들기도 하고 현금을 사용하는 경우와 비교하면 더 큰 금액을 지출하도록 한다. 예를 들어, 스포츠 경기의 표를 사는 가상의 지출에서 사람들은 신용카드를 사용하도록 한 경우에 현금을 사용하도록 한 경우보다 2배가량 높은 금액을 지불할 의사가 있음을 보여주는 연구가 있다(Prelec and Loewenstein, 1998). 이러한 연구는 사람들이 신용을 사용하는 경우와 현금을 사용하는 경우에 느끼는 지출의 크기에 차이가 있음을 보여주는 것으로 과소비의 가능성이 신용을 이용하는 경우에 더욱 크다고 할 수 있다.

신용 사용의 또 다른 단점은 비용이다. 신용을 사용하는 경우 할부와 대출의 경우에는 비용이 수반된다. 대부분의 경우 비용은 이자의 형태로 계산되어 지급되지만 신용의 사용에는 이자 이외에도 다양한 수수료가 존재한다. 소득의 범위를 초과하여 사용한 신용은 비용 부담을 가중시켜 가계경제를 위축시키는 요인이 된다. 또한 투자를 할 때 사용하는 신용은 투자의 수익률을

감소시키는 요인이 된다. 무리한 대출을 이용한 투자는 대출의 이자 부담만큼 위험을 증가시키는 역할을 하므로 계획성 있는 사용이 무엇보다 중요하다. 특히 인터넷에서 신용카드의 무분별한 사용은 개인정보를 유출시키는 원인이 되기도 한다. 따라서 신용카드의 사용에는 각별한 주의가 필요하다.

2. 소비자 신용관리

1) 신용관리

현대는 신용사회이다. 신용은 다양한 일상생활에서 사용되며 특히 개인재무설계에서 신용의 관리는 중요하다.

(1) 신용관리의 중요성

신용관리가 중요한 이유는 신용도에 따라서 금융거래 및 일반 상거래의 다양한 혜택 및 제한이 따르기 때문이다. 먼저 개인의 신용도는 금융거래에서 금융회사가 대출 여부, 대출 한도, 금리수준을 결정하는 자료가 된다. 신용도가 떨어지는 사람(즉, 신용점수가 낮은 사람)은 대출을 거절당할 수 있으며, 대출금액에 제한이 크고 금리도 높아지게 된다.

일반적인 상거래에 있어서 개인의 신용점수는 다양하게 이용된다. 예를 들면 백화점의 할부금융을 이용하거나 통신사에서 새로운 서비스를 신청할 때에도 백화점이나 통신사는 소비자의 신용점수를 확인한다. 뿐만 아니라 구인이나 구직을 하는 경우에도 개인의 신용정보가 사용되며 결혼, 부동산 거래 등에서도 신용정보가 활용된다. 따라서 본인의 신용에 대한 관리는 개인재무설계의 중요한 영역이라고 할 수 있다.

(2) 신용점수를 구성하는 신용정보

신용점수를 구성하는 신용정보는 통상 아래와 같은 내용을 포함한다.

① 개인의 인적 정보 등의 식별정보

개인의 식별정보는 인적 정보에 해당하는 정보로 성명, 주민등록번호(외국

한걸음 더 개인신용점수란?

개인신용점수(개인신용평점)는 개인신용평가회사(Credit Bureau, CB사)와 금융회사에서 개인의 신용정보를 수집하고 이를 통계적으로 분석하여, 향후 1년 내 90일 이상 장기연체 등 신용위험이 발생할 가능성을 수치화하여 제공하는 지표이다. 1~1,000점의 구간을 가지며 점수가 낮을수록 신용위험이 발생할 가능성이 높다는 것을 뜻한다.

개인신용점수는 금융회사에서 신용을 바탕으로 한 거래를 하는 경우 사용하게 되는데 개인신용평가회사뿐 아니라 금융기관도 자체적으로 신용을 평가하는 모형을 개발하여 개인의 신용도를 평가하고 있다.

개인신용점수는 신용평가회사(나이스평가정보, 코리아크레딧뷰로, 서울신용평가정보 등)의 홈페이지를 통하여 누구나 무료로 4개월에 1회씩 조회할 수 있다.

인 등록번호나 거소번호 또는 외국인, 재외동포 신용정보 등록번호 등), 직업을 포함하며, 기업이나 법인의 경우는 기업체명, 법인등록번호, 사업자등록번호, 대표자명, 업종 등을 포함한다. 개인의 식별정보 중에는 거주지의 주소가 포함되는 경우도 있는데, 거주지의 주소는 금융거래 시에 금융기관에 등록되어 있는 주소를 말한다. 금융기관에서 각종 고지서나 안내문 등이 배달되는 주소가 현재의 거주지와 다른 경우에는 고지서를 받아보지 못함으로 해서 발생하는 연체나 불이익이 없도록 주의해야 한다. 따라서 주소가 바뀐 경우에는 금융기관 등에 반드시 알리도록 해야 한다.

② 신용거래 및 신용도 판단 정보

신용거래정보는 거래내용을 판단할 수 있는 정보로서 대출, 보증, 담보제공, (가계)당좌거래, 신용카드, 할부금융 등의 상거래에 대한 거래의 종류, 기간, 금액, 한도 등에 대한 내용을 포함한다. 이러한 정보는 각각의 거래에 대한 개설발급, 해지 등에 대한 내용을 포함한다. 대출과 관련한 정보는 대출현황, 카드론 현황, 신용카드 현금서비스 정보 등의 거래 사실을 포함하며, 개인채무보증정보는 개인의 채무보증금액, 기간을 정한 채무보증 사실 등이 등록된다. 기업의 경우에는 기업신용공여정보로 개설발급, 대출, 채무, 연체, 대위변제/대지급 정보 등에 대한 사실이 신용거래정보로 활용된다.

신용도 판단 정보는 개인의 신용도를 판단할 수 있는 정보로 금융거래 등 상거래와 관련하여 발생한 연체, 부도, 대위변제와 대지급 정보 등의 정보를 말한다. 특히, 연체정보는 신용거래정보 중에서 중요하게 고려되는 정보이며, 대출원금이나 이자 등을 3개월 이상 연체한 경우 연체정보로 등록된다. 개별적으로 5만원 이상의 신용카드론이나 신용카드대금, 할부금융대금을 3개월 이상 연체한 경우 연체정보로 등록되기 때문에 적은 금액이라도 연체하지 않는 것이 중요하다.

대위변제와 대지급 정보는 채무자가 채무를 연체하거나 상환하지 않아 채무보증을 제공한 자가 대신 채무를 상환해야 하는 경우의 정보, 지급보증대지급금 또는 대위변제금을 3개월 이상 보유한 경우, 신용보증대지급금을 보유하고 있는 경우 등의 정보를 말한다.

③ 금융질서 문란 정보

금융사기 등과 관련하여 법원으로부터 유죄판결을 받은 금융거래 부당행위자, 허위로 신용카드의 도난 및 분실신고를 하거나 타인의 신용카드를 부정하게 사용한 신용카드 관련 부당행위자, 가계 당좌 불량 등과 관련한 정보를 금융질서 문란 정보라고 하며 이러한 정보가 신용점수를 구성하는 정보로 활용된다.

④ 공공정보

금융기관이 보유한 경제법령 위반정보 및 고용·산재·국민연금, 국민건강보험료 납부정보, 전력 사용량 및 전기요금 완납정보, 개인회생결정정보, 파산 및 면책 결정 정보, 국세·지방세·관세 체납정보, 과태료·사회보험료·공공요금 등의 체납정보 등이 포함된다. 특히, 최근에는 금융 관련 정보가 부족한 개인의 신용점수의 산정에 도움이 될 수 있도록 비금융정보를 신용평점 산출에 활용하는 경우가 증가하고 있다. 예를 들면 이동통신과 관련한 요금을 개인이 꾸준히 납부한 이력 등이 반영되는 경우가 있다.

(3) 신용관리의 방법

개인의 신용정보를 포함한 신용점수는 일상생활의 다양한 분야에서 활용되기 때문에 신용에 대한 관심과 신용점수에 대한 관리가 중요하다. 개인은 항상 본인의 신용점수에 대하여 관심을 가지고 신용상태를 주기적으로 점검하는 것이 필요하다. 현재 신용정보회사에서는 4개월 단위로 1회 본인의 신용정보를 무료로 확인할 수 있도록 하고 있으며 오류가 있을 경우에는 정정요청을 받는다. 신용점수를 양호하게 유지하기 위해서는 연체가 발생하지 않도록 각별히 유의해야 한다. 신용카드대금뿐 아니라 통신요금, 공과금 등의 연체도 신용점수를 하락시킬 수 있는 요인임을 명심해야 한다. 연체가 발생되지 않도록 하기 위하여 주소가 변경된 경우에는 관련 금융기관에 지체없이 통보할 필요가 있다.

대부업체 등을 이용하는 경우에는 신용점수에 미치는 영향력이 크기 때문에 사금융을 이용한 대출은 피하도록 한다. 또한 빈번한 대출이나 과도한 대출은 삼가고 신용카드의 현금서비스 이용에도 주의를 기울인다. 하지만 정상적인 신용거래는 신용점수에 긍정적으로 작용한다. 적정 수준의 대출이나 신용의 사용을 연체 없이 유지하는 경우는 신용을 쌓는 데 도움이 된다. 신용카드 사용을 하지 않고 항상 현금만을 사용하는 경우는 신용거래의 실적이 없기 때문에 할부를 이용하고 그것을 정상적으로 되갚을 수 있는 정도를 평가하기 어렵다. 따라서 적정한 신용의 사용은 신용점수에 긍정적인 영향을 미칠 수 있다.

한걸음 더 신용점수관리 요령(금융감독원)

① 주거래은행을 만들라.

주거래은행이란 자신이 제일 많이 이용하는 은행으로 급여이체 · 카드대금 결제 · 금융상품 가입 · 공과금 납부 및 자동이체 등을 집중하는 것이 좋다. 신용평가에 주거래은행의 거래실적이 크게 반영되기 때문이다.

② 연체상환은 금액보다 오래된 것부터 하라.

기본적으로 연체는 없을수록 좋다. 하지만 연체가 여러 건 있다면, 금액이 많은 것보다 오래된 연체를 줄이는 것이 신용점수 하락을 방지하는 데 보다 유리하다. 장기연체된 채무가 개인신용평가에 더욱 부정적인 요소로 작용하기 때문이다. 따라서 오래된 것부터 상환하여 연체를 줄이도록 한다.

③ 꼭 필요한 신용카드만 만들라.

여러 장의 신용카드를 소지하기보다는 오래 사용했거나 혜택이 많은 소수의 카드만을 집중적으로 사용하는 것이 좋다. 거래실적이 좋아 해당 카드사의 우량고객이 되면 여러 혜택뿐 아니라 현금서비스 금리도 낮아진다.

④ 대부업체에 대한 대출신청은 신중히 하라.

대부업체의 신용정보 조회기록 또는 거래사실은 개인신용평가에 부정적으로 작용할 수 있다. 따라서 대부업체와 상담을 하는 경우에는 단순상담인지 대출상담인지를 명확히 밝히는 것이 좋다. 단순상담에 따른 신용정보 조회기록은 개인신용평가에서 제외된다.

⑤ 보증은 가급적 피하라.

신용사회에서 타인의 대출에 대해 보증을 서는 것은 본인의 대출한도를 줄이거나 신용도 하락요인으로 작용한다. 보증 자체가 대출과 같은 개념이기 때문이다. 따라서 아무리 친한 사이라 하더라도 가급적 보증을 피하는 것이 좋다.

⑥ 카드대금은 결제일 이전에 지급해도 좋다.

카드대금이 연체중이거나 현금서비스를 받았다면 결제일까지 기다리지 말고 미리 결제하는 것이 좋다. 이자도 줄어들 뿐 아니라 연체기간도 단축된다.

⑦ 자동이체는 필수다.

자동이체를 이용하면 부주의로 생기는 연체를 막을 수 있으며, 거래은행의 평점도 올라갈 수 있다. 하지만 통장잔액은 항상 확인하는 습관을 갖는 것이 좋다.

⑧ 영수증을 버리지 말라.

영수증은 신용거래 취소, 물품 반환, 이중청구 시 거래를 입증하는 자료이자 피해방지 수단이다. 따라서 금융회사 실수로 불량정보가 등록되는 경우 영수증으로 구제받을 수 있다.

⑨ **주소지의 변경을 반드시 하라.**
주소지가 변경되면 은행, 통신회사 등 거래업체에 미리 통보하여 실수에 의한 연체 등을 사전에 방지해야 한다. 연체고객의 경우 연락두절 및 우편물 반환도 신용평가에 부정적으로 작용하므로 연체상환을 독촉하는 전화라 하더라도 응대하는 것이 좋다.

⑩ **본인신용정보를 자주 확인하라.**
본인의 신용정보를 자주 확인하여 잘못된 신용정보가 등록되어 있는 경우 신속히 수정하는 것이 좋다.

⑪ **휴대폰 요금, 국민연금, 건강보험료 등의 공공요금을 성실하게 납부하라.**
휴대폰 요금이나 공공요금을 성실하게 납부한 실적이 쌓이게 되면 신용점수의 산정에서 가산점을 받을 수 있으므로 성실하게 납부하고 신용점수의 산정시에 활용할 수 있도록 한다.

⑫ **소액대출, 학자금대출 등을 연체 없이 성실하게 납부하라.**
소액대출이나 학자금대출을 연체 없이 성실하게 납부한 실적도 신용점수 산정에 유리하게 사용된다.

⑬ **체크카드를 꾸준히 사용하라.**
체크카드를 꾸준하게 사용하여 금융거래의 실적을 만드는 것도 신용점수에 유리하게 작용할 수 있는 요인이다. 체크카드는 지불한 금액이 은행계좌에서 바로 빠져나가게 되므로 현명하고 규모 있는 사용을 습관화하는 것이 좋다.

3. 소비자 부채관리

가계는 다양한 목적에 의해 부채를 선택하게 된다. 최근에는 가계부채가 매우 빠른 속도로 증가해 왔으며 가계경제뿐 아니라 국가경제에도 영향을 미치는 요인이 되고 있다. 본 절에서는 소비자 부채의 다양한 상품과 부채 관련 비용, 금융기관의 부채 심사에 대한 내용과 과다한 부채로 인한 어려움에 처하는 경우 활용할 수 있는 제도에 관하여 살펴본다.

1) 우리나라의 소비자 대출상품

일반적으로 사용되는 소비자 대출상품을 살펴본다. 이러한 상품에 대한 이해는 부채의 효율적인 활용을 위해 필요하다. 개인재무설계안의 작성 및 실행을 위해 때로는 대출상품을 고려해야 할 필요가 있다. 또한 주택 구입, 부동산

투자 등과 같은 목표에 따라서 특정 대출상품에 대한 지식이 필요한 경우도 발생한다. 일반적인 대출상품의 종류는 다음과 같다.

(1) 주택담보대출

주택담보대출은 주택의 구입, 전세 등과 관련하여 그러한 주택을 담보로 금전을 대출받는 모든 상품을 말한다. 주택담보대출에는 주택담보대출의 용도, 담보로 하는 주택의 종류 등에 따라서 다양하게 분류된다. 또한 취급하는 금융기관에 따라서 다양한 상품이 출시되어 있다. 주택담보대출의 용도에 따라서는 주택신축자금대출, 주택중도자금대출, 주택구입자금대출, 주택전세자금대출, 주택경락자금대출 등으로 구분되며, 주택의 종류에 따라서 아파트 담보대출, 단독주택 담보대출 등으로 구분되기도 한다. 주택담보대출 상품은 상품별로 대출자격과 상환조건, 대출기간, 대출금리 등이 조금씩 다르다.

주택담보대출 상품을 선택할 때 개인이 가장 관심을 가지는 부분은 대출의 금리이다. 대출의 금리는 일반적으로 고정금리, 변동금리, 혼합금리로 나누어진다. 고정금리란 주택담보대출의 상환기간 내내 일정한 금리가 적용되는 것을 말한다. 담보대출 개시 이후 이자율이 증가하더라도 동일한 이자가 적용되는 것이 장점인 반면 이자율이 하락하더라도 동일한 이자율이 적용된다.

변동금리는 시장의 기준금리에 따라서 약정된 주기(㉮ 3개월~5년)에 따라 금리가 변경되는 것을 말한다. 변동금리 상품의 경우에는 금리 상승폭이 지나치게 큰 경우에 소비자 부담과, 금리 하락폭이 지나치게 큰 경우의 금융기관 비용을 고려하여 상승과 하락의 한계[㉮ 상한 캡(cap)과 하락폭 선정]를 설정하는 상품이 많다.

혼합형 금리 상품은 대출을 개시한 일정기간 동안 고정금리가 적용된 이후 일정시점 이후부터 변동금리가 적용되도록 만들어진 상품이다. 개인의 자금운용계획에 따라서 다양한 대출금리를 설정할 수 있다. 이때 주의할 점은 시장이 불확실한 상황에서 무턱대고 초기 비용이 낮은 것을 선택하지 않아야 한다는 것이다.

주택금융공사는 일정수준의 자격요건을 갖춘 무주택자 혹은 1주택자를 대상으로 시중 금리보다 낮은 고정금리의 장기주택담보대출(모기지) 상품을 운용하고 있다. 2021년 현재 이러한 상품에는 보금자리론과 디딤돌대출이 있으며, 이러한 상품들은 10년에서 30년 동안 대출금을 갚도록 하는 장기 상품이며 소득, 대출의 한도, 구매 가능 주택의 가격 등에 대한 자격요건이 설정되어 있다[자세한 신청자격 및 금리 등에 대한 정보는 주택금융공사 홈페이지(https://www.hf.go.kr) 참조].

(2) 마이너스통장대출

마이너스통장대출이란 종합통장대출 혹은 자동대출이라고 하는 것으로 거래기간과 대출한도를 약정해 두고 그 기간에서 자유롭게 입출금을 하는 대출을 말한다. 입출금이 자유로운 통장식 대출 상품으로 대출금이 일정금액 한꺼번에 통장에 입금되는 것이 아니고 현재 잔액이 없더라도 추가로 인출하면서 대출이 시작되는 형식이다. 대출이 있는 경우 잔액이 (−)로 표시되기 때문에 마이너스통장대출이라고 이름 붙여졌다. 마이너스통장을 만들기 위해서는 대출거래 금융기관을 이용한 거래실적이 중요한 요인이 된다. 금융기관은 대부분의 경우 3개월 이상의 자동이체를 포함한 다양한 금융실적을 바탕으로 고객의 대출상환능력을 평가하고 그에 따라서 대출상한을 설정하게 된다. 실적과 평가에 따라서 금리도 다르게 적용된다.

(3) 주택연금, 역모기지론

주택연금(역모기지론, reverse mortgage)이란 주택을 담보로 하여 일정기간 동안 정해진 금액을 연금방식으로 지급받는 상품이다. 주택을 소유하고 있지만 소득이 없는 은퇴자들을 위해 개발된 상품으로 주택소유자 혹은 배우자가 만 55세 이상인 주택소유주를 위한 노후생활 금융상품이다. 원칙적으로 부부당 1주택인 경우에 가입가능하나 다주택인 경우 보유주택의 합산가격이 9억원 이하인 경우에 가입이 가능하다. 공시가격 등이 9억원을 초과하는 2주택자는 3년 이내에 1주택을 팔면 신청가능하며 부부 중 1명은 대한민국 국민인 경우에 신청가능하다. 주택연금을 신청하기 위해서는 가입주택을 가입자 또는 배우자가 실제 거주지로 사용하고 있어야 하며 가입주택 전부를 전세 혹은 월세로 준 경우에는 이용할 수 없다. 역모기지론이 적용되는 주택은 주택법상 주택과 지방자치단체에 신고된 노인복지주택이다.

주택연금의 연금지급방식은 수시인출한도의 설정 없이 종신토록 매달 일정 금액을 지급하는 종신지급방식과 대출한도의 50% 내에서 개별 인출을 허용하고 나머지 부분에 대해 매달 일정 금액을 종신토록 지급하는 종신혼합방식, 수시인출한도(대출한도의 50% 이내) 설정 후 나머지 부분을 월지급금으로 일정기간 동안만 지급받는 확정기간 혼합방식, 주택담보대출 상환용으로 인출한도(대출한도의 50% 초과 90% 이내) 범위 안에서 일시에 찾아 쓰고 나머지 부분을 평생 동안 매월 연금형태로 지급받는 대출상환방식이 있다[자세한 신청자격 및 연금지급방식 등에 대한 정보는 주택금융공사 홈페이지(https://www.hf.go.kr) 참조].

2) 소비자 부채와 관련된 비용

소비자 부채와 관련된 비용은 이자와 수수료가 있다. 이자는 앞서 설명한 바와 같이 대출금을 빌려 쓰는 대가로 일정한 비율의 금액을 대출기간 동안에 지불하는 비용이다. 이자는 고정금리, 변동금리, 혼합금리 등의 방식으로 적용된다. 소비자 부채와 관련된 수수료는 이자 이외의 추가비용이 된다.

일반적으로 대출 신청 또는 취급 시에 부담하는 수수료는 인지세, 근저당권 설정 비용, 감정평가 수수료/담보물 조사 수수료, 화재보험료 등이 있으며 대출약정 이후에 발생하는 수수료로는 중도상환 수수료, 한도대출 미사용 수수료, 근저당권 말소 또는 감액 비용 등이 있다. 대출이 발생하는 경우 이러한 비용과 수수료는 면제혜택이 주어지기도 하므로 대출 상품에 따른 자세한 내용을 살펴보는 것이 중요하다.

참고 >> 금리인하 요구권

- 본인의 신용상태에 현저한 변동이 있는 경우 증빙자료를 은행에 제출하고 이를 바탕으로 재평가를 받아 금리변경을 요구할 수 있는 제도
- 직장의 변동, 신용점수의 상승, 승진, 재산의 증가, 소득의 증가 등이 해당됨.

3) 금융기관의 소비자 부채 심사

금융기관에서 소비자들의 대출 요청이 있을 경우에 금융기관은 다양한 지표를 이용하여 적격 및 부적격을 판단한다. 일반적으로 사용하는 지표로는 총부채상환비율(Debt to Income Ratio : DTI), 총부채원리금상환비율(Debt Service to Income Ratio : DSR), 담보인정비율(Loan to Value Ratio : LTV)이 있다. 총부채상환비율(DTI)은 주택담보대출의 총 원리금상환액과 다른 부채의 이자상환액이 가계의 총소득 대비 특정 비율 이하인 경우까지 대출을 허용하는 기준으로 설정된다. 총부채원리금상환비율(DSR)은 주택담보대출뿐만 아니라 신용대출을 포함한 모든 가계대출의 원리금상환액이 소득과 대비하여 어느 정도인지를 파악하여 부채상환능력을 평가하는 것을 말한다. 반면 담보인정비율(LTV)은 담보물의 가치와 대출가능 금액과의 비율을 나타내는데 금융기관에서는 이러한 비율을 사용하여 대출심사를 한다. 이러한 심사는 경기변동이나 개인의 신용점수에 따라서 달라진다. 때로는 대출의 성격이 소액인 경우(예 5천만원 이하)에는 DTI 기준을 적용하지 않는다.

금융기관에서 소비자 부채의 적격 여부를 심사하는 기준으로 개인의 신용평가가 사용된다. 신용도는 앞에서 설명한 바와 같이 점수로 나누어서 사용하고 있으며 신용평가사의 점수산정은 각 평가사마다 고유의 기준을 사용하고 있기 때문에 대출심사에서는 보통 2군데 이상의 신용점수를 파악하며, 금융기관 자체 고객인 경우에는 금융기관 자체에서 산정하는 신용점수를 고려하여 부채 심사에 활용한다.

4. 부채관리의 방법

부채는 때로 재무목표의 실현을 위해서 불가피하게 필요한 경우가 있다. 부채를 잘 활용하면 개인의 구매력을 향상시키고 재무목표의 실현을 앞당길 수 있다. 하지만, 현명하게 부채를 활용하기 위해서는 부채상품의 종류와 조건을 잘 따져보아야 함을 물론이고 개인의 재무상황에 따라서 부채의 규모와 상환방법 등을 결정해야 한다. 무분별한 부채 혹은 과도한 부채의 사용은 채무불이행의 상태로 이끌게 되며 개인의 생활의 질에 부정적인 영향을 미치게 된다.

1) 부채관리에서 기본적으로 고려해야 할 점

(1) 대출의 용도

합리적이고 효율적인 부채관리를 위해서 우선 대출하고자 하는 용도에 대한 적합성을 살펴보아야 한다. 대출하고자 하는 것이 가계의 재무목표 실현을 위해 꼭 필요한 것인지 투자의 수익과 직접적으로 관련이 된 것인지를 판단해야 한다. 재무목표와 관계없고 사전 계획이 없는 갑작스러운 부채에 대해서는 심사숙고할 필요가 있다.

(2) 대출의 규모

대출의 용도에 대하여 고려한 후에는 대출의 규모가 적정한 것인지를 살펴보아야 한다. 대출의 규모가 적정한 것인가는 총자산 대비 부채의 규모로 파악하기도 하는데 총자산 대비 부채의 규모가 40% 미만을 적정하다고 판단하며 50% 이상이 되면 위험하다고 여기게 된다. 지나치게 많은 부채는 이자의 부담을 과도하게 만들어 생활비에 압박을 가하게 된다. 따라서 전체적인 부채의 규모를 고려한다. 전체적으로 부채의 규모를 고려해야 하므로 신규로 얻게 되는 부채와 기존 부채 잔액을 모두 고려하여 적정한 부채 규모를 설정한다.

(3) 대출상환계획

부채의 목적 및 규모에 대한 고려와 함께 중요한 사항은 대출의 기간과 상환에 대한 계획이다. 대출의 기간이 사용의 목적과 맞게 설정되어 있어야 하며 대출기간 동안 현금흐름과 이자부담 정도 등을 고려한 상환계획이 필요하다. 원리금을 분할해서 상환하는 경우에는 매월 내는 금액이 매월의 현금흐름에 큰 지장을 주지는 않는지, 그러한 금액을 부담할 만한 소득이 확보되어 있는지, 다른 필수재 구매와 고정지출에 영향을 주지 않는지 등을 고려해야 한다. 이자만 지급하다가 원금을 마지막에 지급해야 하는 경우에는 원금지급의 계획이 마련되어 있어야 한다.

2) 부채의 비용을 최소화하기 위해 고려할 점

부채에는 이자라는 비용이 따른다. 따라서 그러한 이자를 최소화하기 위한 다양한 방안을 고려해 볼 수 있다.

먼저 소유하고 있는 주택이 있는 경우에는 그 지분을 활용하는 방안을 고려해 본다. 소유하고 있는 주택이 있는 경우 보통 신용대출이나 무담보대출보다는 담보를 활용한 대출이 이자율이 낮은 경우가 많다.

또한 기회비용을 최소화하기 위한 방안을 고려한다. 대출의 이자율이 예금이나 적금의 이자율보다 높다면 예금이나 적금을 활용하는 것이 새로운 대출을 얻는 것보다 현명한 방법이 될 수 있다.

신용도를 활용하면 대출금리를 인하받을 수 있다. 신용점수가 높은 경우에 낮은 경우보다 낮은 이자율을 적용하는 경우가 많다. 주거래은행을 이용한다거나 신용거래의 경력이 있는 금융기관을 활용하는 방법을 고려해 보는 것도 대출의 비용을 절감시키는 방안이다.

마지막으로 대출과 관련한 절세효과를 따져본다. 대출의 이자와 관련한 소득공제와 기타 절세 방안을 충분히 활용하는 방안을 고려한다.

3) 부채의 적정성 파악

가계의 부채 수준이 적정한가를 파악하기 위해서는 제2장에서 살펴본 부채의 분석을 활용한다. 부채를 소비자 부채와 주거 관련 부채, 총부채로 나누어서 각 부채의 상환액, 규모 등이 소득이나 자산과 비교하여 적정한 수준인지를 파악하는 것이다. 이때 주의해야 할 점은 소비자 부채의 비율과 주거 관련 비용의 비율, 총부채의 비율 등의 준거기준은 절대적으로 적용하기보다는 가계의 상황에 맞게 적용하는 것이 현명하다는 것이다.

예를 들어 제2장에서 우리는 소비생활 관련 부채상환액이 총소득의 10% 이하가 적당하다고 하였다. 하지만 가계에 따라서는 소비생활 관련 부채상환액이 15%라고 하더라도 그 상환액이 과중한 경우가 있고 20%가 넘더라도 생활의 질에 영향을 미치지 않는 경우도 있게 마련이다. 이러한 준거기준을 의사결정의 보조자료로 활용하되 전체적인 재무상태에서 평가하도록 한다.

한걸음 더 DTI와 LTV, 그리고 DSR

부채의 적정성을 파악하는 지표로 금융기관에서 사용하는 지표로 총부채상환비율(Debt to Income Ratio : DTI)과 담보인정비율(Loan to Value Ratio : LTV) 및 총부채원리금상환비율(Debt Service to Income Ratio : DSR)이 있음을 앞에서 설명하였다.

총부채상환비율은 주택담보대출과 기타 대출의 이자상환액이 가계의 총소득 대비 특정 % 이하인 경우까지 대출을 허용하는 기준으로 작용한다. 예를 들어 주택담보대출을 신청하는 경우 DTI 40%를 적용한다는 것은 얻으려고 하는 모든 주택담보대출의 상환액과 다른 대출의 이자상환액이 총소득의 40% 이하인 수준까지의 금액을 대출해 준다. 반면 담보인정비율(LTV)은 담보물의 가치와 대출가능 금액과의 비율을 나타내는데, 예를 들어 LTV 50%라는 것은 담보하고자 하는 주택가격의 50%까지의 금액을 대출할 수 있다는 것이다.

최근에는 가계부채문제의 심각성을 고려하여 주택담보대출 및 신용대출을 포함한 모든 대출의 원리금상환액이 총소득의 몇 %인지를 고려하는 총부채원리금상환비율을 활용하고 있다.

주거 관련 비용의 경우 주택담보대출을 비롯한 주거와 관련한 대출의 원금과 이자 상환액뿐 아니라 주거와 관련한 기타 비용(관리비, 유지비, 세금, 보험료 등)의 합이 총소득의 35% 이하를 권장한다. 주거 관련 비용이 중요한 이유는 생활비에서 주거와 관련된 비용이 너무 큰 부분을 차지할 경우 다른 소비생활의 위축을 가져오게 되고 재무목표의 실현을 위한 저축 및 투자에 차질을 가져올 수 있기 때문이다. 따라서 주거와 관련된 부채가 있는 경우에는 적정성을 파악하도록 한다.

소비자 부채와 주거 관련 부채를 나누어서 각각의 적정성을 살펴본 후에는 전체 부채액에 대한 적정성을 살펴본다. 이는 앞에서 부채의 규모를 결정할 때에도 총자산의 40% 이하로 제한하는 것이 좋다고 언급한 것과 일치한다. 하지만 앞에서도 설명한 바와 같이 자산과 부채의 비율은 자산의 규모와 개인의 라이프사이클 단계 등에 영향을 받으므로 지속적인 개선에 초점을 맞추어야 한다. 과도한 부채의 설정은 생활의 질을 하락시키고 목표의 달성에 저해되는 요인임을 명심할 필요가 있다.

4) 채무조정제도

소비자가 과다한 부채로 인하여 정상적으로 부채를 상환하기 어려운 상황에 처한 경우 채무조정제도를 이용할 수 있다. 채무조정제도는 개인의 채무조정을 통한 신용회복을 지원하는 제도를 통틀어 일컫는데, 개인의 정도와 상황에 따라서 상환기간 연장, 분할상환, 이자율 조정, 상환유예, 채무감면의 지원을 해주는 제도이다. 채무조정제도에는 신용회복위원회와 금융회사 등이 운영하는 사적지원제도와 「채무자 회생 및 파산에 관한 법률」에 따라 법원이 운영하는 공적지원제도가 있다.

(1) 사적지원제도

사적지원제도란 신용회복위원회 또는 금융회사가 운영하는 채무조정제도를 말한다. 특히 신용회복위원회에서는 채무의 정도와 채무불이행의 정도에 따라서 개인워크아웃제도(채무조정)와 프리워크아웃제도(이자율채무조정), 신속채무조정(연체 전 채무조정)으로 나누어 지원한다. 이 중 개인워크아웃제도는 총채무액이 15억원 이하(담보채무 10억원, 무담보채무 5억원)이면서, 연체기간이 3개월 이상이며, 최근 6개월 이내 신규 발생 채무액이 총채무액의 30% 미만이고, 최저생계비 이상의 수입이 있거나 채무상환능력이 있다고 심의위원회가 인정하는 사람에 한하여 신청할 수 있다.

단, 모든 채무가 개인워크아웃제도에 의해 지원을 받을 수 있는 것은 아니다. 개인워크아웃제도에 의한 지원은 크게 세 가지인데 이자감면, 분할상환, 채무감면이 있다. 이자는 연체이자를 비롯하여 이자를 전액 감면하며, 분할상환은 대출금의 종류, 총채무액, 변제가능성, 담보, 채무자의 신용, 이행현황 등을 고려하여 무담보채무 최장 10년, 담보채무 최장 35년 이내 분할상환하도록 지원한다. 채무감면은 채무자의 상환능력에 따라 미상각채권 원금은 0~30% 범위 내에서 감면, 상각채권 원금은 20~70%(사회취약계층은 최대 90%) 범위 내에서 감면을 지원하고 있다.

이자율채무조정은 실직이나 휴업 또는 폐업, 재난, 소득감소 등으로 인하여 일시적으로 연체가 발생한 사람들이 장기적으로 금융채무불이행자로 전락하는 것을 방지하기 위한 제도이다. 프리워크아웃제도는 2곳 이상의 채권금융회사에 상환해야 할 채무가 있으며, 그중 1곳 이상의 채권금융회사의 연체기간이 3개월 미만이면서, 총채무액은 15억원 이하(담보채무 10억원, 무담보채무 5억원), 신청일로부터 6개월 이내의 신규 발생 채무가 총채무액의 30% 미만인 사람이 신청할 수 있다. 프리워크아웃제도에 의한 신용회복 지원 중 채무감면은 무담보채무의 경우 이자율 인하(약정이자의 50%까지 인하), 담보채무의 경우 연체이자 감면이 있으며, 상환기간의 경우 무담보채무 10년, 담보채무 최장 35년 내의 분할상환을 지원하고 있다.

신속채무조정(연체 전 채무조정)은 연체기간이 30일 이하이며, 2개 이상의 금융회사에 채무가 있고 총채무액이 15억원 이하(무담보채무 5억원 이하, 담보채무 10억원 이하)이며 최근 6개월 내에 신규로 발생한 채무액에 총채무액의 30% 이하인 경우에 신청할 수 있으며, 연체 상태가 아니어도 신청일 현재 최근 6개월 이내 실업자, 무급휴직자, 폐업자, 신청 전 1개월 이내에 3개월 이상 입원치료가 필요한 질병을 진단받은 경우, 신청일 현재 개인신용평점 하위 10%인 채무자, 신청일 현재 최근 6개월 이내 채권금융회사에 5일 이상 연체한 횟수가 3회 이상인 채무자, 「재난 및 안전관리 기본법」 제3조에서 정한 "재난" 또는 이에 준하는 긴급상황으로 신속하게 지원할 필요가 있다고 위원장이 인정하는 채무자가 신청할 수 있다. 주요 지원 내용으로는 상환기간 연장(최장 10년) 및 분할상환, 상환유예(최장 3년, 최고이자율 연 15%), 연체이자에 한한 채무감면이 있다(https://www.ccrs.or.kr).

(2) 공적지원제도

공적지원제도에는 개인회생제도와 개인파산제도가 있다.

① 개인회생제도

개인회생제도란 5억원 이하의 무담보채무, 10억원 이하의 담보채무를 가지고 있으며 계속적 또는 반복적 수입의 가능성이 있는 개인에게 원칙적으로 3년 동안 일정한 금액을 변제하면 파산선고 없이도 나머지 채무를 면제받을 수 있도록 하는 제도이다.

한걸음 더

개인파산제도

1) 파산을 선고받으면 어떠한 불이익이 있는가?

- 사법상 불이익: 사법상 후견인, 친족회원, 유언집행자, 수탁자가 될 수 없다. 이때 권리능력, 행위능력 및 소송능력은 제한받지 않는다.
- 공법상 불이익: 파산자는 공법상 공무원, 변호사, 공인회계사, 변리사, 공증인, 부동산중개업자, 사립학교교원 등이 될 수 없다. 파산선고는 또한 상법상 합명회사, 합자회사 사원의 퇴사 원인이 되며, 주식회사, 유한회사와 위임관계에 있는 이사의 당연 퇴임 원인이 된다. 파산과 관련된 이러한 불이익은 전부 면책결정이 확정되면 소멸하게 된다. 파산을 선고받은 채무자가 전부 면책을 받지 못하거나 면책결정이 취소된 경우 또는 면책신청이 각하되거나 기각된 경우에 한하여 신원조회 시 파산선고사실이 나타난다.

2) 파산 신청을 하게 되면 항상 면책을 받는가?

모든 채무자가 법원으로부터 면책을 받게 되는 것은 아니다. 「채무자 회생 및 파산에 관한 법률」에 의해 원칙적으로 면책허가결정을 받을 수 없는 경우는 아래와 같다.

- 채무자가 자기 재산을 숨기거나 부수거나 다른 사람 명의로 바꾸거나 헐값에 팔아버린 행위
- 채무자가 채무를 허위로 증가시키는 행위
- 채무자가 과다한 낭비 또는 도박 등을 하여 현저히 재산을 감소시키거나 과대한 채무를 부담하는 행위
- 과거 일정 기간(개인파산 면책 확정일부터 7년, 개인회생 면책 확정일부터 5년) 내에 면책을 받은 일이 있는 때

3) 면책이 결정되면 모든 채무가 소멸되는가?

면책허가결정이 확정되더라도 소멸되지 않는 채무가 존재한다. 면책허가결정 이후에도 변제의 책임이 있는 채무는 (1) 조세, (2) 벌금, 과료, 형사소송비용, 과징금, 과태료, (3) 채무자가 고의로 가한 불법행위로 인한 손해배상, (4) 채무자가 중대한 과실로 타인의 생명 또는 신체를 침해한 불법행위로 인하여 발생한 손해배상, (5) 채무자의 근로자의 임금, 퇴직금 및 재해보상금, (6) 채무자의 근로자의 임치금 및 신원보증금, (7) 채무자가 악의로 채권자 목록에 기재하지 않은 청구권 및 (8) 채무자가 양육자 또는 부양의무자로서 부담해야 하는 비용이다.

개인회생제도는 원칙적으로 개인만 이용할 수 있는 제도로 조합이나 주식회사, 사단법인, 재단법인은 이용할 자격이 없다. 채무가 있다고 해서 모든 채무자가 이용할 수 있는 것은 아니며 지급불능의 상태에 빠져 있거나 지급불능이 생길 염려가 있는 개인채무자만이 신청가능하다. 개인회생절차는 신용회복위원회의 개인워크아웃 등 다른 지원을 받고 있는 채무자도 신청가능하며 파산절차가 진행중인 사람도 신청이 가능하다. 하지만 파산 후 면책결정을 받은 경험이 있는 개인은 5년간 개인회생절차를 신청할 수 없다.

② 개인파산제도

개인파산제도란 변제의 능력이 없는 채무자가 신청을 하여 파산선고를 받게 되면 그 선고시점에서 채무자가 보유하고 있는 모든 재산을 환가하여 채권자에게 변제하는 제도이다. 개인파산이란 개인인 채무자가 개인사업 또는 소비활동의 결과 자신의 재산으로 모든 채무를 변제할 수 없는 상태에 빠진 경우에 그 채무의 정리를 위하여 스스로 파산을 신청하는 것을 말하며, 면책이란 파산선고를 받은 채무자에게 파산절차를 통해 변제되지 않고 남은 채무에 대한 채무자의 변제책임을 파산법원의 재판에 의해 면제시키는 것을 말한다. 개인파산 및 면책을 신청할 수 있는 사람은 자신의 모든 채무를 변제할 수 없는 지급불능의 상태에 빠진 개인이다. 이때 개인은 영업자와 비영업자 모두 가능하며 은행대출, 신용카드 사용, 사채 등 원인을 불문하고, 금액의 많고 적음과 관계없으며 금융채무불이행자가 아니라도 신청이 가능하다.

참고 >> 보이스피싱 피해 예방을 위한 팁

2012년부터 2020년 7월 사이 우리나라의 보이스피싱 피해액은 2조 4,282억원에 이르며 약 20만 건의 피해를 기록하였다. 이러한 수치는 매일 61건의 보이스피싱 피해가 발생하여 피해자들이 7억 4,000만원의 피해를 입는 것이다(파이낸셜타임즈, 2020. 9.30, https://www.fnnews.com/news/202009291318204375).

보이스피싱은 그 유형이 매우 다양하고 사회의 변화와 새로운 이슈의 출현에 따라 진화하고 있다. 보이스피싱의 피해는 예방이 최우선의 방법이며 금융감독원에서는 다음의 예방 수칙을 제시하고 있다.

- ☑ 출처가 불분명한 인터넷주소(URL) 절대 클릭하지 말 것
- ☑ 의심스러운 휴대폰 앱(APP)은 절대 설치하지 말 것
- ☑ 금융거래정보와 개인정보는 절대 알려주지 말 것
- ☑ 발신처가 명확하지 않은 문자는 의심할 것
- ☑ 조금이라도 의심되면 전화를 끊고, 즉시 신고할 것
- ☑ 의심사례와 피해사례를 주변에 최대한 알리고 공유할 것
- ☑ 보이스피싱 피해는 누구나 당할 수 있음을 명심할 것
- ☑ 사기수법은 일상생활을 반영함을 명심할 것

주요용어

- 예산
- 예산의 장점 및 단점
- 예산 수립 절차
- 예산의 실행
- 현금관리
- 현금관리계좌
- 구매의사결정과정
- 내구재 구매
- 자동차 구매
- 구매와 리스
- 신용
- 신용카드
- 신용의 장단점
- 신용평가
- 신용도
- 신용회복지원제도
- 개인파산
- 개인워크아웃
- 부채관리
- 프리워크아웃
- 개인회생

심화 학습문제

1. 자신의 수입과 지출을 파악하는 수입지출의 기록을 1개월간 작성해 보고 그것을 기초로 예산을 작성해 봅시다.
2. 예산을 실행하는 방안을 구체적으로 나열해 봅시다.
3. 예산 실행을 위한 엑셀 워크북을 작성해 봅시다.
4. 자동차 구매의 비교쇼핑하는 방안에 대하여 논의해 봅시다.
5. 개인의 신용관리가 왜 중요한지 논의해 봅시다.
6. 긍정적인 부채와 부정적인 부채에 대하여 논의해 보고 부채관리를 합리적으로 하는 방안을 제시해 봅시다.
7. 부채의 규모, 개인적인 특성 및 상황에 따라 다르게 적용되는 채무조정제도를 비교해 봅시다.
8. 보이스피싱 및 금융사기의 유형을 조사해 보고 피해 예방을 위한 방안을 이야기해 봅시다.

CHAPTER

05

위험관리와 보험

학습목표

본 장을 학습하고 나면 여러분들은

1. 위험의 개념, 위험의 종류 및 관리방법에 대해서 설명할 수 있다.
2. 보험의 정의와 특성, 기본 원리, 보험의 분류, 보험계약에 대해서 설명할 수 있다.
3. 생명보험, 손해보험, 사회보험의 기본 개념과 종류 및 보험료 산출에 대해서 설명할 수 있다.
4. 보험판매조직과 실제 보험가입 시 주의사항에 대해서 설명할 수 있다.

도입 이야기

이제 김계획 씨와 이행복 씨를 위한 재무설계 작성의 기초적인 자료는 준비가 되었다. 한공정 씨는 김계획 씨와 이행복 씨의 자료와 재무목표를 바탕으로 재무설계안을 작성한다고 하였다. 김계획 씨와 이행복 씨는 재무설계안이 작성된다는 생각만으로도 왠지 목표달성에 한걸음 나아가고 있는 듯한 뿌듯한 마음이 들었다. 목표달성이 쉽지 않더라도 최소한 어떤 준비를 해야 하는지는 알 수 있을 것 같았기 때문이다.

김계획 씨의 직장에서는 해마다 건강검진을 실시한다. 김계획 씨의 직장은 종업원 복지 차원에서 기본적으로 나라에서 지정한 건강검진보다 정밀한 건강검진을 받도록 하고 있다. 올해도 건강검진을 받는 시기가 되었다. 마침 요즘 부쩍 피곤하고 약해진 체력이 걱정스러워 건강검진을 한 번 받아보아야겠다고 생각하던 때였다. 김계획 씨가 건강검진을 받은 지 몇 주 지난 어느 날이었다. 퇴근을 하고 돌아오는 김계획 씨가 무척 기운이 없어 보였다.

"오늘 회사에서 안 좋은 일 있었어?" 이행복 씨가 조심스럽게 물었다.

"당신, 우리 회사 박차장 기억나지?"

"네, 그 집 아들이 우리 애랑 같은 나이잖아요. 6살 맞죠? 지난번 당신 회사 체육대회 때 보니 정말 개구쟁이던데……. 왜요?"

"글쎄 박차장이 암이라는군."

"어머나, 세상에……. 무슨 암? 심각한거래?"

"대장암이라는데 심각한 것 같아."

"어머, 어떡해. 어떻게 알았대?"

"왜 지난 주에 건강검진을 받았잖아. 결과가 나올 때는 아직 아닌데 박차장은 재검이 나와서 다시 검진하고 그랬거든. 참, 매년 건강검진을 해도……. 벌써 암이 많이 진행된 모양이야."

"어머나 어떡해. 그 집에 그 아들 말고 애가 또 있었나?"

"그럼, 올해 둘째 낳았는데……."

"세상에, 그럼 박차장 부인은 일 안하고 집에서 있겠네."

"그렇지, 전업주부야."

"세상에 어쩌나, 큰일이다……. 그 집은 무슨 보험이라도 들었대?"

"글쎄…… 요즘은 어째 아프다고만 하면 암이라니, 걱정이야."

이야기를 마친 김계획 씨는 아내의 "보험이라도 들었대?"라는 말이 가슴에 남았다. 만일 우리 집에서 지금 나에게 무슨 일이 발생하면 우리 가족은 어떻게 되는 걸까? 그러고 보니 막상 우리 집에는 어떤 보험이 있나 하는 생각이 들었다. 지난번 한공정 씨를 만날 때 아내가 여러 가지 보험증권을 가지고 온 것 같기는 한데, 친구가 보험설계사여서 가입하였다면서 자세한 이야기를 나누지 않았던 것 같다. 우리 가족이 현재 가입하고 있는 보험은 어떠한 것들이 있는지 우리 가족은 예측하지 못한 위험에 대처할 준비가 되어 있는지, 한공정 씨에게 물어봐야겠다는 생각이 들었다. 그러고 보니 고향에 계신 부모님들은 어떠한 보험에 가입되어 있는지도 궁금해졌다. 김계획 씨는 내일 출근하면 한공정 씨에게 전화를 해야겠다고 마음먹었다.

1절 | 위험의 관리

1. 위험의 정의

위험의 정의에 대해서 경제학자, 행동과학자, 위험분석가, 보험계리인 사이에 일치된 견해는 없다. 그러나 전통적으로 위험은 불확실성이란 용어로 정의되어 왔다. 위험에 대한 다양한 정의가 존재하나 본서에서는 위험은 "기대하거나 바라는 바람직한 결과와 반대되는 결과가 발생할 수 있는 가능성"으로 간단히 정의한다. 예를 들어 흡연의 위험은 폐암에 걸릴 가능성이 존재하기 때문에 존재한다. 자동차 사고에 의한 위험은 사망 또는 상해를 입을 가능성이 있기 때문에 존재한다.

위험과 관련된 가장 큰 부정적 측면은 손실의 발생이다. 가장이 갑자기 죽거나, 화재가 발생하여 집이 불타버리거나, 교통사고가 나는 경우 거기에는 반드시 재무적 또는 비재무적 손실이 뒤따르게 된다. 또한 위험은 비상예비자금(emergency fund)의 축적을 요구한다. 위험발생에 따른 손실에 대비하기 위해 비상예비자금이 필요하고 손실발생 시 즉시 이용할 수 있어야 하므로 유동성을 충분히 확보해야 하고 이에 따른 기회비용이 발생한다.

또한 위험은 사회 전체적으로 재화와 용역의 손실을 발생시킬 뿐 아니라 위험과 관련된 불확실성은 사람들에게 심리적 불안과 좌절을 야기하게 된다. 대부분의 사람들은 불행 없이 현재의 행복한 삶을 유지하고 싶어 하므로 이러한 위험을 회피하거나 위험의 영향을 줄이려고 노력한다.

2. 위험의 종류

1) 재무적 위험과 비재무적 위험

위험을 기대하거나 바람직한 결과와 반대의 결과가 나타날 가능성이라고 볼 때 반대 결과가 재무적 손실일 수 있으며, 그렇지 않을 수도 있다. 재무적 손실을 야기하는 위험을 재무적 위험(financial risk)이라고 하며, 재무적 손실이 없는 위험을 비재무적 위험(non-financial risk)이라고 한다.

만약 교통사고가 발생하였다면, 사고로 인해 장기간 입원할 경우 병원비와 소득 감소라는 재무적 손실이 발생하므로 교통사고는 재무적 위험을 가지고 있다. 반면에 사고로 인해 겪는 환자 및 가족의 고통과 상심 등은 비재무적 손실이 되는데, 교통사고는 재무적 위험과 비재무적 위험을 동시에 포함하고 있다고 볼 수 있다. 재무설계의 주된 대상은 재무적 위험이 되나 비재무적 위험도 위험관리의 중요한 대상이 된다.

2) 투기적 위험과 순수위험

우리는 재무적 이익이 발생할 가능성이 있으면 어떤 위험은 기꺼이 감수한다. 만약 주식을 산다면 오르거나 내릴 가능성이 모두 있는 경우이고 우리는 이런 위험을 기꺼이 감수한다. 이것을 투기적 위험(speculative risk)이라고 하는데 이처럼 투기적 위험은 이익과 손실의 가능성이 모두 존재하는 상태를 의미한다.

그러나 이익은 없고 손실에 대한 가능성만 있는 경우가 있다. 예를 들어 집에 화재가 나거나 자동차사고가 나는 경우의 위험이다. 이것을 순수위험(pure risk)이라고 한다. 순수위험은 손실만이 가능하고 그 손실은 사고의 결과를 의미한다. 우리는 이런 위험을 줄이기 위해 집에 소화기를 비치한다거나 좋은 날씨에만 운전하는 등 어떤 개별적인 예방조치를 취할 수도 있다. 그러나 이런 개별적인 행동은 순수위험을 충분히 줄이는 데 충분하지 않다. 어떤 환경에서는 시장에서의 집단적 조치(group action)가 필요하다. 우리는 순수위험을 막기 위하여 보험에 가입한다.

3) 순수위험의 종류

순수위험은 인적 위험, 물적 위험, 배상책임위험으로 구분된다.

(1) 인적 위험

인적 위험(personal risk)은 개인의 신체와 관련된 위험으로 소득창출 능력을 상실하거나 이로 인한 예상하지 못한 추가비용을 발생할 가능성을 의미한다. 인적 위험은 조기사망위험, 장기생존위험, 질병 또는 상해위험, 실업위험으로 구분될 수 있다.

① 조기사망위험

가장의 사망에 따라 가족의 부양, 자녀의 교육, 모기지의 상환 등 유가족에 대한 재무적 의무가 충족되지 않는 것을 의미한다. 조기사망의 비용은 먼저 가장의 소득상실, 장례비 및 의료비 등 추가비용뿐 아니라 슬픔과 상실감, 자녀지도 등 비재무적 내용도 포함된다.

② 장기생존위험

장기생존위험은 은퇴위험(retirement risk)이라고도 하는데 소득에 비해 오래 살 가능성을 말한다. 은퇴위험은 사망시점의 불확실성 때문에 생기는데 과거에 비해 평균수명이 길어짐에 따라 은퇴위험이 더 커지고 있는 상황이다. 미국에서는 장기생존의 추세뿐 아니라 일찍 은퇴하는 경향이 늘고 있다. 개인이 보유한 부의 증가와 재무설계의 등장으로 많은 사람들이 경제적으로 일찍 은퇴할 수 있게 되었기 때문이다.

③ 질병 또는 상해위험

질병이나 상해로 인해 소득을 상실한 경우, 부양가족이 없어도 당사자에게는 수입이 필요하다. 부양가족이 있는 경우에는 질병이나 상해를 당한 이전보다 수입이 더 커야 하는데 이는 가장의 의료비가 추가되기 때문이다. 질병 또는 상해위험은 치료기간 동안 소득상실 및 의료비용이 발생할 뿐 아니라 치료기간이 장기화할 경우 실업으로 연결되거나 후유장애로 재취업이 어렵거나 이전의 직무를 할 수 없는 가능성이 있다.

④ 실업위험

실업위험은 실업으로 발생하는 소득 감소를 의미한다. 실업은 실업자 개인이나 가족에게 경제적 변화와 함께 생활양식의 변화를 가져오는데 소득과 복리후생의 상실뿐만 아니라 실업자와 가족의 정신적 스트레스를 야기하게 된다.

(2) 물적 위험

물적 위험은 보유하고 있는 재산의 파괴 또는 손실을 입을 위험을 의미하는데 화재, 태풍, 지진 등이 발생할 경우 소유재산의 가치가 하락할 위험에 처하게 된다. 물적 위험은 다음의 두 가지 형태의 손실로 구분된다.

① 직접적 손실

보유재산에 대한 물리적인 손상, 파괴 또는 도난으로부터 발생하는 금전적 손실을 의미한다. 예를 들어 화재가 발생하여 집이 소실되거나 자동차를 도난당한 경우 등 직접적으로 받은 손해를 의미한다.

② 간접적 손실

직접적인 물리적 손상이나 도난으로부터 발생하는 간접적으로 발생하는 금전적 손실을 의미한다. 예를 들어 살던 집이 화재가 발생하여 집을 수리할 동안 이사를 하는 경우 이사비용 및 임대비용이 발생한다. 이런 비용은 직접적인 물리적 손상의 결과로 발생하는 것이다.

(3) 배상책임위험

고의 또는 과실로 인한 불법행위나 채무불이행으로 다른 사람을 다치게 하거나 다른 사람의 재산에 손상을 입혔다면 법적으로 이를 배상할 책임을 지게 되는데 이것이 배상책임위험이다.

배상책임위험은 개인재무설계에서 매우 중요한데 그 이유는 먼저 손실의 상한이 없다는 것이고, 둘째 만약 법적인 명령을 이행하지 않을 경우 소득이나 자산에 대한 압류가 이루어질 수 있으며, 마지막으로 소송비용이 과도하게 클 수도 있다는 점 때문이다.

3. 위험의 관리

개인재무설계에서 위험관리란 개인이나 가족이 직면한 순수위험을 인식하고 평가하여 이런 위험에 대처할 적절한 방법을 찾는 과정을 의미한다. 이런 의미에서 위험관리는 보험설계보다 더 광범위한 개념으로 이해될 수 있으며

한걸음 더 위험과 유사 개념 : 손인(peril)과 위태(hazard)

위험과 유사한 개념으로 손인과 위태가 있다. 손인(peril)이란 손실의 직접적인 원인을 의미한다. 손실의 원인은 경제적 손인, 인적 손인, 자연적 손인으로 나눌 수 있다.

① 자연적 손인은 태풍, 화산폭발, 지진, 낙뢰 등과 같은 손실의 원인에 대해서는 인간의 통제력이 거의 미치지 못한다.

② 인적 손인은 손실의 원이이 개인의 통제 하에 있는 경우로 자살, 사기, 절도, 전쟁 등을 들 수 있다.

③ 경제적 손인은 불경기, 파업, 기술이 진보, 정부나 여러 단체의 행동 같은 사회적으로 큰 영향을 미치는 손실이다.

위태(hazard)란 손실이 생길 가능성을 증가시키는 상태나 조건을 의미한다. 위태가 증대하면 손실가능성이 커지므로 보험료 또한 증대한다. 위태는 물리적 위태, 도덕적 위태, 정신적 위태 등으로 세분된다.

① 물리적 위태(physical hazard)란 손실의 기회를 증대시키는 실체적인 물리적 조건을 의미한다. 예를 들어 자동차 브레이크가 제대로 작동하지 않는 것은 자동차접촉사고 가능성을 증대시키는 물리적 위태이다.

② 도덕적 위태(moral hazard)는 고의나 의도적으로 손실가능성을 증대시키는 인간의 부정직성을 의미한다. 예를 들어 자동차 사고 시 아프지도 않은데 입원한다든지 과다하게 손실액을 청구하는 행위가 여기에 해당한다.

③ 정신적 위태(morale hazard)는 보험에 가입함으로써 위험이나 손실에 부주의하거나 무관심한 것을 의미한다. 예를 들어 생명보험에 가입한 이후 사고나 건강관리에 덜 주의하는 행위는 정신적 위태이다.

보험 이외의 다른 위험관리방법까지도 고려하게 된다.

1) 위험관리방법의 종류

위험을 관리하는 방법에는 위험통제(risk control)와 위험재무(risk financing)가 있다. 위험통제는 위험 또는 손실발생 빈도를 줄이거나 강도를 줄이는 반면, 위험재무는 위험에 따라 발생할 손실에 대비하기 위한 자금을 마련하는 것이다. 위험통제에는 위험회피와 손실통제가 있고, 위험재무는 위험이전과 위험보유가 있다.

(1) 위험통제

① 위험회피

위험회피(risk avoidance)는 위험을 야기할 수 있는 어떤 활동이나 상황 자체를 없앰으로써 손실가능성 자체를 제거하는 것이다. 예를 들어, 자동차사고로 인한 위험을 없애기 위해 아예 자동차를 운전하지 않는 방법이다. 이 방법은 잠재적으로 가장 강력한 위험관리방법이지만 너무 소극적이고 보수적인 전략이라는 비판이 있다.

② 손실통제

손실통제(loss control)는 손실방지와 손실축소로 구분할 수 있다. 손실방지는 손실이 발생하지 않도록 하거나 손실발생 빈도를 줄이는 것을 의미한다. 예를 들어, 산불예방을 위해 입산금지를 하는 것 등이 여기에 해당한다. 손실축소는 손실의 심각성을 줄이는 것이다. 예를 들어, 화재위험에 대비하기 위해 소화기를 비치하는 것을 들 수 있는데, 소화기를 사용해 화재를 초기에 진압해 손실이 나지 않도록 하거나 아니면 더 큰불로 번지는 것을 막음으로써 손실규모를 줄일 수 있다.

(2) 위험재무

위험재무(risk financing)는 손실회피나 손실통제를 이용해 배제하기 힘든 위험에 대해 자금을 마련하고 준비하는 방법을 의미한다. 여기에는 자체적으로 자금을 마련하는 방법과 다른 기관과의 거래를 이용해 복구자금을 형성하는 방법이 있다.

① 위험이전

위험이전(risk transfer)은 위험을 일방이 타방으로 이전시키는 것을 의미한다. 위험이전의 대표적인 형태가 보험인데 개인의 위험을 계약을 통해 보험회사로 이전할 수 있다. 보험을 통해 위험을 이전할 경우 개인은 보험회사에서 그 경제적 손실에 해당하는 보험금을 보상받게 된다.

② 위험보유

위험회피, 손실통제 및 위험이전이 안 될 경우 개인은 위험발생에 따른 재무적 손실을 스스로 해결해야 한다. 위험보유(risk retention)는 손실에 대한 자금을 스스로 준비하는 것을 의미한다. 즉, 위험보유는 개인이 직면한 특정한 위험별로 이에 대한 손실에 대비하기 위해 자금을 축적하여, 손실이 발생할 경우 축적된 해당 자금으로 손실을 복구하는 것이다. 자금축적방법으로는 운영경비를 통한 충당, 기금 또는 적립금 축적이나 자가보험(self-insurance) 등의 방법이 있다. 자가보험이란 위험을 보험회사에 이전하지 않고 보유하되, 이 위험에 대해 보험회사가 위험인수, 보험금지급, 보험료 투자 등의 일을 스스로 하는 것을 의미한다.

여기서 우리가 명심해야 할 점은 위험관리에는 다양한 방법이 있으며 보험은 그 중 하나의 방법이라는 점이다. 즉, 보험은 위험관리에 있어서 절대적인 방법은 아니며, 다만 특정한 성격의 위험에 대해서만 효율적인 위험관리방법인 것이다.

2) 손실유형별 위험관리방법

위험을 관리하는 데 있어 어떠한 방법이 최선인가에 대한 적절한 판단이 필요하다. 즉, 어떤 위험을 보유하고 어떤 위험을 이전시킬 것인가에 대한 적절한 기준이 필요하다. 어떤 경우에는 위험보유나 위험이전보다는 위험회피나 위험축소가 바람직할 수 있다. 이에 대한 판단은 손실의 심각성과 손실의

그림 5-1 | 손실유형별 위험관리방법

발생빈도 \ 손실규모	소	대
고	위험보유 손실통제	위험회피 손실통제
저	위험보유	위험이전

발생빈도라는 두 가지 변수가 사용된다. 손실의 심각성과 발생빈도라는 두 가지 변수에 의한 위험관리방법을 살펴보면 <그림 5-1>과 같다.

3) 위험관리의 과정

위험관리는 개인재무설계의 한 부분으로 개인의 전체 재무목표달성에 안전판 역할을 수행한다. 예를 들어 가장이 병이 나거나 사고를 당해 소득이 축소될 경우 가족 전체의 재무목표달성에 실패할 가능성이 높아진다. 따라서 위험관리는 개인재무설계의 한 부분이자 여타 개인재무설계가 계획한 대로 달성될 수 있도록 보장하는 역할을 한다. 재무목표는 사람에 따라 다르지만 모든 개인재무설계에는 개인의 위험관리를 포함하여야 한다. 특히 인적 위험 이외에 재산 또는 배상책임위험을 소홀히 취급하는 경향이 있으나 부를 키우고 소득을 늘리는 것도 중요하지만 축적된 부를 안전하게 보존하는 일은 더욱 중요한 일이다.

위험관리는 기업 또는 개인이 직면한 위험을 확인하고 이 위험 또는 손실 가능성을 관리할 수 있는 가장 적절한 방법을 찾는 과정이라고 볼 수 있다. 위험관리과정은 다음의 6단계로 구성되어 있다(<그림 5-2> 참조).

(1) 위험관리의 목표설정

위험관리의 가장 큰 목표는 위험발생 이후에도 개인 또는 가족의 생활이 이전과 같이 유지될 수 있게 하는 것이다. 이것은 위험발생 이후 개인이나 가족의 삶의 질 악화나 가정경제의 파탄을 방지하는 것을 의미한다. 위험관리의 목표는 위험발생 전 목표와 위험발생 후 목표로 구분할 수 있다.

그림 5-2 | 위험관리 6단계

표 5-1 | 위험관리의 목표

위험발생 전 목표	위험발생 후 목표
• 적절한 비용으로 위험관리방법 모색 • 잠재적 손실에 대한 걱정과 불안 축소 • 법적 의무 수행(예 자동차 책임보험)	• 유가족의 생존 및 피보험자 병원치료과정에 필요한 금전적 대비 • 손실발생 전 생활수준 유지를 위한 소득의 안정성 • 계획했던 재무목표를 달성할 수 있도록 지속적 성장 • 손실의 사회적 파급효과 최소화

(2) 위험요소의 분석

개인이나 가계가 직면한 위험을 인식하지 못한다면 위험에 대비할 수 없다. 따라서 직면한 위험을 체계적으로 인식할 필요가 있는데 이를 위해서 위험분류 질문표, 위험노출 점검표, 보험증권 점검표 등이 이용되고 있다. 위험확인 방법은 한 가지 방법에 의존할 것이 아니라 다양한 방법을 사용하여 개인이 직면하고 있는 위험을 좀 더 구체적이고 정확하게 확인하는 것이 중요하다.

위험확인 방법을 선택하여 개별적인 위험을 확인했으면, 이 개별적 위험을 분류해야 한다. 실무에서 가장 많이 사용되는 손실형태에 의한 위험분류는 순수위험에서 본 바와 같이 인적 위험, 물적 위험, 배상책임위험으로 구분하는 것이다. 그러나 이러한 방법은 특정 위험과 관련된 잠재적 손실을 잘 분석할 수 있다는 장점이 있는 반면 부보가능하지 않는 위험을 간과할 수 있다는 문제점이 있다.

(3) 위험의 평가

위험요소의 분석이 완료되면 잠재적 손실의 크기 및 발생 가능성에 따라 위험을 평가해야 하는데 우선순위의 문제가 따르게 된다. 손실정도가 비슷한 위험은 정도에 따라 동일한 집단으로 분류하여 관리되는 것이 원칙이다. 따라서 위험의 평가에 있어 손실의 심각성에 따라 치명적 위험, 중요한 위험, 일반적 위험으로 분류하여 관리하는 것이 바람직하다.

표 5-2 | 손실의 심각성에 따른 위험 분류

치명적 위험	개인 또는 가계를 파산시킬 수 있는 잠재적 손실위험 (조기사망, 주거주택의 직접적 손실 등)
중요한 위험	파산까지는 아니지만 손실을 회복하기 위해 외부의 자금을 차입해야 하는 위험(실업 등)
일반적 위험	현재의 소득이나 자산으로 보전가능한 손실위험 (소유재산의 간접손해)

(4) 위험관리방법의 선택

위험을 확인, 분류, 평가하였으면 이 위험을 관리하는 방법을 선택하여야 한다. 위험관리방법은 크게 위험통제와 위험재무로 구분할 수 있다. 위험통제는 위험회피와 위험축소가 있으며, 위험재무는 위험보유와 위험이전이 있다. 위험통제와 위험재무는 위험을 관리하는 서로 다른 방법이지만 상호보완적으로 사용되는 것이 바람직하다.

(5) 위험관리계획의 실행

위험관리계획의 실행은 각각의 위험에 적합한 위험관리방법을 적용하여 실행하는 과정이다. 위험관리방법이 보험인 경우 구체적인 상품 및 보험금액 등을 결정하는 과정이다.

(6) 평가 및 검토

위험관리과정의 마지막 단계는 위험관리계획을 주기적으로 평가하고 검토하는 일이다. 최소한 1년 내지 2년에 한 번씩은 위험이 제대로 관리되고 있는지 살펴보아야 한다. 또한 자녀출생, 주택구입, 이혼, 배우자 사망 등 고객의 삶에 중요한 사건이 있으면 위험관리계획을 재검토해야 한다. 또한 이 과정은 시간이 지남에 따라 변화하는 상황을 반영하여 대응하여야 한다.

한걸음 더

위험 종류별 보험 활용방법

개인 및 가계는 각종 인적 위험 및 물적 위험에 대비하기 위하여 보험에 가입한다. 조기사망 위험에 대비해서는 종신보험과 같은 생명보험, 질병위험에 대해서는 의료보험, 암보험, 건강보험 등으로 대비하고 실업에 대해서는 고용보험, 상해에 대해서는 상해보험 등으로 대비할 수 있다. 또한 물적 위험에 대비하기 위해 화재보험, 도난보험, 자동차보험 등에 가입하여 대비하고 있다.

| 개인 및 가계가 직면하는 위험의 종류와 보험 |

위 험	활용할 수 있는 보험	판매회사 및 기관
조기사망	종신보험, 생명보험	생명보험, 우체국, 공제조합
장기생존	연금보험	보험회사, 우체국, 은행, 신탁 등
질 병	의료보험, 암보험, 건강보험	건강보험공단, 생명보험, 손해보험
상 해	상해보험	생명보험, 손해보험
자동차사고	자동차보험, 운전자보험	손해보험, 생명보험
화 재	화재보험	손해보험
타인 보증	보증보험	보증보험, 공제조합, 신용보증기금
도 난	도난보험	손해보험

2절 보험의 기초

1. 보험의 정의

보험은 위험관리방법 중 위험을 타인에게 이전하는 위험이전(risk transfer)의 한 방법이다. 즉, 보험은 보험료를 내고 위험에 대한 경제적 부담을 타인(보험회사)에게 넘기는 것을 의미하는 반면, 사회 전체적인 관점에서 보면 다수의 위험 결합을 통해 위험을 감소시키는 역할을 한다. 보험에 대한 정의는 보는 관점에 따라 달라진다.

먼저 경제적인 관점에서 보면, 보험은 개별적 위험을 이전과 결합을 통해 재무적 손실에 대한 위험을 감소시키기 위한 경제적 제도로 정의된다. 예를 들어 자동차보험에 가입하는 행위는 자동차 사고가 날 경우 발생하는 커다란 경제적 손실을 보험회사에 이전함으로써 위험을 전가하는 것이다.

사회적인 관점에서 보면, 보험은 사회의 구성원 중 소수에게 발생한 손실을 다수에게 분담하는 것을 의미하는데, 이를 위해 다수로부터 기금을 형성하게 된다. "만인은 1인을 위해, 1인은 만인을 위해"라는 문구는 보험의 이러한 특성을 가장 잘 표현하고 있다.

법적 관점에서 보면, 보험은 보험회사와 보험계약자 사이에 맺어진 재무적 손실을 보전하는 것을 목적으로 하는 법적 계약이다. 즉, 보험계약자는 미래의 불확실한 손실을 보험료 형태의 비용으로 보험회사에게 지불하여 위험을 이전시키며, 이 거래를 구체화한 것이 보험계약이다.

수리적 측면에서 보험은 특정 손인과 관련된 미래의 손실을 예측하여 모든 보험계약자가 부담해야 할 몫을 공평하게 분배하는 것이며 이를 위해 확률과 통계를 이용한 보험수리가 적용된다.

마지막으로 금융감독원의 자료에서는 '보험은 동질의 위험을 가지는 수많은 경제주체들이 모여 하나의 단체를 만들고, 통계적 기초에 의해 산출된 보험료를 납부하여 기금을 형성하여 우연하게 사고로 손실이 발생한 가입자들에게 보험금을 지급함으로써 경제생활의 불안을 경감시켜 주는 사회적 제도'라고 정의하고 있다(금융감독원, 『금융생활안내서』, 보험편).

2. 보험의 특성

1) 위험의 이전

위험의 이전(transfer)은 보험의 가장 기본적인 특성이다. 보험계약자는 보험료를 대가로 자신의 위험을 보험자(보험회사)에게 이전함으로써 경제적 불안감을 해소하게 된다. 일반적으로 보험자에게 이전되는 위험은 이익발생가능성은 없고 손실(loss)만 있는 순수위험을 의미한다. 개인적 측면에서 보험회사로 이전되는 순수위험은 조기사망위험, 장기생존위험, 질병 및 상해위험 등의 인적 위험과 재산에 대한 물적 위험, 배상책임위험 등이 있다.

2) 불의의 손실

보험은 불의의 손실(fortuitous losses)을 전제로 하는데 여기서 '불의'라는 의미는 사고의 우연적 발생을 의미한다. 이는 우연한 사고가 아닌 고의적인 사고는 보험으로 보상될 수 없다는 것을 의미한다.

따라서 보험계약에서는 원칙적으로 고의에 의한 손해, 즉 비우연적인 손해는 보상하지 않는다. 예를 들어 생명보험의 경우 누구나 언젠가는 사망하게 된다는 필연성이 있으나 그 발생시기에 우연성이 있기 때문에 보험의 대상이 되지만 자살의 경우에는 보험금을 지급하지 않는다. 단, 계약 체결일로부터 2년이 경과한 경우에는 자살의 경우에도 보험금을 지급한다.

3) 손실의 결합

보험제도는 동일한 위험에 처한 다수의 사람이 결합하여 사고를 당한 사람의 피해를 부담하는 것으로 동일한 위험에 처한 사람이 많으면 많을수록 개개인의 부담은 줄어들고 각 개인에게 발생하는 부담은 평균손실로 대체된다. 보험자 입장에서는 손실의 결합으로 대수의 법칙을 용이하게 적용시킬 수 있게 되어 전체 손실을 보다 정확하게 예측할 수 있게 된다.

4) 손실보상

손실보상이란 피보험자를 사고발생 이전의 재무적 상태로 되돌려놓는 것을 의미한다. 예를 들어 자동차보험은 자동차 사고 때문에 발생된 재무적 손실을 보상하여 줄 것이다. 그런데 보험은 이러한 재무적 손실 이외의 비재무적 손실을 보상하지 않는다. 예를 들어 생명보험에 가입한 가장이 사망할 경우 보험회사는 사망보험금을 지급할 뿐 유족들의 고통이나 스트레스에 대해서는 보상하지 않는다.

한걸음 더 보험과 도박

도박은 위험을 담보로 거액을 벌고자 하는 것이다. 위험을 대상으로 한다는 면에서 도박과 보험은 유사하다. 과거 유럽에서는 도박보험이 유행인 적도 있었다. 대표적인 사례가 현재 영국 로이드 기념관에 그 증권이 보관되어 있는 나폴레옹에 대한 도박보험증권이다. 나폴레옹이 1813년 6월 21일 이전에 사망하느냐 또는 붙잡히느냐가 보험의 대상이었다고 한다. 그 외에도 18세기 영국수상이었던 로버트 월폴의 목숨도 도박보험의 대상이 되어 그의 건강상태에 따라 보험료가 변하였고, 1745년 사망 당시에는 수천 건의 보험계약이 그에게 체결되어 있었다고 한다.

도박과 보험은 모두 사행계약의 특성이 있는데 사행계약이란 계약의 결과가 불확실하여 작은 비용으로 큰 이익의 교환이 가능한 계약을 말한다. 또한 도박과 보험은 모두 손실을 분담한다는 특성이 있을 뿐 아니라 모두 확률원리와 대수의 법칙을 근간으로 운영된다는 공통점이 있다. 그러나 보험과 도박은 다음과 같은 차이점이 있다.

첫째, 도박은 없는 위험을 만들어서 배팅을 하는 반면, 보험은 일상생활에 존재하는 순수위험에 대처하기 위한 것이다. 즉, 보험계약에 의해 보험료를 지불하더라도 위험자체는 그대로 상존하는 반면 위험을 보험회사에 이전(risk transfer)한다.

둘째, 도박은 잘되면 이익을 얻을 수 있고 정해진 손해를 부담하지만, 보험은 잘 돼도 이익을 얻을 수 없다. 보험사고가 발생하지 않으면 보험료만 지출하는 셈이고, 보험사고가 나서 보험금을 받더라도 입은 손해 이상을 보상해주지 않는다. 일부 정액보험은 예외일 수도 있지만 보험으로는 이익을 취할 수 없는 이득금지의 원칙이 적용된다.

셋째, 도박은 돈을 버는 자와 잃는 자를 합하면 0(zero)이 되는 제로섬게임(Zero Sum Game)이다. 그러나 보험은 사고가 많이 나게 되면 보험회사는 물론 보험가입자의 재산도 같이 감소하여 배당금 등 계약자가 받을 수 있는 금액도 동시에 줄어든다.

보험은 도박과 같은 확률산업이지만 일확천금을 노리는 요행이 아니고, 우리 인생에서 처하는 위험을 보험회사에 전가하여 안정적인 삶을 가능하게 해주는 제도이다. 보험은 제로섬게임이 아니다. 보험사고가 발생하지 않으면 보험회사도 좋고 보험가입자도 좋다. 보험을 가입했더라도 보험사고는 발생하지 않는 것이 좋기 때문이다.

(자료 : insvally.com에서 일부 발췌)

3. 보험의 기본 원리

보험은 대수의 법칙을 근간으로 하는 제도이며 보험가입자로부터 받은 보험료 총액과 보험사고로 인해 보험회사가 지급하는 보험금 및 경비의 총액이 같다고 하는 '수지상등의 원칙'에 의해 보험료가 계산된다. '수지상등의 원칙'은 보험료 부담자의 입장에서 보면 '급부 반대급부 균등의 원칙'으로 이해될 수 있다.

1) 대수의 법칙

대수의 법칙이란 우연한 사고가 발생할 확률은 샘플의 수가 크면 클수록 일정한 수준으로 수렴한다는 것을 의미한다. 즉, 주사위를 던져서 1이 나올 확률은 던지는 횟수가 많을수록 1/6에 가까워진다는 것을 의미한다.

개개인에게 있어서는 우연한 사고라는 것도 사회 전체적으로 보면 일정한 수준에서 유지되고 있는 것을 발견할 수 있다. 이는 곧 우연한 사고의 발생 가능성 및 발생시기 등은 불확실하지만 다수의 사람들을 대상으로 관찰해 보면 대수의 법칙에 따라 그 발생확률을 구할 수 있게 되며, 사람의 상해, 사망 역시 이러한 방법을 통해 어떤 연령대의 사람들이 1년간 몇 명 정도 상해 혹은 사망할 것인가를 산출할 수 있다.

대수의 법칙은 위험발생률의 측정, 수량화를 가능하게 하고, 또한 과거 발생확률을 미래의 발생확률로 보는 것을 가능하게 하는 보험의 수리적 기초가 된다. 이렇게 산출되는 예측치는 보험회사가 정확한 보험요율을 산정하는 데 절대적으로 필요하다. 보험료 산정의 기초수치 중 하나인 보험사고 발생률은 대수의 법칙에 입각한 통계적 확률에 의한 것이다.

2) 수지상등의 원칙(등가원칙)

'수지상등의 원칙'이란 보험가입자가 납입하는 보험료 총액과 보험회사가 지급하는 보험금 및 경비의 총액이 같도록 보험료를 결정하는 원칙을 의미한다. 수지상등의 원칙이 필요한 이유는 보험료가 너무 비쌀 경우 보험시장이 형성되지 않을 것이고, 보험료가 너무 쌀 경우에는 보험제도가 존립할 수 없

한걸음 더 **역선택(adverse selection)과 보험**

역선택이란 원하는 방향과 반대로 선택을 하게 된다는 의미이다. 예를 들어, 중고차 시장에서 중고차를 파는 사람은 차의 결함에 대해 잘 알지만 사려는 사람은 그렇지 못하다. 그래서 겉만 멀쩡한 차를 비싼 값에 속아서 살 수도 있다. 이러한 가능성 때문에 중고차 값은 낮게 형성된다. 이 때문에 좋은 중고차를 가지고 있는 사람은 아는 사람을 통해 팔려고 한다. 결국 중고차 시장에서는 좋은 품질의 매물은 사라지고 질이 낮은 매물만 남게 된다. 이것이 역선택이다.

보험에서 역선택이란 보험사고가 발생할 위험률이 높은 사람들이 그렇지 않은 사람들에 비해서 더욱 더 보험에 가입하려고 하는 현상을 의미한다. 생명보험에서는 건강에 자신이 없는 사람이나 위험한 직업에 종사하는 사람이 보험에 가입하거나 손해보험에서는 불량위험의 소유자가 자진하여 보험에 가입하는 경향을 의미한다. 이렇듯 보험계약자는 보험사고 발생의 가능성이 높은 리스크를 골라서 보험에 가입하려는 동기를 가지고 있다. 역선택은 자기의 위험수준에 비해 적은 보험료로 위험을 이전하게 한다. 이를 방치하면 수지상등(收支相等)의 원칙을 무너뜨려 보험제도의 건전성을 손상시키게 된다.

현실적으로 역선택은 보험가입자를 선택하고 분류하는 과정인 계약심사를 엄격하게 실행함으로써 어느 정도 통제될 수 있다.

기 때문이다. 수지상등의 원칙은 보험회사의 경영의 건전성 지표 또는 보험사의 위험포트폴리오에 대한 평가에서는 보유위험 간의 균형이라는 개념으로 사용되기도 한다.

3) 급부 반대급부 균등의 원칙(공평성의 원칙)

'수지상등의 원칙'은 위험집단 전체의 입장에서 본 것이지만 개개인의 입장에서는 각자가 내는 보험료(급부)는 보험사고가 발생할 경우 보험회사가 개인에게 지급하는 보험금(반대급부)의 기대치와 같아야 된다. 이것을 '급부 반대급부 균등의 원칙'이라고 한다. 이 원칙은 보험료를 산정하는 입장에서 해석한다면 '공평성의 원칙'이라고 불린다.

예를 들어, 생명보험의 경우 연령에 따라 그 보험료가 달라지거나, 손해보험의 경우 각 위험의 특성에 따라 여러 가지로 분류된 위험의 등급에 따라 보험료가 달라지는 것이 바로 급부 반대급부 균등의 원칙에 기인한 것이다.

4. 보험의 분류

보험은 보험법상의 분류, 보험사업의 경영자에 의한 분류, 보험금 지급방식에 의한 분류, 보험목적의 수에 의한 분류, 보험책임상의 분류 등 다양한 기준에 의해 분류할 수 있다.

1) 보험법상의 분류 : 인보험과 손해보험

우리나라 상법은 보험을 인보험과 손해보험으로 분류한다. 보험사고가 사람의 생명·신체의 사고에 관하여 발생한 경우의 보험을 인보험이라 하고, 재산상의 이익에 관한 것을 손해보험이라 한다. 손해보험은 화재보험, 운송보험, 해상보험, 책임보험, 자동차보험으로 세분화하고 있으며, 인보험은 생명보험과 상해보험으로 나누어진다. 상해보험은 인보험으로 분류하나, 손해보험회사가 운영하는 것도 허용된다.

2) 보험사업의 경영자에 의한 분류 : 공영보험과 민영보험

공영보험(public insurance)은 공법인이 경영하는 보험을 의미하고, 개인 또는 사법인이 경영하는 보험은 민영보험(private insurance) 또는 사영보험이라 한다. 보험은 사회적 공공성이 강한 것이므로, 민영보험이라도 사회적 측면을 고려하여 경영되는 것이 보통이지만 공영보험, 특히 국영보험은 영리성을 전혀 고려하지 않고 오로지 사회정책 또는 경제정책의 목적으로 경영되는 특성이 있다. 특히 국가가 사회정책의 목적으로 실시하는 사회보험은 노동자 등 소액소득자의 재해 등을 구제하고자 하는 보험으로, 보험가입이 강제성을 띠게 된다. 또한 사회보험의 보험료는 위험률보다도 부담능력에 비례하여 결정하는 경우가 많은데 가입자와 국가 또는 사업주가 공동으로 부담하는 것이 일반적이다.

한편 민영보험은 경영자에게 영리목적이 있는가 없는가에 따라서 영리보험과 상호보험으로 분류된다. 영리보험은 보험영업자가 영리를 목적으로 타인과 보험계약을 체결하는 경우로서 보험업자의 계산으로 하는 보험이므로 경영주체는 주식회사이다. 상호보험은 보험에 가입하고자 하는 사람이 모여서 상호회사라는 사단법인을 형성하고 상호적으로 보험을 운영하는 것으로 상호회사 형태의 보험이다.

3) 보험금 지급방식에 의한 분류 : 손해보험과 정액보험

보험사고가 발생한 때에 손해의 유무나 정도를 고려하지 않고 일정액의 보험금을 지급하는 보험을 정액보험이라 한다. 실제로 생긴 손해(실손)를 보상하는 것을 목적으로 하는 손해보험과 대립되는 보험이다. 예컨대 생명보험과 같은 보험은 정액보험이다.

4) 보험목적의 수에 의한 분류 : 개별보험과 집합보험

개별보험은 개개의 사람이나 물건을 보험의 목적으로 하는 보험이고, 집합보험은 다수의 물건을 보험의 목적으로 하는 보험을 말한다. 특히 사람의 집단을 보험의 목적으로 하는 인보험을 단체보험이라 한다.

5) 보험책임상의 분류 : 원보험(原保險)과 재보험(再保險)

원보험은 보험가입자로부터 받은 최초의 보험을 의미하는데 원수보험이라고도 한다. 재보험은 보험의 보험으로 보험가입자로부터 보험을 인수한 원수가입자 또는 원보험자가 보험계약상의 책임의 전부 또는 일부를 다른 보험업자, 즉 재보험업자에게 계약을 통해 인수시킨 보험을 말한다.

5. 보험계약의 이해

1) 보험계약의 개념

상법에 따르면 "보험계약은 당사자 일방이 약정한 보험료를 지급하고 상대방이 재산 또는 생명이나 신체에 관하여 불확정한 사고가 생길 경우 일정한 보험금액 기타의 급여를 지급할 것을 약정한 것"이라고 정하고 있다.

2) 보험계약의 구성요소

(1) 보험계약 관계자

보험계약의 직접적 당사자는 보험계약자와 보험회사이다. 그러나 보험계약자 쪽을 보면 보험계약자와 보험금청구권 행사자가 다를 수 있으며, 보험회사 쪽에서도 회사가 직접 보험계약자의 접근에서부터 계약 체결까지를 모두 실행하는 경우는 거의 없고 보험대리점이나 보험모집인 등을 활용하고 있다.

① 보험계약자

보험계약의 한쪽 당사자로서, 자기 이름으로 보험계약을 체결하는 사람을 말한다. 계약당사자로서 고지의무, 보험료납입의 의무를 지는 동시에 보험계약 임의해지권, 보험계약 취소권, 보험증권교부 청구권 등의 권리도 가진다.

② 피보험자

피보험이익의 주체를 의미하는데 피보험자는 인보험과 손해보험에 따라 의미가 다르다. 손해보험에서는 손해보상청구권자, 즉 수익자이며, 생명보험에서는 생명이나 신체에 관하여 보험에 붙여진 대상을 의미한다.

③ 보험수익자

보험사고 발생 시 보험금을 청구할 수 있는 권리자를 의미한다.

④ 보험자

계약자로부터 보험료를 받고 보험계약을 인수한 자, 즉 보험회사를 지칭한다.

⑤ 보험회사의 보조자

보험계약 체결과 관련하여 보험회사의 보조자로는 보험설계사, 보험대리점, 보험중개사 및 보험진단의 등이 있다.

(2) 보험료와 보험금액

① 보험료

보험료는 보험자(보험회사)가 사고에 대한 책임을 부담하는 데 대한 보수로 보험계약자가 지급하는 금액이다. 보험료의 액수는 통상 보험금액과 보험사고발생의 가능성을 고려하여 결정된다. 일반적으로 보험료는 보험금 등의 지급에 충당되는 순보험료와 보험사업의 운영에 필요한 경비 등에 충당되는 부가보험료의 두 가지 부분으로 이루어지고 있다.

생명보험이나 장기손해보험 같은 장기성 보험에서는 순보험료를 다시 위험보험료와 저축보험료 나누고 있다. 한편 사회보험의 보험료는 평균적인 위험률과 부담능력을 기준으로 해서 산출되는 일이 많으며, 근로자와 사용인이 공동부담하는 것이 일반적으로 보험급부의 재원의 일부나 사업운영비를 국고로 부담하는 경우가 많다.

② 보험금

보험금은 보험사고 발생 시 보험자가 수익자에게 지급하는 금액을 의미한다. 생명보험에서는 보험사고 발생 시 수령자에게 지급되는 보험금은 보험계약 시 약정한 금액이므로 보험금과 보험가입금액은 같은 뜻이다. 생명보험의 보험금의 종류는 <표 5-3>과 같다.

한편 손해보험에서는 보험회사가 피보험자에게 지급되는 보험금은 보험사고가 발생하여 손해가 생겼을 경우 지급되는 보상금을 의미한다. 그런데 손해보험은 실손보상계약(實損補償契約)이므로 전손(全損)사고가 발생되지 않는 한 보험금과 보험가입금액은 같지 않다.

표 5-3 | 생명보험의 보험금의 종류와 지급사유

종 류	지 급 사 유
중도보험금	보험기간 중 특정 시점에 살아 있을 경우
만기보험금	보험기간이 끝날 때까지 살아 있는 경우
사망보험금	보험기간 중 사망하거나 장해분류표 중 질병 또는 동일한 재해로 여러 신체 부위의 합산 장해지급률이 80% 이상인 장해상태가 된 경우
장해보험금	보험기간 중 발생한 질병 또는 재해로 장해분류표에서 정한 각 장해지급률에 해당하는 장해상태가 된 경우
입원보험금	보험기간 중 질병이 발생하거나 입원, 통원, 요양, 수술 또는 수발이 필요한 상태가 되었을 때

(3) 보험기간과 보험료기간

① 보험기간

보험기간은 보험자가 보험사고를 보장하는 기간이다. 보험계약자에게 보험금을 지급할 책임을 지는 기간이므로 책임기간 또는 위험기간(duration of risk)이라고도 한다. 일반적으로 보험계약자가 보험자 또는 보험모집인에게 첫 보험료를 지급한 시점부터 시작되는 것으로 인정된다.

② 보험료기간

보험료기간은 보험료를 산출하는 단위기간으로 위험측정기간이라고도 한다. 대부분의 경우 1년을 단위로 하여 보험요율을 정하고 있다. 보험료기간은 보험사고의 발생률을 통계적으로 산출하여 그 위험률에 따라 정하여지는 기간으로 보험기간과 다른 개념인데, 양 기간은 일치하는 경우(화재보험)도 있으나 일치하지 않는 경우도 있다. 예를 들어 생명보험의 경우는 보험기간이 여러 개의 보험료기간으로 구분된다.

3) 보험계약의 권리와 의무

보험계약은 최대 선의성을 전제로 하는 계약이라는 점에서 상법은 보험계약에 당사자 간의 선의성을 입증하기 위한 여러 가지 권리와 의무를 규정해 놓고 있다. 보험가입자들은 이러한 권리와 의무를 잘 알지 못하거나 의무를 소홀히 할 경우 생각하지도 않았던 불이익을 당할 수 있으므로 주의하여야 한다.

(1) 보험계약자의 권리와 의무

보험계약자는 다음과 같은 권리를 가진다. 먼저 보험계약자는 보험사고 발생 전에는 언제든지 계약의 전부 또는 일부를 해지할 수 있으며 계약해지의 경우 다른 약정이 없으면 미경과보험료에 대한 반환을 청구할 수 있다. 또한 보험수익자 지정변경권을 가지는데 보험사고 발생 전에는 언제든지 지정한 보험수익자를 변경할 수 있다. 그리고 보험금을 청구할 수 있는 보험금청구권을 가지는데 이는 의무라는 측면도 강하다. 즉, 보험수익자 또는 피보험자가 보험사고 사실을 보험회사에 통지함으로써 보험회사의 보험금지급 의무가 발생하게 된다.

한편, 보험계약자의 의무는 다음과 같다.

첫째, 보험계약자는 보험자에게 보험료를 납입할 의무가 있다. 보험자의 책임은 당사자 간에 다른 약정이 없으면 최초의 보험료를 지급받을 때로부터 시작된다. 보험계약 체결 후 보험계약자는 지체없이 보험료를 납입하여야 한다. 만약 계약 체결 후 보험료를 2개월 이상 지급하지 않으면 상법에서는 다른 약정이 없는 한 그 계약은 해제된 것으로 본다고 규정하고 있다. 계속보험료의 납입시기는 계속보험료가 약정한 시기에 납입되지 않는 경우 보험자는 상당한 기간을 정하여 보험계약자에게 미납사실을 알리고 그 기간 내에 보험료가 지급되지 않으면 계약을 해지할 수 있다. 보험료는 그 산출 기초인 사망률이 1년 단위이므로 연납을 기본납입방법으로 한다. 그러나 보험계약자의 편의를 위해 월납, 2개월, 3개월, 6개월, 연납, 일시납 등을 할 수 있도록 하고 있다.

둘째, 고지의무가 있는데, 현행 약관에서는 '계약 전 알릴 의무'라고 쉽게 표현하고 있다. 보험제도의 적정한 운영을 위하여 보험자는 각 계약에 대해 그 위험률을 측정하여 위험의 인수 여부와 보험료를 결정한다. 그러므로 보험계약자 또는 피보험자는 계약 체결 시에 보험자에게 중요한 사실을 알리고 또 중요한 사항에 관하여 부실하게 알려서는 안 될 의무를 진다. 이것을 '고지의무'라고 하는데, 보험계약자가 이를 위반했을 때에는 보험자는 일정한 요건 하에 계약을 해지할 수 있다.

셋째, 보험계약 체결 후 보험계약 체결 전과 달라진 내용을 보험자에게 통지해야 하는 의무가 있다. 이 의무는 계약 시의 위험의 정도가 보험기간 중에 현저하게 변경되거나 증가하였을 경우에 보험자에게 계약내용을 수정하는 기회를 주기 위하여 상법에서 인정되고 있는 것으로, 그 근거는 고지의무와 마찬가지이다. 통지의무는 약관에서는 알기 쉽게 '계약 후 알릴 의무'라고 부르고 있다. 현재 이러한 통지의무는 손해보험사에서 시행 중이고, 생명보험사의 경우에는 주소의 변경과 보험금 지급사유에 대해서만 보험사에 알리면 된다.

이 밖에 보험계약자는 보험자의 동의 없이 보험기간 중에 자신의 고의 또는 중대한 과실로 인해 보험사고발생의 위험을 현저하게 변경하거나 또는 증가시키지 않아야 하는 위험유지의무가 있으며 손해보험의 경우에는 보험계약자와 피보험자는 보험사고가 발생한 경우 손해의 방지와 경감을 위해 노력해야 한다는 손해방지경감의무가 있다.

(2) 보험자의 권리와 의무

보험자(보험회사)는 다음과 같은 권리를 가진다.

첫째, 보험회사가 보험계약을 해지할 수 있는 권리인 해지권이 있는데, 이는 다음과 같은 사유가 있을 경우에 행사할 수 있다.

① 보험계약자의 보험료 미지급

② 보험계약자나 피보험자의 고지의무 위반

③ 보험계약자나 피보험자의 통지의무 위반

④ 보험계약자, 피보험자 또는 보험수익자의 고의 또는 중과실로 인한 위험증가

둘째, 고지수령권이 있는데 이는 보험계약의 체결 시 보험계약자에게 위험의 측정 및 평가와 관련된 중요한 사항을 고지받을 권한을 말한다.

한편, 보험회사(보험자)는 다음과 같은 의무를 진다.

첫째, 약관교부 및 설명의무가 있는데, 이는 보험회사가 보험계약을 체결할 때 보험계약자에게 보험약관을 교부하고 그 약관의 중요한 사항을 설명할 의무를 말한다. 이는 보험계약자가 보험계약조항인 보험약관의 내용을 알고 보험계약을 맺을 수 있도록 하기 위해서이다.

둘째, 보험회사는 보험사고가 발생할 경우 보험계약의 효과로서 피보험자 또는 보험수익자에게 보험금을 지급할 보험금 지급의무가 있다. 보험회사의 보험금 지급의무는 원칙적으로 최초의 보험료를 지급받은 때부터 보험기간이 종료할 때까지 지속된다. 그러나 보험사고가 적법한 기간 내에 발생하더라도 전쟁이나 기타 변란에 의한 보험사고의 발생, 보험계약자의 고의 또는 중과실에 의한 보험사고의 발생, 보험계약이 해지된 경우, 약관에 의한 면책

사유에 해당하는 경우에는 보험금 지급의무를 지지 않는다.

이 밖에 보험회사는 보험증권을 작성해서 교부할 의무와 보험계약이 무효이거나 해지된 경우 수령한 보험료를 보험계약자에게 반환할 보험료 반환의무 등이 있다.

3절 생명보험(Life Insurance)

1. 생명보험의 개요

사람은 출생하여 사망에 이르는 동안 언제 어디서 닥칠지 모를 질병이나 상해 또는 우연한 사고 등 무수히 많은 위험에 노출된 채로 살아간다. 그런데 그 사고가 사람의 생사(生死)에 관한 것일 경우에는 가족의 안정적인 생활유지에 큰 어려움을 겪게 되며 특히 사고당사자가 한 가족의 생계책임자인 가장일 경우에는 그 피해가 더욱 커지게 되는 것이다. 생명보험은 이처럼 주로 사람의 생사에 관한 사고로 인해 초래되는 경제적 손실을 보전하기 위해 성립된 제도인데, 많은 사람이 모여 합리적으로 계산된 소액의 보험료를 갹출해서 공동준비재산을 형성한 후 불의의 사고를 당한 사람에게 약정된 보험금을 지급해 줌으로써 안정적인 가족생활을 유지할 수 있도록 도와주는 경제적 준비제도라고 할 수 있다.

생명보험은 오랜 역사를 가지고 있다. 고대에는 집단생활을 하면서 장례비용을 공동으로 부담하는 제도가 있었으며 또 구성원 가운데 천재지변 등으로 불행을 당한 사람이 생기거나 여행 중에 도난이나 재해로 인해 손해가 발생할 경우 이를 공동부담으로 도와주는 제도가 있었다. 중세에는 길드(Guild) 조직을 중심으로 한 상호부조(相互扶助)제도가 있었다.

근대적 생명보험은 17세기 이탈리아의 톤티(Tonti)가 고안한 톤틴연금에 의해 사망표와 보험수리의 연구가 본격화되면서 시작되었는데 이로부터 오늘날과 같은 과학적 기초에 근거한 생명보험이 발생하게 되었으며, 그 후 18세기에는 산업혁명을 계기로 최초의 근대적 생명보험회사인 에퀴터블(Equitable) 생명이 영국에서 설립되었다.

우리나라의 경우에는 전통적으로 생명보험과 유사한 형태로서 신라시대의 창(倉), 고려시대의 보(寶), 조선시대의 계(契)라는 일종의 상호부조제도가 있었으며, 근대적 생명보험은 1876년 일본과의 강화조약체결 이후 일본인에 의해 도입되었다. 그 후 1921년에는 한상룡 등의 실업가들에 의해 우리나라 최초의 생명보험회사인 조선생명보험주식회사가 설립되었다.

2. 생명보험의 기본 원리와 보험료의 구성

1) 생명보험의 기본 원리

생명보험의 기본 원리는 상부상조의 정신과 공평한 위험부담의 원칙이다. 상부상조의 정신은 많은 사람들이 모여 언제 일어날지 모르는 각종 사고에 대비해 서로 적은 금액을 예치하여 공동준비재산을 마련해두고 그 구성원 가운데 예기치 못한 불행을 당한 사람에게 미리 정해진 금액을 지급함으로써 서로 돕는 제도를 의미한다.

이러한 상부상조의 정신을 과학적이고 합리적인 방법으로 제도화한 것이 생명보험이며, 이의 기초가 되는 것이 바로 대수의 법칙과 수지상등의 원칙이다. 또한 생명보험은 보험사고 발생에 대비한 공평한 위험부담을 위해 대수의 법칙을 기초로 작성한 생명표와 사망률에 따라 합리적인 보험료를 산출하게 된다. 생명표는 대수의 법칙을 그 기초로 사람의 연령별 생사잔존상태(생존자수, 사망자수, 생존율, 사망률, 평균여명)를 나타낸 표를 의미하는데 '경험생명표'라고도 한다.

2) 생명보험의 보험료 계산

(1) 보험료 계산의 기초

생명보험회사는 예정위험률(예정사망률 등), 예정이율, 예정사업비율의 세 가지 예정률을 기초로 보험료를 계산한다.

표 5-4 | 예정기초율과 보험료의 관계

구 분	보험료와의 관계
예정위험률 (예정사망률의 경우)	예정사망률이 낮아지면(높아지면) 사망보험의 보험료는 낮아지고(높아지고), 생존보험의 보험료는 높아진다(낮아진다).
예정이율	예정이율이 낮아지면(높아지면) 보험료는 높아진다(낮아진다).
예정사업비율	예정사업비율이 낮아지면(높아지면) 보험료는 낮아진다(높아진다).

예정위험률은 한 개인이 사망하거나 질병에 걸리는 등의 일정한 보험사고가 발생할 확률을 대수의 법칙에 의해 예측한 것을 의미한다. 이 중에서 한 개인이 특정 시점에 사망할 확률을 미리 예측하여 보험료 계산에 적용하는 사망률을 예정사망률이라 한다.

또한 보험회사는 계약자가 납입한 보험료를 적립해두는데, 보험회사는 적립된 금액을 운용할 수 있으므로 운용에 따라 기대되는 수익을 미리 예상하여 일정한 비율로 보험료를 할인해주고 있다. 이러한 할인율을 예정이율이라고 한다. 예정사업비율은 생명보험회사가 보험계약을 유지·관리해 나가기 위해서는 여러 가지 비용이 드는데 보험료 중 이러한 경비의 구성비율을 의미한다.

(2) 보험료의 구성

보험료는 순보험료와 부가보험료로 구성된다. 순보험료는 장래 보험금 지급의 재원이 되는 보험료로서 위험보험료와 저축보험료로 구성되며, 예정위험률과 예정이율의 두 가지 요소에 의해 계산된다.

① **위험보험료** : 사망보험금·장해급여금 등의 지급 재원이 되는 보험료

② **저축보험료** : 만기보험금·중도급부금 등의 지급 재원이 되는 보험료

부가보험료는 생명보험회사가 보험계약을 체결, 유지, 관리하기 위한 경비(예정신계약비, 예정유지비, 예정수금비)에 해당되는 보험료로서 예정사업비율을 기초로 하여 계산된다.

① **예정신계약비** : 신계약 체결에 필요한 제 경비(설계사 수당/진단비/인쇄비/전산비/판촉비 등)

그림 5-3 | 보험료의 구성

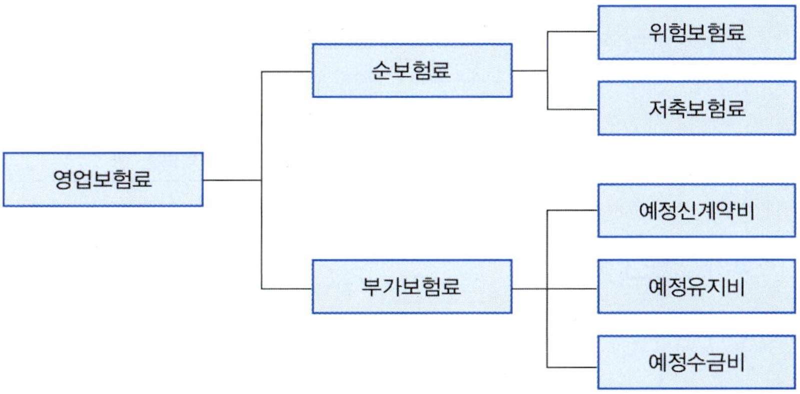

자료 : 보험개발원, 알기 쉬운 보험상품, http://www.kidi.or.kr/index.html.

② **예정유지비** : 회사 및 계약유지 등에 필요한 제 경비(인건비, 임차비 등)

③ **예정수금비** : 보험료 수금에 필요한 제 경비(자동이체 수수료 등)

3. 생명보험상품의 종류

기존의 생명보험상품은 주보험의 보험사고를 기준으로 생존보험, 사망보험, 생사혼합보험의 세 가지로 분류할 수 있었다. 그러나 최근에는 변화하는 고객의 욕구를 충족시키기 위해 다양한 상품이 개발되어 판매되고 있고, 종합보험 성격의 상품이 증가하여 일률적인 기준에 의한 분류가 어려워지고 있다.

다음 <그림 5-4>는 최근 생명보험사에서 판매·운용되는 상품들을 단계적으로 분류한 것으로, 상품의 성격 및 고객의 보험가입 목적, 계약자 구성 등에 따라 다양한 형태로 분류할 수 있다.

1) 보험계약 대상에 의한 분류

보험상품은 보험계약 대상에 따라 개인보험과 단체보험으로 구분할 수 있다. 개인보험은 보험대상자(피보험자)를 개인으로 한정하여 체결하는 보험으로 일반 개인이 가입하는 대부분의 보험계약이 개인보험에 해당된다.

그림 5-4 | 생명보험상품의 분류

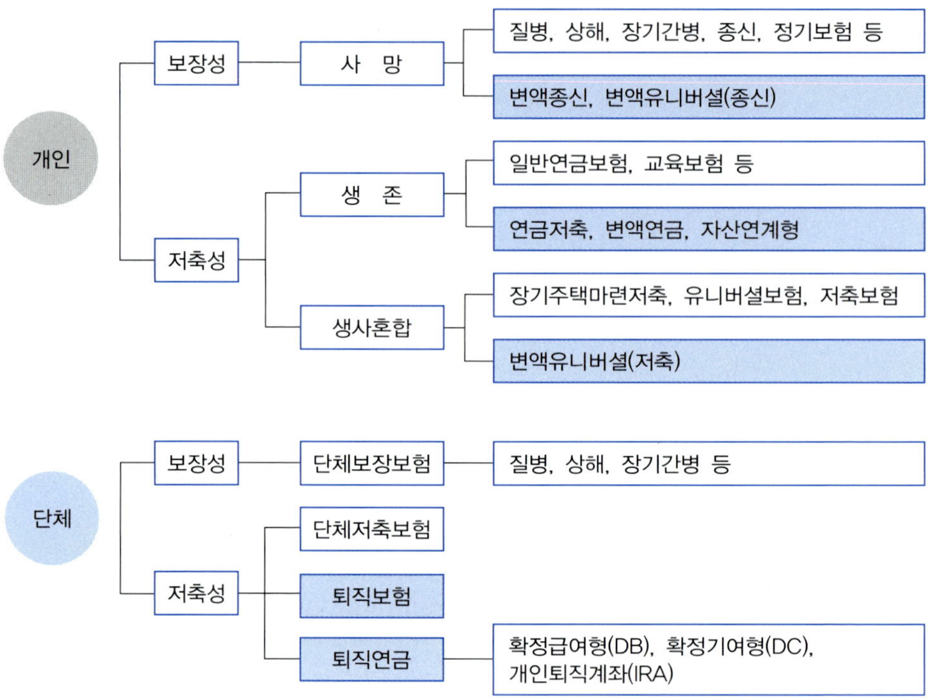

주 : 1. [ ] 상품은 특별계정 운용상품
2. 퇴직보험은 2005년 12월 이후 신규판매 중지. 2011년 이후 퇴직연금으로 전환예정
자료 : 생명보험협회, 『생명보험이란 무엇인가?』(2009).

단체보험은 일정조건을 구비한 단체의 구성원을 주보험대상자(주피보험자)로 하여 단체 또는 단체의 대표자가 가입하는 보험이다. 단체보험은 동질의 위험을 대상으로 하기 때문에 보험계약 체결이 편리하며 보험료 일괄납입 등 계약관리가 편리하기 때문에 보험료가 비교적 저렴한 특징이 있다.

2) 보험가입의 주목적에 따른 분류

(1) 보장성 보험

보장성 보험이란 기준연령에서 생존 시 지급되는 보험금의 합계액이 이미 납입한 보험료를 초과하지 않는 보험을 말한다. 본래의 보험기능인 각종 위험보장에 중점을 둔 보험으로서 적은 보험료 납입으로 보험기간 중의 사망이나 질병, 각종 재해 시 큰 보장을 받을 수 있는 상품이다. 정기보험이나 종신보험 등이 보장성 보험의 대표적인 예이다.

이러한 보장성 보험은 생존 시 지급되는 급부금이 전혀 없는 순수보장성 보험과 만기까지 생존했을 경우에 이미 납입한 보험료를 환급해주는 만기환급형 보험으로 구분된다. 일반사망의 급부 없이 재해나 질병, 간병상태 발생 시 고액의 급부를 보장하는 제3보험 상품도 보장성 보험에 해당하며, 이 제3보험은 생명보험회사와 손해보험회사가 함께 영위할 수 있는 보험이다. 보장성 보험을 가입하고 납입한 보험료에 대해서는 연간 100만원을 한도로 소득공제 혜택을 주고 있다. 장애인 전용 보장성 보험이 있는 경우에는 추가로 연간 100만원의 한도로 소수공제 혜택을 받을 수 있다.

(2) 저축성 보험

저축성 보험은 보장성 보험을 제외한 보험으로서 생존 시 지급되는 보험금의 합계액이 이미 납입한 보험료를 초과하는 보험을 말한다. 생명보험 고유의 위험보장 기능보다는 만기생존 시 보험금이 지급되는 저축기능을 강화한 상품으로 중·단기간에 목돈을 마련하거나 노후를 대비할 수 있도록 개발된 상품이다. 연금보험, 교육보험 및 각종 금융형 보험 등과 같은 금리연동형 상품이 대표적인 예이다.

3) 보험사고 기준에 의한 분류

(1) 사망보험

사망보험은 피보험자의 사망을 보험사고로 하여, 보험금을 지불하는 보험이다. 피보험자의 사망으로 생기는 경제적 수요를 메우기 위한 것이다. 따라서 가장의 사망으로 가족 생계가 큰 타격을 입는 위험에 대비하기 위한 상품이다. 사망보험은 다시 종신보험과 정기보험으로 나누어진다.

종신보험은 가입자가 사망하였을 때에는 언제든지 보험금을 지불하는 보험이다. 종신보험은 가입자 사망 때 거액의 보험금을 받게 되므로 생계를 책임진 가장(家長)이 갑자기 사망할 경우, 남은 가족들의 경제적 고통을 덜어줄 수 있다.

한걸음 더 유태인과 종신보험

미국은 세계를 지배하지만, 유태인은 미국을 지배한다는 말이 있다. 미국의 100대 부호 중 20% 이상이 유태인이고, 노벨상 수상자의 30%가 유태인이라고 한다. 유태인은 역사상 오랜 핍박에도 불구하고 놀랄만한 경제적 성공을 거두었으며, 그 밑바탕에는 유태인 특유의 돈에 대한 철학과 그에 대한 자녀교육이 자리잡고 있다. 하지만, 금융교육만 가지고서는 위험에 대비할 수 없다. 유태인은 자녀에게 탈무드와 함께 종신보험 증서를 남겨준다고 한다. 유태인이 몇 세대에 걸쳐 종신보험을 활용해 부를 축적해 왔다는 것은 유명한 사실이다. 유태인들은 종신보험을 다음과 같이 활용했다.

유태인은 자녀가 20세 정도의 성인이 되면 자녀 명의의 종신보험을 가입한다. 종신보험은 타 보험상품에 비해 상대적으로 고가의 상품이라, 일반적인 중산층이 부담 없이 가입하기는 어렵다. 유태인은 자녀의 종신보험을 자녀가 비교적 어릴 때 가입하여 주는 것이다. 자녀들에게 가입하는 종신보험은 결국 손자손녀들을 위해 가입하는 것이다.

유태인들은 다른 나라 사람들보다 훨씬 더 열심히 일하면서도 자신의 능력범위 내에서 최대한 보험에 가입하고 있다. 언젠가 할아버지가 사망하게 되면 그 보험금은 그대로 아버지에게 상속되고, 아버지는 그 재산을 바탕으로 보다 더 큰 보험을 가입하여 자녀에게 물려주는 이른바 조상 대물림 방식의 부 축적수단으로 보험을 활용하고 있는 것이다. 세계 경제를 쥐고 있는 유대인들은 이렇게 다음 세대까지 생각하는 마음으로 자신들의 재산을 관리해 오고 있다. 한발 앞서 보고 조금 더 일찍 준비하는 그들이었기에 오늘날 그토록 대단한 부를 형성할 수 있었던 것이다.

(자료 : 보험연수원, 똑똑한 유태인의 종신보험 활용방법)

정기보험은 5년, 10년, 20년 등 일정한 기간 중에 피보험자가 사망하였을 때 보험금을 지불하는 보험이다. 기간이 만료될 때까지 생존한 때에는 보험금을 지불하지 않으며 계약은 소멸된다. 그리고 그때까지 적립한 보험료도 되돌려 주지 않는다. 이 보험은 종신보험에 비해 소액의 보험료 부담으로 사망에 대한 보장을 얻을 수 있다는 데 장점이 있다. 그러므로 피보험자가 죽은 뒤 유가족의 생활보장에 효과적이나, 저축목적으로서는 부적당하다.

(2) 생존보험

생존보험은 사망보험과는 달리 피보험자가 일정기간이 만료되는 날까지 생존해 있을 때에만 보험금을 지불하는 보험이다. 기간만료 전의 죽음 그 자체가 손실인데도 급부가 전혀 없으므로 사망자가 더욱 불리하다. 따라서 이를 보완하는 어느 정도의 사망보장을 부가하여 이용하고 있다. 생존하고 있는 것을 조건으로 매년 연금을 받게 되는 연금보험과 자녀의 교육자금을 보장하는 교육보험이 여기에 속한다.

(3) 생사혼합보험

생사혼합보험은 사망·생존 보험의 특색을 결합시켜, 일정기간 내에 사망·생존하는 어느 사고에 대해서도 보험금을 지급하는 보험이다. 즉, 생존보험과 사망보험의 장단점을 서로 보완한 것으로서 사망보험의 보장기능과 생존보험의 저축기능을 동시에 겸비한 생명보험이라 할 수 있다. 교육보험, 연금보험, 보장성 보험을 제외한 보험을 생사혼합보험으로 분류하고 있다.

4) 운용계정의 분리 여부에 의한 분류

보험의 성격에 따라 운용하는 계정을 별도로 분리하는가의 여부에 따라 일반계정보험과 특별계정보험으로 분류할 수 있다. 특별계정이란 보험회사가 특정보험계약의 손익을 구별하기 위하여 자산을 별도로 분리하여 별도의 계정을 설정하여 운용하는 것을 말한다. 이는 계정 간에 자산을 엄격히 구분하고 발생하는 손익을 명확하게 구분함으로써, 보험계약자 간 형평성 및 보험경영의 투명성을 제고하기 위한 제도적 장치이다.

현재 생명보험회사가 판매하는 대부분의 보험상품은 일반계정에서 운용하고 있으나, 연금저축보험, 퇴직보험, 퇴직연금, 변액보험, 자산연계형보험계약은 보험계약별로 보험료수입부터 자산관리까지 특별계정에서 별도로 관리되고 있는데, 이 보험들이 대표적인 특별계정보험이다.

그런데 특별계정의 경우에도 변액보험계약 및 퇴직연금실적배당보험계약처럼 납입보험료에 대한 운용손익이 전액 계약자에게 귀속되는 실적배당형 특별계정과, 연금저축이나 퇴직보험처럼 투자리스크를 보험회사가 부담하는 원리금보장형 특별계정으로 그 성격을 구분할 수 있다.

5) 준비금의 이자적립방식에 의한 분류

장래보험금 마련을 위한 준비금의 이자적립방식에 따라 확정금리형보험, 금리연동형보험, 실적배당형보험, 자산연계형보험 등으로 분류할 수 있다.

① 확정금리형보험은 최초 가입 시 정한 이자율로 만기까지 이자를 적립하는 보험이다.

② 금리연동형보험은 보험회사 자산운용수익률 및 시장금리에 따라 일정 기간마다 적립이자율을 변동하여 적용하는 보험이다.

③ 실적배당형보험은 정해진 이율이 아닌 보험료 적립금으로 펀드를 구성하여 유가증권 등에 투자하고 펀드의 실적을 매일 평가하여 보험금에 반영하는 보험으로 변액보험이 그 대표적인 예이다.

④ 자산연계형보험은 특정 자산의 운용실적에 연계하여 투자성과를 지급하는 상품으로 금리연동형보험과 유사하지만, 금리연동형보험이 연계자산을 포함한 보험회사 전체 자산의 수익률에 근거하여 결정된 공시이율이 적용되는 상품이다. 반면에 자산연계형보험은 연계되는 특정 자산을 설정하고 그 연계자산의 수익률에 따라 적용이율이 결정되는 차이가 있다. 투자성과가 100% 계약자에게 귀속되는 실적배당형인 변액보험과는 달리, 최저보증이율(1~2%)을 설정해놓고 연계자산의 수익률에 따라 추가로 이율을 보장하는 점에서 변액보험보다는 안정적이면서 일반상품보다는 높은 수익률을 기대할 수 있다는 특징이 있다.

6) 이익에 대한 배당지급에 따른 분류

보험사업에 따른 이익의 전부 또는 일부를 계약자에게 분배하는가 여부에 따라 배당보험과 무배당보험으로 분류된다.

배당보험과 무배당보험은 보험가입시점에 어떤 상품을 선택했는가에 따라서 배당 여부가 결정되며, 보험회사의 성격상 배당보험은 상호회사, 무배당보험은 주식회사가 주로 판매한다. 우리나라의 경우 모든 보험회사는 주식회사 형태이며, 최근에는 무배당보험상품을 주로 판매하는 경향이 있다.

한걸음 더 변액보험

변액보험은 보험계약자가 납입하는 보험료 가운데 사업비와 위험보험료를 제외한 적립보험료를 따로 분리해 주식·국공채·회사채 등 수익성이 높은 유가증권에 투자한 뒤, 운용 실적에 따라 투자성과를 계약자에게 나누어 주는 실적배당형 보험상품을 말한다.

1950년대부터 유럽에서 판매되기 시작한 이래, 1970년대 중반 미국, 1980년대 말 일본을 거쳐 2001년부터는 한국에서도 판매되기 시작하였다. 보장기능·저축기능·뮤추얼펀드의 형식이 혼합된 구조로, 적립금이 보증되지 않고, 특별계정에서 운용된다. 따라서 연금지급 개시 때 계약자 적립금은 최저로 보증되고, 사망보험금과 적립금은 계약의 투자성과에 따라 변동한다. 변액보험의 주요 특징은 다음과 같다.

- 투자의 결과에 따라 원금 손실 또는 원금 이상의 보험금이 발생할 수 있다.
- 고객의 투자성향에 따라 자산운용형태를 설정할 수 있다.
- 별도 자격을 갖춘 사람만 판매할 수 있다.
- 예금자보호법의 보호를 받지 못한다.
- 목표수익률을 사전에 제시하지 못한다.
- 반기별로 투자실적 현황을 계약자에게 통지해야 한다.

변액보험의 종류로는 기존의 종신보험과 양로보험을 변형시킨 변액종신보험과 변액양로보험 등이 있다. 운용형태는 펀드의 100%를 채권이나 기업대출 등으로 운용하는 채권형, 주식에도 30~50%를 투자하는 혼합형과 안전혼합형 등이 있다. 고수익을 올릴 수 있는 반면, 위험부담도 감수해야 하기 때문에 가입할 때에는 잘 따져보고 선택해야 한다.

한걸음 더 상속수단으로서의 생명보험

고액의 자산을 상속하고자 하는 경우 계약자 및 수익자를 피상속인으로 피보험자를 상속인으로 연금보험에 가입하면 상속세를 줄일 수도 있다.

예를 들어 80세의 어머니가 자신을 계약자와 수익자로, 50대 아들을 피보험자로 하여 연금보험에 가입한다. 아들이 연금수령을 받을 수 있는 연령이 되면 어머니가 수익자이므로 연금을 받는다. 어머니가 연금을 받다가 사망하게 되면 아들이 수익자가 되어 본인이 사망할 때까지 계속하여 연금을 지급받을 수 있다. 상속세 및 증여세법에 따르면 자녀가 죽을 때까지 받게 되는 연금액 모두에 대해 상속세가 부과되는 것이 아니라 아들이 75세까지 받게 되는 연금액에 대해 현재가치로 환산한 금액을 상속재산에 포함시키기 때문에 상속세를 절감할 수도 있다.

부동산 등을 많이 보유하고 있는 고액자산가의 경우는 종신보험을 활용하면 상속재산에 대한 상속세 재원을 마련할 수 있다. 피상속인을 피보험자로 하는 종신보험에 가입해 적은 돈으로 보험료를 불입하고, 피상속인 사망 시 보험금을 상속인이 수령해 고액의 상속세를 납입하는 재원으로 사용할 수 있도록 한다. 그러면 상속세를 내느라 부동산을 급히 처분하는 등의 어려움을 겪지 않아도 돼 효율적인 재산상속의 방법이 될 수 있다.

한걸음 더 제 보장자산은 얼마죠?

얼마 전에 모 보험회사가 TV광고를 통해 보장자산에 대한 관심을 크게 부각시킨 적이 있다. 이 광고카피에서 나오는 보장자산이라는 의미는 가장이 유고시 남은 가족들을 위한 사망보험금, 즉 종신보험금이라는 개념으로 이해될 수 있다. 이 광고로 보장자산의 액수가 가장의 가족에 대한 사랑의 수치로 인식되고 서로 비교하는 현상까지 나타났다. 보장자산이 적은 가장들은 아마도 상당한 스트레스를 받았을 것이다.

그러나 무작정 보장자산이 적거나 없으니 늘려야 한다는 논리는 맞지 않다. 독신에게는 불필요할 수도 있고 맞벌이부부라면 필요성이 다소 떨어진다. 또한 자녀가 이미 성년이 되어 경제적 활동능력을 갖추었다면 보장자산의 의미는 크게 감소하게 될 것이다. 또한 엄밀한 의미에서 보장자산은 예측하지 못한 위험이 발생했을 때 가족이 받을 수 있는 사망보험금의 총액에 더하여 가족에게 남겨질 부동산, 금융자산 등의 재무적으로 활용 가능한 실물자산 전체를 일컫는다. 따라서 사망보험금이 적다고 종신보험에 반드시 가입해야 하는 것이 아니며 다른 금융상품으로 가능할 수도 있다.

기본적으로 보장자산은 자신의 사망 시 가족에게 발생할 수 있는 위험에 대비하는 용도의 자금이다. 그러나 최근 사망위험보다 더 큰 문제가 되는 위험은 장기생존위험이다. 의료기술의 발달로 수명이 길어지는 상황에서 장기생존 위험은 우리사회 및 개인이 당면하고 있는 가장 큰 위험이라고 볼 수 있다. 따라서 사회적으로나 개인적으로 장기생존위험에 대비하여 자산을 준비하는 것이 필요하다. 나의 죽음이 아니라 삶이 주는 위험에 대비하기 위해서는 투자재원을 확보하여 수익성 높은 상품에 투자하여야 할 것이다. 이런 의미에서 보면 사망위험에 대비하는 종신보험뿐 아니라 장기생존위험에 대비하여 건강보험 가입과 펀드투자가 더 시급한 문제일 수도 있다.

4절 손해보험(Non-Life Insurance)

1. 손해보험의 개요

1) 손해보험의 개념과 특징

손해보험은 보험회사가 우연한 보험사고로 인하여 생기는 보험가입자의 재산상의 손해를 보상할 것을 목적으로 하는 보험을 말한다. 일반적으로 손해보험계약은 다음과 같은 특징을 가지고 있다.

(1) 실손보상의 원칙

손해보험은 손해의 보상을 목적으로 하고, 손해의 보상은 약정한 보험금액의 한도 내에서 손해액에 따라 산정된 보험금을 지급한다. 손해보험은 부정액보험인데, 보험사고가 발생하면 일정액의 보상금액이 정해져 있는 정액보험인 인보험과는 다르다. 이렇게 실제 손해액을 보상하는 손해보험계약의 원칙을 실손보상의 원칙이라고 하며 손해보험에만 적용된다. 실손보상의 원칙에서 실제 손해액이란 보험목적물에 생긴 직접적인 손해만을 의미하며, 그 손해의 복구에 따른 손실이나 복구기간 중의 손실 등은 포함되지 않는다.

(2) 피보험이익의 발생

보험사고가 발생하면 피보험자에게 재산적 손실이 발생하기 때문에 사고가 발생하지 않은 동안에 그 피보험자는 경제적 이익을 지닌다고 할 수 있다. 이와 같이 피보험자가 보험의 목적에 대하여 가지고 있는 경제적 이해관계를 피보험이익이라고 한다. 피보험이익은 손해보험계약의 중요한 요소인 것이며, 상법에서는 보험계약의 목적이라고 되어 있다. 피보험이익이 없는 손해보험계약은 보험일 수는 없으며 단지 도박행위일 뿐이다. 생명보험계약에서는 피보험이익이라는 요소는 존재하지 않는다.

(3) 보험가액과 보험금액

보험가액은 손해보험에서 피보험이익의 경제적 가치이며, 보험사고가 발생하였을 경우에 피보험자가 입게 되는 손해액의 최고 견적액을 말한다. 따라서 보험자가 보상하게 되는 보험금의 최고 한도가 된다.

그런데 보험가액과 보험금액은 반드시 일치하는 것은 아니다. 보험가액이 변하고 보험사고의 발생시기가 불확실하기 때문에 달라질 수 있다. 보험금액이 보험가액을 초과하는 경우를 초과보험, 보험금액이 보험가액보다 적은 경우를 일부보험, 동일한 것을 전부보험이라고 한다. 초과보험은 손해보험의 경우에만 생기고 보험가액이 존재하지 않는 정액보험이나 책임보험은 원칙적으로 성립될 여지가 없다. 한편 동일의 피보험이익에 대해 복수의 보험계약이 존재하는 경우, 보험금의 합계가 보험가액을 초과한다면 중복보험이라 하고, 초과하지 않는 경우 병존보험이라고 한다.

(4) 보험대위(保險代位)

보험사고에 의해 손해가 발생한 경우 보험계약자 또는 피보험자에게 가치 있는 잔존물이 있거나 이들이 제3자에게 손해배상청구권이 있음에도 불구하고 보험금을 지급하게 되면 피보험자 등이 이득을 보는 경우가 발생한다. 이런 경우 손해보험에서는 보험자가 피보험자에게 보험금을 지급하였을 때 일정한 요건 하에 피보험자가 소유하는 어떤 권리가 보험자에게 이전되는데, 이를 보험대위라 한다.

이는 보험에 의해 이득을 거두어서는 안 된다는 원칙에 의거한 제도이다. 보험대위에는 보험의 목적에 관한 권리의 이전(잔존물 대위)과 제3자에 대한 구상권의 이전(청구권대위)이라는 두 가지의 경우가 있다. 정액보험인 생명보험에서는 대위는 시행되지 않는다. 단, 상해보험의 경우에는 당사자 간의 특약에 의하여 보험대위를 인정하기도 한다.

(5) 손해방지의무

손해보험에서 보험의 목적에 보험사고가 발생하였을 경우, 보험계약자 또는 피보험자는 손해의 방지・경감을 위해서 노력하지 않으면 안 된다. 이것을 손해방지의무라고 한다. 이 의무는 보험계약의 근본이 되는 최대 선의의 원칙과 나아가 사회적인 공익보호의 요청에 의거하여 인정되는 것이다.

(6) 보상한도와 자기부담금

배상책임을 담보하는 대부분의 손해보험에서는 다른 보험과 달리 보험가액을 산정할 수 없기 때문에 예상되는 사고의 내용이나 손해배상금 등을 감안하여 타당한 금액을 보상한도액으로 정하여 보험자의 보험금지급책임의 한도로 하고 있는데, 보상한도액 내에서 실손보상을 하게 되어 있다. 그런데 약관상 각 사고 시 지급할 보험금에 대해 일정한 금액에 대해서는 계약자가 부담하기로 약정하기로 하는 경우가 있는데, 이를 자기부담금이라고 한다. 이러한 자기부담금을 설정할 경우에는 보험료가 상당히 할인될 수 있다.

2) 손해보험의 역사

손해보험은 금융업자가 무역업자에게 자금을 융자할 경우 이자 이외에 오늘날의 보험료에 해당하는 위험부담비용을 부과하는 대신, 사고로 인하여 원금을 상환하지 못할 경우에는 채무를 면제하는 제도인 모험대차(bottomry)에서 출발하였다는 것이 정설이다. 이 제도는 고대의 바빌로니아, 페니키아시대부터 존재하였으며, 로마시대까지 이어오다가 보험업이 금융업으로부터 분리되면서 자취를 감추었다.

근대적 손해보험은 14세기경 이탈리아의 제노바, 팔레르모 등의 항구도시에서 성립된 해상보험에서 그 기원을 찾을 수 있다. 그후 영국에서 1688년경에 템스강변에서 로이드가 경영하던 커피하우스에서 번성하여, 오늘날 해상보험뿐만 아니라 재보험의 중심시장으로 이름난 로이즈시장으로 발전하게 되었다.

한편, 화재보험은 13세기경부터 유럽에서 발달한 길드가 화재 기타의 천재를 당한 자를 구제하는 사업을 벌여오다가, 1666년 런던대화재를 계기로 화재보험을 전문으로 하는 회사가 설립되어 여러 나라로 확대되었다.

또한 18세기 말부터 산업혁명에 의해 생산·수송수단이 기계화되면서 기계보험·상해보험·자동차보험·항공보험 등 새로운 보험상품이 개발되었다.

한걸음 더

실손보상 의료보험

손해보험사의 실손보상 의료보험은 불의의 사고 시 피보험자가 지출한 치료비를 지급하는 보험을 말한다. 다시 말해, 피보험자가 질병이나 사고로 병원에서 입원, 수술, 치료 시 건강보험관리공단에서 지급하는 급여대상 부분을 제외하고 환자 본인이 실제로 지출한 병원비를 지급하는 보험으로서 비급여대상이 되는 부분을 전부 보장해주는 보험이다.

일반적으로 생명보험은 입원비와 수술비가 처음 계약당시 정해진 금액으로 정액으로 지급되고, 입원의 경우도 4일째부터 1일로 계산되어 입원비가 지급되며 수술비도 정해진 수술의 종류에 따라 지급된다. 그러나 손해보험의 경우는 입원비와 수술비, 치료비와 상관없이 병원비로 지출한 한도 내에서 장기입원이 아닌 경우에 있어서는 오히려 생명보험보다는 손해보험이 일반인에게는 더 유용한 경우가 많은 게 사실이다. 물론 손해보험사에서 취급하는 실손보상 의료보험은 중복가입의 경우 중복보장이 되지 않는다는 점을 유의할 필요가 있다.

그런데 실손의료보험의 무분별한 확대는 의료쇼핑, 과다한 병원이용 등의 문제를 야기하여 공적의료보험의 재정을 약화시키는 문제점이 나타나자 2017년 4월 실손의료보험제도가 대폭 개편되었다. 즉, 입원의료비의 경우 본인부담금의 비급여 80%, 급여 90%를 보상하고 통원의료비의 경우 표준형과 선택형을 선택하게 하였다. 또한 도수치료, MRI 등 영상진단비, 주사료 등에 대해서는 특약을 가입한 경우에만 보상을 함으로써 실손보상의 범위를 축소하고 보상한도도 최대 5천만원과 1일 30만원으로 제한하였다.

제2차 세계대전이 끝난 후 과학기술의 눈부신 발달에 힘입어 원자력보험·인공위성보험·정치위험보험 등이 새로 등장하여 손해보험의 상품은 200여 종으로 늘어났다.

2. 손해보험의 종류

손해보험은 보험기간, 보상내용, 보험목적 등 다양한 기준에 의해 분류될 수 있다. 손해보험표준사업방법서에서 손해보험은 다음과 같이 분류된다.

① 화재보험 : 화재로 주택, 건물, 창고, 공장 등이 손실을 보면 이 손실을 보상해 주는 보험

② 해상보험 : 선박(선박보험)이나 수출, 수입하는 상품(적하보험)에 손해가

발생하였을 때 보상해 주는 보험

③ 자동차보험 : 자동차손해배상책임보험, 자동차종합보험, 정액보험, 자손(自損)보험, 운전자보험, 외화표시보험

④ 보증보험 : 소비자가 돈을 빌릴 때(지급계약보증보험), 할부로 물건을 살 때(할부판매보증보험), 회사에 취직할 때(신원보증보험) 보증보험회사가 대신 갚겠다고 약속하고 손해가 발생하면 그 피해를 보증보험회사가 보상하는 보험

⑤ 장기보험 : 보험기간이 1년을 초과하는 보험으로 장기화재, 장기종합, 장기상해, 장기질병, 장기간병 등이 있다.

⑥ 개인연금보험

⑦ 퇴직보험

⑧ 재보험

3. 자동차보험

1) 자동차보험의 개요

자동차보험은 자동차손해배상보장법의 규정에 따라 자동차보유자가 의무적으로 가입하여야 하는 의무보험(대인배상 I (책임보험) 및 대물배상)과 가입자가 가입 여부를 결정할 수 있는 임의보험으로 구분된다.

표 5-5 | 자동차보험의 담보

구 분	담 보
의무보험	대인배상 I (책임보험), 대물배상
임의보험	대인배상 II, 자기신체사고, 무보험자동차에 의한 상해, 자기차량손해

(1) 대인배상 I (책임보험)

자동차사고로 다른 사람에게 사망 또는 상해를 입힌 경우에 자동차손해배상보장법에서 정한 한도 내에서 보상한다.

표 5-6 | 대인배상의 피해자 1인당 보상한도

구 분	피해자 1인당 보상한도
사 망	1억 5천만원(최저 3,000만원)
부 상	부상급별에 따라 최고(1급) 3,000만원, 최저(14급) 50만원
후유장애	장해급별에 따라 최고(1급) 1억 5천만원, 최저(14급) 1천만원

(2) 대인배상Ⅱ

자동차사고로 다른 사람에게 사망 또는 상해를 입힌 경우, 그 손해가 대인배상Ⅰ에서 지급되는 금액을 초과하는 경우에 그 초과손해를 보상한다. 보험가입금액(피해자 1인당 기준)은 5천만원, 1억원, 2억원, 3억원, 무한 등으로 구분된다.

(3) 대물배상

자동차사고로 다른 사람의 재물을 없애거나 훼손한 경우에 보상한다. 보험가입금액(1사고당 기준)은 2천만원, 3천만원, 5천만원, 1억원, 무한으로 구분된다. 최저 2,000만원 이상으로 가입해야 한다.

(4) 자기신체사고

피보험자가 죽거나 다친 경우에 보상한다. 보험가입금액(피보험자 1인당)은 1천5백만원, 3천만원, 5천만원, 1억원(사망기준)으로 구분된다.

(5) 무보험자동차에 의한 상해

무보험자동차에 의해 피보험자가 죽거나 다친 경우로 피보험자 1인당 2억원을 한도로 보상한다.

(6) 자기차량손해

피보험자동차가 파손되거나 도난당한 경우 보상한다. 사고당시의 차량가액을 한도로 실손보상한다. 자기부담금은 5만원, 10만원, 20만원, 30만원, 50만원 등으로 구분되고, 지급보험금에서 공제한다. 단, 특약으로 자기부담금을 0원으로 설정할 수도 있다.

2) 자동차보험의 보험료 계산

자동차보험료는 과거 모든 보험회사가 일률적인 보험료를 부과하였으나 보험가격의 자율화과정을 거치면서 보험사간에 가격경쟁이 나타나게 되어 보험사별로 상이하게 나타나고 있다. 자동차보험료는 보험회사가 금융감독원에 신고한 후 사용하는 '자동차보험요율서'에서 정한 방법에 의하여 계산한다.

> 납입할 보험료
> = 기본보험료 × 특약요율 × 가입자특성요율(보험가입경력요율±교통법규위반경력요율) × 특별요율 × 우량할인 · 불량할증요율 × 사고건수별 특성요율

(1) 기본보험료

보험요율서상의 보험종목, 차종, 보장종목, 보험가입금액, 운전자의 연령과 성별, 차량의 안전장치와 도난방지장치 등에 따라 정해진다.

기본보험료는 순보험료와 부가보험료로 구성되어 있다. 순보험료는 사고발생 시 보상에 필요한 보험금으로 사용되는 재원이며, 부가보험료는 보험회사의 운영에 필요한 비용으로 사용되는 재원이다. 과거에는 순보험료와 부가보험료를 전 보험사가 동일하게 적용하였으나, 2001년 8월부터 자동차보험가격자유화가 실시된 이후로는 보험회사별로 자체 통계에 근거하여 순보험료를 각기 산출하고 또한 회사운영에 필요한 비용이 차이가 나므로 회사별로 보험료가 다를 수 있다.

(2) 특약요율

기본약관에 특별약관을 첨부하여 체결하는 보험계약에 대하여 적용하는 요율로 운전자 한정운전 특약, 연령 한정운전 특약 등이 있다. 운전자 한정운전 특약은 피보험자가 피보험자동차에 대하여 운전할 사람을 한정하는 특약을 말하는데, 가족운전자 한정특약과 부부운전자 한정특약이 있다. 운전자연령 한정운전 특약은 피보험자가 피보험자동차에 대하여 운전할 사람의 연령을 한정하는 특약을 말한다. 21세, 24세, 26세, 30세 이상 등 다양한 연령으로 한정하는 특약이 있다.

(3) 가입자특성요율

① 보험가입경력요율

보험가입경력요율은 피보험자가 보험에 가입한 기간에 따라 차등하여 적용하는 것이며, 보험가입기간뿐만 아니라 관공서, 법인체, 군대 등에서 운전직 또는 운전병으로 근무한 기간 및 외국에서의 보험가입기간을 포함하여 적용하는데 보험회사마다 차이날 수 있다.

② 교통법규위반경력요율

교통법규위반경력요율은 법규위반경력(평가기간 2년)에 따라 할증그룹, 기본그룹, 할인그룹 등으로 나눠 보험료를 깎아주거나 더 받는 제도이다. 할증그룹의 경우 무면허운전, 음주운전, 제한속도위반, 신호위반 등 통상 12대 중과실에 따른 법규위반 시 보험사마다 기본그룹보다 약 3~20%의 할증을 붙인다. 기본그룹은 버스전용차로 운행, 안전거리 미확보, 고속도로 갓길 통행 등이 속한다. 할인그룹은 기본그룹 대비 보험사마다 3~10%의 할인이 적용된다. 교통사고를 냈어도 법규 위반은 하지 않았다면 할인그룹에 포함된다.

(4) 특별요율

특별요율은 자동차의 구조나 운행실태가 동종차종과 상이한 자동차의 특별위험에 대하여 적용하는 요율로 에어백 장착 자동차 요율 등의 보험료가 할인되는 특별요율과 스포츠형 자동차 요율 등 보험료가 할증되는 특별요율이 있다.

(5) 우량할인 · 불량할증요율

사고발생 실적에 따라 적용하는 요율로서 자동차보험에 있어서 할인·할증제도는 자동차운행에 따른 위험도가 서로 다른 경우 보험료를 차등화하여 보험가입자 간 형평성을 제고하는 측면과 사고 시 할증 및 무사고 시 할인제도를 둠으로써 사고를 스스로 예방하려는 노력을 하도록 유도하는 데 그 목적이 있다.

(6) 사고건수별 특성요율

직전 3년간 사고유무 및 사고건수에 따라 적용하는 요율이다.

한걸음 더 자동차보험료 절약 요령

- **가입경력을 꼼꼼히 챙긴다**

  자동차 보험료는 가입경력에 따라 최대 80%까지 차이가 날 수 있다. 따라서 자동차보험 가입 시 가장 먼저 챙겨야 할 사항이 보험가입경력이다. 기본적인 운전면허 취득기간 외에도 군 운전병 복무, 관공서, 법인체 등의 운전직 근무, 외국 자동차보험 가입 등은 경력으로 인정받을 수 있으니 꼼꼼히 챙기는 것이 좋다.

- **보험계약 유지도 중요한 항목이다**

  자동차보험에 가입한 후 사고처리를 하지 않을 경우 보험료는 매년 10%씩 낮아져 8년 연속 무사고이면 최고 60%까지 할인받을 수 있다. 반면 보험계약 해지 후 3년을 넘기면 재가입 시 신규로 처리돼 적지 않은 손해를 감수해야 한다. 자동차 소유자가 책임보험에 가입하지 않아도 과태료가 부과되므로 주의해야 한다.

- **에어백 장착 사실을 놓치지 않는다**

  운전석에만 에어백이 장착된 차라면 자손보험료의 10%를, 운전석과 보조석에 모두 있으면 20%를 각각 할인받는다.

- **각종 특약을 잘 활용한다**

  만30세 이상 특약을 이용하면 평균 5%가량 보험료를 줄일 수 있다. 회사마다 약간씩 다르지만 신설된 만30세 이상 특약에 가입하면 기존의 만26세 이상 특약에 비해 평균 5%가량 보험료가 낮아진다. 보험가입 시 운전자 연령이란 사고 발생시점의 주민등록상 만 나이를 의미한다.

- **출퇴근 및 가정용을 활용한다**

  개인사업용 및 기타 용도에 비해 보험료가 10% 내지 30% 싸다. 따라서 개인사업 등 업무에는 전혀 쓰지 않고 출퇴근 등 통상적 개인생활에만 사용하는 차량이라면 용도를 지정해 보험에 드는 것이 유리하다. 단, 약정한 용도 이외로 차를 쓰다 사고를 내면 보상처리가 어려우니 주의해야 한다.

- **가족한정특약을 이용한다**

  누구나 운전하는 기본형의 65% 정도만 보험료를 내면 된다. 차보험에서 가족의 범위는 피보험자인 차량 소유자와 배우자, 소유자의 부모, 자녀, 동거 중인 장인, 장모, 시부모로 국한되며 형제, 자매는 포함되지 않는다.

- **자기부담금을 적정하게 유지한다**
  사고가 났을 때 보험가입자가 일정금액을 부담하고 나머지를 보험회사 처리하는 제도이다. 자동차보험에서 자차(가입자 차량파손) 비중이 크다는 점과 보험처리 후 할증문제 등을 감안하면 자기부담금을 적정히 유지하면 결과적으로 훨씬 유리해지는 경우가 많다.
- **교통법규 위반 시 보험료도 뛴다는 점을 명심한다**
  교통법규 위반경력이 보험료 산출에 반영되므로 뺑소니, 음주, 무면허운전 등에는 최고 30%의 할증률이 적용된다. 반대로 교통법규 위반사례가 전혀 없으면 10% 한도에서 보험료 할인 혜택을 받는다.

3) 교통사고 발생 시 사고처리

(1) 사상자 구호조치와 신고

사고가 발생하면 운전자는 당황하지 말고 즉시 정차하여 신속히 사상자를 구호하는 등 필요한 조치를 하여야 한다. 그 차의 운전자나 탑승자 등은 경찰이 현장에 없을 때에는 가까운 경찰서에 중요한 사고 관련 사항을 신고하여야 한다.

(2) 사고현장의 보존과 증거수집

교통사고가 발생하면 사고현장의 원활한 교통소통과 후속차량에 의한 추가사고 방지를 위해서 신속히 사고현장을 정리하여 사고차량을 안전한 곳으로 옮기는 조치를 하여야 한다. 이때 향후 과실책임소재 규명을 위해 목격자 확보나 사진촬영 등 증거수집 조치를 취하는 것이 바람직하다.

(3) 보험회사에 통보

사고차량이 자동차보험에 가입되어 있는 경우 즉시 보험회사에 사고발생 사실을 통보하여 협조를 구하는 것이 좋다. 즉, 사고일시, 장소, 상황, 손해정도, 피해자 인적사항, 확보해 놓은 증거 및 목격자 등 사고에 관련된 모든 사항을 보험회사에 가능한 한 빨리 신고한다.

한걸음 더

중상해 교통사고 형사처벌 가능

우리나라의 운전자들은 교통사고를 내어 사람을 다치게 하였어도 사망사고 및 뺑소니사고와 12대 중과실 사고 이외에는 자동차종합보험에만 가입되어 있으면 형사처벌을 면제받았다. 12대 중과실 사고는 다음과 같다.

① 신호위반사고
② 중앙선침범 및 고속도로, 자동차전용도로에서의 횡단, 유턴, 후진사고
③ 속도위반(제한속도를 20km 초과 운전)
④ 앞지르기의 방법 및 끼어들기의 금지 위반사고
⑤ 건널목 통과방법 위반사고
⑥ 횡단보도에서의 보행자 보호의무 위반사고
⑦ 무면허나 운전면허정지 중의 사고
⑧ 음주나 약물복용 운전 중 사고
⑨ 보도침범 사고
⑩ 승객의 추락방지의무 위반사고
⑪ 어린이 보호구역 안전운전의무 위반사고
⑫ 화물고정조치 위반사고

그러나 2009년 2월 26일 이러한 교통사고처리특례법 제4조 제1항에 대해서 헌법재판소에서 위헌결정이 내려졌다. 위헌결정 이후 교통사고를 내서 12대 중과실에 의하지는 않았지만 피해자에게 심각한 중상해를 입힌 운전자들에 대해서도 형사처벌이 가능하다.

4) 교통사고 발생 시 운전자의 법적 책임

법률에 의하면 자동차 사고에는 형사상, 민사상, 행정상 책임이 주어진다. 형사상 처벌은 남의 신체나 재물에 대한 것으로 5년 이하의 금고나 2천만원 이하의 벌금을 물리도록 하고 있다. 민사상으로도 피해자의 정신적·경제적 손실에 따른 피해를 보상해주어야 한다. 행정상으로는 벌점과 함께 범칙금이 부과된다.

자동차보험은 바로 사고 가해자의 가장 큰 부담이 될 수 있는 형사와 민사에 대해 일부 제한은 있지만 거의 무한대까지 책임을 지는 제도이다. 보험에

가입했다는 이유만으로 형사상 책임이 면제된다. 이러한 면제에 일정부분 제한을 두고 있는데 교통사고처리특례법 조항이다. 사망사고와 뺑소니 사고 그리고 중앙선침범 등 중대과실에 대해서만 보험가입에 상관없이 형사처벌을 받게 된다. 사안에 따라서는 구속방지 등을 위한 별도의 합의가 필요하다. 민사책임은 형사책임과 다르게 어떤 유형과 관계없이 가해자의 부담부분에 대해서는 보험의 가입조건에 따라 거의 무한에 가까운 책임을 진다.

자동차보험은 피해자에게 정신적 · 경제적 피해를 보상해 준다. 한편 가해자에게는 사고로 인해 겪게 될 형사책임을 면제해줌으로써 신분상의 불이익 방지를 한다. 언젠가 닥칠 줄 모르는 경제적 책임을 대신해 준다는 점에서 자동차보험은 현대사회의 필수불가결한 제도라고 볼 수 있다.

5절 | 사회보험(Social Insurance)

1. 사회보험의 개요

사회보험이란 국가가 보험제도를 활용, 법에 의하여 강제성을 띠고 시행하는 보험제도를 일컫는 말이다. 사회보험은 사회보장정책의 주요 수단으로서 근로자나 그 가족을 상해, 질병, 노령, 실업, 사망 등의 위협으로부터 보호하기 위하여 실시하는 것이다. 사회보험은 노동능력의 상실에 대비한 산업재해보험, 건강보험과 노동기회의 상실에 대비한 연금보험, 실업보험으로 크게 구분할 수 있는데, 우리나라의 경우 4대 사회보험은 국민연금, 국민건강보험, 산업재해보상보험, 고용보험 등이 있다.

사회보험과 민영보험의 공통점과 차이점을 도표로 정리해보면 <표 5-7>과 같이 요약해볼 수 있다.

표 5-7 | 민영보험과 사회보험의 공통점과 차이점

구 분	민영보험	사회보험
가입의무	보험가입자의 자유의지	법에 의해 강제
급부내용선택권	보험가입자가 급부내용선택	급부내용선택권이 없음
급부구조	가입자에 평등적	저소득층에 유리
보험시장구조	경쟁	국가 독점
계약심사	존재	없음
공통점	위험의 이전, 위험의 결합, 손실보상기능	
	보험에 가입하고 보험료를 납부하여야 보험혜택을 받음	
	보험수리에 의한 적정 보험료와 보험금의 산출 및 기금적립 필요	

2. 4대 사회보험

1) 국민연금

(1) 개 요

국민연금은 국가가 보험의 원리를 도입하여 만든 사회보험의 일종으로 가입자, 사용자 및 국가로부터 일정액의 보험료를 받고 이를 재원으로 노령으로 인한 근로소득 상실을 보전하기 위한 노령연금, 주소득자의 사망에 따른 소득상실을 보전하기 위한 유족연금, 질병 또는 사고로 인한 장기근로능력 상실에 따른 소득상실을 보전하기 위한 장애연금 등을 지급함으로써 국민의 생활안정과 복지증진을 도모하는 사회보장제도의 하나이다.

국민연금이 필요한 가장 큰 이유는 평균수명의 증가와 출산율 저하에 있다. 부양해야 할 노인인구는 증가하는데 이를 부담할 경제활동인구는 줄어듦에 따라 노인층의 생활안정에 적신호가 켜졌다. 이러한 상황에서 핵가족화 및 부모부양 의식이 약화되는 국민의식의 변화까지 겹쳐 이러한 문제를 국가적으로 대응할 필요성이 크게 증대하였다. 이러한 필요성에 의해 국민연금은 1986년부터 종전의 국민복지연금제도를 수정·보완하여 1988년 1월부터 시행하게 되었다.

(2) 국민연금의 특징

① 가입의 강제성

국민연금은 혼자서 대비하기 어려운 생활의 위험을 모든 국민이 연대하여 공동으로 대처하는 제도로 모든 국민이 가입대상이다. 국민연금뿐만 아니라 건강보험 등 대부분의 사회보험제도는 강제가입을 채택하고 있다. 강제적용을 하지 않는다면, 국민연금에 가입하지 않거나 보험료를 납부하지 않을 수 있다. 즉, 가난한 사람은 '당장의 생활이 어려워 노후준비를 할 수 없다', 부유한 사람 또한 '별도의 노후준비가 필요없다'고 가입을 기피하고, 젊은 층의 경우는 '먼 훗날의 노후를 굳이 지금부터 준비할 필요가 있느냐' 등으로 가입하지 않을 수 있다.

② 소득재분배

국민연금은 동일한 세대 내의 고소득계층에서 저소득계층으로 소득이 재분배되는 '세대 내 소득재분배' 기능과 미래세대가 현재의 노인세대를 지원하는 '세대 간 소득재분배' 기능이 동시에 포함되어 있다.

③ 국가가 지급보장

국민연금은 국가가 최종적으로 지급을 보장하기 때문에 국가가 존속하는 한 반드시 지급된다. 설령 적립된 기금이 모두 소진된다 하더라도 그해 연금지급에 필요한 재원을 그해에 걷어 지급하는 이른바 부과방식으로 전환해서라도 연금을 지급한다. 우리보다 먼저 국민연금과 같은 공적연금제도를 시행한 선진복지국가들도 초기에는 기금을 적립하여 운영하다가 연금제도가 성숙되면서 부과방식으로 변경했다.

④ 화폐의 실질가치 유지

국민연금은 물가가 오르더라도 실질가치가 보장된다. 처음 연금을 지급할 때는 과거 보험료 납부소득에 연도별 재평가율을 적용하여 현재가치로 재평가하여 계산한다. 예를 들어 1988년도 100만원 소득으로 국민연금에 가입되었다면 이를 2020년 현재가치로 재평가하면 약 651만원의 소득액으로 인정, 국민연금을 계산한다.

또 연금지급 중에도 전국 소비자물가 변동률에 따라 금액이 조정된다. 물가가 매년 3%p씩 오른다고 가정하면 2020년 1월에 40만원의 연금을 받을 경우 20년 뒤에는 약 72만 2천원으로 인상된다.

국민연금의 가입대상과 가입자의 종류 및 보험료, 연금급여 등에 대한 상세한 설명은 제9장의 노후설계에서 다루기로 한다.

2) 국민건강보험

(1) 개 요

국민건강보험은 국민의 질병과 부상에 대한 예방, 진단, 의료, 재활과 출산 및 사망과 건강증진에 대해 보험급여를 실시함으로써 국민보건을 향상시키고 사회보장을 증진시키는 사회보험이다. 따라서 국민건강보험은 가계의 의료비지출로 가계가 파탄되는 것을 방지하기 위해 보험의 원리를 이용하여 의료비 부담을 전 국민에게 부담시키고 의료서비스 접근은 용이하게 하여 국민건강을 향상시키는 제도라고 볼 수 있다.

(2) 가입대상

국민건강보험은 원칙적으로 국내에 거주하는 모든 국민이 의무가입대상(가입자 또는 피부양자)이다. 외국인 및 대외국민도 외국인으로 등록하거나 국내거소 신고를 한 경우에는 가입대상자가 된다. 국민건강보험의 가입자는 지역가입자와 직장가입자로 나누어진다. 직장가입자는 모든 사업장의 근로자 및 사용자와 공무원 및 교직원이 대상이 되며, 지역가입자는 직장가입자와 그 피부양자를 제외한 사람이 된다.

(3) 보험료와 보험급여

국민건강보험의 보험료 결정기준은 집단율을 적용한다. 이는 전년도 급여비 지출액을 산출하고, 국고부담금 등을 공제한 후, 나머지 금액을 전체가입자가 경제적 부담능력에 따라 일정률을 균등분담하는 형식이다.

직장가입자의 보험료는 보수월액에 보험료율을 곱하여 계산한다. 보수월액은 직장가입자가 받은 보수총액을 근무월수로 나눈 금액이다. 2021년 현재보험료율은 6.67%로서 사용자와 가입자가 각각 3.335%이다. 지역가입자는 성, 연령, 성별, 장애, 재산, 소득을 점수화하여 이를 합산한 점수로 산정한 점수에 점수당 일정률을 곱하여 보험료를 부담한다. 국민건강보험의 보험료는 과거에 질병을 앓았거나 현재 아무리 중한 질병을 가지고 있더라도 보험료에 차별이 없다.

국민건강보험의 보험급여는 가입자 및 피부양자의 의료행위에 대해 현물급여 및 현금급여의 형태로 지급되는데 여기서 현물급여는 의료서비스나 건강검진 등이 여기에 해당된다.

3) 고용보험

(1) 개 요

고용보험은 감원 등으로 직장을 잃은 실업자에게 실업보험금을 주고, 직업훈련 등을 위한 장려금을 기업에 지원하는 제도이다. 고용보험은 실업예방, 고용촉진, 근로자의 직업능력 개발 향상 도모, 국가의 직업지도 및 직업소개 기능을 강화하며 근로자가 실업상태가 되는 경우 생활에 필요한 급여를 지급하여 근로자의 생활안정과 구직활동을 촉진하여 경제 및 사회발전에 기여하는 것을 목적으로 1995년 7월 1일부터 시행되었으며, 1998년 10월 1일부터는 1인 이상의 근로자가 있는 사업주는 의무적으로 고용보험에 가입해야 한다. 이에 따라 사업주와 근로자는 각각 월정급여액의 일정비율을 보험료로 납부해야 하며, 전국적인 고용보험 전산망 구축에 따라 지방노동사무소와 시·군·구에서 구인·구직 정보를 제공받게 된다.

2019년 10월 1일 이후 실직자의 경우 나이와 보험가입기간에 따라 실업시 복리후생 성격의 수당을 제외한 임금총액의 60%까지 실업급여를 받을 수 있으며 수령기간은 120일에서 270일까지이다. 실업급여는 실직 후 거주지 관할 고용센터에 실업신고를 해야 하며, 신청 후 2주 이내 자격인정 여부를 확인받게 된다. 자격인정 후 고용안정센터에 2주마다 출석하여 실업인정을 받으면 실업급여가 지급된다. 본인의 큰 잘못이나 불법행동 등으로 해고를 당하였을 경우나 정당한 사유가 없이 직장을 스스로 옮기려 할 경우 등에는 실업급여 혜택을 받을 수 없다.

(2) 가입대상

1인 이상 근로자를 고용하는 모든 사업장은 의무적으로 가입하여야 하며 사업주 또는 근로자의 의사와 관계없이 자동적으로 고용보험관계가 성립한다. 다만, 다음의 몇 가지 경우에 해당하는 근로자는 적용을 제외하고 있다.

① 1개월간 소정근로시간이 60시간 미만인 근로자(1주간 15시간 미만인 자 포함)
② 공무원, 사립학교교직원연금법 적용자, 별정우체국 직원 등
③ 65세 이상인 자(고용안정과 직업능력개발사업은 혜택을 받음)

고용보험의 보험가입자는 사업자와 근로자이며 피보험자는 근로자이다.

(3) 보험료와 보험급여

고용보험료는 고용보험사업에 필요한 비용에 충당하기 위하여 보험가입자인 사업주가 일괄 납부한다. 고용보험료는 연초에 사업주가 스스로 당해 보험연도의 근로자 임금총액 추정액에 보험사업별 보험요율을 곱하여 보고 납부하는데 이를 개산보험료라 한다. 이 개산보험료는 다음연도 초에 근로자의 실제 임금총액을 기준으로 확정보험료를 확정하여 정산한다.

고용보험의 보험급여는 실업급여와 고용안정·직업능력개발사업으로 나뉜다. 실업급여는 실직한 근로자의 생활안정과 재취직을 촉진하기 위하여 지급

표 5-8 | 고용보험 보험료율(2021년 현재)

구분		보험료(%)	부담금
실업급여		1.60	근로자와 사업자 각각 0.8%
고용안정 직업능력 개발사업	150인 미만 기업	0.25	사업주 전액부담
	150인 이상 우선지원대상 기업	0.45	
	150인 이상 1,000인 미만인 기업	0.65	
	1,000인 이상인 기업 및 국가·지방자치단체가 직접 행하는 사업	0.85	

되는 급여로 구직급여, 취직촉진수당, 육아휴직급여가 있다.

고용안정·직업능력개발사업은 실업의 예방, 취업의 촉진, 고용기회의 확대, 직업능력개발 및 향상의 기회제공과 지원, 그 밖에 고용안정과 사업주에 대한 인력확보의 지원을 목적으로 한다. 이 사업은 고용창출지원, 고용조정지원, 고용촉진지원, 건설근로자고용지원, 사업주지원, 근로자지원, 건설근로자 직업능력개발지원으로 구분되어 실시한다.

4) 산업재해보상보험

(1) 개 요

산업재해보상보험(이하 산재보험)은 근로자가 사업장에서 일을 하다가 부상·질병·신체장해를 입거나 사망한 경우 국가가 신속하게 치료와 보상을 해줌으로써 재해를 당한 근로자와 가족을 보호하고, 사업주로서도 일시에 많은 비용을 부담하지 않게 함으로써 정상적인 기업활동을 보장하는 사회보험을 말한다.

(2) 가입대상

산재보험은 상시 1인 이상 근로자를 사용하는 모든 사업 또는 사업장(농업, 임업, 수렵업, 어업 등의 경우에는 상시 근로자 5인 이상인 사업장)에 적용되는 것이 원칙이나 공무원 재해보상법, 군인 재해보상법, 선원법, 사립학교교직원연금법 등에 따라 재해보상이 되는 사업 등은 산재보험의 대상에서 제외된다.

(3) 보험료와 보험급여

산재보험의 보험료는 위험등급에 따라 업종을 구분하여 차등화된 보험요율을 적용하여 같은 업종 내에서도 산재발생 정도에 따라 개별실적요율을 동시에 적용한다. 산재보험의 가입자는 사업주이며 산재보험료 전액을 사업주가 부담한다. 산재보험의 보험급여는 요양급여, 휴업급여, 장해급여, 간병급여, 유족급여, 상병보상연금, 장의비, 직업재활급여 등이 있으며 보험급여와 성격이 약간 다른 특별급여가 있다.

6절 보험가입의 실제

1. 보험판매의 이해

1) 보험판매조직

보험판매조직은 크게 직접판매(direct response), 간접판매(marketing intermediaries), 금융기관보험판매(financial institutions)로 구분할 수 있다.

직접판매는 보험회사와 보험가입자 사이를 중개하는 사람이나 기관이 없이 보험회사가 직접 보험가입자에게 보험을 판매하는 방식이다. 직접판매제도의 대표적 형태는 Direct Mail(DM), Cyber Marketing(CM), 그리고 Tele-Marketing(TM), Vening Machine(VM), Mass media(MM) 등이다.

간접판매는 보험설계사, 대리점, 보험중개사 등이 고객과 직접 대면접촉을 통하여 보험을 판매하고 판매에 대한 수수료를 받는 판매방식이다.

금융기관보험판매는 보험회사 이외에 금융기관이 보험상품을 판매하는 것을 의미하는데, 이러한 금융기관의 대표적인 것이 은행이며 이를 특히 방카슈랑스(Bancassurance)라고 한다. 이는 기존 은행과 보험회사가 서로 연결하여 일반 개인에게 광역의 금융서비스를 제공하는 시스템 또는 보험회사가 은행지점을 보험상품의 판매대리점으로 이용하여 은행원이 직접 보험상품을 파는 영업형태를 말한다.

전통적으로 보험판매는 보험상품의 특성상 간접판매방식을 많이 이용하여 왔으나, 최근에는 시대의 변천에 따라 직접판매가 점차 증가하고 있다.

한편 우리나라의 보험판매조직을 살펴보면 생명보험회사는 지점조직 하의 보험설계사를 주축으로 운영하고, 손해보험회사는 전속대리점으로 중심으로 운영하는 이원화된 체제를 가지고 있었다. 그러나 손해보험회사가 지점조직의 보험설계사 조직을 도입하고 생명보험업계는 전속대리점 조직을 확충하는 현상이 나타났으며 복수대리점 및 독립대리점 허용으로 손해보험사의 전속대리점이 생명보험의 새로운 판매조직으로 부상하는 등 이원화된 특성이 사라지고 있다. 특히 독립대리점은 생명보험상품뿐 아니라 손해보험상품을

한걸음 더

보험설계사 선택 시 고려사항

(1) 서비스 역량이 있는지 알아본다

서비스 역량은 보험설계사가 고객의 다양한 요구를 경청하고 이를 역량 있게 실행하는 것을 의미한다. 보험설계사와 관계는 처음 한 번의 관계에서 끝나는 것이 아니라 계속적으로 보험료를 납입할 뿐 아니라 보상 및 보험금 수령 등 지속적인 관계가 필요하다. 따라서 고객에 대한 서비스 역량이 반드시 필요하다.

(2) 경험과 전문성을 구비해야 한다

보험설계사는 보험설계와 보상에 관한 전문지식을 갖추어야 한다. 또한 다양한 보험상품에 대한 전문적인 이해를 기초로 고객에게 가장 적합한 보험상품을 선택하여야 한다. 특히 사고가 발생하여 보험금을 지급받을 경우 풍부한 경험과 전문성을 갖춘 보험설계사의 역할이 매우 중요하다. 이러한 점에서 보험설계사가 지속적인 교육과 훈련을 받고 있는지 살펴보는 것도 유용하다. 갈수록 다양해지는 금융신상품과 금융시장의 변화를 이해하기 위해 지속적인 교육과 훈련이 필요하기 때문이다.

(3) 업계 평판이 좋은지 살펴본다

보험설계사는 종종 자신이 보험판매를 통해 받는 수수료와 고객의 이해가 상충되는 경우가 발생할 수 있다. 즉, 고객의 필요성보다는 수수료가 많은 상품을 권유(본인의 수당 중시)하는 경우를 흔히 발견할 수 있다. 이러한 경우 고객의 입장에서 믿고 맡길 수 있는 정직한 보험설계사가 필요한데, 주변에서의 평판을 들어보는 것은 정직한 보험설계사를 선택하는 적절한 방법이 될 수 있다.

판매할 수 있고 한 회사에 전속되지 않아 소비자에게 더 유리한 상품을 다양하게 제공할 수 있게 되었다.

2) 보험설계사

간접판매조직의 대부분을 차지하고 있는 보험설계사는 과거에는 보험모집인이라 불렀다. 보험설계사는 보험회사를 위하여 보험계약의 체결을 중개하는 사람으로서 생명보험설계사와 손해보험설계사 그리고 제3보험설계사로 구분한다.

보험설계사가 되려면 먼저 생명보험협회와 손해보험협회가 매달 1회 주관하는 보험설계사 자격시험에 합격하여야 하며, 생명보험・손해보험・제3보험의 구분에 따라 각각 금융위원회가 정하는 연수과정을 이수하고 관계업무에서 1년 이상 종사한 경력을 갖추어야 한다. 보험회사는 이러한 요건을 갖춘 소속 보험설계사를 금융감독위원회에 등록하여야 한다.

보험회사는 다른 보험회사에 속하는 보험설계사에게 모집(보험계약의 체결을 중개 또는 대리하는 행위)을 위탁하지 못하고, 마찬가지로 보험설계사도 소속된 보험회사 외의 보험회사를 위하여 모집하지 못하도록 금지하고 있다. 단, 보험업법 시행령의 규정에 따라 소속된 보험회사 외의 보험회사를 위하여 교차모집을 할 수 있다. 교차모집을 하려는 보험설계사는 판매하고자 하는 생명보험, 손해보험, 제3보험에 따라 해당 판매자격을 갖추어 교차모집보험설계사로 보험협회에 등록을 하여야 한다.

한편, 최근 보험설계사의 업무는 단순한 모집을 넘어 재무상담・생활설계・대출상담 등 개인재무설계영역까지 확대되고 있다. 구체적으로 고객의 절세 방안과 재산증식을 위한 효율적 투자를 보험상품과 연계한 재무상담, 고객의 인생주기에 따라 필요한 목돈 마련과 노후보장을 위한 필요자금 설계, 가계대출이나 주택마련대출 등에 관한 상담 등의 업무를 수행하여야 하므로 보험설계사는 금융 전반에 관하여 폭넓은 지식이 요구되고 있다.

3) 보험대리점

보험회사를 대리하여 보험을 모집하거나 고객에게 서비스를 제공하는 사업자를 말한다. 우리나라의 보험대리점은 생명보험대리점, 손해보험대리점, 제3보험대리점으로 나누어지며 서로 겸영을 할 수 있다. 또한 보험대리점에는 운영하는 주체에 따라 개인대리점과 법인대리점, 전속 여부에 따라 전속대리점과 독립대리점 등으로 구분한다. 개인 또는 법인이 보험대리점을 운영하기 위해서는 금융감독원에 등록해야 한다. 생명보험대리점에는 등급이 없으나 손해보험대리점은 초급, 일반 및 총괄대리점으로 구분된다. 초급대리점은 화재・자동차・보증・배상책임・종합・장기손해 및 특종보험 중 가계성보험을 취급하며, 일반대리점은 해상, 항공, 원자력을 제외한 모든 손해보험을 취급할 수 있다. 총괄대리점은 손해보험의 모든 상품을 판매할 수 있다.

보험대리점은 소속보험회사와 대리점계약을 체결하고 소정의 영업보증금을 소속회사에 예탁해야 하며, 또한 다른 보험회사와는 대리점계약을 체결할 수 없게 되어 있다(단, 보증 및 생명·손해보험 겸영의 경우는 예외).

4) 보험중개사

보험중개사는 보험회사에 속하지 않은 독립적인 지위에서 보험가입자를 위해 보험계약의 체결을 중개하는 사람을 말한다. 보험중개사는 생명보험중개사, 손해보험중개사, 제3보험중개사로 구분되며 주요 업무는 보험계약 체결의 중개와 그의 부수된 위험관리자문이다. 보험중개사로 등록하기 위해서는 금융감독원장이 실시하는 생명보험중개사, 손해보험중개사 또는 제3보험중개사 시험에 합격해야 한다.

2. 적절한 보험의 선택

(1) 자신의 가입목적을 명확하게 인식

생명보험은 고객의 욕구를 충족시켜 줄 수 있는 다양한 유형의 상품을 개발, 판매하고 있다. 보험가입 사유가 위험에 대한 보장, 재산증식, 학자금 보장, 노후의 생활자금을 보장할 목적인지 등을 명확히 검토해 보아야 한다. 그리하여 자신의 가입목적을 명확히 인식하고 여기에 가장 적절한 보험상품을 선택해야 한다.

(2) 적절한 보험가입금액 결정

자신이 가입하고자 하는 보험에 대한 보험금액의 수준을 결정하기 위해서는 자신이 지금 사망한다고 가정할 경우 가족을 어떻게 부양할 수 있을 것인지 그리고 실제 가족들에게 소요될 필요경비가 어느 정도인가를 먼저 판단해야 한다. 따라서 자신이 가입하고자 하는 보험금액은 자신의 사망으로 인한 가족의 생계비를 보상할 수 있는 필요경비 수준에 근접해야 한다.

필요경비를 계산하기 위해서는 자신이 부양하여야 하는 가족의 생활비, 가족생계비, 교육비, 결혼자금 등 인생에서 필요한 필수자금 등이 고려되어야 한다. 결론적으로 자신의 향후 필요경비와 현재 경제여력, 현재까지의 저축이나 보험가입상황 등을 종합적으로 고려하여 부족한 부분에 대해 추가로 보험을 가입하는 방법이 적절하다.

(3) 저렴한 보험료를 선택

어떤 종류의 보험상품이 자신에게 가장 적합한가를 결정한 이후에는 각 회사에서 판매하고 있는 같은 종류의 보험을 상호비교하여 가장 저렴한 보험료로 최대의 급부를 보장해 주는 상품을 선택한다. 보험상품은 장기간에 걸쳐 지속적으로 이루어지는 거래이므로 단순히 가격을 비교하는 것보다는 다음과 같은 점들을 종합적으로 고려하여 판단하는 것이 중요하다.

① 동일한 보장이라도 보험료 계산 시 적용하는 예정기초율에 따라 납입보험료가 달라지므로 회사별로 예정기초율을 확인한 후 가입하면 보험료 부담을 줄일 수 있다.

② 배당상품에 비해 보험료가 저렴한 무배당상품을 가입하는 것도 고려해 볼 필요가 있다. 무배당상품은 계약자에게 배당금을 지급하지 않는 대신 미리 보험료를 할인하여 산출하기 때문에 배당상품에 비해 보험료가 저렴한 것이 특징이다.

③ 보험료 납입 시 금융기관의 자동이체를 이용하는 경우 회사가 정한 할인율에 의해 보험료 할인혜택을 받을 수 있다.

3. 보험계약 청약 시 유의사항

보험계약을 청약할 때는 상품요약서에 명시된 보장내용과 약관상 계약자의 권리와 의무를 확인하여야 하며, 특히 다음 사항에 유의해야 한다.

(1) 청약서는 계약자가 직접 작성하고 자필서명해야 한다

보험계약 청약 시 피보험자의 건강상태에 대한 작성내용(현재병증, 과거병력, 직업종류)에 대해 청약서에 계약자 본인이 직접 작성하고 서명란에도 계약자 본인 및 피보험자가 자필로 서명해야 한다. 특히 피보험자가 다른 경우에는 반드시 피보험자의 서명도 필요하다. 자필서명을 하지 않은 경우 계약이 무효로 처리될 수도 있다.

(2) 계약 전 알릴 의무를 준수하여야 한다

생명보험 계약 체결 시 계약자나 피보험자가 청약서상에 기술하는 계약 전 알릴 의무사항은 보험회사가 계약의 해지권을 행사할 수 있는 '중요한 사항'과 그렇지 않은 '일반적 사항'으로 구분하고 있다. 여기에서 '중요한 사항'이라 함은 회사가 그 사실을 알았더라면 보험계약의 청약을 거절하거나 보험가입금액 한도 제한, 일부 담보 제외, 보험료 할증과 같이 조건부로 인수하는 등 계약인수에 영향을 미치는 사항을 말하며, 그 예로는 현재 및 과거 병력, 신체장애 여부, 직업 및 운전 여부, 위험한 취미를 들 수 있다.

또한 '일반적 사항'으로는 위험지역으로의 출국, 거주환경, 소득, 키 및 몸무게, 음주 및 흡연 여부, 부업 또는 겸업, 타회사의 보험가입상황 등을 들 수 있다. 따라서 계약자 또는 피보험자는 신의성실에 입각하여 계약 전 알릴 의무사항을 충실히 이행함으로써 보험계약이 정당한 조건에 의해 성립되고 유지될 수 있도록 하여야 한다.

(3) 계약이 무효가 될 경우에는 보장을 받지 못한다

다음의 한 가지 사유에 해당하는 경우 회사는 계약을 무효로 할 수 있으며, 이미 납입한 보험료를 돌려준다.

① 타인의 사망을 보험금지급사유로 하는 계약에서 계약 체결 시까지 피보험자의 서면 동의를 얻지 아니한 경우
② 사망을 보험금 지급사유로 하는 계약에서 만 15세 미만자, 심신상실자 또는 심신박약자를 피보험자로 하는 경우

(4) 계약을 해지할 경우 다음 사항을 고려해야 한다

① 계약을 해지하고 새로운 계약을 체결하려면 신계약의 효력이 발생한 후 기존 계약을 해지함으로써 보험의 보장이 공백 없이 승계되도록 한다.
② 계약을 해지하고 신계약을 체결하는 경우 초기에 과다한 비용이 소요될

한걸음 더 변액유니버셜보험과 적립식 펀드

변액유니버셜보험은 변액보험과 유니버셜보험을 결합하여 만든 상품이다. 즉, 보험료납입과 적립금의 인출이 가능한 유니버셜보험의 기능과 더불어 투자수익에 따라 납입한 자금(보험료)의 실질적인 보장가치를 보전하여 인플레이션에 따른 구매력저하 위험에 대비하는 변액보험의 기능이 상호 결합된 상품이다.

이러한 점에서 변액유니버셜보험은 적립식 펀드와 비슷한 점이 많은 상품이다. 두 상품 모두 수시 입출금이 가능하고 투자수익에 따라 실적배당을 받는 구조를 가지고 있다.

그러나 두 상품은 각각 보험과 펀드로서 상품구조가 근본적으로 아주 다르다는 사실을 알고 있어야 한다. 변액유니버셜보험은 사망보장과 연금전환 등의 보험기능이 있는 반면 보험의 특성상 초기 사업비가 높으므로 최소 7년 이상을 투자하지 않으면 상대적으로 높은 수수료를 부담하게 되어 인출 시 손해를 볼 가능성이 있음을 인식하여야 한다.

수 있다. 즉, 자신이 납입하는 계약초기기간의 보험료 중 상당부분은 보험회사 사업비에 책정되어 있기 때문에 신계약을 체결하면 이러한 비용이 다시 지출되어 이중의 부담이 된다.

③ 자신이 나이가 들거나 건강이 악화된 이후 신계약을 체결하게 되면 보험료는 보다 높아지고 보험가입은 더욱 어려워질 수 있다.

(5) 중도해지 시 해약환급금은 이미 납입한 보험료보다 적을 수 있다

생명보험의 해약환급금은 보험료 계산 시 적용한 위험률로 산출한 순보험료식 책임준비금에서 미상각 신계약비를 공제한 금액을 해약환급금으로 지급한다. 즉, 계약자가 납입하는 보험료는 그 일부가 불의의 사고를 당한 다른 가입자의 보험금으로 지급되고 또 다른 일부는 회사의 계약 체결 및 유지에 필요한 경비로 사용되므로 이러한 것을 공제하고 남은 보험료가 해약환급금으로 지급되는 것이다. 따라서 보험계약을 중도에 해지하게 되면 해약환급금이 납입한 보험료보다 적을 수도 있으며, 특히 계약 초기에는 해약환급금이 없을 수도 있다.

주요용어

- 위험의 정의
- 재무적 위험과 비재무적 위험
- 투기적 위험과 순수위험
- 인적위험과 물적위험
- 배상책임위험
- 손인과 위태
- 위험통제
- 위험재무
- 위험관리
- 위험전가
- 대수의 법칙
- 수지상등의 원칙
- 급부 반대급부 균등의 원칙
- 역선택
- 보험의 종류
- 생명보험
- 보험계약의 구성요소
- 보험료와 보험금액
- 보장성 보험과 저축성 보험
- 손해보험
- 실손보상의 원칙
- 자동차보험
- 책임보험
- 민영보험과 사회보험
- 국민연금
- 국민건강보험
- 고용보험
- 산업재해보상보험
- 보험판매조직
- 보험설계사
- 보험대리점
- 보험중개사
- 보험가입

심화 학습문제

1. 현재 자신이 처해 있는 위험을 상세하게 나열해 보고 각각의 위험을 관리할 수 있는 효과적인 방법을 논의해 봅시다.
2. 자신의 가계에서 현재 가입하고 있는 보험을 조사하여 보험의 성격에 따라 분류하고 각 상품의 특징을 설명해 봅시다.
3. 현재 시판되고 있는 실손보상 의료보험 하나를 선택하여 조사하고, 보험가입 시 필요한 절차를 정리해 봅시다.
4. 다양한 보험판매조직을 조사하고 장단점을 비교해 봅시다(보험설계사, 홈쇼핑 및 인터넷, 방카슈랑스 등).
5. 주변에서 실제 자동차 사고가 발생한 경우를 대상으로 그 처리과정을 조사해서 발표해 봅시다.
6. 주변에서 보험가입으로 위험관리에 성공한 사례를 수집하여 발표해 봅시다.
7. 보험사기와 관련한 기사를 수집하고 사례를 발표해 봅시다.

CHAPTER

06

세금설계

학습목표

본 장을 학습하고 나면 여러분들은

1. 세금설계의 개념을 이해할 수 있다.
2. 우리나라의 조세의 체계를 설명할 수 있다.
3. 소득세에 대한 전반적인 이해를 할 수 있다.
4. 종합소득의 종류와 종합소득세의 계산방법을 설명할 수 있다.

도입 이야기

여고 동창회의 총무로 있는 이행복 씨, 여고 동창회비로 불입한 정기적금이 만기가 되어 은행을 찾았다. 동창회 정기적금을 찾고 있던 중 은행창구에 예전에는 관심을 두지 않고 지나쳤던 많은 정보가 있다는 것을 의식하게 되었다. 아마도 개인재무설계를 받아 이런 것들이 눈에 들어오나 보다 하는 생각에 괜스레 미소를 머금었다.

은행창구 여기저기에 붙어 있는 광고 포스터에서 몇 가지가 특별히 눈에 띄었다. '소득세 세액공제 혜택'이 있는 상품에 관한 안내문이었다. 그러고 보니 연말마다 근로소득 연말정산에 어려움을 겪었던 것이 생각났다. 다른 주위 사람들은 연말정산 후에 돌려받는 세금으로 청소기를 바꿨다, 여행경비로 충당했다, 아이들 책 전집을 사주었다 하는 이야기를 하는데 어째 나는 세금을 돌려받기는커녕 세금을 더 내었는가 하는 생각이 들었다. '이제 나도 연말정산을 할 때 세금을 덜 낼 수 있는 방법에 대해 잘 알아봐야 하겠다'고 마음먹고 이행복 씨는 은행창구의 직원으로부터 소득세 세액공제상품에 대한 안내문을 이것저것 받아 챙겼다.

집으로 돌아온 이행복 씨는 소득세 세액공제 상품에 대한 안내서를 꼼꼼히 살펴보았다. 소득세 세액공제 상품에 가입하는 것이 과연 좋은 것일까? 연말에 환급을 많이 받게 되는 것일까? 그렇다면 무조건 가입하는 것이 유리할까? 이행복 씨가 여러 가지로 고민을 하고 있는데 초등학생 아들 대한이가 태권도도장에서 돌아왔다.

"엄마 세금이 뭐야?"

"응? 태권도도장 다녀오면서 뚱딴지 같이 세금에 대해 물어? 왜, 갑자기 세금이 뭔지 궁금해?"

"응, 태권도 끝나고 버스타려고 하는데 태권도도장 앞 아파트에 '세금이 무서워서 어쩌고저쩌고' 하는 글씨가 써 있었어. 엄마, 세금이 괴물이야?"

아들의 천진스러운 질문에 이행복 씨는 '세금이 뭔지도 모르니, 학교에서 배우지 않았어?'라는 말이 입 앞까지 나오는 것을 참았다. 다시 생각해 보니 나 자신도 세금에 대하여 자세히 모르는 것 같았다.

"그런 말이 써 있었구나. 세금은 괴물이 아니고 나라에 내는 돈이야. 아마도 너무 많은 돈을 갑작스럽게 내야 하고, 또 생각하지 못한 돈을 내야 하고 그래서 무섭다고 했나보다."

"응, 알았어. 근데 왜 나라에 돈을 내?" 질문을 시작하는 것이 어째 계속해 궁금한 것을 물어볼 기세였다.

"그건 나라에 대한 국민들의 의무야. 대한이 일단 간식 먹자. 우리 세금에 대해서는 궁금한 게 많으니까 토요일에 서점에 가서 자세히 살펴볼까?"

"응, 그래……. 나 서점 가면 만화책도 하나 사도 돼?"

아들의 관심을 다른 데로 돌려놓은 이행복 씨는 세금에 관해 더 많은 것을 알아야겠다는 생각을 했다.

1절 | 세금설계의 의의

1. 세금의 이해

1) 일상생활과 세금

사람들은 하루 동안의 생활 또는 평생 동안 자신도 인식하지 못한 상태에서 여러 세금을 부담하고 있다. 아침에 일어나서 잠잘 때까지 일상생활에서 사용하거나 소비하는 물건 값, 음식 값, 서비스요금 등에 부가가치세, 개별소비세 등이 포함되어 있다. 세면하기 위해 사용하는 세면도구, 식사하고 난 후 마시는 커피, 자동차, 휘발유, 휴대폰 요금, 저녁식사 반찬용 햄, 저녁식사 후 시청하는 텔레비전의 구입비용 등에 부가가치세 또는 개별소비세가 포함되어 일상생활 속에서 늘 세금을 지불하고 살아가고 있다. 이러한 세금 외에 사람들은 세금을 의식하든, 의식하지 않든 간에 많은 세금을 부담하고 있다.

왜 세금을 부담하여야 하며, 누가 세금을 부과하며, 어떤 방식으로 세금을 걷는가? 본 장에서는 이러한 문제에 대한 해답과 함께 개인재무설계의 측면에서 세금설계의 의의를 설명하고 개인재무설계와 관련된 세금의 내용을 살펴보고자 한다. 특히, 소득의 창출과 관련된 세금인 종합소득세를 위주로 설명한다.

2) 세금의 필요성 및 역할

세금의 중요성과 역할은 국가적인 측면과 개인적인 측면으로 나누어 다음과 같이 설명할 수 있다.

(1) 국가적인 측면

국가적인 측면에서 보면, 세금은 다음과 같은 필요성과 역할을 갖는다.

① 재정지출을 충당할 목적으로 필요하다.

② 경기를 조절하는 역할을 한다.

③ 경제의 안정적인 성장을 위한 수단으로 활용된다.

④ 소득의 재분배역할을 수행한다.

한걸음 더 소득을 얻거나 재산을 얻게 되면 세금이라는 대가를 치러야 한다

대학을 졸업하여 취업이나 창업을 하면 사회인으로서 소득을 창출하게 된다. 대표적인 소득의 창출방법으로는 직장인이 되어 근로소득을 얻는 방법과 직접 사장이 되어 사업체를 운영하여 사업소득을 얻는 방법이 있다.

사회초년생이 직장에서 급여를 받으면 근로소득에 대한 소득세를 내야 하고, 사업체를 운영하면 사업소득에 대한 소득세와 부가가치세를 내야 한다. 대부분 사람은 근로소득이나 사업소득 외 다른 방법으로 재산을 증식시키기를 원한다. 즉, 일정한 소득이 쌓여 자금이 모이면 그 자금을 활용하여 재산을 증식시킬 수 있는데, 이러한 재산증식의 방법에는 금융소득을 활용하는 방법과 부동산을 활용하는 방법이 있다. 재산증식의 방법에 따라 금융소득에 대한 소득세, 부동산 임대업에서 발생한 소득에 대한 소득세, 양도소득세 등이 부과된다. 또한 부모님이 재산이 많으면 사전상속(증여)을 받을 수 있으며, 상속을 받을 수도 있다. 이에 해당하는 세금에는 증여세와 상속세가 있다.

이렇듯 사람들이 직장생활을 통하거나 사업체를 운영하여 소득을 창출하거나 투자를 하거나 증여 또는 상속을 통해 재산을 증식하게 되면 그에 따른 대가로 세금을 내야 한다.

이와 같이 세금은 국가나 지방자치단체의 예산이 되어 국민의 공공서비스 등에 사용되며, 경기의 조절과 경제의 안정적인 성장을 위한 정책적인 목적으로 활용될 수 있다. 또한, 세금은 조세 공평성에 의해 재산이나 소득이 많은 사람에게 보다 많은 세금을 거둘 수 있어 소득재분배 역할을 수행한다.

(2) 개인적인 측면

개인적 측면에서 보면 세금은 자신의 소득창출과 재산형성에 중요한 변수가 된다. 세금은 소득창출과 재산형성에서 다음과 같은 부(−)의 결과를 가져온다.

① 투자이익률을 감소시키는 결과를 초래한다.

② 가처분소득을 감소시키는 결과를 초래한다.

③ 자녀에게 상속할 수 있는 재산을 감소시키는 결과를 초래한다.

따라서 실현된 투자이익률을 평가할 때에는 세금을 고려해야 한다. 왜냐하면 실현된 투자이익에 대해 일정금액을 세금으로 납부하고 남은 금액이 실제

한걸음 더 세금은 소득창출과 재산형성에 중요한 변수가 될 수 있다

사회인이 된 두 사람이 있다고 하자. 이 두 사람은 미혼이며, 연봉이 모두 3,000만원이라도 이 두 사람이 내는 세금에 따라 실제 수입하는 금액이 각각 다를 수 있다. A라는 사람은 1년 동안 근로에 대한 세금으로 100만원을 내고, B라는 사람은 200만원을 냈다면 두 사람의 경우 세금으로 인해 실질적으로 A가 B보다 근로로 창출한 수입이 100만원이 더 많은 셈이 된다.

이 두 사람이 투자이익을 얻기 위해 급여 중 30만원씩 만기가 1년인 금융상품에 가입하였는데, A는 연간 투자이익률이 7%인 C금융상품에, B는 연간 투자이익률이 6%인 D금융상품에 투자했다면 어떤 사람이 투자를 잘 했을까? A가 더 많은 연간 투자이익률을 올렸으니까 A가 투자를 잘했다고 생각할 수 있으나 이것은 잘못된 판단일 수 있다. 왜냐하면 투자이익률을 평가할 때는 단순히 실현된 또는 예상된 투자이익률로 판단해서는 안 되고, 여기에 물가상승률(투자기간)을 고려한 세금을 낸 후 이익률, 즉 물가상승률을 고려한 세후투자이익률을 고려하여야 한다.

위의 예에서는 만기가 1년으로 동일하므로 물가상승률은 두 투자를 판단하는데 고려되지 않아도 되고, 다만 세금은 고려되어야 한다. 만약에 두 투자로 인한 세금이 투자이익의 15.4%라면 당연히 A가 더 많은 투자이익을 올렸으므로 투자를 잘했다고 할 수 있다.

그런데 A가 투자한 C금융상품의 세금은 투자이익률의 15.4%이고, B가 투자한 D금융상품은 세금이 부과되지 않는 금융상품이라면 과연 어떤 금융상품이 실제로 더 높은 이익률을 얻었을까? 세금을 고려한 세후이익률로 두 금융상품을 비교하면 A가 투자한 C금융상품의 세후투자이익률은 7% × (1 − 15.4%) = 5.922%이고, B가 투자한 D금융상품의 세후투자이익률은 6% × (1 − 0%) = 6%이므로 세금까지 고려하면, B가 투자한 D금융상품이 실제로 더 높은 투자이익률을 올렸으므로 B가 투자를 잘했다고 볼 수 있다.

로 투자자가 얻는 투자이익이기 때문이다. 따라서 실현된 투자이익률을 평가할 경우에는 세금을 차감한 세후투자이익률로 판단하여야 한다.

이와 같이 세금은 투자이익률에 대한 부(−)의 결과를 가져온다. 마찬가지 논리로 직장생활 또는 사업체운영으로 근로소득이나 사업소득을 얻을 경우에 소득세를 내야 하는데, 이때 소득세는 가처분소득의 부(−)의 효과를 발생시킨다. 또한, 생을 마감하면서 배우자나 자녀에게 재산을 물려주는 때에도 상속세를 납부하는 경우가 있는데, 이때 상속세도 자녀 등에게 상속재산을 전부 물려주지 못하게 하는 부(−)의 결과를 가져온다.

이렇듯 세금은 근로소득, 사업소득 및 투자이익 등의 효율성을 평가할 때 중요한 변수가 되므로 세금이 어떤 경우에 내는 것인지를 미리 파악하고 이에 대처하여 법의 테두리 안에서 절세하면 할수록 소득에 대한 이익률, 투자이익률을 향상시킬 수 있다. 또한, 세법을 잘 활용하여 절세할 수 있다면 보유세(재산세, 종합부동산세)를 정당하게 줄일 수 있으며, 증여세 및 상속세를 정당하게 줄여 더 많은 재산을 후손에게 이전시킬 수 있다.

앞에서 설명한 절세의 장점이 있다고 해도 절세는 투자이익, 가처분소득, 상속재산을 보다 많게 하는 역할을 수행할 수 있는 주요 수단 또는 변수라는 점에 유의하여야 한다. 즉, 절세보다는 근본적인 투자의 목적, 소득창출의 목적, 상속재산의 효율적 이전 등이 보다 중요하다는 점을 명심하여야 한다.

2. 세금설계의 개념

1) 세금설계의 의의

개인재무설계는 사람이 태어나서 죽을 때까지 재무적·비재무적 곤란 없이 편안하게 생활할 수 있게 설계안을 수립하여 실행하고 계속적으로 모니터링하는 과정이라 할 수 있다. 개인재무설계의 분야를 살펴보면 보험설계, 투자설계, 보험설계, 부동산설계, 노후설계, 상속설계를 들 수 있다. 세금설계는 보험설계, 투자설계 등 다른 개인재무설계의 분야처럼 독립적으로 수립될 수 있는 설계가 아니라 다른 개인재무설계의 목표를 보다 효율적으로 달성하는 데 도움을 주는 개인재무설계의 일환으로 수립되는 설계라 볼 수 있다. 따라서 세금설계란 향후 또는 현재 발생하는 재산과 소득에 대한 순현금흐름과 세후이익률을 합리적으로 예상하고, 타 개인재무설계의 과정에서 나타나는 세무적 문제에 대한 적법한 대응방안과 절세방안을 수립하여 타 개인재무설계의 목표를 보다 효율적으로 달성하는 데 도움을 주는 과정이라 할 수 있다.

2) 세금설계의 역할

세금설계는 개인재무설계를 수립하는 데 다음과 같은 역할을 수행한다.

한걸음 더 **탈세는 절세가 아닌 범법행위이다**

대부분 사람들은 세금을 내는 것을 좋아하지는 않을 것이다. 그렇다고 세금을 내지 않을 수는 없다. 따라서 세금을 보다 적게 내는 방법을 강구할 것이다. 세법상 세금을 줄이는 방법으로 절세를 활용하는 것은 인정되지만 탈세를 하는 것은 허용하지 않는다.

절세는 세법이 인정하는 범위 내에서 의도적으로 합법적인 방법을 활용하여 세금을 줄이는 행위이고, 탈세는 고의로 수입금액의 누락, 허위계약서의 작성 등 불법적인 방법으로 세금을 줄이는 행위이다. 납세의무자가 탈세를 하면 본세뿐만 아니라 가산세 등이 추징되며 조세범처벌법에 의해 범칙처분을 받을 수 있다.

① 세금설계는 종합개인재무설계의 관점에서 다른 모든 개인재무설계분야와 관련이 있으므로 개인재무설계의 각 분야를 유기적으로 연결하는 역할을 한다.

② 세금설계는 개인재무설계의 각 분야의 세후현금흐름, 세후투자이익을 정확하게 예측하고 판단하게 하는 역할을 수행한다.

③ 세금설계는 절세전략 수립을 통해 개인재무설계의 목표를 효율적으로 달성시키는 역할을 수행한다.

3. 세금설계와 관련된 세금의 종류

1) 세금지식과 세무전문가와 유대관계

개인재무설계의 일환으로 세금설계를 수행하기 위해서는 세법지식이 필요하다. 세금설계는 종합개인재무설계 또는 다른 단일개인재무설계의 효율성을 높이기 위해 필요한 설계이므로 각 설계에 해당하는 세금지식을 알고 있어야 하며, 다양한 세금문제를 해결하기 위해 공인회계사, 세무사 등 세무전문가와 긴밀한 네트워크가 필요하다.

2) 세무설계와 관련된 세법

개인재무설계 일환으로 세금설계를 수립하기 위해 다음과 같은 세법지식을 습득하고 있어야 하는데, 이럴 경우에 보다 효율적인 세금설계를 수립하여 궁극적으로 재무목표를 효과적으로 달성할 수 있는 최적의 개인재무설계안을 도출할 수 있다.

(1) 소득 관련 세금

일반적으로 개인재무설계를 받게 되는 시기는 학업을 마치고 직장에 취직할 무렵부터이다. 직장에 취직하여 급여를 받게 되면 근로소득세를 내야 한다. 근로자는 근로소득세를 보다 적게 내기 위해 종합소득공제나 세액공제를 활용하게 된다. 이때 종합소득공제나 세액공제를 받으면서 향후 발생하는 개인재무설계를 대비할 수 있는 상품에 가입할 수 있는데, 이를 위해서는 종합소득공제에 대한 소득세법의 지식과 관련 상품에 대한 지식이 필요하다.

한편, 소득을 얻는 방법에는 직장생활 외에 사업체를 운영하는 방법이 있다. 개인사업체를 운영하는 사업자는 사업소득에 대한 소득세와 부가가치세를 부담하므로 소득세와 부가가치세에 대한 세법지식이 필요하다. 왜냐하면 사업소득에 대한 소득세를 절세할 수 있다면 가처분소득을 높일 수 있기 때문이다. 법인사업체를 운영하는 사업자는 법인세와 부가가치세에 대한 세법지식뿐만 아니라 근로소득·배당소득에 대한 소득세, 주식에 대한 양도소득세를 부담하므로 이에 대한 세법지식도 필요하다.

(2) 투자 관련 세금

실현투자이익률을 평가할 때에는 세금을 고려한 세후투자이익률로 평가해야 하므로 각각의 금융상품, 실물부동산 및 부동산펀드에 대한 세법규정을 잘 파악하고 있어야 한다. 개인은 근로나 사업을 통해 획득한 자금을 효율적으로 투자하여 보다 많은 재산을 축적하려고 하므로 이와 관련된 투자상품에 대한 조언을 할 경우에 세금이 미치는 영향을 충분히 고려하여야 한다. 투자상품에는 금융상품뿐만 아니라 부동산도 포함하므로 금융상품 관련 세법, 부동산 관련 세법에 대한 광범위한 세금지식의 습득이 필요하다.

한걸음 더 재무설계사의 세금설계에 대한 법적 한계

세무사법 제22조에 의하면, 세무대리는 일반적으로 조세에 관한 신고 · 신청 · 청구 등의 대리를 의미하지만, 조세에 관한 상담 또는 자문업무도 세무대리에 포함되어 있으므로 세무대리업무는 세무사법에 의하여 등록한 세무사, 변호사(변호사의 직무로서 행하는 경우와 세무대리업무등록부에 등록한 경우에 한함), 세무대리업무등록부에 등록한 공인회계사만이 가능하도록 규정되어 있다.

따라서 세무대리업무가 가능한 공인회계사 · 세무사 · 변호사가 아닌 자가 세금설계를 수행할 때에 순현금흐름 또는 세후예상이익률의 추정을 하는 경우에는 세무사법에 의한 위반문제가 발생하지 않지만, 개별적인 세금문제에 대한 대응방안이나 절세방안 등을 제안할 경우에는 세무사법에 의한 위반행위가 될 수 있음을 명심하여야 한다.

(3) 보험 관련 세금

인생 전반에 걸쳐 위험관리는 매우 중요하다. 이에 따라 위험에 대한 대비로서 보험상품을 가입하게 되는데, 이러한 보험상품은 소득세 · 법인세 · 상속세 및 증여세 절세방안뿐만 아니라 상속세 재원으로도 활용될 수 있다. 따라서 각 개인에 맞는 보험상품과 이와 관련된 세법규정을 잘 이해하고 있어야 한다.

(4) 연금 관련 세금

은퇴시기는 점점 빨라지고 의학의 발전과 건강에 대한 관심 등으로 기대여명은 점점 길어지고 있는 현시대에서는 연금의 역할이 중요하게 대두되고 있는데, 연금의 가입방식과 수령방식에 따라 과세되는 세금의 차이가 발생한다. 따라서 노후생활의 재원으로 활용하는 연금에 대한 세법지식의 함양이 필요하다. 특히 소득원이 별로 없는 은퇴자에게는 연금과 관련된 세금의 절세가 매우 필요할 것이다.

(5) 상속 및 증여 관련 세금

대부분 사람들은 평생 축적한 재산을 큰 누수 없이 자녀에게 물려주거나 사회에 기부하기를 원할 것이다. 상속세 및 증여세를 절세할 수 있다면 보다 많은 재산을 자녀에게 물려주거나 사회에 기부할 수 있으므로 상속세 및 증여세에 관한 세법지식이 필요하다.

본서에서는 개인재무설계를 효율적으로 수행하기 위해 필요한 세금에 대한 설명을 3개의 장에서 주로 다루는데, 제6장 세금설계에서는 개인재무설계를 효율적으로 수행하기 위해 필요한 국세기본법과 종합소득세에 대해 설명하고, 부동산 관련 세금인 취득세, 재산세, 종합부동산세 및 양도소득세는 제8장 부동산설계에서 설명하고, 상속세와 증여세는 제10장 상속설계에서 설명한다.

2절 세금의 개념

1. 세금의 주요 특징

국가가 나라살림을 운영하기 위해서는 예산이 필요한데, 국가는 이러한 예산을 마련하기 위해 조세법률주의에 입각하여 직접적인 반대급부 없이 세금을 거둘 수밖에 없다. 지방자치단체의 경우도 마찬가지이다.

우리나라 세금의 주요 특징을 설명하면 다음과 같다.

① 세금을 과세하는 주체가 국가 또는 지방자치단체로 구분되어 있다

지방자치분권화로 인해 국가와 지방자치단체에서 각각의 세법규정에 따라 세금을 부과한다. 국가에서 과세하는 세금을 국세라 하고, 지방자치단체에서 과세하는 세금을 지방세라 한다.

② 세금 부과의 목적은 재정수요 충족에 있다

세금은 국가 또는 지방자치단체의 재정수요를 충당하기 위해 과세한다. 하지만 공공단체가 부과하는 전기요금, 수도요금 등 공공요금은 국가 또는 지방자치단체의 재정수입을 목적으로 과세권자(국가, 지방자치단체)가 부과하는 것이 아니므로 세금에 해당하지 않는다.

③ 세금은 직접적인 대가없이 부과된다

세금의 가장 큰 특징은 직접적인 대가없이 과세된다는 것이다. 일반적으로 사람은 돈을 지불할 때에는 어떤 대가를 바라고 지불할 것이다. 그러나 어떤 사람이 세금을 납부하더라도 그 사람에게 직접적인 대가는 없다. 즉, 우리가 고속도로를 이용할 때, 위급사항에 119를 요청할 때에 세금을 얼마나 많이 냈느냐에 따라 이용조건이 다르지 않으며, 심지어 세금을 체납한 경우에도 이용할 수 있다.

④ 세금의 과세에 대한 절차와 형식은 법률에 의해 규정되어 있다

세금을 공정하게 부과하기 위해서는 일정한 기준에 의해 부과된다. 즉, 세금은 법에서 정해진 바에 따라 부과되는데, 이를 조세법률주의라 한다. 세금의 납부는 납세의무자의 재산에서 내야 하므로 납세자의 재산권 침해를 최소화하여야 한다. 따라서 세금은 납세자의 재산권 침해의 최소화를 전제로 하여 제정된 조세법률주의에 입각하여 부과된다. 또한, 조세법률주의에 입각하여 부과하는 세금은 납세의무자가 선택할 사항이 아니라 강제사항이라는 특징을 가지고 있다.

한걸음 더 **세금은 사람들의 행동양식도 변화시킬 수 있다**

세금은 사람들의 행동양식도 변화시키곤 했다. 대표적인 예로 영국의 창문세와 러시아의 수염세를 들 수 있다.

- **창문세** : 17세기 영국 왕 윌리엄 3세 때는 벽난로가 있는 주택을 호화주택으로 보아 세금을 부과하였다. 하지만 집에 벽난로가 있는지를 정부가 일일이 조사하기란 불가능하였다. 그래서 집 외부에서도 쉽게 판단할 수 있는 창문의 수를 기준으로 세금을 부과하자, 영국 국민들은 세금부담을 줄이기 위해 창문을 폐쇄하는 일까지 벌어지곤 했다.
- **수염세** : 러시아의 표트르(Pyotr) 대제는 서구문물을 적극적으로 수용하기 위하여 남자들의 수염을 깎도록 하였으나 잘 지켜지지 않았다고 한다. 그래서 수염을 기르는 남자에 대해 세금을 부과하자 세금을 아끼기 위해 너도나도 수염을 깎기 시작했다는 믿기 어려운 이야기도 있다.

(자료 : 국세청, 세금에 대한 오해 그리고 진실, 2006)

⑤ 세금은 조세공평성에 입각하여 부과된다

일반적으로 소득이나 재산이 많은 사람이 적은 사람보다 많이 내는 누진세율구조의 형식을 지닌 세금의 종류가 많은데, 이는 고소득층 또는 많은 재산을 가진 사람이 세금을 보다 많이 내도록 과세하고 국가로부터의 혜택은 공평하게 부여받게 하는 소득재분배 역할을 수행한다. 즉, 소득이나 재산과 관련된 대부분의 세금은 수직적 조세공평성에 입각하여 세금을 부과한다. 물론 부가가치세, 취득세 등과 같이 수평적 조세공평성에 입각하여 부과하는 경우도 있다.

2. 세금의 유형

세금은 분류하는 기준에 따라 여러 가지 유형으로 구분할 수 있는데, 여기에서는 기본적이고 일반적인 기준에 따라 구분하여 설명한다.

1) 과세주체에 따른 구분

세금을 과세하는 기관이 국가이냐 또는 지방자치단체이냐에 따라 국세와 지방세로 구분한다.

① **국세** : 국가가 부과하는 세금으로서 내국세와 관세로 구분

② **지방세** : 지방자치단체가 부과하는 세금으로 특별시세와 광역시세, 도세, 구세, 시·군세(광역시에 군세 포함)로 구분

2) 세율구조에 따른 구분

일반적으로 세금은 과세표준에 세율을 곱하여 계산하는데, 세율구조에 따라 과세표준에 관계없이 일정한 금액이 과세될 수 있고, 과세표준의 증감에 따라 일정한 비율로 증감할 수도 있지만 과세표준의 구간마다 다른 비율로 체증 또는 체감할 수 있다. 세율의 구조의 종류와 그에 해당되는 세금의 종류를 살펴보면 다음과 같다.

① **정액세** : 동일한 금액이 부과되는 세금으로 면허세, 주민세(개인분) 등이 있다.

② **정률세(비례세)**: 과세표준에 단일세율을 적용하는 조세로 부가가치세, 취득세 등이 있다.

③ **누진세**: 과세표준의 일정구간이 증가함에 따라 세율이 증가하는 조세로 소득세, 법인세, 상속세, 증여세 등이 있다.

3) 과세대상의 내용에 따른 구분

일반적으로 세금은 소득에 대하여 과세한다고 생각할 수 있지만 소비 또는 거래, 재산보유, 면허소유에 대하여도 세금을 과세할 수 있다. 이처럼 세금을 부과할 수 있는 과세대상은 다양한데, 주요한 과세대상의 내용과 이에 해당되는 세금을 살펴보면 다음과 같다.

① **소득**: 소득세, 양도소득세, 법인세, 지방소득세 등

② **부가가치 · 소비 · 거래**: 부가가치세, 개별소비세, 관세, 증권거래세, 담배소비세, 취득세, 농어촌특별세, 지방교육세 등

③ **재산의 보유**: 재산세, 종합부동산세, 농어촌특별세, 지방교육세, 자동차세, 주민세(사업소분) 등

④ **기타**: 면허세, 주민세(개인분), 주민세(종업원분) 등

4) 세금과세의 독립성 유무에 따른 구분

세금은 일정한 과세요건을 충족하여야 과세되지만, 일정한 과세요건을 갖추지 않고 다른 세금에 부차적으로 과세되는 경우도 있다. 전자는 과세요건을 독립적으로 갖춘 경우에 과세되는 세금이므로 독립세(본세)라 하고, 후자는 독립세의 일정비율에 해당하는 세금이 과세된다 하여 부가세(딸린 세금)라 한다. 독립세와 부가세의 내용과 이에 해당되는 세금을 살펴보면 다음과 같다.

① **독립세**: 일정한 차별화된 과세요건에 따라 과세되는 세금으로 소득세, 양도소득세, 법인세, 취득세, 재산세, 종합부동산세, 지방소득세 등이 있다.

② **부가세**: 다른 세금에 과세되는 세금으로 다른 세금의 세액을 과세표준으로 한다. 이에 해당하는 세목으로는 취득세와 재산세에 부가되는 지방

교육세, 취득세와 종합부동산세에 부가되는 농어촌특별세가 있다.

5) 세금의 부담자와 납세의무자의 동일성 여부에 따른 구분

세금을 실질적으로 부담하는 사람(담세자)과 세금을 납부하는 사람(납세의무자)이 일치하는가의 여부에 따라 다음과 같이 직접세와 간접세로 구분된다.

① **직접세**: 세금을 부담하는 담세자와 납세의무자가 일치한 경우로 소득세, 취득세, 재산세, 상속세, 증여세 등 대부분 세금이 이에 해당한다.

② **간접세**: 세금을 부담하는 담세자와 납세의무자가 일치하지 않고 납세의무가 담세자에게로 세금이 전가되는 경우로 부가가치세, 주세, 개별소비세 등이 이에 해당한다.

3. 우리나라 조세의 체계

우리나라의 세금은 앞에서 설명한 바와 같이 국가가 과세하는 국세와 지방자치단체가 과세하는 지방세로 구분된다. 국세는 내국세와 관세(수입상품 등에 과세하는 세금)로 구분되고, 지방세는 도세(서울특별시, 도, 광역시)와 시・군세로 구분된다. 또한 국세와 지방세에 관계없이 세금의 사용용도에 따라 일반적 재정지출을 목적으로 과세하는 보통세와 특정 목적의 지출을 충당하기 위해 부과하는 목적세로 구분된다.

한걸음 더 **세금의 법령체계**

세금을 과세하기 위해서는 법 적용의 질서가 필요한데, 이를 법령체계라 한다. 이러한 세금의 법령체계를 쉽게 설명하기 위해 소득세의 법령체계를 예를 들어 살펴보면, 소득세법 → 소득세법 시행령(대통령령) → 소득세법 시행규칙(총리령, 기획재정부령) → 소득세법 기본통칙(국세청 행정규칙) → 기타 소득세법 관련 고시 순으로 되어 있다. 즉, 국세인 소득세법은 국회에서 결정하고, 그 법을 집행하기 위해 그 세부적인 내용의 결정은 대통령령, 총리령 또는 기획재정부령, 국세청행정규칙, 국세청고시 등 순으로 더욱 세부적인 내용을 정하고 이 순서에 따라 국세를 적용하여 소득세를 과세한다.

우리나라의 국세와 지방세의 체계를 도표로 나타내면 <그림 6-1>과 같다.

그림 6-1 | 우리나라 조세체계

- 국세
  - 내국세
    - 보통세
      - 직접세
        - 소득세
        - 법인세
        - 상속세
        - 증여세
        - 종합부동산세
      - 간접세
        - 부가가치세
        - 개별소비세
        - 주세
        - 인지세
        - 증권거래세
    - 목적세
      - 교육세
      - 농어촌특별세
  - 관세
- 지방세
  - 특별시세와 광역시세
    - 보통세
      - 취득세
      - 레저세
      - 담배소비세
      - 지방소비세
      - 주민세
      - 지방소득세
    - 목적세
      - 지역자원시설세
      - 지방교육세
  - 구세
    - 보통세
      - 등록면허세
      - 자동차세
  - 도세
    - 보통세
      - 취득세
      - 등록면허세
      - 레저세
      - 지방소비세
    - 목적세
      - 지역자원시설세
      - 지방교육세
  - 시·군세
    - 보통세
      - 주민세
      - 지방소득세
      - 재산세
      - 자동차세
      - 담배소비세

4. 세금의 과세체계

1) 납세의무의 성립

세금은 앞에서 설명한 조세법률주의에 의해 법에서 규정한 대로 부과되기 때문에 사람들은 직장생활 또는 사업체 운영을 통해 얻은 소득 및 투자에서 얻은 소득에서 얼마 정도 세금을 내게 될 것인지 미리 예상할 수 있다. 이러한 예상은 예산을 수립하여 생활하거나 투자 여부를 결정하는 데 도움을 준다. 세금을 부과시키기 위해서는 세법에서 규정한 과세요건을 모두 충족해야 한다.

참고 >> 과세요건

과세요건은 납세의무를 성립시키기 위한 법률적 요건을 말한다.
ⓐ 납세의무자
ⓑ 과세대상(과세물건)
ⓒ 과세표준
ⓓ 세율

2) 납세의무의 확정 및 신고

(1) 납세의무의 확정

납세의무의 성립으로 존재하는 추상적인 납세의무를 구체적인 납세의무로 전환하는 절차가 필요한데, 이를 납세의무의 확정이라 한다. 납세의무의 확정은 납세성립일 이후 납세의무를 확정지우기 위해 일정한 기간 동안 납세의무자 또는 과세관청이 확정하여야 하는데, 납세의무의 성립과 동시에 납세가 자동으로 확정되는 세금도 있다.

① 신고납세제도

납세의무자가 과세표준과 세액을 신고하여 과세표준 및 세액이 확정되는 제도를 말한다. 한편, 납세의무자가 신고를 하지 아니하거나 신고하여야 할 세액에 미달(과소)하게 신고하는 경우 그 무신고액 또는 미달(과소)신고액은 정부부과제도에 의해 납세의무가 확정된다. 이에 해당하는 세금으로는 소득세, 법인세, 부가가치세, 취득세 등을 들 수 있다.

② 부과과세제도

과세관청이 과세표준과 세액을 확정하는 제도를 말하며, 납세의무자의 세금신고는 세액을 확정시키는 효력은 없고 과세관청이 세금의 부과처분(결정)을 할 때 필요한 근거자료를 제공하는 협력의무에 불과하다. 따라서 과세관청의 부과처분(결정)에 의해 납세의무가 확정된다. 이에 해당하는 대표적인 세금으로는 상속세, 증여세 등을 들 수 있다.

③ 자동확정방식

납세의무의 성립과 동시에 납세의무가 자동으로 확정되는 세금으로 이에 해당하는 세금으로는 인지세, 원천징수하는 소득세 등을 들 수 있다.

(2) 세금의 신고 및 고지

납세의무자가 세금을 내기 위해서는 납부서 또는 납부고지서가 있어야 한다. 세금을 납부하는 방법에는 납세의무자가 자진신고를 하여 납부서에 의해 세금을 납부하는 경우가 있고 국가나 지방자치단체가 납부할 세금을 고지하는 납세고지서에 의해 세금을 납부하는 경우도 있다.

대부분 지방세는 지방자치단체에서 세금을 고지하는 경우가 많고, 자진신고를 하는 경우는 취득세, 지방소득세 등 일부에 국한되어 있다. 한편 국세는 대부분 자진신고를 하는 경우가 많다. 또한, 인지세, 원천징수하는 소득세 등과 같이 납세의무가 성립할 때 별도의 확정절차 없이 세금을 내는 경우도 있다.

한걸음 더 **세금신고에 대한 일반적인 절차(국세의 경우)**

세금을 신고하여야 하는 납세의무자는 각 세목을 관할세무서에 법정신고기한까지 세금을 신고하고 납부한다. 세금신고는 관할세무서에 신고서를 직접 제출하거나 우편으로 신고하는 것도 가능할 뿐만 아니라 납세의무의 편의를 도모하기 위해 국세청에 전자신고할 수 있는데, 전자신고가 가능한 세목이 점차 증가되어 납세자의 편의 및 국세행정의 효율성을 도모하고 있다.

법정신고기한까지 신고하여야 할 세금을 자진신고하지 않거나 과소신고하거나 납부하지 않은 경우에는 신고불성실가산세, 납부지연가산세 등 불이익을 감수하여야 한다. 또한 과세관청에서 고지된 세금을 내지 않으면 가산금을 추가로 내야 한다.

3) 신고내용의 정정

과세표준 법정신고기한 내에 신고한 세금의 내용에 오류가 발생한 경우에는 그 신고내용을 납세의무자가 정정할 수 있는데, 이에는 수정신고와 경정청구가 있다.

(1) 수정신고

납세의무자가 법정신고기한 내에 신고한 과세표준금액이 실제보다 적거나 환급신청한 금액이 실제보다 많은 경우에는 수정신고를 하여 제대로 된 신고로 정정할 수 있다.

(2) 경정청구

납세의무자가 법정신고기한까지 신고한 과세표준금액이 실제보다 많거나 환급신청한 금액이 실제보다 적은 경우에는 경정청구를 할 수 있다.

(3) 기한 후 신고

납세의무자가 법정신고기한까지 신고하지 않은 경우에는 수정신고나 경정

한걸음 더

무신고와 무실적신고의 차이

무신고는 말 그대로 법정신고기한까지 신고를 하지 않은 것을 말한다. 이에 반해 무실적신고는 과세기간 중에 수입금액 등이 없어 실적이 없다고 신고를 하는 것을 말하며 이는 법률 용어는 아니다. 실적이 없다고 신고를 하지 않으면, 추후 수정신고 및 경청청구를 할 수 없어 불이익을 당할 수 있으므로 실적이 없어도 법정신고기한까지 실적이 없다는 무실적신고를 하여야 한다.

청구를 할 수 없으나, 과세관청으로부터 부과처분(결정)을 받기 전까지 기한 후 신고를 할 수가 있다.

4) 납세의무의 소멸

과세요건에 모두 충족되어 추상적으로 납세의무가 성립하고 일정한 절차(또는 자동성립)에 의해 구체적으로 납세의무가 확정되는데, 이러한 납세의무는 납세의무자가 세금을 납부함으로써 소멸한다. 하지만, 세금의 납부 외에 세금의 충당, 부과의 취소, 국세부과제척기간의 만료 및 국세징수권 소멸시효의 완성 등으로도 소멸된다.

5) 추징세액 구제절차

납세의무자는 과세관청이 부과・결정한 고지내용에 이의가 있으면 불복청구를 할 수 있다. 물론, 납세의무자는 과세관청이 추징할 세액을 부과・결정

한걸음 더

납부의무의 소멸사유

① **납부** : 납세자의 자진신고납부 또는 납세고지서 및 독촉장에 의한 고지세액을 국고에 납입하는 것을 말한다.

② **충당** : 납세자에게 환급할 국세환급금과 당해 납세자가 납부할 세액을 서로 상계시켜 국세의 세입으로 하는 것과 체납처분절차에 의한 매각대금으로 체납액에 보전하는 것을 말한다.

③ **부과처분의 취소** : 납세의무자의 신고 또는 과세관청의 부과처분(결정)에 의하여 일단 유효하게 확정된 납세의무의 내용에 흠결 또는 하자가 있음을 이유로 하여 당초 부과처분을 취소하는 것을 말한다.

④ **부과제척기간의 만료** : 세금을 부과할 수 있는 기간이 만료되는 날 이후에는 과세관청이 부과권을 더 이상 행사할 수 없도록 하는 제도를 말하는데, 이는 조세부과권의 행사에 시간적 한계를 둠으로써 조세법률관계를 조속히 안정시켜 납세자의 법적 안정성을 도모하는 제도이다. 부과제척기간이 만료되면 납부의무는 소멸된다.

⑤ **소멸시효 완성** : 조세징수권은 과세관청이 이를 행사할 수 있는 때로부터 5년(5억 이상 국세: 10년)간 행사하지 않으면 조세징수권의 소멸시효가 끝나는데, 이를 소멸시효의 완성이라 한다. 소멸시효가 완성되면 납세의무는 소멸된다.

하기 전에 과세전적부심사(課稅前適否審査)를 통해 과세예고세액의 정당성 여부를 심사받을 수 있다.

추징세액에 대해 국세기본법에 따른 불복청구를 하지 않으면 법원에 행정소송을 할 수 없으므로 반드시 과세관청에 불복청구를 우선적으로 하여야 하며, 이러한 불복청구가 받아들여지지 않으면 법원에 행정소송을 하여 구제여부를 판결받을 수 있다.

국세기본법에 따른 구제절차에는 관할세무서장(경우에 따라 지방국세청장)에 신청하는 이의신청, 국세청장에 청구하는 심사청구, 조세심판원장에 청구하는 심판청구, 감사원장에 청구하는 심사청구 등이 있다.

그러므로 과세관청으로부터 승복할 수 없는 추징세액이 고지되었을 경우에는 법률상 세무대리업무를 할 수 있는 공인회계사, 세무사 및 변호사와 상담을 하여 불복청구를 고려할 필요가 있다.

3절 종합소득세의 이해

1. 소득세 개요

1) 소득세의 개념

직장에 취직하여 근로를 제공하거나 사업체를 직접 운영하여 얻게 되는 일정한 금전 등의 대가를 소득이라 한다. 이러한 소득에 대하여 부과하는 세금을 소득세라 한다.

대부분의 사람들은 근로소득이나 사업소득으로 재원을 모아 투자를 하여 재산을 증대시킨다. 최초의 소득원을 형성할 때 과세되는 세금이 소득세이므로 개인재무설계의 입장에서 볼 때 소득세가 가장 기본이 되는 세금이다. 따라서 소득세를 절세할 수 있다면 가처분소득을 상대적으로 증가시켜 보다 많은 투자재원을 확보할 수 있다.

2) 납세의무자

소득세는 개인 또는 법인으로 보지 않는 단체 등이 얻은 소득에 대해 과세하는 세금을 말하는데, 이러한 소득세 과세대상이 되는 소득을 얻은 자가 납세의무자가 된다. 납세의무자가 세법상 거주자이냐 비거주자이냐에 따라 납세의무가 달라지는데 이를 도표로 나타내면 다음과 같다.

표 6-1 | 납세의 범위

구 분	납 세 범 위
거 주 자	국내외에서 발생한 모든 소득주)
비거주자	국내에서 발생한 소득

주: 당해 과세기간 종료일 10년 전부터 국내에 주소 또는 거소를 둔 기간의 합계가 5년 이하인 외국인 거주자에게는 과세대상 소득 중 국외에서 발생한 소득의 경우 국내에서 지급되거나 국내로 송금된 소득에 대해서만 과세한다.

소득세뿐만 아니라 많은 종류의 세금에서 납세의무자가 거주자이냐 또는 비거주자이냐에 따라 세금의 범위뿐만 아니라 과세방법이 상이한 경우가 많으므로 거주자와 비거주자를 구분하는 것은 매우 중요하다.

본 장에서는 세금내용에 대한 모든 개인 및 법인으로 보지 않는 단체는 거주자임을 가정하여 설명하고 있으며, 비거주자에 대한 설명을 할 경우에는 비거주자임을 명시한다.

소득세법 제1조의 2 제1항에 따르면 거주자란 주소를 두거나 1년 이상 거소를 둔 개인으로 규정하고 있으며, 비거주자는 거주자가 아닌 개인으로 규정하고 있다. 대한민국에만 거주하지 않고 다른 나라에도 동시에 거주하여 거주자와 비거주자의 구분이 불분명할 경우에는 국적에 따라 구분되는 것이 아니라, 어디에 주소를 두고 있느냐, 주로 어디에서 거주하느냐, 주로 어디에서 경제활동을 하느냐, 어디에 가족들이 거주하느냐, 조세조약 등에 따라 거주자와 비거주자로 구분된다.

3) 과세대상의 소득의 범위

소득세법상 소득의 특징은 세법에 열거된 소득만이 과세대상이 된다. 반면에 법인세는 세법에 열거된 사항은 예시규정에 불과하고 순자산을 증가시키면 과세대상이 된다. 따라서 소득세의 과세방식을 열거주의(소득원천설)라 하고, 법인세의 과세방식은 포괄주의(순자산증가설)라고 한다.

최근에는 다양한 금융상품이 지속적으로 개발되어 새롭게 개발된 금융상품에서 발생한 소득을 소득세법에 모든 소득을 나열하는데 시간이 필요하여 세법에 적용하기 위해서는 시간상의 문제가 발생한다. 따라서 이자소득, 배당소득 및 사업소득에 대해서는 포괄주의를 도입하고 있어 현행 소득세법은 유형별 포괄주의에도 해당한다.

4) 소득과 소득금액의 이해

개인이 일정한 소득을 얻으면 세법의 규정에 따라 계산된 소득세를 납부하여야 한다. 소득세법상 소득의 종류에 따라 총수입금액(비과세소득이 제외된 금액)에서 필요경비를 차감한 금액을 소득금액이라 한다.

5) 소득의 구분

소득세법상 소득은 다음과 같이 크게 4가지로 분류하여 과세한다.

① 종합소득

해당 연도에 발생하는 이자소득, 배당소득, 사업소득, 근로소득, 연금소득 및 기타소득을 합산한 것을 말한다.

② 퇴직소득

퇴직으로 인하여 발생하는 소득과 국민연금법 또는 공무원연금법 등에 따라 지급받는 일시금(부가금, 수당 등 연금이 아닌 형태로 일시에 지급받는 것을 포함)을 말한다.

③ 양도소득

자산(부동산, 주식 등)의 양도로 인하여 발생하는 소득을 말한다.

④ 금융투자소득(2023년도 이후 시행)

주식, 채권 또는 투자계약증권의 양도, 집합투자기구나 파생결합증권으로부터의 이익, 파생상품의 거래나 행위로 발생하는 소득을 말한다.

표 6-2 | 소득과 소득금액의 관계

	구 분	비 고
	소 득	총수입금액으로 비과세소득이 차감된 금액임.
(−)	필요경비	해당 수입을 얻기 위해 지출한 비용
=	소득금액	해당 소득에 대한 이익 개념

※ 소득세법상 총수입금액은 과세제외소득, 비과세소득 및 분리과세소득이 포함되지 않은 금액이다.
※ 소득세법상 소득은 매출액(수익) 개념이고, 소득금액은 이익 개념으로 그 차이점을 구별할 수 있어야 한다.

위와 같이 소득을 4가지로 분류하여 과세하는 이유는 소득세의 세율이 일반적으로 누진세율구조로 되어 있어 납세의무를 유리하게 하기 위함이다. 즉, 개인의 소득을 위에서 나열한 4가지 소득으로 구분하여 과세표준을 구한 후, 여기에 누진세율을 곱하여 각각의 세액을 구하는 것이 모든 소득을 합산하여 세액을 계산하는 것보다 세액이 적어져 납세의무자에게 유리하게 되기 때문이다.

종합소득과 과세기간이 다른 퇴직소득, 양도소득, 금융투자소득을 종합소득으로 보아 합산하여 과세하지 않고 별개의 소득으로 분류하여 각각 퇴직소득세, 양도소득세, 금융투자소득세로 과세한다. 즉, 종합소득은 인위적으로 과세기간을 1년 단위(1월 1일부터 12월 31일까지)로 정하여 1년 동안 발생된 소득을 합산하여 과세한다. 하지만, 퇴직소득은 일반적으로 1년 이상 근무한 대가로 수득한 소득이고, 양도소득과 금융투자소득도 마찬가지로 대부분 1년 이상 보유하다 발생된 소득이다. 이는 소득의 형식이 다를 뿐만 아니라 장기간에 걸쳐 형성된 소득을 1년 단위로 수득한 종합소득과 한꺼번에 합산하여 세금을 과세하는 것은 합당치 않아 1년 단위로 과세하는 종합소득과 합산하지 않는 것이다.

한걸음 더 가상자산소득과 금융투자소득이 생겼다는데, 어떤 소득인가요

2021년도 적용 소득세법이 개정되면서 가상자산소득과 금융투자소득이 신설되었다.

▨ 가상자산소득의 신설

① 적용시기 : 2022년 1월 1일 발생하는 소득분부터 적용함(2021년도까지는 소득세가 과세되지 않음).
② 가상자산소득 : 특정 금융거래정보의 보고 및 이용 등에 관한 법률 제2조 제3호에 따른 가상자산(비트코인 등)을 양도하거나 대여함으로써 발생하는 소득을 말함.
③ 기존 소득과의 관계 : 신설된 소득임.
④ 소득의 종류 : 종합소득 중 기타소득에 해당함.

▨ 금융투자소득의 신설

① 적용시기 : 2023년 1월 1일 발생하는 소득분부터 적용함.
② 금융투자소득 : 주식, 채권 또는 투자계약증권의 양도, 집합투자기구나 파생결합증권으로부터의 이익, 파생상품의 거래나 행위로 발생하는 소득을 말함.
③ 기존 소득과의 관계 : 기존의 배당소득, 양도소득 등에 해당하는 금융자산의 양도 등에서 발생하는 소득이 금융투자소득으로 통합되어 종합소득과 별도로 과세됨. 따라서 기존에 일부 과세제외소득분도 금융투자소득이 되어 소득세 과세대상이 되는 소득으로 전환됨.
④ 소득의 종류 : 종합소득과 별도의 금융투자소득(신설)에 해당됨.

2. 종합소득의 이해

1) 종합소득의 종류

종합소득의 종류에는 다음과 같이 6가지의 소득이 있다.

① 근로소득 ② 사업소득 ③ 이자소득
④ 배당소득 ⑤ 연금소득 ⑥ 기타소득

종합소득을 위에서와 같이 6가지로 구별하는 이유는 소득의 내용, 소득의 범위, 소득금액의 산출방법 등에 차이를 두어 과세할 필요성이 있기 때문이다.

2) 과세방법

(1) 분리과세와 종합과세

종합소득의 과세방법은 분리과세와 종합과세가 있다.

① 분리과세

종합소득에 속하는 소득금액은 해당 과세기간(연도) 단위로 합산하여 과세하는 것이 원칙이지만, 조세정책 목적상 종합과세하지 않고 소득발생 건별로 소득금액에서 소득세(지방소득세 포함)를 원천징수하는 것으로 납세의무가 종결되는 소득이 있는데, 이를 분리과세소득이라 한다.

② 종합과세

종합소득세 계산 시 종합소득에 합산하여 과세되는 소득을 통상적으로 종합과세소득이라 칭한다.

(2) 소득에 따른 과세유형

앞에서 나열한 6가지 종합소득은 그 유형과 금액에 따라 분리과세나 종합과세로 과세될 수 있고, 이외에 납세의무자가 분리과세 또는 종합과세를 선택할 수 있는 경우도 있다.

① 항상 분리과세하는 경우

- 금융소득 종합과세기준금액(2천만원) 이하의 금융소득(이자 · 배당소득)
- 분리과세 대상 이자 · 배당소득 등
- 연말정산으로 납세의무가 종결되는 근로 · 사업소득 등

② 항상 종합과세되는 소득

- 사업소득(연말정산으로 납세의무가 종결되는 사업소득 제외)
- 금융소득 종합과세기준금액(2천만원) 초과의 금융소득(이자 · 배당소득)
- 원천징수되지 않은 비영업대금의 이익
- 원천징수되지 않은 외국에서 받은 금융소득(이자 · 배당소득)
- 기타소득금액(무조건 종합과세대상 및 무조건 분리과세대상 기타소득 제외)이 300만원 초과의 기타소득

한걸음 더 **분리과세로 종결하는 사업소득**

일반적으로 사업소득은 종합과세되는 소득이지만, 원천징수되는 사업소득 중 보험모집인(간편장부대상자에 한함)의 사업소득처럼 원천징수의무자(사업소득을 지급하는 회사)가 연말정산하는 경우에는 종합과세하는 타 종합소득이 없을 시에는 분리과세로 종결한다.

- 총연금액(공적연금 제외)이 1,200만원 초과의 연금소득 등

③ 분리과세 또는 종합과세를 선택할 수 있는 경우

- 기타소득금액(무조건 종합과세대상 및 무조건 분리과세대상 제외)이 300만원 이하인 기타소득
- 총연금액(공적연금 제외)이 1,200만원 이하의 연금소득 등

3) 종합소득세 계산절차

종합소득 중 종합과세되는 종합소득은 각각의 소득금액을 합산하여 종합소득금액을 계산한 후에 다음 <표 6-3>과 같이 종합소득세 납부할 세액을 구한다.

표 6-3 | 종합소득세의 과세흐름도

	구 분	내 용
	종합소득금액	종합과세하는 각 소득금액을 합산하여 계산
(−)	종합소득공제	인적공제, 특별소득공제, 연금보험료공제 등
=	**종합소득과세표준**	
×	종합소득세 세율	6~45%의 8단계 초과누진세율
=	**산출세액**	
(−)	세액감면 · 세액공제	기장세액공제, 연금계좌세액공제, 특별세액공제 등
=	**결정세액**	
(+)	가산세	신고불성실가산세, 납부지연가산세 등
(−)	기납부세액	중간예납세액, 원천징수세액 등
=	**납부(환급)할 세액**	

※ 종합소득세의 10% 상당액이 지방소득세로 과세됨.

4) 종합소득과세표준의 계산

종합소득과세표준 = 종합소득금액 - 종합소득공제액

(1) 종합소득금액

6가지의 종합소득 중 종합과세되는 소득에서 각각 소득세법에서 정한 필요경비를 차감하여 계산한 각각의 소득금액을 합하여 종합소득금액을 구한다.

표 6-4 | 소득금액의 계산방법

소득의 종류	소 득	필요경비	소득금액
근로소득	총수입금액(총급여액)	근로소득공제	근로소득금액
사업소득	총수입금액	필요경비	사업소득금액
이자소득	총수입금액	–	이자소득금액
배당소득	총수입금액 + Gross-up금액	–	배당소득금액
연금소득	총수입금액(총연금액)	연금소득공제	연금소득금액
기타소득	총수입금액	필요경비	기타소득금액

(2) 종합소득공제

소득세법상 종합소득공제의 내용을 살펴보면 다음과 같다.

- 인적공제
  - 기본공제
  - 추가공제
- 연금보험료공제
- 주택담보노후연금 이자비용공제
- 특별소득공제
- 조세특례제한법상 소득공제
  - 장기집합투자증권저축에 대한 소득공제
  - 소기업·소상공인 공제부금에 대한 소득공제
  - 신용카드 등 사용금액에 대한 소득공제 등

한걸음 더 종합소득이 있다고 모든 소득공제를 받을 수 있는 것은 아니다

종합소득공제는 개인이 근로소득이 있느냐 없느냐에 따라 적용될 수 있는 공제가 달라짐에 유의하여야 한다. 근로소득이 있는 경우에만 적용되는 종합소득공제금액에는 국민건강보험료·고용보험료·노인장기요양보험료공제, 주택자금공제, 조세특례제한법상 소득공제 중 신용카드 등 사용금액에 대한 소득공제와 우리사주조합 출연금 소득공제, 장기집합투자증권저축에 대한 소득공제 등이 있다.

① 인적공제

ⓐ 기본공제

기본공제의 종류에는 본인공제, 배우자공제, 부양가족공제가 있다. 배우자공제와 부양공제를 받기 위해서는 공제대상자가 나이요건과 소득금액요건을 충족하여야 한다. 부양가족공제대상이 되기 위한 부양가족이란 소득자와 생계를 같이하는 본인과 배우자의 직계존비속 및 형제자매, 국민기초생활보장법상 수급자, 위탁아동을 말한다. 기본공제로 기본공제대상자 1명당 150만원을 공제한다. 기본공제대상이 되는 요건을 요약하여 나타내면 다음 표와 같다.

표 6-5 | 기본공제

구 분	공제대상자	공제 요건	
		나이 요건	소득금액 요건
본인공제	본인	–	–
배우자공제	배우자	–	연 100만원 이하
부양가족공제	직계비속, 입양자	20세 이하	연 100만원 이하
	직계존속	60세 이상	연 100만원 이하
	형제자매	20세 이하, 60세 이상	연 100만원 이하
	국민기초생활보장법상 수급자	–	연 100만원 이하
	위탁아동	18세 미만	연 100만원 이하

※ 장애인은 나이 요건을 충족하지 않아도 됨.

ⓑ 추가공제

기본공제대상자가 다음 요건에 해당하는 경우에는 다음의 소득공제를 추가로 공제받을 수 있다.

표 6-6 | 추가공제

구 분	요 건	공제금액
① 경로우대자공제	만 70세 이상	연 100만원
② 장애인공제	장애인	연 200만원
③ 부녀자공제	종합소득금액이 3천만원 이하로 다음 중 어느 하나에 해당하는 경우 ⓐ 배우자 있는 여성 ⓑ 배우자 없는 여성으로 부양가족이 있는 세대주	연 50만원
④ 한부모공제	배우자가 없는 거주자로서 기본공제대상자인 직계비속 또는 입양자가 있는 경우	연 100만원

※ ③과 ④는 중복적용될 수 없음(중복되는 경우 한부모공제를 적용하는 것이 유리).

② 연금보험료공제

종합소득금액이 있는 자는 공적연금 관련법에 따른 연금보험료를 납입한 경우에는 해당 과세기간의 종합소득금액에서 그 과세기간에 납입한 연금보험료를 전액 공제받을 수 있다.

③ 주택담보노후연금 이자비용공제

연금소득자는 일정한 요건을 충족한 법정 주택담보노후연금을 지급받는 경우에는 그 지급받은 연도에 발생한 이자상당액을 연 200만원 한도로 연금소득금액에서 공제받을 수 있다.

④ 특별소득공제

특별소득공제는 근로소득자의 경우에만 적용되는 공제이다. 소득세법상 특별소득공제를 요약하여 도표로 나타내면 <표 6-7>과 같다.

⑤ 조세특례제한법상 소득공제

조세특례제한법에서는 조세정책목적상 종합소득금액에서 공제해 주는 소득공제항목이 있는데, 이에 해당하는 소득공제를 도표로 요약하여 설명하면 <표 6-8>과 같다.

앞의 조세특례제한법상 소득공제 중 신용카드 등 사용금액 소득공제와 우리사주조합 출연금 소득공제는 근로소득이 있어야 적용받을 수 있다.

표 6-7 | 특별소득공제

종 류	대상요건	공제대상액	한도액
보험료공제	국민건강보험료 · 고용보험료 · 노인장기요양보험료	납입보험료	전액
주택자금공제	ⓐ 주택마련저축공제 ⓑ 주택임차자금차입금소득공제 ⓒ 장기주택저당차입금 이자상환액공제	불입액 × 40% 상환액 × 40% 이자상환액	ⓐ+ⓑ : 300만원 ⓐ+ⓑ+ⓒ : 500만원 (1,800만원, 1,500만원, 300만원)*)

*) • 1,800만원 : 차입금상환기간 15년 이상 & 고정금리 & 비거치식 분할상환방식
• 1,500만원 : 차입금상환기간 15년 이상 & (고정금리 or 비거치식 분할상환방식)
• 500만원 : 차입금상환기간 15년 이상
• 300만원 : 차입금상환기간 10년 이상 & (고정금리 or 비거치식 분할상환방식)

표 6-8 | 조세특례제한법상 주요 소득공제

종 류	공제대상액	한 도 액
벤처투자조합 출자 등 소득공제	출자 또는 투자금액의 10% · 30% · 70% · 100%	종합소득금액 × 50%
신용카드 등 사용금액에 대한 소득공제	총급여액의 20%(25%)를 초과하는 금액의 15% · 30% · 40%	• 총급여액 7천만원 이하 : min{연 300만원, 총급여액 × 20%} • 총급여액 7천만원 초과 1억 2천만원 이하 : 연 250만원 • 총급여액 1억 2천만원 초과 : 연 200만원 ※ 각 경우에 한도초과금액에 대한 추가 한도액이 있음.
소기업 · 소상공인 공제부금 소득공제	연간 납입액	• 사업소득금액 4천만원 이하 : 연 500만원 • 사업소득금액 4천만원 초과 1억원 이하 : 연 300만원 • 사업소득금액 1억원 초과 : 연 200만원 ※ 해당 법인의 총급여액이 7천만원 이하인 대표자는 근로소득금액으로 적용함. ※ 2019년도 이후 신규가입자부터는 부동산 임대소득은 사업소득으로 보지 않음.
우리사주조합 출연금 소득공제	출자금액	400만원(벤처기업 등의 우리사주조합원의 경우에는 1,500만원)
장기집합투자증권저축에 대한 소득공제	총급여액이 5천만원 이하의 근로소득자 납입금액(2015년도 가입분까지 가입한 날부터 10년 동안 소득공제 가능)	납입금액 × 40%
고용유지중소기업의 근로자 소득공제	임금삭감액의 50%	상시 근로자 1명당 : 1천만원

5) 종합소득산출세액의 계산

종합소득산출세액 = 종합소득과세표준 × 종합소득세 세율

종합소득세 세율은 최저 6%부터 최고 45%까지의 8단계 초과누진세율을 적용받는다.

표 6-9 | 종합소득세 세율

종합소득 과세표준	(×)세 율	(−)누진공제액
1,200만원 이하	6%	−
1,200만원 초과 4,600만원 이하	15%	1,080,000원
4,600만원 초과 8,800만원 이하	24%	5,220,000원
8,800만원 초과 1억 5천만원 이하	35%	14,900,000원
1억 5천만원 초과 3억원 이하	38%	19,400,000원
3억원 초과 5억원 이하	40%	25,400,000원
5억원 초과 10억원 이하	42%	35,400,000원
10억원 초과	45%	65,400,000원

6) 납부(환급)할 세액의 계산

> 납부(환급)할 세액 = 종합소득결정세액 + 가산세 − 기납부세액
> • 종합소득결정세액 = 종합소득산출세액 − 세액감면 · 세액공제액
> • 기납부세액 = 원천징수세액 + 중간예납세액 + 수시부과세액 등

종합소득산출세액에서 세액감면 · 세액공제액을 차감하고 가산세를 가산하여 종합소득결정세액을 계산한 후, 종합소득결정세액에서 기납부세액을 공제하여 납부(환급)할 세액을 계산한다.

한걸음 더 직계비속(입양자, 위탁아동 포함)에 대한 추가공제 및 다자녀추가공제의 자녀세액공제로 전환

2014년도 적용 세법개정 때 기존의 직계비속(입양자, 위탁아동 포함)에 대한 추가공제 및 다자녀추가공제는 같은 금액에 대하여 소득공제를 하더라도 소득 수준에 따라 그 혜택에 차이가 발생하여 과세 형평성 차원에서 개선이 필요하여 자녀세액공제제도로 전환하였다.

자녀세액공제는 종합소득이 있는 거주가가 모두 적용받을 수 있는데, 세액공제내용은 다음과 같다.

① 기본공제대상 자녀가 있는 경우(2020년도부터는 7세 이상의 자녀만 해당함)
 ⓐ 1명인 경우 : 연 15만원
 ⓑ 2명인 경우 : 연 30만원
 ⓒ 3명 이상인 경우 : 연 30만원 + (해당 자녀수 − 2명) × 연 30만원

② 해당 과세기간에 출산하거나 입양 신고한 공제대상자녀가 있는 경우
 ⓐ 출산하거나 입양 신고한 공제대상자녀가 첫째인 경우 : 연 30만원
 ⓑ 출산하거나 입양 신고한 공제대상자녀가 둘째인 경우 : 연 50만원
 ⓒ 출산하거나 입양 신고한 공제대상자녀가 셋째 이상인 경우 : 연 70만원

한걸음 더 일부 특별공제와 연금계좌의 연금보험료 공제의 세액공제제도로 전환

2014년도 적용 세법개정 때 기존의 소득공제제도는 같은 금액에 대하여 소득공제를 받더라도 소득 수준에 따라 그 혜택에 차이가 발생하여 과세 형평성 차원에서 개선의 필요성이 있어 특별공제 항목 중 보장성 보험료, 의료비, 교육비, 기부금 등에 대한 특별공제(표준세액공제 포함)와 연금계좌의 연금보험료공제를 세액공제제도로 전환하였다.

세액공제의 종류	내 용		세액공제금액	비 고
연금계좌세액공제	연금계좌의 납입액		납입액 × 12%(15%)	총급여액이나 종합소득금액, 나이 등에 따라 납입한도액·공제율이 다름.
특별세액공제	보장성 보험료	일반	보험료 × 12%	주택임차보증금(3억원 이하) 반환보증보험료 포함.
		장애인전용	보험료 × 15%	장애인전용보험(공제)로 표시되어야 함.
	의료비		의료비 × 15% (난임시술비 20%)	기본공제대상자의 구분에 따라 한도액이 다름.

특별세액공제	교육비		교육비 × 15%	본인, 대학생 및 장애인특수교육비 여부에 따라 한도액이 다름.
	기부금[주)]	1천만원 이하	기부금 × 15%	법정기부금과 지정기부금의 한도액이 다름.
		1천만원 초과	초과기부금 × 30%	

주: 종합소득금액 중 사업소득금액만 있는 거주자는 적용하지 않음.

※ **표준세액공제**

① 근로소득이 있는 자: 연 13만원(특별소득공제, 특별세액공제의 공제 및 월세액세액공제의 합계액과 비교하여 큰 금액 선택)

② 근로소득이 없는 종합소득자

ⓐ 세법상 성실사업자로서 의료비·교육비·월세액 세액공제를 신청하지 않은 자: 연 12만원

ⓑ 그 외 종합소득자: 연 7만원

한걸음 더 월세액도 세금혜택을 받을 수 있다

근로소득자가 일정한 요건을 갖추면 주택임차에 따른 월세액도 세액공제를 적용받아 세금혜택을 받을 수 있다.

① **공제대상자**

ⓐ 근로소득자 요건(다음 요건을 모두 충족할 것)

- 과세기간 종료일 현재 주택을 소유하지 아니한 세대주(세대주가 주택자금공제를 받지 않은 경우에는 세대의 근로소득자와 등록외국인 등 일정한 외국인 포함)
- 해당 과세기간의 총급여액이 7,000만원 이하인 근로소득자(해당 과세기간의 종합소득금액이 6,000만원을 초과하는 근로소득자는 제외)

ⓑ 성실사업자 등

- 해당 과세기간의 종합소득 과세표준에 합산되는 종합소득금액이 6,000만원 이하인 조세특례제한법상 성실사업자이거나 성실신고확인대상사업자로서 성실신고확인서를 제출한 자

② **공제대상 월세액 요건**(모두 충족할 것)

- 월세(사글세 포함)로 임차한 주택(오피스텔 포함)이 국민주택규모의 주택(다가구주택이면 가구당 전용면적 기준) 또는 기준시가 3억원 이하일 것
- 주택의 딸린 토지가 주택의 바닥면적의 5배(도시 외 지역은 10배) 이내
- 임대차계약증서의 주소지와 주민등록표 등본의 주소지(외국인의 경우에는 출입국관리법에 따른 국내 체류지 또는 재외동포의 출입국과 법적 지위에 관한 법률에 따라 신고한

국내거소를 말함)가 같을 것

- 해당 거주자 또는 해당 거주자의 기본공제대상자가 임대차계약을 체결하였을 것

③ **월세액세액공제액**

- 월세액세액공제액 = 월세액(750만원 한도) × 10%(12%[주])

주 : 해당 과세기간의 총급여액이 5,500만원 이하인 근로소득이 있는 근로자(해당 과세기간의 종합소득금액이 4,500만원을 초과하는 사람 제외)와 종합소득 과세표준에 합산되는 종합소득금액이 4,500만원 이하인 성실사업자이거나 성실신고확인대상사업자로서 성실신고확인서를 제출한 자

7) 종합소득세 신고 및 납부

(1) 종합소득세 신고방법

① 확정신고 및 납부

종합소득이 있는 자는 다음연도 5월 1일부터 5월 31일까지(성실신고확인대상 사업자가 성실신고확인서를 제출한 경우에는 5월 1일부터 6월 30일까지) 주소지 관할세무서에 확정신고[사망한 경우는 상속개시일이 속하는 달의 말일부터 6개월이 되는 날(이 기간 중 상속인이 출국하는 경우에는 출국일 전날), 이민 등 출국하는 경우는 출국일 전날까지 확정신고해야 함]를 하여야 하며, 동시에 확정신고기간에 종합소득세와 지방소득세를 납부하여야 한다. 물론, 분리과세로 종결되는 종합소득만 있는 경우에는 확정신고를 할 필요가 없다.

다만, 해당 연도 동안 2군데 이상의 직장을 다닌 개인이 최종근무지에서 전근무지 근로소득을 합산하여 연말정산하지 않을 경우에는 확정신고를 하여야 하고, 연말정산 시 서류를 회사에 제출하지 못해 소득공제를 못 받아 세금을 많이 낸 경우에는 종합소득세 확정신고를 통해 근로소득세(지방소득세 포함)를 환급받을 수 있다.

② 예정(중간예납세액)신고 및 납부

분리과세로 종결되지 않는 사업소득이 직전연도에 있는 경우에는 해당 연도 11월 1일부터 11월 15일까지의 기간에 관할세무서에서 직전연도 종합소득세로 납부하였거나 납부하여야 할 세액(중간예납기준액)의 1/2을 납부고지서를 발부하여 고지하는데, 이를 11월 말까지 납부하여야 한다.

한걸음 더 국세기본법상 신고불성실가산세와 납부지연가산세

국세(종합소득세, 양도소득세, 부가가치세, 증권거래세, 상속세 및 증여세 등)의 경우, 국세기본법에서 신고불성실가산세와 납부지연가산세를 규정하여 모든 국세에 동일하게 적용하고 있다.

국세기본법상 신고불성실가산세와 납부지연가산세는 다음과 같다.

① 신고불성실가산세

ⓐ 무신고불성실가산세 : 무신고납부세액[주] × 20% (부정행위 : 40%, 국제거래 부정행위 : 60%)

ⓑ 과소신고불성실가산세 : 과소신고납부세액[주] × 10% (부정행위 : 40%, 국제거래 부정행위 : 60%)

ⓒ 초과환급불성실가산세 : 초과신고환급세액[주] × 10% (부정행위 : 40%, 국제거래 부정행위 : 60%)

주) 가산세 및 이자상당 가산액 제외

② 납부지연가산세

ⓐ 미납세액 또는 과소납부세액[주1] × 미납한 기간[주2] × 25/100,000

주1) 이자상당 가산액 포함
주2) 납부고지일부터 납부고지서에 따른 납부기한까지의 기간 제외

ⓑ 초과환급세액[주1] × 환급받은 기간[주2] × 25/100,000

주1) 이자상당 가산액 포함
주2) 납부고지일부터 납부고지서에 따른 납부기한까지의 기간 제외

ⓒ 미납세액 또는 과소납부세액[주] × 3%(납부고지서의 미납분에 한정)

주) 법정납부기한까지 납부하여야 할 세액(이자상당 가산액 포함) 중 납부고지서에 따른 납부기한까지 미납세액 또는 과소납부세액

※ 다만, 복식부기의무자 또는 법인의 소득세 또는 법인세 신고 시에 ①의 부당한 방법인 경우에는 해당 수입금액 × 14/10,000의 금액과 비교하여 큰 금액, ①의 ⓐ의 일반무신고인 경우에는 해당 수입금액 × 7/10,000의 금액과 비교하여 큰 금액을 적용함.

※ 부정행위(사기나 그 밖의 부정한 행위)

ⓐ 이중장부의 작성 등 장부의 거짓기장

ⓑ 거짓증명 또는 거짓문서의 작성 및 수취

ⓒ 장부와 기록의 파기

ⓓ 재산의 은닉, 소득 · 수익 · 행위 · 거래의 조작 또는 은폐

ⓔ 고의적으로 장부를 작성하지 아니하거나 비치하지 아니하는 행위 또는 계산서, 세금계산서 또는 계산서합계표, 세금계산서합계표의 조작

ⓕ 그 밖에 위계에 의한 행위 또는 부정한 행위

한편, 직전연도에 비해 납부할 세액이 직전연도 중간예납기준액의 30%에 미달하는 경우에는 납세의무자가 1월 1일에서 6월 30일까지의 소득금액을 계산하여 11월 1일부터 11월 30일까지의 기간에 관할세무서에서 고지한 납세고지서금액과 다르게 신고하여 세금을 납부할 수 있다.

(2) 종합소득세 신고 불이행 시의 불이익

종합소득세를 무신고 또는 과소신고하거나, 미납부 또는 일부만 납부하거나 제반 세법규정에 위반하는 경우에는 가산세가 부과된다. 가산세로는 국세기본법상 신고불성실가산세와 납부지연가산세가 있고, 그 외에도 소득세법상 무기장가산세 등이 있다. 이러한 가산세는 세법의 규정을 위반했을 때 과세되는 세금이므로 가산세가 적용되지 않도록 세법규정을 준수하는 것이 중요하다.

3. 근로소득

1) 근로소득의 개념

근로소득이란 근로자가 근로를 제공하고 받은 소득을 말한다. 대부분 학생이 학교를 졸업하여 사회의 첫발을 디딜 때 사업체를 운영하기보다는 직장에 취직할 것이다. 여기서는 직장인이 내는 세금인 근로소득에 대한 소득세(이하 '근로소득세'라 함)에 대하여 설명한다.

2) 근로소득세 계산절차

종합과세되는 소득 중 근로소득만 있는 경우의 과세흐름을 나타내면 다음 <표 6-10>과 같다.

근로자가 받는 급여총액에는 식대 등 비과세급여가 포함되어 있다. 이러한 비과세급여를 제외한 급여를 소득세법에서는 총급여액이라 한다.

직장을 다니게 되면 교통비, 식대, 정장 등 옷값, 가방 등 사무용품비, 자기계발비용 등이 소요된다. 이런 비용들을 필요경비로 인정하여야 하는데, 이를

표 6-10 | **근로소득의 과세흐름도(종합소득 중 근로소득만 있는 경우)**

	구　분	비　고
	총급여액	비과세급여를 차감한 개념임.
(−)	근로소득공제	필요경비 성격
=	**근로소득금액**	종합과세하는 타 종합소득금액이 있으면 합산함.
(−)	종합소득공제	인적공제, 특별소득공제 등
=	**종합소득과세표준**	
×	기본세율	6~45%의 8단계 초과누진세율
=	**산출세액**	
(−)	세액감면, 세액공제	근로소득세액공제, 연금계좌세액공제 등
=	**결정세액**	
(−)	기원천징수세액	
=	**납부(환급)할 세액**	

※ 근로소득세의 10% 상당액이 지방소득세로 과세됨.

각 개인별로 별도로 계산하는 것은 매우 어렵고 이런 비용 중에는 가사용과 혼용된 비용 등이 있는 점을 감안하여 총급여액에 따라 일정금액을 공제해주는데, 이를 근로소득공제라 한다.

한편, 종합소득금액 중 근로소득이 없는 경우에는 적용되지 않고, 근로소득이 있는 경우에만 적용되는 종합소득공제금액이 있는데, 이에 대한 내용은 앞에서 설명하였다. 근로소득이 있는 종합소득자는 종합소득세 산출세액 중 근로소득에 대한 산출세액 상당액에 대하여 일정한 금액 한도 내에서 세액공제를 하여 주는데, 이를 근로소득세액공제라 한다.

3) 근로소득에 대한 원천징수와 연말정산

매월 근로자에게 급여를 지급하는 개인기업 및 법인은 근로소득간이세액표에 따라 근로소득세(지방소득세 포함)를 징수하는데, 이렇게 일정한 세금을 징수하여 급여에서 차감하는 것을 원천징수라 한다.

근로소득자의 연간 급여에 대해 연말에 각 근로소득자가 제출한 소득공제

> **한걸음 더** 원천징수제도
>
> 이자소득, 배당소득, 사업소득, 근로소득, 연금소득, 기타소득, 퇴직소득 등을 지급하는 자는 일정금액의 소득세(지방소득세 또는 농어촌특별세 포함)를 차감한 후 지급하게 되는데, 이때 일정금액의 소득세(지방소득세 또는 농어촌특별세 포함)를 차감한 금액을 과세관청에 납부하는 제도를 원천징수제도라 한다.
>
> 대부분의 이자소득, 배당소득, 연금소득 등 원천징수대상 종합소득은 종합소득에 합산되지 않고 원천징수로 세금이 종결되는 분리과세이지만, 경우에 따라 원천징수로 종결되지 않고 종합소득에 합산되어 과세되기도 한다.

의 내용에 따라 근로소득세를 정산하여 다음연도 2월 급여지급할 때에 근로소득세(지방소득세 포함)를 환급하여 지급하거나 급여에서 차감하는데, 이러한 것을 근로소득의 연말정산이라고 한다.

4. 사업소득

1) 사업소득의 개념

개인이 도매업, 소매업, 제조업, 부동산임대업, 서비스업 등 어떤 업종이든간에 사업을 하게 되면 수입금액(사업소득)이 발생되고, 이에 상당하는 필요경비가 지출된다. 수입금액이 필요경비보다 많으면 소득금액이 발생되는데, 이를 사업소득금액이라 한다.

사업소득금액 = 총수입금액 − 필요경비

여기에서는 개인이 사업체를 운영하여 발생하는 사업소득에 대한 소득세(이하, '사업소득세'라 함)에 대하여 설명한다.

표 6-11 | 총수입금액과 필요경비 내용

구 분	산입내용	불산입내용
총수입금액	매출액(매출에누리 · 매출환입 · 매출할인 제외), 거래상대방으로부터 받은 판매장려금, 관세환급금 등의 환입, 사업과 관련한 자산수증이익 · 채무면제이익 등	소득세 환급금, 전년도로부터 이월된 소득금액, 부가가치세 매출세액, 유형자산(토지 · 건물) · 유가증권 처분이익[주1] 등
필요경비	판매한 상품에 대한 매입가액 또는 제조원가, 직원인건비, 사용자가 부담하는 국민연금보험료 등 4대보험료, 수선비, 소모품비, 청소대행비, 임차료, 광고선전비, 거래상대방에게 지급한 판매장려금, 차입금에 대한 이자비용[주2] 등	소득세와 그 부가세, 가사관련비용, 업무무관비용, 가산세, 가산금, 벌과금, 과태료, 사업자 본인의 인건비, 기부금 및 접대비한도초과액, 상각범위액을 초과한 감가상각비,[주3] 유형자산(토지 · 건물) · 유가증권 처분손실[주1]

주1 : 복식부기의무자의 사업용 유형자산(토지 · 건물 제외)의 양도가액은 수입금액, 장부가액은 필요경비에 해당(산입)함.
주2 : 차입금에 대한 이자비용은 차입금과 사업과의 관련성이 충분히 입증되어야 필요경비로 인정함.
주3 : 감가상각비는 사업자가 임의로 필요경비에 산입 여부를 선택할 수 있음(복식부기의무자의 업무용 승용차 제외).

2) 사업소득세 계산절차

사업소득세는 기업회계기준에 따라 작성된 손익계산서에서 발생한 이익을 기준으로 하여 과세하는 것이 아니라 정책적인 목적 등을 감안하여 소득세법에서 정한 기준에 따라 계산된 사업소득금액을 기준으로 과세한다. 이렇게 계산된 사업소득금액에 다른 종합소득금액과 합산하여 종합소득공제를 차감하면 종합소득과세표준이 계산되며 여기에 세율을 곱하여 산출세액을 구한 후, 세법에서 정한 세액감면 및 세액공제금액을 차감하고 세법위반에 따른 가산세를 더하여 종합소득세가 계산된다.

종합소득세 계산 시 종합과세하는 종합소득 중 사업소득만 있는 경우의 과세흐름을 <표 6-12>와 같이 나타낼 수 있다.

표 6-12 | 사업소득세의 과세흐름도(종합소득 중 사업소득만 있는 경우)

	구 분	내 용
	총수입금액	사업소득(수입금액)－비과세사업소득
(－)	필요경비	
＝	**사업소득금액**	종합과세하는 타 종합소득금액이 있으면 합산함.
(－)	종합소득공제	인적공제, 특별소득공제, 소기업·소상공인 공제부금 소득공제 등
＝	**종합소득과세표준**	
×	세율	6~45%의 8단계 초과누진세율
＝	**산출세액**	
(－)	세액감면·세액공제	기장세액공제, 중소기업감면세액공제, 연금계좌세액공제 등
＝	**결정세액**	
(＋)	가산세	신고불성실가산세, 납부지연가산세 등
(－)	기납부세액	중간예납세액, 원천징수세액 등
＝	**납부(환급)할 세액**	

※ 사업소득세의 10% 상당액이 지방소득세로 과세됨.

3) 사업소득금액 계산방법

개인사업자는 장부를 비치하고 기장에 의해 계산하는 방법(이하, '기장에 의한 방법'이라 함)으로 사업소득금액을 계산하는 것이 원칙이지만, 사업소득금액을 추정하여 계산하는 방법(이하, '추계에 의한 방법'이라 함)으로 계산하는 경우도 있다.

(1) 기장에 의한 방법

사업소득이 있는 자는 사업소득금액을 계산할 경우에 복식부기에 의해 사업소득금액을 계산하여야 하지만, 일정한 사업자의 경우에는 간편장부에 의해 사업소득금액을 계산하는 것도 인정하고 있다.

① 복식부기의무자

개인사업자 중 업종별로 직전연도의 수입금액이 일정금액 이상인 사업자는 복식부기의무자에 해당한다. 따라서 직전연도의 수입금액이 없는 신규사업자는 복식부기의무자가 아니다. 다만, 변호사, 공인회계사, 세무사, 의사,

약사 등 전문직종 사업자는 수입금액과 신규사업자 여부에 관계없이 항상 복식부기의무자에 해당한다.

참고 >> 복식부기의무가 있는 전문직종사업자

변호사, 심판변론인, 변리사, 법무사, 공인회계사, 세무사, 경영지도사, 기술지도사, 감정평가사, 손해사정인, 관세사, 통관업, 기술사, 건축사, 도선사, 측량사, 공인노무사, 의사, 한의사, 수의사, 약사, 한약사

② 간편장부대상자

복식부기의무자에 해당하지 않는 사업자는 간편장부대상자에 해당한다. 한편, 간편장부대상자 중 당해 연도 신규사업자 또는 직전연도 수입금액이 4,800만원 미만의 사업자는 소규모 사업자로 분류하여 세제상 혜택을 주고 있다.

(2) 추계에 의한 방법

영세사업자 등은 기장에 의한 방법으로 사업소득금액을 계산하는데 소요되는 납세순응비용 등을 감안하여 기장에 의한 방법이 아닌 추계에 의한 방법으로 계산하는 경우도 있다. 추계에 의한 방법은 사업자의 직전연도 수입금액에 따라 기준경비율 적용대상자와 단순경비율 적용대상자로 구분하여 적용된다.

① 기준경비율 적용대상자와 단순경비율 적용대상자

ⓐ 기준경비율 적용대상자

개인사업자 중 업종별로 직전연도의 수입금액이 일정금액 이상인 사업자는 기준경비율 적용대상자에 해당한다. 따라서 직전연도의 수입금액이 없는 신규사업자는 기준경비율 적용대상자가 아니지만, 전문직종을 영위하거나 현금영수증 가맹을 하지 않는 사업자 등은 기준경비율 대상자가 되며 신규사업자가 신규사업연도(2019년도 이후부터는 기존 사업자도 해당함)에 해당 연도의 수입금액이 업종별 복식부기의무대상자 기준수입금액 이상인 경우에는 기준경비율 대상자가 된다.

ⓑ 단순경비율 적용대상자

단순경비율 적용대상자는 기준경비율 적용대상자에 해당하지 않은 사업자를 말한다.

② 추계에 의한 방법으로 사업소득금액의 계산

추계에 의한 방법은 사업소득금액을 소득세법에서 정해진 공식에 의해 추정계산하는 방법으로 기준경비율에 의한 방법과 단순경비율에 의한 방법이 있다. 기준경비율방법과 단순경비율방법의 차이점은 필요경비를 계산하는 공식이 다르다는 점에 있다.

ⓐ 기준경비율 적용

기준경비율 적용대상자는 다음 공식에 의해 사업소득금액을 계산한다.

기준경비율 적용 시 소득금액 = 수입금액 – 주요경비(매입비용 + 임차료 + 인건비) – (수입금액 × 기준경비율*) * 복식부기의무자인 경우에는 "기준경비율 × 50%"를 적용함.

기준경비율에 의한 방법으로 사업소득금액을 계산할 경우에 주요경비(매입비용, 임차료, 인건비)에 대해서는 적법한 증명서류가 있는 경우에만 인정되고, 그 나머지 필요비용은 단순경비율보다 훨씬 낮은 기준경비율을 적용하여 인정된다. 따라서 주요경비의 적법한 증명서류가 없으면 단순경비율을 적용하여 사업소득금액을 계산할 경우보다 상대적으로 많은 사업소득금액이 계산된다.

ⓑ 단순경비율 적용

단순경비율 적용대상자는 다음 공식에 의해 사업소득금액을 계산한다.

단순경비율 적용 시 소득금액 = 수입금액 – (수입금액 × 단순경비율)

물론, 단순경비율 적용대상자가 세법상 불이익 없이 기준경비율 적용방법에 의해 사업소득금액을 계산할 수 있다.

한걸음 더 소득금액 계산방법 위반 시 불이익과 기장에 의한 신고 시 혜택

1. 세법상 사업소득금액 계산방법 위반 시 불이익

- 기장의무 위반(추계에 의한 방법으로 신고 시)
  - 무기장 · 미달기장 사업소득금액에 상당하는 산출세액에 20%의 무기장가산세가 적용됨.
  - 결손금공제 및 이월결손금공제의 적용이 배제됨.
  - 결손금처리가 불가능함.
- 기준경비율 적용 위반
  - 기준경비율 적용대상자가 기준경비율을 적용하여 사업소득금액을 계산하지 않고 위에서 설명한 단순경비율을 적용하여 사업소득금액을 계산할 수 있으나, 이때에는 단순경비율에 의해 계산된 사업소득금액에 일정배율(복식부기의무자는 3.4배, 간편장부대상자는 2.8배)을 곱한 금액이 기준경비율 적용대상자의 사업소득금액이 됨.

2. 기장에 의한 방법으로 신고 시 혜택

- 간편장부대상자가 복식부기에 의한 방법으로 신고 시 기장세액공제(100만원 한도)가 적용됨.
- 결손금공제 및 이월결손금공제가 가능함.
- 결손금처리가 가능함.

한걸음 더 상가임대의 소득금액 계산방법

부동산임대소득은 한국산업분류에 따른 부동산업 중 부동산임대사업에서 발생하는 소득으로 사업소득의 일종으로 볼 수 있으므로 세법이 개정되어 2010년도부터 부동산임대소득이 사업소득에 편입되었다. 여기에서는 개인재무설계와 밀접한 관련이 있는 상가임대 시 발생하는 소득금액 계산방법에 대해 설명한다.

1. 부동산임대수입의 내용

일반적으로 상가를 임대하면 다음과 같이 수입금액이 발생한다.

① 임대료

② 임대보증금에 대한 간주임대료

③ 관리비 중 전기료 · 수도료 등의 공공요금을 제외한 청소비 · 난방비 등

2. 상가임대 시 발생하는 총수입금액의 계산방법

상가임대의 소득금액을 계산하는 방법에는 여느 사업소득금액을 계산하는 것과 마찬가지로 기장에 의한 방법과 추계에 의한 방법이 있다. 즉, 상가임대의 소득에 대한 총수입금액 중 간주임대료는 기장에 의한 방법으로 계산하느냐 아니면 추계에 의한 방법으로 계산하느냐에 따라 달라지는데, 이를 구체적으로 살펴보면 다음과 같다.

① 기장에 의한 방법으로 상가임대의 소득금액 계산 시 총수입금액(ⓐ+ⓑ)

ⓐ 상가임대소득에 대한 총수입금액 = 월세 × 임대월수 + 관리비

ⓑ 간주임대료 = (당해 과세기간의 보증금 등의 적수 − 임대용 부동산의 건설비 상당액의 적수) $\times \frac{1}{365}$(윤년인 경우는 366일) × 기획재정부령으로 정하는 이자율(2021년 현재 연 1.2%) − 당해 과세기간의 임대사업에서 발생한 수입이자와 할인료 및 배당금 합계액

② 추계에 의한 방법으로 상가임대의 소득금액 계산 시 총수입금액(ⓐ+ⓑ)

ⓐ 상가임대소득에 대한 총수입금액 = 월세 × 임대월수 + 관리비

ⓑ 간주임대료 = 당해 과세기간의 보증금 등의 적수 $\times \frac{1}{365}$(윤년인 경우는 366일) × 기획재정부령으로 정하는 이자율(2021년 현재 연 1.2%)

위에서 설명한 총수입금액을 계산하는 공식에서 알 수 있듯이 기장에 의한 방법으로 상가임대에 대한 소득금액을 계산하는 경우의 간주임대료가 추계에 의한 방법의 경우보다 더 적게 계산되어 총수입금액이 보다 적어진다.

3. 상가임대에 대한 소득금액의 계산방법

상가임대의 소득금액 = 총수입금액 − 필요경비

상가임대의 소득금액을 계산하는 방법에는 기장에 의한 방법과 추계에 의한 방법이 있다. 구체적인 설명은 사업소득금액 계산방법에서 설명한 내용을 참고하면 된다.

5. 이자소득

1) 이자소득의 범위

이자란 금전대여에 대한 대가로 지급받는 것을 말하는데, 소득세법상 이자소득은 유형별 포괄주의(⑫의 규정으로 인해)에 입각하여 해당 과세기간에 발생한 다음의 소득으로 한다.

① 국가 또는 지방자치단체가 발행한 채권 또는 증권의 이자와 할인액
② 내국법인이 발행한 채권 또는 증권의 이자와 할인액
③ 국내에서 받는 예금(적금 · 부금 · 예탁금과 우편대체 포함)의 이자와 할인액
④ 상호저축은행법에 의한 신용계 또는 신용부금으로 인한 이익
⑤ 외국법인의 국내지점 또는 국내영업소에서 발행한 채권이나 증권의 이자와 할인액
⑥ 외국법인이 발행한 채권 또는 증권의 이자와 할인액
⑦ 국외에서 받는 예금의 이자
⑧ 채권 또는 증권의 환매조건부매매차익
⑨ 저축성 보험의 보험차익
⑩ 직장공제회초과반환금
⑪ 비영업대금의 이익
⑫ ①~⑪의 소득과 유사한 소득으로서 금전의 사용에 따른 대가의 성격이 있는 것
⑬ ①~⑫의 규정 중 어느 하나에 해당하는 소득을 발생시키는 거래 또는 행위와 대통령령으로 정하는 바에 따라 결합된 해당 파생상품의 거래 또는 행위로부터의 이익

한걸음 더 **비영업대금의 이익**

비영업대금의 이익이라 함은 금전의 대여를 사업으로 하지 않고 일시적 · 우발적으로 금전을 대여하는 이익을 말하며, 비영업대금의 이익은 이자소득으로 본다. 한편, 대금업에서 생긴 이익은 사업소득으로 본다.

2) 저축성 보험의 보험차익

소득세법상 이자소득에 해당하는 저축성 보험의 보험차익은 보험계약에 의하여 만기에 받는 보험금·공제금 또는 계약기간 중도에 당해 보험계약이 해지됨에 따라 받는 환급금(피보험자의 사망 등이나 자산의 멸실 등으로 받는 보장성 보험금이 아닐 것)에서 납입보험료 또는 납입공제료를 차감한 금액이다. 다만, 다음에 해당하는 경우의 저축성 보험의 보험차익은 이자소득으로 과세되지 않는다.

① 다음 중 하나의 요건을 충족하면서 보험계약기간이 10년이 경과하기 전에 납입보험료를 확정된 기간 동안 연금형태로 분할하여 지급받지 않는 경우
  ⓐ 보험계약기간이 10년 이상이고 보험료를 매월 납입하는 월납입식 저축성 보험인 경우
  ⓑ 보험계약기간이 10년 이상이고 납입보험료가 1억원(월납입식 저축성 보험을 제외한 저축성 보험의 납입보험료 합계액) 이하인 경우
② 다음의 요건을 모두 충족하는 종신형 연금보험인 경우
  ⓐ 사망시 계약·연금재원이 소멸할 것
  ⓑ 55세 이후 사망시까지 연금형태로 지급받을 것
  ⓒ 사망시까지 중도해지 불가 등

3) 이자소득금액

소득세법에서는 이자소득(이자소득 총수입금액)에 대한 필요경비를 인정하지 않으므로 이자소득이 이자소득금액이 된다. 이때 이자소득에는 비과세이자소득은 포함되지 않는다.

4) 이자소득에 대한 원천징수세율

국내에서 이자소득을 지급하는 자는 일정한 금액의 소득세(지방소득세, 농어촌특별세 포함)를 원천징수하여야 한다. 따라서 이자소득을 지급받은 자는 원천징수한 금액만큼 차감된 금액을 수령하게 된다. 지방소득세는 소득세의

10%가 과세되지만 과세되지 않는 경우도 있으며, 농어촌특별세는 소득세가 감면받는 경우에 추가로 과세된다. 이러한 원천징수세율은 다양한데, 주요 원천징수세율(소득세율)은 다음과 같다.

① 일정요건을 충족한 10년 이상 장기채권이자와 할인료에 대해 분리과세 선택한 경우 : 30%(2018년 1월 1일 발행분까지)
② 비영업대금의 이익 : 25%(단, 금융위원회 등록 온라인투자연계금융업자를 통해 지급받는 이자소득은 14%)
③ 비실명이자소득 : 42%(금융실명거래 및 비밀보장에 관한 법률 적용분은 90%)
④ 직장공제회초과반환금 : 종합소득세 세율(6~45%)
⑤ 세금우대종합저축이자소득 : 9%(2014년 12월 31일 가입분까지)
⑥ 개인종합자산관리계좌 발생 200만원(400만원) 초과 이자(배당)소득 : 9%
⑦ 기타 일반적인 이자소득금액 : 14%

6. 배당소득

1) 배당소득의 범위

배당이란 이익이나 잉여금 등을 주주 또는 출자자에게 분배하는 것을 말하는데, 소득세법상 배당소득은 유형별 포괄주의(⑩의 규정으로 인해)에 입각하여 해당 과세기간에 발생한 다음의 소득으로 한다.

① 내국법인으로부터 받는 이익이나 잉여금의 배당 또는 분배금
② 법인으로 보는 단체로부터 받는 배당 또는 분배금
③ 법인과세 신탁재산으로부터 받는 배당금 또는 분배금
④ 의제배당(擬制配當)
⑤ 법인세법에 의하여 배당으로 처분된 금액
⑥ 국내 또는 국외에서 받는 집합투자기구로부터의 이익
⑦ 국내 또는 국외에서 받는 파생결합증권 또는 파생결합사채로부터의 이익
⑧ 외국법인으로부터 받는 이익이나 잉여금의 배당 또는 분배금
⑨ 특정 외국법인의 유보소득의 배당간주금액

한걸음 더 의제배당의 종류

의제배당이란 법인의 주주총회 또는 사원총회 등의 결의에 의한 배당은 아니지만 실질적으로 배당한 것과 같은 경제적 이익을 주주 또는 출자자에게 배분하는 다음의 경우를 말한다.

- 법인 잉여금의 자본전입 시(일부 자본잉여금 제외)
- 해산법인의 잔여재산 분배 시
- 합병 시 피합병법인의 주주가 합병법인의 주식을 교부받을 시
- 법인이 자기주식을 보유한 상태에서 잉여금 자본전입 시
- 법인의 분할로 분할법인의 상대방 법인으로부터 주식을 교부받을 시 등

⑩ 공동사업에서 발생한 소득금액 중 출자공동사업자에 대한 손익분배비율에 상당하는 금액

⑪ ①~⑨의 소득과 유사한 소득으로서 수익분배의 성격이 있는 것

⑫ ①~⑪의 규정 중 어느 하나에 해당하는 소득을 발생시키는 거래 또는 행위와 대통령령으로 정하는 바에 따라 결합된 해당 파생상품의 거래 또는 행위로부터의 이익

2) 배당소득에 대한 원천징수세율

국내에서 배당소득을 지급하는 자는 일정한 금액의 소득세(지방소득세, 농어촌특별세 포함)를 원천징수하여야 한다. 따라서 배당소득을 지급받은 자는 원천징수한 금액만큼 차감된 금액을 수령하게 된다. 지방소득세는 소득세의 10%가 과세되지만 과세되지 않는 경우도 있으며, 농어촌특별세는 소득세를 감면받는 경우에 추가로 과세된다. 이러한 원천징수세율은 다양한데, 주요 원천징수세율(소득세율)은 다음과 같다.

① 출자공동사업자의 배당소득 : 25%

② 비실명배당소득 : 42%(금융실명거래 및 비밀보장에 관한 법률 적용분은 90%)

③ 세금우대종합저축의 배당소득 : 9%(2014년 12월 31일 가입분까지)

④ 개인종합자산관리계좌 발생 200만원(400만원) 초과 이자(배당)소득 : 9%

⑤ 기타 일반적인 배당소득 : 14%

3) 이중과세 조정을 위한 Gross-up제도와 배당세액공제제도

(1) 이중과세 및 Gross-up가산율

법인의 주주가 배당을 지급받을 경우에 그 배당의 재원에 대해 이미 법인세가 과세되었기 때문에 배당받은 주주가 다시 배당소득으로 소득세를 과세하면 동일한 소득에 대해 이중으로 과세하는 현상이 발생된다.

이러한 이중과세를 조정하기 위하여 배당소득금액 계산 시 배당소득에 Gross-up가산율을 곱한 금액(Gross-up금액)을 가산하였다가 종합소득 결정세액 산출 시 그 Gross-up금액을 배당세액공제로 산출세액에서 공제해 주는 제도가 있는데, 이를 Gross-up제도라 한다. 이때 적용되는 Gross-up가산율은 11%이다.

Gross-up가산율 산출공식 :

$$\text{Gross-up가산율} = \frac{\text{법인세 세율}}{1-\text{법인세 세율}} = \frac{10\%}{1-10\%} \fallingdotseq 11\%$$

(2) Gross-up 적용대상 배당소득

Gross-up 적용대상 배당소득은, 앞에서 설명한 배당소득의 종류 중 6. 1)의 ①, ②, ④ 및 ⑤에 해당하는 배당소득으로 다음 요건을 모두 충족한 배당소득이어야 한다.

ⓐ 법인세가 과세된 소득을 재원으로 하는 배당소득

ⓑ 내국법인으로부터 받는 배당소득

ⓒ 종합과세되고 종합소득세 세율이 적용되는 배당소득

(3) Gross-up금액

Gross-up금액 = Gross-up 적용대상 배당소득금액 × Gross-up가산율

한걸음 더

Gross-up제도로 이중과세가 조정되는 이유

Gross-up금액을 배당소득에 가산하게 되면 배당소득금액이 증가되어 과세표준이 늘어나고 이에 따라 적용되는 종합소득세 최고세율(한계세율)만큼 산출세액이 늘어나지만, 산출세액에서 Gross-up금액을 배당세액공제액으로 공제하므로 감소되는 산출세액이 상대적으로 줄어들어 이중과세에 대해 어느 정도의 조정이 가능하게 된다.

(4) 배당소득금액

배당소득도 이자소득과 마찬가지로 필요경비가 인정되지 않으므로 배당소득이 그대로 배당소득금액이 된다. 금융소득이 종합소득에 합산하여 과세되는 경우에 종합소득종합과세대상이 되는 배당소득금액은 Gross-up금액이 가산된 배당소득금액이다. 물론, 배당소득금액에 가산된 Gross-up금액은 배당소득세액공제(일정 한도 있음)로 일정금액을 종합소득세 산출세액에서 공제받는다.

(5) Gross-up제도와 배당세액공제

이중과세를 조정시켜주기 위해 Gross-up금액을 배당소득금액으로 가산하여 계산된 산출세액에서 그 Gross-up금액을 배당세액공제로 공제하여주는 제도이다. 이때 종합소득산출세액에서 공제되는 배당세액공제는 일정한 한도가 있다. 왜냐하면 Gross-up제도는 금융소득종합과세에 해당하는 경우에만 적용되는데 배당세액공제로 인하여 금융소득종합과세를 하지 않는 경우보다 세금이 적게 나오는 것을 방지하기 위함이다.

한걸음 더

금융소득종합과세제도

금융소득은 이자소득과 배당소득으로 구성되어 있다. 금융소득종합과세란 개인의 금융소득금액이 종합과세기준금액을 초과하는 경우에는 다른 종합소득금액에 합산하여 종합과세하고, 종합과세기준금액 이하의 경우에는 원천징수에 의하여 납세의무가 종결되는 (완납적 원천징수)제도를 말한다.

금융소득종합과세는 조세공평성을 보완하는 방편으로 도입되었는데, 오히려 금융소득이 금융소득종합과세대상이 되어 계산된 세액으로 과세되는 경우가 금융소득종합과세를 적용하지 않고 완납적 원천징수에 의해 계산된 세액으로 과세되는 경우보다 적게 과세되지 않도록 세액비교제도를 두고 있다.

7. 연금소득

노후생활의 재원으로 연금을 마련한 방법에는 개인의 의지와는 관계없이 강제적으로 마련하는 방법이 있고, 개인이 자발적으로 마련하는 방법도 있다. 노후생활의 재원을 마련하는 방식의 차이에 따라 연금의 종류는 크게 공적연금, 퇴직연금, 사적연금의 3가지로 분류할 수 있다.

연금은 연금의 종류, 연금의 수령방법, 연금의 소득공제 여부에 따라 과세되는 세금의 종류도 다양하고 과세방식도 다르다. 여기에서는 연금을 수령하는 단계에서 발생하는 연금소득에 대한 소득세(이하 '연금소득세'라 함)에 국한하여 설명한다.

1) 연금소득의 범위

연금소득은 해당 연도에 발생한 다음의 연금을 말한다.

① 연금계좌에서 연금형태로 인출(연금수령)하는 경우의 그 연금

② 다음에 해당하는 금액을 그 소득의 성격에도 불구하고 연금계좌에서 연금수령하는 경우의 그 연금

ⓐ 퇴직소득에 대해 원천징수되지 않은 퇴직소득(이연퇴직소득)

ⓑ 연금계좌 관련 연금보험료공제를 받은 금액

한걸음 더 **비과세연금소득**

① 공적연금 관련법에 따라 받는 유족연금·퇴직유족연금·퇴역유족연금·장해유족연금·상이유족연금·순직유족연금·직무상유족연금·위험직무순직유족연금, 장애연금, 장해연금·비공무상 장해연금·비직무상 장해연금, 상이연금(傷痍年金), 연계노령유족연금 또는 연계퇴직유족연금

② 산업재해보상보험법에 따라 받는 각종 연금

③ 국군포로의 송환 및 대우 등에 관한 법률에 따른 국군포로가 받는 연금

ⓒ 연금계좌의 운용실적에 따라 증가된 금액

ⓓ 그 밖에 연금계좌에 이체 또는 입금되어 해당 금액에 대한 소득세가 이연(移延)된 소득으로서 대통령령으로 정하는 소득

③ ②에 따른 소득과 유사하고 연금 형태로 받는 것으로서 대통령령으로 정하는 소득

공적연금소득은 2002년 1월 1일 이후에 납입된 연금 기여금 및 사용자 부담금(국가 또는 지방자치단체의 부담금 포함)을 기초로 하거나 2002년 1월 1일 이후 근로의 제공을 기초로 하여 받는 연금소득으로 한다.

2) 연금소득금액

연금소득금액 = 총연금액 − 연금소득공제액

(1) 총연금액

총연금액 = 연금소득 − 비과세연금소득

(2) 연금소득공제

연금소득공제는 최대 900만원 한도 내에서 총연금액(분리과세 연금소득 제외)의 일정금액을 연금소득공제로 공제하는데, 이를 도표로 나타내면 다음과 같다.

표 6-13 | 연금소득공제액

총 연 금 액	공 제 액
350만원 이하	전액공제
350만원 초과 700만원 이하	350만원 + 350만원 초과금액 × 40%
700만원 초과 1,400만원 이하	490만원 + 700만원 초과금액 × 20%
1,400만원 초과	630만원 + 1,400만원 초과금액 × 10%

3) 연금소득세 계산절차

연금소득도 종합소득의 한 종류이므로 종합과세하는 타 종합소득과 합산하여 종합소득세를 계산한다. 즉, 연금소득금액을 종합과세하는 타 종합소득금액과 합산하여 종합소득금액을 구한 후에 종합소득세를 계산한다.

4) 종합과세 여부

연금소득은 종합과세하는 타 종합소득과 합산하여 종합소득세로 확정신고를 하여야 하지만, 총연금액(공적연금 제외)이 1,200만원 이하인 경우에는 연금수령자의 선택에 따라 종합소득에 합산하여 신고할 수도 있고 분리과세로 종결할 수 있다.

한편, 국민연금 등 공적연금소득만 있으면서 종합과세하는 타 종합소득이 없는 자로서 연금소득에 대한 원천징수의무자가 연말정산을 하여 소득세를 납부한 경우에는 분리과세로 종결한다.

5) 연금소득에 대한 원천징수세율

연금소득에 대한 원천징수방법은 연금의 종류가 공적연금에 해당하는지 여부에 따라 다음과 같이 원천징수한다.

(1) 공적연금소득

종합소득세 기본세율(6~45%의 8단계 초과누진세율)

(2) 공적연금 외의 연금소득

다음의 구분에 따른 세율을 적용하고, 이 경우 다음의 요건을 동시에 충족하는 때에는 낮은 세율을 적용한다.

① 연금소득자의 나이에 따른 다음의 세율

나이(연금수령일 현재)	원천징수세율
70세 미만	5%
70세 이상 80세 미만	4%
80세 이상	3%

② 사망 시까지 연금을 수령하는 일정한 종신계약에 따라 받는 연금소득 : 4%

③ 소득세가 이연된 퇴직소득을 연금수령하는 연금소득 : 대통령령으로 정하는 원천징수세율 × 70%

8. 기타소득

1) 기타소득의 범위

기타소득이란 이자소득, 배당소득, 사업소득, 근로소득, 연금소득, 양도소득, 퇴직소득 외에 소득으로 소득세법상 과세대상으로 열거된 소득을 말한다. 예를 들어, 개인이 어떤 사업체에 소속되어 있지 않으면서 일시적으로 강의 등을 제공하고 일정소득을 얻으면, 이 소득은 근로소득이나 사업소득으로 보지 않고 기타소득으로 볼 수 있다.

이러한 기타소득은 다음과 같이 소득세법에 열거되어 있다.

① 상금 · 현상금 · 포상금 · 보로금 또는 이에 준하는 금품

② 복권 · 경품권 기타 추첨권에 의하여 받는 당첨금품

③ 사행행위 등 규제 및 처벌특례법에 규정하는 행위(적법 또는 불법을 고려하지 않음)에 참가하여 얻은 재산상의 이익

④ 한국마사회법에 따른 승마투표권, 경륜 · 경정법에 따른 승자투표권, 전통소싸움경기에 관한 법률에 따른 소싸움경기투표권 및 국민체육진흥

법에 따른 체육진흥투표권의 구매자가 받는 환급금(발생원인이 되는 행위의 적법 또는 불법을 고려하지 않음)

⑤ 저작자 또는 실연자 · 음반제작자 · 방송사업자 외의 자가 저작권 또는 저작인접권의 양도 또는 사용의 대가로 받는 금품

⑥ 다음의 자산 또는 권리의 양도 · 대여 또는 사용의 대가로 받는 금품

ⓐ 영화필름

ⓑ 라디오 · 텔레비전방송용 테이프 또는 필름

ⓒ 기타 ⓐ 및 ⓑ와 유사한 것으로서 대통령령이 정하는 것

⑦ 광업권 · 어업권 · 산업재산권 및 산업정보, 산업상 비밀, 상표권 · 영업권 · 점포임차권, 토사석의 채취허가에 따른 권리, 지하수의 개발 · 이용권 그 밖에 이와 유사한 자산이나 권리를 양도하거나 대여하고 그 대가로 받는 금품

⑧ 물품 또는 장소를 일시적으로 대여하고 사용료로서 받는 금품

⑨ 전자상거래 등에서의 소비자보호에 관한 법률에 따라 통신판매중개를 하는 자를 통하여 물품 또는 장소를 대여하고 연간 수입금액 500만원 이하의 사용료로서 받은 금품

⑩ 공익사업 관련 지역권 · 지상권(지하 또는 공중에 설정된 권리 포함)을 설정 또는 대여하고 받는 금품

⑪ 계약의 위약 또는 해약으로 인하여 받는 위약금, 배상금 및 부당이득 반환이자

⑫ 유실물의 습득 또는 매장물의 발견으로 인하여 보상금을 받거나 새로 소유권을 취득하는 경우 그 보상금 또는 자산

⑬ 무주물의 점유로 소유권을 취득하는 자산

⑭ 거주자 · 비거주자 또는 법인과 특수관계에 있는 자가 그 특수관계로 인하여 당해 거주자 · 비거주자 또는 법인으로부터 받는 경제적 이익으로서 급여 · 배당 또는 증여로 보지 아니하는 금품

⑮ 슬롯머신(비디오게임 포함) 및 투전기 기타 이와 유사한 기구를 이용하는 행위에 참가하여 받는 당첨금품 · 배당금품 또는 이에 준하는 금품

⑯ 문예 · 학술 · 미술 · 음악 또는 사진에 속하는 창작품(신문 등의 자유와

기능보장에 관한 법률에 의한 정기간행물에 게재하는 삽화 및 만화와 우리나라의 창작품 또는 고전을 외국어로 번역하거나 국역하는 것을 포함)에 대한 원작자로서 받는 소득으로서 다음에 해당하는 것

ⓐ 원고료

ⓑ 저작권사용료인 인세

ⓒ 미술 · 음악 또는 사진에 속하는 창작품에 대하여 받는 대가의 기타 소득

⑰ 재산권에 관한 알선수수료

⑱ 사례금

⑲ 소기업 · 소상공인 공제부금의 해지일시금

⑳ 다음의 어느 하나에 해당하는 인적용역(제⑮호부터 제⑰호까지의 규정을 적용받는 용역을 제외)을 일시적으로 제공하고 지급받는 대가

ⓐ 고용관계 없이 다수인에게 강연을 하고 강연료 등의 대가를 받는 용역

ⓑ 라디오 · 텔레비전방송 등을 통하여 해설 · 계몽 또는 연기의 심사 등을 하고 보수 또는 이와 유사한 성질의 대가를 받는 용역

ⓒ 변호사 · 공인회계사 · 세무사 · 건축사 · 측량사 · 변리사 기타 전문적 지식 또는 특별한 기능을 가진 자가 당해 지식 또는 기능을 활용하여 보수 또는 그 밖의 대가를 받고 제공하는 용역

ⓓ ⓐ부터 ⓒ까지 외의 용역으로서 고용관계 없이 수당 또는 이와 유사한 성질의 대가를 받고 제공하는 용역

㉑ 법인세법 제67조의 규정에 의하여 기타소득으로 처분된 소득

㉒ 연금계좌세액공제를 받은 연금계좌 납입액과 연금계좌 운용실적에 따라 증가된 금액을 연금 외 방식으로 수령한 소득

㉓ 퇴직 전에 부여받은 주식매수선택권을 퇴직 후에 행사하거나 고용관계 없이 주식매수선택권을 부여받아 이를 행사함으로써 얻는 이익

㉔ 종업원 등 또는 대학의 교직원이 퇴직한 후에 지급받는 직무발명보상금(2017년 이후부터는 기타소득에 해당함)

㉕ 뇌물

㉖ 알선수재 및 배임수재에 의하여 받는 금품

한걸음 더 비과세기타소득

① 관련법에 따라 받은 정착금, 보로금, 보상금, 부상, 상금 등
② 발명진흥법에 의한 직무발명으로 산업재산권 등록을 한 이후 사용자로부터 지급받는 직무발명보상금(연 500만원 한도)
③ 국군포로가 받는 위로지원금과 그 밖의 금품
④ 문화재보호법에 국가지정문화재로 지정된 서화・골동품 등 양도소득과 서화・골동품을 박물관 등에 양도함으로써 발생한 소득(2013년부터 적용함)
⑤ 종교관련종사자가 받는 학자금・식사(식사대)・실비변상 지급액・10만원 이내 6세 이하 자녀보육수당 및 사택제공이익
⑥ 법령・조례에 따른 위원회 등의 보수를 받지 아니하는 위원(학술원 및 예술원의 회원 포함) 등이 받는 수당

㉗ 양도가액이 개당・점당 또는 조당 6,000만원 이상인 서화・골동품(양도일 현재 생존해 있는 원작자의 작품 제외)의 양도로 발생하는 소득(양도일 현재 생존해 있는 국내 원작자의 작품은 제외하며, 2021년 이후 양도분부터는 사업장을 갖추는 등 대통령령으로 정하는 경우에 해당하는 소득은 사업소득에 해당함)
㉘ 종교관련종사자가 종교의식을 집행하는 등 종교관련종사자로서의 활동과 관련하여 종교단체로부터 받은 소득(종교인소득이라 하며, 2018년 이후 소득분부터 적용함)
㉙ 특정 금융거래정보의 보고 및 이용 등에 관한 법률 제2조 제3호에 따른 가상자산을 양도하거나 대여함으로써 발생하는 소득(가상자산소득으로, 2022년 1월 1일 이후 양도하는 분부터 시행함)

2) 기타소득금액

기타소득금액 = 총수입금액(비과세기타소득 제외) − 필요경비

기타소득금액은 총수입금액(기타소득)에서 필요경비를 차감하여 계산되는

데, 필요경비는 기타소득의 종류에 따라 인정되는 경우와 인정되지 않는 경우가 있다. 필요경비가 인정되는 경우라도 일정비율로 인정되는 경우가 있고, 실제 발생비용으로 인정되는 경우도 있으며, 혼합된 방법이 적용되는 경우도 있다.

표 6-14 | 기타소득 종류별 필요경비

<table>
<tr><th>기타소득의 종류</th><th>필요경비</th></tr>
<tr><td>승마투표권 · 승자투표권 · 소싸움경기투표권 · 체육진흥투표권의 환급금</td><td>구입하여 적중된 투표권 단위투표금액의 합계액</td></tr>
<tr><td>슬롯머신으로부터의 당첨금품 등</td><td>당첨 당시에 투입한 금액</td></tr>
<tr><td>가상자산소득(2022년 이후 시행)</td><td>가상자산의 실제 취득가액[주)]과 부대비용
주) 2022년 1월 1일 전 보유 가상자산의 취득가액은 2021년 12월 31일 당시의 시가와 그 가상자산의 취득가액 중에서 큰 금액으로 함.</td></tr>
<tr><td>① 일정한 상금 · 현상금 · 포상금 · 부상
② 위약금과 배상금 중 주택입주지체보상금</td><td>총수입금액 × 80%
* 다만, 실제 소요된 경비가 80%에 상당하는 금액을 초과하는 경우에 그 초과금액도 필요경비로 인정</td></tr>
<tr><td>① 공익사업 관련 지역권 · 지상권의 설정 · 대여료
② 일시적인 인적용역제공대가
③ 원고료 · 인쇄 · 창작품에 대한 대가
④ 광업권 · 어업권 · 산업재산권 등의 양도액 · 대여료</td><td>총수입금액 × 60%
* 다만, 실제 소요된 경비가 60%에 상당하는 금액을 초과하는 경우에 그 초과금액도 필요경비로 인정</td></tr>
<tr><td>서화 · 골동품</td><td>총수입금액 × 일정률
• 1억원 이하 : 90%
• 1억원 초과
− 보유기간 10년 이상 : 90%
− 보유기간 10년 미만 : 9천만원 + 1억원 초과금액 × 80%
* 다만, 실제 소요된 경비가 80%(또는 90%)에 상당하는 금액을 초과하는 경우에 그 초과금액도 필요경비로 인정</td></tr>
<tr><td>종교인소득</td><td>
<table>
<tr><th>종교관련종사자가 받은 금액[주)]</th><th>필요경비</th></tr>
<tr><td>2천만원 이하</td><td>80%</td></tr>
<tr><td>2천만원 초과 4천만원 이하</td><td>1,600만원+(2천만원을 초과하는 금액의 50%)</td></tr>
<tr><td>4천만원 초과 6천만원 이하</td><td>2,600만원+(4천만원을 초과하는 금액의 30%)</td></tr>
<tr><td>6천만원 초과</td><td>3,200만원+(6천만원을 초과하는 금액의 20%)</td></tr>
</table>
주: 비과세종교인소득 제외</td></tr>
<tr><td>그 외의 기타의 기타소득</td><td>수입에 대응하는 비용의 합계액</td></tr>
</table>

3) 원천징수

기타소득을 지급하는 개인기업·법인(원천징수의무자)은 기타소득을 지급하는 때, 총수입금액에서 필요경비를 차감하여 계산된 기타소득금액에 기타소득의 성격에 따라 다음과 같이 다양한 원천징수세율을 곱하여 원천징수한다.

① 일반적인 기타소득: 20%

② 연금계좌세액공제를 받은 연금납입금액과 연금계좌에서 증가된 금액을 연금 외 방식으로 수령한 소득: 15%

③ 소기업·소상공인 공제부금의 해지일시금: 15%

④ 복권당첨금, 슬롯머신을 이용하는 행위에 참가하여 받는 당첨금품, 승마투표권, 승자투표권, 소싸움경기투표권 및 체육진흥투표권의 구매자가 받는 환급금에 해당하는 소득금액 중 3억원을 초과하는 경우 그 초과금액: 30%

참고 >> 특정봉사료와 금융투자소득의 원천징수세율(기타소득이 아님)

- 특정봉사료(구분기재한 봉사료금액이 공급가액의 20%를 초과한 경우): 5%
- 대통령령으로 정하는 금융투자소득: 20%(2023년 이후 시행)

4) 종합소득 합산 여부

연간 기타소득금액이 300만원 이하인 개인은 종합소득세 신고 시 종합소득에 합산하여 신고하거나 원천징수된 것으로 소득세를 종결시키는 분리과세를 선택하여도 된다. 물론, 기타소득금액(무조건 분리과세 기타소득과 무조건 종합과세 기타소득 제외)이 300만원을 초과하는 개인은 항상 종합소득금액에 합산하여 종합소득세를 신고하여야 하며, 원천징수된 세금은 종합소득세 계산 시 기납부세액으로 차감된다. 다만, 연금보험료 소득공제를 받은 연금납입금액과 연금계좌에서 증가된 금액을 연금 외 방식으로 수령한 기타소득, 복권당첨금, 승마투표권의 구매자가 받는 환급금, 슬롯머신을 이용하는 행위에 참가하여 받는 당첨금품, 신용카드의 사용자에 대한 보상금, 서화·골동품의 양도로 발생하는 소득 등은 분리과세로 종결한다. 한편, 뇌물, 알선수재 및 배임수재에 의하여 받는 금품은 무조건 종합과세하며, 계약의 위약 또는 해약으로 인하여 받는 위약금·배상금(계약금이 위약금·배상금으로 대체되는 경우에만 해당)은 선택적 분리과세(해당 기타소득금액의 합계액이 300만원 이하인 경우)를 적용받아 종합과세와 분리과세를 선택할 수 있다.

한걸음 더

퇴직소득세

1. 퇴직소득과 종합소득의 차이

퇴직소득은 근로소득, 사업소득, 연금소득 등과 같이 종합소득으로 보아 종합소득세로 종합과세하지 않고 퇴직소득세로 별도로 분류하여 과세한다. 왜냐하면 근로소득, 사업소득, 연금소득 등 종합소득은 1년 단위(매년 1월 1일부터 12월 31일까지)로 과세하는 소득이지만, 퇴직소득은 퇴직 시 장기간 직장에 근무한 대가로 지급받는 소득이므로 퇴직소득세로 과세한다.

2. 퇴직소득세 계산구조

퇴직소득세는 장기간에 근로를 제공한 대가로 발생한 퇴직급여에 대해 과세하는 세금이므로 종합소득세와 비교하여 다음과 같은 2가지 차이점을 두어 세제면에서 혜택을 부여하고 있다.

① 2단계 소득공제

② 연분연승법에 의한 산출세액 계산

3. 퇴직소득세 계산

퇴직소득 산출세액은 다음의 3단계를 거쳐 계산된다.

① 1단계 : 과세표준 계산

② 2단계 : 환산 전 퇴직소득 산출세액[= 과세표준 × 종합소득 기본세율(6 ~ 45%)] 계산

③ 3단계 : 근속연수를 감안한 퇴직소득 산출세액(퇴직소득세) 계산

이렇게 계산된 퇴직소득세의 10%에 상당하는 금액이 지방소득세로 과세된다.

4. 퇴직소득세 확정신고

퇴직소득세는 다음연도 5월 1일부터 5월 31일까지 확정신고하여야 하지만, 원천징수로 퇴직소득세가 종결되는 경우에는 확정신고를 하지 않는다.

주요용어

- 세금의 중요성과 역할
- 세금설계의 의의
- 세금의 주요 특징
- 종합소득금액
- 분리과세와 종합과세
- 종합소득공제
- 종합소득과세표준
- Gross-up제도
- 사업소득
- 근로소득
- 연금소득
- 이자소득
- 배당소득
- 기타소득
- 퇴직소득
- 양도소득
- 금융투자소득
- 가상자산소득
- 종교인소득

심화 학습문제

1. 일상생활에서 부담하는 세금의 종류에 대해 설명해 봅시다.
2. 재무설계와 세금설계의 관계를 설명해 봅시다.
3. 직장에 입사하면 세금을 어떤 식으로 내는지를 설명해 봅시다.
4. 종합소득의 종류를 나열하고, 종합소득 중 지금 자신이 벌고 있는 소득이 있는지를 설명해 봅시다.
5. 세법에 대한 질서를 지키지 않으면 부과되는 가산세 중 국세기본법상 공통적으로 적용되는 가산세에 대해 설명해 봅시다.
6. 자신이 가입하고 있는 금융상품을 제시하고, 그 금융상품의 원천징수세율과 과세방법에 대해 설명해 봅시다.
7. 고용관계 없이 일시적인 강의 또는 원고수입에 대한 종합소득의 종류와 과세방식에 대해 설명해 봅시다.

PART 03

개인재무의 증대

CHAPTER 07

투자설계

학습목표

본 장을 학습하고 나면 여러분들은

1. 화폐의 시간가치, 투자의 기본 개념, 투자수익률과 투자위험 및 포트폴리오이론에 대해 설명할 수 있다.
2. 주식의 기본 개념과 주식의 가치평가, 증권분석방법, 효율적 시장 및 인간의 비합리적 투자심리에 대해 설명할 수 있다.
3. 채권의 기본 개념과 채권가격의 계산, 채권가격과 채권수익률의 관계 등에 대해 설명할 수 있다.
4. 펀드의 기본 개념과 각종 금융상품에 대해 설명할 수 있다.

도입 이야기

오랜만에 갖는 김계획 씨 부서의 회식자리이다. 직원들이 이번에 받은 연말특별보너스로 무엇을 할 것인가로 이야기꽃을 피우고 있었다. 예전부터 주식에 관심이 많고 직접투자해서 짭짤하게 수익을 올린다는 강과장은 이번에는 비트코인에 투자를 하였다고 한다.

"이번에 비트코인으로 롤러코스터를 탔지."

올해 입사한 신입사원인 최공채 씨도 거들었다.

"저는 대학교 다닐 때부터 주식동아리에서 주식투자를 조금씩 해왔는데요. 이제 취직도 했으니까 투자금액을 좀 늘려 해볼 생각입니다."

부서에서 짠돌이로 소문난 박차장의 생각은 달랐다.

"무슨 소리야? 작년에 주식에 투자해서 손해 본 사람이 얼마나 많은데……. 내가 말이야 금융위기 때 은행에서 발행한 후순위채권이라는 것을 샀는데 금리가 자그마치 7%야. 요즘 세상에 그런 금리가 어디 있겠어? 나는 주식 떨어질까 걱정 없는 채권투자가 제일이라고 생각해."

맞벌이부부로 몇 년 전부터 펀드투자로 재미를 본 송과장이 목소리를 높였다.

"아니야. 우리가 주식, 채권 투자할 시간이 어디 있어? 그냥 펀드에 가입하는 게 최고야. 전문가가 알아서 돈을 굴려주는데, 우리가 잘 알지도 못하면서 왜 고민을 해. 나는 적금을 적립형 주식펀드에 가입해서 들고 있는데 마음도 편하고 꾸준히 넣으니까 수익률도 괜찮던데."

그런데 다른 사람의 이야기를 조용히 듣고 있던 정대리는 한숨을 쉬었다.

"모두들 행복한 고민이시네요. 저는 밀린 카드값을 갚아야 해요. 투자는 꿈도 못 꾼다구요."

본인의 생각은 어떠냐는 직원들의 물음에 김계획 씨는 별로 할 말이 없었다.

"글쎄, 나는 은행적금 하나 들고 있는 게 다인데. 재테크나 투자에 대해서는 별로 생각해 보지 않아서 말이야……."

회식자리를 끝내고 집으로 돌아오는 길, 김계획 씨는 왠지 다리에 힘이 빠지는 것을 느꼈다. '투자' 하면 왠지 김계획 씨에게는 어딘가 낯선 단어이다. 그러고 보니 그동안 모든 사람들의 관심사인 '재테크'에 김계획 씨만 관심을 두지 않았던 것은 아닌가 하는 생각이 들었다. 어디에서 시작해야 하는지 어떻게 해야 하는 것인지 무엇을 해야 하는 것인지가 너무 어렵다는 생각이 들었다.

이번 주말에 김계획 씨 가족의 재무설계안을 가지고 한공정 씨와 만나기로 약속이 되어 있다. 이참에 투자에 대해 자세한 것을 알아봐야겠다. 김계획 씨는 투자에 대한 다양한 내용을 살펴보리라 마음먹는다. 한공정 씨가 가지고 오는 재무설계안을 검토하고 제대로 내용을 알아듣기 위해서라도 투자의 다양한 내용에 관심을 가져보는 것이 좋겠다고 생각한다.

1절 | 투자의 기초

1. 화폐의 시간가치에 대한 이해

1) 화폐의 시간가치의 기본 개념

(1) 화폐의 시간가치의 의미

"시간은 돈이다"라는 말이 있다. 시간을 돈과 같이 아껴 쓰라는 격언이다. 그런데 경제적으로 보면 정말 시간은 돈이다. 어떤 사람에게 "오늘 1,000만원을 줄까, 내년에 1,000만원을 줄까?"라고 질문을 하면, 아마 모두 '오늘 1,000만원'을 택하려 할 것이다. '오늘 1,000만원'이 '내년 1,000만원'보다 더 가치가 높다고 생각하는 것이다. 이처럼 화폐는 시간에 따라 다른 가치를 가지게 되는데, 이를 화폐의 시간가치라 한다.

(2) 현재가치와 미래가치

은행에 1,000만원을 10%의 이자율로 예금하는 경우 1년 후 1,100만원을 받을 것이다. 여기서 1,000만원은 화폐가 현재 가지고 있는 가치를 의미하는데 이를 현재가치(PV : Present Value)라 한다. 반면 1,100만원은 1년 후 가지게 되는 가치를 의미하는데 이를 미래가치(FV : Future Value)라 한다. 한편, 현재 이자율이 10%인 경우 1년 후 은행예금으로 1,100만원을 받는 경우 1,100만원의 현재의 가치는 1,000만원이 될 것이다. 이 경우 현재가치와 미래가치는 다음의 관계를 가지게 된다.

$$PV(1{,}000\text{만원}) = \frac{FV(1{,}100\text{만원})}{(1+0.1)^1}$$

동일한 화폐가 시간에 따라 다른 가치를 가지게 되는 이유는 다음과 같다.

첫째, 인간은 속성상 현재를 미래보다 더 선호하는 경향을 가지기 때문인데, 이것을 현재선호(time preference)라고 한다. 인간이 현재선호를 가지는 이

한걸음 더 조삼모사(朝三暮四)와 화폐의 시간가치

원숭이에게 "아침에는 도토리 3개, 저녁에는 4개를 주겠다."고 말했더니 원숭이가 펄쩍 뛰었다. 그래서 이번에는 "아침에는 4개 저녁에는 3개를 주겠다."고 말을 바꾸었더니 "그건 괜찮다"라고 좋아했다는 이야기가 있다. 이것이 '조삼모사'이다. 이 이야기는 주로 '어리석다'라는 의미로 인용된다.

그러나 화폐의 시간가치를 이해하면 '조삼모사'가 결코 어리석은 행동으로 보이지 않는다. 오늘 300만원을 받고 내년에 400만원을 받을 것인가, 아니면 오늘 400만원을 받고 내년에 300만원을 받을 것인가 묻는다면 오늘 300만원을 받는다는 전자를 선택할 사람이 누가 있을까? 미리 400만원 받으면 이자만큼 이익이고, 나중에 받으면 이자만큼 손해라는 것을 잘 알고 있을 것이다.

유는 근본적으로는 인간의 유한성(mortality)에 기인한다고 한다. 인간이 신과 같이 영원히 산다면 오늘과 마찬가지로 내일도 모레도 항상 같은 날일 것이다. 인간은 결국에는 죽는다는 숙명은 미래를 불확실하게 만든다. 미래의 불확실성에는 미래에 대한 위험이 담겨 있다. 예를 들어 전쟁 중인 국가의 경우에는 현재선호가 평화 시보다 훨씬 강하게 나타날 것이다.

둘째, 인플레이션이 발생하면 화폐가치가 떨어진다. 따라서 같은 금액이라도 미래의 돈은 현재의 돈보다 가치가 떨어지게 된다. 오늘날과 같이 인플레이션이 일반적인 경제상황에서는 인플레이션 때문에 미래의 화폐에 대한 가치는 현재에 비해 떨어지는 것이 당연하다.

(3) 화폐의 시간가치와 재무설계

화폐가 시간선호와 인플레이션 등의 이유로 인하여 시간에 따라 다른 가치를 가지게 된다는 것은 재무설계 시에 고려해야 할 중요한 사항이다. 재무목표를 설정하는 가운데 자금계획은 구체적인 금액으로 표시되는데 그때 표시

되는 금액이 가지는 가치가 현재와 미래 시점에 차이가 있다는 점을 반영해야 하기 때문이다. 특히 은퇴자금 계산 등 장기간에 걸친 자금 및 투자계획을 세울 때 화폐의 시간가치는 매우 중요한 고려사항이 된다.

2) 이자의 이해

(1) 이자의 의미

화폐의 시간가치를 고려하는 합리적 인간은 내년에 1,000만원을 받는 것보다는 오늘 1,000만원 받는 쪽을 택한다. '오늘 1,000만원'은 '내년 1,000만원'보다 더 선호되며 더 높은 가치를 가진다. 그런데 '오늘 1,000만원'과 '내년 1,000만원' 사이에 발생하는 가치의 차이는 구체적으로 얼마나 될까? 그것은 다름 아닌 '이자'이다. 이자는 현재와 미래를 연결하는 고리이다. 이자는 떨어진 미래의 가치를 현재가치와 같게 만드는 일종의 보상방법이다. 그러므로 이자는 화폐의 시간가치를 나타내는 역할을 한다. 이자는 바로 시간이 돈이라는 것을 나타내는 증거가 된다.

여기서 이자의 크기는 결국 현재선호의 정도에 의해 결정된다. 현재선호가 클수록 이자율은 높아진다. 그런데 우리가 다시 한 번 명심해야 할 사항은 현재선호와 관련된 이자율은 앞의 '경제환경의 이해'에서 언급한 실질이자율이라는 점이다. 실질이자율은 물가상승을 고려하지 않은 이자율로서 가장 간단하게 이해하는 방법은 쌀 1말을 빌려주고 1년 후에 쌀 1말+1되를 받는다면 1되가 바로 이자이고 실질이자율은 10%라고 할 수 있다.

(2) 단리(simple interest)와 복리(compound interest)

앞서 '경제환경의 이해'에서 본 바와 같이 이자를 계산하는 방식에는 단리와 복리가 있다. 단리는 원금에 대해서만 약정된 이자율과 기간을 곱해서 이자를 계산하는 방법이고, 복리는 일정기간마다 이자를 원금에 합쳐 그 합계금액에 대한 이자를 다시 계산하는 방법이다.

예를 들어 1,000만원을 연 10% 수익률의 복리로 투자하는 것과 연 10%의 단리로 투자했을 때 10년이 지났을 때 복리투자는 2,594만원이 되고 단리투자는 2,000만원이 된다. 투자기간을 20년으로 늘리면 복리투자는 6,727만원

한걸음 더 이자를 받는 것이 종교교리에 어긋난다?

대부분의 종교는 영원불멸을 믿고 있다. 인간의 육체는 죽지만 영원은 다시 부활한다거나, 윤회사상 등은 모두 이러한 영원불멸의 신앙과 관련되어 있다. 따라서 현재선호 때문에 발생한 이자를 받는 행위는 영원불멸을 믿지 않고 인간의 유한성을 인정한다는 논리가 성립된다. 실제로 이슬람 금융에서는 이자를 받는 것을 율법으로 엄격히 금지하고 있다. 물론 이것이 동족 간의 박애주의의 실천 때문이라고 볼 수도 있지만 이자의 본질을 정확하게 이해했다고 볼 수도 있다.

이 되고 단리투자는 3,000만원에 불과해 복리투자 대비 2분의 1에도 못 미친다. 30년으로 보면 그 차이는 어마어마해 복리투자는 1억 7,449만원인 반면 단리투자는 4,000만원에 그쳐 무려 4배 이상 차이가 난다. 이러한 놀라운 복리효과를 일찍이 아인슈타인은 '가장 위대한 수학의 발견'이라고 하였다.

3) 연금의 가치계산

연금(annuity)이란 특정한 기간 동안 일정한 주기로 일정한 금액을 수령하는 것을 말한다. 예를 들어 30년 동안 매년 100만원을 수령하는 연금은 1년이라는 기간단위로 100만원이라는 고정된 금액을 받는 것이다.

(1) 연금의 미래가치

연금의 미래가치는 매 기간에 발생하는 현금의 미래가치를 모두 더한 값이라고 볼 수 있다. 예를 들어 5%의 이자율 하에서 매년 말 10,000원씩 받는 연금의 3년 후 미래가치는 다음과 같이 계산할 수 있다.

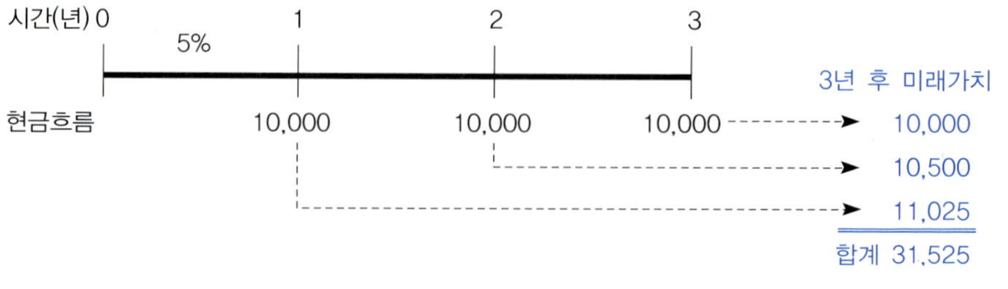

한걸음 더 놀라운 복리(compounding)의 힘

고층빌딩이 빽빽하게 들어선 뉴욕 맨해튼은 세계 금융의 중심지인 만큼 이 작은 섬은 땅값 비싸기로 유명하다. 그러나 1626년, 영국에서 건너와 미국 땅에 발을 들여놓은 청교도들이 인디언들로부터 맨해튼 섬을 사면서 지불한 가격은 단돈 24달러에 해당하는 장신구와 구슬이었다. 얼핏 들으면 인디언은 말도 안 되는 거래를 한 바보들로 보일 것이다. 그러나 만약 인디언들이 섬을 팔고 받은 장신구와 구슬을 돈으로 바꿔 연 8%짜리 채권에 복리로 투자했다면 그때부터 395년이 지난 2021년 현재 자그마치 382,467,607,417,429달러, 즉 380조 달러가 넘는다는 계산이 나온다.

(2) 연금의 현재가치

연금의 현재가치는 미래에 발생하는 현금흐름을 일정한 할인율을 적용하여 할인한다. 만약 3년 동안 매 연말 10,000원씩 받는 연금이 있고 이를 5% 이자율로 할인하는 경우 현재가치는 다음과 같다.

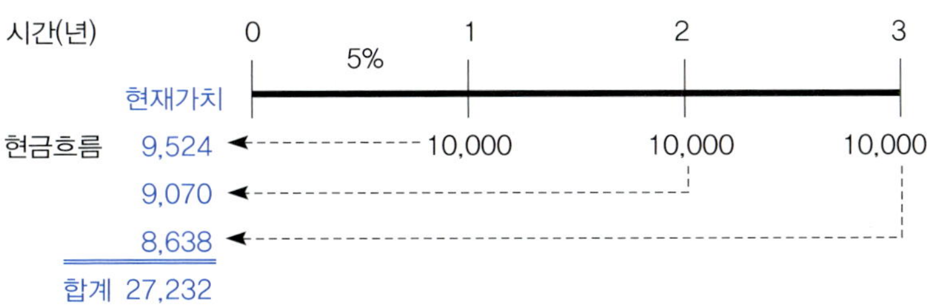

앞의 그림에서 보듯이 연금의 총가치는 매 기간 받는 연금금액의 현재가치의 합계로 나타낼 수 있다.

2. 투자의 기본 개념

과거에는 대표적인 재산 형성수단이 저축이었다. 하지만 금리가 낮아지고 물가가 상승하여 저축의 매력이 떨어짐에 따라 상대적으로 높은 수익률을 보이는 투자상품에 대한 관심이 높아지고 있다. 투자는 현재의 희생으로 미래의 더 큰 수익을 위한 기다림의 과정이다. 따라서 투자는 미래에 대한 불확실성으로 말미암아 항상 위험이 따르게 된다. 이러한 위험을 어떻게 관리하여 효과적인 투자를 실행하느냐가 투자의 가장 중요한 요소가 된다.

1) 투자의 정의

사람들은 자신이 벌어들인 소득을 모두 소비하는 경우는 많지 않다. 경우에 따라서는 소득이 지출보다 많은 기간이 있고, 어느 때는 소득보다 지출이 많은 경우도 있을 것이다. 이러한 소득과 지출의 불일치가 발생할 때 현재의 소득에서 추가로 돈을 빌리거나 저축하여야 하는 필요성이 생긴다.

현재의 소득 중 소비하지 않고 남는 부분이 있을 경우 사람들이 행하는 경제적 행동은 다음과 같다. 먼저 가장 기본적인 행동은 소비하고 남는 소득을 저축하는 것이다. 또 다른 행동으로는 남는 소득을 자신이 직접 보유하지 않고 이를 활용하여 불확실하지만 미래에 더 큰 소득으로 전환하는 방법이 있다. 이처럼 현재의 소비를 미래의 더 큰 규모의 소비와 바꾸는 행위가 바로 투자이다. 투자란 현재의 소비를 희생하고 이에 대한 보상으로 불확실한 미래의 수익을 바라는 행위이다. 이렇듯 투자는 현재와 미래라는 시간적 틀 안에서 이루어지며 불확실성이 존재하는 활동이라는 점을 이해하는 것이 중요하다.

2) 투자자의 요구수익률

투자란 현재의 소비를 희생하고 이에 대한 보상으로 불확실한 미래의 수익을 바라는 활동이다. 투자자는 어느 특정 투자대상에 투자할 때 기대하는 최

한걸음 더 저축, 투자, 투기

투자는 저축과 구분되는데 저축이란 현재의 소비를 절약해서 위험이 극히 낮은 부문에 적립하는 행위이다. 따라서 저축은 단순히 시간에 따른 대가를 바랄 뿐 위험을 감수하지 않으므로 위험에 대한 대가는 없다. 반면 투자는 현재의 소비를 억제하는 대가로 위험을 감수하여 미래에 더 큰 소비를 향유하기 위한 활동이다.

투자는 투기와도 구분된다. 투기는 과도한 위험을 지고 단기간 내에 비정상적으로 커다란 이득을 얻기 위하여 투자하는 행위를 말한다. 투자나 투기 모두 미래의 수익을 바라고 현재의 경제적 가치를 희생시킨다는 점에서는 비슷하나 투자는 일반적으로 합리적인 전망 하에서 일정한 위험을 감수하고 그에 따른 적정한 수익률을 기대하는 것을 의미하는 반면, 투기는 미래수익이 극히 불확실한 상품을 매매함으로써 과도한 위험을 감수하고 단기적이고 비정상적인 커다란 이익을 추구하는 행위를 의미한다. 개인의 중장기적인 재무목표를 달성하기 위한 재무설계에 있어서는 단기적인 수익을 추구하는 투기가 이용되어서는 안 된다.

소한의 만족할 수 있는 수익률 수준을 가지고 있는데 이를 요구수익률이라고 한다. 투자자가 기대하는 미래의 수익은 현재의 희생에 대한 대가를 말하는 것으로서 현재소비를 절약하여 미래까지 기다리는 데 대한 보상, 물가상승에 따른 구매력이 저하될 위험에 대한 보상 및 미래의 불확실성 또는 위험을 부담하는 데 대한 보상으로 구성되어 있다. 첫 번째 보상은 시간선호에 기인한 화폐의 시간가치이고, 두 번째가 인플레이션 보상이고, 세 번째가 위험을 감수하는 데 따르는 보상이다. 따라서 투자자가 투자할 때 원하는 요구수익률 수준은 다음과 같은 요인에 의해 결정된다.

① 시간에 대한 보상: 현재 소비하지 않고 희생하는 데 대한 보상
② 인플레이션에 대한 보상: 구매력 저하 위험에 대한 보상
③ 위험에 대한 보상: 미래 받게 되는 금액의 불확실성에 대한 보상

$$\text{요구수익률} = \underbrace{\underset{(\text{time})}{\text{실질 무위험이자율}} + \underset{(\text{inflation})}{\text{인플레이션 보상률}}}_{} + \underset{(\text{risk})}{\text{위험보상률}}$$

$$= \text{명목 무위험이자율} + \text{위험보상률}$$

위의 식에 의하면 투자자의 요구수익률은 시간에 대한 현재선호가 강할수록, 인플레이션율이 높을수록, 위험이 높을수록 높아진다고 볼 수 있다. 투자결정에서 가장 중요한 문제는 투자자산의 적정가치를 정확하게 평가하여 투자수익률을 구하고 이를 투자자의 요구수익률과 비교하는 일이다.

3) 투자자의 투자결정방법과 지배원리

투자자는 여러 요인들을 고려하여 투자를 결정하지만 크게 보면 투자로부터 예상되는 수익과 투자에 따른 위험의 관점에서 평가한다고 볼 수 있다. 그런데 일반적으로 위험이 적은 투자대상은 기대수익률이 낮으며, 반대로 기대수익률을 높이기 위해서는 위험을 추가로 떠안아야 한다. 이를 수익과 위험의 상충관계(trade-off)라고 한다. 이러한 관계에서 합리적인 투자자는 같은 위험에서 더 높은 수익률을, 같은 수익률에서는 더 낮은 위험을 가진 투자대상을 찾고자 한다. 이러한 투자자의 선택방법을 지배원리(principle of dominance)라고 한다.

3. 투자수익률과 투자위험의 이해

1) 투자수익률의 이해

투자를 하고 얼마만큼의 수익을 얻었는가는 투자수익률을 통해 알 수 있다. 투자수익률은 기본적으로 다음과 같이 투자원금에 대한 투자수익의 비율로 계산된다.

$$\text{투자수익률} = \frac{\text{투자수익}}{\text{투자원금}} \times 100$$

투자수익률은 다음과 같이 다양한 투자상황을 반영한 여러 가지 투자수익률이 있다.

(1) 연간수익률

일반적인 수익률은 투자기간이 고려되지 않으므로 투자수익률을 직접 비교하기가 곤란하다. 따라서 일반적으로 투자수익률은 투자기간을 1년으로 일치시킨 복리 개념의 연간수익률을 계산하여 서로 비교하는 것이 바람직하다.

$$\text{연간수익률} = \left(\sqrt[n]{\frac{\text{기말의 투자자금}}{\text{기초의 투자자금}}} - 1 \right) \times 100$$

단, n은 연단위 투자기간

(2) 가중평균수익률(포트폴리오 수익률)

투자자산이 하나가 아니라 여러 가지 자산으로 구성되어 있는 투자포트폴리오가 있을 경우 이 포트폴리오의 전체수익률을 가중평균수익률이라고 한다. 가중평균수익률은 개별 자산의 수익률을 기초 포트폴리오의 총 시장가치에서 개별 자산의 시장가치가 차지하는 비율로 가중하여 합한 값이다.

사례 1

투자자가 총 1억원의 투자포트폴리오를 가지고 있는데, 이 중에서 5,000만원은 국내주식에 직접 투자하였고, 나머지는 해외주식펀드에 3,000만원, 채권펀드에 2,000만원을 간접투자하였다. 1년 후 주식은 5,500만원, 해외주식펀드는 2,850만원, 채권펀드는 2,100만원이 되었다면 가중평균수익률은 다음과 같이 계산될 수 있다.

투자대상	기초 투자금액	투자 비중	기말 투자금액	연간 수익률(%)	가중 수익률(%)
국내주식	50,000,000	0.5	55,000,000	10	5.0
해외주식펀드	30,000,000	0.3	28,500,000	-5	-1.5
채권펀드	20,000,000	0.2	21,000,000	5	1.0
합 계	100,000,000	1.0	104,500,000		4.5

$$
\begin{aligned}
\text{가중평균수익률} &= \sum(\text{투자비중} \times \text{투자자산의 수익률}) \\
&= 0.5 \times 10\% + 0.3 \times (-5\%) + 0.2 \times 5\% = 4.5\%
\end{aligned}
$$

(3) 기대수익률(expected return)

어느 자산에 투자하는 경우 미래의 수익률에 대하여 100% 확신을 할 수 있는 자산이 있고 경제환경에 따라 수익률이 달라지는 자산도 있다. 미래 수익률에 대하여 불확실성이 높은 대표적인 자산은 주식을 들 수 있다. 1년 후 특정한 주식가격이 얼마가 될지, 중간에 배당수입은 얼마가 될지에 대해 확실하게 알 수 없다. 기대수익률(expected return)이란 다음과 같이 특정한 사건이 일어날 확률과 그 사건이 일어날 경우 예상되는 수익률을 이용하여 산출한다.

$$
\begin{aligned}
\text{기대수익률} &= \sum(\text{확률} \times \text{예상수익률}) \\
&= \sum(P_i \times R_i)
\end{aligned}
$$

여기서, P_i : i상황이 발생할 확률, R_i : i상황이 발생할 경우 수익률

사례 2

경제환경에 따라 예상되는 투자수익률이 달라지는 다음과 같은 주식 A, B의 기대수익률을 구하면?

경제상황	확률	주식 A 예상수익률(%)	주식 B 예상수익률(%)
호 황	0.3	50	30
정 상	0.4	15	15
불 황	0.3	−30	−10

A주식과 B주식의 기대수익률은 다음과 같이 계산된다.

$$
\begin{aligned}
\text{A주식의 기대수익률} &= 0.3 \times 0.50 + 0.40 \times 0.15 + 0.3 \times (-0.30) \\
&= 0.12 = 12.0\%
\end{aligned}
$$

$$
\begin{aligned}
\text{B주식의 기대수익률} &= 0.3 \times 0.30 + 0.40 \times 0.15 + 0.3 \times (-0.10) \\
&= 0.12 = 12.0\%
\end{aligned}
$$

2) 투자위험의 이해

(1) 투자위험의 의미와 측정

모든 투자대상들은 투자위험을 지니고 있다. 투자수익의 변동가능성, 기대한 투자수익이 실현되지 않을 가능성, 실제결과가 기대예상과 다를 가능성을 지닌다. 이를 투자위험이라고 한다.

이러한 투자위험의 정도는 계량적으로 그 투자로부터 예상되는 미래수익률의 평균으로부터 퍼진 정도(분산도 ; dispersion)로 측정할 수 있는데, 통계적으로 볼 때 분산, 표준편차 등이 그러한 개념에 가장 적합하다고 볼 수 있다. 따라서 투자위험을 측정하는 가장 일반적인 방법은 투자수익률의 분산이나 표준편차를 구하는 것이다.

사례 3

앞의 투자수익률의 예에서 주식 A와 B의 투자위험을 구하면 다음과 같다.

경제상황	확률	주식 A 예상수익률(%)	주식 B 예상수익률(%)
호 황	0.3	50	30
정 상	0.4	15	15
불 황	0.3	−30	−10

주식 A와 B의 기대수익률은 모두 12%이다. 그러나 두 주식의 분산은 상이하다. 두 주식의 분산은 다음과 같이 계산된다.

$$\begin{aligned}\sigma^2_A &= (0.5-0.12)^2\times0.3+(0.15-0.12)^2\times0.4+(-0.3-0.12)^2\times0.3 \\ &= (0.31081)^2 = 0.09660 \\ \sigma^2_B &= (0.3-0.12)^2\times0.3+(0.15-0.12)^2\times0.4+(-0.10-0.12)^2\times0.3 \\ &= (0.15684)^2 = 0.02460\end{aligned}$$

따라서 분산이 작은 B주식이 더 낮은 투자위험을 지니고 있다고 볼 수 있다.

(2) 투자위험의 종류

투자위험은 시장 전체가 직면하는 위험이어서 시장 안에 있는 한 피할 수 없는 위험인 체계적 위험(systematic risk)과 특정 기업만이 직면하는 위험인 비체계적 위험(unsystematic risk)으로 구분할 수 있다.

① 체계적 위험(systematic risk)

체계적 위험은 시장외부에서 주어지는 위험으로 시장 내의 모든 종목에 공통적으로 영향을 미치는 위험을 말한다. 이는 분산투자를 통해 피할 수 없는 분산불가능위험이다. 체계적 위험에는 기관투자가들의 자산구성과 자산가치에 영향을 미치는 이자율위험(interest rate risk), 미래의 인플레이션으로 인해 투자로부터 현금흐름의 구매력이 감소될 위험인 구매력위험(purchasing power risk), 한 나라의 정치 및 경제 상황의 변화에 따라 발생되는 국가위험(country risk) 등 주로 시장외부변수인 거시경제변수가 변동하는 위험을 의미한다.

② 비체계적 위험(unsystematic risk)

비체계적 위험은 개별 기업이 직면하는 위험으로 다른 기업과는 상관없이

그림 7-1 | 국내주식시장에 투자할 경우 체계적 위험과 비체계적 위험

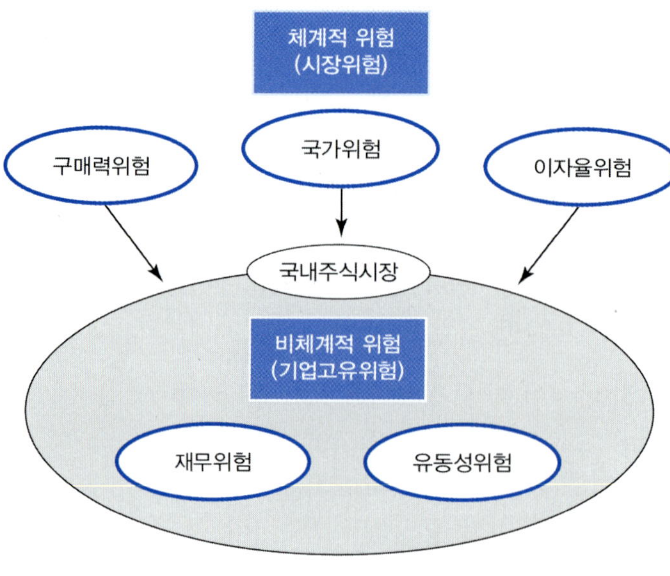

해당 기업에만 독립적으로 영향을 미치는 위험으로 '기업고유위험'이라고도 한다. 비체계적 위험은 분산투자를 통해서 제거할 수 있는 분산가능위험이다. 비체계적 위험에는 증권발행자들이 약속한 원금과 수익을 주지 못하는 재무위험(financial risk), 투자한 증권을 유통시장에서 현금화하려고 할 때 발생하는 유동성위험(liquidity risk) 등이 있다.

4. 투자위험과 포트폴리오 이론

1) 투자위험과 분산투자

투자위험은 어떻게 줄일 수 있을까? 이론적으로 볼 때 투자위험은 여러 종목에 분산투자함으로써 줄일 수 있다. "계란을 한 바구니에 담지 마라"라는 격언은 바로 분산투자를 통해 투자위험을 줄이라는 의미이다.

그런데 여러 종목에 투자하는 분산투자는 개별 기업이 가지고 있는 비체계적 위험만 줄일 수 있을 뿐 주식시장 전체가 당하는 체계적 위험은 줄일 수 없다. 그러나 주식시장 전체가 직면하는 체계적 위험도 투자자산을 채권, 부동산으로 확대하여 투자함으로써 줄일 수 있다.

그림 7-2 | 분산투자의 투자위험감소 효과

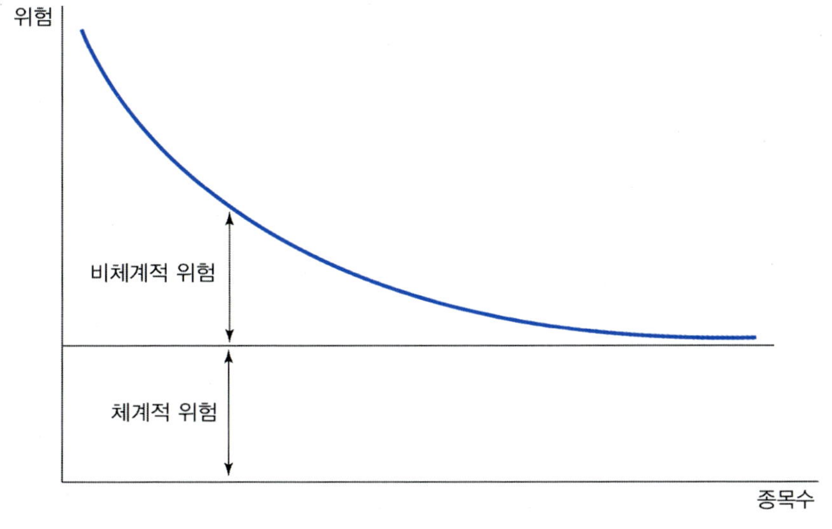

2) 분산투자효과

분산투자는 서로 성격이 다른 것들의 조합일수록 효과가 크게 나타난다. 예를 들어, 주식에 투자하더라도 경기에 민감한 주식들에만 투자하면 경기하강기에 투자한 모든 종목들이 영향을 받기 쉽기 때문에 경기에 민감한 종목들만으로 포트폴리오를 구성하기보다는 경기영향을 덜 받거나 경기하강기에는 오히려 각광받는 종목들을 적절히 섞는 것이 위험을 분산하는 데 효과적이다. 예를 들어, 경기민감주로 포트폴리오를 구성하면 경기상승기에는 주가가 많이 오를지 몰라도 경기하강기에는 주가가 큰 폭으로 떨어져 손실을 크게 입을 수 있다. 이럴 때는 경기하강기에도 주가에 영향을 덜 받는 내수소비 종목들을 포트폴리오에 추가함으로써 주가하락에 대한 위험을 줄일 수 있다.

분산투자와 관련하여 한 가지 주의해야 할 점은 분산투자의 목적은 높은 수익을 얻고자 하는 것이 아니라 위험을 낮추는 것이라는 점이다. 즉, 분산투자는 투자위험을 줄이고 안정적 투자수익을 얻는 방법이다. 따라서 이러한

한걸음 더 **우산장수와 짚신장수를 둔 어머니의 포트폴리오**

우산장수 아들과 짚신장수 아들을 둔 어머니가 있었다. 이 어머니는 '가지 많은 나무에 바람 잘 날 없다'는 속담대로 늘 근심과 걱정을 얼굴에 달고 살았다.

그림 출처: http://m.blog.naver.com/3787dudwn/220500709882

하루는 옆집에 살던 젊은이가 찾아와 "왜 그렇게 수심 어린 모습으로 사시나요?" 하고 물으니까 그 근심의 내용인즉 자식들 걱정 때문이라는 것이었다. 즉, 비가 오면 짚신장수 아들 걱정이고 해가 나면 우산장수 아들 걱정이라 매일 한숨만 쉬었던 것이다.

그 얘기를 듣고 젊은이가 권하기를, 비가 오면 우산장수 아들 생각하고 해가 나면 짚신장수 아들을 생각하라 하니, 그때부터 이 어머니는 항상 싱글벙글하고 다녔다. 그 젊은이야말로 분산투자 개념을 완벽하게 이해한 사람이 아니었을까?

분산투자를 장기적으로 실행한다면 안정적인 수익을 확보하는 효과적인 방법이 된다.

한걸음 더 해외투자는 분산투자의 극치?

아무리 자산을 주식, 채권, 부동산에 분산투자하더라도 IMF경제위기처럼 국가 전체가 당하는 위험은 피할 수 없다. 이런 상황에서 국가위험(country risk)은 체계적 위험이 된다. 그러나 이러한 국가위험도 국제분산투자를 통해 국가별로 자산을 분산해서 투자한다면 비체계적 위험으로 바뀌게 된다. 따라서 국제분산투자는 분산투자의 극치라고 할 수 있다. 국제분산투자의 입장에서 보면, 아프리카의 작은 나라에 투자하는 것은 높은 투자위험을 감수하는 공격적 투자가 아니라 포트폴리오 전체의 위험을 감소시키는 너무나 안정적인 투자방법이 된다.

한걸음 더 워런 버핏 : 분산투자를 반대한다

증권투자만으로 세계 2위의 갑부가 된 워런 버핏은 분산투자는 바보 같은 짓이라고 말하면서 이것과 정반대인 집중투자를 강조한다. 우리가 분산투자를 하는 이유는 한두 개 회사에 집중해서 투자를 했다가 잘못되면 큰 손해를 보게 되므로 이것을 방지하기 위해서다. 하지만 워런 버핏은 잘못 투자해서 손실을 볼 위험을 분산투자로 줄이는 것이 아니라 처음 회사를 선택할 때부터 잘 선택하여 장기투자하면 오히려 위험을 낮춰 수익을 높일 수 있다고 주장한다.

그는 집중투자를 주장하면서 “우리가 10개의 우량기업을 고르는 것이 쉽겠는가? 아니면 한두 개의 우량기업을 고르는 것이 더 쉬울 것인가?” 하고 반문한다. 그러나 워런 버핏 같은 기업분석 능력만 있다면야 한두 종목에 집중투자하겠지만 일반투자자들은 그러한 능력을 지니고 있지 못하므로 분산투자가 여전히 효과적인 투자방법이다.

2절 주식투자

1. 주식의 기초

1) 주식의 개념과 기원

(1) 주식의 개념

주식은 기업의 지분권을 의미한다. 쉽게 말한다면 기업을 만들기 위해 돈을 낸 동업자의 권리를 나타내는 것이며 기업을 분할해서 소유하고 있음을 나타낸다. 여러 사람이 모여 하나의 기업을 만들 때 각자가 낸 돈의 금액만큼 권리를 주장할 수 있는 증서인 주식을 만들었고, 그 증서는 양도할 수 있다. 주식은 규격화된 액면으로 구분되어 그 권리를 쉽게 양도할 수 있게 만들어져 있다. 대개 5,000원, 500원 등의 소액단위로 나누어져 있다. 주식을 가진 사람은 주주가 되고 주주가 가지게 되는 권리를 주주권이라 한다.

주식의 소유자, 즉 주주는 기업의 주인이기에 경영에 참여하는 것은 물론이며 기업의 이익도 받을 수 있다. 기업이익을 주주에게 주는 것을 배당이라고 한다. 만약 기업을 해체하기로 한다면 빚 등을 갚고 남은 재산을 주주들에게 주식소유량에 따라 나눠주게 된다. 이를 잔여재산분배라고 한다. 이외에도 주주는 회사의 주식을 신규로 발행할 때 우선적으로 신청할 권리 등이 있다.

(2) 주식의 기원

주식은 17세기 영국 동인도회사의 인도와의 무역에 기원을 두고 있다고 한다. 당시의 무역회사는 현재의 무역회사처럼 배를 타고 다른 나라와 물건을 교역하면서 상당수의 인원과 큰 경비를 필요로 했다. 이때 네덜란드 상인들은 이 무역업의 경비를 조달하기 위해 주식이라는 것을 처음 만들어 자금을 조달했다고 한다. 즉, 주식으로 자금을 조성해 무역회사를 만들고 아시아 등으로 보낸 몇 년 후, 이 무역회사가 가지고 온 각종 물건들을 나누어 가지는 조건으로 지배계층으로부터 주식발행을 통해 자금을 조달했다. 이 주식은 무역회사의 배가 항구로 귀향하기 전까지 매매가 가능했는데, 오직 풍문에 의해서

한걸음 더 South Sea 버블과 뉴턴이 남긴 말

1720년 10월 1일 영국 무역회사인 South Sea가 발행한 주식이 1개월 만에 반토막이 났는데 이것이 유명한 'South Sea Bubble' 사건이다. South Sea 회사는 영국 정부의 부채를 떠안는 대신 남아메리카 무역 독점권을 부여받기로 계약했다. 이로 인해 막대한 이윤을 창출할 것이라는 기대가 높아지면서 투자자들은 주식을 사들이는 데 혈안이 됐다. 1720년 이 회사의 주가는 100파운드에서 1,000파운드까지 수직 상승했다. 그러나 결국 거품은 터져버렸고, 주가가 바닥으로 떨어지자 수천 명의 주주들이 재산을 잃었다.

이 사건으로 만유인력으로 유명한 영국의 물리학자이자 천문학자, 수학자인 아이작 뉴턴도 전 재산을 잃었다. 이후 뉴턴은 "내가 천체의 움직임은 센티미터(cm) 단위로까지 측정할 수 있지만 주식시장에서의 인간들의 광기는 도저히 예상할 수가 없다."는 말을 남기고 주식시장을 떠났다고 한다. 이 사건을 계기로 당시 서구유럽의 정부들은 주식매매가 일종의 사기행각이라는 결론을 내린 후 주식발행을 엄격히 규제하게 되었으며, 주식시장은 산업혁명 초반까지 사라지게 되었다고 한다.

주가가 변동하였으므로 투기적인 요인이 상당히 강했다고 볼 수 있다.

2) 주식투자의 특성

주식투자는 다음과 같은 특성을 지니고 있다.

첫째, 우선 높은 수익을 기대할 수 있다. 주식투자는 이자수익에 비해 훨씬 높은 수익을 기대할 수 있다. 특히 현재와 같은 저금리시대에서는 주식은 높은 수익성을 가진 매력적인 자산이다. 단, 주식은 위험자산이므로 높은 수익을 기대할 수 있는 만큼 위험 또한 크다는 특성이 있으나, 투자원칙에 충실하게 장기투자를 한다면 위험을 통제하고 수익성을 높일 수 있다.

둘째, 환금성이 뛰어나다. 주식은 부동산과 달리 증권시장을 통하여 수시로 거래가 이루어지기 때문에 특별한 경우를 제외하고는 사고 싶을 때 언제든지 살 수 있으며, 자금이 필요한 경우 언제든지 손쉽게 팔아 현금화할 수

한걸음 더 주식투자와 은행예금의 수익률

매년 500만원씩 25년간 주식에 투자를 할 경우 우리나라의 과거 25년간 평균 주가수익률 13.6%를 적용하면 25년 후 얻을 수 있는 금액은 약 9억 7천만원이다. 이 정도 돈이면 어느 정도 안락한 노후를 보낼 수 있는 금액이 될 수 있다. 그러나 만약 매년 500만원씩 은행예금에 예치한다고 가정하면 이자율 연 5.0%를 기준으로 25년 후에는 2억 5천만원에 지나지 않아 무려 7억원 이상의 차이가 난다. 투자의 위험성을 생각하지 않는다면 당연히 주식투자를 해야 하겠지만 문제는 위험성이다.

있을 뿐 아니라 거래비용도 매우 저렴하다고 볼 수 있다. 주식 매매절차가 보통예금의 입출금과 같이 간단하며, 배당금수령과 유무상증자 시의 권리행사 등 매매에 따른 모든 부수업무와 보관까지 증권회사에서 대행해 주므로 투자자는 안전함과 편리함을 동시에 느낄 수 있다.

셋째, 상장주식의 매매차익에 대해서는 소액주주의 경우 양도소득세가 없으며 배당에 대해서만 배당소득세를 부과하고 있다. 부동산에 대해서는 상대적으로 높은 양도소득세를 부과하고 있고, 미국 등 선진국에서 매매차익이 생길 경우 과세를 하는 것이 일반적인 것이라는 점에 비한다면, 우리나라에서의 주식투자는 투자자에게 블루오션이라고도 볼 수 있다. 그러나 2023년 이후에는 연 2천만원 이상의 주식양도차익에 대해서 20%의 세율로 과세하도록 예정되어 있다.

넷째, 인플레이션 헤지기능이 있다. 주식은 부동산 및 실물자산을 보유한 기업에 대한 소유권을 나타내므로 물가가 오르면 그만큼 소유자산 가격이 올라 주식의 가격도 오르는 경향이 있다.

이외에도 상속이나 증여를 하는 경우 부동산처럼 복잡한 등기절차가 필요 없이 명의개서만 하면 되며, 부동산처럼 분할절차도 복잡하지 않아 세분화가 용이하다.

한걸음 더 대주주는 우선주를 좋아한다

기업이 자금이 필요할 때 가장 저렴하게 자금을 조달하는 방법이 증자이다. 그런데 증자는 동업자를 늘리는 행위에 해당하므로 대주주의 경우 자신도 직접 증자에 참여하지 않으면 지분이 낮아져 기업지배력이 떨어질 가능성이 높다. 따라서 대주주 입장에서는 배당을 약간 더 주고 의결권이 없는 우선주를 발행하는 것이 절대적으로 유리하다. 현행 상법에서는 이러한 폐해를 막기 위해 우선주 등 무의결권 주식의 발행을 총발행주식의 1/4 이하로 제한하고 있다.

3) 주식의 종류

(1) 보통주와 우선주

주식에 포함되어 있는 대표적인 두 권리인 배당수령과 경영참여(의결권) 중 어느 쪽을 강조하느냐에 따라 주식의 종류를 구분할 수 있다. 보통주는 주주가 가지는 각종의 권리를 평등하게 가진 주식을 말한다. 보통주에 투자함으로써 주주는 다음과 같은 두 가지 수익을 얻을 수 있다. 먼저 기업의 실적에 따라 배당금을 수령할 수 있다. 다음으로 기업의 가치가 증대되거나 향후 증대가 예상되는 경우 보통주의 시장가격이 상승하므로 자본차익(capital gain)을 얻을 수 있다.

배당을 강조하여 보통의 주식보다 배당(또는 회사를 정리할 경우 잔여재산분배)을 먼저 받을 수 있는 주식을 우선주라고 한다. 우선주는 이러한 배당우선권이 있는 대신 경영참여 의결권이 없는 경우가 대부분이다. 우선주에서 의결권이 영속적으로 제한된다는 점을 개선해 일정기간이 지나면 보통주로 바꿀 수 있도록 한 것이 신형우선주이다. 배당은 회사이익 발생 여부와 주주총회 결의에 따라 변하게 되는데 아예 최저보장배당률을 정해놓은 경우도 신형우선주에 해당된다.

(2) 가치주와 성장주

가치주는 실적이나 자산에 비해 기업가치가 상대적으로 저평가됨으로써 낮은 가격에 거래되는 주식을 의미한다. 즉, 현재 발생하는 주당순이익이나 장부가치에 비해 상대적으로 낮은 가격에 거래되는데, 주가가 이렇게 낮게 형성되는 이유는 향후 성장률이 낮을 것으로 기대되거나 악재로 인해 주가가 지나치게 하락하였기 때문이다. 일반적으로 가치주는 PER이나 PBR이 낮은 주식을 의미한다.

성장주는 기업의 영업실적이나 수익의 증가율이 시장평균보다 높을 것이라고 기대되는 주식을 말한다. 이런 기업들은 수익을 기업내부에 유보하여 재투자하여 높은 성장률을 유지하므로 배당률이 높지 않다. 따라서 배당보다는 자본이득에 중점을 두는 주식이다. 현재로서는 그다지 성장을 하고 있지는 않지만 장래 신제품·신기술 등이 수익에 기여할 가능성이 있는 기업의 주식도 성장주에 해당된다. 성장주의 요건으로는 기업의 재무구조가 양호하고, 동일업계에서의 시장점유율이 우월하고, 영업실적의 지속적인 증가를 들 수 있다.

(3) 경기순환주(cyclical stocks)와 경기방어주(defensive stocks)

경기순환주는 경기수준에 따라 기업의 영업실적이나 수익의 변화가 심해 경기변동에 따라 주가의 변화가 심한 주식을 말한다. 경기가 호황일 경우 성장주와 같은 높은 수익성장률을 나타내지만, 경기가 침체기에 들어서면 실적이 급속히 악화되는 기업의 주식이 해당된다. 따라서 경기가 호전될 것으로 예상되면 높은 투자수익률이 예상되지만 경기가 정점에서 하락하기 시작하면 투자손실을 볼 가능성이 높다. 일반적으로 경기에 따라 매출액의 변화가 심한 건설업, 자동차산업, 철강, 석유화학, 제지, 조선, 반도체산업에 해당되는 기업의 주식이 해당된다. 경기민감주라고도 한다.

경기방어주는 경기의 호전·위축과는 상관이 없거나, 별로 영향을 받지 않는 업종에 속하는 기업의 주식을 일컫는 말이다. 경기에 둔감하기 때문에 경기둔감주라고도 한다. 전력·가스·철도 등 공공재와 의약품·식료품·주류 등 생활필수품 등의 종목이 이에 해당한다.

경기방어주는 일반적으로 경기가 좋을 때는 다른 종목에 비해 약세를 보이지만, 경기가 하락할 때는 상대적으로 안정적인 주가 흐름을 보인다. 불경기일 때는 주식시장이 전반적으로 침체현상을 보이지만, 아무리 경기가 좋지

한걸음 더 **블루칩 주식(blue chip stocks)**

주식시장에서 재무구조가 건실하고 경기변동에 강한 초우량주를 일컫는 말이다. 오랜 기간 안정적인 이익창출과 배당지급을 실행해 온 수익성 · 성장성 · 안정성이 높은 종목으로 비교적 고가(高價)이며 시장점유율이 높은 업종대표주이므로 기관투자가들의 주요 투자대상이 되는 주식이다. 블루칩의 기원은 카지노에서 쓰이는 세 종류(흰색, 빨간색, 청색)의 칩 가운데 가장 비싼 것이 청색 칩이라는 데서 유래되었다고 한다.

않더라도 결코 소비하지 않을 수 없는 업종의 주식이 경기방어주이기 때문이다. 반대로 경기가 좋을 때는 다른 종목들이 큰 폭으로 상승하는 것과 달리 거의 상승하지 않거나 제 자리에 머물러 상대적으로 약세를 보일 뿐 경기에는 별로 영향을 받지 않는다.

2. 주식의 가치평가

1) 현재가치법에 의한 자산의 가치평가

투자자가 어떤 자산에 투자할 때 투자가치를 부여할 수 있는 근거는 그 자산으로부터 발생하는 미래 예상되는 투자수입이다. 그런데 미래에 예상되는 투자수입은 현재가 아닌 미래의 상이한 시점에서 발생하고 불확실성의 정도도 각기 다르다. 따라서 현재시점에서 미래에 발생하는 투자수입의 가치를 평가하기 위해서는 미래투자수입을 현재가치화하는 작업이 필요하다.

예를 들어 이자율 10% 하에서 은행에 예금하여 1년 후에 받게 되는 1,100만원을 현재가치로 환산하는 경우를 수식으로 표현하면 다음과 같다.

이자율 10% 하에서 1년 후 1,100만원 은행예금의 현재가치

$$= PV_0\,(1{,}000\text{만원}) = \frac{1{,}100\text{만원}}{(1+0.1)^1}$$

그런데 미래투자수입을 현재가치화하기 위해서는 미래투자수입의 투자위험을 고려하여야 한다. 예를 들어 똑같이 1년 후에 1천만원의 수익이 발생한다 하더라도 은행에 예금하여 얻은 수익과 주식투자해서 얻은 1천만원의 가치는 다르기 때문이다.

미래투자수입의 투자위험은 할인율을 다르게 적용함으로써 현재가치화하는 과정에 반영하게 된다. 위의 예에서 은행에 예금을 한 경우는 할인율을 은행이자율로 사용하였다. 일반적으로 투자위험이 각기 다른 자산의 현재가치화를 위해서는 각 자산의 요구수익률을 할인율로 이용하여 계산하게 된다.

$$\text{투자자산의 현재가치}(PV) = \frac{\text{미래가치}(FV)}{(1+k)^n}$$

단, k : 할인율(각 자산의 요구수익률), n : 투자기간

이 식에 의하면 요구수익률이 높을수록(위험자산일수록) 투자자산의 현재가치는 낮아진다는 점을 알 수 있다. 극단적으로 투자자산의 요구수익률이 거의 무한대인 로또복권이라면 로또의 현재가치는 0이 될 것이다.

2) 배당할인모형(dividend discount model)

주식의 가치를 평가하는 가장 기본적인 이론모형은 배당할인모형이다. 이 모형은 주식을 팔지 않는다면 주식투자로부터 얻을 수 있는 수익은 배당금뿐이므로 미래 배당금을 현재가치화하여 합산하면 이것이 현재시점에서 적정주가가 된다는 논리에 근거한 모형이다.

$$\begin{aligned}\text{적정주가} &= \text{미래 배당금의 현재가치를 모두 더한 값} \\ &= \frac{\text{1년 후 받을 배당금}(D_1)}{(1+k)} + \frac{\text{2년 후 받을 배당금}(D_2)}{(1+k)^2} + \\ &\quad \frac{\text{3년 후 받을 배당금}(D_3)}{(1+k)^3} + \cdots\end{aligned}$$

단, k는 주식의 요구수익률

이 식에 의하면 적정주가는 배당금을 많이 받을수록, 요구수익률(k)이 낮을수록 높다. 이 식에 의하면 삼성전자주가가 하이닉스주가보다 높은 이유는 삼성전자가 미래에 받을 배당금이 하이닉스보다 더 크고 투자위험은 하이닉스보다 작다는 점이 반영된 결과라는 점을 알 수 있다. 또한 만약 위의 식에 의해 삼성전자의 적정주가가 800,000원으로 계산되고 현재의 시장가격이 600,000원이라면 현재 삼성전자는 저평가되어 있으므로 매수를 고려할 수 있다.

한편 배당할인모형에서 매년 받는 배당금이 매년 g%만큼 성장한다는 가정을 하면 위 식은 좀 더 간단하게 정리할 수 있는데, 이것이 정률성장배당할인모형이다.

$$\frac{D_0(1+g)}{(1+k)}+\frac{D_0(1+g)^2}{(1+k)^2}+\frac{D_0(1+g)^3}{(1+k)^3}\cdots$$

$$=\frac{D_0(1+g)}{k-g}=\frac{D_1}{k-g}$$

단, D_1은 내년에 받을 예상배당금, g : 배당성장률

3) 상대가치평가방법

우리는 백화점에서 물건을 살 때 두 가지를 고려한다. 바로 가격과 품질이다. 아무리 품질이 좋은 제품이라도 가격이 너무 비싸면 사지 않을 것이다. 주식을 살 때도 마찬가지로 가격과 품질을 고려해야 한다. 문제는 가격과 품질을 동시에 고려하는 투자지표가 필요하다는 점이다. 이 중 가장 대표적인 투자지표가 바로 주가수익비율(PER : Price Earnings Ratio)과 주가순자산비율(PBR : Price Book-value Ratio)이다. 기업의 재무적 품질은 두 가지 측면에서 파악할 수 있는데, 바로 수익창출능력과 현재 기업이 보유하고 있는 재산상태이다. 수익창출 능력은 순이익으로 나타나고 재산상태는 순재산가치로 나타낼 수 있다. 순이익을 고려한 투자지표가 PER이고 순재산가치를 고려한 투자지표가 PBR이다.

(1) 주가수익비율(PER)

주가수익비율(PER)은 현재의 주가를 주당순이익(Earnings Per Share : EPS)으로 나눈 것이다. PER은 기업이 벌어들이고 있는 순이익에 비해 투자자들이 몇 배의 가격을 지불하고 있는가를 나타내는 것인데, PER이 낮을수록 저평가된 주식이다.

$$PER = \frac{\text{주가}}{\text{주당순이익}(EPS)}$$

PER은 투자자들이 가장 많이 사용하는 평가방법 중 하나이다. 특히, 이익은 나는데 배당을 지급하지 않아 배당할인모형을 적용하기 어려운 기업의 경우에 유용하다. 왜냐하면 배당할인모형은 배당의 지급이 있을 경우에만 사용될 수 있기 때문이다.

PER은 현재 기업가치의 적정성을 판단하는 데 이용되는데, 동일산업의 PER 평균과 시장평균 PER, 그리고 해당 기업의 과거 평균 PER이라는 벤치마크를 현재 기업의 PER과 비교한다. 어떤 기업의 PER이 벤치마크보다 낮다면 주식은 과소평가되었다고 판단하고, 만약 이 비율이 벤치마크보다 높으면 과대평가되었다고 판단하게 된다. 또한 벤치마크의 PER을 이용하여 적정주가를 계산할 수 있는데, 계산절차는 다음과 같다.

① 기업의 예상 주당순이익(EPS)을 추정

② 벤치마크의 PER에 기업의 예상 주당순이익을 곱하여 적정 주가 추정

사례 4

A사의 EPS(주당순이익)는 10,000원이고 매년 10%의 성장이 예상되며, 동종산업 내 경쟁업체의 평균 PER은 5배이다. 시장 전체의 PER은 7배이었다. 내년 EPS에 근거한 A사의 적정주가를 얼마로 추정할 수 있는가?

① 1년 후 주당순이익 = 10,000 × 1.1 = 11,000원

② 산업평균 PER을 적용하면 11,000 × 5 = 55,000원

시장평균 PER을 적용하면 11,000 × 7 = 77,000원

한걸음 더 저PER 혁명

1992년 외국인에 대하여 한국의 증권시장이 본격적으로 개방되면서 외국인은 특정한 주식만을 집중적으로 매수하는 현상이 나타났다. 당시 외국인들이 집중적으로 사들인 주식은 삼성전자, 포철, SKT, 한전 등의 주식이었는데 소위 저PER 주식이었다. 그때까지 우리나라의 주식투자자들은 과학적 투자기준이 없이 저가주, 고가주, 건설주, 은행주 등 단순히 업종이나 가격 등에 근거하여 투자하고 있었는데 국내 기관투자자들 역시 마찬가지였다.

이러한 상황에서 PER이라는 외국인의 투자기준은 혁명과도 같은 것이었으며 우리나라의 기관투자가들이 본격적으로 이 투자기준을 채택하면서 이 기준에 부합되는 주식들의 가격이 폭등하는 현상이 나타났다. 이것이 바로 '저PER 혁명'이다. 저PER 혁명은 한국증시에 과학적 투자의 기원이 되었으며 이를 계기로 기업가치에 대한 연구가 본격적으로 도입되기 시작했다.

그로부터 1년 뒤인 1993년에 나타난 것이 자산에 대한 재평가였으며 한국증시에 '자산주 열풍'을 몰고 온 PBR이란 개념이 도입되었다. 한마디로 1992년부터 한국증시는 비로소 과학적 투자의 기틀을 마련한 것이다. '저PER주를 찾아라', '기업가치에 비해 싼 저평가주식을 사라'는 당시 주식시장에서 유행하던 모토였다.

(2) 주가순자산비율(PBR)

주가순자산비율(PBR)은 주가를 주당순자산가치(BPS: Book-value Per Share)로 나눈 값으로, 주가와 1주의 순자산을 비교한 수치이다. 즉, 주가가 순자산(자본금과 자본잉여금, 이익잉여금의 합계)에 비해 1주당 몇 배로 거래되고 있는지를 측정하는 지표로, 회사가 청산될 때 주주가 받을 수 있는 자산가치를 의미하기도 한다.

PER이 수익가치와 대비한 상대적 주가수준을 나타내는 지표인 반면에, PBR은 기업의 자산가치와 대비한 상대적 주가수준을 측정한 지표이다.

$$PBR = \frac{\text{주가}}{\text{주당장부가치}(BPS)}$$

단, 주당장부가치(BPS) = 대차대조표상의 자기자본/주식수 최근 투자지표로서 PBR에 대한 관심이 높아지고 있는데, 이는 1980년대 후반 이후 주가가 크게 오르면서 PER이 높아지고 그 변동성이 커져 투자지표로서의 유효성이 떨어진 반면 PBR은 상대적으로 안정적이었기 때문이다. 또한 M&A가 활성화됨에 따라 자산가치의 중요성이 부각되었기 때문이다. 보통 PBR이 1.0보다 작으면 주가가 청산가치 이하로 떨어진 것을 의미하므로 과소평가되어 있다고 판단한다.

여러 기업 중 PER과 PBR이 낮은 기업을 찾아 투자하는 것이 품질에 비해 가격이 상대적으로 싼 기업을 사는 방법이 된다. 한 가지 주의할 점은 같은 업종에 있는 기업끼리 비교하여야 한다는 점이다. 업종마다 적정한 PER과 PBR이 크게 차이가 나기 때문이다.

3. 증권의 분석

증권의 분석은 크게 기본적 분석(fundamental analysis)과 기술적 분석(technical analysis)으로 구분된다. 기본적 분석은 기업의 내재가치를 추정하여 현재 주가가 고평가인지 저평가인지를 분석하는 방법이다. 반면에 기술적 분석은 주식시장의 과거 패턴을 분석하여 미래가격의 움직임이나 시장의 흐름을 예측하고, 이를 증권의 매매타이밍에 이용하려는 분석방법으로 주로 그래프, 도표 등이 이용된다.

1) 기본적 분석

기업의 내재가치를 분석하는 기본적 분석에는 경제분석, 산업분석, 기업분석으로 구성된다. 경제분석에서는 국내외 경제환경을 분석하고 경제의 흐름을 파악하여 어떠한 증권에 투자할 것인가를 판단하게 된다. 산업분석에서는 산업의 동태적 변화와 제품의 생명주기분석을 통해 성장가능성이 높은 산업을 선별하여 투자업종을 선택하게 된다. 마지막으로 기업분석을 통해 저평가된 기업을 발굴하는 투자종목선정을 하게 된다.

(1) 경제분석

주식시장을 움직이는 변수는 참으로 다양할 뿐만 아니라, 상호 간에 복잡한 구조와 연관성을 지니고 있다. 경제성장률, 금리, 인플레이션, 환율, 국제수지 등과 같은 거시경제변수들은 주식시장에 커다란 영향을 미치는 것으로 알려져 있다. 우리가 이 모든 변수들의 상호 작용과 이들이 주식시장에 미치는 영향을 정확하게 분석하고 이에 적절한 대응을 할 수 있다는 것은 거의 불가능한 일이다. 본서에서는 주식시장에 가장 큰 영향을 미치는 경기와 금리가 주식시장에 어떠한 영향을 미치는지 살펴본다.

① 경기와 주가

경기라고 하는 것은 경제의 전체적인 기운을 말하는 것이다. 경기가 좋다는 것은 전체적인 경제의 기운이 좋다는 이야기이며 기업이 영업이 잘 되어 이익이 증가한다는 말이다. 따라서 주가에도 좋은 영향을 미치는 것은 당연하다. 주가가 기업의 상황을 반영한다고 볼 때 경기상황은 주가에 절대적인 영향을 미치는 변수이다. 그런데 한 가지 명심해야 할 것은 주가는 기업의 실적이 실제 나타나기 이전에 미리 움직인다는 점이다. 예를 들어 기업이 신기술을 개발했다고 할 때 이 기술이 기업의 실적에 반영되기에는 많은 시간이 걸릴 것이다. 그러나 주가는 이러한 상황을 미리 반영하여 오르게 된다는 의미이다. 이러한 점 때문에 경기와 주가는 다양한 상황에 놓이게 된다.

② 금리와 주가

금리는 주가에 강력하게 영향을 미치는 요인이다. 특히 금융시장이 발달한 선진국일수록 금리가 주가에 미치는 영향력이 크다. 만약 금리가 주가에 영향을 미치는 경로는 크게 세 가지이다. 금리가 상승할 경우를 예를 들어본다.

첫째, 금리상승은 기업의 금융비용을 상승시켜 기업실적을 악화시키고 이는 주가에 부정적인 영향을 미친다.

둘째, 금리상승은 개인의 소비에 영향을 미친다. 주택대출, 카드할부구입 등이 많은 개인의 경우 금리상승은 가처분소득을 감소시키고 소비를 감소시키게 된다. 이는 기업의 영업부진으로 나타나고 주가에 악영향을 준다.

셋째, 금리는 개인과 기관투자자의 포트폴리오에 영향을 미친다. 예를 들어 금리상승에 따른 채권가격 하락은 상대적으로 채권투자의 매력을 증가시켜 주식부문에서 채권부문으로 자금이동이 발생하게 되며, 이에 따라 주가는 하락하게 된다. 이렇듯 금리는 주가에 강력하게 영향을 미치는 변수이다.

한걸음 더 주식시장의 사계절

일본의 우라가미 구니오는 주식시장을 봄, 여름, 가을, 겨울의 사계절과 비교하고 경기와 주가와의 관계를 설명하였다. 예를 들면, 봄에는 찬바람과 꽃망울이 같이 있듯이 안 좋은 소식과 경기가 상승하려는 움직임이 같이 있다는 것이다. 그는 경기순환과 마찬가지로 주식시장도 금융완화를 배경으로 한 불경기 하의 주가상승인 「금융장세」를 상승장세의 시작으로 해 경기회복기의 「실적장세」로 진행되다가, 경기정점 부근에서 금융긴축에 기인한 「역금융장세」라는 하락장세로 진입한다. 이어 긴축정책에 의해 경기가 후퇴하고 기업 수익이 적자로 돌아서며, 「역실적장세」로 연결되는 4국면을 가진다고 주장하였다.

• **금융장세**

이 국면에서는 실업자 증가, 기업도산 및 기업적자 전환 발표가 지속되는 등 실물경기가 더욱 악화됨에 따라 경기부양정책이 본격적으로 추진된다. 그러나 금리하락에 따른 풍부한 유동성이 주식시장으로 유입되어 불경기 하에서 주가반등이 시작되는 국면으로 유동성 장세라고도 한다. 이 장세에서는 주로 금리민감주, 재정 투융자 관련 공공주 등이 장세를 주도한다.

• **실적장세**

실적장세는 금융장세 하에서 진행된 금융·재정 양면의 경기대책이 서서히 효과를 나타내면서 시작된다. 국내 경기지표로 봤을 때는 출하가 늘어나고 재고는 감소하며 생산은 증가세로 반전되는 현상이 나타나고 다음 해의 경기전망을 상향 조정하기 시작한다.

금리는 오름세로 반전되나 기업 수익이 대폭 호전되어 주가는 상승세를 지속하고, 경기 확대국면 지속과 함께 비교적 안정된 물가수준과 함께 긴 상승장세가 지속된다.

• **역금융장세**

경기과열 속에 인플레이션이 표면화되기 시작한 시점에서 통화당국의 재할인율 연속 인상으로 인한 금융긴축으로 역금융장세가 출현하며, 경기는 최고조에 있고 기업 수익은 여전히 증가가 예상되나 주가는 하락 전환되는 시기이다.

• **역실적장세**

경기의 후퇴기·불경기에서 나타나는 장세국면으로 역금융장세에서의 상황이 시간이 경과함에 따라 급속히 악화되면서 나타난다. 자금수요가 줄어 금리가 하락 기미를 보이는데도, 경기는 더욱 냉각되고 기업수익은 대폭 감소가 예상된다.

그림 7-3 | 주식시장의 4국면

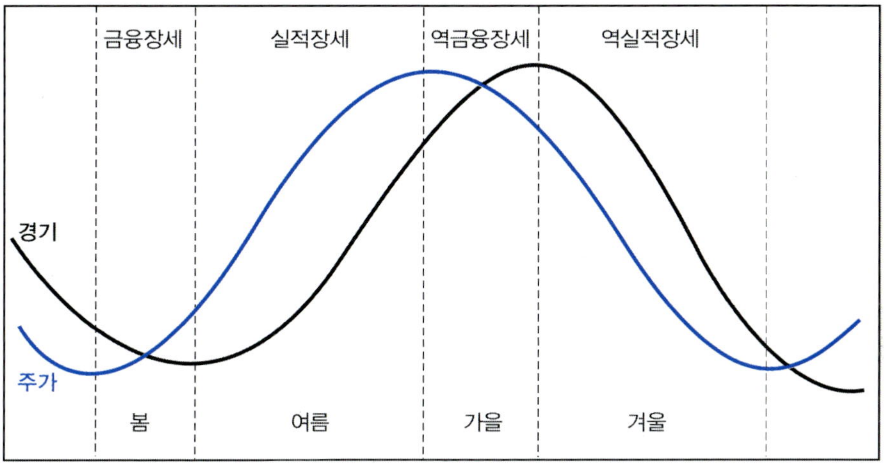

(2) 산업분석(industry analysis)

산업분석은 산업의 특성과 전망에 대한 분석으로 개별 산업 또는 관련산업에 중요한 영향을 미치는 요인들을 광범위하게 분석하는 것을 말한다. 산업분석에서는 어떤 특정 기업이 아니라 특정 산업 전체를 대상으로 해당 산업의 현재 수익성, 성장성 등을 포함한 미래 비전, 산업의 경쟁구도 등 산업조직적 특성, 생산 및 기술개발 등에서 국제적인 분업관계, 국제경쟁에서 국내산업의 경쟁력 수준, 산업정책의 방향과 해당 산업의 중요성 등 다양한 측면들을 파악하는 것이라고 할 수 있다.

산업분석은 다음과 같은 이유 때문에 증권분석에서 매우 중요하다.

첫째, 개별 기업의 경영성과는 당해 산업의 경영성과와 밀접한 관련을 가지고 있으며, 개별 기업의 주가는 일반적으로 당해 산업의 주가평균을 기준으로 비교된다.

둘째, 모든 산업의 성과가 반드시 경기변동과 일치하지 않기 때문이다. 예를 들어 사치품이나 내구재산업의 경영성과는 경기변동과 비교적 동일한 추세로 움직이고 있지만, 생필품산업의 경영성과는 경기변동과 큰 상관없이 변동되는 경향이 있다. 따라서 개별 산업의 성과분석은 기업의 증권분석에 많은 도움을 준다.

셋째, 개별 기업의 경영성과에 대한 장기적인 전망을 할 때 산업의 추세분석이 도움을 주기 때문이다. 산업은 제각기 산업라이프사이클(industry life cycle)을 가지고 있다. 그러므로 각 기업은 당해 산업이 산업라이프사이클에서 현재 어느 단계에 속해 있는가를 분석하거나 또는 그 산업의 제품에 대한 수요 및 공급량(capacity)을 분석함으로써 기업의 경영성과에 대한 장기전망에 도움을 받을 수 있다.

산업의 라이프사이클은 일반적으로 도입기, 성장기, 성숙기, 쇠퇴기의 과정을 거친다.

첫째, 도입기는 기술진보의 결과 신상품이 시장에 도입되어 새로운 산업이 시작되는 시기이다. 고가판매와 고수익이 가능하지만 개발비와 광고비 등의 지출과 제한된 수요로 미래가 불투명하고 위험이 높은 기간이다.

둘째, 성장기는 제품에 대한 수요가 증가하고 시장규모가 확대되어 대량생산에 따른 제조원가의 하락으로 이윤이 급격히 증가하는 시기이다.

셋째, 성숙기는 새로운 경쟁기업이 시장에 진입하면서 공급은 늘지만 수요는 포화상태에 이르러 가격경쟁이 치열해져 수익성이 저하되는 시기이다.

넷째, 쇠퇴기에 접어들면 제품은 시대에 뒤진 상품으로 전락하고 대체재의 등장이나 수요의 축소로 매출이 감소하고 이익이 줄거나 손실을 보는 기업이 발생한다.

한편, 산업의 라이프사이클 분석 이외에 산업분석에서 중요한 것은 산업의 경쟁구조를 분석하는 것인데 산업의 경쟁구조를 결정하는 요소인 각종 진입장벽, 제품의 대체성, 기존 업체 간의 경쟁 등을 분석하게 된다.

(3) 기업분석

기업분석은 경제분석을 통해 국내외 경제환경을 분석하고 산업분석을 통해 유망업종을 선택한 이후 가장 투자수익성이 높은 유망기업을 선정하는 과정이다. 기업분석은 크게 계량적 분석과 비계량적 분석으로 나누어지는데 계량적 분석은 기업의 재무제표를 이용하는 재무비율분석이 기본적으로 이용되는데 단순히 회사의 과거실적분석뿐만 아니라 미래 예상수치까지 분석한다. 이렇게 분석한 자료를 토대로 회사의 내재가치를 추정한 후 시장가격과 비교하여 그 회사의 주식이 저평가 혹은 고평가되어 있는지를 판단하게 된다. 반면 비계량적 분석은 회사의 지배구조, 사업모델, 기업문화, 노사관계, 브랜드네임 등 수치화하기는 힘들지만 기업의 가치에 크게 영향을 주는 부분을 분석한다. 따라서 계량적 분석에 비계량적 분석을 적절하게 보완함으로써 보다 정확한 기업분석이 가능하다고 볼 수 있다.

① 기업의 재무제표

기업은 정기적으로 기업의 경영성과와 재무상태, 그리고 그 전망에 대한 내용을 보고할 의무가 있으며 사업연도별로 사업보고서를 작성하여 발표한다. 재무제표는 일정기간 동안 진행된 기업의 경영활동을 정해진 기업회계기준에 따라 정리한 표를 의미한다. 기업의 대표적인 재무제표는 재무상태표와 손익계산서이다.

ⓐ 재무상태표(statement of financial position)

일정시점(회계년도말)에서의 기업의 재무상태에 대한 정보를 알 수 있게 나타낸 회계보고서이다. '자산=부채+자본'이라는 재무상태표 등식에 의해 작성되며 차변(좌변)에 표시되는 자산(asset)항목은 기업이 소유하고 있는 자산을 나타내고, 대변(우변)에 표시되는 부채(liability)와 자본(equity)항목은 자산의 조달원천을 나타낸다. 부채는 타인자본, 자본은 자기자본으로 인식된다.

재무상태표

20XX년 12월 31일 현재

<table>
<tr><td rowspan="2">자 산</td><td>부채(타인자본)</td></tr>
<tr><td>자본(자기자본)</td></tr>
</table>

ⓑ 손익계산서(income statement)

손익계산서는 일정기간(분기, 반기, 연간) 동안의 발생한 모든 수익과 비용을 대비시켜 기업의 경영성과를 나타내는 회계보고서이다. 손익계산서는 재무상태표와 함께 기업경영분석을 위한 가장 중요한 자료이다.

손익계산서의 작성은 매출액에서 비용을 차례대로 차감하여 당기순이익을 구하는 과정으로 계산된다.

손익계산서

20XX년 1월 1일부터 20XX년 12월 31일까지

비 용	수 익
당기순이익	

② 재무제표분석

전통적인 재무제표분석은 재무제표비율분석을 의미한다. 재무비율은 재무상태표와 손익계산서 등 재무제표 항목들의 비율을 말하는데, 재무제표분석 중에서도 재무비율분석은 간단하면서도 유용한 정보를 제공하는 편리한 분석도구이다. 본서에서는 다음의 세 가지 비율을 분석한다.

ⓐ 수익성 비율

이 비율은 주식투자자에게 가장 중요한 지표 중의 하나인데 기업의 수익창출능력을 나타내는 지표이다. 그중에서 가장 기본적인 지표는 주당순이익(EPS : Earnings Per Share)인데 이는 당기순이익을 주식수로 나눈 것이다.

$$\text{주당순이익(EPS)} = \frac{\text{당기순이익}}{\text{가중평균 주식수}}$$

주당순이익(EPS)은 투자자에게 이익의 증가 혹은 감소를 알려준다. 그러나 당기순이익은 기업의 경영진으로부터 회계기준의 변경이나 감가상각방법의 변경들로 영향을 받을 수 있는 여지가 많다. 따라서 최근에는 EBIT나 EBITDA가 당기순이익을 대체하여 각광을 받고 있다. EBIT(Earnings Before Interest, Tax)는 이자와 세금이전 이익을 의미하는데, 보통 영업이익으로 이해된다. EBITDA(Earnings Before Interest, Tax, Depreciation & Amortization)는 감가상각이전 영업이익이라고 볼 수 있는데, 이는 기업의 정상적인 기업활동으로 인한 수익창출 능력을 의미한다.

그런데 EPS만으로 기업의 수익성을 제대로 측정할 수 없다. 따라서 주당순이익은 다른 재무적 상태를 표시하는 수치와 결합될 때 보다 의미가 있는 수익성 지표가 된다. 특히 매출액과 투하자본에 대한 수익성의 비율이 주요 관심부분이다.

- 매출액 대비 수익성 비율

매출액 대비 수익성 비율은 세 가지 이익률이 주로 이용된다. 각 비율은 순매출액이 분모이다. 분자는 매출총이익, 영업이익, 당기순이익이다.

> 매출액 총이익률 = 매출총이익 / 매출액
> 매출액 영업이익률 = 영업이익 / 매출액
> 매출액 순이익률 = 당기순이익 / 매출액

- 자본에 대한 수익성 비율

투하자본에 대한 이익의 비율은 다음과 같이 2개가 주로 이용된다.

> 총자산이익률(ROA : Return on Asset) = 당기순이익 / 총자산
> 자기자본이익률(ROE : Return on Equity) = 당기순이익 / 자기자본

자기자본이익률(ROE)은 주주의 입장에서 기업이 얼마나 잘 운영되고 있는지를 보여주기 때문에 가장 중요한 수익성 비율이다. 자기자본은 투자자가 기업에 자금을 투자한 것을 의미한다. 따라서 투자자의 투자자금이 얼마나 잘 운영되는가는 가장 중요한 정보인 것이다. 자기자본이익률은 다음과 같이 매출액순이익률, 총자산회전율, 재무레버리지라는 3가지 요소로 나누어 볼 수 있다.

> ROE = 순이익 / 자기자본
> = (순이익 / 매출액) × (매출액 / 총자본) × (총자본 / 자기자본)
> = 매출액 순이익률 × 총자산회전율 × 재무레버리지

이러한 식에 의하면 부채가 많은 기업은 호황기 때는 매우 높은 ROE를 창출할 수 있으나 손실이 발생하는 경우 ROE가 큰 폭의 (−)가 되는 위험을 지니고 있다.

ⓑ 안정성 비율

안정성 비율은 기업의 장단기 부채상환능력을 측정한다.

• 유동성 비율

이 비율은 기업의 단기채무를 처리할 수 있는 능력을 측정한다. 기업이 유동자산과 유동자산 요소들을 가지고 기업의 유동부채를 몇 배나 충당할 수 있는가를 분석하는 것이다. 유동성 비율은 다음과 같이 측정된다.

유동비율(Current ratio) = 유동자산 / 유동부채
당좌비율(Quick ratio) = 당좌자산 / 유동부채
= (유동자산 − 재고자산) / 유동부채
현금비율(Cash ratio) = (현금및현금성자산 + 유가증권) / 유동부채

유동성 비율은 기업이 재무적인 문제에 놓일 때 그 중요성이 대두된다. 그렇지만 지나치게 높은 유동성은 다른 수익성 사업에 자본을 배분하는 결정을 할 수 없게 함으로써 자본의 수익성을 떨어뜨리게 된다.

• 레버리지 비율

기업의 채무에 대한 지급능력을 측정하기 위한 재무비율이다. 기업전체의 자본에서 부채가 차지하고 있는 비중을 측정한다는 면에서 자본구조비율(capital structure ratio)이라고도 한다. 다음은 대표적인 레버리지 비율이다.

부채비율(Debt to Equity Ratio) = 타인자본 / 자기자본
이자보상비율(Interest Coverage Ratio) = 영업이익(EBIT) / 이자비용

부채비율은 기업의 재무구조의 건전성을 나타내는 지표로 가장 많이 사용되고 있다. 채권자들은 낮은 부채비율을 선호하지만 주주의 입장에서는 자기자본비용보다 저렴한 타인자본을 적절하게 사용함으로써 자기자본에 대한

수익률을 높이는 레버리지효과를 기대할 수 있다.

이자보상비율은 채무에 대한 이자지급능력을 나타내는데, 영업이익(EBIT)에 의해 이자가 어느 정도 상환되고 있는가를 측정한다. 이자보상배율이 1 미만의 기업은 영업활동을 통해 얻은 수익이 이자지급에도 못 미치는 기업으로 부도위험이 높은 기업이라고 볼 수 있다.

ⓒ 효율성 비율

이는 활동성 비율이라고도 하는데 자산을 얼마나 효율적으로 사용했는가를 측정하는 지표이다. 즉, 주어진 자산으로 얼마나 많은 매출을 발생시켰는가를 측정하는데, 이 비율이 높을수록 자산의 회전율이 높다고 볼 수 있다.

재고자산회전율 = 매출액 / 평균 재고자산
매출채권회전율 = 매출액 / 평균 매출채권
고정자산회전율 = 매출액 / 평균 고정자산
총자산회전율 = 매출액 / 평균 총자산

이 비율은 산업 간에 차이가 있는데 일반적으로 식료품산업은 높은 회전율을 가질 것으로 기대되는 반면 자동차산업은 낮은 비율을 보이게 된다. 따라서 산업 간의 직접 비교보다는 산업 내 비교가 보다 의미가 있다고 볼 수 있다.

기업분석을 위해 수익성, 안정성, 효율성에 대한 재무비율 분석 이외에도 기업의 성장성, 생산성 등을 나타내는 재무비율을 이용할 수 있다.

2) 기술적 분석

기술적 분석은 과거의 가격이나 거래량 자료의 조사에 기초하여 미래의 경향을 예상하고 주가의 움직임을 예측한다. 다시 말해 기술적 분석은 과거패턴을 이용하여 미래 가격의 움직임이나 시장의 흐름을 예측하는 것이다. 본서에서는 기술적 분석의 대표적인 차트분석에 대하여 알아본다.

주가를 분석하기 위해서는 과거 주가움직임을 그림으로 나타내는 차트를 많이 이용하게 된다. 특히 과거의 정보를 잘 분석함으로써 미래의 주가를 예측할 수 있다고 믿는 기술적 분석에서는 주가차트는 가장 기본적인 분석도구가 된다.

그림 7-4 | 삼성전자의 월봉차트

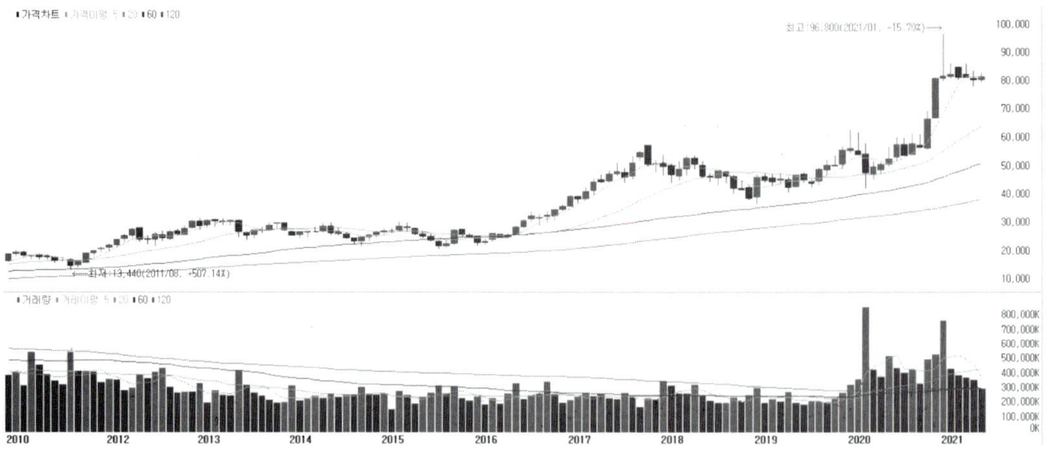

차트의 종류는 크게 선, 봉 차트로 나눌 수 있다. 선 차트(line chart)는 매일매일의 가격을 직선으로 연결한 차트이며 시장의 추세를 개괄적으로 볼 수 있다.

실제 가장 많이 이용하는 차트는 일본식 봉차트로서 일봉차트의 경우 하루의 주가 움직임을 시가, 고가, 저가, 종가로 표시하여 작성한다. 시가에 비해 종가가 상승하면 적색(본서에서는 옅은 회색으로 인쇄됨) 또는 백색으로 표시하고 이를 양봉이라 한다. 시가에 비해 종가가 하락하면 청색(본서에서는 짙은 회색으로 인쇄됨) 또는 흑색으로 표시하고 이를 음봉이라 한다. 이런 일봉을 연결하여 작성하면 과거 주가 움직임을 한눈에 볼 수 있다.

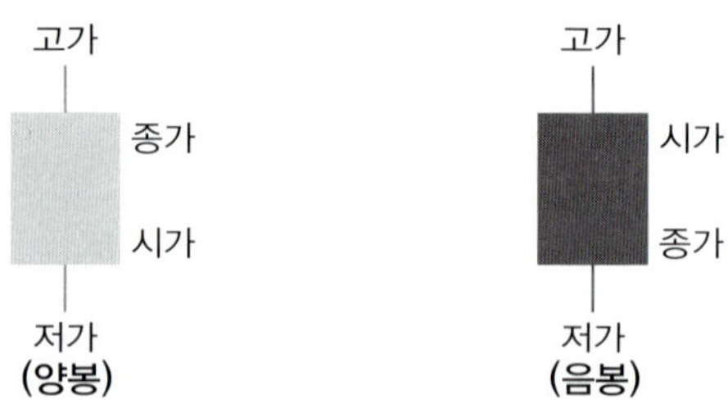

<그림 7-4>는 2021년 현재 1/50로 액면분할된 삼성전자의 2010년 이후 월봉차트인데, 2010년에 2만원대에 있던 삼성전자 주가는 지속적으로 상승하여 2021년 8만원을 넘어서기도 하였다는 점을 알 수 있다.

한걸음 더 **주식투자 시작하기**

(1) 주식계좌 개설

－신분증과 도장을 지참하고 은행이나 증권회사에서 실명확인 후 주식계좌 개설(온라인도 가능)

(2) 위탁증거금 납입

－주식계좌에 투자금액 입금

(3) 주문

－전화 및 인터넷(HTS)을 통해 주문

－원하는 종목의 가격과 수량, 매매방법 등을 정하여 주문

(4) 매매체결 확인

－투자자의 주문은 증권거래소로 전달되어 매매체결

－가격-시간 우선의 매매체결 원칙

예를 들어, 매수주문의 경우 높은 가격주문을 우선하여 체결시키며 만약 같은 가격이라면 시간상 먼저 낸 주문을 우선적으로 체결

(5) 결제

－3일 결제제도(영업일 기준) : 오늘 주식매수를 하였으면 영업일 기준으로 모레 주식계좌에서 현금인출, 주식입고

4. 효율적 시장의 이해

1) 효율적 시장의 개념

효율적 자본시장(efficient capital market)이란 증권가격에 영향을 미치는 새로운 정보가 신속하고 정확하게 반영되는 시장을 의미한다. 효율적 시장에서는 이용가능한 모든 정보가 이미 증권가격에 반영되어 있기 때문에 위험을 감수한 대가로 얻는 정상수익(normal return)을 초과하는 초과수익(abnormal return)을 얻기가 불가능하다. 반면에 기술적 분석을 추종하는 사람들은 비합리적인 요소가 작용하여 정보의 가격반영이 상대적으로 늦다고 본다. 또한 기본적 분석의 옹호론자들은 새로운 정보가 상대적으로 빠르게 반영되기는

하지만 새로운 정보에 따른 가치분석이 이루어지고 이에 따라 수요와 공급이 변화한다고 본다. 따라서 이들은 기술적 분석이나 기본적 분석을 통해 초과 수익을 얻는 것이 가능하다고 주장한다.

2) 효율적 시장의 종류

효율적 시장은 약형 효율적 시장(weak form efficient market), 준강형 효율적 시장(semi-strong form efficient market), 강형 효율적 시장(strong form efficient market)의 세 가지로 분류된다(Eugene Fama). 효율적 시장은 정보의 내용과 범위에 따라 다음과 같이 세 가지로 분류된다.

(1) 약형 효율적 시장(weak form efficient market)

약형 효율적 시장이란 현재의 주가에 과거의 역사적 정보(historical information)가 이미 반영되어 있는 시장을 말한다. 주식의 과거 역사적 정보에는 과거 가격, 수익률, 거래량, 특이한 거래형태, 블록거래(block trades), 그리고 전문가의 거래 등을 들 수 있다. 약형 효율적 시장에서는 이미 현재의 주가에 과거의 정보가 모두 반영되었기 때문에 이러한 형태의 정보들을 이용하여 미래의 수익을 예측한다는 것은 무의미하다는 것이다. 이러한 주장은 과거의 주가움직임에서 패턴을 찾고 이를 이용하여 미래의 주가를 예측하고자 하는 기술적 분석과 정면으로 배치되어 기술적 분석이 무의미하다는 결론에 이르고 있다.

(2) 준강형 효율적 시장(semi-strong form efficient market)

준강형 효율적 시장은 과거의 시장정보뿐만 아니라 일반에게 공개된 정보(public information)가 이미 현재의 주가에 반영되어 있는 시장을 말한다. 공개정보에는 과거정보, 각종 뉴스, 공시, 증권분석정보, 보고된 회계정보 등을 들 수 있다. 준강형 효율적 시장가설에 의하면 공개된 정보를 이용하여서는 초과수익을 얻을 수 없다.

따라서 기술적 분석뿐 아니라 공개된 정보를 이용하여 기업의 내재가치를 분석하는 기본적 분석 또한 준강형 효율적 시장에서는 무의미하게 된다.

한걸음 더 　앵무새와 인간의 주식투자 대결

한 주식투자정보 온라인 사이트는 새(鳥)와 인간이 주식투자 대결을 하는 희한한 실험을 하였다. 2009년 6월 25일 시작된 '새와 인간의 주식투자 대결'의 최종 결과는 파푸아뉴기니산 앵무새의 압승으로 막을 내렸다. 앵무새의 최종수익률은 13.7%로 대회에 참가한 개인투자자 10명의 평균 수익률(−4.6%)을 크게 앞섰다. 개인투자자들은 스윙매매, 추세선 활용 등 다양한 투자전략을 활용하였으나 앵무새보다 높은 수익률을 기록한 투자자는 10명 중 2명뿐이었다.

이번 새와 인간의 대결은 다소 무리한 부분은 있다. 앵무새는 한정된 우량종목에서 투자대상을 선택한 반면, 인간 투자자들은 모든 종목에서 선정이 가능했고, 일일거래를 통해 초단타매매까지 했다. 당연히 우량종목을 매입한 뒤 갖고 있었던 새의 투자수익률이 인간보다 나을 수 있다는 당연한 결론이 가능하다.

한편, 지난 2001년 영국과학진흥협회는 4살배기 아기, 투자전문가, 금융점성가 등 3명이 투자대결을 했는데, 4살배기는 4.6% 손실, 전문가는 7.1% 손실 그리고 금융점성가는 10.1%를 손실을 보았다는 결과를 발표했다. 미국에서는 지난 2000년 7월부터 2001년 5월에서 원숭이, 펀드매니저, 아마추어 투자자 등이 벌였던 투자게임에서도 원숭이는 2.7% 손실에 그쳤지만 펀드매니저는 13.4%, 아마추어 투자자는 28.6%의 손실을 보았다는 뉴스가 있었다.

주식시장과 같은 효율적인 시장에서는 전문가라고 해서 초과수익을 내는 것이 쉽지 않음을 보여주는 결과라고 볼 수 있다.

(자료 : 헤럴드경제, 2009년 8월 24일자에서 일부 요약)

(3) 강형 효율적 시장(strong form efficient market)

강형 효율적 시장은 공개된 정보뿐만 아니라 내부정보(inside information)를 포함한 모든 이용가능한 정보(all available information)가 이미 현재 주가에 반영되어 있는 시장(perfect market)을 의미한다. 내부정보는 기업의 임직원, 대주주, 기자나 변호사 등 내부자가 일반투자자에게 공개되기 이전에 얻는 정보를 의미한다. 강형 효율적 시장에서는 어떤 투자자라도 계속적으로 평균 이상의 초과수익을 달성할 수 없다.

5. 행동재무학과 투자심리의 이해

1) 행동재무학의 이해

앞에서 본 바와 같이 효율적 시장은 정보가 신속하게 전달되고 투자자는 이성적이고 합리적이어서 초과수익을 얻기 어렵다. 그러나 이러한 투자론의 일반적인 가르침과는 달리 우리는 인간의 감정이 투자의사결정에 깊이 영향을 미치고 있다는 점을 알고 있다. 그러면 과연 왜 감정이 이성적이고 합리적인 투자과정을 대체하고 어떻게 감정에 따른 의사결정이 우리에게 해악을 끼치는가에 대하여 이해할 필요가 있다.

최근 이러한 질문에 대한 대답은 심리학을 재무이론에 적용시킨 행동재무학(Behavioral Finance)에 의해 설명되고 있다. 행동재무학은 인간이 의사결정을 할 때 사용가능한 모든 정보를 고려하여 합리적으로 행동한다는 전통적인 경제학 및 재무이론에 반대한다. 행동재무학자들은 "인간의 반복된 비합리성, 비일관성, 무능력은 불확실성 하에서의 의사결정과 선택에서 나타난다"고 주장한다. 행동재무학은 투자의사결정과정에서 감정의 역할을 중요시하여 이를 투자의사결정과정과 결부시켜 설명하려고 하고 있다.

프린스톤 대학의 다니엘 카너먼(Daniel Kahneman) 교수와 조지 메이슨 대학의 버논 스미스(Vernon Smith) 교수는 행동재무학 연구로 2002년 노벨경제학상을 수상하였다. 행동재무학은 일반인들이 저지르는 투자의 실수는 인간의 두뇌작용과 밀접하게 연계되어 있다고 밝히고 있다. 따라서 감정에 사로잡히고, 다양한 자산에 투자한다는 생각을 미처 하지 못하고, 포트폴리오를 잘못 조정해서 위험을 높이고 수익을 줄이는 실수를 하는 것이 극히 정상적이라는 것이다. 이런 의미에서 행동재무학자들은 "우리는 단지 인간이며 실수를 할 수밖에 없다"고 주장한다.

2) 행동재무학 관점에서의 비합리적 투자

(1) 최근 성과에 근거한 펀드 가입

인간의 뇌는 과거의 경험에 의존하여 미래를 예측하려고 한다. 예를 들어 카지노에서 주사위나 룰렛은 예측할 수 없지만, 우리는 예측할 수 있는 어떤 패턴을 찾을 수 있다고 생각한다. 이러한 주먹구구식 규칙 중에서 투자자들에게 가장 대표적인 것이 바로 '과거의 성과가 미래에도 지속될 것이다'라는 생각이다.

우리의 두뇌는 항상 패턴을 찾으려고 노력하고 이것을 상당히 신속하게 인식할 수 있다고 생각한다. 듀크대학교 뇌과학자인 스캇 휴엘(Scott Huell) 교수의 연구에 따르면 우리의 두뇌는 두 번 동일한 사건이 반복되면 또다시 그것이 일어날 것이라고 예상한다고 한다. 이러한 주장의 증거로 일반투자자들은 특정한 펀드가 최근 2년간 좋은 성과를 보였다면 다음 해에도 계속 높은 성과를 보일 것이라고 생각한다는 것이다. 실제 많은 투자자들은 6개월이나 1년의 기간 동안 좋은 성과를 보이면 펀드매니저가 운이 아니라 실력이 있다는 명확한 증거라고 믿고 펀드에 가입하는 것이 일반적이다.

한걸음 더 **과거의 성과가 미래를 보장하지 못한다**

최근 국내의 한 펀드평가회사는 2006년 국내 액티브 주식형펀드 중에서 설정액이 50억 이상인 펀드를 대상으로 수익률이 가장 좋았던 상위 20개 펀드가 다음 해인 2007년에도 20위 이내의 상위권 수익률을 유지하는지를 조사하였다. 분석결과 단지 하나의 펀드만이 2007년에 상위 20위 안에 포함되었다. 같은 방법으로 조사한 결과, 2007년 상위 수익률 20위 펀드 중에서 2008년에는 상위 20위에 드는 펀드는 단 두 개에 불과하였다. 이러한 결과는 과거 펀드의 성과는 미래 펀드수익률 성과에 대한 예측치로서 거의 쓸모가 없다는 것을 나타내는 것이다. 사정이 이러한 데도 불구하고 아직도 많은 사람들은 맹목적으로 최근까지 좋은 성과를 보인 펀드와 펀드매니저 및 운용회사를 찾아다니며 높은 투자수익률을 기대하고 있는 상황이다.

또한 투자자문가들이나 펀드판매회사는 이러한 개인투자자들의 약점을 극복하도록 도와주기보다는 고객이 듣기 좋은 말로 고객이 원하는 펀드를 쉽게 추천하고 있는 상황이다.

(자료 : 박광수 외, 『부자매뉴얼』(2009) 중에서 일부 내용 수정)

그림 7-5 | 가격변화에 따른 감정사이클

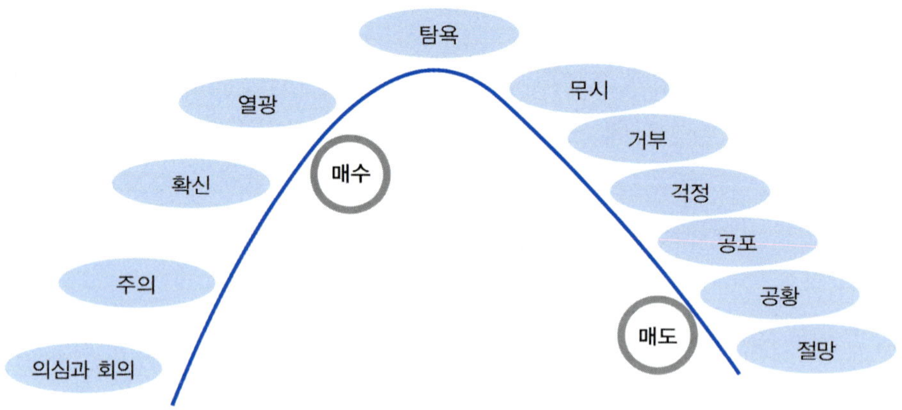

자료 : Ronald Cordes 외, *The Art of Investment & Portfolio Management*(2008)에서 부분적으로 수정

(2) 감정적 매매

투자의 세계에서 투자자는 이성적인 사고를 통해 냉철한 판단을 하고 의사결정을 하여야 한다. 그러나 대부분의 투자자들은 자산을 매수하고 매도할 때 감정이 이성적인 사고를 지배하는 경우가 많다. 가격변화에 따른 감정의 사이클을 <그림 7-5>와 같이 요약해 볼 수 있다. 그림에서 알 수 있듯이 시장가격이 변화하게 되면 그에 따라 인간의 감정도 변하게 되는데, 이러한 감정사이클에 따라 매매를 실행하게 되면 투자수익을 올리기보다는 고가매수－저가매도를 실행하는 오류를 범하게 될 가능성이 매우 높다.

최근 이런 행동재무학의 연구는 많은 투자자들에게 유용하게 이용되고 있다. 이들은 투자자들이 감정이나 사전적으로 정해진 심리에 의해 영향을 받게 되므로 금융시장에서 시장가격이 잘못 형성될 수 있다고 믿는다. 이러한 시장의 비효율성을 이용하면 초과수익을 얻을 수 있을 뿐만 아니라 자신의 투자심리상태를 이해함으로써 일반적으로 범하는 투자오류를 줄일 수 있다.

한걸음 더 버블(bubble)의 역사

투자자들의 비합리성은 역사적으로 자주 목격된다. 예를 들어 17세기 네덜란드의 튜울립 파동이나 2000년대의 IT버블은 인간의 비합리성을 극단적으로 보여주는 사례가 된다.

17세기 네덜란드에서는 튜울립이 귀족층에게 명예와 부의 상징으로 여겨졌다. 이러한 현상으로 말미암아 튜울립은 투기대상이 되어 귀족층뿐만 아니라 일반인들도 너도나도 튜울립 거래에 뛰어들게 되었다. 튜울립의 본질적 가치와는 상관없이 오직 산 가격보다 비싸게 팔 수 있다면 거래가 형성되었다. 당시의 튜울립의 가격은 투기적으로 사려는 세력에 의해 한 송이에 수천 달러까지 올랐다가 이후에 매수자가 사라지자 대폭락을 맞게 되었다.

2000년대에 일어난 IT버블도 이에 못지않았다. 현재 주가가 수익가치나 자산가치에 의해 설명되지 않자 미래에 발생할 판매액을 과다하게 계산하여 정당화하였다. 예를 들어 당시 검색엔진으로 유명한 야후는 인터넷의 발달과 함께 무한한 성장성이 예상된다고 생각되어 2000년 주당 500달러까지 거래되었는데 이는 당시 야후 수익의 100배가 넘는 수준이었는데 이는 대략 투자회수기간이 100년 이상 걸린다는 것을 의미한다. 야후의 주가는 IT버블의 붕괴와 함께 폭락하여 2001년에는 주당 16달러 수준까지 추락하였다.

또한 일찍이 유명한 경제학자인 케인즈(Keynes)는 주식투자는 미인투표와 같다고 말했다. 미인투표에서 중요한 것은 자신의 생각이 아니라 다른 사람들의 견해인 것처럼 주가도 그 회사의 내재가치보다는 다른 사람들의 생각에 따라 결정된다는 것이다. 케인즈는 가격결정이 합리적으로 결정되기보다는 심리적으로 크게 영향을 받는다는 점을 간파하였던 것이다.

(자료 : 박광수 외, 『부자매뉴얼』(2009) 중에서 일부 내용 수정)

3절 채권투자

1. 채권의 기초

1) 채권의 개념과 특성

(1) 채권의 개념

채권은 정부, 공공기관, 특수법인과 주식회사 등이 일반투자자들로부터 비교적 장기의 자금을 일시적으로 조달하기 위하여 부담하는 채무를 표시하는 일종의 차용증서이다. 보통의 차용증서와 달리 채권은 발행할 수 있는 주체가 법률로써 정해져 있는데 정부, 공공기관, 특수법인 및 상법상의 주식회사만이 채권을 발행할 수 있다. 발행자격이 있더라도 정부는 국회의 동의를 받아야 하고 공모로 채권을 발행할 경우 금융감독위원회에 등록을 한 후 감독원에 유가증권신고서를 미리 제출하여야 한다.

(2) 채권의 특성

채권은 다음과 같은 특성을 지니고 있다.

① 채권은 발행 시에 지급해야 할 이자와 상환금액, 상환조건이 확정되어 있다. 따라서 투자원금에 대한 수익은 금리수준의 변동에 의한 것 이외에는 발행 시에 이미 결정된 것이므로 발행자의 원리금 지급능력이 가장 중시된다.

② 채권은 주식과 달리 발행자는 수익의 발생 여부와 관계없이 이자를 지급하여야 한다. 채권의 이자지급은 채권발행자가 부담하는 금융비용 중에서 가장 큰 비중을 차지하므로 기업의 손익과 성장에 많은 영향을 주게 된다.

③ 채권은 원리금의 상환기간이 사전에 정해져 있는 기한부 증권이다. 기한부 증권이라는 채권의 특성으로 인하여 잔존기간은 채권투자의 가장 중요한 투자결정 요소가 된다.

표 7-1 | 채권과 주식의 차이

구 분	채 권	주 식
발행자	정부, 지방자치단체, 특수법인, 금융기관, 주식회사	주식회사
자본조달형태	타인자본(부채)	자기자본
증권의 존속기간	기한부증권	영구증권
증권소유자의 지위	채권자	주주
보수의 형태 및 성격	확정이자수령	이익발생 시 배당금 수령
조달원금 상환의무	만기 시 원금상환	상환의무 없음
가격변동위험	주식에 비해 작다	채권에 비해 크다

이러한 특성을 지닌 채권은 <표 7-1>에서 보는 바와 같이 주식과 차이점을 지닌다.

(3) 채권투자에 따른 수익

채권투자에 따른 수익은 다음과 같이 표면이자수익, 이자의 재투자수익 및 매매손익 등이 있다.

표 7-2 | **채권투자에 따른 수익**

채권투자수익	내 용
표면이자수익(Coupon Income)	- 채권투자의 가장 기본적인 수익 - 액면금액에 기초하여 일정기간마다 지급
재투자수익(Interest-On-Interest)	- 지급된 표면이자를 다시 당시의 이자율로 재투자
매매손익(Capital Gains)	- 중도매각 시 발생하며 만기까지 보유할 경우 없음.

2) 주요 채권 관련 용어

채권과 관련된 기초적인 용어를 정리하면 다음 표와 같다.

표 7-3 | **채권 관련 용어**

용 어	내 용
액면(par value)	- 채권 1장마다 권면에 표시되어 있는 1만원, 10만원, 100만원 등의 금액
표면이자율 (coupon rate)	- 액면금액에 대해 1년 동안 지급하는 이자금액의 비율 - 채권발행 시 결정 - 매회마다 이자를 받을 수 있는 이표(coupon)가 채권표면에 첨부 - 할인채의 경우 할인율로 표시 - 이자금액을 채권의 현재시장가치로 나눈 비율인 경상수익률과는 차이
잔존기간	- 기발행된 채권을 중도매매할 경우 매매일로부터 원금상환까지의 기간 - 채권의 발행일로부터 원금상환일까지 기간인 원금상환기간과 구분
수익률	- 투자원본에 대한 수익비율 - 통상 1년 단위로 계산
매매단가	- 유통시장에서의 적용 수익률로 계산한 액면 10,000원당 단가
경과이자	- 발행일(매출일) 또는 직전 이자 지급일로부터 매매일까지의 기간 동안 표면이자율에 의해 발생한 이자

한걸음 더 왜 채권에 투자하는가?

(1) 채권투자는 투자위험이 낮다

채권은 정부, 금융기관, 주식회사 등 공신력 있는 기관만이 발행할 수 있으므로 가장 안전한 투자수단이 된다. 또한 채권은 차입자의 재무상태와 관계없이 약속된 원금과 이자를 받을 수 있으며 차입자가 파산하는 경우에도 주주권에 우선하여 변제받을 수 있다. 특히, 채권은 만기까지 보유한다면 원금의 손실가능성이 매우 낮아 복리효과를 이용한 장기투자에 적합하다는 점에서 채권투자는 가장 안전한 투자방법 중 하나이다.

(2) 자금수급계획수립에 용이하다

대부분의 채권은 이자의 지급시기와 이자율이 확정되어 있어 채권에서 발생하는 정기적이고 확정된 이자수입은 은퇴생활자의 생활비나 다른 투자에 소요되는 자금을 충당하는 안정적인 수단으로 이용될 수 있다.

(3) 유동화가 용이하다

채권은 부동산과 달리 유통시장이 잘 발달되어 있어 유동성이 매우 높아 필요 시 현금화가 용이하다. 따라서 채권투자는 상대적으로 유동성리스크가 적다고 볼 수 있다.

할인채 견본(앞면) 사이즈 200×110mm

할인채 견본(뒷면)

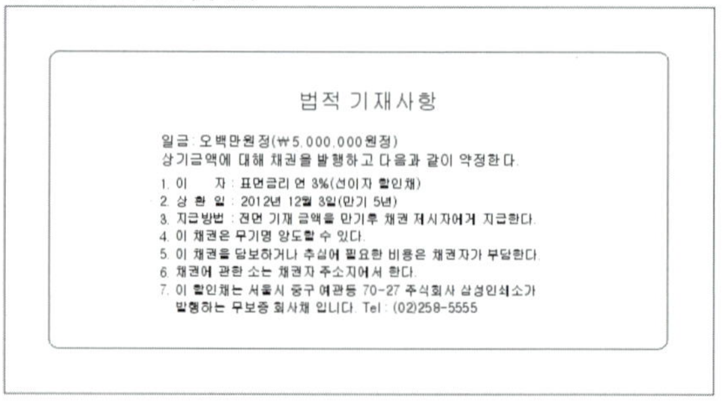

3) 채권의 종류

채권은 분류방법에 따라 다음과 같이 여러 가지 종류로 나누어진다.

(1) 발행주체에 따른 분류

채권의 가장 기본적인 분류방법은 발행주체에 따라 구분하는 것이다.

① 국 채 : 정부 및 정부기관이 발행

② 지방채 : 지방자치단체가 발행

③ 특수채 : 한국전력공사, 토지공사 등이 특별법에 의거하여 발행

④ 금융채 : 한국은행, 한국산업은행 등 금융기관이 발행

⑤ 회사채 : 국내외 기업이 발행

통상적으로 국채, 지방채 및 특수채를 포괄하여 국공채로 부르기도 한다. 발행주체의 유형은 채권등급, 채권수익률, 세금 등에 영향을 미친다.

(2) 이자지급방법에 따른 분류

① 할인채(Discount Bond)

만기까지의 이자를 액면금액에서 미리 할인하여 발행하는 채권으로 통화안정증권, 산업금융채권 등 단기국공채와 외국환평형기금채권, 금융채 등 일부가 여기에 해당되는데, 대부분 만기 1년 미만이다.

② 이표채(Coupon Bond)

액면가에 대해 정해진 표면이자율을 일정기간마다 지급받는 채권을 의미한다. 일반적으로 채권의 표면에 이표(coupon)가 붙어 있어 이자지급일에 이표를 떼어 약정이자를 지급받는다. 외국의 경우 6개월마다 이자를 지급하지만, 우리나라의 경우 보통 3개월 단위로 이자를 지급하고 있다. 대부분의 회사채는 이표채로 발행되고 있다.

③ 복리채(Compound Bond)

중간에 지급받는 이자를 만기까지 복리로 계산하여 만기상환 시에 원금과 이자가 동시에 지급되는 채권을 말한다. 국민주택채권(1종, 2종), 지역개발공

채, 금융채의 일부가 이런 방식으로 발행된다.

(3) 권리내용에 따른 분류

① 보증채

보증채는 이자와 액면가상환을 공신력 있는 기관이 보증하는 채권으로 보증주체에 의해 정부보증채와 일반보증채로 구분된다. 정부보증채는 정부가 보증하는 반면, 일반보증채는 신용보증기금, 보증보험회사, 은행 등이 지급을 보증하는 채권이다.

② 담보부채권

담보부채권은 발행주체의 특정 자산을 담보로 발행되는 채권이다. 일반적으로 금융기관담보차입이 신속하고 차입비용도 적게 들기 때문에 담보부채권은 잘 발행되지 않고 있다.

(4) 상환기간에 따른 분류

채권의 만기는 발행주체가 채권의 원리금을 최종적으로 상환하겠다고 약정한 기간을 의미한다. 채권약정서에 채권만기의 변경을 허용하는 조항이 포함될 수 있기 때문에 채권만기가 항상 확정되어 있는 것은 아니다. 장단기 채권을 구분하는 정해진 기준은 없지만 우리나라에서는 통상 채권만기에 따라 단기채(1년 이하), 중기채(1~5년), 장기채(10년 이상) 등 3가지로 구분한다. 경제가 안정된 선진국일수록 장기채권의 비중이 높다.

(5) 기타 특수한 형태의 채권

① 전환사채(Convertible Bond : CB)

전환사채란 채권을 발행할 때 미리 정해진 조건에 따라 발행회사의 보통주로 전환할 수 있는 회사채를 말한다. 전환사채 보유자는 당해 법인의 주가가 전환가격보다 높으면 채권을 주식으로 전환해 시세차익을 남길 수 있고, 주가가 전환가액보다 낮으면 만기까지 보유하여 확정이자를 받을 수 있다. 일반적으로 전환사채의 표면금리는 동일한 발행주체의 보통사채의 표면금리보다 낮으므로 발행회사가 낮은 비용으로 자금조달을 할 수 있다는 장점이 있다.

표 7-4 | 채권의 종류 요약

분류방법	종 류	내 용	대상채권
1. 발행주체	국채	국가가 발행하는 채권	국고채권, 재정증권, 국민주택채권, 외국환평형기금채권
	지방채	지방자치단체에서 발행하는 채권	지역개발공채, 도시철도채권, 상수도공채, 도로공채
	특수채	특별법에 의하여 설립된 특별법인이 발행한 채권	토지개발채, 전력공사채
	금융채	금융기관이 발행하는 채권	통화안정증권, 산업금융채, 국민은행채, 중소기업금융채
	회사채	주식회사가 발행하는 채권	보증사채, 무보증사채, 담보부사채, 전환사채, 신주인수권부사채, 교환사채, 옵션부사채
2. 이자지급	할인채	중간에 이자가 지급되지 않고 만기에 액면금액이 상환되는 채권	통화안정증권, 산업금융채권 등 일부 금융채
	복리채	이자가 단위기간 수만큼 복리로 재투자되어 만기 시에 원금과 이자가 지급되는 채권	국민주택채권, 지역개발공채, 일부 금융채
	이표채	채권의 권면에 이표가 붙어 있어 이자지급일에 일정이자를 지급되는 채권	회사채와 일부 금융채
3. 권리내용	보증채	정부 또는 금융기관이 원리금 지급이행을 보증하는 채권	정부보증채, 일반보증채
	담보부채	채권에 담보권이 붙어 있는 채권	통화안정증권, 외국환평형기금채권, 재정증권, 금융채, 일부 회사채
	무보증채	발행자의 신용도에 의해 발행되어 유통되는 채권	국민주택채권, 상수도공채, 금융채, 일부 회사채
4. 상환기간*	단기채	상환기간이 1년 이하인 채권	통화안정증권, 재정증권
	중기채	상환기간이 1년에서 5년 미만인 채권	국고채, 외국환평형기금채, 회사채
	장기채	상환기간이 5년 이상인 채권	국민주택채권(5년, 20년), 도시철도채권(9년)
5. 기타 특수한 형태의 채권	CB	주식으로 전환할 수 있는 전환권을 지닌 채권	
	BW	신주를 인수할 수 있는 권리(신주인수권)를 지닌 채권	
	EB	다른 유가증권으로 교환할 수 있는 권리를 지닌 채권	

주: * 미국과 일본의 경우 장기채는 10년 이상의 채권을 의미

한걸음 더

자산유동화증권(Asset Backed Securities : ABS)

자산유동화증권(ABS)은 금융기관이 보유하고 있는 부동산, 매출채권, 유가증권, 주택저당채권(mortgage loan ; 주택담보대출) 등과 같이 유동성이 낮은 자산을 기초로 하여 발행되는 증권을 의미한다. 우리나라에서는 1999년 이후 기존 회사채 시장의 침체에 따른 회사채 발행의 대체수단으로 적극적으로 활용되고 있다.

한편 ABS의 기초자산이 주택저당채권(mortgage)인 경우 MBS(mortgage-backed securities), 채권(債券)인 경우 CBO(collateralized bond obligations), 금융기관의 대출채권(債權)인 경우 CLO(collateralized loan obligations), 자동차할부대출채권인 경우 auto-loan ABS 등으로 불린다.

② 신주인수권부사채(Bond With Warrant : BW)

신주인수권부사채란 회사가 신주를 발행할 때 이를 인수할 수 있는 권리(신주인수권)가 부여된 사채를 말한다. 이는 사채권자의 의사에 의해 인수 여부가 결정된다는 점에서 전환사채와 유사하다. 그러나 전환사채의 경우 전환권을 행사하면 사채가 소멸되어 보통주로 전환되나 신주인수권부사채의 경우에는 권리를 행사하더라도 채권은 그대로 남아 있고 신주인수권은 소멸하는 대신 신주를 유상으로 인수하게 된다.

③ 교환사채(Exchangeable Bond : EB)

교환사채란 채권발행 후 일정기간이 지나면 일정한 가격(교환가격)으로 채권을 발행한 회사가 보유하고 있는 주식이나 유가증권과 교환할 수 있는 권리가 부여된 사채를 말한다. 주식으로 바꿀 수 있다는 점에서는 전환사채와 비슷하지만 발행회사의 주식이 아닌 다른 회사의 주식으로 교환한다는 점과 교환권을 행사하면 자본금의 증가가 수반되지 않는다는 점에서 차이가 있다.

4) 채권투자의 위험

채권은 미래의 이자지급액과 액면상환금액이 계약에 의해 약정되어 있는 확정수익증권(fixed income securities)으로 안전한 투자수단으로 인식되고 있다. 그러나 발행주체가 채권을 조기상환하거나 원리금을 정해진 기일에 지급하지 못하는 채무불이행 위험이 있으며 시장이자율의 변화에 따른 채권가격 위험과 재투자위험이 발생할 수도 있다. 또한, 유통시장에서는 유동성 위험과 예상치 못한 인플레이션이 발생할 경우 구매력 감소로 인한 손실이 발생할 수도 있다.

(1) 채무불이행위험(default risk)

채무불이행위험은 이자 또는 액면금액이 약속대로 지급되지 못하는 위험을 의미하는데, 채권투자위험 중에서 가장 큰 위험이다. 채무불이행은 다양한 형태로 나타나는데 원리금을 전혀 지급하지 못하는 완전불이행과 원리금의 일부만을 지급할 수 없게 되거나 지급을 연기하는 부분불이행이 있다.

Moody's, S&P, 한국신용평가, 한국신용정보 등의 신용평가기관들은 채권발행주체에 대해 신용등급을 매겨 채무불이행의 위험을 평가하는데, 이러한 신용등급은 채권수익률에 절대적인 영향을 미치게 된다. 한편, 국채는 채무불이행위험이 없는 채권으로 무위험자산이라고도 한다. 일반적으로 신용등급이 낮을수록 채권수익률이 높은데, 국채와 회사채의 수익률 차이는 결국 채무불이행위험의 차이라고 볼 수 있다.

(2) 이자율위험(interest rate risk)

이자율위험은 이자율 변동으로 인하여 발생하는 채권투자수익의 불확실성을 의미하는데, 채권가격위험과 재투자위험으로 구분된다. 시장이자율이 변동하게 되면 채권에 두 가지 측면에서 영향을 미친다.

먼저, 채권가격과 시장이자율은 역의 관계에 있으므로 시장이자율이 상승(하락)하면 채권가격이 하락(상승)하게 된다. 이러한 이자율 변동에 의한 채권가격의 불확실성을 채권가격위험이라 한다. 채권가격위험은 채권을 중도에 매각하지 않고 만기까지 보유한다면 회피할 수 있는 위험이다. 한편 채권가격위험은 만기가 긴 채권일수록 더 커지는 성질이 있는데, 만기가 긴 채권을 많이 보유할수록 이자율이 오를 경우 가격하락폭이 크게 되므로 위험이 커진다고 볼 수 있다.

한편 이자율이 변동하게 되면 중간에 지급받은 이자를 재투자할 때 재투자수익이 불확실해지는데, 이를 재투자율위험(reinvestment rate risk)이라고 한다. 이자율이 변동할 때 채권가격위험과 재투자율위험은 서로 반대로 움직인다. 예를 들어, 시장이자율이 상승하면 채권가격은 하락하는데 반해 재투자수익률은 상승한다.

(3) 조기상환위험(callable risk)

조기상환위험은 발행주체가 채권을 조기상환할 때 발생하는 위험으로 콜위험이라고도 한다. 조기상환조항이 포함된 콜옵션부 채권을 발행한 기업은 금리가 큰 폭으로 하락하면 기존의 채권을 조기상환하고 낮은 금리로 새로이 채권을 발행함으로써 이자부담을 줄일 수 있다. 이 경우 투자자는 상환액을 낮은 수익률로 재투자할 수밖에 없으므로 손실이 발생하게 된다.

채권투자위험에는 이 밖에 보유한 채권을 현재 시장에서 쉽게 현금화시킬 수 있느냐와 관련된 유동성위험(liquidity)과 예상보다 높은 인플레이션으로 인해 화폐의 구매력이 감소하여 생기는 구매력위험(purchasing power risk) 등이 있다.

2. 채권의 가치평가

1) 채권가격의 계산

채권가격은 일반적인 자산가격의 결정원리와 마찬가지로 채권을 보유하면 미래에 받게 되는 현금을 채권의 요구수익률인 채권의 시장수익률로 각각 할인하여 구한 현재가치를 합산한 값이다. 따라서 채권가격을 구하는 기본식은 다음과 같다.

$$\text{채권가격} = \sum_{t=1}^{n} \frac{CF_t}{(1+r)^t}$$

여기서, n=채권의 잔존기간

CF_t=t기의 현금흐름

r=채권수익률(유통수익률)

사례 5

액면 10,000원, 표면금리 4%, 만기 3년의 이표채(연단위 이자지급)를 보유하고 있다고 가정하자. 현재 이 채권의 시장수익률이 5%일 경우 이 채권의 가격을 계산하여 보자.

먼저 이 채권을 보유하면 미래에 받게 되는 현금과 그것의 현재가치는 다음과 같다.

	1년 후	2년 후	3년 후
현금흐름	400	400	400 + 10,000
현재가치	$400/(1+0.05)$ $= 380.9$	$400/(1+0.05)^2$ $= 362.8$	$10,400/(1+0.05)^3$ $= 8,983.9$
채권가격= 현재가치의 합계	9,727.6원(=380.9 + 362.8 + 8,983.9)		

이 채권을 보유하면 매년 표면금리 4%로 400원의 이자를 받게 되고 3년 만기가 되면 이자 400원과 원금 10,000원을 받게 된다. 이러한 미래 현금흐름을 현재 채권수익률 5%로 할인하여 합하면 9,727원(원 미만 절사)이 되고 이것이 현재 이 채권의 가격이다.

2) 채권가격과 채권수익률의 관계

채권가격의 계산공식을 보면 알 수 있듯이 채권가격과 채권수익률은 반대방향으로 움직인다. 즉, 채권수익률이 상승하면 채권가격은 하락하고, 채권수익률이 하락하면 채권가격은 상승한다. 즉, 위의 수식에서 채권의 미래 현금흐름과 기간은 발행당시 고정된 상태에서 수익률 r이 상승하면 분모가 커지므로 채권가격은 하락한다. 반대로 수익률 r이 하락하면 분모가 작아지므로 채권가격은 상승한다.

이러한 채권수익률과 가격 간의 관계는 다음의 <그림 7-6>으로 나타낼 수 있다. 이 그림에서와 같이 채권수익률이 하락하면 채권가격은 상승하고, 채권수익률이 상승하면 채권가격은 하락한다. 그러나 채권수익률 변화에 따른 채권가격의 변화가 직선의 형태를 나타내고 있지 않고 원점에 대해 볼록한 모습을 나타낸다. 원점에 대해 볼록하다는 의미는 수익률이 하락할 때 채

그림 7-6 | 채권수익률과 채권가격

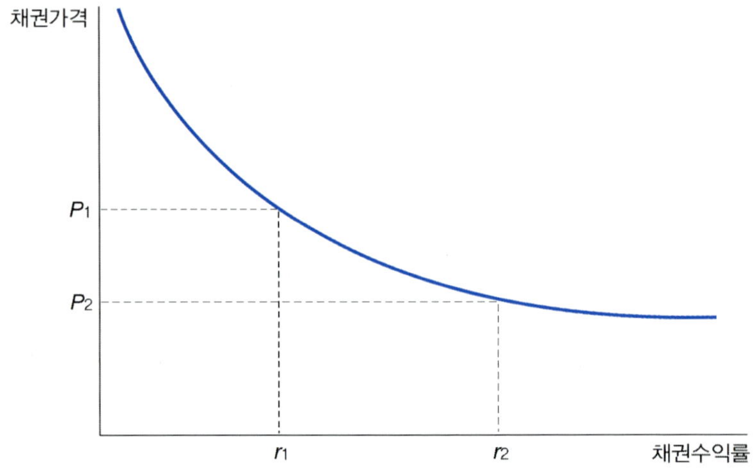

권가격의 상승폭이 수익률이 상승할 때 채권가격의 하락폭보다 크다는 것을 의미한다.

한걸음 더 마이너스 금리 채권

"100만원 내면 1년 후 90만원 드립니다." 과연 여기에 돈을 맡길 바보가 있을까? 그런데 있다. 마이너스 금리 채권이다. 마이너스 금리란 예금 또는 채권 투자자가 이자를 받는 것이 아니라, 거꾸로 수수료(보관료)를 낸다고 생각하면 된다. 마이너스 채권 출현은 2008년 금융위기 이후 글로벌 저성장이 고착화하면서 발생한 일종의 기현상 중 하나다. 유럽중앙은행(ECB)이 2014년 6월 처음으로 마이너스 정책금리를 도입한 이래 스웨덴, 스위스, 일본 등이 합류하면서 발행이 늘고 있다. 채권수익률이 마이너스인 경우에는 보통 표면금리를 0.0%로 하고, 발행 당시 액면가보다 비싼 금액을 받는 할증발행을 통해 사실상 마이너스 금리인 것과 같은 효과를 낸다. 예를 들어, 표면금리 0%인 1년 만기 1만원짜리 채권을 1만100원에 매입하면 약 '-1%' 효과가 나는 식이다. 한편, 2020년 우리나라도 10년 만기 미국 달러화 표시 외국환평형기금채권(외평채) 6억 2,500만 달러와 5년 만기 유로화 표시 외평채 7억 유로를 마이너스 금리로 발행에 성공한 바 있다.

3. 생활 속의 채권

1) 자동차 구입 시 채권매입

자동차를 구입하여 등록하기 위해서는 지방자치단체가 발행한 채권(공채)을 의무적으로 매수해야 한다. 따라서 차를 구입하는 지역에 따라 채권 종류도 달라지고 가격도 다르다. 예를 들어, 서울의 경우 7년물인 서울도시철도채권(5년 거치 2년 단리채)을, 부산은 5년물인 부산교통채권(5년 복리채)을 매입하여야 한다. 그리고 매입해야 하는 공채규모는 신차기준으로 보았을 때, 배기량별로 달라진다. 예를 들어, 서울의 경우 2,000cc 이상 대형차는 차값의 20%인 반면에 1,600cc 이상 2,000cc 미만은 12%, 1,000cc 이상 1,600cc 미만은 9%, 1,000cc 미만 경차는 면제이다.

2) 부동산 매입 시 채권매입

집을 구입한 후 등기할 때에는 누구나 국민주택채권(1종)을 사야 한다. 이 채권은 2021년 현재 표면이자율 1%, 만기가 5년으로 발행 후 5년이 지나면 정부에 대해 상환청구권이 생겨 현금화할 수 있지만, 실제 채권을 만기까지 보유하는 경우는 많지 않으며 거래비용 절감을 위해 대부분 법무사를 통해 할인하여 매도하는 경우가 대부분이다.

국민주택채권 매입금액은 지역에 따라 다르다. 2021년 현재 서울시 또는

한걸음 더 자동차 세일즈맨의 서비스

자동차 딜러를 통해 차를 사는 경우, 딜러는 서비스 품목으로 여러 가지를 선물로 준다. 썬팅, 먼지떨이개, 깔판, 기타 자동차관리용품, 경우에 따라서 비싼 수입차인 경우는 내비게이션까지 준다. 그런데 많은 소비자의 경우 차를 사는 기쁨과 딜러가 주는 선물에 감동하여 자동차를 사면서 채권을 사야 된다는 점을 모르고 있다. 대신 차등록 시에 채권비용으로 얼마를 내야 되는 정도로 알고 있는데, 이는 채권을 할인하여 매각하고 그 손실을 비용으로 내게 되는 것이다.

따라서 필요한 경우 직접 채권을 매입하여 증권회사에 가서 매각할 수도 있다. 아마도 자동차 딜러에게 주는 채권수수료보다는 더 저렴한 비용이 들 것이다.

광역시에 있는 부동산을 등기할 때에는 건물의 경우 시가표준액의 1.3~3.1%에 해당하는 채권을 사야 한다. 서울 또는 광역시의 토지를 매입했을 때에는 2.5~5.0%의 채권을 매입해야 한다. 서울시와 광역시를 제외한 기타지역의 경우 건물은 1.3~2.1%, 토지는 2.0~4.5%만큼의 채권을 사야 한다. 매입한 채권은 만기까지 보유하든지 아니면 매입과 동시에 팔든지 둘 중에 하나를 선택하게 된다. 부동산 등기 시 매입필증만 필요하기 때문에 구입과 동시에 팔면 채권매입액에서 채권매도액의 차액만 납부하면 되는데, 이것이 채권수수료라는 비용이다.

예를 들어, 시가표준액이 6억원일 경우 31/1,000인 1,860만원의 국민주택채권을 구입하여야 하는데 만기까지 보유 시 1,860만원의 목돈이 들어간다. 대부분의 경우 매입 후 바로 매도하게 되는데 할인율 10% 적용 시 186만원만 부담하면 된다. 문제는 등기를 대행하는 법무사가 제시하는 할인율인데 실제 할인율보다 크게 차이가 나는 경우 분쟁의 소지가 되기도 한다. 이 경우 채권 현물을 직접 매입하여 증권사에서 매도하면 정확한 시세로 매매할 수 있다.

4절 펀드투자 및 금융상품

1. 펀드의 기초

1) 펀드의 개요

(1) 펀드의 개념

투자자들이 주식, 채권, 부동산 등의 자산에 투자하는 방법에는 투자자들이 자신의 분석과 투자결정에 의하여 직접 투자하는 방법과 자산운용회사, 증권사, 은행, 보험과 같은 전문적인 투자회사들이 운용하는 투자상품에 가입하여 간접적으로 투자하는 방법이 있다.

펀드란 간접투자수단으로서 투자전문가가 일반투자자의 자금을 모아 주식,

채권, 부동산과 같은 각종 자산에 전문적으로 투자한 다음, 달성된 성과를 수수료와 보수를 제외하고 투자자들에게 돌려주는 실적배당형 상품을 말한다. 펀드에는 각종 펀드, 변액보험, 펀드형 랩어카운트, 신탁, 투자일임자문계약 등 간접투자상품을 모두 포함한다.

펀드와 관련하여 정부는 자본시장의 발전을 위해 투자자에 대한 보호조항을 강화하고, 규제를 대폭 완화하는 '자본시장과 금융투자업에 관한 법률(이하, '자본시장법'이라 칭함)'을 제정하여 2009년부터 시행하였다. 자본시장법에서는 펀드를 집합투자기구라고 규정하고 있는데, 집합투자기구가 발행한 증권인 집합투자증권(수익증권이나 출자지분)을 투자자들이 매입함으로써 간접투자가 이루어진다고 한다. 따라서 펀드에 가입한다는 것은 펀드가 발행하는 집합투자증권인 수익증권이나 출자지분을 매수하는 것을 의미한다. 본서에서는 집합투자기구를 '펀드'라고 지칭하고 설명한다.

(2) 펀드투자의 장단점

① 펀드투자의 장점

ⓐ 전문가가 펀드를 운용

투자자는 적은 비용부담으로 전문가의 정보수집, 분석 및 운용서비스를 제공받을 수 있다. 이는 개인투자가가 효과적인 투자전략을 수립하고, 투자대상종목을 리서치하고, 충분한 시간을 투자하며, 아울러 수립한 투자전략에 충실한 투자를 시행하는 것 등은 많은 비용과 전문성을 요하는 과정이기 때문이다. 이러한 일련의 투자과정을 전문지식과 경험이 풍부한 투자전문가들이 개인투자가를 대신하여 시행해주는 것이 바로 펀드이다.

ⓑ 소액으로 분산투자의 효과

다수 투자자의 자금을 집합한 거액자금을 전체로써 운용하므로 분산투자를 통한 위험분산 효과를 추구할 수 있으며 투자자는 소액으로도 분산투자가 가능하다. 직접투자 시 개별 종목에 대한 주가의 부담을 느낄 수 있지만, 소액으로도 자신의 유형과 비슷한 종목에 투자하는 펀드에 가입할 수 있다.

ⓒ 자금관리에 드는 시간과 비용이 절감

펀드의 입금과 출금은 펀드증권(수익증권, 뮤추얼펀드)이라는 유가증권을 통해 간단한 방법으로 이루어지며 투자에 다른 비용이 저렴하여 누구나 투자가 가능하다. 폐쇄형 펀드를 제외하고는 만기의 개념이 없다. 환매수수료가 부과되는 기간만 경과하면 환매수수료 없이 펀드의 일부나 전부를 출금할 수 있으며, 예금과 달리 운용수익도 그대로 받게 된다.

ⓓ 투자자 보호장치가 있어 안전

펀드에 대해서는 자본시장법에서 엄격하게 투자자보호장치를 두고 있기 때문에 투자자는 안심하고 투자할 수 있다. 또한 투자자는 언제든지 판매회사를 통하여 자신이 가입한 펀드의 수익률 등을 확인할 수 있으며, 3개월에 1회 이상 운용보고서를 받아볼 수 있다.

② **펀드투자의 단점**

ⓐ 투자자가 투자의 책임을 부담

투자에 따른 책임은 투자자에게 있으며, 전문가의 운용실패에 대한 책임도 투자자가 부담하여야 한다. 펀드의 운용성과는 각종 수수료 등 비용(보수)을 제외하고는 투자자들에게 돌아가게 되며 운용결과 손실이 발생했을 경우에도 그 손실은 투자자들의 부담이 된다. 즉, 펀드는 일반적으로 실적배당형 상품이기 때문에 은행예금과 같이 일정한 이자소득이나 원금을 보장해 주지는 않는다.

ⓑ 각종 수수료 등 비용부담

전문가를 고용해 투자하거나 재산을 안전하게 관리하기 위해서는 운용보수, 수탁보수 등 일정한 수수료를 지불해야 하며 상품을 판매한 회사에 판매수수료도 지급하여야 한다. 또한 회전율이 높은 펀드의 경우 상당한 거래비용을 수반한다.

ⓒ 복잡한 상품구조 및 위험전가

부동산, 파생상품, 실물자산 등 다양한 형태의 펀드는 복잡한 구조로 인하여, 정확한 이해 없이 투자할 경우 지나친 위험에 노출될 가능성이 상존한다.

또한 대량 환매 등으로 인해 비정상적인 운용위험 및 부실자산 발생이 가능하며, 공동위험이 특정 투자자에게만 집중되고 전가되는 문제가 발생할 수 있다.

ⓓ 펀드매니저의 능력에 따라 펀드의 성과 차이 발생

펀드매니저의 능력에 따라 펀드수익률이 차이가 날 수 있어 펀드 선택이 중요하다.

2) 펀드의 구조

간접투자를 수행하는 기구인 펀드는 그 형태에 따라 투자신탁과 투자회사로 나뉘는데, 투자신탁은 계약형 펀드, 투자회사는 회사형 펀드(뮤추얼펀드)로 구분한다.

(1) 투자신탁

투자신탁이란 투자자로부터 자산을 운용할 목적으로 자금을 모아 수익증권 형태로 취득하게 하고 모인 자금을 운용하여 그 수익을 분배하는 계약형 펀드를 말한다. 투자신탁은 운용을 담당하는 집합투자업자(자산운용회사)와

그림 7-7 | 투자신탁의 기본구조

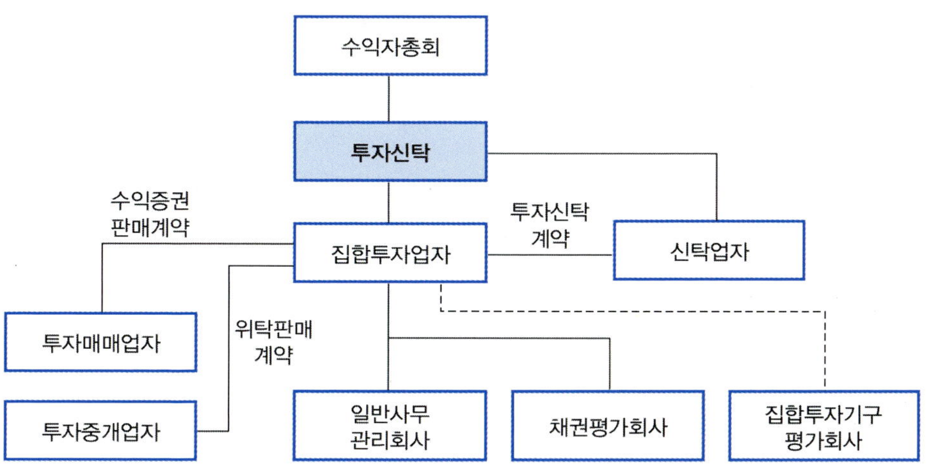

자료 : 박광수 외, 『AFPK 투자설계』(2009).

신탁재산을 보관 및 관리하는 신탁업자, 신탁계약을 체결하여 발행한 수익증권을 판매하는 투자매매업자나 투자중개업자, 신탁재산의 평가를 위한 일반사무수탁회사 등으로 구성된다(<그림 7-7> 참조).

(2) 투자회사(뮤추얼펀드)

투자회사는 발기인이 모여 투자를 목적으로 서류상의 회사(paper company)를 설립하여 그 주식을 일반투자자에게 취득하게 하고 회사가 투자에서 얻은 이익을 배당형태로 분배하는 회사형 펀드를 말한다. 이때 투자회사의 최소 자본금은 10억원 이상이어야 하며, 이사회와 주주총회를 통해 주요 업무를 집행, 의결하고 있다.

투자회사는 운용을 담당하는 집합투자업자(자산운용회사), 투자신탁재산의 보관·관리를 담당하는 신탁회사, 회사의 일반적인 운영을 담당하는 일반사무관리회사, 투자회사 주식의 판매 및 환매업무를 수행하는 투자매매·중개업자 등으로 구성된다(<그림 7-8> 참조).

그림 7-8 | 투자회사의 구조

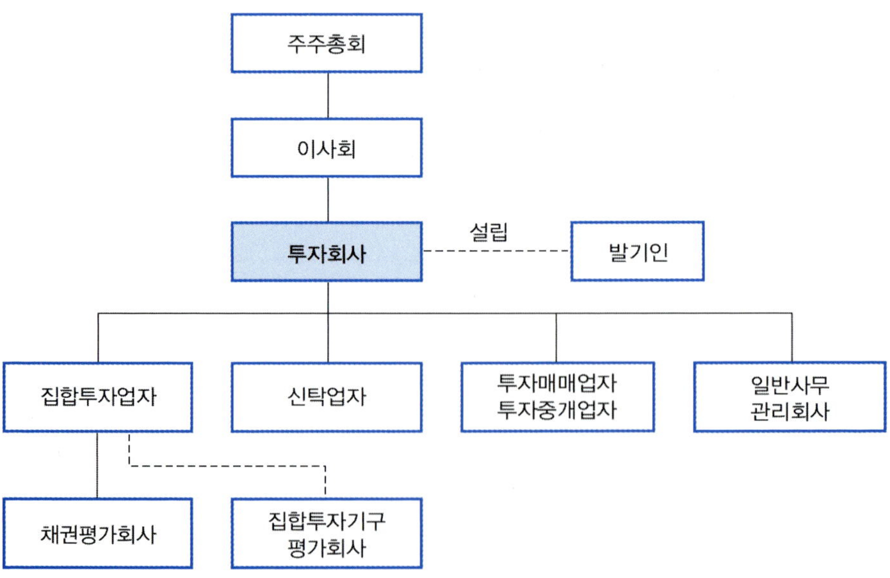

자료 : 박광수 외, 『AFPK 투자설계』(2009).

(3) 투자신탁과 투자회사의 비교

구 분	투자신탁	투자회사(뮤추얼펀드)
설립형태	신탁계약	주식회사
투자자의 법적 지위	수익자	주주
운용규정	투자신탁약관	회사정관
간접투자증권	수익증권	주식
투자자 의사기구	수익자총회	주주총회

3) 펀드의 종류

자본시장법에 의하면 다양한 기준에 의해서 펀드를 분류할 수 있다. 먼저 주로 투자하는 자산의 형태에 따라 증권, 부동산, 특별자산, 단기금융, 혼합자산 펀드 등으로 구분할 수 있다. 또한 환매가능 여부에 따라 개방형과 폐쇄형으로 나뉠 수 있으며, 추가설정 여부에 따라 추가형과 단위형으로 구분할 수 있다.

표 7-5 | 펀드의 종류

분류방법	종 류	내 용
1. 주요 투자자산	증권펀드	집합투자재산의 50% 이상을 증권(주식, 채권 등의 증권과 이를 기초로 하는 파생상품)에 투자
	부동산펀드	집합투자재산의 50%를 초과하여 부동산(부동산을 기초로 하는 파생상품 포함)에 투자하는 펀드
	특별자산펀드	집합투자재산의 50%를 초과하여 특별자산(증권과 부동산 제외)에 투자하는 펀드
	단기금융펀드	MMF(Money Market Fund)라고 하며 법에서 정한 비교적 안정성이 높고 잔존만기가 단기인 증권에 투자하는 펀드
	혼합자산펀드	집합투자재산의 운용관련 증권, 부동산, 특별자산의 최저 투자비율의 적용을 받지 않는 펀드
2. 환매가능	개방형	언제든지 환매 가능
	폐쇄형	일정기간 또는 전기간 환매가 제한(금지)
3. 추가설정	추가형	이미 설정된 펀드에 추가 가입이 가능한 상품
	단위형	이미 설정된 펀드에 추가 가입이 불가능한 상품

4) 펀드의 환매와 펀드 비용

(1) 펀드의 환매

① 환매의 의미

환매(redemption)란 고객에게 펀드를 매각한 판매자가 고객의 요청에 따라 일정한 조건으로 다시 펀드증권을 매입하는 것을 의미한다. 투자자는 펀드를 환매하고 싶으면 그 펀드를 판매한 판매업자에게 환매를 청구하면 된다. 판매회사로부터 환매요청을 받은 집합투자업자(운용회사)는 환매청구일로부터 15일 이내에서 펀드의 정관이나 약관에서 정한 환매일에 환매대금을 지급해야 한다.

② 환매가격

환매 시 투자자에게 돌려주는 환매가격은 환매청구일 이후에 계산되는 기준가격으로 한다. 환매 시 적용되는 기준가격은 일반적으로 환매청구일 다음날인 제2영업일로 하는데, 펀드의 정관이나 약관에서 정한 시간(주식펀드 오후 3시) 이후에 환매를 청구한 경우 제3영업일 이후에 공고되는 기준가격으로 한다. 단, MMF의 경우에는 제한적으로 당일환매도 가능하다.

펀드를 환매할 때 투자자가 지급하는 각종 수수료를 환매수수료라고 한다. 환매수수료는 약정된 기일이 지나기 전에 투자한 돈을 되찾을 때 부과되는 일종의 중도해약비용이다. 이런 환매수수료 제도를 만든 이유는 잦은 자금유출입을 사전에 방지함으로써 펀드 운용의 안정성을 도모하고 동시에 환매청구에 따라 유가증권을 매각할 때 발생할 수 있는 손실위험을 잔류 투자자들에게 보상하기 위한 것이다. 따라서 환매수수료는 운용사나 판매사가 가져가지 않고 펀드로 다시 환입해 남아 있는 투자자들의 수익제고에 기여하게 된다.

(2) 펀드의 비용

펀드에는 각종 보수와 수수료 등의 비용이 소요된다. 보수는 일정기간마다 정기적으로 부과되는 반면, 수수료는 한 번만 납부하는 1회성 비용이다.

수수료는 크게 펀드 가입 시 내는 선취수수료, 만기 후 돈을 찾을 때 내는 후취수수료, 중도환매수수료로 구분된다. 선취수수료와 후취수수료는 판매회사가 제공하는 서비스의 대가로 판매회사에게 지급되는 비용이다. 투자자가 펀드 가입 시 선취수수료를 지급한 경우에는 환매시점에 관계없이 환매수수료를 내지 않아도 된다.

또한 펀드 운용에 중요한 역할을 담당하는 관계자들에게 지급하는 보수는 집합투자업자에게 지급하는 운용보수, 판매회사에게 지급하는 판매보수, 수탁회사에게 지급하는 수탁자보수, 사무관리보수 등으로 구분되는데 이를 모두 합쳐 총보수라 한다. 총보수는 신탁재산순자산을 기준으로 계산된다.

그 밖에 신탁재산의 운용에 관련되어 소요되는 각종 비용은 기본적으로 투자자의 부담으로 펀드에서 지급된다. 이 비용에는 유가증권의 매매수수료, 차입금의 이자, 신탁재산에 관한 소송비용, 신탁재산의 회계감사비용, 유가증권 예탁비용, 유가증권의 가격정보비용, 기타 이에 준하는 비용으로 신탁재산의 운용 등에 소요되는 비용 등이 포함된다.

2. 주요 펀드 및 금융상품

1) 주식펀드

주식펀드는 펀드재산을 주로 주식에 투자하는 펀드를 의미한다. 주식펀드는 주로 투자하는 주식의 종류에 따라 여러 가지 종류로 나뉠 수 있다. 주식은 성장주와 가치주, 대형주와 중소형주, 그룹주, 배당주, 저가주와 같이 세분할 수 있다. 이렇게 세분된 기준에 따라 주식펀드의 종류도 다양하게 구성될 수 있다. 예를 들어, 중소형 가치주에 주로 투자하는 주식펀드는 중소형 가치주펀드라고 한다.

이처럼 주식펀드의 종류는 투자대상, 투자전략, 투자지역에 따라 다양한 세부적 분류에 따른 다양한 주식펀드가 존재한다(<표 7-6> 참조).

표 7-6 | 주식펀드의 종류

분류방법		펀드 종류
투자대상의 특징	투자스타일	가치주 펀드, 성장주펀드
	투자기업규모	대형주, 중형주, 소형주펀드
	테마	업종펀드(섹터펀드), 그룹주펀드, 공모주펀드, M&A펀드, PEF(Private Equity Fund), 사회책임투자펀드(SRI펀드), 배당주펀드 등
투자지역	국내외	국내주식펀드, 해외주식펀드
	해외투자지역	글로벌주식펀드, 동남아주식펀드, 유럽주식펀드, 이머징마켓주식펀드, 친디아(중국+인도) 펀드
	투자국가	중국펀드, 인도펀드, 러시아펀드, 미국펀드
투자전략	적극적(active)	시장을 능가하는 초과수익 획득을 목표로 펀드매니저가 상당한 재량권을 가지고 마켓타이밍, 종목선정, 자산배분전략을 실행하는 일반 주식펀드
	소극적(passive)	시장지수를 능가하는 초과수익을 얻기 힘들다는 생각을 기초로 시장지수를 추종하거나 시장위험을 최소화하는 펀드, 인덱스펀드, 차익거래펀드 등

2) 채권펀드

채권펀드는 주식에 비해 상대적으로 변동성이 적은 채권에 주로 투자하는 펀드로서 주식펀드에 비해 안정적인 투자수단이라고 볼 수 있다. 일반적으로 우리나라에서 채권펀드는 국공채, 회사채, 기업어음(CP)과 같은 다양한 채권에 펀드재산의 50% 이상을 투자하는 펀드를 의미한다.

채권펀드는 투자대상채권의 종류와 환매수수료 부과기간에 따라 다음 <표 7-7>과 같이 구분할 수 있다. 그런데 환매수수료 부과기간에 따른 채권펀드

한걸음 더 개인종합자산관리계좌(ISA: Individual Savings Account)

2016년 3월에 도입된 금융상품으로서 절세를 통해 재산형성을 돕는 것을 목적으로 제도화한 상품이다. 기존에 개별 상품에 비과세 혜택을 주는 방식과는 달리 하나의 계좌에 예금·펀드(ETF, 리츠 포함)·주가연계증권(ELS) 등 다양한 금융상품을 담을 수 있으며, 발생한 이자소득, 배당소득에 대해 비과세 혜택 등을 주는 상품이다. 소득 유무 관련 없이 19세 이상인 국내 거주자 모두와 15세 이상인 근로소득자가 가입할 수 있고, 매년 2,000만원까지 납입할 수 있다. 의무가입기간은 3년이다(2020년 이전에는 만기가 5년). 최대 누적 납입액 한도는 5년간 1억원이다.

표 7-7 | 채권펀드의 종류

분류방법	펀드 종류	내 용
투자대상채권의 종류	공사채	• 국공채와 회사채에 모두 투자하는 일반적 채권펀드 • 회사채에 대한 투자비중은 펀드매니저가 결정 • 투자자들은 사전적으로 펀드매니저가 어떤 종류의 채권에 투자할 것인가를 예상할 수 없다는 단점
	국공채	• 국채, 통화안정채권, 한전채, 예금보험채와 같이 신용도와 안정성이 가장 높은 국공채에 투자하는 펀드 • 일반적으로 약관 및 투자설명서 등에 국공채에 일정비율 이상 투자하겠다는 계획 명시
	회사채	• 펀드의 자산 중 상당한 비율 이상을 회사채에 주로 투자 • 펀드약관이나 투자설명서에 일정비율 이상의 회사채투자를 명시 • 투자등급(BBB-) 이상의 회사채만 투자하는 펀드와 투기등급(BB+) 이하의 회사채만 투자하는 하이일드펀드로 구분
	전환사채	• 전환사채에 집중적으로 투자하는 펀드 • 채권의 안정성과 주식시장이 호황일 때는 주식의 수익성을 동시에 기대할 수 있는 펀드
환매수수료 부과기간	단기	• 환매수수료 부과기간 90일 미만
	중기	• 환매수수료 부과기간 180일 미만
	장기	• 환매수수료 부과기간 1년 미만

에서 주의할 점은 대부분의 채권펀드는 환매수수료 부과기간 이후에도 자금을 찾지 않아도 계속해서 투자할 수 있고 만기가 없는 추가형이라는 점이다.

3) 부동산펀드

우리나라의 대표적인 부동산 간접투자상품은 신탁법에 의한 부동산신탁, 자본시장법에 의한 부동산 집합투자기구, 부동산투자회사법에 의한 리츠 등이 있다. 부동산 간접투자상품은 보통 부동산펀드라는 용어와 혼용해서 사용되는데 펀드라는 본래 의미를 고려한다면 부동산펀드는 부동산신탁, 부동산 집합투자기구, 리츠 등을 모두 포괄하는 개념이라고 볼 수 있다.

그런데 흔히 자본시장법에 의한 부동산 집합투자기구를 부동산펀드라고 칭하고 있어 용어사용에 혼란이 초래되고 있다. 따라서 본 교재에서는 부동산펀드를 부동산 간접투자상품 전체를 지칭하는 광의의 의미와 '자본시장법

표 7-8 | 부동산 간접투자상품의 비교

구 분	부동산신탁	협의의 부동산펀드	부동산투자회사(리츠)
근거법	신탁업법	자본시장과 금융투자업법	부동산투자회사법
설립인가	금융감독위원회	금융감독위원회	국토해양부
운용주체	은행	집합투자기구 (자산운용사, 은행, 증권 등)	자산관리회사
형 태	수익증권	수익증권, 주식	주식
투자대상	개발사업대출, 부동산 유가증권	부동산임대, 부동산개발, 부동산 유가증권 등	부동산임대, 부동산개발, 부동산 유가증권 등
배 당	표시된 이자	보통 3개월~1년 단위로 실적 배당	수익의 90% 이상 배당해야 법인세 감면 혜택
투자기간	2~3년	2년부터 10년 이하의 다양한 투자기간	무제한(대부분 5년 이상)

에 의한 부동산 집합투자기구'를 의미하는 '협의의 부동산펀드'로 구분하여 사용하기로 한다.

(1) 부동산신탁

부동산신탁은 불특정 다수의 투자자로부터 받은 신탁자금으로 펀드를 구성하여 이를 부동산 관련자산에 운용하여 투자자에게 실적배당하는 은행의 금전신탁을 의미한다. 이 상품은 원래 부동산에 직접 투자할 여력이 없는 개인이나 기관이 부동산 간접투자상품으로 개발되었는데, 은행의 실제 운용방식은 대부분 부동산 관련 기업대출로 이루어지고 있어 본래 부동산 간접투자의 효과를 기대하기는 힘들다.

(2) 부동산 집합투자기구(협의의 부동산펀드)

자본시장법에 의한 부동산 집합투자기구(협의의 부동산펀드)는 투자된 자금을 부동산개발사업이나 수익성 부동산 등에 투자하고, 그로 인해 발생하는 운용수익을 투자자들에게 분배하며 계약형 수익증권과 주식회사 형태(뮤추얼펀드)가 모두 가능한 부동산 간접투자상품이다. 부동산을 직접 투자하는 것과 달리 거액의 자금이 필요하지 않고 전문가들에 의한 투자의 수익성 검토가 이루어지므로 부동산에 대한 전문적인 지식이 없어도 투자가 가능하다.

우리나라의 부동산 집합투자기구는 도입 초기에는 개발대출형 펀드 위주로 만들어졌으나 최근에는 임대형 부동산펀드, 경매·공매 부동산펀드, 해외부동산펀드, 해외리츠 재간접펀드 등으로 더욱 다양한 상품이 개발되고 있다.

(3) 부동산투자회사(리츠)

자본시장법에 의한 부동산펀드와 비슷한 대표적인 부동산 간접투자상품으로 리츠(REITs : Real Estate Investment Trusts)가 있다. 리츠는 다수의 투자자로부터 자금을 모아 대부분의 투자자금을 부동산 또는 부동산 사용에 관한 권리 등에 투자하고, 투자한 부동산의 운용 및 개발수익을 투자자에게 분배하는 부동산간접투자기구로서 회사형 부동산펀드 또는 뮤추얼펀드를 의미하며 보통 부동산투자회사라고 한다.

부동산투자회사(리츠)는 부동산투자회사법에 따라 주식회사 형태로 설립되며 자기관리 부동산투자회사, 위탁관리 부동산투자회사, 기업구조조정 부동산투자회사 등 3가지 종류가 있는데, 국토교통부와 금융위의 감독을 받는다. 자기관리 부동산투자회사는 자산운용전문인력을 포함한 상근 임직원을 두고, 자산의 투자·운용을 직접 수행하는 실체형 부동산투자회사이다. 위탁관리 부동산투자회사는 자산의 투자·운용은 자산관리회사, 일반사무 업무는 사무수탁회사, 자산의 보관업무는 자산보관기관에 위탁하는 명목형 부동산투자회사이다. 기업구조조정 부동산투자회사는 총자산의 100분의 70 이상을 기업이 채무를 상환하기 위해 매각하는 부동산 등 기업의 구조조정을 지원하기 위하

그림 7-9 | 리츠의 기본 구조

자료 : 국토교통부(http://reits.molit.go.kr/svc/svc/openPage.do?pageId=010100).

여 금융위원회가 필요하다고 인정하는 부동산에 투자하는 부동산투자회사를 의미한다.

4) 기타 금융상품

(1) MMF(Money Market Fund)

MMF는 자산운용사가 고객 자금을 모아 펀드를 구성한 후에 금리가 높은 만기 1년 이내의 기업어음(CP), 양도성예금증서(CD), 콜 등 유동성이 높은 단기금융상품에 집중투자해 얻은 수익을 고객에게 돌려주는 실적배당상품이다. 자본시장법에서는 단기금융 집합투자기구라는 용어로 사용된다.

MMF는 비교적 안정적인 초단기 금융상품으로서 은행의 보통예금처럼 수시 입출금이 가능하고 하루만 돈을 예치해도 운용실적에 따른 이익금을 받을 수 있기 때문에 단기자금을 운용하는 데 적합하다.

(2) 사모펀드(PEF : Private Equity Fund)

사모펀드(PEF)는 소수의 특정인을 상대로 투자자 수 50명 미만, 최저 투자한도 1억 이상, 운용자산의 다양성을 특징으로 하며, 고위험고수익을 추구하기 때문에 고위험의 자산운용과 유동성의 부족에 따른 상환 불이행의 위험에도 노출되어 있다. 사모펀드는 전문투자형(헤지펀드)과 경영참여형(PEF)으로 구분하고 있다.

전문투자형인 헤지펀드(hedge fund)는 소수 거액투자자로부터 자금을 모집하여 투자자산의 범위에 대한 제한 없이 고수익을 추구한다. 주로 사용하는 공매도전략은 시장 간 평가차이를 이용하고, 수익을 확대하기 위하여 레버리지(차입전략)를 활용한다. 경영참여형의 사모투자펀드(PEF : private equity fund)는 사모방식으로 소수 고액투자자로부터 장기자금을 조달하여 투자대상기업의 경영에 참여한다. 투자의 목적에 따라서 벤처펀드(Venture Capital), 기업인수 및 지배구조펀드(M&A펀드, Buyout펀드), 그리고 메자닌(distressed) 등으로 구분할 수 있다.

사모펀드는 소수의 투자자들로 구성되어 상대적으로 펀드운용의 규제가 약해 특정 부문에 집중투자를 통한 수익률 증대의 장점이 있는 반면, 펀드운

표 7-9 | 인덱스펀드와 ETF 및 일반 펀드의 비교

구 분	인덱스펀드	ETF	일반 펀드
운용목표	지수 추종	지수 추종	지수보다 우월한 성과
펀드비용 및 거래비용	액티브펀드보다 낮음	인덱스펀드보다 낮음	높음
운용방식	소극적 운용	소극적 운용	적극적 운용
거래방법	일반 펀드 가입 및 환매절차	주식과 같은 장중매매 가능	일반 펀드 가입 및 환매절차

용이 투명하지 못하고 의무분산투자의 규제가 적용되지 않는 등 공모펀드에 비해 높은 투자위험이 있다는 점을 인식할 필요가 있다.

(3) 인덱스펀드와 상장지수펀드(ETF : Exchange Traded Fund)

인덱스펀드(Index Fund)는 증권시장의 장기적 성장추세를 전제로 하여 특정한 주가지수(예를 들어 KOSPI)의 움직임에 연동되게 포트폴리오를 구성하여 운용함으로써 지수의 평균 수익을 실현하는 것을 목표로 하는 펀드이다. 인덱스펀드는 효율적인 분산투자를 실현하고 저렴한 운용비용에 따른 수수료 절감효과가 높은 상품이다.

상장지수펀드(ETF)는 특정한 주가지수를 추종하는 종목들로 인덱스펀드를 구성하고 이를 바탕으로 발행된 ETF 주권을 거래소에 상장하여 일반주식처럼 거래하는 상품을 말한다. 인덱스펀드와 유사하면서, 현금화에 유리하다는 장점을 갖는다. ETF의 가장 큰 장점은 증권거래소에서 실시간으로 거래가 가능하므로 환금성이 매우 높고 개별 주식매매가 아닌, 주식 바스켓에 의한 매매가 이루어지므로 거래에 따르는 비용을 줄일 수 있다는 점이다.

(4) 주가지수연동상품(ELN : Equity Linked Notes)

주가지수의 움직임에 따라 수익률이 결정되는 주가지수연동상품은 원금보장이 용이하고 수익률이 안정성을 추구하는 투자자들의 심리와 맞는 상품이다. 이들 상품의 대부분은 펀드자산을 안전한 채권이나 예금에 투자하여 원금손실의 위험을 최소화하면서 나머지 자산으로 주식이나 주식 관련 파생

상품에 투자해 주가지수의 등락에 따라 수익을 얻는 방식을 취하고 있다.

ELD(Equity Linked Deposit)는 은행상품으로 투자원금 중 일부를 원금이 보장되는 이자율로 정기예금에 넣은 뒤, 나머지 돈으로 주가지수 옵션 등에 투자해 만기 때 원금을 보장하면서도 이자수익으로 주가지수에 연동해 추가수익을 올리는 구조로 운용된다. ELD는 원금보장과 예금자보호가 되며, 주가지수연동상품 가운데 가장 안정적이어서 원금보장과 주가지수의 등락에 따른 수익률을 추구하는 보수적인 성향의 투자자에게 적합하다고 볼 수 있다.

ELS(Equity Linked Securities)는 증권사에서 운용하는데, 대부분 국공채에 투자하고, 나머지 일부를 파생상품에 투자하는 구조로 운용된다. 최악의 경우에는 미리 약정한 금액을 보장받고, 주가가 오르면 증권사가 보장한 수익률을 받을 수 있는 상품이다. 즉, ELD와 유사한 시스템이지만 상대적으로 더 높은 수익률과 위험을 가지고 있다고 볼 수 있다.

ELF(Equity Linked Fund)는 자산운용사에서 운용하는데, 투자액의 상당부분을 채권으로 운용하고 여기서 발생하는 이자로 증권회사가 발행한 워런트(주식매수권리증서)를 편입하여 채권투자로 원금보장을 추구하면서 워런트를 통해 추가수익을 노리는 방식을 취하고 있다. 그러나 채권수익률이 전체 펀드수익률에 상당한 영향을 미치기 때문에 구조적으로 원금보장을 장담할 수 없으며, 부실채권에 투자되는 경우 손실을 초래할 수도 있다.

(5) 라이프사이클 펀드(Life Cycle Fund)

라이프사이클 펀드란 은퇴 등의 목표에 맞춰 주식과 채권의 자산비중을 자동으로 재분배하도록 설계된 펀드를 말한다. 라이프사이클 펀드는 최근 10년 사이 미국에서 퇴직연금을 중심으로 급속히 성장하고 있는 펀드이다. 우리나라에서도 일부 운용사가 이 펀드를 개발하여 판매하고 있다.

라이프사이클 펀드의 가장 큰 특징은 나이에 따라 투자비중을 조절해 주는 것이다. 대개의 경우 처음에는 주식비중을 높게 해서 투자를 하거나 주식형 펀드에 투자를 하다가 시간이 갈수록 주식비중은 줄이고 채권 등 안전자산의 투자비중을 점차 높여가는 전략을 실행한다. 연령이 높아질수록 자산을 안전하게 운용하면서 유동성을 확보해야 한다는 원칙에 충실한 펀드이다.

국내에서 판매되는 라이프사이클 펀드는 운용방식에 따라 '일몰형' 펀드와 '비일몰형' 펀드로 나눌 수 있다. 일몰형 펀드는 운용 초기에는 주식비중을 높게 책정했다가 가입기간이 경과하면서 주식편입비중이 줄어드는 방식을 말한다. 반면, 비일몰형 펀드는 주식편입비중을 조정하지 않고 연령대별로 고객을 특화한 상품이다. 이러한 라이프사이클 펀드는 노후를 대비하여 가입하는 상품이니만큼 최소 10년 이상 투자를 한다는 계획을 갖고 선택하는 것이 좋다.

한걸음 더

대안투자(AI : Alternative Investment)

대안투자란 주식, 채권, 부동산과 같은 전통적인 투자수단 이외의 것을 기초자산으로 삼는 금융상품에 대한 투자를 의미한다. 사회기반시설(SOC) 투융자사업, 벤처투자, 기업구조조정투자, 사모투자, 헤지펀드와 같은 투자가 대안투자상품에 해당한다.

이는 전통적 투자대상의 투자매력이 점차 감소함에 따라 안정적으로 더 나은 수익을 추구하려는 투자자의 욕구에 따라 등장하게 되었다. 투자의 다변화 및 안정적 수익성 확보, 운용자산의 위험분산이 필요하고 대규모 자금을 장기적으로 운용하고 있는 연기금과 같은 기관투자가들이 적극적으로 이용하고 있는 것으로 알려지고 있다. 그러나 일반적으로 거액의 투자자금을 요구할 뿐 아니라 투자대상에 대한 정보수집과 관리가 어렵다는 단점이 있다.

한걸음 더

재간접펀드(fund of funds)

재간접펀드란 투자자들의 돈을 모아, 다시 국내 또는 전 세계적으로 투자하는 다양한 뮤추얼펀드나 헤지펀드 등에 재(再)투자하는 펀드를 말하며, 펀드오브펀드라고도 한다.

재간접펀드는 서로 다른 투자목적을 가진 여러 종류의 펀드에 동시에 투자하기 때문에 위험분산효과가 크다. 주식과 채권 분산은 물론, 통화(환율)도 다양하게 구성하여 환위험도 줄일 수 있다. 그러나 재간접펀드는 펀드에서 또 다른 펀드에 투자하는 구조이므로 보수 및 수수료를 이중으로 지급하는 결과를 초래하게 되어 일반 펀드에 비해 수수료에 대한 비용부담이 높을 수 있다.

3. 펀드투자의 실제

1) 펀드투자의 과정

펀드에 투자하여 원하는 재무목표를 달성하기 위해서는 합리적인 원칙에 의해 펀드를 선택하고 관리하는 과정이 필요하다. 먼저 펀드를 종류별로 분류하고, 펀드의 수익률과 위험을 계산한 후 이를 바탕으로 펀드의 순위와 등급을 평가한다. 마지막으로 펀드를 운용하게 될 자산운용회사나 펀드매니저에 대해 비계량적인 분석을 추가하게 된다. 이렇게 선택한 펀드에 대해서는 주기적으로 위험을 고려한 성과평가를 실시하여 펀드의 계속투자 여부를 결정하게 된다. 이런 과정을 순서대로 나타내면 다음과 같다.

(1) 펀드의 분류

수많은 펀드를 비교하여 좋은 펀드를 고르기 위해서는 비슷한 투자대상과 투자전략을 가진 펀드끼리 비교해야 한다. 따라서 펀드의 유형을 정하는 것이 중요한데 펀드의 유형(category)은 성격이 유사한 각각의 개별 펀드들을 하나의 집단으로 그룹화한 것이다. 일반적으로 펀드의 종류를 정확하게 알기 위해서는 펀드의 약관이나 투자설명서를 분석하는 방법과 펀드의 투자종목과 투자방법을 살펴보는 방법을 동시에 사용하게 된다.

(2) 수익률 및 위험 계산

펀드를 선택하기 위한 다음 단계는 펀드의 수익률과 위험을 계산하는 일이다. 우선 수익률 계산은 같은 유형 안에 있는 여러 개의 펀드를 대상으로 개별 펀드의 과거수익률, 전체의 평균수익률, 자산운용사별 수익률을 계산한다. 이로써 펀드별 수익률, 유형수익률(category return), 운용사별 평균수익률이라는 세 가지의 수익률이 계산된다.

다음으로 위험을 계산하여야 하는데 펀드의 투자위험으로 가장 많이 사용되는 것은 표준편차이다. 표준편차는 수익률이 얼마나 크게 변동하는가를 측정하는 지표이다. 수익률의 변동은 불가피하게 발생하지만 같은 수익률이라면 변동성이 작은 것이 더 안정적이라 할 수 있다. 따라서 펀드의 운용수익률과 함께 수익률의 변동성을 측정함으로써 전체적인 운용성과를 평가할 수 있다.

(3) 펀드의 순위 및 등급 평가

펀드의 순위는 운용사 평균수익률과 펀드수익률을 대상으로 분석할 수 있다. 두 가지 순위는 서로 보완적으로 사용할 수 있다. 가장 효과적인 방법은 운용사 평균수익률을 가지고 여러 운용회사 간 비교를 하고 나서, 선택된 운용사를 대상으로 펀드별로 성과를 살펴보는 방법이다. 현재 우리나라에서는 펀드별 순위는 펀드평가사들이 객관적으로 부여하는 정보를 주로 사용하고 있다.

다음으로 펀드등급을 평가하는데, 펀드등급이란 펀드평가사가 펀드의 순위를 전문지식이 부족한 일반투자자도 쉽게 알아볼 수 있도록 기호를 사용하여 표현한 것이다. 예를 들어, 다양한 기준의 펀드성과에 근거하여 상위 10% 내에 드는 펀드에 대해 별표 5개나 AAA와 같은 등급을 부여한다. 투자자들은 펀드를 선택할 때 간단하게 펀드등급이 높은 펀드를 고르면 된다. 펀드등급은 계량적인 평가와 비계량적인 평가를 하여 산출할 수 있다.

(4) 펀드 선택

3단계까지의 펀드평가과정을 통해 투자하기 좋은 펀드들의 후보군이 결정되고 나면 최종적인 투자대상 펀드를 확정한다. 이 단계에서 가장 중요한 판단기준은 장기간 자산을 맡길 자산운용회사나 펀드매니저의 윤리성이다. 펀드란 고객의 자산을 맡아서 관리하는 것이기 때문에 수익률이나 외형뿐 아니라 고객에 대한 선량한 관리자로서의 의무가 필요하기 때문이다. 자산운용사의 운용철학이 잘 지켜져 왔는지, 펀드매니저의 투자자질은 어떠한지 등을 평가하게 된다.

(5) 정기적 평가 및 투자재조정

최종 선택된 펀드에 대해 월간, 분기간, 연간 단위로 성과평가를 실시해야 한다. 성과평가의 목적은 다른 펀드들과 비교해 볼 때 어떤 상황인지, 그리고 원래 투자자에게 약속한 벤치마크나 투자전략을 준수했는가를 평가하는 것이다. 지나치게 높거나 낮은 성과는 모두가 문제가 된다. 높은 성과는 과도한 위험을 부담하고 달성한 경우가 있을 수 있으며 지나치게 낮은 성과는 악순환에 빠지는 경향이 있기 때문이다.

이러한 평가에 근거하여 현재의 투자를 신중하게 판단하여 펀드의 재투자나 환매 여부를 결정한다. 이를 위해서는 제3자의 객관적인 위치에 있는 펀드평가사가 발간하는 평가보고서를 참고로 하는 것이 바람직하다.

2) 펀드 선택 방법

(1) 각자의 투자목표에 부합하는 펀드를 선택한다

펀드는 각각 고유한 투자목표를 가지고 있다. 어떤 펀드는 배당수익을 추구하는 반면 어떤 펀드는 자본차익을 추구한다. 매달 생활비를 충당하는 데 적합한 펀드는 자녀교육비 마련을 위한 저축에는 적합하지 않을 것이다. 만약 세금을 최소화하려는 목표를 가지고 있다면 세금이 면제되는 국공채나 이자수익이 낮은 성장주식을 투자하는 것이 효과적일 것이다.

이 밖에도 펀드 선택은 전체적인 포트폴리오의 구성이라는 관점에서 이루어져야 한다. 만약 퇴직연금펀드가 극히 안전한 국공채 위주로 투자되고 있는 투자자는 좀 더 과감하게 성장주식에 투자할 필요가 있다. 투자자들의 투자목표, 위험허용도, 투자기간에 적합한 펀드를 선택하여야 한다.

(2) 장기적인 성과가 좋은 펀드를 선택한다

미래성과를 정확히 예측할 수 있는 방법은 없다. 그러나 충분히 긴 기간 동안의 성과를 분석하면 상당히 신뢰성이 높은 예측을 할 수 있다. 많은 사람들은 최근의 실적에 주로 관심을 가지지만 올해의 최우수펀드가 다음해에 그대로 유지될 가능성은 극히 낮다.

예를 들어, 업종펀드의 경우 한해에 높은 성과를 내었다면 다음해에는 상당히 저조한 성과를 보일 가능성이 높다. 성공을 거둘 것으로 보이는 새로운 펀드가 항상 있지만 5년에서 10년의 기간 동안 우수한 성과를 달성함으로써 장기간에 걸쳐 성과가 증명된 펀드를 선택하는 것이 현명한 펀드투자방법이다. 예를 들어 펀드 선택의 첫 번째 기준을 5년과 10년 모두의 성과가 상위 25%에 속하는 펀드라고 정하는 방법이 사용될 수 있다.

표 7-10 | 기대수익률 10% 하에서의 누적투자가치 계산

투자기간	연간수익률(%)	누적투자가치	연간수익률(%)	누적투자가치	연간수익률(%)	누적투자가치
1	30	1,300,000	25	1,250,000	20	1,200,000
2	−10	1,170,000	−5	1,187,500	0	1,200,000
3	30	1,521,000	25	1,484,375	20	1,440,000
4	−10	1,368,900	−5	1,410,156	0	1,440,000
5	30	1,779,570	25	1,762,695	20	1,728,000
6	−10	1,601,613	−5	1,674,561	0	1,728,000
7	30	2,082,097	25	2,093,201	20	2,073,600
8	−10	1,873,887	−5	1,988,541	0	2,073,600
9	30	2,436,053	25	2,485,676	20	2,488,320
10	−10	2,192,448	−5	2,361,392	0	2,488,320

(3) 하락기에도 적절하게 수익률을 방어하는 펀드를 선택한다

과거 5년 내지 10년의 최소 수익률을 넘어서는 펀드를 고른 이후에는 그러한 펀드 중에서 시장 전체가 하락하는 시장상황에서 어떠한 성과를 거두었는지 살펴본다. 투자환경이 나쁜 상황 하에서 적절하게 성과를 내지 못하는 펀드는 피하는 것이 좋다. 진정한 펀드매니저는 좋은 시장환경에서뿐만 아니라 나쁜 시장환경 하에서도 생존하여야 한다. 하락기의 성과를 살펴보는 것은 펀드의 전체적인 성과를 알 수 있는 가장 확실한 방법이다. 좋은 펀드는 1987년 10월의 블랙먼데이와 같은 갑작스런 시장붕괴에서도 견디어야 한다.

<표 7-10>은 기대수익률이 10%인 경우 최초 100만원을 투자할 경우 10년 후 투자가치를 계산한 값이다. 연평균 기대수익률이 같더라도 하락기에 손실이 적은 펀드가 10년 후에 더 높은 수익을 내는 것을 알 수 있다. 이러한 현상은 장기간에 투자할수록 더욱 중요한 의미를 지니게 된다.

(4) 운용사와 펀드매니저의 과거 성과를 체크한다

펀드운용을 최종적으로 책임지는 사람은 펀드매니저이다. 펀드매니저가 얼마나 오랫동안 펀드를 관리해 왔으며 과거 성과가 어떤지 체크할 필요가 있다. 맡은 지 얼마 안 되는 펀드매니저라면 펀드매니저의 과거 성과를 점검해

보아야 한다.

또한 펀드의 투자종목, 분산투자 여부를 펀드보고서를 통해 항상 점검해야 한다. 펀드매니저가 인플레이션, 이자율변화 등 경제상황의 변화에 대해 잘 대처하는지도 살펴보아야 한다. 또한 운용사는 펀드관리의 최종책임을 지고 있으므로 운용사의 운용철학과 조직구조, 위험관리제도 등이 안정되어 있는 회사를 선택할 필요가 있다.

(5) 판매사가 많은 펀드를 선택한다

개인투자자가 펀드에 투자하는 과정을 보면 직접 판매회사를 찾아가서 상담하는 직원의 권유를 받아 펀드를 선택하는 것이 일반적이다. 물론 투자자가 직접 자신이 원하는 펀드를 선택한 이후, 홈페이지 등을 통해 판매회사를 알아본 다음 펀드에 투자하는 경우도 있다.

어떤 경우든 판매회사를 거치게 되는데, 펀드 판매사의 입장에서는 펀드가 많이 팔릴수록 더 많은 판매수수료를 얻게 되므로, 투자자들에게 어필할 수 있는 좋은 펀드를 골라내는 과정을 거치게 된다. 결과적으로 어떤 이유에서든 많은 판매회사가 판매하는 펀드라면 그 명성이나 운용성과 등 여러 장점을 가진 믿을 만한 펀드라는 것을 간접적으로 증명하는 것이라 볼 수 있다.

(6) 기타 부대비용이 적은 펀드를 선택한다

펀드에서의 비용은 크게 수수료와 보수로 구분한다. 수수료는 환매수수료와 선취수수료처럼 일회성으로 한 번 지불하면 끝이지만, 보수는 매일 펀드의 평가금액에서 일정비율을 판매회사나 운용회사 등 관련회사가 가져간다. 결국 장기투자일수록 보수가 무시하지 못할 액수로 커져 투자수익률에 결정적인 영향을 미치게 되므로 비용이 낮은 펀드를 고르는 것이 중요하다.

펀드비용을 절감하기 위해서는 보수가 낮은 인덱스펀드를 이용하거나 펀드 가입 시 일시불로 한꺼번에 판매수수료를 지불하는 선취판매수수료 펀드를 이용하는 방법이 있다. 또한 향후 판매수수료가 없는 직접판매펀드가 나올 경우 이를 이용할 수도 있을 것이다.

한걸음 더 적립식 투자방법

적립식 투자란 은퇴, 교육, 주택마련 등의 재무목표에 필요한 자금을 마련하기 위해 일정한 금액을 일정한 기간마다 적립해가는 투자방법을 말한다. 일정한 금액을 나누어서 투자하므로 정액분할 투자법이라고도 한다. 적립식 투자는 장기가 투자할 수 있는 방법이므로 재무설계의 실행수단으로 매우 적절하다. 적립식 투자는 주식이나 채권과 같이 가격변화가 커서 투자타이밍을 잡기 어려운 자산에 대한 투자에 매우 유용한 투자방법이다.

적립식 투자는 다음과 같은 장점을 지니고 있다.

첫째, 적립식 투자는 일정금액을 소액으로 매월 투자할 수 있는 매우 쉬운 방법이다. 따라서 투자지식이 부족한 초보 투자자들도 이해하기 쉬운 방법이며, 대부분의 소득이 월단위로 발생하기 때문에 소액으로 시작할 수 있는 편리한 방법이다.

둘째, 장기간 투자할 수 있는 방법이다. 적립식 투자는 증권가격이 폭락하면 오히려 구입하는 증권 수나 펀드 좌수를 늘리는 효과가 있기 때문에 시장의 등락과 무관하게 장기간 투자할 수 있는 방법이다.

셋째, 적립금을 매달 장기에 걸쳐 나눠 내기 때문에 단기적인 가격변동에 따른 위험을 분산할 수 있으므로 상대적으로 위험이 적은 투자방법이다.

그러나 적립식 투자 역시 주식과 장기채권과 같은 위험자산에 대하여 투자하는 것이므로 투자손실이 발생할 가능성이 얼마든지 존재한다. 적립식 투자는 특히 투자기간 후반의 수익률이 매우 중요하다. 예를 들어 투자기간 말에 주가가 폭락하는 경우 커다란 손실이 발생할 수도 있다. 또한 목돈으로 일시에 투자하면 판매수수료를 할인받거나 선취판매수수료와 같은 제도를 이용할 수 있으나 적립식 투자는 매번 수수료를 내게 되므로 비용을 절감할 수 있는 방법이 별로 없다는 단점도 있다.

한걸음 더 펀드슈퍼마켓

2013년 11월 금융위원회가 자산운용업계가 공동으로 출자한 가칭 '펀드온라인코리아(주)'를 인가함에 따라 2014년 3월부터 시중에서 판매되는 대부분의 펀드상품을 한 곳에서 비교하고 훨씬 싸게 가입할 수 있는 "펀드슈퍼마켓"이 출현할 것으로 보인다. 이에 따라 펀드에 가입하고자 하는 투자자는 누구든지 펀드슈퍼마켓을 통해 자신에게 가장 알맞은 펀드를 선택하고 가입할 수 있게 됐으며 투자자는 기존의 금융기관 창구를 통해 펀드에 가입할 때보다 훨씬 싼 수수료와 보수를 지불하고 펀드투자가 가능하게 돼 이는 궁극적으로 펀드수익률을 높이는 효과로 있을 것으로 판단된다. 또한, 펀드슈퍼마켓은 판매자가 판매회사에 종속됨에 따른 구조적인 이해상충 문제가 해소됨으로써 투자자가 보다 중립적, 전문적인 투자자문서비스를 제공받을 수 있을 것으로 기대된다. 자산운용회사들 역시 판매채널 확보에 대한 부담을 덜고, 다양하고 창의적인 상품을 개발 · 판매할 수 있는 영업환경이 조성될 수 있으며, 특히 판매망이 취약하여 금융지주계열 등 대형 자산운용사에 비해 애로가 큰 중소형 자산운용사 등에게는 영업 활성화에 도움이 될 것이다.

그림 7-10 | 펀드슈퍼마켓 도입 시 수익률 제고 효과 추정

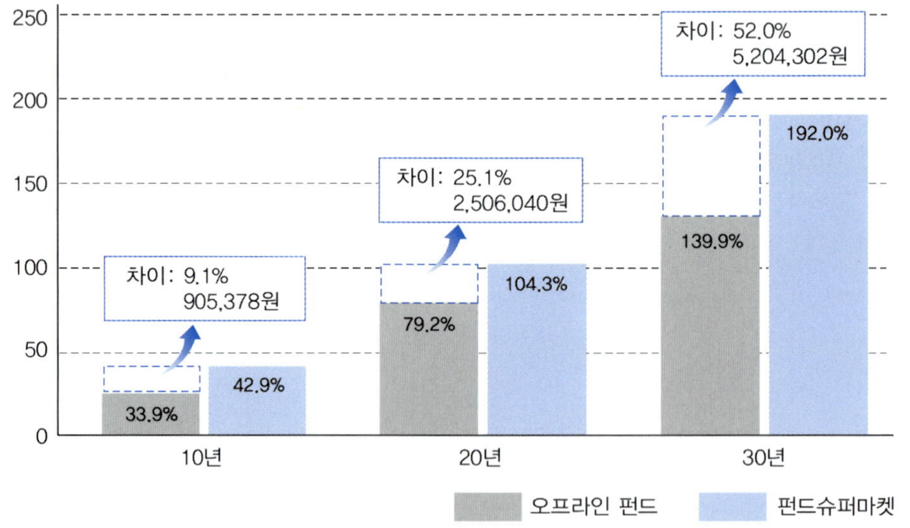

* [가정] 1. 투자원금 : 10,000,000원, 2. 펀드수익률 : 연 4%
3. 오프라인펀드 판매보수 1%, 펀드슈퍼마켓 판매보수 0.35%

자료 : 펀드온라인코리아

(자료 : 금융위원회(2013.11) "펀드슈퍼마켓의 주요 내용 및 기대효과")

주요용어

- 화폐의 시간가치
- 현재가치와 미래가치
- 투자수익률과 투자위험
- 체계적 위험과 비체계적 위험
- 분산투자의 개념
- 주식의 가치평가
- 배당할인모형
- PER과 PBR
- 기본적 분석
- 기술적 분석
- 채권의 개념
- 채권의 종류
- 채권의 가치평가
- 전환사채(CB)
- 신주인수권부사채(BW)
- 옵션부사채
- 교환사채(EB)
- 펀드의 개념
- 주식펀드
- 채권펀드
- 부동산펀드
- 리츠(REITs)

심화 학습문제

1. 복권에 투자할 경우 요구수익률과 기대수익률을 계산해 봅시다.
2. 우리나라 주식시장에 투자할 경우 체계적 위험과 비체계적 위험이 무엇인지 구분해보고, 체계적 위험을 줄일 수 있는 방법이 무엇인지 생각해 봅시다.
3. 일반 사람들이 비합리적으로 투자하는 사례를 찾아서 발표해 봅시다.
4. 자신이 사고 싶은 자동차를 실제로 구매할 경우 의무적으로 사야 하는 채권의 종류와 액수를 알아보고 어떠한 절차를 거쳐 처리되는지 알아봅시다.
5. 현재 주위에서 가입하고 있는 펀드나 교내 은행에서 추천하는 펀드 중 하나를 골라서 상품의 특성을 발표해 봅시다.
6. 주식펀드를 가입하고 해지하는 절차를 알아봅시다.
7. 자신에게 1,000만원이 생긴다면 어디에 투자할지 생각해 보고, 그러한 투자결정을 내린 이유를 토의해 봅시다.

CHAPTER

08

부동산설계

학습목표

본 장을 학습하고 나면 여러분들은

1. 부동산설계의 의의를 설명할 수 있다.
2. 부동산의 개념과 특성을 설명할 수 있다.
3. 부동산공적장부에 대해 이해를 할 수 있다.
4. 부동산 경제에 대해 이해할 수 있다.
5. 부동산투자 시 일반적인 유의사항에 대해 설명할 수 있다.
6. 부동산상품 투자 시 고려사항을 설명할 수 있다.
7. 부동산과 세금과의 관계를 이해할 수 있다.
8. 부동산 보유형태 단계별 세금의 종류 및 과세방식을 설명할 수 있다.

도입 이야기

김계획 씨와 이행복 씨는 주택담보대출을 받아 취득한 도시 외곽의 아파트에 거주하고 있다. 요즘 들어 이행복 씨는 이사를 하고 싶다는 생각이 자주 들었다. 성장해가는 아이들을 생각할 때 아이들 교육여건이 조금 더 나은 곳으로, 아파트의 규모도 조금 더 넓혀서 이사하고 싶은 생각이다.

"여보, 우리 이사하면 어떨까? 이제 민주도 곧 학교에 가게 되는데 아무래도 학군이 조금 더 좋은 곳으로 가는 게 좋을 것 같아요."

이행복 씨는 김계획 씨에게 자신의 의사를 피력하였다.

"이사? 지금? 어디로? 돈이 있어야지 이사하지."

김계획 씨는 아내의 말이 당황스럽다는 듯한 반응을 보였다.

"누가 지금 당장 가재요? 이사하면 어떨까 의논하는 거지. 애들도 성장해가는데 아파트도 좁고, 이 동네 학교도 썩 좋지 않으니까 이사를 생각해 보자는 거예요."

그렇지 않아도 지난 번 재무목표를 설정할 때 5년 이내에는 아파트의 규모를 확장하여 이사하는 것을 포함하였다. 하지만 이행복 씨가 이렇게 갑작스럽게 말을 꺼내니 김계획 씨는 걱정부터 앞섰다.

"알았어. 한번 생각해 보자구."

이사하는 문제로 며칠 동안 김계획 씨와 이행복 씨는 고민에 빠져 있다. 지금 살고 있는 아파트를 별다른 조사 없이 재건축이 될 것이라는 주변 지인의 권유에 구입하게 된 것을 원망스럽게도 느꼈다. 부동산에 대하여 잘 모르고 있던 김계획 씨와 이행복 씨는 같은 단지의 아파트를 취득한 지인을 따라, 말 그대로 친구 따라 강남 간다는 모양새로 아파트를 구입하였던 것이다. 부동산과 관련한 전문적인 지식이 부족하였던 김계획 씨 부부였고 주변의 지인은 김계획 씨 부부와 절친한 사이였기 때문에 참 편하게 집 장만한다는 생각이 들기도 했었다.

하지만 지금 막상 이사하려고 하니 어떤 대안들이 있는지 생각해야 했다. 아파트를 팔고 다시 사야 할지 전세로 가야 할지, 어떤 동네로 가야 할지 등 생각해야 할 것들이 너무나 많았다. 김계획 씨 부부는 재무설계사인 한공정 씨에게 도움을 요청하기로 했다. 당장 이사를 가게 되지 않더라도 일단 정보를 수집하고 우리에게 어떠한 대안이 있을지 생각해 보자는 것이 이행복 씨의 주장이었다. 이행복 씨가 이사 가는 문제를 간절하게 원하기 때문에 자세한 정보수집과 발품팔이는 이행복 씨의 몫으로 하기로 했다. 한공정 씨는 자신보다 부동산문제에 대해 자세히 알고 있는 부동산전문가를 소개시켜 주었다. 개인재무설계를 받는 것은 김계획 씨와 이행복 씨에게 마치 미지의 영역에 대한 개척과 같이 느껴졌다.

1절 부동산설계의 이해

대부분 사람들은 직장 또는 사업을 통해 획득한 소득원으로 일상생활을 영위하고 남은 재원으로 더 많은 재산을 축적하기 위하여 투자활동을 한다. 재원이 별로 없는 사회초년생 때에는 소액으로 투자가 가능한 금융상품을 위주로 투자하다가 소득원과 금융재산이 어느 정도 증가하면 실무부동산에도 투자한다. 물론, 부동산신탁회사(REITs) 등 부동산 금융상품의 개발로 소액의 재원으로도 부동산에 대한 간접투자가 가능하여 부동산에 투자할 수 있는 층이 점차 확대되고 있다.

1. 부동산설계의 의의

우리나라에서 부동산은 가장 중요한 부의 축적수단으로 인식되어 왔다. 과거에 비해 다소 영향력이 감소하고 있지만 현재까지 중요한 역할을 수행하고 있다. 우리나라에서는 선진국과는 달리 개인재무설계분야에서 투자설계와 별개로 부동산설계를 분류하고 있어 개인재무설계의 한 분야로 자리를 잡고 있다. 물론 부동산설계도 개인재무설계를 수립하는 일환으로 설계되어야 한다.

부동산설계란 개인재무설계의 한 분야로 재산의 증식을 도모하는 재무적 목표와 거주, 보유 등 비재무적 목표를 실현하기 위한 설계를 수립하는 전반적인 과정이다. 이러한 부동산설계는 특정한 부동산 자체의 투자에 중점을 두기보다는 개인의 재무설계를 실현시키기 위한 일환으로 부동산 투자주체인 개인의 입장에서 설계되어야 한다.

2. 부동산설계의 목표

1) 재무적 목표

부동산에 투자를 할 경우에 부동산설계를 받으면 시세차익과 임대소득의 증대, 효율적 분산투자, 절세 등 재무적 목표를 보다 체계적이고 효율적으로 실현할 수 있을 것이다. 부동산설계로 실현하고자 하는 주요한 재무적 목표는 다음과 같다.

(1) 시세차익 목적

대부분 사람들은 부동산에 투자하여 시세차익을 통해 보다 많은 재산을 축적하기를 원한다. 일반적으로 부동산에 투자하면 금융상품에 투자하는 경우보다 많은 투자수익률을 획득할 것이라고 생각하는 사람들이 많다. 부동산설계를 통해 부동산투자에 따른 자본이득(capital gain), 즉 시세차익을 획득하기 위한 재무적 목표를 효율적으로 실현할 수 있다.

(2) 임대수익 목적

수익용 부동산에 투자하는 경우에는 시세차익뿐만 아니라 임대수익(income)을 함께 얻기 위하여 투자한다. 수익용 부동산에 대한 부동산설계를 통하여 임대수익을 효율적으로 달성할 수 있을 뿐만 아니라 시세차익도 효율적으로 달성할 수 있다.

(3) 분산투자 목적

여러 상품으로 적절하게 분산하여 투자하면 투자위험을 상대적으로 회피할 수 있다. 일반적으로 상관관계가 적은 투자상품을 분산하여 투자하면 투자위험을 줄일 수 있다. 주식, 채권 등 금융상품 외에 부동산도 투자상품의 일종이므로 부동산 투자자체로 분산투자의 효과를 볼 수 있다. 따라서 부동산설계를 통해 적절한 분산투자의 효과를 볼 수 있는 부동산 투자상품을 선택할 수 있다.

(4) 절세 목적

부동산투자에 따른 투자수익을 실현시킬 때 양도소득세가 비과세되는 경우가 있으며, 재산평가 면에서 금융상품에 비해 증여세 및 상속세를 절세하는 효과를 볼 수 있는 경우도 있다. 이외에도 부동산을 사업용으로 사용하는 경우에 감가상각비를 통해 필요경비로 처리하여 보유기간 중에 소득세를 이연시키는 효과가 있다. 따라서 부동산설계를 통해 종합소득세·양도소득세·증여세 및 상속세의 절세를 효율적으로 달성할 수 있다.

2) 비재무적 목표

재무적 목표만을 실현하기 위하여 부동산설계를 수립하는 것은 아니다. 즉, 개인재무설계는 재무적 목표뿐만 아니라 비재무적 목표까지 실현하기 위하여 수립하는 것이다.

사람들은 개인재무설계를 통해 재무적 곤란 없이 인생을 살아가기를 원하지만, 가치관 실현, 편안한 삶, 은퇴 후 여가생활 등 가치 있는 삶을 살아가기 위하여 비재무적 목표를 실현하고자 한다. 부동산설계도 마찬가지로 재산증식이라는 재무적 목표 이외에 비재무적 목표를 실현하기 위하여 설계되어야 한다. 부동산설계로 실현하고자 하는 주요한 비재무적 목표는 다음과 같다.

(1) 거주 목적

부동산은 재산증식 등 재무적 목표 이외에 거주 목적을 실현하기 위해 취득한다. 거주 목적으로 부동산을 취득하는 경우도 재무적 목표를 동시에 달성할 수 있으므로 부동산설계를 통해 그 효과를 증대시킬 수 있다.

(2) 보유 또는 전시효과 목적

부동산은 부의 축적, 출세 등을 상징하는 수단으로 인식될 수 있다. 따라서 부동산설계를 통해 보유 또는 전시효과 등 심리적 성취감을 실현시킬 수 있는 부동산을 효율적으로 취득하게 할 수 있다.

(3) 상속 목적

향후 자녀에게 물려줄 부동산을 미리 확보하려는 비재무적 목표를 달성하기 위하여 부동산을 취득한다. 물론, 상속하기 위하여 투자하는 것은 재무적 목표를 포함한다고 보아야 한다. 부동산설계를 통해 자녀의 특성에 맞는 부동산을 취득하는 데 도움을 줄 수 있다.

2절 부동산의 이해

1. 부동산의 개념 및 분류

1) 부동산의 개념

부동산은 부동산에 대한 활동과 현상을 분석, 해석 및 규명하는 복합적 개념으로 설정되는데, 일반적으로 부동산의 개념은 법률적 측면, 경제적 측면 및 기술적 측면에서 이해될 수 있다.

법률적 개념의 부동산은 협의(俠義)의 부동산과 광의(廣義)의 부동산으로 구분된다. 협의의 부동산은 토지와 그 정착물을 말한다. 정착물은 민법 제99조 제1항에 따른 법률상 용어로 토지로부터 독립된 정착물(improvement on land)인 건물 등과 토지의 일부로 취급되는 정착물(improvement to land)인 축대, 담장, 돌담, 제방, 도로, 교량 등으로 구분된다. 광의의 부동산은 협의의 부동산에 준부동산을 합한 개념이다.

참고 >> 준부동산

물건의 성질상 부동산으로 볼 수 없지만, 관련법에 따라 등록 또는 등기의 공시요건을 충족하면 부동산으로 간주되는 경우를 말한다. 준부동산이 될 수 있는 경우로 자동차, 건설기계, 항공기, 선박(20톤 이상), 입목(立木), 명인방법(明認方法)을 갖춘 수목의 집단, 광업권, 어업권, 공장재단 등을 들 수 있다.

기술적 개념의 부동산은 물리적·공학적 측면에서 부동산을 이해하는 개념이며, 경제적 개념의 부동산은 경제활동과 관련된 생산, 교환, 분배, 투자 및 소비의 관점에서 보는 개념이다.

2) 부동산의 분류

부동산은 법률적 측면, 경제적 측면 및 기술적 측면의 개념에 따라 분류될 수 있다. 이하에서는 우리의 일상적·실무적 거래와 가장 밀접한 관계가 있는 법률적 측면의 개념에 따라 부동산의 분류를 살펴본다. 일반적으로 부동산은 법률적 개념 중 협의의 부동산인 토지와 그 정착물로 흔히 이해된다. 정착물의 대표적인 것이 건물이다. 본 장에서 부동산을 토지와 건물로 구분된다고 보고 설명한다. 토지의 분류와 건물의 분류를 살펴보면 다음과 같다.

(1) 토지의 분류

토지의 분류방법은 다양하나, 여기에서는 토지의 용도에 따라 다음의 세 가지 방법에 따라 분류하여 설명한다.

① 공간정보의 구축 및 관리 등에 관한 법률상의 지목에 의한 분류

지목은 토지의 주된 사용목적에 따라 토지의 종류를 구분하여 표시하는 명칭으로 현행 공간정보의 구축 및 관리 등에 관한 법률(공간정보관리법)은 28개의 지목으로 구분하고 있다. 현행 공간정보관리법상 지목은 전·답·과수원·목장용지·임야·광천지·염전·대(垈)·공장용지·학교용지·주차장·주유소용지·창고용지·도로·철도용지·제방(堤防)·하천·구거(溝渠)·유지(溜池)·양어장·수도용지·공원·체육용지·유원지·종교용지·사적지·묘지·잡종지로 구분된다.

② 토지이용계획에 의한 분류

우리나라의 전 국토는 토지이용계획에 따라 도시지역, 관리지역, 농림지역, 자연환경보전지역 등 4개의 용도지역으로 분류된다. 또한 도시지역은 주거지역, 상업지역, 공업지역, 녹지지역으로 세분되며, 관리지역은 계획관리지역, 생산관리지역, 보전관리지역으로 세분된다.

③ 지상의 상태에 의한 분류

법률상 구분은 아니지만, 실물적으로 지상물의 유무, 주변환경 또는 용도에 따라 다음과 같이 분류하여 사용하기도 한다.

나지(裸地), 부지(敷地), 공지(空地), 대지(垈地), 소지(素地), 선하지(線下地), 맹지(盲地), 포락지(浦落地), 법지(法地), 빈지(濱地), 유휴지(遊休地), 휴한지(休閑地), 필지(筆地)로 구분한다.

한걸음 더

지상의 상태에 의한 분류상 주요 용어 해설

실무적으로 자주 등장하는 용어 몇 가지를 소개하면 다음과 같다.

- 나지(裸地) : 이론상의 나지는 갱지와 저지로 구분된다. 갱지는 사법상의 제약이 없는 토지이나 저지는 사법상의 제약이 있다.
- 부지(敷地) : 일정한 용도에 제공되는 토지의 통칭으로 정착물의 바닥부분 토지와 이에 기여하는 범위의 정착물 주변 토지를 포함한다.
- 대지(垈地) : 건축물이 있거나 설치될 토지로 보통 택지와 동일하게 사용되고 있으며, '대지(袋地)'는 자루형 모양의 토지로 다른 택지에 둘러싸여 공도(公道)에 연접되지 않는 택지를 말하나 맹지와 같이 타인의 택지에 의해 완전히 막힌 것이 아니고 좁은 통로에 의해 접속면을 가지고 있는 택지이며, 참고로 대지(貸地)는 임대 등에 사용되는 토지
- 맹지(盲地) : 도로와 접하지 아니한 토지
- 유휴지(遊休地) : 바람직스럽지 못하게 놀리는 토지
- 휴한지(休閑地) : 농지 등 정상적으로 쉬게 하는 토지
- 필지(筆地) : 하나의 지번(地番)이 붙는 토지의 등록 단위
- 획지(劃地) : 획지(劃地)는 이용을 상정하여 구획되는 경제적 · 부동산학적인 단위

(자료 : 김형순 외, 『AFPK 부동산설계』(2013))

(2) 건물의 분류

① 건축법상 건축물의 분류

건축법상 건축물은 크게 9개의 시설군과 28개의 용도로 구분하고 있으며, 28개의 용도는 다양하게 세분되어 있다.

표 8-1 | 건축물의 용도분류

시 설 군	용 도
자동차관련시설군	자동차관련시설
산업 등 시설군	운수시설, 창고시설, 공장시설, 위험물저장 및 처리시설, 자원순환관련시설, 묘지관련시설, 장례시설
전기통신시설군	방송통신시설, 발전시설
문화집회시설군	문화 및 집회시설, 종교시설, 위락시설, 관광휴게시설
영업시설군	판매시설, 운동시설, 숙박시설, 제2종 근린생활시설 중 다중생활시설
교육 및 복지시설군	의료시설, 교육연구시설, 노유자시설, 수련시설, 야영장시설
근린생활시설군	제1종 근린생활시설, 제2종 근린생활시설(다중생활시설 제외)
주거업무시설군	단독주택, 공동주택, 업무시설, 교정 및 군사시설
그 밖의 시설군	동물 및 식물관련시설

※ 하위 시설군에서 상위 시설군으로의 용도변경은 별도의 허가가 있어야 가능하며, 그 반대의 용도변경은 신고만으로도 가능하다.
자료 : 김형순 외, 『AFPK 부동산설계』(2013) 수정.

② 건축구조 및 재료에 의한 분류

건축물은 건축구조 및 재료에 따라 철골(철골철근)콘크리트조, 통나무조, 스틸하우스조, 철근콘크리트조, 철골조, 석조, P.C(Precast Concrete)조, 목구조, 연와조, 보강콘크리트조(보강블럭조 포함), 황토조, 조립식 패널조, 시멘트벽돌조, 목조, 경량철골조, 시멘트블럭조, 석회 및 흙벽돌조, 철파이프조로 분류된다.

③ 주택법상 주택의 분류

주택법상 주택의 분류는 단독주택과 공동주택으로 분류된다. 한편, 주택의 건축양식에 따라 한식 건물, 양식 건물, 절충식 건물로도 분류된다.

표 8-2 | 주택법상 주택의 종류

구 분	종 류	요 건
단독주택 (공동주택을 제외한 주택)	단독주택	
	다중주택	학생, 직장인 등 다수인이 장기간 거주할 수 있는 구조로서 ① 독립된 주거의 형태가 아닐 것(각 실별로 욕실은 설치할 수 있으나, 취사시설은 설치하지 않은 것을 말함) ② 1개 동의 주택 바닥면적(지하층면적 제외)의 합계가 660㎡ 이하 ③ 3개층 이하 ④ 적정한 주거환경을 조성하기 위하여 건축조례로 정하는 실별 최소 면적, 창문의 설치 및 크기 등의 기준에 적합할 것
	다가구주택	① 3층 이하(지하층 제외) ② 1개 동의 주택 바닥면적(지하층면적 제외)의 합계가 660㎡ 이하 ③ 19세대 이하가 거주
	공관	
공동주택 (건축물의 벽·복도·계단 등의 전부 또는 일부를 공동 사용하는 각 세대가 하나의 건축물 안에서 각각 독립된 주거생활을 영위할 수 있는 구조로 된 주택)	아파트	5층 이상
	연립주택	① 4층 이하 ② 1개 동의 주택 바닥면적(지하층면적 제외)의 합계가 660㎡ 초과
	다세대주택	① 4층 이하 ② 1개동의 주택 바닥면적(지하층면적 제외)의 합계가 660㎡ 이하
준주택 (주택 외의 건축물과 그 부속토지로서 주거시설로 이용가능한 시설 등을 말함)	기숙사	학교 또는 공장 등의 학생 또는 종업원 등을 위하여 쓰는 것으로서 1개 동의 공동취사시설 이용 세대 수가 전체의 50% 이상인 것(교육기본법에 따른 학생복지주택 포함)
	다중생활 시설	• 제2종 근린생활시설 중 다중생활시설(다중이용업소의 안전관리에 관한 특별법에 따른 다중이용업 중 고시원업의 시설로서 국토교통부장관이 고시하는 기준과 그 기준에 위배되지 않는 범위에서 적정한 주거환경을 조성하기 위하여 건축조례로 정하는 실별 최소 면적, 창문의 설치 및 크기 등의 기준에 적합한 것을 말함)로서 같은 건축물에 해당 용도로 쓰는 바닥면적의 합계가 500㎡ 미만인 것 • 숙박시설 중 다중생활시설(제2종 근린생활시설에 해당하지 아니하는 것 말함)
	노인복지 주택	노유자시설 중 노인복지시설(단독주택과 공동주택에 해당하지 아니하는 것을 말함)로서 노인복지법에 따른 노인복지주택
	오피스텔	업무시설 중 일반업무시설의 오피스텔(업무를 주로 하며, 분양하거나 임대하는 구획 중 일부 구획에서 숙식을 할 수 있도록 한 건축물로서 국토교통부장관이 고시하는 기준에 적합한 것을 말함)

2. 부동산의 특성

부동산은 이동할 수 없다는 부동성 등으로 일반적으로 다른 일반재화와는 법 적용에 차이가 있고 경제원리도 다르다.

1) 토지의 특성

토지는 다른 재화에 비해 다음과 같은 자연적 특징 및 인문적 특징을 갖는다.

(1) 자연적 특성

토지의 자연적 특성은 토지 자체가 본질적으로 가지고 있는 물리적 특성을 의미한다. 이러한 토지의 자연적 특성으로는 부동성, 영속성, 부증성, 개별성, 인접성 등을 들 수 있다.

① 부동성(不動性)

토지는 지리적 위치를 움직일 수 없는 고정성을 지니고 있으므로 토지의 부동성은 토지의 가장 대표적인 자연적 특성이라고 볼 수 있다. 따라서 토지의 지리적 위치를 인위적으로 이동시킬 수 없으므로 대부분의 부동산 활동은 부동성을 전제로 이루어진다. 이러한 토지의 부동성으로부터 파생되는 주요 특징을 살펴보면 다음과 같다.

- 부동산과 동산을 구별하는 기준이 된다.
- 부동산에 대한 활동 및 현상을 지역적으로 국지화시키고 부동산시장을 지역적으로 세분화시킨다.
- 부동산에 대한 정보활동 및 임장활동(현장방문 등)이 요구된다.
- 토지의 이용방식이나 입지선정이 중요한 부동산 활동이 된다.
- 부동성으로 인하여 견본(sample) 또는 진열의 방식으로 거래하기 곤란하기 때문에 부동산에 대한 유통업으로 부동산중개업이 존재하게 된다.

② 영속성(永續性)

토지는 다른 재화와 달리 사용으로 소멸되지 않는 영속성을 지니고 있다. 따라서 토지는 영속성으로 인하여 물리적 감가가 발생하지 않아 다른 재산에 비하여 가치보존 수단의 특성을 가진 중요한 재화이다. 이러한 토지의 영속성으로부터 파생되는 주요 특징을 살펴보면 다음과 같다.

- 토지는 영속성으로 감가상각이 적용되지 않으며 재생산이론의 적용이 불가능하다.
- 필요에 의해 토지의 소유이익과 이용이익으로 분리될 수 있어 임대차시장을 형성한다.
- 부동산 활동은 장기적인 관점에서 이루어지며 투자재로 선호된다.
- 부동산에 대한 관리활동이 부각된다.

③ 부증성(不增性)

토지는 다른 재화와 달리 본질적으로 물리적인 절대량을 임의로 증가시킬 수 없으며 생산할 수도 없다. 공유수면의 매립, 개간지, 택지의 조성 등을 통해 토지를 증가시킬 수 있으나, 이는 토지의 물리적 증가라기보다는 토지이용의 전환의 측면에서 보는 경제적 공급으로 설명되기도 한다. 이러한 부증성으로부터 파생되는 주요 특징을 살펴보면 다음과 같다.

- 토지의 부증성으로 인해 토지의 공급곡선이 수직선인 완전비탄력적으로 되며, 균형가격의 형성을 곤란하게 한다.
- 토지의 절대량의 부족문제가 발생하여 토지의 희소성을 증대시키고 지가 상승의 원인이 된다.
- 토지이용을 집약화시키며, 지대를 발생시킨다.
- 토지의 부족으로 토지에 대한 사회성 · 공공성이 강조되어 토지의 공개념이 발생된다.

④ 개별성(個別性)

토지는 각 토지마다 매우 강한 개별성을 지닌다. 즉, 토지는 위치, 지형, 지세 등 물리적 성질이 완전하게 동일한 토지는 존재할 수 없다. 따라서 토지는 물리적 대체는 불가능하지만, 사회적 · 경제적 측면에서의 사용용도가 유사한 토지는 존재할 수 있으므로 사회적 · 경제적 측면에서 대체가 가능하다. 토지의 개별성으로부터 파생되는 주요 특징을 살펴보면 다음과 같다.

- 한 가지 재화에 한 가지 가격이 형성된다는 일물일가의 법칙이 적용되지 않고 가격이 개별적으로 형성된다.
- 부동산시장이 독점화되어 부동산 간의 상호 비교가 어렵게 된다.
- 개별성은 부동산의 개별 분석의 근거가 된다.

⑤ 인접성(隣接性)

토지는 연속적으로 다른 토지와 연결되어 있는 특징을 갖는다. 토지의 인접성으로부터 파생되는 주요 특징을 살펴보면 다음과 같다.

- 토지를 협동으로 이용하는 필요성은 민법상 상린관계의 근거가 된다.
- 외부효과를 발생시키며 개발이익에 대한 사회적 환수논리의 근거가 된다.
- 토지의 가격이 인접지의 영향을 받게 되므로 지역분석의 필연성이 대두된다.

(2) 인문적 특징

토지의 인문적 특성은 인간과 토지 또는 부동산 활동과의 관계에서 인간이 인위적으로 부동산에 부여한 특성이다. 이러한 토지의 인문적 특성으로는 용도의 다양성, 합병·분할의 가능성, 위치성, 투자의 고정성을 들 수 있다.

① 용도의 다양성

토지는 매우 다양한 용도로 사용할 수 있는 특징을 지니고 있다. 따라서 토지는 여러 가지 용도로 이용될 수 있는데, 이 중 가장 효율적으로 이용할 수 있는 용도를 발견하여 결정하는 것이 토지의 이용 면에서 무엇보다도 중요하다. 용도의 다양성으로부터 파생되는 주요 특징을 살펴보면 다음과 같다.

- 용도의 다양성은 가장 효율적으로 이용할 수 있는 최유효이용의 원칙을 정립하는 근거가 되며 적지론의 근거가 된다.
- 토지의 잘못된 이용은 이를 개선하기가 매우 어렵다는 토지의 비가역성의 근거가 된다.

② 합병 또는 분할의 가능성

토지는 이용주체의 목적에 따라 인위적으로 분할되기도 하고, 합병되기도

하는 특징을 갖는다. 토지의 합병 또는 분할은 용도의 다양성에서 파생되는 토지의 최유효이용원칙을 전제로 가능한데, 합병 또는 분할의 가능성으로부터 파생되는 주요 특징을 살펴보면 다음과 같다.

- 토지의 합병으로 규모의 경제 또는 비경제가 발생할 수 있다.
- 토지의 분할로 토지가 효율적으로 이용되거나 비효율적으로 이용될 수 있다.

③ 위치성

토지의 자연적 위치는 지리적으로 불변이지만 인문적 환경의 변화에 따라 변화될 수가 있다. 즉, 인문적 환경의 변화에 따라 토지의 사회적 · 경제적 · 행정적 위치의 환경이 변화된다. 예를 들어 그 지역의 신도시개발의 발표, 혐오시설의 설치계획, 부동산 관련 세제의 강화 등은 토지의 이용 및 거래에 대한 사회적 · 경제적 · 행정적 위치의 환경에 영향을 미친다.

④ 투자의 고정성

일반적으로 토지에 대한 투자는 장기에 걸쳐 이루어지기 때문에 부동산에 투자한 자금을 회수하는 시간이 오래 걸리는데, 이를 투자의 고정성이라 한다. 이러한 투자의 고정성으로부터 파생되는 주요 특징을 살펴보면 다음과 같다.

- 부동산은 장기적 관점에서 투자가 이루어진다.
- 투자기간의 장기로 인하여 소유와 이용의 분리가 가능하게 한다.

2) 건물의 특성

토지는 물리적인 절대량을 증대시킬 수 없지만, 건물

은 물리적인 절대량을 증가시킬 수 있는 인위적 축조물이다. 따라서 건물은 재생산이 가능한 내구 소비재로서 비영속성, 생산가능성, 동질성, 이동가능성, 종속성 등의 특성을 지니고 있다.

(1) 비영속성

건물은 토지와 달리 내용연수가 있는 비영속성의 성질을 지닌 부동산이다. 하지만, 토지의 기반위에 축조되기 때문에 다른 일반재화에 비해 사용할 수 있는 기간(내용연수)이 상대적으로 장기이다.

(2) 생산가능성

건물은 토지와 달리 생산 또는 재생산이 가능한 인위적 축조물이다.

(3) 동질성

동일한 구조, 양식, 형태를 지닌 건물을 생산할 수 있으므로 동질성의 특성을 갖는다. 따라서 건물은 대체가능성을 내포하고 있다.

(4) 이동가능성

전통적으로 건물은 토지 위에 부착되어 건축되었으나 건축기술 및 건축공법 등의 발달로 이동가능한 건물의 생산이 가능해지고 점차 실용화되고 있다.

(5) 종속성

건물은 토지 위에 부착되어 건축되기 때문에 토지를 지배(토지의 종속성)할 수 있는 반면에, 토지의 용도에 맞게 건물이 건축되므로 토지에 종속(건물의 종속성)되는 경우도 있다.

3) 부동산의 주요 문제점

부동산은 인구증가, 고령화, 핵가족화, 1인 가구, 도시화, 부동산의 노후화 등으로 인한 양적 문제뿐만 아니라 소득수준의 증가, 생활수준 향상, 기존 부동산에 대한 불만, 부동산 공법의 발달, 인테리어 기술의 발달 등으로 인한 질적 문제가 야기된다. 이러한 부동산 문제는 다음과 같은 특징을 보인다.

(1) 악화성향 및 비가역성

부동산은 한번 악화되면 시간이 경과함에 따라 계속하여 악화되는 양상을 보인다. 부동산가격이 한번 상승하기 시작하면 오랜 기간 동안 지속하여 상승하는 예를 들 수 있다. 이러한 악화성향의 문제가 발생하면 이에 대한 원상회복이 매우 어렵다는 비가역성의 문제가 발생한다.

(2) 지속성

부동산에 대한 문제가 발생하면 단기간 내에 해결되지 않고 시간의 경과에 따라 지속되는 경향을 보인다.

(3) 복합성 및 해결수단의 다양성

부동산문제는 복합적인 양상을 보인다. 이에 따라 해결수단도 정책적 수단, 법률적 수단, 금융적 수단 등 다양하게 나타난다.

3. 부동산에 대한 권리의 범위 및 제한

부동산에 대한 권리는 부동산 자체가 소유하고 있는 공간상의 범위에 대한 권리와 부동산을 소유할 경우에 누릴 수 있는 내용상의 범위에 대한 권리가 있다.

1) 부동산에 대한 권리의 범위

(1) 공간상의 범위

부동산 자체의 소유권이 미치는 토지의 공간적인 범위는 토지의 경계면을 기준으로 일정한 범위의 지면에 정당한 이익이 있는 일정한 상·하의 범위를 포함한다. 이에 해당하는 권리는 부동산 소유권인 지표권, 공중권, 지하권 등이 있다.

(2) 내용상의 범위

부동산을 합법적으로 소유함으로써 소유부동산에 대한 점유권, 수익권 및 처분권을 갖게 된다. 점유권이란 부동산을 영구적·배타적으로 지배할 수 있는 권리이며, 수익권은 제3자의 간섭을 받지 않고 부동산을 이용하고 부동산으로부터 창출되는 수익을 향유할 수 있는 권리를 의미하며, 처분권은 부동산 소유권의 일부 또는 전부를 처분할 수 있는 권리를 말한다.

2) 부동산에 대한 권리의 제한

사유재산은 소유한 자의 목적에 따라 사용할 권리가 있지만 부동산의 권리는 다음과 같이 공적 또는 사적으로 일정한 제한을 받는다.

(1) 공적 제한

국가 또는 지방자치단체는 사회 전반에 미치는 정책적인 목표를 달성하기 위하여 사유재산권인 부동산에 대한 권리에 공적 제한을 줄 수 있다. 이러한 공적 제한은 국가 등의 과세권·수용권 등을 들 수 있다.

(2) 사적 제한

사적 계약 등에 의해 부동산에 대한 권리를 제한할 수 있다. 이러한 사적 제한으로는 저당권, 유치권, 지상권, 지역권 등을 들 수 있다.

4. 부동산공적장부(不動産公的帳簿)

1) 부동산공적장부의 종류 및 적용상 우선권

(1) 부동산공적장부의 종류

부동산공적장부는 부동산에 관하여 관련법에 따른 국가기관 등에서 공식적으로 작성하는 공적장부를 말한다. 부동산공적장부는 내용에 따라 다음과 같이 분류할 수 있다.

① 부동산 권리에 관한 등기부등본
② 토지의 현황에 관한 토지대장 및 임야대장, 지적도 및 임야도
③ 건축물의 현황에 관한 건축물대장
④ 토지이용계획에 대한 토지이용계획확인서
⑤ 그 외 농지원부, 개별공시지가 등

최근에는 많은 부동산공적장부를 인터넷에서 제공하고 있으며 열람 및 교부도 가능하다.

(2) 부동산공적장부의 적용상 우선권

부동산공적장부(이하 “공부”라 칭함) 상호 간에 기재내용이 다른 경우에 부동산의 권리에 관한 내용은 부동산등기법에 따른 등기부등본이 우선적으로 적용되고, 부동산의 현황에 관한 내용이 다른 경우에는 공간정보의 구축 및 관리 등에 관한 법률에 따른 토지대장, 임야대장, 지적도, 임야도 및 건축법에 의한 건축물대장이 우선적으로 적용된다.

2) 등기부등본(일반)

부동산의 표시나 권리관계를 일반인이 쉽게 알 수 있도록 공시하는 것을 부동산등기라 하는데, 이러한 사항을 나타낸 공부가 등기부등본이다. 부동산 소유권 등의 권리관계가 발생 또는 권리관계가 변경된 경우에 등기를 해야 그 권리에 대한 효력이 발생하게 되는데, 등기부등본은 누구나 열람 또는 발급받을 수 있다. 등기부등본에 표시되어 있는 내용은 다음과 같다.

① 표제부

표제부는 부동산의 외관을 나타내는 부분으로 아파트, 단독주택, 근린생활시설 등으로 표기되며, 그 외 부동산의 소재지, 면적, 층수, 지목, 구조 등이 표시된다.

② 갑구

갑구에는 소유권과 관련된 소유권 보존등기, 소유권 이전등기, 가등기, 가압류등기, 가처분등기, 압류등기 등의 내용과 소유권과 관련된 권리관계의 변경 및 소멸에 대한 내용이 기재되어 있다.

③ 을구

을구에는 소유권 이외의 근저당권, 전세권 등의 권리가 표시된다. 근저당권에 대한 내용 중 근저당권의 채권최고액은 채무자가 현재 부담해야 하는 채무액이 아니라 앞으로 부담할 수도 있는 최대한도의 채무를 의미한다.

한걸음 더 인터넷으로 부동산공적장부의 열람·교부도 가능하다

(1) 토지(임야)대장, 건축물대장, 지적(임야)도, 토지이용계획확인 등

- 정부24(구, 민원24) 홈페이지(www.gov.kr/portal/main)에 접속 ⇒ [전체서비스] 선택한 후 해당 민원을 검색한 후 신청할 수 있다.

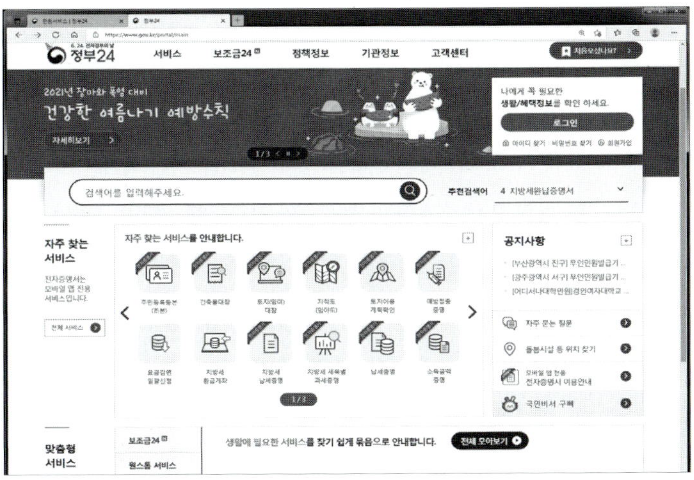

(2) 등기부등본

- 대법원 인터넷등기소 홈페이지(www.iros.go.kr/PMainJ.jsp)에 접속 ⇒ [등기열람/발급] ⇒ [열람 또는 발급하기] 선택 후 해당 민원 검색한 후 신청할 수 있다.

④ 등기부등본상 권리순위

등기부의 각 구에는 등기한 순서대로 순위번호가 부여된다.

ⓐ 동일 구 내

동일 구에 부여된 순위번호에 따라 등기의 순위가 가려진다. 한편, 부기등기의 순위는 주등기의 순위에 의한다. 그러나 가등기에 대한 본등기가 이루어지면 순위 본전의 효력이 있어 그 본등기의 순위는 가등기 순위를 따르게 된다.

ⓑ 다른 구 상호 간

갑구와 을구 상호 간에는 접수일자 및 접수번호에 의하여 우선순위를 결정한다. 등기부등본으로 사실관계를 확인할 때 확인 대상 부동산의 지번과 표제부의 지번이 일치하는지 검토해야 한다. 계약 시에는 주민등록증(신분증)의 성명과 주소 등 인적사항을 확인하여 등기부등본과 대조해야 하며, 등기부등본상의 갑구와 을구의 내용을 파악함으로써 계약 후 발생할 수 있는 문제점을 예상하고 대처해야 한다.

3) 등기부등본(집합건물)

집합건물의 소유 및 관리에 관한 법률에 의한 집합건물은 일반적인 건물과 같이 건물분 등기부등본과 토지분 등기부등본이 별도로 작성되지 않고 건물과 토지를 함께 하나의 등기부등본으로 작성되어 관리된다. 집합건물의 예로는 아파트, 오피스텔, 다세대주택, 연립주택, 주상복합상가, 구분상가 등을 들 수 있다.

집합건물의 등기부등본도 표제부, 갑구, 을구로 작성되는 점은 일반건물의 등기부등본과 유사하나, 집합건물의 특성상 표제부의 기재사항이 일부 다른 점이 있다. 표제부의 경우에 다음과 같이 4가지로 구분하여 표시하고 있다.

① **1동의 건물의 표시**: 건물의 소재지번, 건물명칭, 구조, 층별 면적 등을 기재

② **대지권의 목적인 토지의 표시**: 건물 소재 토지의 지번, 지목, 면적 등을 기재

③ **전유부분의 건물의 표시** : 소유의 주체가 되는 호수 및 건물의 구조, 전유면적 등을 기재

④ **대지권의 표시** : 집합건물 전체의 토지면적 중 해당 호수가 소유하고 있는 토지의 면적을 기재

4) 토지대장 및 임야대장

토지대장과 임야대장은 토지에 대한 물리적 현황과 소유자에 관한 사항이 등록된 공간정보의 구축 및 관리 등에 관한 법률상의 지적공부이다. 토지가 임야(산)인 경우에는 임야대장으로 작성되고 그 외의 토지는 토지대장으로 작성되는데, 두 대장 모두 동일한 형식으로 작성된다. 토지대장 및 임야대장에는 해당 토지의 소재지, 면적, 지목, 개별공시지가, 토지등급, 소유자 등에 대한 사항이 기재된다. 한편, 임야대장에 기재된 지번은 토지대장과 달리 지번 앞에 '산'을 표기해 토지대장의 지번과 구분하고 있다. 따라서 지번 앞에 '산'이 표기되어 있으면 지목이 임야인 토지이다.

5) 지적도 및 임야도

지적도와 임야도는 해당 토지의 소재지, 지번, 경계점 간의 거리, 지목, 축적 등이 기재되어 토지의 모양, 위치, 접면 도로 폭 등을 파악할 수 있는 공부이다. 지적도상 방위는 일반적으로 위쪽을 북쪽, 아래쪽을 남쪽, 왼쪽을 서쪽, 오른쪽을 동쪽으로 표시한다.

임야도는 매입하려는 토지가 임야일 때 지적도 대신 발급받는 서류로, 지적도와 마찬가지로 토지의 소재지, 지번, 지목, 경계점 간의 거리, 축척 등이 기재되어 있다. 다만, 축척의 비율이 지적도와 차이가 있으므로 공부를 볼 때 유의해야 할 것이다.

지적도를 통해 토지의 모양이 정방형인지 장방형인지 세모인지 쉽게 파악할 수 있다. 토지의 모양이 정방형이고 주변에 도로가 존재하고 있어야 토지의 가치가 높으며, 도로가 없다면 맹지로서 가치 없는 토지가 될 수 있다.

6) 건축물대장(일반)

건축물대장은 건축물의 물리적 현황과 소유자에 관한 사항을 등록한 장부로서 건물의 현황에 관한 유일한 공부이다. 건축물대장에는 건물의 면적, 구조, 용도, 사용승인일, 소유권변동사항 등이 기재된다.

7) 집합건축물대장

집합건물의 경우에는 건축물대장의 기재 및 관리 등에 관한 규칙에 의한 집합건축물대장이 작성된다. 건축물대장(일반)과 가장 큰 차이점은 건물에 대한 면적을 전유면적과 공용면적으로 나누어 기재한다는 점이다.

- **전유면적**: 건물의 구분소유자가 사용 및 수익권을 독점적으로 소유하는 부분(면적)이다.
- **공용면적**: 전유면적 이외 건물의 부분(면적)과 공용부분으로 된 부속건물의 면적을 말한다. 그 예로는 계단, 복도, 기계실, 지하주차장, 승강기 등을 들 수 있다.

아파트의 경우에 총 면적 중 전용면적이 차지하는 비율에 따라 실질적 점유공간의 차이가 발생되므로 아파트를 취득 시에는 실제 전용면적을 확인할 필요가 있다.

8) 토지이용계획확인서

토지이용계획확인서에는 지역 · 지구 등의 지정내용, 지역 · 지구 등 안에서의 행위제한 내용, 지정된 토지거래계약에 관한 허가구역, 국토의 계획 및 이용에 관한 법률 제25조에 따른 도시 · 군관리계획의 입안사항이 표시된다.

3절 부동산경제의 이해

1. 부동산 경제학

일반적으로 사람들은 경제행위를 할 때 최소의 비용으로 최대의 효과를 얻기를 원한다. 부동산은 다른 투자상품에 비해 그 투자효과가 장기에 걸쳐 나타나며 투자금액도 상대적으로 많으므로 부동산의 투자 시 최소의 비용으로 최대의 효과를 얻는 원칙이 더욱 중요하다.

부동산 경제학은 단순히 부동산에 대한 수요와 공급을 위한 미시적 차원을 넘어 토지와 건물의 공간적 이용과 활용을 위하여 정치・경제상황, 사회・인구학적 변화 등을 연구하고, 자본시장의 투자대상으로서 현재 및 미래의 부동산가치(real estate value)를 분석・예측하여 부동산의 물리적 공간가치를 일반 경제이론과 결합한 이론과 법칙을 찾는 것이다(김형순 외, 『AFPK 부동산설계』, 2013).

2. 부동산에 대한 수요와 공급

경제학의 기초인 수요와 공급에 대한 설명은 제3장 경제학의 기초에서 설명하고 있으므로 본 장에서는 부동산과 결부된 내용을 중심으로 설명한다.

1) 부동산 수요의 개념

(1) 부동산 수요의 정의

부동산시장에서는 수요자인 매수인 또는 임차인과 공급자인 매도인 또는 임대인 사이에서 가격이 결정되고 거래가 이루어진다. 이하에서는 특별한 언급이 없는 한 부동산의 수요자와 공급자는 매수인과 매도인으로 한정하여 부동산에 대한 수요 및 공급에 대하여 설명한다.

부동산에 대한 수요(demand)란 일정기간 동안 부동산에 대한 구매능력이 있는 수요자가 부동산을 구입 또는 임차하려는 욕구를 말하며, 수요자가 부동산을 구입 또는 임차하려는 부동산의 양을 부동산에 대한 수요량이라고 한다.

(2) 부동산 수요의 변화요인

수요의 법칙에 따라 일반적으로 부동산가격이 상승하면 그 부동산에 대한 수요는 감소하고 부동산가격이 하락하면 그 부동산에 대한 수요는 증가한다. 다만, 부동산 수요는 부동산가격 외에 다음과 같은 요인들에 의해서도 영향을 받는다.

- **부동산 수요를 증가시키는 요인**: 인구의 증가, 핵가족·1인가구로 인한 가구 수의 증가, 산업시설의 확대, 소득수준의 향상, 대출조건의 완화, 미래가치 상승에 대한 기대감, 이자율의 감소, 부동산 금융상품의 발달, 특정 면적대의 아파트 선호 등
- **부동산 수요를 감소시키는 가격 외 요인**: 부동산 수요를 증가시키는 요인의 반대현상과 공법상의 규제, 부동산 관련 세금의 강화, 대체투자상품의 발달 등
- **기타 요인**: 인플레이션, 경기변동, 타재화의 가격, 경제인구의 변화, 부동산에 대한 선호도의 변화 등

2) 부동산 공급의 개념

(1) 부동산 공급의 정의

부동산에 대한 공급(supply)이란 일정기간 동안 부동산 공급자가 부동산을 매도 또는 임대하려는 욕구를 말하는데, 공급자가 부동산을 매도 또는 임대하려는 부동산의 양을 부동산에 대한 공급량이라고 한다.

(2) 부동산 공급의 변화요인

공급의 법칙에 따라 일반적으로 부동산가격이 상승하면 생산자는 보다 많은 이익을 얻기 위하여 더 많은 부동산을 공급하려고 하므로 부동산에 대한 공급은 증가하고 반대로 부동산가격이 하락하면 부동산에 대한 공급은 감소한다.

토지는 일반재화와 달리 부증성으로 인하여 공급할 수 있는 수량이 한정되어 있고, 부동성으로 인하여 지역적으로 이동이 불가능한 특징이 있다. 또한, 건물은 토지의 범위 내에서 공급할 수 있는 제한이 있으며, 더욱이 이용할 수 있는 토지가 제한되어 있다. 지상에 건물이 공급되면 일정기간 동안은 그 지상에 재공급하는 데 어려움이 있으며, 증축・재건축하는데 시간적 제약이 따른다.

이렇듯 토지는 물리적으로 한정되어 있으므로 토지의 이용을 효율화하고 경제적 활용도를 높이고 토지의 공급을 증대시킬 필요가 있다. 이를 위해 미개간지를 택지조성 등을 통해 토지의 이용도를 높이거나 도시계획사업 등을 통한 대단위의 토지를 개발하거나 그 개발된 토지와 건축기술의 발달로 인한 원가절감 등을 통하여 건물을 고층화하고 입체화하여 부동산의 공급을 증가시킬 수 있다.

지가 상승, 부동산에 대한 규제 강화, 부동산 관련 세금의 강화, 자재 및 인건비 등 건축비용의 인상 등은 부동산의 공급을 감소시키는 원인이 된다.

3) 부동산의 가격결정

부동산의 가격은 다른 재화와 마찬가지로 부동산에 대한 수요와 공급에 따라 결정되는데, 수요곡선과 공급곡선에 대해서는 제3장 경제학의 기초에서 설명하였으므로 여기서는 이에 대한 설명은 생략한다.

(1) 부동산시장의 균형

일반적으로 균형이란 일정한 상태에 도달하면 외부에서 충격을 가하지 않는 한 이탈하지 않는 상태를 말한다. 여느 재화시장과 마찬가지로 부동산시장에서의 균형이란 부동산에 대한 수요와 공급이 일치하는 상태를 말한다.

(2) 균형가격 및 균형수급량

부동산에 대한 수요 및 공급은 다양한 요인에 의해 변화된다. 부동산의 수요 및 공급이 일치하는 수량과 가격을 균형가격과 균형수급량이라 한다.

부동산에 대한 수요가 증가하면 부동산가격이 상승하게 되고, 부동산의 매

그림 8-1 | 균형가격과 균형수급곡선

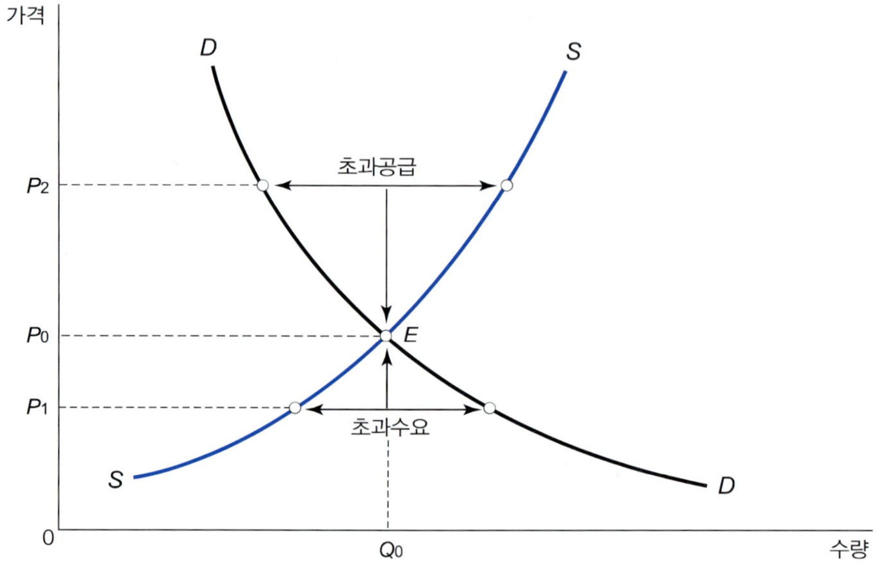

물의 증가, 추가생산 등으로 부동산의 공급량이 증가한다. 이렇게 부동산에 대한 공급이 증가하게 되면 부동산가격이 하락하게 되어 부동산에 대한 수요량과 공급량이 균등해지는 일정한 점에서 만나 시장가격을 결정하게 되는데 이를 균형가격이라고 한다. 즉, 균형가격이 도달하게 되면 초과수요도, 초과공급도 존재하지 않는 상태가 된다. 하지만, 현실에서는 항상 균형상태를 유지할 수 없다.

<그림 8-1>에서 균형가격 P_0 아래에서는 수요량이 공급량보다 많아 초과수요상태가 되어 균형을 이룰 때까지 가격이 상승하여 수요곡선과 공급곡선이 만나는 E점에서 균형을 이루게 된다. 반면에 균형가격 P_0 위에서는 수요량보다 공급량이 많아 초과공급상태가 발생되어 균형을 이룰 때까지 가격이 하락하여 수요곡선과 공급곡선이 만나는 E점에서 균형을 이루게 된다. 이와 같이 부동산가격은 부동산에 대한 수요와 공급에 따라 결정되는데, 부동산에 대한 수요량과 공급량이 일치되는 점에서 균형가격이 결정되는 관계를 부동산에 대한 수요공급의 법칙이라고 한다.

3. 부동산시장

1) 부동산시장의 개요

(1) 부동산시장의 개념

부동산의 매매 등을 성립시키기 위해서는 부동산가격을 결정하고 거래상대방을 만나게 하는 일정한 시장이 필요로 할 것이다. 부동산시장이란 부동산에 대한 수요와 공급에 의해 부동산가격이 결정되고 부동산의 거래가 이루어지는 곳을 말한다. 이러한 부동산시장은 부동산의 특징인 부동성으로 인하여 구체적인 시장으로 존재하지 않고, 장소의 구애를 받지 않고 거래되는 추상적인 시장으로 존재한다.

(2) 부동산시장의 유형

부동산시장은 대상, 용도 등에 따라 다음과 같이 구분될 수 있다. 부동산을 이용하는 대상에 따라 매매시장, 임대차시장으로 구분하고, 부동산이 이용되는 용도에 따라 주거용시장, 상업용시장, 공업용시장으로 구분된다. 최근에는 경제상황에 따라 부동산에 대한 수요와 공급이 불균형상태를 보임에 따라 매수자 주도시장, 매도자 주도시장으로 구분되기도 한다.

2) 부동산시장의 특성

부동산시장은 부동산이 지니고 있는 고유의 특성(자연적 · 인문적 특성)으로 인하여 동산 등 일반재화와는 다른 특성이 있다. 부동산시장의 주요 특성을 살펴보면 다음과 같다.

(1) 시장의 국지화 및 부분시장화

토지의 자연적 특성인 위치의 고정성으로 인하여 폭넓은 지역의 부동산이 거래대상이 되지 못하고 일정지역으로 한정되는 국지화현상이 있다. 이러한 국지화현상으로 인하여 시장이 지역별 · 용도별 등으로 세분화된다.

(2) 수요 및 공급 조절의 곤란성

부동산의 부동성으로 인하여 지역 간의 수요와 공급의 조절이 곤란하고 토지의 부증성으로 인하여 토지의 공급을 단기간 내에 증가시킬 수 없다. 따라서 부동산에 대한 수요 및 공급의 조절이 곤란하여 공급초과 또는 수요초과의 불균형상태가 장기간 지속되기도 한다. 한편, 부동산에 대한 수요 및 공급 조절의 곤란성으로 인하여 부동산가격이 왜곡될 가능성도 많다.

(3) 부동산상품의 비표준화

부동산의 개별성으로 인하여 규격화 또는 표준화가 어려울 뿐만 아니라 경제적 가치와 법적 성질도 다양하므로 일률적으로 부동산가격을 산정하는 데 어려움이 있다.

(4) 부동산시장에 대한 과다한 법적 제한 및 공적 규제

부동산은 단기에 공급량을 증가시키기 곤란한 상품이므로 부동산에 대한 공공성·사회성이 강조되어 일반재화보다 법적 제한 및 공적 규제가 많다. 이에 따라 부동산가격이 왜곡되고 부동산시장이 시장기구의 역할을 원활하게 수행하지 못한다.

(5) 부동산 거래가격의 고가성

부동산 거래가격이 다른 투자상품에 비해 고가이므로 부동산에 대한 수요자와 공급자가 제한된다.

이와 같이 부동산시장은 시장의 지역화, 상품의 비표준성, 과다한 법적 제한 및 공적 규제, 부동산가격의 고가성으로 인한 수요자와 공급자의 제한 등으로 인하여 정보의 불완전성이 존재하여 초과이윤이 발생하는 불완전시장으로 존재한다고 볼 수 있다.

3) 부동산시장의 기능

(1) 부동산의 교환기능

부동산시장을 통하여 부동산은 매매, 교환 등을 할 수 있거나 부동산 임대도 가능하다.

(2) 부동산의 자원의 효율적 배분기능

부동산시장은 토지의 형질변경, 새로운 건물의 신축 또는 기존 토지 및 건물의 자본적 지출과 수선을 통하여 자원을 효율적으로 배분하는 기능을 한다.

(3) 부동산이용의 결정 및 부동산 양과 질의 조절기능

부동산 수요자의 욕구와 부동산 용도의 다양성으로 인하여 부동산시장에서는 부동산 수요자의 욕구에 맞게 부동산의 양(量)과 질(質)을 조절하여 제공하는 기능을 한다.

(4) 부동산 가격창조기능

부동산의 개별성으로 인하여 일물일가의 법칙이 성립되지 않으므로 부동산의 거래 시마다 새로운 가격이 창조된다.

(5) 부동산 정보제공기능

부동산시장에서 당사자 간 직접 또는 중개업자를 통하여 매수호가와 매도호가의 가격차의 조정을 거쳐 부동산 거래가격이 형성된다. 이렇게 부동산가격을 형성시킨 정보들은 부동산시장에 제공된다. 이렇게 취합된 부동산정보는 부동산시장 참여자들에게 제공되어 올바른 의사결정을 하는 데 도움을 준다.

4. 부동산 경기변동

부동산은 부동성과 용도의 다양성으로 인하여 부동산시장은 다수의 국지적 시장으로 세분되며, 세분된 시장은 지역적 또는 유형별로 서로 다른 특성의 모습을 보이므로 각기 다른 경기양상을 보이기도 한다.

부동산의 경기란 세분된 각 부동산시장의 가중 평균적 의미를 내포한다고 볼 수 있는데, 부동산 및 부동산시장의 특성으로 인하여 일반 경기변동과는 다른 형태의 변동양상을 띠게 된다. 일반재화시장과 비교하여 부동산시장은 상대적으로 보다 불완전하기 때문에 일반경기변동보다 변동폭이 크며 변동기간이 길게 나타난다.

이러한 부동산 경기는 세분된 부동산시장마다 다르게 나타날 수 있으나, 일반적으로 전체 부동산 경기는 일반경기와 같은 방향으로 진행된다.

1) 부동산 경기변동의 국면

부동산 경기변동도 일반경기변동과 마찬가지로 호황기, 후퇴기, 불황기, 회복기의 4개 국면으로 구분되어 진행된다. 다만, 불황에 강한 부동산의 경우에는 안정기를 추가하여 5개의 국면으로 보는 경우도 있다. 이러한 4개 또는 5개의 국면의 한 번 순환(cycle)을 1주기라 한다.

(1) 회복기

경기의 하향이 저점을 통과하여 다시 상승하기 시작하는 국면으로 경기회복이 부동산 개별적 · 지역적으로 회복이 시작된다. 부동산거래가 활성화되기 시작하고 낮은 금리와 낮은 부동산가격이 투자자의 투자심리를 회복시키는 시기이다. 종전의 거래가격은 새로운 거래의 기준가격이 되거나 하한선이 되며 부동산거래에서 매도자중심으로 점차 변화한다. 일반적으로 후퇴국면은 급속한데 반면에 회복국면은 상대적으로 많은 시간이 소요된다.

(2) 호황기

부동산투자가 활발하게 진행되는 국면으로 부동산가격이 정점까지 상승하게 된다. 부동산가격은 계속적으로 상승하고 건축허가량이 증가하며 부동산거래도 활발하지만 이러한 호황기는 경기의 후퇴가능성을 내포하고 있다. 종전의 거래가격은 새로운 거래의 하한선이 되며 부동산거래에서 매도자중심 현상이 더욱 심화된다.

한걸음 더 부동산 경기변동의 특징

① 부동산 경기변동은 일반경기변동에 비해 그 주기가 길며, 그 진폭이 크다.
② 부동산 경기순환은 불규칙적이며 불분명하고 계속적으로 변동하는 특징이 있다.
③ 부동산경기는 부동산 소재지역의 경제적·행정적·사회적·심리적 요인의 변화에 따라 변동할 수 있기 때문에 지역마다 다르게 나타날 수 있다.

(3) 후퇴기

정점에 도달한 부동산경기가 후퇴하는 국면으로 부동산에 대한 공급이 부동산에 대한 수요를 초과하여 부동산가격은 하락하며 부동산거래는 감소하게 된다. 종전의 거래가격은 새로운 거래의 기준가격이 되거나 상한선이 되며 부동산거래에서 매수자 중심으로 점차 변화한다. 후퇴기의 후기국면은 비전문가가 파악하기 어렵다는 점에 유의해야 한다.

(4) 불황기

이 시기에는 부동산 투자심리가 위축되며 부동산거래가 극히 저조하게 된다. 금리가 상승하며 건축활동은 둔화되고 공실률이 증가한다. 또한, 부동산가격은 저점까지 하락하게 된다. 특히 불황기가 지속되면 고급주택, 신개발택지, 투기용 부동산 등은 큰 폭으로 하락할 수 있다. 종전의 거래가격은 새로운 거래의 상한선이 되며 부동산거래에서 매수자 중심 현상이 더욱 심화된다.

(5) 안정기

부동산시장에만 존재하는 고유의 국면으로서, 불황에 강한 부동산의 경우에 적용된다. 이에 해당하는 부동산으로는 위치가 좋고, 수요가 많은 적정규모의 부동산으로 도심에 소재한 부동산, 위치가 좋은 소형아파트 등을 들 수 있다. 이러한 부동산은 경기후퇴의 영향을 적게 받으면서 계속적으로 장기간 부동산가격이 안정된 시장을 형성한다.

2) 부동산경기의 측정지표

부동산경기를 측정하는 지표로는 부동산의 가격변동폭 및 거래량, 건축허가량, 공실률, 임대료 상승(하락)률, 미분양된 건축분의 재고량, 부동산에 대한 대출요건, 정부의 부동산정책의 완화 또는 강화 등을 들 수 있다.

4절 부동산투자

1. 부동산투자의 개요

1) 부동산투자의 방안

부동산에 투자하는 목적은 부동산설계의 목표에서 설명하였듯이 시세차익 등을 획득하기 위한 재무적 목표뿐만 아니라 거주목적 등을 실현하기 위한 비재무적 목표도 포함한다. 따라서 부동산에 투자하는 경우에는 재무적 목표 및 비재무적 목표를 달성할 수 있는 부동산상품을 찾아내고 개발하는 것이 매우 중요하다.

본 절에서는 재무적 목표를 실현하기 위하여 부동산에 투자한다는 가정 하에 부동산투자에 대하여 설명한다.

2) 부동산투자의 재무적 위험

부동산은 장기에 걸쳐 투자하는 상품이므로 부동산투자에 따른 재무적 위험이 따른다. 이러한 재무적 위험은 크게 다음과 같이 3가지로 발생할 수 있다.

① 투자원금손실에 대한 재무적 위험

부동산가치가 하락하여 투자원금의 전부 또는 일부를 회수할 수 없는 위험이다.

② 부동산가치 하락에 대한 재무적 위험

수익용 부동산에 투자하는 경우에 수익성이 하락할 수 있는 위험이다.

③ 환금성 저하에 대한 재무적 위험

부동산을 처분하고자 하는 시기에 처분할 수 없어 발생하는 재무적 위험이다. 부동산은 거래가 쉽게 이루어지지 않을 수 있는 투자상품이므로 환금성에 유의해야 하며 장기여유자금으로 투자할 필요가 있다.

3) 부동산투자와 금융상품투자의 투자이익에 대한 차이점

실현이익률을 평가할 때 부동산은 금융상품과 차이점이 발생한다. 일반적으로 부동산은 금융상품에 비해 투자자금이 많이 필요하고 투자기간도 상대적으로 길며, 과세되는 세금의 종류도 다양하다. 일반적으로 실현이익률을 평가할 때, 투자기간에 따른 물가상승률과 투자이익을 실현시킬 때 과세되는 세금을 고려하여 평가해야 보다 적절한 판단을 할 수 있다. 그뿐만 아니라 부동산에 대한 실현이익률을 고려한 경우에는 추가적으로 투자자금에 대한 이자비용, 취득단계, 보유단계 및 처분단계에 부과되는 세금을 반영해야 한다.

2. 부동산투자와 레버리지효과

1) 부동산투자의 재원

일반적으로 부동산에 투자할 경우에는 많은 자금이 필요한데, 부동산의 투자재원 전부를 순수하게 투자자의 가용재원으로 사용하는 경우도 있지만 외부로부터 재원을 차입하여 투자재원으로 활용할 수도 있다. 즉, 부동산의 투자재원은 투자자가 보유한 재원인 자기자본과 외부로부터 차입한 타인자본으로 구성된다. 따라서 부동산투자 시 총투자자본은 자기자본과 타인자본을 합한 금액이다.

2) 타인자본과 레버리지효과

(1) 부동산투자와 레버리지효과

레버리지(leverage)란 본래 지렛대 작용을 의미한다. 레버리지효과란 조그마한 힘으로 큰 힘을 만드는 지렛대효과를 의미한다. 레버리지효과는 정(+)

의 효과를 나타낼 수도 있고, 부(－)의 효과를 나타낼 수도 있다.

부동산에 투자할 경우에 레버리지효과는 부동산의 투자재원 중 일부를 타인자본으로 활용하여 투자하는 경우에 발생한다. 부동산투자 시 정(+)의 레버리지효과는 부동산투자 시 자기자본만을 사용하는 경우보다 타인자본을 활용하여 보다 많은 금액을 부동산에 투자할 수 있게 하며 이때 타인자본 사용에 대한 대가(타인자본비용)보다 높은 투자이익률을 획득하게 하는 효과를 말한다. 부(－)의 레버리지효과는 그 반대의 효과가 나타나는 경우이다. 타인자본에 의한 레버리지효과를 분석할 경우에 타인자본을 이용함으로써 발생될 수 있는 위험도 함께 고려해야 한다.

(2) 타인자본이 부동산투자에 미치는 영향

일반적으로 투자자들은 정(+)의 레버리지효과가 있을 것이라는 기대 하에 타인자본을 부동산 투자재원으로 활용한다. 타인자본을 활용하여 정(+)의 레버리지효과를 얻기 위해서는 타인자본의 사용대가로 지불하는 이자비용보다 부동산투자에 대한 투자이익률(기대이익률)이 높아야 한다. 타인자본에 대한 이자비용을 줄이거나 부동산투자에 대한 투자이익률을 높일수록 타인자본을 활용하여 정(+)의 레버리지효과는 더욱 커진다.

3. 부동산투자 시 확인 및 유의사항

부동산에 투자할 경우 일반적으로 고액의 투자자금이 필요하고 투자기간도 장기간이 소요되므로 신중하게 투자해야 한다. 따라서 부동산에 투자하는 경우에는 부동산과 관련된 여러 가지 사항을 철저하게 조사하여 확인해야 한다.

1) 부동산의 조사확인방법

부동산의 조사확인방법으로는 부동산공적장부를 확인하는 방법과 현장에 답사하여 조사하는 방법이 있다.

(1) 공부상 확인방법

부동산투자 시 부동산공적장부를 확인해야 하는데, 부동산공적장부별로 확인할 내용을 살펴보면 다음과 같다.

- 토지대장 및 임야대장 : 지목, 면적 등 부동산의 상태에 관한 사항을 확인한다.
- 건축물관리대장 : 건물구조, 연면적, 사용승인일자 등 부동산의 상태에 관한 사항을 확인한다.
- 등기부등본 : 소유권, 제한물건, 과거의 취득가액 등에 관한 사항을 확인한다.
- 토지이용계획확인서 : 부동산공법상 제한사항 등을 확인한다.
- 지형도 : 토지지세, 지형, 위치, 도로, 철도, 토지의 이용현황 등을 확인한다.

(2) 현장답사 조사방법

- 토지 : 소재지, 면적, 지목, 지세, 지형, 지반 토질, 도로상황 등 실제사항과 인접지역의 토지사항 등을 조사한다.
- 건물 : 연면적, 구조, 용도, 방향, 채광, 건물의 모양, 부대설비 등 실제사항과 향후 신축·증축 등의 가능 여부를 조사한다.
- 입목 : 생육상태, 토양, 입지여건 등을 조사한다.
- 공장재단 등 : 재단목록의 내용과 실제현황의 일치 여부 등을 조사한다.
- 기타 : 등기부상의 소유자와 실제 소유자의 일치 여부, 부동산 실제 용도 등을 조사한다.

2) 부동산의 조사사항

부동산의 조사사항으로는 부동산에 관한 기본적 사항 및 공법상의 제한사항이 있다.

(1) 부동산에 대한 기본적 사항

부동산에 대한 기본적 사항으로는 소재지, 지목, 면적, 경계, 지형과 지세,

도로와 교통관계 등을 들 수 있으며, 건물의 경우에는 기본적 조사사항 외에 구조, 용도, 사용승인일 등을 추가로 조사해야 한다. 부동산에 대한 주요한 기본적 조사사항에 대해 살펴보면 다음과 같다.

① 소재지

소재지는 지적공부에서 확인이 가능하며, 토지의 경우에는 지번까지 확인하고, 건물의 경우에는 건축물관리대장에서 가옥번호(호수)까지 확인한다.

② 지목

지목은 지적공부에서 확인이 가능하며, 공부상의 지목과 실제 이용되는 지목의 일치 여부를 확인한다.

③ 면적

토지의 면적은 토지대장 또는 임야대장에서 필지별로 확인하고, 건물의 면적은 건축물관리대장에서 연면적, 전용면적, 공용면적을 확인할 수 있다. 앞에서 설명한 바와 같이 공부상의 면적이 등기부등본상의 면적과 다를 경우에는 토지대장, 임야대장, 건축물관리대장의 면적에 따른다.

④ 경계

- 대지 : 지적도에 의해 경계를 판별하며, 주변의 건축물・도로 등을 기준으로 확인한다.
- 임야 : 임야도에 의해 경계를 판별하며, 능선・계곡・도로・하천 등을 기준으로 확인한다.
- 농지 : 지적도에 의해 경계를 판별하며, 일반적으로 논두렁을 기준으로 확인한다.

⑤ 지형과 지세

지형이 정방형, 장방형, 삼각형, 사다리꼴, 부정형 중 어느 형태의 지형인지를 확인한다. 일반적으로 농지는 정방형, 주택지는 정방형 또는 장방형, 상가는 도로와 접한 부분이 많은 장방형이 토지의 효율성이 높다.

토지의 경사도인 지세를 확인한다. 일반적으로 농지는 평지, 주택 및 상가는 평지 또는 완만한 경사지가 유리하다.

⑥ 도로와 교통관계

- **도로** : 공도인지 사도인지 여부, 도로의 종류(고속도로, 국도, 지방도 등), 도로의 포장상태, 도로의 폭 · 높낮이 · 구조, 차량의 출입 여부 등을 확인한다.
- **교통관계** : 이용가능한 대중교통수단, 차량접근 가능성, 주차가능성, 교통의 혼잡 여부 등을 조사한다. 주택은 도심지와 접근가능성 여부 등, 상가는 교통체증 여부와 주차가능성 등, 농지는 농산물의 경매시장과의 거리 등을 중점적으로 조사한다.

(2) 부동산에 대한 공법상의 제한사항

부동산에 투자할 경우에는 부동산공법상 제한을 검토해야 하는데, 부동산공법상 제한사항으로는 다음과 같은 부동산공법상 이용을 제한하는 경우와 거래를 제한하는 경우가 있다.

① 부동산 이용에 대한 제한사항의 조사

부동산의 이용에 대한 제한은 토지이용계획확인서를 통하여 확인할 수 있다.

- **국토의 계획 및 이용에 관한 법률상의 제한** : 전국토를 도시지역, 관리지역, 농림지역 및 자연환경보전지역의 4가지 용도지역으로 구분하고 용도지역, 용도지구, 용도구역으로 분류하여 이용행위를 제한한다.
- **기타 법률상의 제한** : 도시개발법, 도시 및 주거환경정비법, 주택법, 산지관리법 등에 의하여 토지 및 건축물을 규제하는 경우가 있다.

② 부동산공법상의 거래제한

부동산의 거래제한에 대한 공법상의 규정은 토지거래허가제가 있는데, 이 부동산거래제한사항도 부동산이용제한사항과 마찬가지로 토지이용계획확인서를 통하여 확인할 수 있다. 토지거래허가구역 내의 토지에 대해 일정한 면적을 초과하여 토지의 소유권 · 지상권 등을 대가를 받고 소유권의 이전 · 지상권의 설정 등을 할 경우에는 당사자 공동으로 시장 · 군수 · 구청장에게 신청하여 허가를 받아야 소유권의 이전 · 지상권의 설정 등을 할 수 있다.

5절 부동산 투자대상 선택 시 고려사항

부동산설계의 목표는 앞에서 설명한 바와 같이 재산증식 등 재무적 목표 외에도 거주목적 등 비재무적 목표가 있다. 본 절에서는 이와 같은 부동산설계의 목표를 실현하기 위해 일반적으로 가장 많이 투자대상으로 이용되는 아파트, 재건축·재개발아파트, 상가, 오피스텔 및 부동산금융상품을 투자할 경우에 고려해야 할 사항을 살펴본다. 또한, 이러한 부동산을 투자할 경우 관련 세금도 고려해야 한다.

1. 아파트

아파트는 우리나라에서 가장 대표적인 투자대상 중의 하나이다. 아파트의 경우에는 다수의 목적을 실현하기 위하여 투자한다. 즉, 거주목적, 재산증식목적, 전시효과목적 등으로 아파트에 투자한다. 아파트에 투자할 경우에 고려해야 주요 사항을 살펴보면 다음과 같다.

① 전체 세대수가 많은 아파트단지인지를 살펴보아야 한다.
일반적으로 적어도 단지 내 세대수가 500가구 이상이어야 하며 1,000세대 이상이 되는 단지이면 더욱 좋다. 세대수가 적은 아파트단지의 경우에는 주변의 편의시설, 학교 등에서 세대수가 많은 아파트단지보다 불리하다.

② 대중교통수단의 접근성과 도로 및 주차장 시설이 잘 갖추어져 있는지 여부를 살펴보아야 한다.
도로의 접근성 및 도로의 상태가 좋아야 하며, 주차장 시설이 편리하고 주차장 면적도 넓을수록 좋다. 도심의 아파트일수록 지하철 등 대중교통을 편리하게 이용할 수 있는 접근성이 중요하다.

③ 아파트 단지 내의 부대시설 및 편의시설을 살펴보아야 한다.
아파트 단지 내 운동시설·문화시설·놀이터·산책로 등 부대시설과 일상생활과 밀접한 슈퍼마켓, 의원, 세탁소, 학원 등 편의시설을 충분히

갖추고 있을수록 좋다.

④ 아파트단지 주변에 학교, 은행, 우체국, 동사무소, 치안센터 등 공공시설과 대형할인마트 등이 있는지를 살펴보아야 한다.

공공시설 및 대형할인마트 등이 아파트단지에서 도보로 대략 반경 1km 이내에 있으면 접근성, 이용가능성 등에서 좋다고 볼 수 있다.

⑤ 아파트단지 근교에 산, 호수 등 공원이 위치하고 있는지와 강변 등 조망권이 있는지를 살펴본다.

현대사회에서는 여가 및 노후생활을 중요시하여 자연환경 친화 아파트에 관심이 많으므로 아파트단지 근교에 공원이 있고 조망권이 좋은 아파트가 선호되고 있다.

⑥ 아파트의 노후화와 관리비도 살펴보아야 한다.

⑦ 아파트가 노후화될 경우 재건축이나 리모델링의 여건 등도 고려해야 한다.

2. 재건축 및 재개발

1) 재건축

재건축은 노후화된 기존의 아파트를 철거하고 그곳에 새로운 고층아파트를 건축하는 것으로, 기존의 아파트 소유자는 보다 넓은 면적의 아파트로 이전할 수 있게 된다. 노후화된 아파트를 재건축하기 위해서는 관련법률 규정에 충족해야 하며, 기존 아파트 소유자는 일정한 자금을 부담해야 된다. 재건축대상 아파트에 투자할 경우에 주요 유의사항을 살펴보면 다음과 같다.

① 재건축대상 아파트의 토지지분에 대한 가격을 살펴보아야 한다.

재건축사업의 비용 중 일정부분은 일반분양자에게 일반분양대금으로 전가시킬 수 있는데, 토지지분의 가격이 높을수록 일반분양가를 높일 수 있다.

② 재건축대상 아파트의 단지규모와 세대수 및 대지지분을 비교하여 살펴보아야 한다.

단지규모에 비해 세대수가 적거나 대지지분이 크면 재건축대상 아파트의 투자가치가 상대적으로 높아진다.

③ 재건축대상 아파트단지의 총 토지면적을 살펴보아야 한다.
단지의 토지면적이 넓을수록 재건축한 아파트 단지 내의 부대시설 및 편의시설을 충분하게 설치할 수 있다.

④ 재건축대상 아파트의 사용승인일자와 최고층이 몇 층인지를 살펴보아야 한다.
오래된 아파트일수록 재건축대상이 될 가능성이 높으며 일반적으로 저층아파트일수록 개발이익이 높아질 가능성이 높다.

⑤ 재건축대상 아파트의 사업추진속도를 살펴보아야 한다.
사업추진속도가 빠를 것으로 예상되는 재건축대상 아파트를 선택하는 것이 좋다. 사업추진기간이 길면 길수록 발생비용이 증가된다.

⑥ 진입도로 등을 살펴보아야 한다.
진입도로가 좁으면 건축심의에 차질이 발생할 수 있으며 진입도로 확보를 위한 토지매입비용 등이 추가로 발생할 수 있다.

2) 재개발

재개발사업이란 도시 및 주거환경정비법에 의거 노후 또는 불량 건축물을 철거한 후, 그 철거한 대지에 새로운 주택을 건설하기 위하여 기존 토지 및 건축물 등의 소유자들이 자율적으로 조합을 결성하고 시공사를 선정하여 선정된 건설회사와 공동사업의 주체가 되어 주택을 건설하는 사업을 말한다. 재개발사업은 다수의 주택 및 토지소유자와 임차인 등 이해관계인이 많아 의견을 조율하고 수렴하는 데 장기간이 소요되는 점을 고려하여 재개발지분에 투자해야 한다. 재개발지분에 투자할 경우에 주요 유의사항을 살펴보면 다음과 같다.

① 재개발구역의 사업추진속도를 살펴보아야 하며, 사업추진초기의 지역의 경우에는 주민들의 동의상황을 살펴보아야 한다.
사업추진속도가 빠를 것으로 예상되는 재개발구역을 선택하는 것이 좋다. 사업추진기간이 길면 길수록 발생비용이 증가되기 때문이다.

② 재개발조합원에 대한 평가지분의 예상감정가액을 살펴보아야 한다.
재개발조합원에 대한 평가지분은 토지면적이 아니라 조합원이 보유한 부동산의 감정평가액 순으로 결정되어 아파트가 배정된다는 점에 유의해야 한다.

③ 대지지분이 많은 소유자가 얼마나 되는지를 살펴보아야 한다.
일반적으로 대지지분이 많으면 감정평가금액이 높다. 이렇게 감정평가금액이 높은 소유자가 많을수록 넓은 면적의 아파트를 분양받을 확률이 적어진다.

④ 단지규모와 조합원 및 세입자의 비율을 비교하여 살펴보아야 한다.
단지규모에 비해 조합원 및 세입자가 적으면 일반분양이 많아 조합원의 비용부담도 줄어든다.

⑤ 이주비의 책정금액 및 승계 여부를 살펴보아야 한다.
이주비가 많이 지급될수록 초기투자비용을 줄일 수 있다.

⑥ 그 외 추가부담금, 학군, 교통여건, 주변환경 및 전망 등을 살펴보아야 한다.

3. 상 가

상가는 일반적으로 향후 시세차익과 임대수익을 목적으로 투자하는 부동산상품이다. 이러한 상가는 어디에 위치하고 있느냐에 따라 그 가치는 매우 다양하게 형성된다. 상가에 투자할 경우에 고려해야 할 주요 사항에 대하여 살펴보면 다음과 같다.

① 유동인구와 그곳 사람들의 동선을 확인해야 한다.
역세권, 대학가, 사무실 밀집지역 등과 같이 유동인구가 많은 지역의 상권이 활성화될 가능성이 높다. 또한, 상권의 고객들의 동선을 확인하여 고객들의 동선에 맞은 곳의 상가를 선택하는 것이 좋다.

② 공실가능성이 있는지를 확인해야 한다.
공실이 발생하면 평균 임대수익률을 하락시키는 요인이 된다.

③ 권리금이 형성되어 있는지를 확인해야 한다.
권리금은 영업권에 대한 대가로 지불하는 금액이므로 일반적으로 권리금형성가액이 상대적으로 높으면 임대상권이 좋다는 것을 의미한다고 말할 수 있다.

④ 환금성에 대하여 살펴보아야 한다.
상가에 대한 투자 시에 많은 금액이 필요하므로 향후 처분하고자 하는 경우에 쉽게 처분할 수 있는 상가이어야 한다.

⑤ 투자금액에 대한 임대수익과 향후 처분 시 발생하는 시세차익을 고려해야 한다.

일반적으로 상가는 일반상가, 아파트단지 내 상가, 테마상가, 지분형 상가로 구분할 수 있는데, 어떤 유형의 상가에 투자하느냐에 따라 상가투자방법에 차이가 있다는 점에 유의해야 한다.

4. 오피스텔

오피스텔(officetel)이란 사무실(office)과 호텔(hotel)의 합성어로 업무와 주거를 함께 할 수 있는 건축물이다. 오피스텔은 한 동의 건물에 층별・호수별로 분할하여 분양되며, 주거용 또는 업무용으로 사용할 수 있다. 업무용으로 사용하면, 세법상 주택으로 보지 않아 양도소득세 면에서 장점이 있을 수 있으나 주택 수에 관계없이 임대수입에 대한 부동산임대소득이 발생한다. 주거용으로 사용하면, 세법상 주택으로 보아 양도소득세 면에서 불리할 수 있으며 세법상 일정한 요건에 해당되면 임대수입에 대한 부동산임대소득이 발생할 수 있다.

또한 업무용으로 사용할 경우에 일반과세자로 사업자등록을 하여 일정한 요건을 갖추면 취득 시 부담한 부가가치세를 환급받을 수 있는 장점이 있으나, 주거용으로 사용하면 취득 시 부담한 부가가치세를 환급받을 수 없다. 만약, 취득 시 업무용으로 사용하여 부가가치세를 환급받은 경우에 일정한 기간 내에 거주용으로 사용하면 환급받은 부가가치세의 일정금액이 과세되는 점에 유의해야 한다. 오피스텔에 투자할 경우에 고려해야 할 주요 사항에 대하여 살펴보면 다음과 같다.

① 지역적으로 오피스텔 공급물량이 적절한지를 확인한다.
일반적으로 오피스텔 공급물량이 상대적으로 적은 지역에 투자하는 것이 유리할 수 있다.

② 같은 지역의 소형아파트의 시세와 임대조건 등을 조사하여 비교해야 한다.
오피스텔과 같은 지역의 소형아파트는 서로 대체재가 될 수 있으며, 일반적으로 아파트는 주거환경에 비중을 두는 반면에, 오피스텔은 교통의 편리성과 접근성을 중시하는 경향이 있다.

③ 주거용 오피스텔에 투자하는 경우에는 그 지역에 사무실이 많은지를 확인해야 한다.
직장 근처에 주거를 원하는 젊은 층이 많은 경우에 주거용 오피스텔을 선호한다.

④ 오피스텔에 투자할 경우에 용도에 따라 분양면적이 적절한지를 확인해야 한다.
일반적으로 싱글 또는 커플이 이용하는 주거용일 때는 중소형에, 업무용일 때에는 중대형에 투자하는 것이 좋다.

⑤ 환금성에 대하여 살펴보아야 한다.
오피스텔에 대한 투자 시에 많은 금액이 필요하므로 향후 처분하고자 하는 경우에 적합한 가격으로 처분할 수 있는 오피스텔이어야 한다.

⑥ 주차시설, 안전관리, 방범시스템, 외부인 통제시스템 등이 잘 갖추어져 있는지를 확인해야 한다.

⑦ 건물 내 부대시설, 슈퍼마켓, 세탁소 등 편의시설을 확인해야 한다.

⑧ 관리비가 적정한지를 확인해야 한다.

⑨ 투자금액에 대한 임대수익과 향후 처분 시 발생하는 시세차익을 종합적으로 고려해야 한다.

5. 부동산 금융상품

일반적으로 부동산에 투자하려고 할 경우에는 많은 자금을 필요로 한다. 큰 자금이 없는 소액의 투자자들은 부동산에 투자하고 싶어도 투자를 할 수 없는 단점을 보완하기 위하여 부동산 금융상품이 개발되었다. 이에 대해서는 제7장 투자설계에서 설명하였으므로 여기서는 생략한다.

6절 부동산 관련 세금

1. 부동산투자와 세금과의 관계

부동산투자는 장기에 걸쳐 이루어지는 투자이므로 부동산투자의 기대이익률을 예상하거나 실현이익률을 평가할 때 투자기간에 따른 물가상승률과 세금을 고려해야 보다 적절한 판단을 할 수 있다.

어떤 사람이 부동산에 투자하여 A부동산의 경우에는 20%의 투자이익률을 얻었고, B부동산의 경우에는 30%의 투자이익률을 얻었다고 할 때, 과연 어느 투자에 더 큰 이익률을 얻었을까? 이에 답은 "판단할 수 없다"가 정답이다. 왜냐하면 이 질문에는 투자기간과 세금에 대한 정보가 없기 때문이다. 즉, 실현투자이익률을 평가할 때에는 추가적으로 투자기간에 따른 물가상승률과 세금 등을 고려한 세후투자이익률로 판단해야 한다.

앞의 사례에서 알 수 있듯이, 세금은 투자판단에 고려해야 할 주요 변수 중의 하나이다. 부동산 관련 세금이 강화되면 될수록 투자변수로서의 중요성이 더욱 커지게 된다.

2. 부동산 보유형태 단계별 세금의 종류

부동산에 투자하여 투자이익을 실현시키기 위해서는 특정 부동산을 취득하여 일정기간 보유한 후 처분하는 단계를 거쳐야 한다.

이러한 부동산의 보유형태 단계별로 세금이 부과되는데, 보유형태 단계별 세금의 종류를 살펴보면 <표 8-3>과 같다.

이하에서는 각 단계별로 부동산과 관련된 세금에 국한하여 설명한다.

표 8-3 | **부동산 보유형태 단계별 주요 세금의 종류**

구 분	주요 세금의 종류
취득단계	취득세, 상속세, 증여세, 인지세, 농어촌특별세, 지방교육세 등
보유단계	재산세, 종합부동산세, 농어촌특별세, 지방교육세, 종합소득세, 지방소득세 등
처분단계	양도소득세, 지방소득세 등

3. 부동산 취득단계의 세금

1) 취득세의 기본개념

(1) 취득세의 통합과세

① 취득세의 통합

지방세법의 개정으로 2011년 1월 1일 이후부터는 종전의 취득세와 등록세를 취득세로 통합하여 과세하도록 개정되었다. 이에 따라 취득세의 세율은 종전의 취득세 세율과 등록세 세율을 합한 세율로 변경되었다.

② 부가세율의 통합과세

지방세법 개정이 개정되기 전에는 취득세의 부가세로 농어촌특별세가 취득세의 10%, 등록세의 부가세로 지방교육세가 등록세의 20%가 과세되었지만, 지방세법의 개정으로 등록세가 취득세로 통합과세되므로 취득세에 대한 부가세로서 농어촌특별세와 지방교육세가 과세된다.

한걸음 더 **세금을 내지 않고 부동산을 취득하면 큰 세금이 돌아온다**

일반적으로 부동산은 금융상품과 달리 투자 시 큰 자금이 필요하고, 소유권을 이전받기 위해 등기절차를 거쳐야 한다. 따라서 과세관청에서는 누가, 어떤 부동산을 취득하였는지를 쉽게 알 수 있다.

또한 취득세의 과세표준을 실거래가액으로 신고하고, 양도소득세도 실지거래가액으로 양도가액 및 취득가액을 계산하여 신고한다. 따라서 과세관청에서는 실제 취득가액을 손쉽게 알 수 있어 부동산취득자금의 출처가 확실치 않은 경우에는 세무조사를 통해 사업소득세 또는 증여세 등을 보다 쉽게 추징할 수 있다.

(2) 취득세의 일반사항

취득세는 부동산 등의 취득에 대해 과세하는 유통세의 일종이며 지방세(도세, 특별시세 및 광역시세)로 과세대상의 사실상 취득자가 등기·등록에 관계없이 과세대상물건을 사실상 취득하는 때에 취득하는 것으로 보아 과세한다.

이러한 취득세의 과세대상으로는 토지, 건물, 구축물 및 특수부대설비, 기계장비, 임목, 항공기, 선박, 광업권, 콘도미니엄회원권, 요트회원권 등을 들 수 있다.

지방세법 취득세 규정에 의한 취득의 개념은 유상·무상(有償·無償)을 불문한 일체의 취득을 말하며, 원시취득이나 승계취득을 모두 포함한다. 또한, 소유권이전이나 건축 등으로 취득하는 것뿐만 아니라 토지의 지목변경, 차량·기계장비·선박의 종류변경, 과점주주(유가증권상장법인의 주주 제외)의 주식취득 등도 취득으로 간주하여 취득세 과세대상이 된다.

(3) 취득세 비과세

① 국가 또는 지방자치단체(다른 법률에서 국가 또는 지방자치단체로 의제되는 법인 제외), 지방자치단체조합, 외국정부 및 주한국제기구의 취득에 대하여는 취득세를 부과하지 아니한다. 다만, 대한민국 정부기관의 취득에 대하여 과세하는 외국정부의 취득에 대해서는 취득세를 부과한다.

② 국가, 지방자치단체 또는 지방자치단체조합(이하 '국가 등'이라 함)에 귀

속 또는 기부채납(사회기반시설에 대한 민간투자법 제4조 제3호에 따른 방식으로 귀속되는 경우 포함)을 조건으로 취득하는 부동산 및 사회기반시설에 대한 민간투자법 제2조 제1호 각 목에 해당하는 사회기반시설에 대하여는 취득세를 부과하지 아니한다. 다만, 다음 중 어느 하나에 해당하는 경우 그 해당 부분에 대해서는 취득세를 부과한다.

- 국가 등에 귀속 등의 조건을 이행하지 아니하고 타인에게 매각·증여하거나 귀속 등을 이행하지 아니하는 것으로 조건이 변경된 경우
- 국가 등에 귀속 등의 반대급부로 국가 등이 소유하고 있는 부동산 및 사회기반시설을 무상으로 양여받거나 기부채납 대상물의 무상사용권을 제공받는 경우

③ 신탁(신탁법에 따른 신탁으로서 신탁등기가 병행되는 것만 해당)으로 인한 신탁재산의 취득으로서 다음 중 어느 하나에 해당하는 경우에는 취득세를 부과하지 아니한다. 다만, 신탁재산의 취득 중 주택조합 등과 조합원 간의 부동산 취득 및 주택조합 등의 비조합원용 부동산 취득은 제외한다.

- 위탁자로부터 수탁자에게 신탁재산을 이전하는 경우
- 신탁의 종료로 인하여 수탁자로부터 위탁자에게 신탁재산을 이전하는 경우
- 수탁자가 변경되어 신수탁자에게 신탁재산을 이전하는 경우

④ 징발재산정리에 관한 특별조치법 또는 국가보위에 관한 특별조치법 폐지법률 부칙 제2항에 따른 동원대상지역 내의 토지의 수용·사용에 관한 환매권의 행사로 매수하는 부동산의 취득에 대하여는 취득세를 부과하지 아니한다.

⑤ 임시흥행장, 공사현장사무소 등(과밀억제권역 안 취득 등 중과에 따른 과세대상 제외) 임시건축물의 취득에 대하여는 취득세를 부과하지 아니한다. 다만, 존속기간이 1년을 초과하는 경우에는 취득세를 부과한다.

⑥ 주택법 제2조 제3호에 따른 공동주택의 개수(건축법 제2조 제1항 제9호에 따른 대수선 제외)로 인한 취득 중 취득당시 시가표준액 9억원 이하의 주택과 관련된 개수로 인한 취득에 대해서는 취득세를 과세하지

않는다.

⑦ 상속개시 이전에 천재지변·화재·교통사고·폐차·차령초과(車齡超過) 등으로 사용할 수 없는 대통령령으로 정하는 차량에 대해서는 상속에 따른 취득세를 부과하지 않는다.

(4) 취득시기

취득의 시기는 취득대상, 취득방법 등에 따라 달라지는데, 일반적인 취득형태인 부동산의 매매(분양), 건물신축, 증여, 상속에 대한 취득시기는 다음의 <표 8-4>와 같다.

표 8-4 | 주요 취득시기

구 분		취득시기
매매(분양)	개인 간 거래	사실상 잔금지급일과 등기 또는 등록일 중 빠른 날
	그 외	계약상의 잔금지급일과 등기 또는 등록일 중 빠른 날
건물신축		사용승인서교부일, 임시사용승인일 및 사실상 사용일 중 빠른 일자
상 속		상속개시일
증 여		증여계약일과 등기접수일 중 빠른 날

2) 취득세의 계산

취득세는 각 과세표준에 각 세율을 곱하여 계산된다.

(1) 취득세 과세표준

취득세의 과세표준은 신고가액기준과 실거래가액기준으로 구분된다. 일반적인 취득형태인 부동산의 매매(분양), 증여, 상속에 대한 과세표준은 다음과 같다.

① 부동산의 매매(분양)·건물신축: 실거래가액

② 상속·증여: 지방세법상 시가표준액

(2) 취득세 세율

취득세의 세율은 표준세율, 중과세율, 탄력세율 및 특례세율로 구분하여 적용된다.

① 표준세율

ⓐ 유상취득

- 주택의 유상거래 외 : 4%(농지 3%)
- 주택의 유상거래
  - 취득가액이 6억원 이하 : 1%
  - 취득가액이 6억원~9억원 : 1% 초과 3% 미만
  - 취득가액이 9억원 초과 : 3%

ⓑ 원시취득(소유권보존 포함) : 2.8%

ⓒ 상속으로 인한 취득 : 2.8%(농지 2.3%)

ⓓ 상속 외의 무상취득 : 3.5%(비영리법인 2.8%)

ⓔ 공유, 합유 및 총유물 분할 : 2.3%

※ ⓐ, ⓒ 및 ⓓ의 부동산이 공유물일 때에는 그 취득지분의 가액을 과세표준으로 하여 각각의 세율을 적용한다.

② 중과세율(③ 주택의 중과세율 제외)

다음에 해당하는 부동산을 취득하는 경우에는 표준세율에 일정한 세율을 가산한 중과세율을 적용한다.

ⓐ 별장, 골프장, 고급주택, 고급오락장, 고급선박

ⓑ 과밀억제권역 안에서 법인의 본점 또는 주사무소의 사업용 부동산(신축, 증축의 경우와 그 부속토지에 한함) 및 부대설비와 공장의 신·증설을 위한 사업용 과세물건을 취득하는 경우

③ 주택의 중과세율

ⓐ 법인의 주택 취득

ⓑ 1세대가 조정대상지역에 있는 주택을 취득하여 1세대 2주택 이상이 되는 경우

ⓒ 1세대가 주택(조정대상지역에 관계없이)을 취득하여 1세대 3주택 이상이

되는 경우

ⓓ 시가표준액 3억원 이상의 조정대상지역에 있는 주택을 무상으로 취득하는 경우

④ **탄력세율**

지방자치단체의 장은 조례로 정하는 바에 따라 취득세의 세율을 표준세율의 50%의 범위에서 가감할 수 있다.

⑤ **특례세율** : 표준세율 − 2%

참고 >> 주요 특례세율의 적용의 경우

ⓐ 환매등기를 병행하는 부동산의 매매로서 환매기간 내에 매도자가 환매한 경우의 그 매도자와 매수자의 취득
ⓑ 상속으로 인한 취득 중 다음 어느 하나에 해당하는 취득
㉠ 대통령령으로 정하는 1가구 1주택 및 그 부속토지의 취득
㉡ 지방세특례제한법 제6조 제1항에 따라 취득세의 감면대상이 되는 농지의 취득
ⓒ 민법 제834조 및 제839조의 2에 따른 재산분할로 인한 취득
ⓓ 그 밖의 형식적인 취득 등 대통령령으로 정하는 취득 등

⑥ **주택의 취득세 세율의 저율 및 주택의 농어촌특별세의 비과세**

ⓐ 주택의 유상거래 시 취득세 세율의 하향조정

주택을 유상거래(유상취득)로 취득하는 경우 2013년 8월 23일 이후 취득분부터는 주택의 취득가액 구간별로 일반적인 유상거래의 취득세 세율(4%)보다 낮은 세율(1~3%)을 적용한다[주택의 유상거래로 중과세율이 적용되는 경우와 주거용 건축물의 소유자(배우자 · 직계존속 포함)가 그 부속토지를 취득하는 경우 제외].

ⓑ 부동산 취득 관련 농어촌특별세 비과세

국민주택규모 이하의 주택을 취득할 경우, 영농인이 영농목적으로 영농지역 및 인접지역에 있는 농가주택을 취득하는 경우 및 자경농민이 양도소득세 감면대상 농지 및 임야의 취득하는 경우에는 농어촌특별세가 비과세된다.

(3) 취득세의 부가세

취득세의 부가세로 농어촌특별세와 지방교육세가 취득세에 부가되어 과세된다. 위에서 설명한 바와 같이 일정한 요건을 갖추면 농어촌특별세가 비과세된다.

표 8-5 | 주요 취득세 표준세율(중과세율 대상 및 주택 유상거래 제외)

구 분		취득세	농어촌특별세	지방교육세	합계
상속으로 인한 취득	농지	2.3%	0.2%(0%)	0.06%	2.56%(2.36%)
	농지 외의 것	2.8%	0.2%(0%)	0.16%	3.16%(2.96%)
증여, 유증, 그 밖의 무상취득		3.5%	0.2%(0%)	0.30%	4.00%(3.80%)
원시 취득		2.8%	0.2%(0%)	0.16%	3.16%(2.96%)
매매, 교환 등으로 인한 취득	농지	3.0%	0.2%(0%)	0.20%	3.40%(3.20%)
	농지 외의 것	4.0%	0.2%(0%)	0.40%	4.60%(4.40%)

※ 국민주택규모의 주택과 영농목적 영농인 취득 농가주택의 취득 시 농어촌특별세가 비과세됨.
※ 자경농민이 양도소득세 감면대상 농지 및 임야의 취득 시 농어촌특별세가 비과세됨.
※ 주택을 유상거래로 취득 시에는 상기의 취득세 세율이 적용되지 않음.

표 8-6 | 주택 유상거래 시 취득세 표준세율(중과세율 대상 제외)

과세표준(실거래가액)	취득세	농어촌특별세	지방교육세	합계
6억원 이하	1.0%	0.2%(0%)	0.1%	1.3%(1.1%)
6억원 초과 9억원 이하	1.0~3.0%[주)]	0.2%(0%)	0.1~0.3%	1.3~3.5% (1.1~3.3%)
9억원 초과	3.0%	0.2%(0%)	0.3%	3.5%(3.3%)

주) 주택의 유상취득 시 취득세율(6억원 초과 9억원 이하인 경우)

$$=\left(\text{취득가액}\times\frac{2}{3\text{억원}}-3\right)\times 1\%\ (\text{소수점 다섯자리에서 반올림})$$

※ 주택의 유상거래 시 상기 취득세율이 적용되지 않는 경우
- 주거용 건축물의 소유자(배우자 · 직계존속 포함)가 그 부속토지를 취득하는 경우
- 주택의 유상거래로 중과세율이 적용되는 경우

※ 국민주택규모의 주택은 농어촌특별세가 비과세됨.

표 8-7 | 개인 및 법인의 주택의 유상취득 시 취득세 중과세율

구 분	취득 직후 주택 수[주1)]	조정대상지역[주2)]	비(非)조정대상지역
개인(세대)	2주택[주3)]	8%	주택 가액에 따라 1~3%
	3주택	12%	8%
	4주택 이상	12%	
법인[주4)]		12%	

주1) 주택 수(취득하는 주택을 포함하여 계산)는 세대별로 계산하며, 주택의 공유지분이나 부속토지만을 소유하거나 취득하는 경우도 주택을 소유하거나 취득하는 것으로 봄.
주2) 조정대상지역 여부는 취득하는 주택의 소재지를 기준으로 하며, 시가표준액 1억원 이하의 주택(관련법에 따른 정비구역 등 소재 주택 제외)은 제외함.
주3) 일시적 2주택[3년(종전·신규 주택 모두 조정대상지역 : 1년) 이내 종전주택 양도시] 제외
주4) 법인은 국세기본법 제13조에 따른 법인으로 보는 단체, 부동산등기법 제49조 제1항 제3호에 따른 법인 아닌 사단·재단 등 개인이 아닌 자를 포함.
※ 상기 주택의 유상 취득 시 중과세율은 1~3%의 세율이 적용되지 않는 세율임.
※ 취득세의 부가세로 농어촌특별세(국민주택규모 제외)와 지방교육세가 과세됨.
※ 유의사항
중과세율 적용은 2020.8.12. 이후 납세의무 성립분부터 적용함.
단, 2020.7.10. 이전 주택매매계약(공동주택 분양계약 포함) 체결 & 계약금 지급 시에는 중과세율을 적용하지 않음.

표 8-8 | 주택의 무상취득(증여 등) 시 취득세 중과세율

구 분	조정대상지역 내 3억원[주)] 이상 주택	좌(左) 외
주택의 무상취득(증여 등)	12%	3.5%

주) 시가표준액(지분이나 부속토지만을 취득한 경우 전체 주택의 시가표준액을 말함)이 3억원 이상인 주택을 말함.
※ 취득세의 부가세로 농어촌특별세(국민주택규모 제외)와 지방교육세가 과세됨.
※ 중과대상 무상취득 중과대상이 아닌 경우
- 1세대 1주택을 소유한 사람으로부터 해당 주택을 배우자 또는 직계존비속이 무상취득을 원인으로 취득하는 경우
- 협의이혼으로 인한 재산분할을 받은 경우 등

3) 취득세 신고 및 납부방법

취득세 과세물건을 취득한 자는 그 취득(토지거래허가구역 토지는 허가받기 전 거래대금 완납한 경우에는 그 허가일이나 허가구역 지정해제일 또는 축소일)한 날부터 60일[상속으로 인한 경우는 상속개시일이 속하는 달의 말일부터, 실종으로 인한 경우는 실종선고일이 속하는 달의 말일부터 각각 6개월(납세자가 외국에 주소를 둔 경우에는 각각 9개월)] 이내에 신고하고 납부해야 한다.

한걸음 더 과세표준 산정 시 적용되는 시가표준액의 계산방법

ⓐ 토지 : 개별공시지가

ⓑ 단독주택 : 개별주택가격

ⓒ 공동주택 : 공동주택가격

ⓓ 상기 외의 건축물 : 건물시가표준액

건물시가표준액 = {(건물신축가격기준액 × 구조지수 × 용도지수 × 위치지수 × 경과연수 잔가율)} × 건물연면적(㎡) × (1 ± 가감산특례적용률)

* { }의 금액 중 천원 미만은 절사함.

사례 1 상가의 유상거래

감가람 씨가 한마음 씨로부터 상가를 다음과 같은 조건으로 취득하였을 경우, 총 부담하는 취득세(부가세 포함)는 얼마인가?

가. 취득가액 : 10억원
나. 취득 당시 상가(부속토지 포함)의 시가표준액 : 8억원
다. 계약일 : 2021년 1월 12일
라. 계약서상 잔금지급일 : 2021년 2월 12일

【해설】

주택의 유상거래이므로 취득세 과세표준은 10억원이고, 총 부담하는 취득세(부가세 포함) 세율은 4.6%이므로 총 부담하는 취득세(그 부가세 포함)는 10억원 × 4.6% = 46,000,000원이다.

4. 부동산 보유단계의 세금

사람들은 부동산을 가치상승의 목적, 임대수익 목적 등을 실현하기 위해 보유하기도 하고, 교육목적 · 주거목적 등을 실현하기 위해 보유하기도 한다. 물론, 중복된 목적으로 보유하기도 한다. 부동산 보유목적에 관계없이 부동산 보유에 대한 보유세를 부담하게 된다. 주택을 투자목적이 아닌 주거목적으로만 보유하더라도 주택에 대한 보유세를 부담해야 한다.

우리나라 세법상 대표적인 보유세로는 지방세인 재산세와 국세인 종합부동산세가 있다. 재산세는 시 · 군세로 시 · 군 관할 구역에 대한 부동산(토지, 건물 및 주택), 선박, 항공기에 대해 과세하고 종합부동산세는 전국에 소재한 토지의 일부와 주택에 대해서만 과세한다.

1) 재산세

(1) 재산세 개요

재산세는 과세기준일(매년 6월 1일, 종합부동산세도 동일함) 현재 재산세 과세대상인 토지, 건축물, 주택, 선박 및 항공기를 사실상 소유한 자(개인, 법인)에게 부과하는 세금으로 시 · 군세, 구세에 해당한다.

이하에서는 재산세의 과세대상 중 부동산과 관련된 토지, 건축물 및 주택에 대해서만 한정하여 설명한다.

(2) 재산세의 계산

재산세는 재산세의 과세표준에 재산세 세율을 곱하여 계산하는데, 이때 세법에서 정한 규정에 따라 일정금액을 감면하기도 한다. 또한 이렇게 구한 재산세액이 전년도 대비 일정비율(150% 등)을 초과하는 경우에 그 초과금액을 차감해 주는 세부담 상한규정이 있다.

① 과세표준

재산세의 과세표준은 취득세에 적용하는 시가표준액에 공정시장가격비율(주택의 경우 : 60%, 토지 및 건축물 : 70%)을 곱한 금액으로 한다.

한걸음 더 토지에 대한 재산세 과세대상의 구분

토지에 대한 재산세는 정책적인 목적으로 토지의 사용용도에 따라 크게 3가지로 다음과 같이 분류하여 과세한다.

ⓐ **종합합산과세대상** : 과세기준일 현재 납세의무자가 소유하고 있는 토지 중 별도합산과세대상 또는 분리과세대상이 되는 토지를 제외한 토지를 말한다. 대표적인 예로는 나대지를 들 수 있다.

ⓑ **별도합산과세대상** : 과세기준일 현재 납세의무자가 소유하고 있는 대통령령으로 정하는 건축물의 부속토지 및 별도합산과세해야 할 상당한 이유가 있는 것으로서 대통령령으로 정하는 토지를 말한다. 대표적인 예로는 사업용 건물의 부속토지를 들 수 있다.

ⓒ **분리과세대상** : 과세기준일 현재 납세의무자가 소유하고 있는 토지 중 다음 어느 하나에 해당하는 토지를 말한다.

㉠ 공장용지 · 전 · 답 · 과수원 및 목장용지로서 대통령령으로 정하는 토지

㉡ 산림의 보호육성을 위하여 필요한 임야 및 종중소유 임야로서 대통령령으로 정하는 임야

㉢ 회원제골프장용 토지와 고급오락장용 토지

㉣ 산업집적활성화 및 공장설립에 관한 법률 제2조 제1호에 따른 공장의 부속토지로서 개발제한구역의 지정이 있기 이전에 그 부지취득이 완료된 곳으로서 대통령령으로 정하는 토지

㉤ 국가 및 지방자치단체 지원을 위한 특정목적 사업용 토지로서 대통령령으로 정하는 토지

㉥ 에너지 · 자원의 공급 및 방송 · 통신 · 교통 등의 기반시설용 토지로서 대통령령으로 정하는 토지

㉦ 국토의 효율적 이용을 위한 개발사업용 토지로서 대통령령으로 정하는 토지

㉧ ㉠ 내지 ㉦의 규정에 의한 토지와 유사한 토지로서 분리과세해야 할 상당한 이유가 있는 것으로서 대통령령으로 정하는 토지

종합합산과세대상 토지와 별도합산과세대상 토지는 각각 시 · 군 관내별로 시가표준액을 합산하여 과세표준을 계산하고, 나머지 과세대상은 물건별로 과세표준을 계산한다.

② 세 율

재산세의 세율은 주택, 주택 외 건축물, 종합합산과세대상 토지, 별도합산과세대상 토지, 분리과세대상 토지로 구분하여 세율이 규정되어 있다. 주택은 별장이냐 아니냐에 따라 재산세 세율이 다르다. 또한 건축물과 분리과세대상 토지도 고급오락장 및 골프장의 건축물·토지에 해당하느냐 아니냐에 따라 적용세율이 다르다. 재산세의 세율은 최저 0.05%~최고 4%의 세율이 적용된다.

③ 재산세 감면

재산세의 감면은 지방세법에 의한 감면, 조세특례제한법상의 감면 및 시·군·구 감면조례에 의한 감면이 있다.

④ 세부담의 상한

재산세의 급격한 증가를 방지하기 위해 직전연도의 당해 재산에 대한 재산세액 상당액의 150%(주택의 경우에는 공시가격이 3억원 이하는 105%, 3억원 초과 6억원 이하는 110%, 6억원 초과는 130%)까지를 세부담 상한으로 규정하고 있다.

(3) 재산세에 부가 또는 병과되는 세금

재산세의 부가세로 지방교육세를 재산세액의 20%로 부과하며, 재산세 부과 시 재산세납세고지서에 함께 고지되어 부과되는 세금으로 지역자원시설세가 있다.

(4) 납부기한 및 분할납부

① 토지: 매년 9월 16일부터 9월 30일까지

② 건축물: 매년 7월 16일부터 7월 31일까지

③ 주택: 산출세액의 2분의 1은 매년 7월 16일부터 7월 31일까지, 나머지 2분의 1은 9월 16일부터 9월 30일까지(20만원 미만인 경우는 7월 16일부터 7월 31일까지로 한꺼번에 부과·징수할 수 있음)

이러한 재산세의 납부할 세액이 250만원을 초과하는 경우에는 납세의무자의 신청에 의해 그 세액의 일부를 납부기한이 지난 날부터 2개월 이내에 납부할 수 있다.

2) 종합부동산세

(1) 개 요

종합부동산세는 고액의 부동산 보유자에 대하여 종합부동산세를 부과하여 부동산보유에 대한 조세부담의 형평성을 제고하고, 부동산의 가격안정을 도모함으로써 지방재정의 균형발전과 국민경제의 건전한 발전에 이바지함을 목적으로 과세하는 세금이다.

(2) 과세대상 및 구분

종합부동산세는 주택, 종합합산과세대상 토지, 별도합산과세대상 토지를 구분하여 과세한다.

(3) 종합부동산세 납세의무자

과세기준일 현재 종합부동산세 과세대상인 부동산에 대한 재산세의 납세의무자로서 인별(법인별, 개인별)로 과세대상별 전국 소유의 부동산을 합산한 금액이 과세대상별 과세기준금액을 초과하는 자는 종합부동산세를 납부할 의무가 있다. 이때 종합부동산세의 납세의무 여부는 과세대상부동산별로 판단한다. 이하 종합부동산세 설명 시 특별한 언급이 없으면 개인의 경우에 한하여 설명한다.

(4) 종합부동산세의 과세표준

종합부동산세의 과세표준은 3가지 과세대상별로 구하므로 각 대상별로 그 금액이 영(zero)보다 작은 경우에는 영으로 본다. 즉, 그 금액이 영보다 큰 경우에만 종합부동산세가 과세된다.

① 주택에 대한 과세표준

= (전국의 주택에 대한 공시가격의 합계액[주1] − 6억원[주2]) × 공정시장가액비율(2021년 현재 : 95%)

주1) 과세기준일 현재 단독소유의 1세대 1주택자의 경우에는 3억원을 공제한 금액을 말하며, 합산배제주택의 경우에는 과세표준 계산 시 제외되는 점에 유의해야 함.

주2) 법인과 법인으로 보는 단체(공공주택사업자 등 대통령령으로 정하는 경우 제외)는 6억원이 공제되지 않음.

한걸음 더 합산배제주택

- 임대사업자로 등록한 일정한 임대주택
- 일반종업원대상 국민주택규모 이하의 사원용 주택
- 건축법 시행령 별표 1 제2호 라목의 기숙사
- 일정한 주택건설사업자가 건축하여 소유하고 있는 미분양주택
- 일정요건을 갖춘 가정보육시설용 주택
- 문화재보호법에 따른 등록문화재에 해당하는 주택
- 노인복지법에 따라 노인복지주택을 설치한 자가 소유한 노인복지주택 등

② 종합합산과세대상 토지

= (전국의 종합합산과세대상 토지에 대한 공시가격의 합계액 − 5억원) × 공정시장가액비율(2021년 현재 : 95%)

③ 별도합산과세대상 토지

= (전국의 별도합산과세대상 토지에 대한 공시가격의 합계액 − 80억원) × 공정시장가액비율(2021년 현재 : 95%)

(5) 종합부동산세 세율

종합부동산세 세율은 과세대상별 과세표준 구간 및 세율이 상이하다. 과세표준별 과세대상별 세율부담을 보면 종합합산과세대상이 가장 높으며, 별도합산과세대상이 가장 낮다. 종합부동산세 세율의 구간은 0.5∼6.0%이다.

(6) 세액공제

종합부동산세 계산 시 각 과세대상별로 공통적으로 적용되는 세액공제로는 재산세액공제가 있으며, 1세대가 1주택을 세대원 중 한 사람이 단독으로 소유한 경우에는 주택에 대한 종합부동산세 과세 시 고령자세액공제(60세 이상, 20∼40%)와 장기보유세액공제(5년 이상, 20∼50%)를 적용받아 최대 80%

를 한도로 공제받을 수 있다. 따라서 주택에 대한 종합부동산세에 적용되는 고령자세액공제와 장기보유세액공제는 1세대가 1주택을 소유하더라도 세대원이 공동으로 소유한 경우에는 적용되지 않는데, 세법이 개정되어 2021년 이후 종합부동산세의 과세 분부터는 해당 납세의무자가 공동명의 1주택자의 납세의무 등에 관한 특례를 신청(해당 연도 9월 16일부터 9월 30일까지 관할세무서장에게 신청)하는 경우에는 1세대가 1주택으로 단독으로 소유한 경우의 과세방식(과세표준 계산 시 9억원 차감)으로 적용받을 수 있어 고령자세액공제와 장기보유세액공제를 적용받을 수 있다. 또한, 고령자세액공제와 장기보유세액공제는 중복 적용받을 수 있다.

① 재산세액공제

이중과세의 조정을 위하여 각 과세대상별 과세표준금액에 대하여 각 과세대상별로 재산세로 부과된 세액(탄력세율이 적용된 경우에는 그 탄력세율이 적용된 세액, 재산세 규정에 의하여 세부담 상한을 적용받은 경우에는 그 상한을 적용받은 세액을 말함)은 각 과세대상별 종합부동산세액에서 이를 공제한다.

참고 >> 각 과세대상별 종합부동산세에서 공제되는 재산세액의 계산방법

각 과세대상별 종합부동산세액에서 공제되는 재산세로 부과된 세액은 다음 산식에 따라 계산한다.

$$\text{각 과세대상별 재산세로 부과된 세액의 합계액} \times \frac{\text{각 과세대상별 과세표준금액에 대하여 각 과세대상별 재산세 표준세율로 계산한 재산세 상당액}}{\text{각 과세대상별로 합산하여 각 과세대상별 재산세 표준세율로 계산한 재산세 상당액}}$$

② 고령자세액공제

과세기준일 현재 만 60세 이상인 1세대 1주택자의 공제액은 주택에 대한 종합부동산세액(재산세액공제 차감 후)에 다음 표에 따른 연령별 공제율을 곱한 금액으로 한다.

연 령	공제율
만 60세 이상 65세 미만	20%
만 65세 이상 70세 미만	30%
만 70세 초과	40%

③ 장기보유세액공제

1세대 1주택자로서 해당 주택을 과세기준일 현재 5년 이상 보유한 자의 공제액은 주택에 대한 종합부동산세액(재산세액공제 차감 후)에 다음 표에 따른 보유기간별 공제율을 곱한 금액으로 한다.

보유기간	공제율
5년 이상 10년 미만	20%
10년 이상 15년 미만	40%
15년 이상	50%

상기 고령자세액공제와 장기보유세액공제는 최대 80%를 한도로 공제받을 수 있다.

(7) 종합부동산세의 세부담 상한제

급격한 종합부동산세의 증가를 방지하기 위해 각 과세대상별 직전연도의 각 과세대상별 당해 재산에 대한 재산세액상당액과 종합부동산세액상당액의 합계액의 150%(조정대상지역 2주택 소유 또는 전국 3주택 이상 소유는 300%)까지를 세부담 상한으로 규정하고 있다. 다만, 법인(법인으로 보는 단체 포함, 공공주택사업자 등 사업의 특성을 고려하여 대통령령으로 정하는 경우 제외함)의 경우 2021년도 이후 주택에 대한 종합부동산세의 세부담 상한제가 폐지되었다.

(8) 종합부동산세 납부방법 및 부가세

관할세무서장은 납부해야 할 종합부동산세의 세액을 결정하여 당해 연도 12월 1일부터 12월 15일(납부기간)까지 부과·징수한다. 다만, 종합부동산세를 신고납부방식으로 납부하고자 하는 납세의무자는 종합부동산세의 과세표준과 세액을 당해 연도 12월 1일부터 12월 15일까지 관할세무서장에게 신고

해야 한다. 종합부동산세로 납부해야 할 세액이 250만원을 초과하는 경우에는 납세의무자의 신청에 의하여 그 세액의 일부를 납부기한이 지난 날부터 6개월 이내에 분납하게 할 수 있다. 또한 종합부동산세의 부가세로 농어촌특별세를 종합부동산세의 20%를 부과한다. 농어촌특별세도 종합부동산세를 분납하는 경우 그 분납금액의 비율에 의해 종합부동산의 분납의 방식에 따라 분납할 수 있다.

5. 양도소득세(부동산의 처분단계의 세금)

소득세법상 양도소득세 과세방법은 납세의무자가 거주자 여부에 따라 차이가 있으며, 또한 양도소득세는 부동산 관련 자산과 일반주식으로 분류되어 과세체계가 구성되어 있다. 여기에서는 거주자의 입장에서 부동산 관련 자산에 대한 양도소득세에 대하여 설명한다.

1) 개 요

양도소득세는 개인이 소득세법에서 열거한 부동산 등 양도자산의 처분으로 발생하는 양도차익에 대하여 과세하는 세금이다. 부동산매매업을 영위하는 개인사업자가 영업행위로 부동산을 양도하면 사업소득에 해당하며, 법인이 부동산 등을 양도하면 법인소득으로 보아 법인세를 과세한다.

2) 소득세법상 양도의 개념

양도소득세 과세대상이 되는 양도라 함은 자산에 대한 등기 또는 등록에 관계없이 매도, 교환, 법인에 대한 현물출자, 경매, 공매, 수용 등으로 인하여 그 자산을 유상으로 사실상 이전하는 것을 말한다.

(1) 양도로 보는 경우

매도, 교환, 법인에 대한 현물출자, 경매, 공매, 수용 외에 양도로 보는 주요한 경우를 살펴보면 다음과 같다.

① 부담부증여

양도소득세 과세대상 자산을 증여함에 있어 증여자의 채무를 수증자가 인수하는 조건으로 하는 부담부증여(증여로 추정되는 경우 제외)의 경우에는 증여가액 중 그 채무액에 상당하는 부분은 그 자산이 유상으로 사실상 이전되는 것으로 본다. 한편, 부담부증여에 따른 증여재산가액은 증여재산의 증여재산가액에서 당 증여재산에 담보된 부채액만큼 차감한 금액이 된다.

② 조세회피목적 없는 위자료(양도소득세 과세대상으로 대물변제하는 경우)

손해배상에 있어서 당사자 간의 합의에 의하거나 법원의 확정판결에 의하여 일정액의 위자료를 지급하기로 하고, 동 위자료지급에 갈음하여 당사자 일방이 소유하고 있던 부동산으로 대물변제한 때에는 그 자산을 양도한 것으로 본다. 이때 당해 부동산에 일정액의 채무가 있어 동 채무를 그 자산을 취득하는 자가 인수・변제하기로 하는 계약조건인 경우에 있어서 동 채무는 양도가액에서 공제하지 않는다.

③ 양도담보권의 실행

채무변제를 담보하기 위하여 양도소득세 과세대상 자산을 양도하는 계약을 체결한 후, 양도담보요건의 위배 또는 채무불이행으로 인하여 당해 자산을 변제에 충당한 때에는 이를 양도한 것으로 본다.

④ 공동사업에 현물출자 등

거주자가 공동사업을 운영할 것을 약정하는 계약(일종의 조합계약)에 의하여 토지, 건물 등을 당해 공동사업에 현물출자하는 경우에 등기 여부에 관계없이 당해 토지 등은 유상양도된 것으로 본다.

(2) 양도로 보지 않는 경우

다음의 경우와 같이 실질적인 내용으로 볼 때 형식적인 양도에 불과한 경우에는 양도로 보지 않는다.

① 양도담보 제공

채무자가 채무의 변제를 담보하기 위하여 자산을 양도하는 계약을 체결한 경우에 다음의 요건을 모두 갖춘 계약서의 사본을 과세표준확정신고서에 첨부하여 신고하는 때에는 이를 양도로 보지 않는다.

ⓐ 당사자 간에 채무의 변제를 담보하기 위하여 양도한다는 의사표시가 있을 것

ⓑ 당해 자산을 채무자가 원래대로 사용·수익한다는 의사표시가 있을 것

ⓒ 원금, 이율, 변제기한, 변제방법 등에 관한 약정이 있을 것

② 환지처분으로 인한 지목 또는 지번의 변경

도시개발법 등 법률에 따른 환지처분으로 지목 또는 지번이 변경되는 경우에는 양도로 보지 않는다.

③ 보류지로의 충당

도시개발법 등 법률에 따라 보류지로 충당되는 경우에는 양도로 보지 않는다.

④ 연접한 토지의 공유물 분할

연접한 공동소유의 토지를 소유지분별로 단순히 분할하거나 공유자지분 변경 없이 2개 이상의 공유토지로 분할하였다가 그 공유토지를 소유지분별로

한걸음 더 환지처분 및 보류지

1) 환지처분이란?

도시개발법에 따른 도시개발사업, 농어촌정비법에 따른 농업생산기반 정비사업 그 밖의 법률에 따라 사업시행자가 사업완료 후에 사업구역 내의 토지소유자 또는 관계인에게 종전의 토지 또는 건축물 대신에 그 구역 내의 다른 토지 또는 사업시행자에게 처분할 권한이 있는 건축물의 일부와 그 건축물이 있는 토지의 공유지분으로 바꾸어 주는 것(사업시행에 따라 분할·합병 또는 교환하는 것을 포함)을 말한다.

2) 보류지란?

환지처분에서 설명하는 사업시행자가 해당 법률에 따라 일정한 토지를 환지로 정하지 아니하고 해당 법률에 따른 공공용지나 해당 법률에 따라 사업구역 내의 토지소유자 또는 관계인에게 그 구역 내의 토지로 사업비용을 부담하게 하는 경우의 해당 토지인 체비지로 사용하기 위하여 보류한 토지를 말한다.

단순히 재분할하는 경우에는 양도로 보지 않는다. 이 경우 공동지분이 변경되는 경우에는 변경되는 부분은 양도로 본다.

⑤ 신탁해지

법원의 확정판결에 의하여 신탁해지를 원인으로 소유권 이전등기를 하는 경우에는 양도로 보지 않는다.

⑥ 매매원인의 무효로 인한 소유권의 이전 또는 환원

매매원인 무효의 소송에 의하여 그 매매사실이 원인무효로 판결되어 환원되는 경우에는 양도로 보지 않는다.

⑦ 재산분할청구권에 의한 재산분할

민법상 재산분할청구권은 협의상 이혼을 하는 때에 이혼한 자의 일방이 다른 일방에 대하여 재산분할을 청구할 수 있는 권리를 말한다. 이러한 재산분할청구권에 의하여 이혼한 자의 일방이 다른 일방에게 자산의 소유권을 이전하여 주는 것은 본질적으로 혼인 중에 부부공동의 노력으로 형성한 재산을 이혼한 자의 어느 일방의 소유로 하였다가 다른 일방의 지분을 환원하여 주는 것에 지나지 않으므로 공유물의 분할과 다름이 없다고 보아 재산분할청구권에 의한 재산분할은 양도로 보지 않는다.

3) 양도소득세 과세대상

일반주식(③의 기타자산에 해당하지 않는 주식을 말함)을 제외한 부동산 관련 양도자산은 다음과 같다.

① 토지, 건물(건물에 부속된 시설물과 구축물을 포함)

② 부동산에 관한 권리

ⓐ 부동산을 취득할 수 있는 권리

ⓑ 지상권

ⓒ 전세권과 등기된 부동산임차권

③ 기타자산

ⓐ 사업용 고정자산(① 및 ②의 자산을 말함)과 함께 양도하는 영업권

ⓑ 이용권 · 회원권 등 시설물이용권

ⓒ 주식 등의 주권 또는 출자증권을 발행한 법인의 주주의 구성, 부동산의 보유현황 또는 사업의 종류 등을 감안하여 대통령령으로 정하는 자산(특정주식 및 부동산과다법인의 주식)

참고 영업권을 단독으로 양도하는 경우와 영업권을 대여로 발생하는 소득은 기타소득에 해당한다.

4) 양도 또는 취득의 주요 시기

(1) 원 칙

양도 또는 취득의 주요 시기는 원칙적으로 대금청산일이다. 대금을 청산한 날이 분명하지 않은 경우에는 등기부 · 등록부 또는 명부 등에 기재된 등기접수일 또는 명의개서일로 한다. 한편, 대금을 청산하기 전에 소유권이전등기(등록 및 명의개서 포함)를 한 경우에는 등기부 · 등록부 또는 명부 등에 기재된 등기접수일이 양도 및 취득시기가 된다.

(2) 그 외 특수한 경우

① 자가건설 건축물 : 사용검사필증 교부일, 사용승인일 및 사실상의 사용일 중 빠른 일자

② 상속 및 증여 : 상속개시일, 증여일(등기 · 등록자산의 경우에는 증여에 대

한걸음 더 **의제취득일**

양도자산이 아주 오래 전에 취득한 경우에는 특정일을 정하여 그 특정일보다 이전에 취득한 경우에도 그 특정일을 취득일로 의제하여 취득가액을 계산하여 양도소득세를 산출하는데, 그 특정일을 의제취득일이라 한다.

- **부동산, 부동산에 관한 권리 및 기타자산**

  1984년 12월 31일 이전에 취득한 자산 : 1985년 1월 1일에 취득한 것으로 의제

- **일반주식**

  1985년 12월 31일 이전에 취득한 자산 : 1986년 1월 1일에 취득한 것으로 의제

한 등기·등록접수일)

③ 점유로 부동산을 취득한 경우: 부동산의 점유를 개시한 날

④ 장기할부조건: 이전등기접수일, 인도일, 사용수익일 중 빠른 일자

⑤ 미완성건물: 대금청산 후 완성한 경우에 그 완성일

⑥ 환지처분으로 취득한 토지: 환지 전 토지의 취득일

5) 양도소득세의 과세체계

양도소득세의 계산흐름을 도표로 나타내면 다음 <표 8-9>와 같다.

표 8-9 | **양도소득세 계산흐름도**

	구 분	비 고
	양도가액	실지거래가액(원칙)
(−)	취득가액	실지거래가액(원칙)
(−)	기타필요경비	실제발생비용(원칙)
=	**양도차익**	
(−)	장기보유특별공제	6~30%, 20~80%
=	**양도소득금액**	
(−)	양도소득기본공제	부동산 관련 자산별·주식별·파생상품별로 각각 250만원
=	**양도소득과세표준**	
×	양도소득세 세율	세율구조 다양
=	**양도소득산출세액**	
(−)	감면세액 및 세액공제	
(+)	가산세	신고불성실가산세, 납부지연가산세
=	**자진납부할 세액**	

※ 지방소득세가 양도소득세의 10% 과세됨.
※ 조세특례제한법상 공제 및 감면세액이 있을 시에는 일반적으로 농어촌특별세가 부과되며, 세액공제 및 감면세액은 중복적용배제 및 한도가 있는 경우가 있음에 유의해야 함.

(1) 양도차익의 계산

양도자산 양도차익 = 양도가액 − 취득가액 및 기타필요경비

① 양방실가(원칙)

양도가액 및 취득가액은 실지거래가액을 적용하는 것이 원칙이다. 실지거래가액이란 자산의 취득에 소요된 실지거래가액을 의미하며 취득부대비용(자산취득과 관련된 취득세 등 등기비용, 컨설팅비용, 농지전용비용 등)과 할부매입 시 취득대가에 포함된 이자상당액 및 소유권 등을 확보하기 위하여 직접 소요된 소송비용·화해비용 등을 포함한 금액을 말한다.

② 일방실가의 경우(예외)

양도가액 및 취득가액은 실지거래가액을 적용하는 것이 원칙이지만, 취득가액이 불분명할 경우에는 취득가액을 다음과 같은 순서로 결정한다.

ⓐ 전후 3개월 이내에 매매사례가액이 있는 경우에 그 가액

ⓑ 전후 3개월 이내에 2 이상의 감정평가법인의 감정가액이 있는 경우에 그 평균가액

ⓒ 양도가액을 양도 시와 취득 시의 기준시가의 비율로 환산한 가액

한편, 건물을 신축하여 취득한 후 5년 이내에 양도하는 경우에 취득가액을 환산가액으로 적용하는 경우 건물분 환산가액의 5%에 상당하는 가산세를 부과한다.

표 8-10 | 양방실가 및 일방실가에 양도차익의 계산

	구 분	양방실가	일방실가
	양도가액	양도 시 실지거래가액	양도 시 실지거래가액
(−)	취득가액	취득 시 실지거래가액	매매사례가액, 감정가액, 환산가액
(−)	기타필요경비	자본적 지출액, 양도비용	취득 시 기준시가×필요경비개산공제율
=	**양도차익**		

※ 일방실가의 경우 '환산가액+필요경비개산공제금액' 대신 '자본적 지출+양도비용'으로 적용할 수 있다.

③ 기타필요경비

ⓐ 양방실가 적용 시

양방실가의 경우의 기타필요경비는 세법에서 규정한 비용으로 실제 발생한 금액으로 크게 자본적 지출액과 양도비용이 있다.

자본적 지출은 자산의 내용연수를 연장시키거나 당해 자산의 가치를 현실적으로 증가시키기 위하여 지출한 금액으로 양도자산을 취득한 후 쟁송이 있는 경우에 그 소유권을 확보하기 위하여 직접 소요된 소송비용 · 화해비용, 양도자산의 용도변경 · 개량 또는 이용편의를 위하여 지출한 비용, 개발부담금, 재건축부담금 등을 들 수 있다.

양도비용은 자산을 양도하기 위하여 직접 지출한 비용, 증권거래세법에 의하여 납부한 증권거래세, 중개수수료 및 자산취득 시 매입한 국민주택채권 등을 만기 전에 양도함으로써 발생하는 매각차손(금융기관을 통한 매각차손 한도)을 들 수 있다.

ⓑ 일방실가 적용 시

일방실가 적용 시에 기타필요경비는 실제 발생한 비용으로 계산하지 않고 취득당시의 기준시가에 필요경비개산공제율을 곱한 필요경비개산공제액으로 한다.

표 8-11 | 일방실가 적용 시 필요경비개산공제액

구 분	필요경비개산공제액
① 토 지	취득당시 개별공시지가 × 3%
② 단독주택 · 공동주택(부수토지 포함)	취득당시 개별주택가격 · 공동주택가격 × 3%
③ 국세청장이 지정 고시한 상업용건물 · 오피스텔 (부수토지 포함)	취득당시 기준시가 × 3%
④ 위 ② · ③을 제외한 건물(부수토지 제외)	취득당시 건물기준시가 × 3%
⑤ 지상권, 전세권, 등기된 부동산임차권	취득당시 기준시가 × 7%
⑥ 부동산을 취득할 수 있는 권리, 주식 또는 출자지분, 기타자산	취득당시 기준시가 × 1%

① · ② · ③ · ④의 미등기양도자산은 0.3%이고, ⑤의 미등기양도자산은 1%임.

④ 기준시가

부동산 관련 양도자산의 주요 기준시가는 다음과 같다.

표 8-12 | 부동산 관련 양도자산의 주요 기준시가

구 분	기 준 시 가
토 지	개별공시지가
단독주택(부수토지 포함)	개별주택가격
공동주택(부수토지 포함)	공동주택가격
국세청장 지정 상업용건물·오피스텔(부수토지 포함)	국세청장이 산정·고시한 상업용건물 및 오피스텔의 각 호별 단위면적(m^2)당 가액 × 해당 호의 건물면적(전유면적과 공용면적을 합한 면적)
상기 외 건축물	국세청장 산정·고시 가액(건물기준시가)[주)]
부동산을 취득할 수 있는 권리	취득일 또는 양도일까지 불입한 금액 + 취득일 또는 양도일 현재의 프리미엄에 상당하는 금액

주: 건물기준시가 산정방법

건물기준시가 = m^2당 금액 × 평가대상 건물의 면적(m^2)

• m^2당 금액 = (건물신축가격기준액 × 구조지수 × 용도지수 × 위치지수 × 경과연수별 잔가율)

한걸음 더

인터넷으로 부동산 기준시가의 조회가 가능하다

다음 부동산의 기준시가는 인터넷상에서 조회할 수 있다.

① 부동산 종류별 기준시가

- 주택 : 공동주택공시가격, 개별주택공시가격, 표준단독주택공시가격
- 토지 : 개별공시지가, 표준지공시지가

② 열람방법

- 부동산공시가격알리미(www.realtyprice.kr/notice/main/mainBody.htm)에 접속하여 해당 기준시가 선택하여 열람할 수 있음.

사례 2 양방실가와 일방실가(취득가액을 알 수 없다고 가정)에 따른 양도차익 계산

1. 거주자 이선아 씨가 2021년 4월 12일에 양도한 토지의 자료를 토대로 이선아 씨의 양도소득세 계산 시 양도차익은 얼마인가?

구 분	기준시가	실지거래가액
양도가액 및 취득가액	8억원 및 6억원	12억원 및 8억원
실제 지출된 경비	–	4천만원

2. 상기 자료 중 취득가액을 알 수 없고, 취득 당시 매매사례가액 및 감정가액도 없는 경우에 이선아 씨의 양도소득세 계산 시 양도차익은 얼마인가?

【해설】

구 분	양방실가	일방실가
양도가액	1,200,000,000원	1,200,000,000원
취득가액	800,000,000원	900,000,000원[주1)]
기타필요경비	40,000,000원	18,000,000원[주2)]
양도차익	360,000,000원	282,000,000원

주1 : 12억원 × 6억원/8억원 = 900,000,000원
주2 : 6억원 × 3% = 18,000,000원

(2) 양도소득금액 및 양도소득과세표준의 계산

> 양도소득과세표준 = 양도소득금액 – 기본공제액
> 양도소득금액 = 양도차익 – 장기보유특별공제액

① 장기보유특별공제

장기보유특별공제를 적용받기 위해서는 보유기간이 3년 이상인 토지·건물(미등기양도자산과 비사업용 토지 제외) 및 조합원입주권(조합원으로부터 취득한 것은 제외하며, 관리처분계획인가 및 사업시행계획인가 전 토지분 또는 건물분의 양도차익으로 한정함)이어야 한다. 이러한 장기보유특별공제는 보유기간에 따라 적용되는 공제율이 상이한데, 이를 도표로 설명하면 다음과 같다.

표 8-13 | 장기보유특별공제율

보유기간	장기보유특별공제율		
	1세대 주택(고가주택)[주1]		1세대 주택(고가주택) 외의 자산
	거주기간	보유기간	
3년 이상 4년 미만	12%[주2]	12%	6%
4년 이상 5년 미만	16%	16%	8%
5년 이상 6년 미만	20%	20%	10%
6년 이상 7년 미만	24%	24%	12%
7년 이상 8년 미만	28%	28%	14%
8년 이상 9년 미만	32%	32%	16%
9년 이상 10년 미만	36%	36%	18%
10년 이상 11년 미만	40%	40%	20%
11년 이상 12년 미만			22%
12년 이상 13년 미만			24%
13년 이상 14년 미만			26%
14년 이상 15년 미만			28%
15년 이상			30%

주1 : 1세대 1주택(고가주택)은 고가주택을 제외한 양도소득세 비과세요건을 모두 갖춘 주택(일시적 대체취득 등 포함)으로서 보유기간 중 2년 이상 거주한 주택(공동상속주택의 경우는 선순위 공동상속인의 입장에서 2년 이상 거주 여부를 판단함)을 말하며, 1세대 1주택(고가주택)의 장기보유공제액의 요건에 거주요건이 추가되어 장기보유특별공제율은 보유기간의 공제율과 거주기간의 공제율을 합한 공제율을 적용함.

주2 : 2년 이상 3년 미만 거주 & 3년 이상 보유한 경우 : 8%

② 양도소득기본공제

부동산 관련 양도자산(토지, 건물, 부동산에 관한 권리 및 기타자산), 일반주식, 파생상품 및 신탁수익권은 각각 250만원씩 적용된다. 다만, 등기해야 할 부동산을 미등기상태로 양도하는 경우에는 적용하지 않는다.

(3) 산출세액과 자진납부할 세액의 계산

자진납부할 세액 = 과세표준 × 양도소득세 세율 − 세액공제 및 감면세액

① 양도소득세 세율

토지, 건물, 부동산을 취득할 수 있는 권리의 양도에 대한 양도소득세 세율은 다음과 같다.

ⓐ 일반세율(2021년 6월 1일 현재)

구 분	토지[주1)], 건물, 부동산에 관한 권리[주2)]	분양권[주3)] (조합원입주권 제외)	주택[주4)] 및 조합원입주권
1년 미만	50%	70%	70%
1년 이상 2년 미만	40%	60%	60%
2년 이상	기본세율[주5)]		기본세율[주5)]
미등기 양도자산	70%		70%

주1 : 비사업용토지 제외
주2 : 조합원입주권 및 (주택)분양권 제외
주3 : 분양권은 주택에 대한 분양권을 말함.
주4 : 중과대상 주택 제외
주5 : 기본세율이란 종합소득세 세율(6~45%의 8단계 초과누진세율)을 말함.

과세표준	세 율
1,200만원 이하	6%
1,200만원 초과 4,600만원 이하	15% − 108만원
4,600만원 초과 8,800만원 이하	24% − 522만원
8,800만원 초과 1억5천만원 이하	35% − 1,490만원
1억5천만원 초과 3억원 이하	38% − 1,940만원
3억원 초과 5억원 이하	40% − 2,540만원
5억원 초과 10억원 이하	42% − 3,540만원
10억원 초과	45% − 6,540만원

ⓑ 중과세율(2021년 6월 1일 현재)

<table>
<tr><th colspan="2">대상(양도자산)</th><th>보유기간</th><th>세 율</th></tr>
<tr><td rowspan="6">조정대상 지역 내 주택</td><td rowspan="3">1세대 3주택[주1)] 이상 보유 & 조정지역 내 주택[주2)] 양도 시</td><td>1년 미만</td><td>max{70%, 기본세율+30%}</td></tr>
<tr><td>1년 이상 2년 미만</td><td>max{60%, 기본세율+30%}</td></tr>
<tr><td>2년 이상</td><td>기본세율+30%</td></tr>
<tr><td rowspan="3">1세대 2주택[주1)] 보유 & 조정지역 내 주택[주2)] 양도 시</td><td>1년 미만</td><td>max{70%, 기본세율+20%}</td></tr>
<tr><td>1년 이상 2년 미만</td><td>max{60%, 기본세율+20%}</td></tr>
<tr><td>2년 이상</td><td>기본세율+20%</td></tr>
<tr><td rowspan="4">비사업용 토지</td><td rowspan="3">지정지역</td><td>1년 미만</td><td>max{50%, 기본세율+20%}</td></tr>
<tr><td>1년 이상 2년 미만</td><td>max{40%, 기본세율+20%}</td></tr>
<tr><td>2년 이상</td><td>기본세율+20%</td></tr>
<tr><td>非지정지역</td><td>불문</td><td>기본세율+10%</td></tr>
<tr><td colspan="2">자산총액 중 법인세법상 비사업용토지의 비율이 50% 이상인 특정주식</td><td>불문</td><td>기본세율+10%</td></tr>
</table>

주1 : 보유주택 수에 조합원입주권과 2021.1.1. 이후 신규 취득하는 분양권도 포함하며, 주택 수에 포함되지 않는 주택도 있음.
주2 : 조정대상지역 내 양도주택 중 중과대상을 적용받지 않는 주택도 있음.

② 가산세

양도소득세 예정·확정 신고 및 납부와 관련된 가산세로는 신고불성실가산세와 납부지연가산세가 있는데, 이에 대해서는 제6장 세금설계에서 설명하였다.

(4) 양도소득세 신고 및 납부

① 양도소득세 예정신고기한·확정신고기간 및 관할세무서

구 분	예정신고기한 및 확정신고기간
예정신고 및 납부기한	양도일이 속하는 달의 말일(일반주식은 양도일이 속하는 반기의 말일)부터 2개월 이내[주]
확정신고 및 납부기간	양도일의 다음연도 5월 1일부터 5월 31일까지

주: 파생상품, 외국법인주식 및 국외상장내국법인주식은 양도소득세 예정신고의무가 없으며, 부담부증여의 채무액에 대한 양도소득세 예정신고 및 납부기한은 양도일이 속하는 달의 말일부터 3개월임.

※ 동일한 과세기간(일반적으로 매년 1월 1일부터 12월 31일까지) 내에 종합소득세 세율[과세표준구간별 세율(6~45%, 16~55%, 26~65%, 36~75%)이 같은 8단계 초과누진세율]을 적용받는 양도소득은 합산하여 신고해야 함.

※ 양도소득세 관할세무서는 원칙적으로 양도자(거주자)의 주소지 관할세무서임.

② 분할납부(분납)

납부해야 할 세액이 1천만원을 초과하는 경우에는 그 세액의 일부를 다음과 같은 방법으로 납부기한이 지난 후 2개월 이내에 분납하게 할 수 있다.

표 8-14 | 양도소득세의 분납방법

납부할 세액	분납할 수 있는 세액의 한도액
2천만원 이하	납부할 세액 − 1천만원
2천만원 초과	납부할 세액 × 1/2

사례 3 실지거래가액에 의한 상가의 양도소득세 계산

거주자 김유미 씨는 자신이 소유한 상가(취득 시 등기함)를 다음과 같이 양도하였을 경우에 자진납부할 양도소득산출세액은 얼마인가?

가. 양도대상 부동산 : 서울특별시에 소재한 상가
나. 양도일자 및 양도가액 : 2021년 7월 23일, 9억원
다. 취득일자 및 취득가액 : 2016년 3월 14일, 3억 6천만원
라. 기타필요경비 : 4천만원(적격 증명서류 있음)
마. 김유미 씨는 2021년도 중 당 상가 외에 양도소득세 과세대상 자산을 양도한 적이 없음

【해설】

구 분	금 액
양도가액	900,000,000원
취득가액	360,000,000원
기타필요경비	40,000,000원
양도차익	500,000,000원
장기보유특별공제	50,000,000원주)
양도소득금액	450,000,000원
양도소득기본공제	2,500,000원
양도소득과세표준	447,500,000원
양도소득세 세율	40%－25,400,000원
양도소득산출세액	153,600,000원

주: 500,000,000 × 10% = 50,000,000원

6) 1세대 1주택 양도소득세 비과세

주택은 사람이 살아가는 데 꼭 필요한 공간이다. 주택(임차 포함) 없이 인간다운 편안한 삶을 영위하기가 곤란할 것이다. 세대를 형성하려면 주택의 확보가 필수적인데, 주택을 확보하는 방안에는 주택을 직접 구입하는 방안도 있고, 전세 또는 월세로 임차하는 방안도 있다. 주택은 거주목적으로 반드시 필요한 부동산뿐만 아니라 투자목적으로 소유할 수 있다. 거주목적으로 일정한 양도소득세 비과세요건을 갖춘 주택을 양도하는 경우에 양도소득세가 비과세되므로 주택은 세후투자이익률 면에서 아주 좋은 투자상품이 될 수 있다.

(1) 1세대 1주택 양도소득세 비과세 요건

거주자가 다음의 요건에 충족한 주택을 양도하는 경우에는 양도소득세를 과세하지 않는다. 다만, 예외적으로 아래 5가지 요건을 충족하지 못해도 양도소득세가 비과세되는 경우도 있다.

① 1세대 요건

② 보유요건 및 거주요건(상황에 따라 다르게 적용)

ⓐ 2년 이상 보유

ⓑ 3년 이상 보유

ⓒ 2년 이상 보유 및 2년 이상 거주

ⓓ 3년 이상 보유 및 2년 이상 거주

③ 양도일 현재 국내에 1주택 보유

④ 미등기 양도자산 또는 고가주택이 아닐 것

⑤ 일정요건에 해당하는 조합원입주권 및 분양권[주1)]을 소유하지 않을 것[주2)]

주1 : 분양권은 2021년 1월 1일 이후 취득한 주택의 분양권 분부터 적용함.

주2 : 다만, 도시 및 주거환경정비법에 따른 재건축사업 또는 재개발사업, 빈집 및 소규모주택 정비에 관한 특례법에 따른 소규모재건축사업의 시행기간 중 거주를 위해 주택을 취득하는 경우나 그 밖의 부득이한 사유로서 대통령령으로 정하는 경우에는 다른 모든 양도소득세 비과세요건을 충족한 경우 양도소득세 비과세를 적용받을 수 있음.

※ 2011년 7월 1일 이후 양도・취득분부터 허위계약서를 작성하는 경우 허위금액을 한도로 1세대 1주택 양도소득세 비과세의 제한을 받는다.

(2) 1세대 요건

원칙적으로 본인 및 배우자와 동일한 주소에서 생계를 같이하는 가족(직계존속, 직계비속 및 그 배우자, 형제자매)으로 구성되며, 취학, 요양, 근무상 형편에 따른 일시퇴거자도 같은 세대원으로 본다. 따라서 결혼하여 분가하지 않으면 분리세대로 인정받지 못하지만, 예외적으로 다음 중 어느 하나에 해당하는 경우는 배우자가 없더라도 1세대로 인정된다.

① 30세 이상인 경우

② 배우자가 사망하거나 이혼한 경우

③ 소득세법 제4조에 따른 소득이 국민기초생활보장법 제2조 제11호에 따른 기준 중위소득의 40% 수준 이상으로서 소유하고 있는 주택 또는 토지를 관리・유지하면서 독립된 생계를 유지할 수 있는 경우. 다만, 미성년자의 경우는 독립세대로 인정하지 않으나, 미성년자의 결혼, 가족의 사망 그 밖에 기획재정부령이 정하는 사유로 1세대의 구성이 불가피한 경우에는 독립세대로 인정한다.

(3) 보유요건 및 거주요건

양도소득세 비과세요건인 보유요건 및 거주요건은 취득 시 양도소득세 중과대상 조정지역 여부, 비거주자의 거주자 전환 여부 등에 따라 다음과 같이 다르게 적용된다.

표 8-15 | 보유요건 및 거주요건

보유 및 거주 요건	대 상
① 2년 이상 보유	일반적인 주택(①~③ 외 주택)의 양도
② 3년 이상 보유	비거주자 소유의 주택을 3년 이상 계속 보유하고 그 주택에서 거주한 상태로 거주자로 전환된 자가 그 주택의 양도
③ 2년 이상 보유 및 2년 이상 거주	취득당시 조정대상지역에 소재한 주택의 양도
④ 3년 이상 보유 및 2년 이상 거주	취득당시 조정대상지역에 소재한 비거주자 소유의 주택을 3년 이상 계속 보유하고 그 주택에서 거주한 상태로 거주자로 전환된 자가 그 주택의 양도

(4) 1주택의 의미

주택이란 실제로 주거용으로 사용하는 건물을 말하며, 공부상의 용도에 관계없이 사실상의 용도에 따른다. 1세대 1주택 양도소득세 비과세 판단 시 주택에는 그 주택에 부수되는 토지로서 건물정착면적의 10배(도시지역 안의 토지는 5배)[주] 이내의 토지를 포함한다. 사실상의 용도가 주거용이고 사회통념상 전체로서 하나의 주택으로 볼 수 있는 이상 반드시 1동의 건물이어야 하는 것도 아니고 그 대지도 1필지의 토지이어야 하는 것은 아니다. 따라서 오피스텔도 사실상 주거용으로 사용하는 경우에는 주택으로 본다.

주: 양도소득세 비과세가 적용되는 주택의 부수토지의 범위(2022년도 양도 분부터 적용)

구 분			주택의 부수토지
도시지역 내	수도권	주거지역, 상업지역 및 공업지역	주택정착면적의 3배
		녹지지역	주택정착면적의 5배
	수도권 밖		주택정착면적의 5배
도시지역 외			주택정착면적의 10배

(5) 입주권(재개발 · 재건축)의 1세대 1주택 비과세특례

도시 및 주거환경정비법에 따른 주택재개발사업(또는 주택재건축사업)을 시행하는 정비사업조합의 조합원으로서 관리처분계획의 인가일(그 인가일 이전에 기존주택이 철거된 경우에 기존주택의 철거일) 현재 1세대 1주택에 해당하는 기존주택을 소유한 자가 당해 조합을 통하여 취득한 입주권(부수토지 포함)을 양도하는 경우에 동 입주권을 한 채의 주택으로 보아 1세대 1주택 양도소득세 비과세를 적용한다.

(6) 고가주택

1세대 1주택 양도소득세 비과세요건 중 고가주택(양도가액이 9억원 초과) 요건만 갖추지 못한 상태에서 고가주택을 양도하는 경우에는 양도가액 중 9억원을 초과하는 부분에 대해 과세한다.

이때 양도소득세가 과세되는 양도차익은 다음과 같이 계산된다.

> 양도소득세가 과세되는 양도차익 =
> 전체 양도차익 × (전체 양도가액 − 9억원) / 전체 양도가액

7) 보유기간 및 거주요건 미충족 시에도 양도소득세 비과세되는 1세대 1주택

상기 비과세요건 중 보유기간 및 거주요건을 충족하지 못하여도 1세대 1주택 양도소득세 비과세를 적용받을 수 있는 경우는 다음과 같다.

① 관련법에 따른 민간건설임대주택 또는 공공건설임대주택을 분양받아 임차일부터 5년 이상 세대전원이 거주한 해당 건설임대주택의 양도

② 취학(유치원, 초등학교 및 중학교 제외), 1년 이상 질병의 치료나 요양, 근무상 형편으로 양도하는 1년 이상 거주한 주택

③ 공익사업을 위한 협의매수 · 수용으로 양도하는 주택. 이 경우 그 양도일 또는 수용일로부터 5년 이내에 양도하는 그 잔존주택 및 부수토지는 비과세한다.

④ 해외이주법에 따른 세대전원이 출국하는 경우에 출국일부터 2년 이내에 양도하는 주택

⑤ 1년 이상 계속하여 국외거주를 필요로 하는 취학 또는 근무상의 형편으로 세대전원이 출국하는 경우 출국일부터 2년 이내에 양도하는 주택

8) 거주요건 미충족 시에도 양도소득세 비과세되는 1세대 1주택

상기 요건 중 거주요건을 충족하지 못하여도 1세대 1주택 양도소득세 비과세를 적용받을 수 있는 경우는 다음과 같다.

① 거주자가 해당 주택을 임대하기 위하여 사업자등록과 임대사업자등록을 한 경우. 다만, 민간임대주택에 관한 특별법 제43조를 위반하여 임대의무기간 중에 해당 주택을 양도하는 경우는 제외한다(2020년 2월 11일 이후 양도 분부터는 적용하지 않도록 세법이 개정되었으나, 상기 요건을 모두 충족하여 2019년 12월 16일 이전에 두 가지 임대사업관련 등록을 한 경우에는 개정 전 규정이 적용됨).

② 거주자가 조정대상지역의 공고가 있은 날 이전에 매매계약을 체결하고 계약금을 지급한 사실이 증빙서류에 의하여 확인되는 경우로서 해당 거주자가 속한 1세대가 계약금 지급일 현재 주택을 보유하지 아니하는 경우

6. 1세대 1주택의 비과세 주요 특례

(1) 일시적 1세대 2주택

① 일시적 대체취득

국내에 1주택을 소유한 1세대가 그 주택을 양도하기 전에 다른 주택을 취득(자기가 건설하여 취득한 경우를 포함)함으로써 일시적으로 2주택이 된 경우 종전의 주택을 취득한 날부터 1년 이상이 지난 후 다른 주택을 취득하고 다른 주택을 취득한 날부터 3년(신규주택의 취득 당시 종전주택과 신규주택이 모두 조정대상지역에 소재한 경우, 1년 이내에 종전주택을 양도하면서 신규주택의 취득일부터 1년 이내 그 주택으로 세대 전원이 전입하고 전입신고를 마쳐야 함)

이내에 종전의 주택을 양도하는 경우에는 이를 1세대 1주택으로 보아 종전 주택이 1세대 1주택 양도소득세 비과세요건을 충족하면 양도소득세를 비과세한다.

② 직계존속을 동거봉양 목적으로 합가 시 1세대 2주택 비과세특례

1주택을 보유하고 1세대를 구성하는 자가 1주택을 보유하고 있는 60세 이상의 직계존속(배우자의 직계존속을 포함하며, 직계존속 중 어느 한 사람이 60세 미만인 경우를 포함)을 동거봉양하기 위하여 세대를 합침으로써 1세대가 2주택을 보유하게 되는 경우 합친 날로부터 10년 이내에 먼저 양도하는 주택(비과세요건을 갖춘 경우에 한함)에 대해서는 양도소득세를 과세하지 않는다.

③ 혼인으로 인한 합가 시 비과세특례

1주택을 보유하는 자[1주택을 소유한 직계존속(60세 이상)과 거주 중인 무주택자 포함]가 1주택을 보유하는 자와 혼인함으로써 1세대가 2주택을 보유하게 되는 경우 또는 1주택을 보유하고 있는 60세 이상의 직계존속을 봉양하는 무주택자가 1주택을 보유한 자와 혼인함으로써 1세대가 2주택이 되는 경우 각각 혼인한 날로부터 5년 이내에 먼저 양도하는 주택(비과세요건을 갖춘 경우에 한함)에 대해서는 양도소득세를 과세하지 않는다.

④ 장기저당담보주택에 대한 1세대 1주택 양도소득세 비과세특례

1주택을 소유하고 있는 1세대를 구성하고 있는 자가 장기저당담보주택을 소유하고 있는 직계존속(배우자의 직계존속을 포함하며, 직계존속 중 어느 한 사람이 60세 미만인 경우 포함)을 동거봉양하기 위하여 세대를 합침으로써 1세대가 2주택을 소유하게 되는 경우 먼저 양도하는 주택은 국내에 1주택을 소유

한걸음 더 장기저당담보주택의 연금대출

- 계약기간: 10년 이상
- 대출금 수령방식: 연금수령방식(월 또는 분기)
- 상환방식: 만기상환(당해 주택을 처분하여 일시상환)
- 가입자: 60세 이상의 거주자

하는 것으로 보아 1세대 주택 비과세요건을 갖추면 양도소득세가 비과세된다. 이때 장기저당담보주택은 거주기간의 제한을 받지 않는다. 다만, 장기저당담보주택이 계약기간 만료 이전에 양도하는 경우에는 위에서 설명한 양도소득세 비과세를 적용하지 않는다.

(2) 부득이하게 2주택 이상 보유 시

① 상속으로 인한 1세대 2주택 비과세특례

상속주택도 일반주택과 동일하게 과세하나 상속주택 외의 주택[상속당시 보유한 조합원입주권 또는 분양권(2021년도 이후 취득분에 한정함)이 주택으로 전환된 경우 포함] 양도 시에는 상속주택(피상속인이 2 이상의 주택을 소유한 경우에는 피상속인이 소유한 기간이 가장 긴 1주택, 피상속인의 거주기간이 가장 긴 1주택, 피상속인이 상속개시 당시 거주한 1주택, 기준시가가 가장 높은 1주택 순서인 선순위 주택만)은 없는 것으로 보아 1세대 1주택 여부를 판단한다.

② 공동상속주택의 소수지분자 등이 일반주택 양도 시 비과세특례

공동상속주택의 소수지분자 등이 공동상속주택 외 다른 주택(일반주택)을 양도하는 때에는 다른 주택에 대한 1세대 1주택 비과세 여부를 판정 시에 공동상속주택은 주택으로 보지 않는다. 다만, 일반주택 양도에 따른 1세대 1주택 비과세 판정 시 공동상속주택은 다음 선순위자(상속지분이 가장 큰 상속인, 당해 주택에 거주한 자, 최연장자 순)가 소유한 것으로 보아 상기 규정을 적용하지 않는다.

③ 실수요 목적으로 비수도권 주택을 취득해 2주택이 되는 경우

취학(유치원, 초등학교 및 중학교 제외), 근무상 형편, 1년 이상 질병의 치료 또는 요양(부득이한 사유)으로 취득한 수도권 밖에 소재하는 주택과 일반주택을 국내에 각각 1개씩 소유하고 있는 1세대가 부득이한 사유가 해소된 날부터 3년 이내에 일반주택을 먼저 양도하는 경우에는 국내에 1개의 주택을 소유하고 있는 것으로 보아 1세대 1주택 비과세 여부를 판단한다.

④ 농어촌주택으로 인한 1세대 2주택 비과세특례

세법상 농어촌주택과 일반주택을 국내에 각각 1개씩 소유하고 있는 1세대가 일반주택을 양도하는 경우에는 국내에 1개의 주택을 소유하고 있는 것으로 보아 1세대 1주택 비과세 여부를 판단한다.

⑤ 지정문화재 등으로 인한 1세대 2주택 비과세특례

지정문화재 또는 등록문화재에 해당하는 주택과 일반주택을 국내에 각각 1개씩 소유하고 있는 1세대가 일반주택을 양도하는 때에는 국내에 1개 주택만을 소유하고 있는 것으로 보아 1세대 1주택 비과세 여부를 판정한다.

한걸음 더 조합원입주권이 있으면 1세대 1주택 양도소득세 비과세를 받지 못할 수도 있다

1. 주택수에 포함되는 조합원입주권이란?

일반주택을 양도 시 주택수에 포함되는 조합원입주권은 2006년 1월 1일 이후 최초로 관리처분계획인가를 받은 재개발 · 재건축 조합원입주권 또는 2005년 말 이전에 재개발 · 재건축사업의 관리처분계획이 인가된 입주권을 2006년 1월 1일 이후 매매 · 상속 등으로 승계취득한 조합원입주권이어야 한다.

2. 1주택과 1조합원입주권 보유 시 양도소득세는 어떻게 되나?

① 원칙

1세대가 1주택과 1조합원입주권을 보유하다 그 주택의 양도 시에는 1세대 1주택 비과세의 혜택을 받을 수 없다.

② 주요 예외

예외적으로 다음과 같이 실수요 목적으로 입주권을 보유한 경우에는 1주택과 1입주권을 보유하였더라도 1세대 1주택 양도소득세 비과세 규정이 적용되는 주요 경우를 소개하면 다음과 같다.

ⓐ 입주권을 취득한 날부터 1년 이상이 지난 후에 조합원입주권을 취득하고 그 조합원입주권을 취득한 날부터 3년 이내 1세대 1주택 비과세 요건을 갖춘 종전 주택을 양도하는 경우

ⓑ 입주권 취득 후 3년이 경과하여 양도하면서 아래 요건을 모두 충족한 경우

㉠ 종전 주택이 1세대 1주택 비과세요건 갖출 것

㉡ 재건축주택 완공 전 또는 완공 후 2년 이내에 종전주택 양도

㉢ 재건축주택 완공 후 2년 이내 재건축주택으로 세대전원이 이사하여 1년 이상 거주. 다만, 취학, 근무상 형편, 질병요양 등의 경우는 세대원 일부가 이사하지 않더라도 가능하다.

ⓒ 1세대 1주택자의 주택이 입주권으로 전환되어 재건축사업 시행기간 중 주거용으로 취득한 주택(대체주택) 양도 시 아래 요건을 모두 충족하는 경우

㉠ 사업시행인가일 이후 대체주택을 취득하고 1년 이상 거주

㉡ 재건축주택 완공 전 또는 완공 후 2년 이내에 대체주택 양도

㉢ 재건축주택 완공 후 2년 이내 재건축주택으로 세대전원이 이사하고 1년 이상 거주. 다만, 취학, 근무상 형편, 질병요양 등의 경우는 세대원 일부가 이사하지 않더라도 가능하다.

③ 대체주택 양도 또는 입주권 취득 후 기존주택 양도 시 양도소득세 비과세를 적용받은 경우 사후관리

즉, 비과세요건(재건축주택으로 세대전원이 이사하여 1년 이상 거주요건)을 충족하지 못하게 된 사유 발생 시 양도당시 비과세를 받지 않았을 경우 납부할 양도소득세액을 당해 사유가 발생한 과세기간의 과세표준 신고 시 양도소득세를 납부해야 한다.

한걸음 더 일반주식 양도에 대한 양도소득세

1. 대상주식

양도소득세 과세대상이 되는 주식 또는 출자지분(신주인수권 포함, 이하 "주식 등"이라 함)은 다음과 같다.

① 비상장법인의 주식 등[장외주식시장(K-OTC)에서 소액주주가 양도하는 중소기업·중견기업의 주식 등은 제외]

② 주권 상장법인의 주식 등으로 대주주가 양도하는 것과 증권시장(유가증권시장 또는 코스닥시장)에서의 거래에 의하지 않고 양도하는 것

2. 양도소득세 계산 시 부동산 관련 양도자산과 차이점

일반주식에 대한 양도소득세를 계산할 경우에 부동산 관련 양도자산과의 차이가 있는데, 이에 대해 살펴보면 다음과 같다.

① 장기보유특별공제를 적용받지 못하므로 양도차익과 양도소득금액이 항상 같다.

② 일반주식은 부동산 관련 자산과 별개로 양도소득기본공제를 적용받을 수 있다.

③ 일반주식에 대한 양도소득세 예정신고기한은 양도일이 속하는 반기의 말일로부터 2개월 이내이다(외국법인주식 및 국외상장내국법인주식은 양도소득세 예정신고의무가 없음).

④ 일반주식에 대한 양도소득세 세율

대상자산			보유기간	양도소득세 세율
국내법인주식 (국외상장내국 법인주식 제외)	중소기업 주식	소액주주	불문	10%
		대주주	불문	20% (과세표준 3억원 초과 25%)
	중소기업 외 주식	소액주주	불문	20%
		대주주	1년 미만	30%
			1년 이상	20% (과세표준 3억원 초과 25%)
외국법인주식 또는 국외상장 내국법인주식	중소기업 주식		불문	10%
	중소기업 외 주식		불문	20%

한걸음 더

증권거래세

일반적으로 주식을 유상으로 양도하면 양도차익 여부에 관계없이 양도가액을 과세표준으로 하여 증권거래세를 일정기간 이내에 신고 및 납부해야 한다. 증권거래세 세율은 유가증권시장에서 양도되는 경우에는 0.23%(농어촌특별세 포함), 코스닥시장에서 양도되는 경우에는 0.23%, 코넥스시장에서 양도되는 경우에는 0.1%, 장외주식시장(K-OTC)에서 양도되는 경우에는 0.23%, 그 외(증권시장 외에서 양도하는 상장주식, K-OTC 외에서 양도하는 비상장주식 등)에는 0.43%이다.

주요용어

- 부동산설계의 목표
- 부동산의 특성
- 부동산공적장부
- 부동산에 대한 수요와 공급
- 부동산시장
- 부동산투자와 레버리지 효과
- 부동산 투자대상 선택 시 고려사항
- 부동산 보유형태 단계별 세금의 종류
- 취득세
- 재산세
- 종합부동산세
- 양도소득세
- 장기보유특별공제
- 1세대 1주택 양도소득세 비과세

심화 학습문제

1. 우리 가족이 소유하고 있는 자산 중 부동산의 비중이 얼마나 되는지를 조사하고 자산포트폴리오가 적절한지를 설명해 봅시다.
2. 투자설계와 부동산설계의 관계를 설명해 봅시다.
3. 일반 자산과 비교하여 부동산만이 가지는 특성을 설명하고 이 부동산 특성이 부동산 수요공급의 원칙에 어떠한 영향을 주는지를 설명해 봅시다.
4. 자신이 주택을 언제 구입할 예정이며, 구입 시 어떤 점을 중요시하며 구입할 것인지에 대해 설명해 봅시다.
5. 상가를 소유할 경우에 보유형태 단계별로 내는 세금의 종류를 설명해 봅시다.
6. 1세대 2주택 양도소득세 비과세요건과 주택의 면적(㎡)을 넓히기 위해 당 비과세요건을 어떻게 활용할 것인지를 설명해 봅시다.

PART 04

개인재무의 분배 및 이전

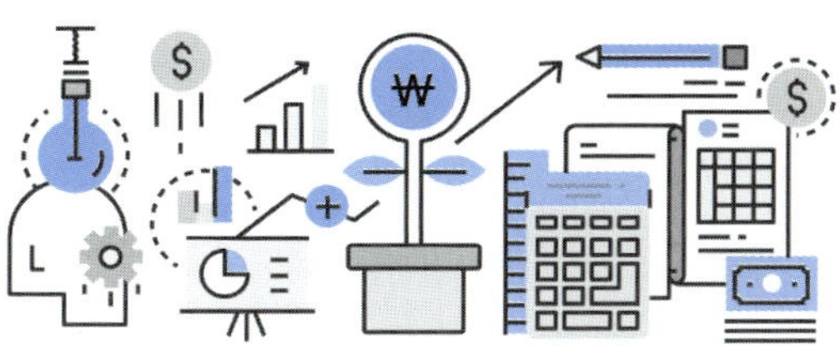

PERSONAL FINANCIAL PLANNING

CHAPTER 09

노후설계

학습목표

본 장을 학습하고 나면 여러분들은

1. 노후설계의 개념과 중요성을 설명할 수 있다.
2. 노후설계의 필요성을 설명할 수 있다.
3. 노후설계 프로세스를 설명할 수 있다.
4. 노후설계 프로세스에 따라 노후설계를 실행할 수 있다.
5. 노후설계와 관련된 공적연금을 나열할 수 있다.
6. 퇴직연금제도에 대하여 설명할 수 있다.
7. 다양한 종류의 퇴직연금제도를 비교하여 설명할 수 있다.

도입 이야기

지금까지 김계획 씨와 이행복 씨는 한공정 씨와 매우 다양한 이야기를 나누었다. 아이가 유치원에 들어가게 되면 이행복 씨가 재취업을 할 것인가에 대한 이야기, 주식시장이 매우 출렁거리는 상황에서 어떠한 투자를 해야 할 것인지에 대한 이야기, 올라가는 전세자금 마련을 위해서 어떻게 준비를 해야 하는지에 대한 이야기, 다양한 위험에 대처하기 위해서 어떠한 보험을 가입해야 하는지에 대한 이야기, 어렵기만 했던 세금과 관련한 이야기…….

지금까지의 재무설계는 매우 다양하고 숨가쁘게 달려온 느낌도 들었다.

"김계획 고객님, 다음 주 미팅에서는 노후에 대한 이야기를 하려고 합니다. 은퇴 이후에 어떠한 삶을 생각하시는지 이번 주 미팅 전에 배우자 님과 이야기 나누고 오세요." 김계획 씨는 한공정 씨의 문자를 받았다.

'지금 당면한 문제도 많은데 노후라니……' 이제 유치원에 들어가는 아이를 둔 김계획 씨에게 노후는 매우 먼 일인 것처럼 느껴졌다.

"여보, 한공정 씨가 우리 노후에 어떻게 살고 싶은지 생각해 보라는데 당신은 어떤 은퇴생활을 원해?"

이행복 씨에게 은퇴는 매우 큰 의미가 있었다. 30년 넘게 교직에 몸담아 오신 친정 부모님이 노후를 보내는 방식이 항상 부러웠기 때문이다.

"우리는 우리 부모님처럼 65세까지 일을 할 수 있는 것도 아니고 연금이 꼬박꼬박 나올 것도 아니고……, 어떻게 살 것인지를 생각하기보다는 어떻게 살 수 있을지 맞추어서 살아야 하는 것 아닐까?"

이행복 씨는 갑자기 우울한 생각이 들었다.

'우리 가족이 우리 부모님과 같은 노후를 보내려면 어떠한 준비를 해야 할까?'

1절 노후설계의 기초

1. 은퇴와 노후의 의미

1) 은퇴의 의미

은퇴를 사전에서 찾아보면 "직임에서 물러나거나 사회활동에서 손을 떼고 한가히 지냄"이라는 정의가 나온다. 영어의 은퇴(retirement)를 번역하면 이와 비슷하게 "일자리나, 직업, 또는 직위에서 물러남"이라고 되어 있다. 은퇴는 산업사회와 더불어 나타난 현상으로 그 역사는 그리 길지 않다.

1954년 미국의 사회학 관련 학술지(Journal of Society)에 발표된 티비츠(Tibbitts)의 논문은 "은퇴는 우리 사회에 상대적으로 새로운 현상이다"라는 말로 시작한다. 산업사회 이전에 평균수명이 길지 않았던 시대에는 기본적으로 사람들이 은퇴가 없이 일을 하였다. 산업화와 더불어 나타난 "은퇴"에 대하여 티비츠는 과학적으로 만들어낸 것으로 사회에 여러 가지 새로운 도전적인 과제를 주는 현상이라고 하였다.

티비츠(Tibbitts, 1954)는 은퇴라는 새로운 현상으로 인하여 사회에서 개인이 수행해야 하는 역할이 새로운 영역으로 확대되고 있다고 하였으며 심각한 사회적 문제를 야기하고 있다고 하였다. 개인이 수행해야 하는 역할은 산업사회의 노동자로서의 역할뿐 아니라 은퇴계층을 부양해야 하는 역할을 담당해야 하며, 은퇴 후에는 은퇴자로서 사회적 역할(시민, 가장, senior citizen의 역할)을 담당하게 된 것이다. 은퇴와 더불어 나타나게 된 사회적 문제는 은퇴의 시기를 언제로 해야 할 것인가, 은퇴한 사람들을 재정적으로 도와주는 최선의 방법은 무엇인가, 은퇴한 사람들에 대한 새로운 역할을 어떻게 정의할 것인가, 공적 부조의 시스템으로 은퇴한 사람들의 건강문제나 사회참여를 어떻게 설정할 것인가, 은퇴한 사람들의 주거 및 기타 생활상태 등을 어떻게 조성할 것인가 등을 들 수 있다.

이 논문이 1954년에 발표되었다는 사실을 감안해 보면, 지난 50여 년을 지나오면서 은퇴의 기본적인 문제는 여전히 남아 있지만 그 모습은 많은 변화를 가져왔음을 알 수 있다.

2) 은퇴의 의미 변화

은퇴가 직장이나 직위 혹은 일자리에서 물러나는 것으로 여겨지던 초기(1950년대부터 1970년대)에는 은퇴를 다루는 연구는 말 그대로 일자리에서 물러나는 것에 집중되었다. 일자리에서 물러나는 것과 더불어 일자리를 떠나는 그 날이 관심의 대상이었던 것이다. 은퇴의 시기와 그에 따른 다양한 결과가 그 시기 연구의 주된 관심사였다. 예를 들어 사회적으로 결정된 나이(㉮ 사회보장적 연금 수령 가능 나이)보다 이른 나이에 은퇴를 하는 경우 은퇴생활의 질에 대한 연구나, 어떠한 사람이 이른 나이에 은퇴를 하는지를 밝히는 것들이 중요한 관심이 되었다.

(1) 다양한 영역으로 진화

1980년대 들어서면서 은퇴는 단순히 일자리의 세계에서 떠나는 것이 아닌 보다 다양한 영역과 관련이 있는 것으로 보게 되었다. 1982년 애취레이(Atchley)의 논문에 의하면, 은퇴의 과정은 은퇴가 어떻게 이루어졌는가에 의해 영향을 받는다고 하였다. 은퇴가 자발적으로 이루어졌는지 혹은 어쩔 수 없는 상황에 의해서 강제적으로 이루어졌는지에 따라 은퇴 이후의 삶의 질과 은퇴에 대한 태도가 달라진다고 하였다. 예를 들어서 강제적인 상황에 의해서 은퇴를 한 경우는 은퇴 이후의 삶에 적응하는 데 어려움을 많이 겪게 된다는 것이다.

(2) 상황에 따른 은퇴의 개념

이 시기에는 은퇴에 대한 다양한 태도를 연구하였으며, 일반적으로 은퇴를 바라보는 태도는 경제적인 상황에 영향을 받는다는 연구결과가 있다. 너무나 당연한 이야기이지만, 경제적으로 풍족한 상태에서 은퇴를 하게 되는 경우는 은퇴를 긍정적으로 생각하며 은퇴 이후의 삶에도 만족하는 경향을 보인다는 것이다. 또한 은퇴와 건강의 관계에 대한 관심도 커서 과연 은퇴가 건강에 영향을 미치는가를 살펴본 연구들이 있다. 일반적인 결론은 건강이 은퇴에 영향을 미치는 강도보다 은퇴가 건강에 미치는 강도는 약하다는 것이다.

(3) 제2의 인생으로서 은퇴

1990년대부터 은퇴는 더 이상 일자리에서 물러나는 시기가 아니라 제2의 인생을 설계하는 시기로 여겨지고, 평생교육의 관점에서 은퇴를 생각하게 되었다. 1999년 발표된 스테인(Stein)의 논문에서는 노동과 여가를 인생 전반에 걸친 학습과 일의 개념으로 설명한다. 직업을 가지는 활동이 일직선상에서 일어나는 것이 아니라 직업과 여가, 은퇴와 배움이 사이클을 이루는 과정으로 발생한다는 것이다. 전업(full time)으로 일을 하는 커리어 직업의 경우도 어떤 일정한 시기에 커리어를 그만두고 은퇴를 하는 것이 아니라, 파트타임 일에서 계절적인 일이나 프로젝트를 중심으로 하는 일을 거치고 그러한 사이클을 통해서 일을 그만두는 상태로 점진적으로 이동하게 된다는 관점이 우세하게 되었다. 은퇴라는 것이 전통적으로 여겨지던 “일에서 물러나서 여가를 즐기는 시기”라는 관점에서 벗어나 은퇴 후의 다양한 유형의 비전업 직업(bridge job)을 통한 재취업 그리고 점진적인 여가생활의 확장으로 이어지는 과정으로 보는 관점이 우세하게 되었다.

3) 노 후

은퇴의 의미가 단순한 일회성의 “사건”이 아닌 인생 노년기의 “과정”으로 여겨지는 것이 우세한 상황에서 은퇴를 뛰어넘는 노후의 개념이 중요하게 되었다. 물론 노후의 의미도 점진적으로 변화하고 있지만(예를 들어 전통적으로 노인을 65세 이상인 사람으로 구분하였으나, 이제는 연령별로 다양한 노인의 정의를 사용하기도 한다), 노후는 인생의 후반부를 차지하는 중요한 시기이며, 특히 수명 연장으로 인하여 개인의 노후는 계속적으로 길어지고 있다.

(1) 성공적인 노후

노후의 개념에서 대부분의 사람들이 희망하는 것은 “성공적인 노후”라고 한다. 성공적으로 노후를 맞이한다는 것 중에서 가장 중요한 것이 “연속성”이다. 이 연속성이란 노후 이전의 삶의 수준을 계속적으로 유지한다는 의미이다. 예를 들어서 노후에 접어들었다고 해서 경제적, 사회적, 신체적, 정신적으로 노후 이전과 단절이 오지 않는 것을 말한다. 노후가 되었다고 해서 경제적으로 그 이전과는 너무 다른 생활을 한다거나, 사회적인 활동량과 범위가 현저하게 제한된다거나 하는 것을 원하지 않는다는 것이다.

(2) 지속적인 노후

경제학적으로 개인의 일생에 걸친 소득과 소비를 설명하는 "생애주기가설(life cycle hypothesis)"이 있다. 이 가설은 어떻게 보면 노후의 "연속성"을 원하는 개인의 심리를 어느 정도 꿰뚫은 이론이라고 볼 수 있다. 생애주기가설에 의하면, 개인들은 일생에 걸쳐서 일정한 소비수준을 누리기를 원한다고 한다.

대부분의 개인들이 소득이 왕성한 시기에 벌어들이는 만큼 소비를 하지 않고 소득이 적거나 없게 되는 은퇴 이후의 시기를 위해 저축을 하여 일생 전반에 걸친 소비수준을 어느 정도 일정하게 유지한다는 것이다. 사람들이 노후를 대비하는 이유가 이러한 "계속적인 생활의 질 유지"라는 것을 이해할 필요가 있다.

2. 노후설계의 필요성

1) 인구통계학적인 원인

우리나라의 인구구조 변화는 제1장에서 자세히 언급하였다. 노후설계의 필요성과 관련된 가장 두드러진 특징은 고령화와 저출산이다. 인구의 고령화는 개인이 노후와 은퇴를 바라보는 시각을 변화시킨다. 평균수명이 증가함에 따라서 은퇴기간이 20년 혹은 30년을 넘을 수도 있다고 예측이 되고 길어진 은퇴 이후 생활에 대한 준비가 절실하게 된 것이다. 또한 은퇴 이후의 생활이 길어짐에 따라서 자신이 모아둔 생활비를 모두 소진하고 난 이후까지 생존하게 되는 장수위험(longevity risk)이 노후의 심각한 위험요소가 되었다. 실제로 미국의 경우에는 많은 사람들이 자신의 기대수명을 실제보다 10년 내지 12년 가량이나 짧게 예측한다고 한다. 자신의 수명을 짧게 예측하는 경우에는 노

표 9-1 | 우리나라 60세 이상 가구의 경상소득 구성

(단위: 원, %)

	2017 4/4분기		2018 4/4분기		2019 4/4분기		2020 4/4분기		2021 1/4분기	
가구원 수 (명)	2.38		2.47		2.48		2.43		2.44	
가구주 연령 (세)	69.12		69.22		69.42		68.88		68.59	
가구분포 (%)	27.39		30.25		31.13		28.92		30.73	
소득	3,018,539	100.0%	3,262,597	100.0%	3,459,555	100.0%	3,915,799	100.0%	4,011,028	100.0%
경상소득	2,917,350	96.6%	3,199,383	98.1%	3,427,011	99.1%	3,811,578	97.3%	3,892,628	97.0%
근로소득	1,258,025	41.7%	1,568,586	48.1%	1,743,435	50.4%	1,859,359	47.5%	1,814,778	45.2%
사업소득	742,786	24.6%	600,816	18.4%	631,204	18.2%	782,463	20.0%	766,814	19.1%
재산소득	41,084	1.4%	42,134	1.3%	36,151	1.0%	67,083	1.7%	86,455	2.2%
이전소득	875,455	29.0%	987,846	30.3%	1,016,221	29.4%	1,102,674	28.2%	1,224,581	30.5%
비경상소득	101,190	3.4%	63,214	1.9%	32,545	0.9%	104,221	2.7%	118,400	3.0%

자료: 통계청, 「가계동향조사」, 각년도. 전국 2인 이상 가구 기준.

후생활을 영위하기 위한 대책을 심각하게 마련해야 한다.

저출산은 은퇴 이후의 생활비 조달에도 영향을 미치는 요인이 된다. 우리나라의 경우는 자녀를 비롯한 가족의 도움이 은퇴 이후 생활비 재원이 되어왔다. <표 9-1>에서 보는 바와 같이 우리나라 노인가계의 소득 중에서 근로소득이 차지하는 비중이 절반가량으로 은퇴 이후에도 일정 수준 근로를 통하여 소득을 충당하고 있다는 것을 알 수 있다.

또한 자녀와 함께 사는 세대보다는 부부단독가구와 1인가구가 늘어나고 있는 추세이다. 통계청의 고령자 통계(2016, 2020) 자료에 의하면 1995년 우리나라 65세 이상 가구 중에서 부부로 이루어진 가구는 전체 65세 가구의 22.4%였으나, 2005년에는 32.3%로 증가하였으며 2010년에는 또다시 33.7%로 증가하였고, 2015년에는 33.2%를, 2020년에는 33.1%를 차지하였다. 또한 65세 이상 고령가구 중에서 1인가구의 비중은 1995년 27.9%, 2000년 31.3%, 2005년 32.0%, 2010년 34.3%, 2015년 32.8%, 2020년 34.2%로 노인가구의 1/3 이상이 1인가구로 구성되어 있다. 따라서 이전과 같이 자녀의 도움에 의한 노후생활비 의존의 가능성이 줄어들고 있다고 볼 수 있고 이에 따라 노후생활비 준비의 중요성이 점차로 증가하고 있다.

2) 사회경제적인 원인

노후설계가 필요하게 된 두 번째 원인은 사회경제적인 측면에서 살펴볼 수 있다. 은퇴 이후의 기간이 길어지고 은퇴생활을 보내는 노령인구가 많아짐에 따라서 공적연금과 기업연금이 은퇴생활비의 재원으로 충당되는 비중이 점차로 줄어들게 될 전망이다. 생산가능인구가 줄어들게 됨에 따라서 노인 부양의 부담이 가중되어 2005년에는 생산가능인구(15~64세) 7.9명당 노인 1명을 부양했지만, 2020년에는 4.6명당 노인 1명, 2050년에는 1.4명당 노인 1명을 부양할 것으로 전망하고 있다. 따라서 공적연금으로 노후의 생활비를 충당하기에 어려움이 있을 것으로 생각된다. 실제로 현재 연금 및 사회보장의 이전소득이 60세 이상 가계소득의 약 30.5%만을 차지하고 있으므로(<표

한걸음 더 우리나라 고령자는 얼마나 노후를 준비하고 있는가?

〈고령자(65세 이상) 노후 준비율 및 준비방법(주된 응답)[1]〉

	준비하고(되어) 있음	국민연금	기타 공적연금	사적연금	퇴직급여	예금·적금·저축성 보험	부동산 운용	주식, 채권[1]	기타[1]
2007	34.7	17.2	14.6	8.2	5.3	34.8	19.1	0.4	0.4
2009	39.0	29.6	11.4	11.5	4.1	28.0	14.1	0.3	0.9
2011	40.1	31.8	11.1	10.8	3.4	27.5	13.6	0.1	1.7
2013	42.4	32.6	12.4	5.2	5.1	27.4	14.8	0.2	2.3
2015	46.9	28.7	13.5	7.5	5.0	28.9	15.1	0.2	1.0
2017	48.0	29.9	14.7	8.3	4.3	27.4	15.2	0.2	0.0
2019	48.6	31.1	13.0	8.1	4.7	27.9	14.6	0.3	0.3
남자	60.9	37.4	13.7	6.4	5.6	23.3	13.1	0.2	0.2
여자	39.3	23.7	12.1	10.0	3.8	33.4	16.3	0.4	0.4

출처: 통계청, 사회조사

1) 상대표준오차(RSE) 값이 커 신뢰도가 낮을 수 있으므로 해석 시 유의 필요.

9-1> 참조) 나머지 생활비에 대한 준비가 필요하다.

기업의 퇴직금은 이미 노후생활비 재원으로서의 역할을 하지 못하고 있는 형편이며 퇴직연금이 노후생활비의 어느 정도를 충당할 수 있을지는 미지수이지만 기업연금이 차지하는 비중이 노후생활비의 1/3이 된다고 하더라도 1/3 이상의 생활비를 개인적으로 준비해야 한다. 실제 60세 이상 가계의 경상소득 중 약 절반은 근로소득이 차지하고 있어 노후에도 꾸준히 일을 해야만 하는 상황을 파악할 수 있다(<표 9-1> 참조).

실제 대부분의 나라에서는 노후생활비 준비를 위한 3가지 방법의 준비(3층보장 준비)를 실시하고 있다. 이는 공적연금, 기업연금, 그리고 개인적인 저축과 투자로부터의 준비이다. 이 중에서 개인적인 준비의 중요성이 점차로 커지고 있으며 노후를 위한 준비를 위해 구체적인 노후설계가 필요한 것이다.

3) 가치관의 변화

노후설계가 필요하게 된 또 하나의 중요한 요인은 개인들의 가치관이다. 사람들은 노후를 가난하고 경제적으로 힘든 시기로 정의하지 않는다. 긍정적이고 풍요로운 노후를 원한다. 앞에서 설명한 바와 같이 은퇴 이후가 되었다고 해서 급격한 생활의 질 하락을 원하지 않는다. 또한 은퇴 이후의 삶을 적극적으로 생각하는 경우가 많다. 은퇴 이후의 다양한 여가생활과 지속적인 사회생활, 그리고 사회의 구성원으로서 교류 등을 위한 자금은 은퇴생활을 위한 추가 자금이 아니라 필수 자금이 되고 있다.

이러한 변화는 우리나라 노인들의 노후 부양에 대한 태도를 조사한 것에서도 알 수 있다. <표 9-2>에 의하면 우리나라 사람들의 부모 부양에 대한 태도는 점차로 변화하고 있는데, 스스로 부양해야 한다는 응답 비중이 점차로 늘어나는 추세를 보였다는 것을 알 수 있다. 단, 2020년 조사에서는 스스로 부양해야 한다는 비중이 다소 줄었고 가족, 사회, 정부가 부양해야 한다는 인식이 증가하였다.

표 9-2 | 부모 부양에 대한 견해 (단위 : %)

연도	계	부모 스스로 해결	가족	가족과 정부 사회	정부 사회	기타	가족 중 부모 부양자					
							소계[1]	장남(맏며느리)	아들(며느리)	딸(사위)	모든 자녀	자식중 능력 있는자
2008	100.0	11.9	40.7	43.6	3.8	0.0	100.0	17.3	6.7	0.9	58.6	16.4
2010	100.0	12.7	36.0	47.4	3.9	0.1	100.0	13.8	7.7	1.8	62.4	14.3
2012	100.0	13.9	33.2	48.7	4.2	0.1	100.0	7.0	3.9	0.8	74.5	13.9
2014	100.0	16.6	31.7	47.3	4.4	0.0	100.0	5.6	4.5	1.0	71.1	14.2
2016	100.0	18.6	30.8	45.5	5.1	0.0	100.0	5.6	4.5	1.0	71.1	17.7
2018	100.0	19.4	26.7	48.3	5.7	0.0	100.0	5.0	3.7	1.0	72.0	18.3
2020	100.0	12.9	22.0	61.6	3.5	0.0						

자료 : 통계청(2012, 2016, 2018, 2020), 「2012, 2016, 2018, 2020 사회조사 결과」.

2절 | 노후설계 프로세스

1. 노후설계 프로세스

노후설계는 전체적인 개인재무설계의 일부이다. 따라서 개인재무설계의 과정이 적용된다. 목표를 설정하고 자료를 수집하여 분석하고 그에 따라서 계획안을 작성하고 실행하며 평가하는 단계를 거치는 것이다. 이러한 노후설계의 단계는 <그림 9-1>과 같은데, 이 그림에는 자료를 분석하고 계획을 작성하는 과정에서 은퇴의 필요자금을 계산하고 목표 달성을 위한 부족자금을 계산하는 과정이 자세하게 포함되어 있다.

1) 은퇴설계의 목표 설정

노후설계의 첫 단계는 노후설계의 목표를 설정하는 것이다. 노후설계가 종합재무설계의 한 부분으로 이루어져 있다면 노후설계의 목표는 종합재무설계의 목표 중 하나가 될 것이다. 노후설계가 단일재무설계로 진행된다면 그에 따라서 목표를 설정하는 작업을 거쳐야 한다. 노후설계의 목표는 다른 재

그림 9-1 | 노후설계의 과정

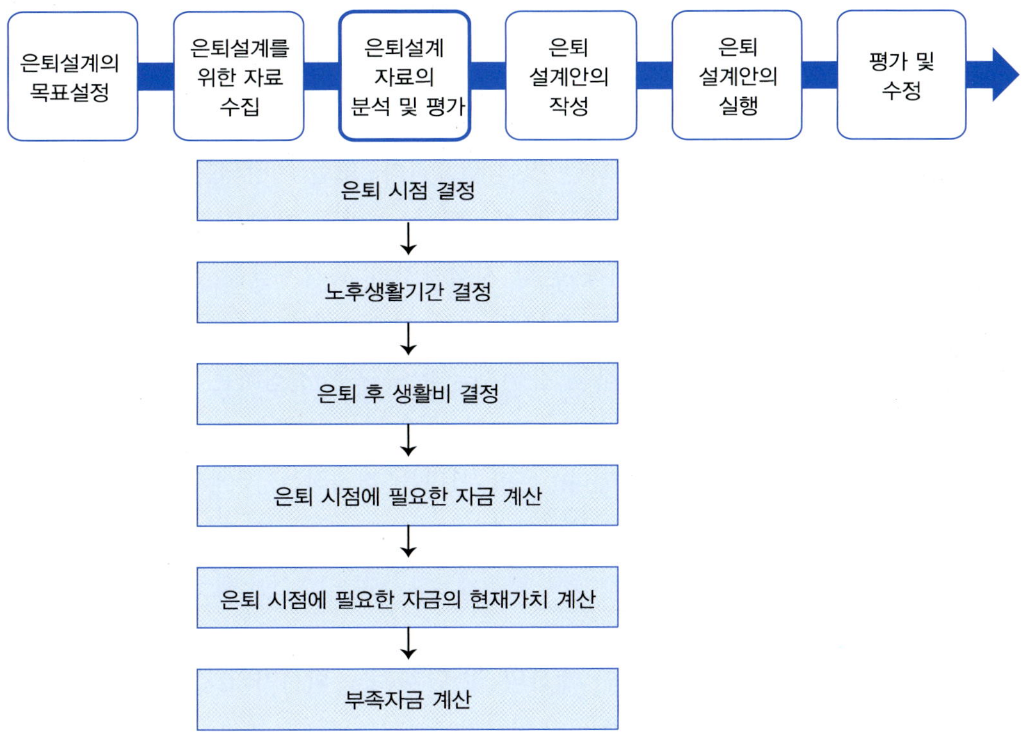

무설계의 목표와 마찬가지로 개인의 가치관이 바탕이 되어야 한다. 대부분의 사람들은 구체적인 은퇴생활을 그리지 못하는 경우가 많다. 노후설계의 목표는 다른 재무목표와 마찬가지로 구체적으로 설정되어야 하기 때문에 은퇴 이후의 생활을 구체적으로 그려보는 작업이 중요하다. 개인에게 은퇴 이후는 인생의 노년기이므로 인생의 궁극적인 목적과 관련된 사항들이 고려되어야 한다. 또한 개인의 라이프사이클상에서 발생하는 다양한 사건들을 고려하여 필요자금을 구체적으로 설정해야 한다.

노후설계의 목표를 설정하는 것은 배우자가 있는 경우에는 상호 대화를 통해서 부부 모두에게 최적의 목표를 도출해내는 것이 중요하다.

2) 자료의 수집과 분석 및 평가

노후설계의 목표를 설정하고 나면 자료의 수집과 그에 대한 분석 및 평가는 노후설계 고유의 단계를 거치게 된다. 노후설계를 위한 자료는 개인재무설계의 자료 이외에도 은퇴 시점을 결정하고 그 시점으로부터 기대여명을 예상하여 은퇴기간을 설정하는 것이 필요하다. 또한 예상되는 은퇴생활비를 계산하고 은퇴까지의 목적자금을 계산한다. 현재의 자산부채 상태와 연관하여 부족자금을 살펴보기 위해 은퇴 시점까지의 목적자금을 현재가치로 환산한다. 현재의 재무상태 특히 은퇴를 위한 저축금액과 은퇴의 목적자금과의 차이는 추가로 준비해야 하는 은퇴자금의 규모를 결정하는 자료가 된다.

이러한 자료 수집 및 분석, 평가의 과정을 거치게 되면 노후설계안을 작성하는 단계로 진입하게 된다. 은퇴 시점을 결정하는 것에서부터 부족자금을 계산하는 과정을 차례로 살펴본다.

(1) 은퇴 시점의 결정

노후설계에서 구체적인 계산의 첫 단계는 은퇴시기의 결정이다. 은퇴시기의 결정은 개인이 희망하는 은퇴시기에서 시작한다. 개인이 희망하는 은퇴시기는 직장의 정년퇴직 시기일 수도 있고 그와 차이를 보일 수도 있다. 현재 우리나라는 인구고령화로 인하여 정년연장이 검토되고 있다. 국민연금의 수급연령이 60세에서 65세로 증가되고 있어 법적인 정년도 점차 65세로 증가시키려는 계획에 있다(해럴드경제, 2019.9.18).

은퇴의 시점은 직장의 정년과 차이를 보일 수도 있다. 앞서 설명한 바와 같이 은퇴의 의미가 변화되고 있는 것과 더불어 평균수명의 증가로 인하여 사람들은 직장의 정년 이후에도 다른 형태의 직업을 가지는 경우가 많다. 실제 2021년 5월 기준 통계청에서 발표한 연령별 고용현황을 보면 55~64세 인구의 고용률은 66.9%이며, 65~79세의 인구의 고용률은 40.4%로 나타나 고령층의 많은 사람이 경제활동에 참가하고 있는 것으로 나타났다(통계청, 2021, 경제활동인구 조사). 적지 않은 사람들이 정년 이후에도 자영업, 파트타임, 소일거리 수준의 노동 등 다양한 활동을 거쳐서 완전한 은퇴에 이르게 된다.

따라서 은퇴 시점을 설정할 때에는 직장에서의 퇴직과 완전한 은퇴의 시점을 모두 고려하는 것이 좋다. 예를 들어 퇴직의 시기는 55세가 된다고 하더라도 완전한 은퇴는 65세 정도로 설정할 수 있다.

(2) 노후생활기간의 설정

은퇴의 시기가 결정되면 그 시점에서부터 사망시점까지의 기대여명을 예측하여 노후생활기간을 설정해야 한다. 하지만 노후생활기간은 현재의 시점에서 정확하게 예측하기 쉽지 않다. 사람들의 평균수명이 지속적으로 변화하기 때문이다. 의료기술과 생활양식이 변화되어 감에 따라서 기대여명이 지속적으로 변화하기 때문에 경험생명표와 기대여명표 등의 자료를 사용한다고 하더라도 정확한 예측이 될 수는 없다.

일반적으로 노후생활기간은 자신이 예측하는 것보다 길게 설정하는 것이 좋다. 앞서 설명한 장수위험을 줄이는 방법은 노후생활기간을 충분하게 설정하는 것이기 때문이다. 노후생활기간을 설정할 때에는 남자와 여자의 평균수명 차이를 감안하여 남편의 사망 이후 부인이 홀로 사는 기간을 별도로 충분히 계산해 두어야 한다.

(3) 은퇴 후 생활비 결정

은퇴 이후의 생활비를 결정하는 것은 쉬운 일은 아니다. 대부분의 사람들은 이러한 생활비를 막연하게 생각하고 있기 때문이다. 은퇴 이후의 생활비를 결정하기 위해서는 다음 <표 9-3>과 같이 생활비를 구체적인 비목에 따라 구분하여 살펴보는 것도 도움이 된다. 앞서 예산에서 설명한 바와 같이 이러한 비목을 고정적인 것과 변동적인 것으로 나누어서 예상되는 금액을 살펴보는 것도 좋다.

은퇴 이후의 생활비를 결정할 때에는 소득대체율(income replacement rate)을 사용하기도 한다. 이는 은퇴 이후의 생활비를 은퇴 이전의 소득과 비교한 비율로 설정하는 방법이다. 예를 들면 은퇴 이후에는 은퇴 직전 소득의 80% 혹은 70% 정도만 있으면 된다고 생각하는 형식이다. 소득대체율에 관해서는 다양한 연구가 발표되었는데, 예를 들면 미국의 종업원복지연구소(Employee

표 9-3 | 은퇴생활비 결정에 고려할 사항들

은퇴생활 필요자금	고려해야 할 소비지출 항목
(항목 1, 2, 3은 필수적인 부분이며 항목 4, 5는 개인의 선호에 따라 조정가능함)	
항목 1 : 의식주에 관련된 비용	–식료품 비용과 외식비 –의류(구매, 수선, 클리닝 등과 관련된 비용) –주거와 관련된 비용(월세금이 필요한 경우의 비용, 재산세가 필요한 경우의 비용, 관리비, 광열 수도비, 가스비 등)
항목 2 : 기본 생활과 관련된 비용	–교통 및 통신비(자동차 운행과 관련된 비용, 자동차세 포함) –개인적인 지출과 관련된 비용(이·미용비, 개인적 소지품 지출 등)
항목 3 : 의료비와 관련된 비용	–의료보험, 건강보험 및 기본적인 의료비 –중대 질병이나 장기 간병이 필요할 경우의 의료비
항목 4 : 개인의 여가와 관련된 비용	–각종 교육비 –여행 및 운동 경비 –종교활동과 관련된 경비 –각종 모임과 관련된 경비
항목 5 : 타인에게 지출되는 비용	–자녀, 손자녀에게 지출되는 비용 –각종 경조사비 –기타 이전지출

자료 : 주소현(2009), 『재무설계를 위한 행동재무학』, FP협회.

Benefit Research Institute, 2006)에서는 직업과 소득수준에 따라서 소득대체율의 범위는 60~120%까지도 된다고 보고하였다.

소득대체율은 실제 노후설계 필요자금 자료를 구체적으로 구할 수 없을 때 유용하게 사용될 수 있다. 구체적인 생활비의 설정이 이루어지지 않은 경우에는 다양한 소득대체율을 사용하여 여러 가지 대안을 도출할 수 있다. 하지만, 모든 사람들에게 일반적으로 적용되는 소득대체율이 존재하는 것은 아니다. 가급적이면 각 개인의 상황에 맞는 생활비의 설정이 필요하다.

만약에 은퇴 시점까지 자녀 교육이나 결혼 문제가 끝나지 않았다면 그 자금은 별도로 마련해야 한다. 또한 젊었을 때 건강하던 사람도 노후에는 병원을 찾는 일이 많아질 수 있으므로 의료비 및 비상금도 포함하여 생각해야 한다. 여가생활비용으로 취미활동이나 여행, 문화활동 등에 드는 비용은 각 개인마다 다르다. 각 생활비의 수준은 거주지역, 취미생활 정도, 라이프스타일 등 관련 변수가 많으므로, 개별적으로 결정하는 것이 좋다.

(4) 은퇴 시점에 필요한 자금 계산

은퇴 시점이 결정되고 노후기간과 생활비가 예측되면 노후기간 동안 사용하게 되는 총자금을 계산하여 은퇴 시점의 가치로 환산한다. 노후설계는 노후기간 동안에 필요한 자금을 은퇴 시점(즉, 더 이상 근로소득이 없게 되는 시점)까지 장만하는 것을 목표로 하기 때문이다. 따라서 은퇴 이후 노후기간 동안에 사용할 생활비를 은퇴 시점의 가치로 환산하게 되면 이러한 자금은 은퇴자금 목표액이 된다. 은퇴자금 목표액을 계산할 때에는 화폐의 시간가치에 대한 이해가 필요하다. 화폐의 시간가치에 대한 자세한 내용은 투자설계를 참조하면 된다.

물가상승률과 더불어 투자수익률에 대한 고려도 필요하다. 은퇴자금으로 투자하는 금액은 매년 투자수익률만큼 이자를 생성하기 때문에 실제로 필요하게 되는 금액은 단순히 생활비를 노후기간만큼 합산한 금액이 아니다. 예를 들어 투자수익률이 연 4%라면 올해의 1억원은 내년에는 1억 400만원이 되며 35년 후에는 3억 9,461만원이 되는 것이다.

따라서 노후생활비 전체를 계산하려면 은퇴 이후 물가상승률을 감안한 매년 생활비의 은퇴기간 동안 총액을 합산하면 은퇴 이후 사용되는 노후생활비 총액이 된다. 그러나 이렇게 계산한 금액을 은퇴 시점인 65세까지 모두 모아야 하는 것은 아니다. 왜냐하면 65세의 시점에서 준비된 자금은 그해의 생활비로 일부를 지출한 후 나머지 자금은 매년 투자수익률만큼 늘어나기 때문이다. 그래서 은퇴 이후의 매년 노후생활비를 투자수익률로 할인하여 은퇴 시점의 현재가치를 계산하고 이를 합산한 것이 결국은 65세의 은퇴 시점까지 모아야 하는 노후생활 준비자금이 되는 것이다. 이때에는 물가상승률을 감안한 투자수익률을 사용하게 되는데 이러한 과정을 계산하기 위한 수학적인 단계를 표현하면 아래와 같다.

> 은퇴 시점의 생활비 = 현재가치로 응답한 예상 생활비 × $(1+i)^m$
>
> 여기서, m=은퇴 시점까지의 기간, i=물가상승률

은퇴기간 동안의 생활비의 은퇴 시점 현재가치(은퇴자금 목표액) =

$$\text{은퇴 시점의 생활비} \times \left(\frac{1-\left(1-\frac{k}{1+k}\right)^{n}}{\frac{k}{(1+k)}} \right)$$

여기서, $k=\left(\frac{1+r}{1+i}-1\right)\times 100$(물가상승률을 감안한 투자수익률),

r=투자수익률, i=물가상승률, n=은퇴 이후 기대여명

(5) 은퇴 시점에 필요한 자금의 현재가치 계산

앞서 은퇴자금 목표액이 설정되면 그 목표액을 지금 시점으로 환산하여 얼마가 되는지를 파악한다. 이 과정은 현재 준비한 자금이 있는 경우에 반드시 필요한 단계이다. 현재 준비된 자금을 제외한 부족자금을 계산하기 위해서이다. 만일 현재 준비된 자금이 없다면 은퇴자금 목표액을 은퇴 시점까지 장만하는 계획을 마련하면 된다. 그러한 계획은 적립식으로 일정 금액을 꾸준히 적립하는 방법도 있고 현재 목돈을 마련하여 은퇴자금으로 거치해 두는 방법도 있다.

(6) 부족자금 계산

은퇴자금 목표액을 현재가치로 계산하고 현재까지 준비된 자금을 차감하면 부족자금이 계산된다. 이렇게 계산된 부족자금은 현재가치로 은퇴자금 목표액을 마련하려 할 때 부족한 자금이 된다. 부족자금은 은퇴 후 필요한 생활비를 계산한 후 현재 준비한 자금이 은퇴 시점까지 얼마가 될 것인지를 계산하여 이를 차감하여 계산할 수도 있다. 이때는 은퇴 시점까지 추가로 준비해야 할 부족자금이 계산되는 셈이다.

(7) 계산 예시

지금까지 설명한 내용을 예로 들어서 계산과정과 함께 살펴보면 아래와 같다. 예를 들어 올해 35살 동갑내기인 A씨 부부의 은퇴설계를 위한 계산을 살펴보자. A씨 부부는 A씨가 65세 되는 해에 은퇴할 계획이다. 은퇴 이후의 생

활비를 예측한 결과 공적연금 수령액을 제외하고 현재가치로 월평균 200만원의 자금을 개인 저축으로 마련하려고 한다. 현재 은퇴를 위한 준비자금으로 활용할 수 있는 것은 만기가 된 적금액 1,000만원이 있다. A씨 부부의 은퇴자금 목표액과 부족자금을 계산해 보자.

먼저 A씨의 은퇴 시점은 65세로 설정되었다. 은퇴 시점이 설정되었으므로 A씨와 부인의 노후기간을 예측해야 한다. 노후기간을 예측하는 데에는 다양한 자료를 사용할 수 있다. 2019년 생명표를 사용한다면 현재 35세인 남성의 기대여명은 약 46.1년, 여성의 기대여명은 약 52년이다. 하지만 현재 65세인 남성과 여성의 기대여명은 각각 19년과 23년이다. 따라서 현재를 기준으로 한다면 A씨의 노후는 약 16년이며 부인의 노후는 약 22년 정도가 된다. 하지만 A씨가 65세까지 생존한 경우의 노후는 지금 현재 예측하는 것보다는 길어질 것이다. 기대여명은 연령이 증가하여 생존할수록 길어지게 된다. 이러한 점을 감안한다면 현재 연령에서 노후기간을 설정할 때에는 기대여명보다 길게 설정하는 것이 바람직하다. 따라서 A씨의 경우 노후를 15년으로 부인의 노후를 20년으로 예측하고자 한다.

노후기간의 월평균 생활비는 공적연금 수령액을 제외하고 200만원으로 설정하였다. A씨의 경우 A씨 사망 이후 배우자의 생활비는 200만원보다 적을 것으로 예측한다. 따라서 A씨 사망 이후 5년간의 생활비는 200만원의 70% 수준인 140만원을 목표로 하겠다.

A씨와 A씨 부인의 노후생활비를 충당하기 위한 은퇴자금 목표액을 앞서 설명한 식으로 계산해 보자. 은퇴자금 목표액의 계산을 위해서는 물가상승률과 투자수익률에 대한 가정이 필요하다. A씨 부부의 위험수용성향과 과거의 물가상승률 자료 등을 바탕으로 가정치를 설정한다. 본 예시에서는 물가상승률을 3%로 설정하고, 은퇴기간 동안의 투자수익률은 6%로, 은퇴 저축기간 동안의 투자수익률을 9%로 설정하였다.

이러한 계산과정을 도식으로 설명하면 다음과 같다.

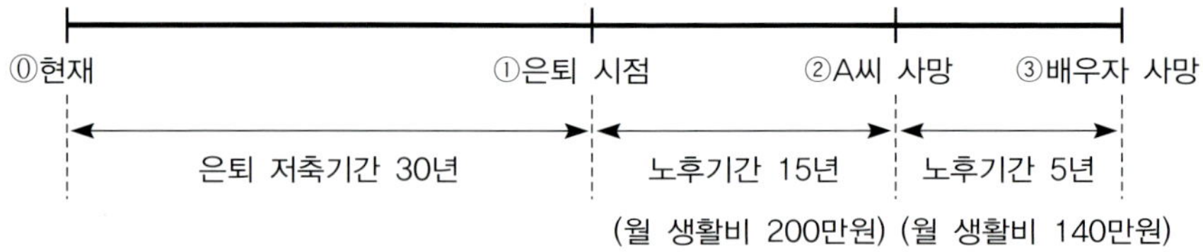

먼저 ① 은퇴 시점에서 현재가치로 응답한 예상 생활비가 얼마인지를 계산한다. 이때 ①에서 ②시점까지는 매월 200만원의 생활비가 들고 ②시점 이후부터는 140만원의 생활비가 든다는 점을 명심해야 한다. 본 예시에서는 독자들의 이해를 돕기 위해 먼저 ①에서 ②시점까지의 생활비를 충당하기 위한 자금을 계산하고 ②에서 ③시점까지의 생활비를 충당하기 위한 자금을 계산하는 방법을 나누어서 설명하도록 하겠다.

부부가 동시에 생활하는 노후 15년의 생활비를 위한 은퇴자금 목표액을 계산하는 과정은 아래와 같다. 먼저 은퇴 시점의 생활비를 계산한다. 현재가치로 월 200만원의 생활비는 연간 생활비로 계산하면 2,400만원이 된다. 은퇴 시점까지의 기간이 30년이며 물가상승률을 3%로 했을 때 은퇴 시점의 1년 생활비는 약 5,825.4만원이다.

> 은퇴 시점의 생활비 = 현재가치로 응답한 예상 생활비 × $(1+i)^m$
>
> 여기서, m=은퇴 시점까지의 기간(30년), i=물가상승률(3%),
>
> 현재가치로 응답한 예상 생활비(200만원 × 12)

즉, A씨 부부가 은퇴한 첫해의 생활비는 5,825만원가량이 든다는 것이다. A씨 부부의 은퇴 두 번째 해에는 5,825만원이 3%의 물가상승된 금액(약 6,000만원)이 필요할 것이다. 하지만 앞서 설명한 대로 이러한 은퇴자금은 수익을 얻기 때문에 은퇴 시점에서의 투자 목표액(은퇴자금 목표액)을 계산할 때에는 물가상승률을 감안한 투자수익률을 이용한다. 앞의 식에 의하면 은퇴기간의 투자수익률은 6%이고 물가상승률을 3%로 했을 때 물가상승률을 감안한 투자수익률은 약 2.91%이다.

$$k = \left\{\left(\frac{1+r}{1+i}\right) - 1\right\} \times 100(\text{물가상승률을 감안한 투자수익률})$$

r=투자수익률(6%), i=물가상승률(3%)

이렇게 계산된 물가상승률을 감안한 투자수익률을 이용하여 은퇴기간 동안의 생활비의 은퇴 시점에서의 가치인 은퇴자금 목표액을 계산하면 약 7억 2,023만원이 된다.

$$\text{은퇴자금 목표액} = \text{은퇴 시점의 생활비} \times \left(\frac{1-\left(1-\frac{k}{1+k}\right)^{n}}{\frac{k}{(1+k)}}\right)$$

여기서, 은퇴 시점의 생활비=5,825만원, k=2.91%, n=15년(은퇴기간)

다음은, A씨의 배우자가 혼자 남게 되는 5년간의 생활비를 A씨 부부가 은퇴하는 시점인 ①의 가치로 계산하는 과정이다. 이 계산도 기본적으로는 위에서 설명한 단계와 같은 과정을 거치지만 기본적으로 이 계산에서 첫 번째 시점인 생활비가 사용되는 시기는 ①시점이 아닌 ②시점이기 때문에 ②시점을 중심으로 생활비와 목표액을 계산한 이후 이 금액을 다시 ①시점의 가치로 환산해 주는 작업이 부가적으로 필요하다. 즉, A씨의 배우자가 혼자 남아서 생활비를 사용하게 되는 첫 시점은 ②시점이다. 따라서 먼저 현재가치로 계산된 예상 생활비를 ②시점의 가치로 계산한다. 현재가치로 계산된 예상 생활비는 월 140만원이며 이는 연간 1,680만원이다. 동일한 물가상승률을 적용하였을 때 현재가치로 1,680만원은 ②시점(45년 이후)의 가치로 계산하면 약 6,353만원이 된다. 즉, A씨가 사망하고 배우자가 혼자 생활하게 되는 첫해의 생활비가 6,353만원가량이 든다는 것이다.

$$\text{②시점의 생활비} = \text{현재가치로 응답한 예상 생활비} \times (1+i)^{m}$$

여기서, m=②시점까지의 기간(45년), i=물가상승률(3%),
현재가치로 응답한 예상 생활비(140만원 × 12)

다음은 A씨의 배우자가 혼자 노후를 보내는 5년간의 필요자금을 ②시점의 가치로 계산한다. 물가상승률을 감안한 투자수익률은 앞의 계산 수치와 동일하다. 따라서 동일한 수치를 적용하여 ②시점에서의 필요자금을 계산하게 되면 약 3억 18만원이 된다.

$$②\text{시점 목표액} = ②\text{시점의 생활비} \times \left(\frac{1-\left(1-\frac{k}{1+k}\right)^{n}}{\frac{k}{(1+k)}} \right)$$

여기서, 은퇴 시점의 생활비=6,353만원, k=2.91%, n=5년(은퇴기간)

A씨의 배우자가 혼자 남게 되는 기간의 필요금액을 A씨 배우자가 혼자 생활하기 시작하는 시점의 가치가 3억 18만원이므로 이 금액을 다시 은퇴 시점의 가치로 환산하면 은퇴 시점까지 A씨와 A씨의 배우자를 위하여 저축해야 하는 은퇴자금 목표액을 계산할 수 있다. 이 금액을 은퇴 시점인 ①의 가치로 계산하면 약 1억 2,525만원이 된다. 따라서 은퇴 시점 ①에 A씨 부부를 위한 총 은퇴자금 목표액은 약 8억 4,549만원이 된다.

$$\text{은퇴 시점에서의 가치} = \frac{\text{미래가치}}{(1+r)^{m}}$$

그렇다면 이 금액은 현재가치로 하면 얼마나 되는 것일까? 은퇴 시점의 8억 4,549만원을 현재가치로 계산할 때에는 은퇴저축기간의 투자수익률을 9%를 적용하여 계산한다.

$$\text{은퇴자금 목표액의 현재가치} = \text{은퇴자금 목표액} / (1+r)^{m}$$

여기서 r=투자수익률(9%), m=은퇴 시점까지의 기간(30년)

연복리로 계산하였을 때 은퇴 시점의 8억 4,549만원은 현재가치로 하면 약 6,372만원이 된다. A씨 부부의 경우 현재 만기적금액 1,000만원이 있으므로 지금 당장 5,372만원을 더 마련하여 은퇴 시점까지 투자수익률 9%를 이룬다면 예상하는 은퇴 생활비를 마련할 수 있는 것이다.

하지만 지금 목돈으로 5,372만원을 마련하지 못한다면 은퇴 시점까지 8억 4,549만원을 마련하기 위한 저축을 해야 할 것이다. 현재 1,000만원이 있으므로 이를 감안하고 매월 저축하기를 희망한다면 A씨 부부가 매월 은퇴를 위해 저축해야 하는 금액은 약 38만원이 된다. 이때 계산한 투자수익률은 9%이며 월복리로 계산하였다. 따라서 수익률이 9%에 미치지 못한다면 A씨 부부가 매월 투자해야 하는 돈은 더 많아지게 된다.

3) 은퇴설계안의 작성

(1) 은퇴저축액의 타당성 검토

은퇴자금 목표액과 부족자금, 그리고 월 단위의 저축 목표액 등을 계산하였다면 개인의 자산상태와 현금흐름 현황을 고려하여 은퇴설계안을 작성한다. 은퇴설계안을 작성할 때에는 종합재무적인 측면에서 은퇴를 위한 저축액이 가능한지 여부를 살펴보아야 한다. 만일 개인의 현금흐름상 은퇴를 위한 저축액이 불가능하다면, 예를 들어 앞의 예시에서 설명한 A씨의 경우 매월 38만원을 저축하는 것이 불가능하다면, 다른 대안을 살펴보아야 한다.

(2) 다양한 대안 검토

다른 대안으로는 먼저 은퇴 이후의 소득 근원을 다양화시키는 방안을 살펴본다. 공적연금 이외에 기업연금에서 받게 되는 소득을 만들고 저축 이외의 소일거리 정도의 수입을 유지시키는 방안도 강구해 볼 수 있다. 이때 노후에 노동 강도가 약하면서 부업처럼 운영할 수 있는 창업도 노후준비가 될 수 있다. 편의점, 카페, 실버용품 전문점, 원룸 임대업 등 수익성보다는 육체적 노동 강도가 낮은 여가형이나 임대형태로서 위험도가 낮은 창업을 고려할 수 있다. 또한 은퇴 이후의 생활비를 줄이는 방안을 살펴본다. 은퇴생활에 필요한 다양한 지출 비목을 다시 한 번 검토하여 고정지출이 과다하게 책정된 것은 아닌지 변동지출을 감소시킬 수 있는지를 살펴보도록 한다. 또한 현재 개인이 소유하고 있는 자산을 활용할 수 있는 방법을 살펴본다. 현재 소유하고 있는 자산 중에서 은퇴자금으로 활용할 수 있는 자산이 있는지를 살펴보아 그러한 자산을 활용하는 방안을 강구한다.

그밖에 노년에 거주지를 지방으로 옮기면서 주택가격 차이로 노후자금의 부족부분을 충당하고 노후생활비를 줄이는 방법도 고려해볼 만하다. 나이가 들어갈수록 외로움을 느끼기 때문에 반대로 복잡한 시내로 들어와야 한다는 사람도 있다. 은퇴자를 위한 농촌 테마파크, 전원주택의 생활, 실버타운 입주 등 노년에 주된 거주지를 이동하여 노후를 준비하는 방법도 생각해 볼 수 있다. 다만, 실지로 적응하여 사는 데 불편하지 않을지 등을 점검하여 가족과 상의하는 것이 필요하다.

은퇴 저축의 수익률을 높이는 방안을 살펴보는 것도 대안이 된다. 은퇴자금과 저축액을 계산할 때 가정한 수익률을 현실적으로 더 높이는 방안이 있는지를 탐색해 보는 것이다. 노후설계안을 작성할 때 고려해 보는 이러한 다양한 대안은 개인이 가지고 있는 선호 및 가치, 성향과 큰 상관관계가 있다. 예를 들면 수익률을 높이기 위해서 고위험 상품에 투자하는 것을 제안하는 것이 개인의 위험수용성향에 맞지 않다면 무작정 수익률을 높이는 것보다는 다른 방안을 살펴본다. 또한 개인이 소유하고 있는 자산을 개인의 은퇴보다는 상속이나 증여를 위해 사용하기 원한다면 다른 대안을 살펴보아야 하는 것이다. 노후설계안을 작성할 때 다양한 대안을 제시하는 것은 개인으로 하여금 의사결정의 폭을 넓히는 역할을 할 수 있기 때문에 될 수 있으면 다양한 가능성을 타진해 보는 것이 좋다.

(3) 은퇴 시 필요한 자금을 준비하는 다양한 방안

노후설계안을 작성할 때에는 은퇴 시 필요한 자금을 준비하는 다양한 방안을 고려한다. 은퇴 필요자금을 준비하는 방법은 크게 금융상품으로 준비하는 것과 부동산 상품으로 준비하는 것 등으로 나누어서 살펴볼 수 있다.

① 금융상품으로 준비

금융상품으로 은퇴 필요자금을 마련하는 방법은 목돈을 예치하여 한꺼번에 준비하는 거치식 투자방법과 매월 일정한 금액을 저축하는 적립식 투자

한걸음 더 은퇴이민으로 노후생활을 준비하는 경우

노후에 편안한 생활을 즐기는 해법을 찾기 위해서는 해외로 시선을 돌려보는 방법도 있다. 우리나라에 비해 물가가 훨씬 낮아 생활비가 적게 들면서 쾌적한 환경과 따뜻한 기후를 즐길 수 있는 나라들이 있다. 최근에는 해외부동산 투자가 완화되면서 은퇴이민을 생각하는 사람들이 부쩍 늘고 있다.

그러나 언어소통의 문제, 외로움과 새로운 생활의 불안감, 현지의 치안문제 등 은퇴이민을 부담스럽게 만드는 요소들도 감안해야 한다. 언어, 기후, 문화, 물가, 거주환경은 우리나라에서 미처 생각하지 못했던 많은 문제들에 부딪히게 될 수 있다. 미리 세세한 부분까지 준비하고 반드시 사전 답사를 거치고 전문가의 상담을 받는 것이 좋을 것이다. 여유가 있다면 우리나라에 근거지를 두고 한국과 동남아 현지를 수개월씩 번갈아 거주하는 방법이 좋다고 한다.

방법으로 나뉠 수 있다. 앞의 예에서 현재 부족자금인 5,372만원을 예치하는 것이 거치식 방법이며 매월 38만원씩 저축하는 방법이 적립식 투자방법이다.

금융상품으로 은퇴 필요자금을 마련할 때에는 투자하는 상품이 확정금리형 상품인지 투자형 상품인지를 살펴본다. 확정금리형 상품의 경우에는 안전성이 있으나 기대수익률은 낮은 반면 투자형 상품은 기대수익률은 높지만 위험이 따른다.

은퇴 필요자금 마련을 위한 금융상품 중에서 연금은 유용한 상품이다. 연금은 매월 또는 매년 지출되는 금액을 정해진 기간 동안 규칙적으로 지급하는 금융상품이다. 따라서 연금을 활용하면 은퇴 이후 필요한 자금을 계획적으로 분배받고 지출금액을 통제하는 기능을 대신할 수 있다. 연금상품으로는 연금저축과 연금보험이 있다. 연금저축은 개인의 안정적인 노후생활 보장을 위해 세제혜택을 주는 상품으로 보험사를 비롯한 은행, 투신운용사, 우체국, 농협, 수협 등의 금융기관에서 취급하고 있는 상품이다. 연금저축은 은행의 연금저축신탁, 증권사의 연금저축펀드, 보험사의 연금저축보험 등의 상품이 있다. 연금저축상품은 가입연령에 제한이 없으며 최소 5년 이상 가입해야 하며 55세 이후 10년 이상 연금으로 수령해야 한다. 연금저축에 대한 세제혜택은 일정 한도의 소득공제 또는 세액공제가 있다.

연금보험은 생명보험회사에서 주로 취급하고 있는 상품으로 연금 수령방식은 매우 다양하다. 최근에는 평균수명이 점차 늘어나고 있기 때문에 연금을 사망 시까지 계속 받는 종신형 연금보험의 선택이 많아지고 있다. 연금보험은 일정한 요건을 갖추게 되면 이자와 연금수령액에 대한 비과세 혜택을 받을 수 있다. 적립식으로 보험료를 내는 경우 매월 150만원 이하로 5년 이상 납부하고 10년 이상 유지하면 세금이 없으며, 일시납으로 보험료를 내는 경우에는 총 1억원 이하로 납부하고 10년 이상 유지하여야 한다. 종신연금의 경우에는 55세 이후에 종신연금을 받아야 하며, 계약자, 피보험자, 수익자가 동일해야 한다.

은퇴 저축을 위한 금융상품 중에서 최근에 관심이 높아진 보험상품으로 변액연금과 변액유니버셜보험이 있다. 변액유니버셜보험은 은행처럼 납입과 인출이 자유로운 유니버셜 기능과 투자수익을 추구하는 투자기능에다가 보험회사의 보장기능이 함께 결합된 금융상품이다.

② 부동산으로 준비

과거부터 많은 사람들이 노후를 대비한 최고의 수단으로 부동산을 꼽았다. 안전성이 높아 원금이 보장되고 인플레이션으로 물가가 상승하면 그만큼 부동산의 가격도 상승하거나 임대수익률도 상승한다고 믿어 왔다. 그러나 고령화 시대의 부동산은 가격하락의 위험과 유동성 위험의 가능성이 높아진다. 부동산으로 자산을 관리하다가 임대수입이 낮아지거나 부동산 매각이 여의치 않으면 생활비가 부족하게 되어 노후생활에 위기가 올 수 있다. 따라서 부동산의 투자비중을 적절하게 조절할 필요가 있다. 부동산에서 나오는 임대수입도 노후를 위한 좋은 준비의 하나이지만 그 비중을 일정 수준 이내로 조정해야 한다는 전문가의 의견이 있다.

부동산을 활용한 노후생활 준비로 주택연금을 고려할 수 있다. 주택연금은 특별한 소득이 없는 고령자가 주택을 담보로 금융회사로부터 사망 때까지 매달 또는 일정 기간마다 생활자금을 연금형태로 대출받는 금융상품이다. 자세한 설명은 제4장을 참조하기 바란다.

(4) 노후설계안의 작성

앞서 행한 분석에 의해 다양한 대안을 검토하여 노후설계안을 작성한다. 노후설계안의 작성은 개인의 특성과 상황을 고려한 최적의 플랜을 도출하는 것이 중요하다. 노후설계안은 은퇴자금 목표액 마련을 위한 투자설계안으로 구성된다. 앞서 설명한 바와 같이 다양한 투자의 대안이 고려되며 다양한 투자대안에 대한 투자금액 할당을 포함한다. 은퇴를 위한 투자를 실행하기 위하여 예산을 작성하여 실제 소득과 지출을 통제하고 은퇴를 위한 저축을 실행할 수 있는 지침을 마련하여 각각의 투자대안에 대한 투자금액이 예산에서 벗어나지 않도록 한다. 노후설계안을 작성할 때에는 세제혜택을 극대화하는 방안을 염두에 둔다. 금융상품 중에는 노후의 생활안정을 위한 다양한 세제혜택이 주어진다. 그러한 상품을 적극적으로 활용하는 설계안을 작성하여 투자의 효과를 극대화할 수 있도록 해야 한다.

4) 은퇴설계안의 실행

노후설계안을 작성한 다음에는 그러한 설계안을 실행하는 단계에 진입한다. 노후설계안의 실행에서 가장 중요한 점은 설계안이 개인의 예산 안에서 설정되어 과도한 지출의 통제를 유발해서는 안 되며 설계안을 따를 수 있는 충분한 동기가 부여되어야 한다는 점이다. 은퇴의 준비는 빠르면 빠를수록 좋다. 화폐가 가지는 시간가치와 복리의 이자효과에 의해 은퇴 준비를 빨리 시작하는 것은 적은 돈으로 큰 금액을 준비할 수 있도록 해준다.

<표 9-4>에 나타난 복리의 효과는 은퇴 준비를 일찍 시작하는 것이 얼마나 이익이 되는가를 보여준다. 이 표에서 보면 A씨는 25세부터 10년간 매월 10만원씩 투자하여 총 투자금액이 1,200만원이며, B씨는 35세부터 10년간 15만원씩 투자하여 총 투자금액이 1,800만원, C씨는 45세부터 20년간 20만원씩 투자하여 총 투자금액이 4,800만원이다. 연이율이 각각 6%, 9%, 10%라고 가정할 때 투자를 가장 일찍 시작한 A씨의 경우 65세 은퇴한다면 가장 많은 자금을 확보할 수 있다. A씨가 투자한 원금이 가장 적다는 것을 생각할 때 일찍 투자를 시작하는 것은 은퇴에 큰 차이를 본다. C씨의 경우에는 A씨

표 9-4 | 은퇴 준비 : 복리의 효과

구 분	A씨(25세)	B씨(35세)	C씨(45세)
투자 시작시기	25세부터	35세부터	45세부터
총 투자기간	10년	10년	20년
월간 투자금액	10만원	15만원	20만원
총 투자금액	1,200만원	1,800만원	4,800만원
은퇴 시(65세) 자금			
이자율(연6% 월복리)	9,870만원	8,137만원	9,241만원
이자율(연9% 월복리)	28,506만원	17,443만원	13,358만원
이자율(연10% 월복리)	40,636만원	22,517만원	15,187만원

와 비교하면 20년 늦게 시작한 만큼 오랜 기간 큰 금액을 투자하였으나 65세 때의 자금은 가장 적은 것을 볼 수 있다.

따라서 노후를 위한 은퇴 준비는 될 수 있으면 빨리 시작하는 것이 바람직하다. 노후설계안을 작성하였다면 반드시 빠른 시일 내에 시작하도록 동기를 유발하는 것이 필요하다. <표 9-4>는 은퇴를 위한 투자에서 수익률이 어떠한 차이를 나타내는지를 보여준다. 이자율이 6%일 때와 9%일 때, 9%일 때와 10%일 때를 비교해 보면 작은 이자율의 차이도 장기간 투자하는 노후설계의 경우에는 큰 차이를 가져올 수 있다는 것을 보여준다.

5) 은퇴설계의 평가 및 수정

노후설계안을 실행한 이후에는 노후설계에 대한 주기적인 평가와 수정의 단계를 거친다. 이는 앞서 설명한 개인재무설계의 경우와 마찬가지로 실행 이후의 중요한 단계이다. 설계안을 실행하고 평가와 점검을 하지 않으면 목표가 달성되어가고 있는지, 문제점이 발생하지는 않았는지 등을 파악할 수 없다. 개인과 가계를 둘러싼 시장이 다양하게 변화할 뿐 아니라 개인들의 상황도 변화하기 때문에 노후설계의 실행 이후에는 평가와 점검, 그리고 그에 따른 수정이 필수적이다.

3절 노후를 위한 자금 마련 방법

1. 공적인 방법 - 공적연금

노후를 위한 제도는 흔히 3층 보장제도 혹은 다리가 3개인 의자(three legged stool)로 표현된다. 제1층은 국가가 담당하는 공적연금을 통해서 노후를 보장하고, 제2층은 기업이 퇴직금과 퇴직연금을 통해서 담당하고, 제3층은 개인이 저축을 통해서 준비하는 것이다. 이 중에서 1층은 공적연금, 2층과 3층은 사적연금에 속하며, 공적연금은 국민연금과 특수직역연금으로, 사적연금은 퇴직연금과 개인연금으로 나눌 수 있다.

우리나라의 이러한 연금제도는 <그림 9-2>와 같이 나타낼 수 있다. 본 절에서는 이러한 연금 중에서 공적연금인 국민연금과 특수직역연금에 대하여 살펴보고자 한다.

1) 국민연금

(1) 국민연금과 사회보장

국민연금은 국가가 보험의 원리를 사용하여 제정한 사회보험으로 가입자, 고용주 및 국가가 일정의 보험료를 부담하고 그러한 보험료를 바탕으로 노후 생활비를 지원해주고, 주 소득자의 사망이나 장애 발생 시 가족의 생활비를 지원해주는 사회보장제도의 하나이다. 국민연금은 제5장의 사회보험에서도 설명되었으므로 본 장에서는 제5장에서 설명된 부분 이외의 부분을 다루도록 하겠다.

(2) 국민연금제도의 도입

우리나라 정부는 1973년 국민복지연금법을 제정·공포하였으나 그해 발생한 석유파동 등의 경제위기로 인하여 국민연금제도의 실행이 무기한 연기되었다. 이후 1986년 종전의 국민복지연금제도를 수정하고 보완하여 1988년 1월부터 본격적으로 시행되었다. 1987년 국민연금제도의 기금운용 등을 위하

그림 9-2 | 우리나라의 연금제도

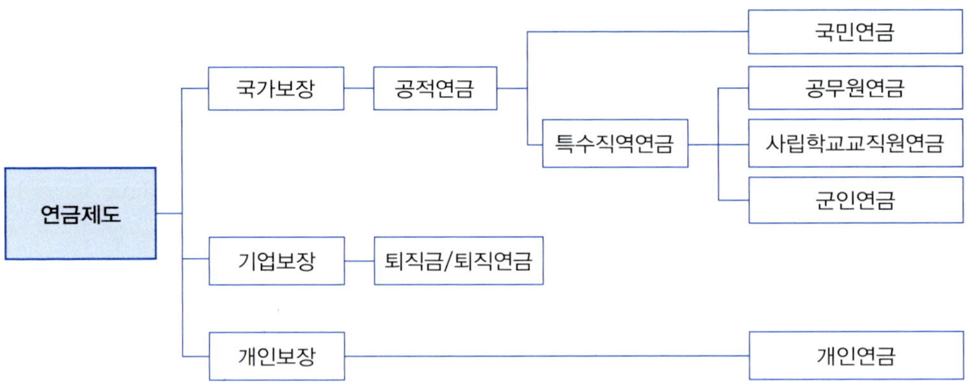

자료 : 금융감독원(n.d.) 퇴직연금 종합안내, 우리나라의 연금체계.

여 국민연금공단이 설립되었으며 국민연금제도는 우선적으로 10인 이상 사업장에서 근무하는 18세 이상 60세 미만의 근로자와 고용자를 대상으로 실시하였다. 1992년에는 5인 이상 사업장으로 적용대상을 확대하였으며, 1995년에는 농어촌지역, 1999년에는 도시지역의 확대적용이 실시되었다. 2006년부터는 사업장의 범위를 근로자 1인 이상 사업장으로 확대하였다. 이후 2009년부터는 공적연금 연계제도를 실시하였고, 2016년부터 실업크레딧 제도를 도입하고 경력단절 여성 대상의 추후납부를 확대하는 등 연금의 사각지대를 완화하려는 노력을 해왔다.

(3) 국민연금 가입자

국민연금의 가입자는 원칙적으로 18세 이상 60세 미만의 개인이며, 크게 사업장가입자, 지역가입자, 임의가입자, 임의계속가입자로 나눈다.

① 사업장가입자

사업장가입자란 국민연금의 당연적용 사업장에 근무하는 개인을 말한다. 당연적용 사업장은 1인 이상의 근로자를 사용하는 사업장, 혹은 주한 외국기관으로 1인 이상의 대한민국 근로자를 사용하는 사업장을 말한다. 따라서 사업장가입자는 이러한 당연적용 사업장에서 근무하는 18세 이상 60세 미만의 사용자와 근로자를 말한다. 하지만 아래와 같은 경우는 사업장가입자의 대상에서 제외된다.

- 만 18세 미만이거나 만 60세 이상인 사용자 및 근로자. 다만, 18세 근로자인 경우는 2015년 7월 29일부터 사업장가입자의 적용대상이 되나 본인이 희망하는 경우 적용제외될 수 있음.
- 공무원연금, 군인연금, 사립학교교직원연금 가입자 등 타 공적연금 가입자
- 공무원연금법 · 사립학교교직원연금법 또는 별정우체국법에 의한 퇴직연금 · 장해연금 또는 퇴직연금일시금 수급권을 취득하거나 군인연금법에 의한 퇴역연금 · 상이연금 또는 퇴역연금일시금의 수급권을 취득한 자
- 일용근로자나 1개월 미만의 기한을 정하여 사용되는 근로자. 다만, 1개월 이상 계속 사용되면서, 1개월간 근로일수가 8일 이상 또는 근로시간이 60시간 이상인 사람은 근로자에 포함
- 소재지가 일정하지 아니한 사업장에 종사하는 근로자
- 노령연금수급권을 취득한 자 중 60세 미만의 특수직종근로자
- 조기노령연금 수급권을 취득한 자(다만, 소득 있는 업무에 종사하게 되어 그 지급이 정지중인 자는 가입대상임)
- 1개월 동안의 근로시간이 60시간(주당 평균 15시간) 미만인 단시간근로자. 다만, 해당 단시간근로자 중 다음의 자는 국민연금 가입대상임.
  - 3개월 이상 계속하여 근로를 제공하는 사람으로서 고등교육법 제14조 제2항에 따른 강사, 3개월 이상 계속하여 근로를 제공하는 사람으로서 사용자의 동의를 받아 근로자로 적용되기를 희망하는 자, 둘 이상 사업장에 근로를 제공하면서 각 사업장의 1개월 소정근로시간의 합이 60시간 이상인 사람으로서 1개월 소정근로시간이 60시간 미만인 사업장에서 근로자로 적용되기를 희망하는 사람

② 지역가입자

국내에 거주하는 18세 이상 60세 미만의 사업장가입자가 아닌 사람은 지역가입자가 된다. 하지만 다른 공적연금에서 퇴직연금(일시금), 장애연금을 받는 퇴직연금 수급권자, 국민기초생활보장법에 의한 수급자, 소득활동에 종사하지

않는 사업장가입자 등의 배우자, 보험료를 납부한 사실이 없고 소득활동에 종사하지 않는 27세 미만인 사람은 지역가입자의 적용제외 대상이다. 따라서 18~27세 사이이더라도 국민연금보험료를 납부한 사실이 있는 사람은 소득활동을 하지 않더라도 지역가입자의 적용대상이므로 소득이 없는 경우 증빙을 갖추어 납부예외를 신청하여 보험료 납부의 부담을 완화할 수 있다.

③ 임의가입자와 임의계속가입자

사업장가입자나 지역가입자가 될 수 없는 사람도 18세 이상 60세 미만인 경우 본인의 희망에 의해 임의가입자가 될 수 있다. 또한 가입기간이 짧지만 연령이 60세가 되어서 국민연금 가입자 자격을 상실한 경우에도 가입기간을 연장하여 더 많은 연금을 받기 원하는 경우는 65세에 도달할 때까지 임의계속가입자가 될 수 있다. 이 경우는 본인의 희망에 따라 신청을 하여야 한다.

(4) 국민연금보험료

국민연금보험료는 법에 근거하여 정한 국민연금의 주된 재원이다. 연금보험료는 법에 근거하기 때문에 일정기간 납부하지 않으면 연금보험료의 2~5%의 연체금이 가산된다. 연금보험료의 가입자의 자격 취득 시 신고 또는 정기결정에 의해 결정되는 기준소득월액에 보험료율을 곱하여 산정된다. 기준소득월액이란 국민연금보험료 및 급여의 산정을 위하여 가입자가 신고한 소득월액에서 천원 미만을 절사한 금액으로 최저 금액에서 최고 금액이 정해져 있다. 국민연금보험료의 보험료율은 일정한 비율로 책정되어 있다. 예를 들어 보험료율이 9%인 2021년에는 기준소득월액이 2백만원인 가입자의 국민연금보험료는 18만원이 된다. 보험료의 납부 책임은 사업장가입자의 경우 사용자(고용주)와 근로자가 절반씩 부담한다. 하지만 농어업에 종사하는 지역가입자 또는 농어업인으로서 지역가입자에서 임의계속가입자로 된 경우에 한하여 연금보험료의 일부를 국고보조해 준다. 국민연금보험료의 납부액은 소득세법에 의하여 본인이 부담한 연금보험료 전액에 대하여 소득공제를 받는다.

(5) 국민연금의 연금

국민연금보험료를 내는 시기는 현재는 60세까지(1952년생 이전에 적용됨. 연금수급연령이 점차 상향되어 1953~1956년생은 61세 등으로 증가하여 1969년 이후 출생자부터는 65세가 될 예정)이다. 사업장가입자나 지역가입자나 모두 마찬가지다. 그러나 국민연금의 연금은 언제 어떤 이유로 받게 되는가에 따라 달라진다. 가장 일반적인 연금으로 가입기간 10년을 채우고 만 60세가 되면 '노령연금'을 받는다. 배우자나 18세 미만 자녀 같은 부양가족이 있으면 부양가족연금액이 기본연금액에 더하여 나온다. 이때 노령연금액은 연금산정식에 의해 도출되는 기본연금액에 가입기간별 지급률을 곱하여 계산되는데 가입기간이 10년인 경우 지급률은 50%가 되며 10년을 초과하는 1년마다 5%를 가산한다. 따라서 가입기간이 20년이 되면 연금산정식에 의한 기본연금액을 100% 받을 수 있다.

이때 연금수급기간을 채운 상태에서 60세에 도달하였다고 하더라도 65세 이전이면서 소득이 있는 일을 하는 경우에는 감액된 금액을 받게 된다. 또한 보험료를 10년 이상 냈는데 60세가 되기 전에 소득이 없고 55세 이상인 경우에는 신청에 의하여 '조기 노령연금'을 받을 수 있다.

연금 가입자가 질병이나 부상으로 장애를 입는 경우 장애연금을 받게 되는데 장애연금을 받다가 60세가 되면 노령연금과 장애연금 중 많은 것을 골라 받는다. '유족연금'은 보험료를 내던 가입자가 사망하거나, 보험료를 10년 이상 낸 가입자가 60세가 되기 전에 사망하거나, 노령연금을 받던 수급권자가 사망하면 가입자와 생계를 같이 하던 유족에게 지급되는 연금이다. 만약에 가입자가 최소 가입기간을 못 채우고 사망했거나 국적을 바꾸거나 이민을 가는 등 불가피한 사유가 생기면 "반환일시금"의 형태로 그동안 낸 보험료에 이자를 얹어 지급한다.

국민연금은 분할연금제도가 있어서 이혼한 배우자에게 혼인기간에 해당하는 연금액(부양가족연금액 제외한 금액)의 1/2(당사자간 합의 혹은 법원의 판결에 따른 비율을 적용할 수 있음)을 지급하도록 하고 있다. 혼인기간이 5년 이상이면서 배우자와 이혼하였고, 배우자였던 사람이 노령연금 수급권자이며, 본인이 60세(향후 연령 상향 규정 적용될 예정)가 되면 분할연금을 신청할 수 있다.

국민연금은 한 개인이 2개 이상의 급여를 받을 수 없도록 조정되는데 이것을 중복급여의 조정이라고 한다. 즉, 한 개인이 2개 이상의 국민연금 급여를 받게 되는 경우가 발생하면(예 노령연금과 유족연금) 이 중 하나만 선택하도록 하여 급여를 지급하는 것이다. 하지만 이러한 중복급여의 조정으로 인하여 실제 국민연금보험료를 내고도 연금을 지급받지 못하는 경우가 발생하게 되어서 선택하지 아니한 급여가 유족연금일 경우 선택한 급여와 유족연금의 30%를 지급(단, 선택한 급여가 반환일시금인 경우 유족연금액의 30%를 지급하지 않음)하고, 선택하지 아니한 급여가 반환일시금일 경우 선택한 급여를 전액지급하고 반환일시금은 '사망일시금 상당액'을 지급하는 중복급여 조정의 완화를 실행하고 있다.

또한 다른 법률에 의해서 유족연금을 지급할 사유가 발생하고 그것이 제3자의 가해행위인 경우 가해자로부터 손해배상액을 수령하게 되면 그 배상액 범위에서 연금지급이 정지되는 중복급여 조정이 발생한다. 이러한 조정은 근로기준법에 의한 장애보상 또는 유족보상을 받게 되는 경우에도 발생하게 되는데, 근로기준법에 의해 장애나 유족이 보상을 받게 되는 경우 국민연금에서는 장애 또는 유족연금의 1/2만을 지급받게 된다.

2) 특수직역연금

(1) 공무원연금

① 공무원연금제도의 개요

공무원연금은 공무원의 퇴직 또는 사망과 공무로 인한 부상, 질병, 장애 등에 대한 급여를 통해 공무원 및 그 유족의 생활안정과 복리향상을 꾀하는 제도이다. 공무원연금제도는 공무원에 대한 종합사회복지 기능을 수행하여 재해보상, 부조, 퇴직수당 및 후생사업 등을 제공한다.

공무원연금제도의 적용 대상은 (1) 국가공무원법 및 지방공무원법에 의한 정규공무원과 (2) 기타 국가 또는 지방자치단체에 근무하는 정규공무원 외의 공무원이다. 하지만 군인과 선거에 의하여 취임하는 공무원(대통령, 국회의원 등)은 공무원연금제도의 적용대상에서 제외된다.

② 공무원연금제도의 비용부담

공무원연금의 비용부담은 기여제 방식으로 공무원과 국가 또는 지방자치단체가 공동으로 부담하고 있다. 공무원연금의 보험료는 공무원이 매월 기준소득월액의 일정 비율을 납부하고 국가 또는 지방자치단체가 동일한 비율의 보험료를 납부한다. 단, 공무원연금 이외의 재해보상급여, 퇴직수당 및 재해부조금, 사망조위금 등의 비용은 전액을 국가나 지방자치단체가 부담한다.

③ 공무원연금제도의 재정방식

공무원연금제도의 재정은 적립방식(funded system)으로 설계되어 장래에 소요될 급여비용의 부담액을 제도가입기간 동안의 평준화된 보험료로 적립시키도록 계획된 재정방식이었으나 도입 이후 40여 년이 지나면서 수입과 지출에 심각한 불균형이 초래되었다. 따라서 2001년부터 급여부분의 부족분 전액을 국가가 부담하는 부과방식(Pay as you go)으로 전환하였다.

④ 공무원연금제도의 급여

공무원연금제도의 급여는 단기급여와 장기급여로 나뉜다. 단기급여는 요양급여와 부조급여를 포함하며, 장기급여는 퇴직급여, 장해급여, 유족급여, 퇴직수당 등이 있다. 장기급여 중에서 퇴직연금의 수급권은 공무원으로 10년 이상 재직하고 퇴직한 때에 발생되며 10년을 채우지 못한 경우에는 퇴직일시금이 지급된다. 퇴직연금수급권을 획득한 공무원의 경우에도 본인의 희망에 따라 일시금을 선택할 수 있으며(퇴직연금일시금), 10년 초과한 금액의 일부를 일시금으로 받고 나머지를 연금으로 받는 퇴직연금공제일시금을 선택할 수 있다.

(2) 사립학교교직원연금

① 사립학교교직원연금(사학연금) 개요

사학연금제도는 사립학교 교직원의 퇴직, 사망, 직무상 질병, 부상, 장애에 대하여 적절한 급여를 통해 교직원 및 유족의 생활안정과 복리향상을 목적으로 한다.

사학연금은 1975년 시작되었으며 부담률과 급여의 내용 등이 공무원연금 제도와 동일하다. 사학연금의 적용대상은 초등학교부터 대학교에 이르는 모든 사립학교와 사립특수학교, 이를 설치·운영하는 학교경영기관의 정규 교직원이다. 또한 사립학교 중 유치원, 기술학교, 공민학교 등의 정규 교직원과 법률에 의해 대학원을 설치·운영하는 연구기관의 교수 및 연구요원도 교육부의 지원을 받으면 대상이 될 수 있다.

② 사학연금의 부담금 납부

사학연금의 부담금은 사립학교 교직원 연금법에서 정하는 바에 따라서 납부하게 되는데 교직원 개인이 부담하는 개인부담금과 학교기관이 부담하는 법인부담금, 국가가 부담하는 국가부담금으로 이루어진다.

③ 사학연금의 급여

사학연금의 급여는 교직원이 재직 중에 받을 수 있는 단기급여와 교직원이 퇴직, 사망, 장애로 인하여 소득을 상실하였을 때 받을 수 있는 장기급여로 이루어져 있다. 단기급여는 부조적 급여인 사망조위금, 재해부조금, 직무상 요양비, 직무상 요양 일시금 등이 있다.

장기급여는 교직원이 퇴직, 사망, 장애 등으로 소득을 상실하였을 때 받는 급여로 퇴직급여, 유족급여, 장해급여, 그리고 퇴직수당을 포함한다. 이 중 퇴직급여는 퇴직일시금, 퇴직연금일시금, 퇴직연금, 퇴직연금공제일시금 등으로 재직기간에 따라 지급된다. 재직기간이 10년 미만인 경우에는 퇴직일시금을, 재직기간이 10년 이상인 경우에는 퇴직연금 혹은 퇴직연금일시금을 지급받을 수 있다. 국민연금과 마찬가지로 사학연금과 공무원연금도 분할연금제도를 운용하고 있다. 2016년 1월 1일 이후 이혼한 경우, 공무원 혹은 사립학교 교직원이었던 사람이 연금수급권을 확보하였고, 이혼한 배우자가 60세(연령 경과조치 적용으로 2033년부터는 65세가 되어야 함)가 된 경우 신청하여 분할연금을 수급받을 수 있다.

(3) 군인연금

① 군인연금 개요

군인연금은 군인의 퇴직, 사망, 요양 시 본인이나 그 가족의 생활안정과 복리향상을 위한 제도로 국방부장관이 운영하며 기여금을 납부하는 군인인 부사관, 준사관, 장교에 대해서 적용된다. 하지만, 군인연금법상의 급여 중에서 사망보상금과 장애보상금은 기여금을 납부하지 않는 병사에 대해서도 지급된다.

② 군인연금법상의 기여금 납부

군인연금제도는 군인이 납부한 기여금, 정부의 부담금, 일반회계의 보전금으로 운영되고 있다. 군인연금의 기여금은 공무원연금과 마찬가지로 군인과 정부가 절반씩 비용을 부담한다. 현재 군인연금은 기금이 마련되어 운용되고 있지만 군인연금의 운영에서 적자분은 국가에서 보전한다.

③ 군인연금법상의 급여

군인연금법상의 급여는 퇴직급여, 유족급여, 재해보상급여, 재해보상금, 퇴직수당으로 구분된다. 군인연금의 퇴직급여는 사학연금의 퇴직급여와 마찬가지로 퇴직연금, 퇴직연금일시금, 퇴직연금공제일시금으로 구성되어 있다. 군인이 19년 6개월 이상 복무하고 퇴직한 경우에는 퇴직연금이나 퇴직연금일시금을, 20년을 초과하여 복무한 경우에는 퇴직연금과 함께 일정기간에 대한 연금을 일시금으로 받을 수 있는 퇴직연금공제일시금을 받을 수 있다.

유족연금은 퇴직연금 또는 상이연금의 지급대상이었던 군인이 사망한 경우에 그 가족에게 지급되는 것으로 퇴직연금의 일정 비중을 지급받는다. 재해보상급여와 재해보상금은 군인이 질병에 걸리거나 부상을 당했을 때 혹은 재해로 사망한 경우에 지급받는다. 재해보상금은 사망보상금과 장애보상금으로 나누어서 지급한다. 퇴직수당은 군인이 1년 이상 근무하고 사망하거나 퇴직한 때에 지급하는 것으로 복무기간에 따라서 차등지급한다.

3) 공적연금 연계제도

국민연금, 공무원연금, 사학연금은 가입기간이 10년 이상, 군인연금은 19년 6개월 이상이 되어야만 연금을 지급받을 수 있다. 이러한 최소가입기간을 채우지 못하는 경우에 급여는 일시금으로 지급되어 왔다. 하지만 2009년 8월 7일 「국민연금과 직역연금의 연계에 관한 법률」이 시행됨에 따라 국민연금 가입기간과 직역연금 가입기간을 합하여 20년 이상이면 65세부터 연금을 지급받을 수 있도록 하였다. 국민연금 가입자가 2007년 7월 23일 이후 직역연금으로 이동하였거나, 2009년 8월 7일 이후 국민연금과 직역연금 간 이동하였거나, 2009년 2월 6일(법 공포일) 당시 직역연금 가입자가 이후 다른 직역연금이나 국민연금으로 이동한 개인은 두 연금을 연계하여 가입기간이 20년 이상인 경우 신청에 의하여 노령연금 또는 퇴직연금을 지급받을 수 있게 된 것이다. 단, 법률의 시행시점과 관련하여 직업 간 이동시기의 예외를 두고 있기 때문에 자신이 연계제도 적용대상이 되는지를 확인해 볼 필요가 있다.

연계를 희망하는 경우에는 가입되었던 기관 중에서 편리한 곳을 선택하여 신청할 수 있으나 일단 연계신청을 하면 취소할 수 없기 때문에 연계신청 이후 충분한 가입기간을 확보할 수 있는지, 연금을 받을 것인지 등을 면밀히 따져본 이후에 신청하는 것이 바람직하다.

2. 직장을 통한 방법 - 퇴직연금

퇴직연금제도는 기업이 근로자의 노후소득보장과 생활안정을 위해 근로자 재직기간 중 퇴직금 지급재원을 외부의 금융기관에 적립하고, 이를 기업 또는 근로자의 지시에 따라서 운용하여 근로자 퇴직 시 연금 또는 일시금으로 지급하는 기업의 종업원 복지제도이다. 이 절에서는 퇴직연금의 도입과 특징, 퇴직연금의 유형 등에 대하여 살펴본다.

1) 퇴직연금제도의 도입

우리나라는 1961년 법정퇴직금제도를 정하여 유지해 왔다. 하지만 퇴직금제도는 은퇴 이후의 생활안정이나 노후소득보장의 역할에 미흡한 점이 존재해 왔다. 먼저 퇴직금제도하에서 기업체가 도산하는 경우에는 근로자의 퇴직금에 대한 보장이 이루어지지 않았다. 퇴직금의 기금은 대부분 사내에 적립되는 경우가 많았기 때문이다.

또한 퇴직금은 일시에 지급되기 때문에 노후자금으로 사용되지 못하는 경우가 많았으며 퇴직금 중간정산제도의 도입 이후에는 노후까지 퇴직금을 적립하지 않는 경우가 많았다. 우리나라의 경우 전체 근로자의 평균근속연수가 짧아서(예를 들면, 2018년 통계청의 조사에 의하면 6년 1개월) 퇴직금이 노후의 자금으로 사용되지 않았음을 짐작할 수 있다.

퇴직금제도는 근로자 5인 이상 사업장을 대상으로 하고 있어서 근로자가 4인 이하인 경우에는 적용되지 않는 문제점도 있다. 또한 기업의 입장에서는 퇴직금에 대한 실질적인 비용 예측이 어려워서 퇴직금 급여가 예측보다 많은 경우에 일시적인 재무부담이 가중되어 왔다.

따라서 이러한 문제점을 보완하고 개인의 노후생활에 대한 실질적인 보장을 강화하는 측면에서 2001년 7월 노사정위원회에서 퇴직연금에 대한 논의가 시작되었다. 이후 2004년 12월 29일 「근로자퇴직급여보장법」이 의결되어 2005년 12월 1일부터 퇴직연금제도가 시행되었다.

2) 퇴직연금제도의 특성

(1) 퇴직연금제도 개요

① 퇴직연금제도 실시

퇴직연금제도의 실시로 인하여 1인 이상의 사업장의 사용자(사업주 등)는 퇴직급여제도인 퇴직금제도와 퇴직연금제도 중 하나 이상의 제도를 설정해야 한다. 하지만 퇴직연금제도는 노사합의에 의해 자율적으로 도입하는 제도로 강제성은 없다. 따라서 기존의 퇴직금제도를 모두 퇴직연금제도로 전환해야 하는 것은 아니며 퇴직금제도를 그대로 유지해도 된다. 또한, 별도의 퇴직급여제도를 신설하지 않은 경우는 기존의 퇴직금제도를 유지한 것으로 간주된다.

② 근로자 대표의 동의

퇴직급여제도를 설정하거나 변경하기 위해서는 근로자 대표의 동의를 얻어야 한다. 근로자 대표의 동의를 얻지 못하는 경우에는 퇴직금제도가 적용이 된다. 또한 동일 사업장이라도 일부 근로자에 대해서는 퇴직금제도를, 다른 근로자에 대해서는 퇴직연금제도를 설정할 수 있고 2개 이상의 퇴직연금제도를 설정하는 것도 가능하다. 이때 근로자 대표란 근로자 과반수로 이루어진 노동조합, 혹은 근로자의 과반수를 뜻한다.

③ 퇴직연금제도의 가입절차

먼저 현행 퇴직연금제도(확정급여형, 확정기여형, 개인형 퇴직연금제도) 중 하나를 근로자 대표의 동의를 얻어 설정한다. 이때 퇴직연금제도를 설정하기로 한 경우 사용자는 근로자 대표의 동의를 얻어 규약을 작성하고 이를 고용노동부장관에게 신고한다. 퇴직연금 규약을 작성하여 신고한 후 사용자는 퇴직연금사업자와 퇴직연금업무(운용관리업무와 자산관리업무로 나뉨)의 수행을 내용으로 하는 계약을 체결한다.

기본적으로 퇴직연금제도를 도입하면 외부 금융기관에 사용주가 부담한 퇴직연금 적립금을 보관하면서 적절한 금융자문을 받아 수익률을 달성하여 퇴직 시점에 연금 또는 일시금의 형태로 근로자에게 퇴직연금을 지급하게 된다. 따라서 종전의 퇴직금제도와는 달리 퇴직연금의 재원을 사외에 적립하도록 한 것이 근로자의 퇴직연금 수급권을 강화한 것으로 볼 수 있다.

④ 퇴직연금제도의 종류

퇴직연금제도의 종류는 확정급여형(Defined Benefit), 확정기여형(Defined Contribution), 그리고 개인형 퇴직연금제도(Individual Retirement Pension)의 세 가지로 구성되어 있다.

확정급여형 퇴직연금은 근로자의 퇴직급여가 확정된 것으로 퇴직연금 적립금의 운용방식을 사용자가 결정하게 된다. 확정기여형 퇴직연금은 사용자의 적립금 수준을 확정한 것으로 퇴직연금 적립금의 운용방식은 근로자 개개인의 선호를 반영하여 근로자가 결정한다. 개인형 퇴직연금제도는 근로자 명의의 퇴직계좌를 두어 일시금으로 받는 퇴직금 혹은 퇴직연금을 은퇴시기까지 운용할 수 있도록 만든 것을 말하며, 근로자의 책임과 권한에 의해 적립금을 운용한다.

⑤ 퇴직연금제도의 주요 특징

퇴직연금제도는 하나의 사업장 안에서 근로자 간의 퇴직급여제도의 급여 및 부담금 수준에 차등을 허용하지 않는다. 앞서 설명한 바와 같이 하나의 사업장 안에서 퇴직금제도, 확정급여형 퇴직연금제, 확정기여형 퇴직연금제 등을 다양하게 설정할 수 있으나 급여나 부담금에는 차등을 두어서는 안 된다.

퇴직연금제도의 또 다른 특징은 근로자에 대한 교육이다. 퇴직연금제도는 사용자의 의무사항으로 확정급여형 및 확정기여형을 도입한 사업장의 근로자에게 년 1회 이상의 퇴직연금 교육을 하도록 하였다.

퇴직연금제도는 중도인출의 규정을 강화하였다. 퇴직금의 중간정산이 실질적으로 노후소득재원으로 사용되지 못하는 점을 보완하기 위하여 퇴직연금의 중도인출은 법이 정하는 요건에 합당한 경우에만 가능하도록 하였다. 퇴직연금의 중도인출이 가능한 경우는 법에 의하여 정해 있으며 정해진 사유가 있는 경우 확정급여형의 경우는 적립금의 50%에 한하여 담보대출을 가능하게 하였고, 확정기여형 퇴직연금과 개인퇴직계좌의 경우는 적립금의 50%에 한하여 담보대출 또는 중도인출이 가능하게 하였다. 중도인출이 가능한 사유는 무주택자인 가입자가 본인의 명의로 주택을 구입하는 경우, 주거를 목적으로 전세금 또는 주택임차보증금을 부담하는 경우, 가입자나 부양가족이 6개월 이상 요양이 필요한 경우, 가입자가 5년 이내에 파산선고를 받거나 개인회생절차개시결정을 받은 경우 등이다.

(2) 퇴직연금제도의 장점

퇴직연금제도는 기존 퇴직금제도의 단점을 보완한 것으로 사용자와 근로자 모두에게 다양한 장점이 있다.

① 근로자 측면에서 퇴직연금제도의 장점

먼저 근로자에게 해당하는 장점을 살펴보면 퇴직연금제도는 근로자의 퇴직연금을 사외에 적립하도록 하였기 때문에 퇴직금 수급권이 강화된다는 장점이 있다. 기존의 퇴직금 제도하에서는 기업이 도산할 경우 퇴직금을 받지 못하는 경우가 많았다. 하지만 퇴직연금제도는 매년 퇴직금 해당액을 사외에 적립하도록 하고 있으므로 퇴직금 수급권이 강화되었다.

또한 퇴직연금제도는 개인이 이직을 하거나 중간정산으로 받는 퇴직금을 지속적으로 통합관리하여 은퇴 시까지 자금을 늘려나갈 수 있는 장치를 마련해 주었다. 근로자가 직장을 옮길 때에 받는 퇴직금 일시금은 개인퇴직계좌에서 관리하여 세제혜택을 받으면서 은퇴 시까지 적립금을 늘려나갈 수 있게 되었다.

근로자에게 다양한 선택권을 주었다. 금융환경의 변화에 따른 금융소비자의 선호변화를 고려하여 다양한 형태의 퇴직연금제도가 소개되었으며 확정기여형이나 개인퇴직계좌의 경우는 근로자 스스로에게 적립금의 운영방식을 선택할 수 있는 기회를 주었다. 따라서 개인의 퇴직계좌에 대한 맞춤설계가 가능하다.

퇴직연금제도는 세금혜택을 주어서 확정기여형 퇴직연금 또는 개인형 퇴직연금 계좌에 근로자가 추가로 납부하는 저축액이 있는 경우에는 일정 금액에 대한 소득공제 또는 세액공제의 혜택을 준다. 2021년 현재에는 소득 수준 및 연령에 따라 700만원(900만원) 한도로 12%(15%)의 세액공제를 적용한다. 따라서 은퇴저축을 장려하는 기제가 될 수 있다.

② 사용자 측면에서 퇴직연금제도의 장점

사용자 측면에서는 우선 퇴직급여제도를 다양하게 운영할 수 있다는 장점이 있다. 최종 3개월간의 평균임금을 기준으로 하는 퇴직금제도와 비교할 때 퇴직연금제, 성과주의 임금제도, 임금피크제 등을 도입하는 데에 퇴직연금제도가 적절하게 사용될 수 있다.

또한 퇴직연금제도는 정기적인 퇴직연금제도의 부담금 납부로 퇴직급여와 관련된 비용의 부담을 평준화할 수 있다. 따라서 비용에 대한 예측 및 재무관리가 쉽다. 또한 퇴직금이라는 부채의 비율을 개선하여 기업의 재무건전성을 높일 수 있다. 뿐만 아니라 퇴직연금제도의 기업 측 부담금 납입액은 손금으로 인정되어 법인세 절감효과가 있다. 퇴직금제도만으로 운영할 경우 기업의 재무구조가 악화되는 경우에는 퇴직금 등을 체불할 위험이 있으며 퇴직금의 체불은 기업의 법적 위험이 수반되게 된다. 하지만 퇴직연금제도는 근로자의 퇴직급여를 금융기관에 적립시키게 되므로 퇴직금체불에 따른 법적 위험을 감소시킬 수 있다.

(3) 퇴직연금제도의 세제혜택

퇴직연금제도에 대한 과세는 퇴직연금의 적립금 납부, 운용수익의 발생, 퇴직연금 수령의 3단계로 나누어 살펴볼 수 있다. 각 단계에서 과세 여부는 세금을 현재의 세율로 과세하는가 혹은 세금을 면제하고 이후로 이연하는가에 따라 다양한 유형으로 나뉠 수 있다.

우리나라의 경우 퇴직연금제도가 도입되어 있는 다른 나라와 마찬가지로 적립금 납입단계와 운용수익 발생단계에서는 과세를 이연하고(Exempted), 연금수령의 단계에서 과세하는(Taxed) E-E-T방식을 적용하고 있다. 적립금 납입단계와 운용수익 발생단계에서 세금을 이연하는 것은 근로자의 소득이 상대적으로 높은 납입단계와 적립금 운용단계에서 세금을 이연하는 것이므로

그림 9-3 | 퇴직연금제도의 과세

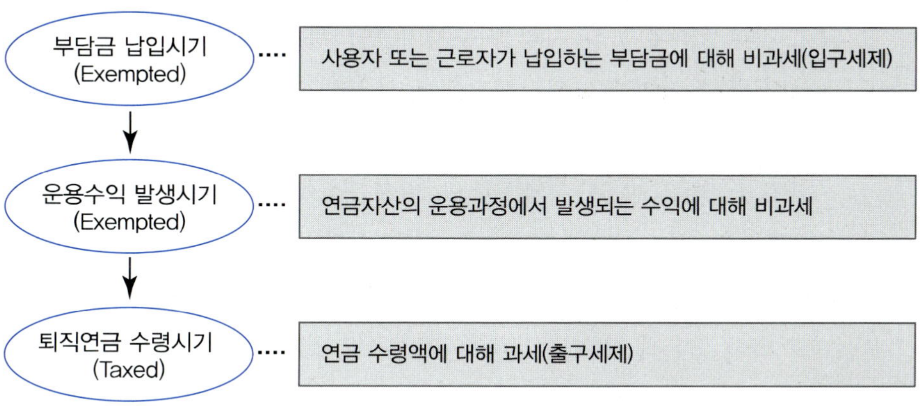

절세의 효과가 있다. 뿐만 아니라 적립금의 운용수익에 대한 과세가 이연되므로 과세이연에 따른 수익률 상승효과를 볼 수 있다. 세금이 과세되는 퇴직연금 수령의 단계에서 대부분의 근로자는 소득이 낮을 뿐 아니라 낮은 수준의 연금소득세가 적용되므로 실질적인 세율이 낮아지는 효과를 볼 수 있다. 이러한 퇴직연금 과세를 그림으로 나타내면 <그림 9-3>과 같다.

3) 퇴직연금제도의 유형

(1) 확정급여형 퇴직연금(Defined Benefit Plan)

① 확정급여형 퇴직연금 개요

확정급여형 퇴직연금은 근로자가 퇴직 시에 수령하게 될 퇴직급여가, 근로기간과 평균 임금에 의해 미리 확정되어 있는 퇴직연금을 말한다. 이 경우에는 사용자가 근로자에게 확정된 퇴직급여를 지급할 의무가 있으며 퇴직급여 마련을 위한 적립금에 대한 운용 책임이 있다. 따라서 금융시장이 변동됨에 따른 운용수익률의 변화, 임금인상, 퇴직률 등의 변화에 따른 위험을 사용자가 부담하게 되는 제도이다.

② 확정급여형 퇴직연금 규약

확정급여형 퇴직연금을 설정하기 위해서 사용자가 결정하여야 하는 퇴직연금 규약의 내용으로는 급여수준, 재정건정성 확보 방안, 가입기간에 관한 사항, 급여의 종류 및 수급 등을 확정하여야 한다.

확정급여형 퇴직연금의 가장 기본적인 특징은 퇴직급여를 확정하는 것이므로 급여수준에 관한 사항을 노사가 합의하여 결정하는 것이 필요하다. 법에서 정한 최저수준은 퇴직시점에서 산정한 일시금액이 계속근로년수 1년당 30일분의 평균임금 이상이다.

확정급여형은 또한 근로자들의 퇴직급여의 보장을 위하여 재정건전성을 확보하도록 하고 있는데, 2021년 현재 기준책임준비금의 100%를 적립하도록 법으로 정하고 있다. 가입기간과 급여의 종류 및 수급에 관한 사항도 결정하도록 되어 있는데, 가입기간은 원칙적으로 퇴직연금제도가 도입된 이후부터로 정하고 있으나 노사의 합의에 의해 과거 근로기간도 퇴직연금제도의 가입기간으로 결정할 수 있다. 급여의 경우 일시금과 연금이 있으나 연금으로 수령하기를 원하는 경우는 최소 가입기간이 10년일 것과 수령나이가 55세 이상이며 최소 5년 이상의 기간 동안 연금을 수령할 것 등을 정하고 있다.

③ 확정급여형의 적립금 운용

확정급여형의 경우 적립금의 운용은 기본적으로 사용자의 권한이며 사용자가 원하는 방법으로 운용이 가능하다. 단지, 적립금의 운용에서 주의해야 할 점은 확정급여형 퇴직연금이기 때문에 운용의 성과에 따라 기업의 부담이 결정된다는 것이다. 따라서 구체적인 투자지침이나 적립금 운용위원회 등의 내규를 마련하는 것이 도움이 될 수 있다. 퇴직연금제도는 적립금의 안정적인 운용을 위하여 위험자산에 대한 투자를 제한하고 있다. 확정급여형의 경우 위험자산(원리금 비보장자산)에 대한 투자한도는 사용자 적립금의 70%이다.

(2) 확정기여형 퇴직연금(Defined Contribution Plan)

① 확정기여형 퇴직연금 개요

확정기여형 퇴직연금은 사용자가 매년 근로자 임금의 1/12 이상을 퇴직연금으로 적립하고 근로자가 적립금의 운용방법을 결정하는 제도를 말한다. 즉, 사용자의 적립금 기여 수준이 확정된 퇴직연금제도를 뜻한다. 적립금의 운용 성과에 따라서 퇴직연금의 규모가 결정되므로 적립금의 운용에 대한 위험부담은 근로자가 가지게 되는 제도이다.

② 확정기여형 퇴직연금 규약

확정기여형 퇴직연금 규약에는 사용자의 부담금에 관한 사항, 사용자의 부담금 납부의 주기, 적립금운용에 관한 사항, 중도인출에 관한 사항 등을 명시하여야 한다.

먼저 사용자의 부담금에 관한 사항을 결정해야 하는데 법적으로는 근로자의 연간 임금 총액의 1/12을 부담하도록 결정하고 있다. 이는 퇴직금에서 정하는 연간 30일 임금에 해당하는 금액과 확정급여형의 적립금 수준과 동일한 것이다.

또한 확정기여형 퇴직연금 규약에는 사용자의 부담금 납부 주기를 설정해야 하는데 법적으로는 1년에 1회 이상의 정기적인 납부를 규정하고 있다. 하지만 사용자 부담금의 납부 주기는 1년에 1회, 1개월에 1회, 분기에 1회 등으로 규정할 수 있다. 또한 납부 주기에 따른 부담금의 결정 방법도 연간 임금의 1/12 수준에 맞도록 일정 비율을 설정하여 근로자의 임금에 그러한 비율을 적용한 금액을 납부하는 방법, 정액을 납부하는 방법, 정액과 비율을 혼합한 방법 등을 사용한다.

적립금 운용에 관한 사항으로는 근로자에게 적립금 운용의 책임이 있다는 점을 고려하여 적립금의 운용을 매 반기마다 1회 이상 변경할 수 있도록 하였으며, 퇴직연금사업자는 매 반기 1회 이상 위험과 수익구조가 서로 다른 운용방법을 3가지 이상 제시하여 다양한 선택을 하도록 하고 있다.

중도인출에 관한 사항으로는 앞서 설명한 바와 같이 확정기여형으로 퇴직연금을 운용하는 경우 근로자의 특수한 상황을 고려하여 자신의 퇴직연금 적립액의 50% 이내에서 담보대출을 하거나 중도인출을 허락하게 한 것을 명시해야 한다. 퇴직연금의 목적이 근로자의 노후생활안정임을 감안하여 중도인출은 무주택자의 주택 구입, 본인 혹은 가족구성원의 6개월 이상의 요양 등으로 제한하고 있다.

③ 확정기여형 퇴직연금 적립금 운용

확정기영형 퇴직연금의 적립금은 근로자의 의사에 따라서 운용된다. 적립금이 근로자의 책임과 권한에 따르기 때문에 주식 등 일부 고위험자산과 전환사채, 특별자산펀드 및 혼합자산펀드의 투자는 금지되며 총 위험자산에 대한 투자한도는 적립금의 70%이다. 확정기여형 퇴직연금의 적립금 운용방법을 제시할 때에는 반드시 원리금 보장방법이 1가지 이상 포함되어야 한다.

(3) 개인형 퇴직연금(Individual Retirement Pension)

① 개인형 퇴직연금 개요

개인형 퇴직연금은 근로자가 퇴직하거나 직장을 옮길 때 받는 퇴직금을 자기 명의의 퇴직계좌로 적립하여 노후의 연금 등으로 사용할 수 있도록 한 제도이다. 따라서 연금 수령연령에 도달하지 않았는데 퇴직금을 받은 경우 혹은 중간정산 등으로 인하여 일시금을 받은 경우에는 개인형 퇴직계좌(IRP)에 적립하여 세제의 혜택을 받으면서 퇴직연금자금을 마련할 수 있도록 한 제도이다. 또한 상시 근로자가 10인 미만인 사업장의 경우에는 근로자의 동의를 얻어 개인형 퇴직연금을 근로자 전원이 설정한 경우에 퇴직연금제도를 도입한 것으로 간주한다(10인 미만 사업장에 대한 특례). 특히 2017년부터는 소득이 있는 모든 취업자는, 예를 들어 사학연금이나 공무원연금과 같은 다른 직역연금에 가입하였다고 하더라도 개인형 퇴직연금에 가입할 수 있도록 하였다.

② 개인형 퇴직연금의 설정 및 운용

개인형 퇴직연금은 퇴직급여의 일시금을 수령한 사람 혹은 개인의 필요에 의해 설정할 수 있으며 가입 여부는 근로자의 의사에 맡긴다. 개인형 퇴직연금은 앞서 설명한 E-E-T 과세체계를 가지고 있으므로 세금혜택을 통한 퇴직연금 가입을 유도하는 제도이다.

③ 개인형 퇴직연금의 적립금 운용

개인형 퇴직연금의 적립금 운용은 가입자가 직접 행하며 매 반기 1회 이상의 운용방법 전환이 가능하다. 퇴직연금 사업자는 매 반기마다 위험과 수익구조가 다양한 3가지 이상의 운용방법을 1회 이상 제시해야 하며 적립금 운용에 필요한 정보도 제공해야 한다.

개인형 퇴직연금의 적립금 운용방법은 확정기여형 퇴직연금제도와 동일하다. 개인형 퇴직연금에서 퇴직급여의 수급요건은 기본적으로 퇴직연금의 요건과 유사하지만 가입기간에 대한 요건은 불필요하다. 연금 혹은 일시금을 55세 이후에 지급받을 수 있도록 되어 있으며 확정기여형 퇴직연금과 마찬가지로 일정한 사유가 있을 경우 자기 계좌로부터 중도인출이 가능하다.

(4) 퇴직연금제도의 비교

확정급여형 퇴직연금의 경우 적립금의 운용을 사용자가 담당하기 때문에 운용수익률이 높아지면 회사의 부담이 적어지고 반대의 경우에는 부담이 늘어나게 된다. 근로자의 입장에서는 회사가 책임지고 운용해 준다는 점에서 달리 고민하거나 선택할 요소는 없는 연금제도이다.

반면 확정기여형의 경우에 사용자는 연간 납부해야 하는 퇴직금을 노사의 퇴직연금 규약에서 선정한 금융기관의 근로자 개인별 계좌에 적립하고, 근로자는 금융기관이 제시하는 운용방법을 검토하여 자신이 원하는 상품을 선택한다. 상품 선택에 따라 퇴직 후에 받게 되는 퇴직급여는 크게 차이가 날 수도 있으나 그 책임은 운용지시를 한 근로자 자신이 부담해야 한다. 또한 개인별 계좌로 퇴직금이 들어오기 때문에 근로자가 회사를 옮기더라도 운용에 지장을 받지 않는다.

그렇다면 이 두 가지 방법 중에서 어느 방법이 유리할까? 확정급여형은 회사가 퇴직급여를 보장하기 때문에 별도의 투자에 신경을 쓰거나 리스크를 지고 싶지 않은 사람에게 편리하다. 또한 임금 수준이 높거나 임금상승률이 큰 경우나 장기근속자들에게도 유리한 편이다. 하지만, 직장 이동 시에 연금의 이동성이 원활하지 못하고 임금상승률이 물가상승률에 미치지 못할 경우 퇴직자산의 구매력을 감소시키는 등의 단점이 있다.

반면 확정기여형은 투자 리스크를 감당하더라도 더 많은 퇴직금을 받을 수 있는 기회를 갖고자 하는 직장인에게 알맞다. 중소·벤처기업 등 작은 기업에 근무하는 직장인에게 퇴직급여의 100% 보장인 점에서 유리하다. 또한 내게 맞는 다양한 포트폴리오를 짤 수 있다. 반대로 근로자의 책임 하에 연금을 운용하기 때문에 신경을 많이 쓰게 되고 운용성과가 좋지 않게 되면 퇴직급여가 줄어들 수 있다는 단점이 있다. 확정급여형과 확정기여형, 그리고 개인형 퇴직연금제도를 비교하면 <표 9-5>와 같다.

표 9-5 | 퇴직연금제도 유형별 비교

<table>
<tr><th rowspan="2">구분</th><th rowspan="2">확정급여형(DB)</th><th rowspan="2">확정기여형(DC)</th><th colspan="2">개인퇴직계좌</th></tr>
<tr><th>기업형 IRP</th><th>개인형 IRP</th></tr>
<tr><td>개념</td><td>• 퇴직시 지급할 급여수준을 노사가 사전에 약정
• 사용자가 적립금 운용방법을 결정
• 사용자는 근로자 퇴직시 사전에 약정된 퇴직급여를 지급
• 계속근로기간 1년에 대하여 30일분의 평균임금에 상당하는 금액 이상</td><td>• 기업이 부담할 기여금 수준을 노사가 사전에 확정
• 근로자가 적립금 운용방법을 결정
• 근로자는 일정연령에 도달하면 운용 결과에 따라 퇴직급여를 수령</td><td>• 10인 미만의 사업장의 경우 근로자 전원의 동의를 얻어 개인퇴직계좌 설 설정 ➠ 퇴직급여제도 설정한 것으로 인정
• 근로자가 적립금 운용방법을 결정
• DC형 준용– 근로자는 일정연령에 도달하면 운용결과에 따라 퇴직급여를 수령</td><td>• 근로자 직장이전 시 퇴직연금 유지를 위한 연금통산 장치
• 근로자가 적립운용방법을 결정
• 퇴직일시금 수령자가입 시 동 일시금에 대해 퇴직소득세 과세이연
• 아래 어느 하나에 해당하는 사람은 연간 1,800만원의 한도 내에서 추가 불입 가능
1. 퇴직급여제도의 일시금을 수령한 사람
2. 확정급여형 또는 확정기여형 퇴직연금제도의 가입자
3. 자영업자, 계속근로기간 1년 미만 근로자, 주15시간 미만 근로자, 공무원, 군인, 교직원, 별정우체국 직원</td></tr>
<tr><td>기업부담</td><td>• 산출기초율(운용수익률, 승급률, 이직률 등)에 따라 부담금 변동
• 규정에서 정한 최소 수준(2021년 현재 100%) 이상을 납부하여야 함
• 퇴직연금 사업자는 기업의 부담금이 최소수준을 상회하는지 매년 재정건전성 검증 실시</td><td>• 매년 기업의 부담금은 근로자 임금의 일정비율로 확정
※가입자의 연간 임금총액의 1/12에 해당하는 금액 이상</td><td>• 매년 기업의 부담금은 근로자 임금의 일정비율로 확정
• 가입자의 연간 임금총액의 1/12에 해당하는 금액 이상</td><td>없음</td></tr>
<tr><td>연금 수급요건</td><td colspan="3">• 연령 : 55세 이상
• 가입기간 : 10년 이상
• 연금수급 : 5년 이상</td><td>• 연령 : 55세 이상
• 연금수급 : 5년 이상</td></tr>
<tr><td>일시금 수급요건</td><td colspan="3">• 연금수급 요건을 갖추지 못한 경우
• 일시금 수급을 원하는 경우</td><td>• 55세 이상으로 일시금 수급을 원하는 경우</td></tr>
</table>

구분	확정급여형(DB)	확정기여형(DC)	개인퇴직계좌	
			기업형 IRP	개인형 IRP
담보대출 · 중도인출 사유	• DB형은 아래의 사유에 대하여 담보대출(적립금의 50%)에 한하여 가능 • DC형 및 IRP는 담보대출(적립금의 50%) 및 중도인출 가능 – 무주택자인 가입자가 주택을 구입하는 경우 – 가입자 또는 그 부양가족이 6개월 이상 요양을 하는 경우 – 천재·사변 등 고용노동부령이 정하는 사유와 요건을 갖춘 경우 등			
제도간 이전	어려움 (퇴직시 IRP로 이전)	직장이동시 이전 용이	직장이동시 이전 용이	연금이전 용이
적합한 기업·근로자	• 도산 위험이 없고, 정년 보장 등 고용이 안정된 기업	• 연봉제 도입기업 • 체불위험이 있는 기업 • 직장이동이 빈번한 근로자	• 10인 미만의 영세사업장	• 퇴직일시금 수령자

자료 : 금융감독원 퇴직연금 종합안내(2021.6.13 검색), https://100lifeplan.fss.or.kr/retirement/systemGuide2.do

3. 개인적인 방법

1) 연금저축

은퇴저축을 위한 상품으로 가장 대표적인 상품의 하나는 연금저축상품이다. 이는 은행의 연금저축신탁, 보험사의 연금저축보험, 투신운용사의 연금저축펀드 등으로 구별될 수 있다. 연금저축은 국내에 거주하는 개인이라면 누구나 가입할 수 있는 상품으로 연간 가입한도 금액이 존재한다. 또한 5년 이상 납입하고 만 55세 이후에 연금수령 한도 내에서 연금으로 수령하는 경우 세제혜택이 부여되는 상품이다.

연금저축상품은 개인들의 노후생활보장을 위해서 세제혜택을 부여한다. 연금저축의 세제혜택은 일정 한도의 소득공제 또는 세액공제가 적용된다[2021년 현재 일정 한도(퇴직연금 본임 저축과 합하여 연 700만원 또는 900만원)로 12%(15%)의 세액공제 적용]. 또한 적립기간이 만기가 되어 연금이 개시되면 연금수령한도 내의 연금소득은 지방소득세를 포함해서 3.3~5.5%의 세율로 과세된다.

연금저축신탁, 연금저축보험, 연금저축펀드는 적립금의 운용방식과 이자부과 방식에 따라 조금씩 차이를 보인다. 연금저축신탁상품은 대부분 실적배당상품으로 운용결과에 따라서 수익률이 달라지며 채권형과 주식형 상품으로 구분된다. 연금저축신탁은 주식형이라도 안정적으로 운용되며 원금이 보장되는 특징이 있다. 연금저축보험은 금리가 일정하게 고정되어 있는 확정금리형 상품과 시장의 실제 금리를 반영하는 변동금리형 상품으로 나뉜다. 연금저축보험은 기대수익률은 낮지만 안정적인 상품이며 종신연금 수령이 가능하다. 연금저축펀드는 채권형, 국공채형, 주식형, 혼합형 등으로 구분되며 공격적인 운용으로 고수익을 기대할 수 있다. 하지만 다른 상품에 비하여 상대적으로 투자위험이 높다고 할 수 있다.

2) 연금보험

연금보험은 생명보험상품의 하나로 세제혜택이 되지 않는 장기저축성 보험상품을 말한다. 납입기간 동안 소득공제의 혜택이 없으나 10년 이상 계약을 유지하여 납입금을 연금의 형태로 수령하게 되면 일정한 조건을 갖춘 경우에 그러한 저축성 보험의 차익을 이익으로 보지 않아 비과세된다. 예를 들어, 적립식으로 보험료를 내는 경우 매월 150만원 이하로 5년 이상 납부하고 10년 이상 유지하면 세금이 없으며, 일시납으로 보험료를 내는 경우에는 총 1억원 이하로 납부하고 10년 이상 유지하여야 한다. 종신연금의 경우에는 55세 이후에 종신연금을 받아야 하며, 계약자, 피보험자, 수익자가 동일해야 한다. 연금보험상품은 가입자의 가입기간과 연령에 따라 제1보험기간과 제2보험기간으로 구별하고 제1보험기간에는 사망보장의 기능을, 제2보험기간에는 연금지급의 기능을 가지고 있다.

3) 변액연금보험과 변액유니버셜보험

노후설계를 위한 상품으로 널리 사용되고 있는 상품에는 변액연금보험과 변액유니버셜보험이 포함된다. 변액연금보험은 보험의 보장기능에 투자상품의 수익창출기능을 합한 것으로 보험료의 일부로 펀드를 조성하여 투자수익을 얻고 그 투자수익률에 따라서 보험금액이 변동되도록 만든 상품이다. 보험의 기능과 투자의 기능이 합해진 상품으로 장기간 계약을 유지했을 경우에 다양한 이익을 볼 수 있는 상품이라고 할 수 있다. 변액연금보험은 보험료의 일부가 투자되기 때문에 부가비용이 존재하고 원금에 대한 보장이나 예금자 보호는 일부만 적용된다. 다만 연금을 받을 때 연금적립금을 다양한 방법으로 보증해 주는 상품이 많다. 변액연금은 투자의 효과와 보험의 효과를 볼 수 있는 상품이지만 위험이 존재하는 상품이기 때문에 가입 시 상품의 구조에 대한 충분한 이해가 필요하며 「금융소비자 보호에 관한 법률」에 의거한 적합성 원칙을 적용받는 상품이다.

변액유니버셜보험은 변액기능 이외에 출금과 적립금 납부가 자유로운 유니버셜 기능을 합한 것으로 은퇴뿐 아니라 자녀결혼자금 마련과 같은 장기목적자금 마련을 위한 상품으로 각광을 받고 있는 보험사 상품이다. 보다 자세한 설명은 제5장 위험관리와 보험을 참고할 수 있다.

4) 연금계약이전제도

노후설계에 이용되는 다양한 개인연금의 상품들은 연금의 계약기간이 장기이기 때문에 개인이 세제상 불이익 없이 금융기관을 옮길 수 있도록 하였다. 이것이 연금계약이전제도이며 2001년 3월부터 실시해왔다. 계약을 이전할 때의 금액은 해약환급금에서 계약이전수수료를 제외한 금액이 된다. 계약이전을 하면 금융기관의 경쟁에 의해 다양한 일시적 혜택이나 부가서비스를 제공받기도 하지만 이전을 하는 것이 장기적으로 은퇴생활에 도움이 될 경우에만 하는 것이 바람직하다.

4절 노후설계를 위한 제언

노후설계를 준비하는 데에는 재무적인 사항이 주된 관심이 되고 있지만 이와 못지않게 비재무적인 준비도 중요하다. 노후생활에 대한 전반적인 인생설계도를 작성해보고 은퇴 후 생활에 대한 인식전환도 필요하다. 노후설계를 위한 몇 가지 제언을 살펴보도록 한다.

(1) 라이프스타일 결정

개인이 원하는 노후의 라이프스타일을 그려보고 노후준비계획이 그에 적합한지 생각해 보아야 한다. 그리고 미래의 생활에 대한 계획은 개인 혼자만의 꿈이 아니다. 가족과 함께 의논할 필요가 있고 특히 배우자와 함께 계획을 수립해야 한다.

(2) 전반적인 생활설계 고려

노후설계는 전반적인 생활설계를 포함한다. 노후를 설계하는 것은 단순히 은퇴 이후의 생활비를 마련하는 것이 아니다. 노후에 어디에서 생활할 것인가, 어떠한 활동을 할 것인가, 어떤 수준의 생활을 유지할 것인가 등에 대한 구체적인 계획이 함께 필요하다.

(3) 개인재무설계로 재무적인 준비

노후설계를 위한 구체적인 준비 특히 은퇴자금을 마련하는 구체적인 준비는 개인재무설계를 통한다. 앞에서 설명한 바와 같이 여러 가지 가정을 기초로 하여 은퇴 시점까지 준비해야 할 구체적인 금액을 계산하고 나면, 현재의 자산과 부채, 수입과 지출, 재무상태를 종합적으로 진단하여 현재 준비된 자금이 은퇴 시점까지 얼마나 될 것인지를 계산하고 나머지 부족자금은 어떻게 준비할 것인지를 구체적으로 따져 보아야 한다.

한걸음 더 일시납즉시연금과 연금퍼즐

일시납즉시연금은 목돈을 한꺼번에 납입하고 가입 즉시(대부분 그 다음달부터) 연금을 수령받을 수 있는 상품이다. 최근 평균수명의 증가와 함께 노후기간이 점점 길어지고 있어서 자신이 모아놓은 노후자산보다도 더 오래 살게 되는 장수위험(longevity risk)에 대한 대비가 은퇴설계의 중요한 이슈로 떠오르고 있다. 길어지는 노후기간 동안에 일정한 수준의 소득을 끊임없이 조달하는 것이 중요한 문제이기 때문에 연금(annuity)상품에 대한 관심이 커지고 있는 것이 사실이다. 우리나라의 경우 국민연금을 통한 공적연금의 노후소득조달이 선진국과 비교할 때 충분하지 못하기 때문에 개인적으로 노후의 소득을 조달하기 위한 다양한 방법이 강구되어야 하는데 일시납즉시연금은 그러한 필요를 충족시켜 줄 수 있는 상품 중의 하나이다. 노후에 일정 금액의 자산을 연금으로 묶어두어서 소득을 지속적으로 조달해주는 상품이기 때문이다. 일정한 수준의 이자율을 확보할 수 있고 이자소득세도 비과세되고 무엇보다도 사망 시까지 연금을 받을 수 있는 장점이 있는 상품이다.

하지만, 이러한 일시납즉시연금 상품은 연금상품이 가지고 있는 장점을 고려할 때 생각보다 많이 활성화되지 못하고 있다. 이는 우리나라보다 선진국인 미국 등에서도 동일하게 나타나는 현상으로 이러한 현상을 연금퍼즐(annuity puzzle)이라고 부른다. 연금퍼즐을 연구하는 학자들은 사람들이 이러한 연금상품을 구매하지 않는 이유 중의 하나로 상속동기를 든다. 연금상품으로 자신의 자산을 다 소진하지 않고 자녀들에게 얼마라도 남겨주고 싶은 사람들의 동기 때문에 이러한 상품이 외면당하고 있다는 것이다.

은퇴 이후에 지속적인 현금을 지급해주는 연금상품과 사후에 자녀들에게 일정 정도의 자산을 물려줄 수 있는 상품을 동시에 고려하는 노후생활비 및 상속설계가 필요하다고 할 수 있다.

(4) 일찍 시작한다

계획은 실천이 있어야 그 가치가 있다. 반드시 실천을 전제로 하여 실천이 가능한 계획이 되어야 한다. 또한 복리효과를 생각하면 자금준비가 빠르면 빠를수록 노후준비가 쉬워진다는 것을 알 수 있다.

(5) 다양한 상품에 투자

노후 준비를 위해서는 다양한 상품에 투자하는 것이 중요하다. 무조건 부동산 자산으로 노후를 준비한다면 유동성에 문제를 겪을 수 있다. 고령화사회에서는 부동산이 장기적인 침체현상이 나타날 수 있다고 예측하는 경우도 있기 때문에 부동산 임대수입이나 매각수입에만 매달리는 것은 좋지 못하다.

또한 노후에는 축적된 자산보다는 현금흐름이 중요해지므로 정기적으로 생활비를 얻을 수 있는 고정수입원을 최대한으로 확보하는 것이 중요하다. 국민연금, 퇴직연금, 개인연금 등 연금 형태로 생활비를 준비하는 것도 좋은 방법이다. 더불어 일반적으로 노후에는 금리가 확정적인 저축성 상품으로 준비하는 경향이 있는데 저축성 상품은 물가상승률을 감안할 때 은퇴 이후 생활비를 충당하기가 어려워질 수 있다. 리스크는 포트폴리오 구성으로 적절히 관리하면서 적극적으로 투자상품을 활용할 필요가 있다.

주요용어

- 은퇴
- 노후
- 노후설계의 필요성
- 노후설계의 과정
- 소득대체율
- 은퇴자금 목표액
- 노후설계안
- 연금저축
- 연금보험
- 변액보험/변액유니버셜보험
- 국민연금
- 사회보험
- 특수직역연금
- 사학연금
- 공무원연금
- 군인연금
- 퇴직연금
- 확정기여형 퇴직연금
- 확정급여형 퇴직연금
- 개인퇴직계좌
- 개인연금
- 연금계약이전제도

심화 학습문제

1. 자신의 노후를 상상해 보고 전형적인 하루 일상에 대하여 자세하게 기록해 봅시다. 그러한 노후를 위해 필요한 것이 어떠한 것들인지 생각해 봅시다.
2. 자신의 노후설계를 위하여 필요한 생활비를 계산해 봅시다. 생활비의 항목을 생각해 보고 현재가치로 얼마의 금액이 필요한지 계산해 봅시다.
3. 국민의 노후생활보장을 위한 공적연금의 위치에 대하여 논의해 봅시다. 개선점이나 앞으로 나아가야 할 방향에 대하여 생각해 봅시다.
4. 자신이 취업하였다고 가정하고 퇴직연금을 선택한다면 확정기여형과 확정급여형 중에서 어떠한 것을 선택할 것인지 결정하고 자신의 결정에 대한 이유를 논의해 봅시다.
5. 노후설계를 위해 활용가능한 개인연금상품을 3가지 이상 찾아보고 각 상품의 장단점을 비교해 봅시다.

CHAPTER

10 상속설계

학습목표

본 장을 학습하고 나면 여러분들은

1. 상속설계의 의의 및 목표를 이해할 수 있다.
2. 상속에 관한 민법규정의 내용을 설명할 수 있다.
3. 상속세와 증여세의 관계를 이해할 수 있다.
4. 상속세와 증여세의 과세체계에 대해 설명할 수 있다.
5. 상속재산 및 증여재산의 평가방법을 설명할 수 있다.

도입 이야기

이행복 씨의 이모 중 한 분은 젊어서 미국으로 이민 가서 줄곧 미국에서 생활하였고 한국에는 가끔 방문을 하고 있다. 한국에 올 때면 어김없이 이행복 씨를 만난다. 이행복 씨가 집안의 첫 번째 조카이기도 하고 어렸을 때부터 이모를 무척 좋아하고 잘 따랐기 때문이다. 이모는 미국에서 결혼하였는데 아이를 낳지 못하였다. 얼마 전 이모에게 이모부와 사별하는 큰 불행이 닥쳤다. 그 이모로부터 전화연락이 왔다.

"행복이니? 나, 이모야. 엄마는 잘 계시지? 나, 다음 주에 한국 들어간다. 엄마에게 좀 알려드려. 통화가 안 되네."

"예, 이모 잘 지내셨어요? 엄마와 통화가 안 되세요? 제가 전해 드릴게요. 다음 주에 한국에 오세요? 무슨 요일인데요? 몇 시 도착이세요?"

이행복 씨는 이모부와 사별하고 외롭게 지냈을 이모가 온다는 생각에 마음이 놓였을 뿐 아니라 오랜만에 이모를 볼 수 있다는 생각에 마음이 들떴다.

한국에 온 이모는 몇 가지 중대한 발표를 하였다. 이모는 이모부가 남겨준 재산의 일부를 기증하고 싶어 하였고, 이행복 씨의 아이들에게도 약간의 재산을 물려주고 싶다고 하였다.

"많지는 않아. 그래도 너희 아이들에게도 조금은 주고 싶어. 세금문제가 복잡할지도 모르겠는데, 세금문제를 상담해 줄 아는 사람 있니?"

이모는 재산을 줄 생각을 하면서 이행복 씨 가족이 부담해야 할지도 모르는 세금을 걱정하였다. 이행복 씨는 또다시 돈과 관련한 새로운 문제에 직면했음을 느꼈다. '이모께서 우리 아이들에게 재산을 물려주신다면 그것은 증여 같은데, 이모의 재산은 미국에 있을 것이고, 그럼 재산은 어떻게 이전받고, 세금은 얼마나 어떻게 내는 걸까?'

이런 생각을 하다 보니 이행복 씨는 상속이나 증여와 관련한 지식이 너무나 없다는 것을 깨달았다. 살아가다 보면 가계의 재무와 관련하여 알아야 할 것들이 많다는 것을 새삼스럽게 느꼈다. 그래도 개인재무설계를 상담받기 시작하여 그 개인재무설계안에 따라 가고 있다고 생각하니 목표를 향해 한걸음 앞서 나아가고 있는 우리 가족의 모습에 기뻤다. '상속문제에 관해 한공정 씨에게 상담을 요청해야겠다. 나의 재무를 담당해주는 믿을 만한 전문가가 있다는 게 참 좋구나.' 이행복 씨는 한공정 씨와의 만남이 새삼스럽게 참 귀한 만남이라는 생각을 하였다.

1절 상속설계의 이해

1. 상속설계의 관심대상

사람들은 생을 마감할 때에 본인이 노력한 대가로 축적한 재산, 선조로부터 물려받은 재산, 정신적 유산을 후대에게 상속하게 된다. 재산이 많은 사람의 경우 일반적으로 상속에 대한 주된 관심사를 질문하면, 대부분 사람들은 "상속세를 최대한 절세하는 것이다"라고 대답한다. "왜, 상속세를 최대한 절세하려고 하느냐"고 질문하면, "본인의 재산을 자녀들에게 보다 많이 물려주고 싶어서"라고 대답한다. 상속세를 절세하여 자녀에게 단순히 보다 많은 재산을 물려주는 것이 피상속인의 바람의 전부는 아닐 것이다. 즉, 상속에 관한 문제는 상속세를 절세하는 것만으로 해결되는 것이 아니라 더 중요한 것도 있을 수 있다는 것이다.

이러한 상속에 관한 문제는 재산이 많은 사람에게만 존재하는 것이 아니라, 재산이 적은 사람에게도 있다. 재산을 별로 보유하지 않은 사람도 자녀들의 불화 없이 재산을 물려줄 필요성이 있으며, 재산보다 부채가 많은 경우에는 법정상속인들이 피해를 받지 않도록 상속포기 등을 할 수 있도록 하여야 한다.

이처럼 상속에 관한 관심대상은 상속세를 절세하는 것 외에도 상속재산의 배분, 상속세 재원확보, 피상속인 및 그 배우자의 노후생활설계 등 중요한 것이 많다.

2. 상속설계의 의의

상속설계란 자아실현을 포함한 노후인생설계, 자녀 간 갈등예방·세대 간 부(富)의 효율적 이전 등을 하기 위한 재산분할설계, 상속세 재원마련을 포함한 상속세 절세를 위한 상속세설계에 대한 재무목표 및 비재무목표를 실현하기 위한 설계안을 장기에 걸쳐 수립하여 실행하고 계속적으로 모니터링하는 과정으로 개인재무설계의 한 분야이다.

일반적으로 사람들은 상속세를 최대한 절세하는 것이 상속과 관련하여 가장 중요한 해결과제라고 생각한다. 이렇듯 대부분 사람들은 상속세를 절세하여 자녀들에게 보다 많은 재산을 물려주어 후손들이 자신이 물려준 상속재산 이상으로 증대시키기를 원할 것이다. 그렇다면 상속세를 절세하기만 하면 물려받은 재산을 후손들이 계속적으로 유지 또는 증대시켜 다시 물려줄 수 있는 것인가? 상속세를 절세하는 것 못지않게 자녀들에게 상속할 재산을 구체적으로 어떻게 배분하여 물려주는 것이 상속재산의 보존 및 증대 차원에서 매우 중요하다.

자녀에게 재산을 물려주려고 계획하고 실행할 때, 본인 및 배우자의 노후생활이 편안한 경우에 더욱 효율적으로 상속재산을 배분할 수 있을 것이다.

3. 상속설계의 목표

상속설계의 목표를 다음의 도표에 나타난 바와 같이 크게 3가지로 분류하여 설명할 수 있다.

표 10-1 | **상속설계의 목표**

구 분		구체적 내용
노후인생설계	노후생활설계	본인 및 배우자의 노후생활설계
	자아실현	비영리재단법인, 기존 직업 외의 다른 직업 등
재산분할설계	세대 간 부의 이전	자녀의 특성을 살린 재산배분, 사업승계 등
	자녀 간 갈등예방	유류분을 고려한 재산배분 등
상속세설계	상속세 절세대책	사전상속(증여), 세대생략증여 등
	상속세 재원대책	유동산자산 확보, 사망보험금 확보 등

1) 노후인생설계

사람들은 자신의 노후생활에 대해 구체적으로 대책을 세우기보다는 노후생활을 잘 영위할 것이라는 막연한 생각으로 본인 및 배우자의 노후생활에 대한 대비 없이 노후를 맞이하는 경우가 많다. 그런데 풍요로운 노후생활을 영위하기 위해서는 충분한 노후자금의 마련, 은퇴 후 일거리(job), 봉사활동 등 자아실현을 이루기 위한 노후인생설계가 필요하다.

(1) 노후생활설계

은퇴한 사람들은 재산이 많더라도 정신적으로 행복하고 무언가 하는 일이 있을수록 자녀들에게도 효율적으로 재산을 물려줄 수 있다. 따라서 자녀에게 상속할 재산을 배분하는 것보다 우선적으로 본인과 배우자를 위한 노후생활설계를 하여야 한다. 풍요로운 노후생활을 하기 위해서는 은퇴 후에도 일정한 일거리(job)가 있어야 하고, 취미활동을 할 수 있는 여력이 있어야 하며, 여러 사람들과 지속적인 교류가 있어야 한다.

(2) 자아실현

은퇴 후, 젊었을 때부터 생각했던 불우이웃을 위해 사회봉사활동을 하고 싶은 사람들은 사회봉사활동을 할 수 있는 건강과 어느 정도 경제력을 유지하여야 한다. 또한 경제력이 있는 사람은 장학재단, 불우이웃 등에 기부 또는 직접 장학재단 · 종교단체 · 고아원 등의 설립을 통해 자아실현을 이룰 수 있다. 이러한 자아실현을 이루기 위해서는 장기에 걸쳐 계획을 수립하고 이를 실행하여야 한다.

2) 재산분할설계

대부분 사람들은 상속세를 절세하면 자녀에게 많은 재산을 물려줄 수 있다고 생각한다. 자녀에게 재산을 물려줄 때 상속세 절세에만 너무 치중하다 보면, 자녀에 대한 상속재산이 비효율적으로 배분될 수도 있으며, 경우에 따라 자녀들 간에 갈등 등이 야기될 수도 있다.

(1) 세대 간의 부의 이전

자녀들마다 능력, 직업, 재산, 소득, 결혼 여부 등 각자의 특성이 있으므로 자녀의 특성에 따라 재산을 배분(증여, 상속)하는 것이 자녀의 특성을 고려하지 않고 재산을 배분(증여, 상속)하는 것보다 자녀들이 배분(증여, 상속)받은 재산을 효율적으로 관리할 수 있다.

또한 피상속예정인이 사업체를 운용하면, 자녀의 특성을 고려하여 사업체를 자녀에게 물려줄 것인가 처분할 것인가를 결정하여야 하며, 물려준다면 어떤 특정 자녀에게 물려주기로 결정하여야 한다. 효율적으로 사업을 승계하기 위해서는 피상속예정인의 사업체를 장기에 걸쳐 주식증여, 사업양수도 등의 방법을 통해 자녀에게 사업을 승계시켜야 한다.

(2) 자녀 간 갈등 예방

피상속예정인이 사전(死前)에 상속재산을 적절하게 배분하지 않고 상속이 개시되는 경우에 상속인 간에 협의가 잘 이루어지면 문제없지만, 협의가 잘 이루어지지 않으면 상속재산에 대한 협의분할 시 자녀 간 다툼이 발생할 수 있다. 이로 인해 공동상속인 간에 민법상 상속지분으로 모든 상속재산을 공동지분으로 상속받으면 자녀 간의 이해관계로 인해 자녀 간에 다툼이 발생할 수 있으며, 추후 자녀 간에 상속재산을 다시 배분할 경우에는 재산 이전에 따른 등록세 등 부대비용, 증여세 또는 양도소득세가 발생할 수 있다.

또한 피상속예정인이 특정 자녀에게만 전재산(全財産) 또는 많은 재산을 물려주는 경우나 특정 자녀에게 재산을 주지 않을 경우, 상속재산을 받지 못하거나 다른 자녀에 비해 상대적으로 적게 받은 자녀가 이에 대해 불만을 해결하기 위하여 유류분청구를 할 수 있다. 이러한 자녀들 간의 유류분청구가 제기되면 자녀들 간의 갈등이 야기될 가능성이 클 것이다.

따라서 자녀들이 물려받은 재산을 계속적으로 유지 및 증대시킬 수 있도록 자녀의 특성에 따라 재산을 사전에 상속(증여)하거나 유언을 하여야 한다. 이러한 사전상속(증여)이나 유언을 할 경우에 유류분을 고려하여 상속 후 자녀들 간에 발생될지도 모르는 다툼을 사전에 방지하여야 한다. 따라서 피상속예정인이 사후에 발생하게 될지도 모를 자녀들 간의 갈등을 예방하거 자녀의 특성에 맞는 효율적이고 형평성 있는 재산분할설계가 필요하다.

한걸음 더 사전상속(死前相續)과 사전증여(死前贈與)

피상속인이 상속할 재산을 상속인에게 사전(死前)에 물려주는 것을 "사전상속(死前相續)"이라 하나, 통상적으로 "사전증여(死前贈與)"로 혼용하고 있으므로 본 장에서도 독자의 이해를 돕기 위해 "사전증여"라는 용어로 사용된다.

3) 상속세설계

앞에서 설명한 노후인생설계와 재산분할설계를 고려하여 상속세 절세전략을 수립하여 실행한다면, 자녀들에게 보다 많은 재산을 물려줄 수 있다. 상속재산이 많은 경우에는 상속세를 절세한다 하더라도 일정한 상속세를 납부하여야 하는데, 이때 상속재산이 대부분 부동산으로 구성되어 있으면 상속세를 납부함에 있어서 어려움에 봉착할 수도 있으므로 상속재산에 상속세 재원을 확보하는 것이 필요하다.

(1) 상속세 절세대책

상속세를 절세하기 위해서는 우선적으로 피상속예정인이 사전(死前)에 상속할 마음이 있어야 하며, 상속세 절세전략의 효율성을 높이기 위해서는 장기에 걸쳐 사전증여, 세대생략증여, 부담부증여 등 절세전략을 수립하여 실행하여야 한다.

(2) 상속세 재원대책

아무리 많은 재산을 물려주더라도 상속세 재원으로 활용할 수 있는 상속재산이 없고 상속인도 특별히 상속세를 납부할 현금성 재산이 없는 경우에 상속세를 자력으로 납부할 수 없는 문제에 봉착하게 된다. 이런 경우를 예방하기 위해 상속세 재원이 확보되어 있어야 한다.

따라서 상속재산의 보호를 위한 상속세 재원마련을 포함한 절세전략을 수립하는 상속세설계가 필요하다.

2절 상속에 관한 민법규정

1. 상속설계와 민법과의 관계

상속설계를 효율적으로 수립하기 위해서는 상속에 관한 민법상 용어 및 규정을 알아야 한다. 예를 들어, 유언제도 및 유류분청구제도를 알면 재산을 효율적으로 배분하는 데 도움이 되며, 상속인에 관한 민법규정을 알면 상속세를 절세하는 데 도움이 된다.

민법상 상속은 어떤 사람이 사망이나 실종선고로 그 사람의 권리와 의무가 그 사람의 의사나 법률에 따라 특정인에게 포괄적으로 승계하는 것을 말한다. 이 경우 용어를 정리하면 다음과 같다.

민법상 "상속"의 정의	
민법상 용어	의 미
• 사망이나 실종선고가 된 어떤 사람 :	피상속인
• 권리 :	적극적 재산(자산을 의미)
• 의무 :	소극적 재산(부채를 의미)
• 그 사람의 의사에 따라 :	유언
• 법률에 따라 :	법정상속
• 유언에 따라 받는 특정인 :	수유자
• 법률에 따라 받는 특정인 :	상속인
• 포괄적으로 :	모든 권리와 의무를 함께

2. 상속인과 법정상속인

상속인과 법정상속인의 정의는 차이가 있는데, 이는 상속권과 관련이 있기 때문에 이에 대한 차이점을 명확히 알아야 한다. 이 차이점을 구별할 줄 알아야 상속재산에 대한 재산분할설계나 상속세설계를 효율적으로 수행할 수 있다. 법정상속인이란 상속결격 또는 상속포기 등이 없는 경우 법률상 순위에 의해 상속인이 될 수 있는 자로서 배우자, 직계비속, 직계존속, 형제자매, 4촌

표 10-2 | **법정상속순위**

순위	상속인이 되는 자	비 고
1순위	직계비속과 배우자	항상 상속인이 됨.
2순위	직계존속과 배우자	직계비속이 없는 경우에 상속인이 됨.
3순위	형제자매	1·2순위가 없는 경우에 상속인이 됨.
4순위	4촌 이내의 방계혈족	1·2·3순위가 없는 경우에 상속인이 됨.

이내의 방계혈족이 법정상속인에 해당한다.

이에 반해 상속인이란 상속개시일 현재 위의 법정상속인 중에서 민법상 상속순위에 의해 실제로 상속을 받는 자를 말한다.

1) 상속권

(1) 법정상속순위

법정상속순위는 민법에 규정되어 있는데, 이를 표로 설명하면 <표 10-2>와 같다.

법정상속인을 결정함에 있어서 동순위의 상속인이 여러 명인 때에는 최근친의 상속인을 선순위로 하며, 촌수가 같은 상속인이 여러 명인 때에는 공동상속인이 된다. 배우자는 1순위인 직계비속과 공동상속인이 되며, 직계비속이 없는 경우에는 2순위인 직계존속과 공동상속인이 된다. 직계비속과 직계존속이 모두 없는 경우에는 배우자가 단독상속인이 된다.

참고 >> 친족과 혈족의 정의

▨ 친족의 정의(민법 제767조)

배우자, 혈족 및 인척을 친족으로 한다.

▨ 혈족의 정의(민법 제768조)

자기의 직계존속과 직계비속을 직계혈족이라 하고 자기의 형제자매와 형제자매의 직계비속, 직계존속의 형제자매 및 그 형제자매의 직계비속을 방계혈족이라 한다.

(2) 특수한 경우의 상속권

① 태아

태아는 상속순위를 결정할 때는 이미 출생한 것으로 본다. 다만, 태아가 태어났을 때 상속개시 시점으로 소급하여 상속인으로 간주되며 죽어서 태어나는 경우에는 처음부터 상속능력이 없는 것으로 본다.

② 양자

양자는 상속권이 있으므로 양자는 친부모 및 양부모의 상속인이 된다. 다만, 친양자는 생부의 상속인이 될 수 없다.

③ 혼인 외의 출생자

혼인 외 출생자는 부모(생전, 유언) 또는 법원에 의해 인지되면 상속인이 된다.

참고 >> 인지(민법 제855 · 857 · 863조)

- 혼인 외의 출생자는 그 생부나 생모가 이를 인지할 수 있다. 부모의 혼인이 무효인 때에는 출생자는 혼인 외의 출생자로 본다.
- 혼인 외의 출생자는 그 부모가 혼인한 때에는 그 때로부터 혼인 중의 출생자로 본다.
- 혼인 외의 출생자가 사망한 후에도 그 직계비속이 있는 때에는 이를 인지할 수 있다.
- 혼인 외의 출생자자와 그 직계비속 또는 그 법정대리인은 부 또는 모를 상대로 하여 인지청구의 소를 제기할 수 있다.

④ 계모자 및 적모서자

계모자 간 및 적모서자 간에는 상속권이 인정되지 않으므로 모친이 계모인 경우에 부친이 사망하여 계모에게 상속된 재산에 대해 부친의 자녀는 계모로부터 상속권을 주장할 수 없다. 계모자 간 및 적모서자 간이 양친 · 양자의 관

한걸음 더 **친양자로 입양이 되면 친부모로부터 상속권이 없어진다**

친양자로 입양이 되면 친부모와 법적인 관계가 종료되며 양부의 본과 성을 따르게 되며, 친부모에 대한 상속권이 없어지며, 친양자로 입적한 양부모에 대한 상속권만 있게 된다.

계가 되면 상속권이 있으나, 양친·양자의 관계는 민법상 규정에 의해 입양의 취소 또는 파양될 수 있다.

참고 >> 입양으로 인한 친족관계의 소멸(민법 제776조)

입양으로 인한 친족관계는 입양의 취소 또는 파양으로 인하여 종료한다.

(3) 대습상속제도

대습상속제도란 상속인이 될 직계비속 또는 형제자매가 상속개시 전에 사망하거나 상속결격이 된 경우에는 그 자의 배우자나 직계비속이 그 자의 순위에 갈음하여 상속인이 되는 제도를 말한다.

사례 1

최부자 씨가 갑작스럽게 사망하여 상속이 발생하였다. 최부자 씨의 사망당시 자녀 중 1명이 사망하였는데, 그 사망한 자녀에게는 딸 1명이 있고 며느리(사망한 자녀의 처)는 재혼은 하지 않았을 경우, 그 자녀의 대습상속인은 누구인가?

【해설】
최부자 씨의 사망한 자녀의 대습상속인은 배우자와 딸이다.

참고 >> 인척의 계원 및 인척관계의 소멸(민법 제769·775조)

- 혈족의 배우자, 배우자의 혈족, 배우자의 혈족의 배우자를 인척으로 한다.
- 인척관계는 혼인의 취소 또는 이혼으로 인하여 종료한다.
- 부부의 일방이 사망한 경우 생존 배우자가 재혼한 때에도 인척관계가 종료한다.

(4) 법정상속지분

피상속인은 유언에 의하여 공동상속인의 상속분을 지정할 수 있으며(지정상속), 유언으로 상속분을 지정하지 않았고, 공동상속인 사이에 협의분할이 이루어지지 않으면 민법에 규정된 법정상속분에 따라 상속재산이 분할된다.

이러한 법정상속지분은 다음과 같이 적용된다.

① 상속인의 법정상속지분은 균분상속이 원칙이나 배우자가 공동상속인에 해당하면 다른 공동상속인의 상속지분보다 50%가 가산된다.

② 상속을 포기한 자는 상속분이 없으며, 대습상속도 되지 않는다.

③ 대습상속인 전체의 법정상속분은 피대습자가 받아야 했던 법정상속분과 같다.

사례 2

최부자 씨가 사망하여 상속이 개시되었다. 이때 유가족으로 부친, 모친, 배우자, 자녀 3명(결혼한 아들, 결혼한 딸, 미혼인 딸)이 있을 경우, 공동상속인과 공동상속인의 법정상속지분은(최부자 씨의 자녀는 최부자 씨의 사망당시 모두 생존함) 얼마씩인가?

【해설】

최부자 씨의 자녀가 모두 생존해 있으므로 배우자와 자녀가 공동상속인이다. 또한, 배우자는 자녀보다 상속지분이 50%로 많으므로 배우자는 3/9(=1.5/4.5)이고, 나머지 자녀 3명은 각각 2/9(=1.0/4.5)이다.

사례 3

사례 2의 문제에서 최부자 씨가 사망당시 장남이 이미 사망하였고, 장남의 유가족으로 배우자(며느리), 아들 1명(손자)이 있다고 가정할 경우, 최부자 씨의 대습상속인은 누구이며, 그 대습상속인의 상속지분은 얼마인가?

【해설】

최부자 씨의 대습상속인은 장남의 배우자와 아들이 되며, 상속지분은 원래 장남의 상속지분이 2/9이므로 장남의 배우자에 대한 상속지분은 2/15(=2/9 × 1.5/2.5), 장남의 아들은 4/45(=2/9 × 1/2.5)가 된다.

3. 상속결격사유 및 효과

다음 중 어느 하나에 해당하는 행위를 한 자를 상속결격자라 하며, 상속결격자는 상속인이 되지 못한다.

① 고의로 직계존속 · 피상속인과 그 배우자 또는 상속의 선순위자나 동순위자를 살해하거나 살해하려고 한 경우
② 고의로 직계존속 · 피상속인과 그 배우자에게 상해를 가하여 사망에 이르게 한 경우
③ 사기 또는 강박으로 피상속인의 상속에 관한 유언 또는 그 철회를 방해한 경우
④ 사기 또는 강박으로 피상속인의 상속에 관한 유언을 하게 한 경우
⑤ 피상속인의 상속에 관한 유언서를 위조 · 변조 · 파기 또는 은닉한 자

상속결격자는 피상속인에 대한 상속인이 되지 못하며 유증도 받을 수 없다. 이렇게 상속결격이 발생하였다 하더라도 상속결격자의 상속인은 상속결격자의 피상속인에 대한 상속인(대속상속인)이 될 수 있다.

4. 상속의 승인 및 포기

상속에 대한 승인 및 포기의 종류 · 요건 · 법정기간에 관해 살펴보면 다음 <표 10-3>과 같다. <표 10-3>의 상속의 승인 및 포기는 상속개시 전에는 할 수 없으며, 조건부로 상속에 대한 승인 또는 포기를 할 수도 없다. 따라서

표 10-3 | **상속에 대한 승인 및 포기의 종류 · 요건 · 법정신고기간**

구 분	법정신고기간 등
단순승인	상속인의 의사표시와 일정한 행위 및 일정기간 경과한 경우
한정승인	상속인이 상속개시가 있음을 안 날로부터 3월 이내에 상속재산목록을 첨부하여 가정법원에 신고
상속포기	상속인이 상속개시가 있음을 안 날로부터 3월 이내에 가정법원에 신고

※ 상속재산이 복잡하고 조사 등에 일수를 요할 때는 이해관계인 또는 검사의 청구에 따라 가정법원은 한정승인 및 상속포기의 고려기간을 연장할 수 있다.

상속개시 전에 추정상속인 사이에서 상속포기를 합의하더라도 법적으로는 효력이 없다.

사례 4 상속개시 전 상속포기의 법적 효력

자녀 중 1명이 부친의 생존 시에 가족이 모두 모인 자리에서 부친의 재산 중 3억원을 주면 부친에 대한 모든 상속권을 포기한다는 각서를 작성하였다. 이 경우 상속개시 전에 작성한 각서상의 상속포기의 법적 효력은?

【해설】

상속개시 전에 작성한 각서상의 상속포기는 상속권에 대해 법적 효력이 없다. 왜냐하면 상속개시 전에 한 상속포기는 법적 효력은 없기 때문이다.

한편 피상속인의 상속재산보다 상속부채가 많은 경우에 상속인이 상속을 포기하지 않으면 상속부채가 승계되어 상속부채를 상속인이 변제하여야 한다.

이러한 문제점은 1998년 8월 27일 헌법 불합치 결정으로 2002년 1월 14일 민법이 개정되어 상속인이 중대한 과실 없이 상속채무의 초과사실을 알지 못하고 단순승인을 한 상속인이라 할지라도 상속채무 초과사실을 안 경우에 그 사실을 안 날로부터 다시 3월 이내에 한정승인을 할 수 있게 되어 해결할 수 있게 되었다.

5. 유 언

1) 유언의 종류

법률적으로 효력이 있는 유언의 종류는 다음 <표 10-4>와 같이 5종류가 있으며, 유언이 법적으로 효력을 가지려면 법에서 정한 요건을 모두 갖추어야 한다. 따라서 법정유언의 종류가 아니거나 법정유언의 종류라도 법정요건을 모두 갖추지 못한 유언은 법적으로 효력이 없게 됨에 유의하여야 한다.

표 10-4 | **유언의 종류, 특성 및 작성절차**

방 식	내 용	증 인	사후검인	장 점	단 점
① 자필증서에 의한 유언	• 유언서 전문, 연월일, 주소, 성명을 자서, 날인	필요 없음	필요	유언 자체의 비밀유지, 작성 용이	위조, 분실
② 녹음에 의한 유언	• 유언의 취지, 성명, 연월일 음성녹음 • 증인 확인 및 성명 녹음	1명 이상	필요	필기가 필요 없음	유언 노출
③ 비밀증서에 의한 유언	• 유언서 봉인 • 봉인을 증인이 확인 • 봉인상의 확정일자(5일 이내 공증인 또는 법원서기에 제출)	2명 이상	필요	유언내용의 비밀유지	절차복잡, 유언의 존재는 노출
④ 공정증서에 의한 유언	• 유언내용구술 • 공증인 기재, 낭독 • 증인의 확인	2명 이상	불필요	가장 안전하고 확실한 방법	절차 복잡, 비용부담, 유언 노출
⑤ 구술증서에 의한 유언	• 급박한 사유 발생 • 유언자가 유언의 취지 구술 • 증인이 낭독, 확인	2명 이상	사후 불필요 (위난 종료 후 7일 이내 가정법원에 사전 검인신청)	급박한 경우에 가능	실효성 의문, 유언 노출

2) 유언사항

법률상 유언으로 효력이 있는 유언사항은 9가지로 정해져 있으므로 다음의 9가지 외의 내용을 유언서에 기재하여도 법정유언사항 외의 내용은 독자적으로 법률효력을 지니지 못한다.

표 10-5 | **법정유언사항과 생전행위 가능 여부**

법정유언사항	생전행위 가능 여부
① 재단법인 설립	○
② 친생부인	○
③ 인지	○
④ 후견인 지정	×
⑤ 상속재산의 분할방법의 지정 또는 위탁	×
⑥ 상속재산 분할금지	×
⑦ 유증	×
⑧ 유언집행자의 지정 및 위탁	×
⑨ 신탁	○

3) 유언의 필요성 및 활용

상속재산을 합리적으로 분할하고 자녀의 다툼을 방지하기 위해, 또한 자아실현을 위해 유언제도를 활용할 필요가 있다.

(1) 유언의 필요성

① 피상속인이 자녀의 특성을 고려하여 재산을 배분하고 싶을 경우

② 피상속인이 생각했던 대로 상속재산에 대한 협의가 이루어지지 않을 가능성이 내재되어 있는 경우

③ 상속인이 계모자 또는 이복형제 관계 등 혈족이 아닌 자로 구성된 경우

④ 사회단체나 지인 등에 유증하고 싶은 경우

(2) 유언의 활용

① 피상속인의 의지대로 상속인의 특성에 맞게 재산을 분할할 수 있다.

② 유류분을 고려하여 재산을 분할할 수 있어 공동상속인 간의 갈등을 사전에 방지할 수 있다.

③ 피상속인의 가치관을 실현할 수 있다.

④ 유언은 철회가 가능하며, 계속적으로 재조정이 가능하다.

⑤ 유언을 통해 가족의 결속력을 강화시킬 수 있다.

상속이 발생하여 상속재산을 분할할 때 자녀들 간 상속재산의 협의가 이루어지지 않는 경우에 일반적으로 모든 상속재산에 대해 공동지분으로 상속을 받게 된다. 이 경우 상속재산의 처리문제에 대해 자녀들 간에 이해관계가 대립될 수도 있으므로 상속이 개시되기 전에 자녀의 특성에 따라 사전증여를 한다든가 유언을 통해 상속재산을 배분해 놓으면 추후 발생할지도 모르는 자녀들 간의 갈등을 방지할 수 있다. 더욱이 유언을 통해 자녀들의 우애를 돈독하게 할 수도 있다. 또한 상속개시 전 사전증여, 상속재산의 배분을 실행하기 위한 유언은 유류분제도를 고려하여야 한다.

6. 상속재산의 분할

1) 상속재산의 분할방법

상속인이 여러 명으로 구성되어 있을 경우 상속재산은 공동상속인 간 공유에 속하므로 공유상태의 상속재산을 각 상속인에게 귀속시켜야 하는데, 이를 유산분할이라 한다.

유산분할에는 지정분할, 법정분할, 조정분할, 심판분할이 있다. 이 중 조정분할과 심판분할은 공동상속인 간 분쟁이 발생한 경우에 가정법원에서 조정 또는 심판으로 상속재산을 분할하는 방법이다.

(1) 지정분할

지정분할이란 피상속인의 유언으로 분할방법을 정하거나 분할방법을 정하는 것을 제3에게 위탁하는 분할방법을 말한다. 유언에 의한 분할방법의 지정은 유산의 전부 또는 일부에 대하여 할 수 있다.

(2) 협의분할

협의분할은 공동상속인의 협의에 따라 분할하는 방법을 말한다. 협의방식은 전원의 참가와 합의가 있어야 한다. 물론 상속재산별로 협의를 하여 분할할 수 있다.

(3) 조정분할

상속재산에 대해 유언이 없고 공동상속인 간 협의가 이루어지지 않아 공동상속인 사이에 재산을 분할할 수 없는 경우에 취하는 유산분할방법이다. 조정전치주의에 의거 가정법원에 조정을 신청하여 분할협의를 하지 않으면 심판청구를 할 수 없다. 심판분할과는 달리 법정상속분에 구속되지 않고 조정을 할 수 있다.

(4) 심판분할

조정분할이 성립되지 않은 경우에는 가정법원 심판청구에 의하여 심판분할을 받을 수 있다. 재판관은 법정상속분에 구속되므로 공동상속인 간의 협의가 없는 한 법정상속분에 반하는 분할은 할 수 없다. 하지만, 다음에 설명하는 분할의 양태는 재판관의 재량으로 정한다.

2) 상속재산분할양태

상속재산분할의 양태에는 현물분할, 환가분할(경매분할 포함), 대상분할로 구분할 수 있다.

(1) 현물분할

개별 재산별로 상속인의 지분(수량, 금액, 비율)에 따라 상속재산을 분할하는 방법을 말한다.

(2) 환가분할

상속재산을 전부 또는 일부만 금전으로 환가하여 환가대금을 분할하는 방법을 말한다.

(3) 대상분할

특정 공동상속인이 상속재산을 취득하고 그 대상(代償)으로 자기의 고유재산으로 다른 공동상속인에게 각각의 상속분을 주는 방법을 말한다.

7. 유류분제도

1) 유류분의 의의

유류분은 피상속인의 상속재산(일부 증여재산 포함) 중 상속인 각자가 스스로 법정상속분의 일정 범위 내에서 유류분반환청구권을 행사하면 반드시 취득할 수 있는 재산의 범위이다.

2) 유류분권리자

유류분권리자로는 법정상속인 중 피상속인의 배우자・직계비속・직계존속・형제자매가 될 수 있으며, 4촌 이내의 방계혈족은 유류분권리자가 되지 못한다. 상속인 중 상속결격자와 상속포기자는 유류분권리자가 될 수 없으며, 반면에 대습상속인은 유류분권리자가 된다. 따라서 상속결격자의 상속인은 유류분권리자가 된다.

3) 유류분반환청구권의 행사방법 및 소멸시효

(1) 유류분반환청구권의 행사방법

유류분반환청구권은 반드시 소송에 의하지 않고 유증을 받은 자, 특별수익(증여)을 받은 공동상속인에게 의사표시로 할 수 있다. 유류분반환청구는 우선적으로 유증을 받은 자에게 먼저 청구하고 그래도 부족한 금액에 대해서는 특별수익(증여)을 받은 자에게 청구를 하는 순서로 하여야 한다.

(2) 유류분반환청구권의 소멸시효

유류분반환청구권은 상속의 개시와 반환하여야 할 증여나 유증의 사실을 안 때로부터 1년이 경과한 날과 상속이 개시된 때로부터 10년을 경과한 날 중 빠른 날에 소멸한다.

4) 유류분 계산

> 유류분 산정에 기초가 되는 재산 =
> 상속개시 당시에 가진 재산 + 증여재산 − 채무

- 상속개시 당시에 가진 재산 : 유증한 재산 및 사인증여재산을 포함한 상속개시 당시에 현존하는 재산
- 채무 : 사법상 채무 및 공법상 채무(세금, 벌금, 과태료 등) 중 상속개시 당시에 확정된 채무
- 증여재산의 범위 : 표로 설명하면 다음과 같다.

표 10-6 | **증여재산의 범위**

구 분	상속개시 전 1년 이내의 증여재산	상속개시 전 1년 전의 증여재산
공동상속인	해 당	해 당
그 외	해 당	해당하지 않음[주)]

주 : 상속개시 전 1년 전의 증여라도 당사자 쌍방이 유류분권리자에게 손해를 가할 것을 알고 한 경우에는 증여재산범위에 해당된다.

5) 유류분 비율

유류분청구액의 중요한 변수인 유류분 비율은 공동상속인이 누구이냐에 따라 차이가 나는데, 이를 표로 나타내면 다음과 같다.

표 10-7 | **공동상속인별 유류분 비율**

공동상속인	유류분 비율
직계비속이나 배우자	법정상속분의 1/2
직계존속이나 형제자매	법정상속분의 1/3

피상속예정인이 대부분 재산을 특정 자녀에게 물려주기 위해 사전증여 또는 유증을 하는 경우 또는 유언 등을 통해 특정 자녀에게 재산을 물려주지 않은 경우에 불이익을 받은 자녀가 이의를 제기하지 않으면 별문제가 없지만, 불만이 있는 경우에는 유류분을 청구할 수 있다. 따라서 피상속예정인의

본래 의도대로 재산을 물려줄 수 없을 수도 있으며, 이로 인해 자녀 간에 갈등이 야기될 수도 있다.

3절 상속세와 증여세의 관계

1. 상속에 관한 법률규정

1) 상속에 관한 민법과 세법의 적용순위

상속에 관한 법률규정은 민법 제5편 상속 편에 규정되어 있다. 여느 민법규정과 마찬가지로 다른 법률에서 상속에 관한 규정을 민법과 달리 규정하고 있지 않으면, 상속에 관한 규정은 민법에 따라야 한다. 따라서 상속에 관한 규정을 제대로 이해하기 위해서는 민법의 규정을 충분히 이해하고 있어야 한다.

상속에 관한 세법의 규정도 민법과 차이가 없으면 민법의 규정을 그대로 따라야 하며, 세법에 특별한 규정이 있으면 세법의 규정을 적용하여야 한다. 민법과 세법이 상속에 관한 규정을 다르게 규정한 경우에도 세법 및 민법의 내용을 혼재해 알고 있어 실무적이나 교육적으로 접근 시 잘못 적용하는 경우가 종종 발생한다.

상속에 대한 규정은 민법의 규정과 세법의 규정이 다를 수가 있으므로 상속설계를 수립하기 위해서는 상속에 관한 민법의 규정과 세법의 규정에 대한 차이점의 이해가 선행되어야 한다.

2) 민법과 세법과의 차이

상속에 관한 민법 규정과 세법 규정의 기본적인 차이는 민법은 일반사법이고, 세법은 강제력이 있는 공법이라는 점이다. 민법은 피상속인과 상속인(수유자 포함) 간의 사적자치원칙에 의해 법률을 적용하는 사법이고, 세법은 국가와 상속인(수유자 포함) 간 관계에서 세금을 강제적으로 징수하는 공법이라는 점에서 차이가 있다고 볼 수 있다.

이러한 차이점으로 인해 상속에 관한 민법과 세법의 규정에 차이가 발생할 수도 있다. 따라서 세법상 상속(증여 포함)에 관한 규정을 적용할 경우에 민법과 세법에 다른 규정이 있을 경우에는 세법을 우선 적용하며, 민법과 세법의 다른 규정이 있지 않으면 민법의 규정을 적용하게 된다.

2. 상속세와 증여세의 관계

1) 상속세와 증여세 정의

상속세는 피상속인의 사망 또는 실종선고에 따라 상속인 또는 수유자가 피상속인으로부터 무상으로 취득하는 재산에 대해 상속세 및 증여세법(이하, '상증법'이라 함)에 따라 평가한 금액을 토대로 부과하는 세금이다.

증여세는 타인(증여자)으로부터 재산을 무상으로 취득하는 경우에 무상취득자(수증자)에게 상증법에 따라 평가한 금액을 토대로 부과하는 세금이다. 현행 상증법상 증여세는 완전포괄주의를 도입하여 무상이 아니어도 현저한 이익을 얻거나 타인의 기여로 이익 등을 얻는 경우도 증여로 보아 증여세를 과세한다.

2) 상속세 과세체계와 증여세 과세체계의 차이점

상속과 증여는 무상으로 재산을 이전받는다는 점은 동일하지만, 법률행위 면에서 보면 다른 점이 있어 이로부터 상속세와 증여세의 과세체계에 차이가 발생된다고 볼 수 있다.

(1) 법률행위의 차이

상속은 피상속인의 사망 또는 실종선고로 기인하는 법률행위이고, 증여는 증여자와 수증자의 계약에 의해 성립되는 법률행위이다. 즉, 상속은 일방의 상속개시(사망 또는 실종선고)에 의해 발생되고, 증여는 쌍방이 계약에 의해 성립된다는 점에서 보면 상속과 증여는 법률행위에서 차이가 나타난다. 다시 말해, 상속은 무상취득자(상속인 등)의 의지와 관계없이 발생하지만, 증여는 무상취득자(수증자)의 의지에 의해 성립된다.

한걸음 더 **유산세 과세방식과 유산취득세 과세방식**

- 유산세 과세방식 : 피상속인의 상속재산 전부를 기준으로 상속세 세율을 적용하여 상속세를 산출하는 방법으로 우리나라의 상속세는 유산세 과세방식에 해당한다.
- 유산취득세 과세방식 : 상속재산을 상속받은 자별로 취득한 각각의 상속재산을 기준으로 상속세 세율을 적용하여 상속세를 산출하는 방법이다. 우리나라의 증여세는 유산취득세 과세방식을 준용하여 적용한다.

(2) 과세방식의 차이

위의 법률행위 차이로 인해 상증법상 상속세는 피상속인의 상속재산 전부에 대하여 과세하는 유산세 과세방식을 취하고 있으며, 증여세는 상속재산 중 사전에 증여로 취득한 재산에 대하여 수증자별로 과세하는 유산취득세 과세방식을 준용하여 적용하고 있다.

상증법상 상속세 및 증여세의 세율구조가 동일한 5단계 초과누진세율구조로 되어 있으므로 한꺼번에 재산을 합산하여 과세하는 유산세 과세방식인 상속세보다 증여계약별(일정한 증여는 합산함)·수증자별로 과세하는 유산취득세 과세방식인 증여세가 세율구조 면에서 볼 때 유리하다.

(3) 과세체계의 주체

상속은 피상속인의 사망 또는 실종선고에 의해서 발생되는 법률행위이므로 상속세는 피상속인이 과세주체가 되어 피상속인의 상속재산 전부에 대해 과세된다. 반면에 증여는 쌍방의 합의에 의한 계약에 의해 성립되는 법률행위이므로 증여세는 수증자가 과세주체가 되어 수증자 입장에서 수증자별로 증여로 취득한 재산에 대해 과세된다.

(4) 과세대상의 범위

상속세의 과세주체는 피상속인이고, 증여세의 과세주체는 수증자이다. 따라서 세법상 거주자 여부를 판단할 경우에 상속세는 피상속인을, 증여세는 수증자의 입장에서 판단한다. 상증법상 상속세와 증여세의 과세대상의 범위는 다음과 같다.

표 10-8 | 상속세와 증여세의 과세대상의 범위

구 분	상 속 세	증 여 세
거 주 자	국내외 모든 상속재산	국내외 모든 증여재산
비거주자	국내소재 상속재산	국내소재 증여재산

(5) 납부(납세)의무

① 상속세 납세의무자

상속세의 납세의무자는 상속, 유증, 사인증여 등으로 상속재산을 취득한 상속인(상속을 포기한 자 및 민법상 특별연고자 포함) 또는 수유자(사인증여에 의한 수증자 포함)이다. 상속인 또는 수유자는 이 상증법에 따라 부과된 상속세에 대하여 상속재산(상속재산에 가산하는 증여재산 중 상속인 또는 수유자가 받은 증여재산을 포함) 중 각자가 받았거나 받을 재산을 기준으로 대통령령으로 정하는 바에 의하여 계산한 비율에 따라 상속세를 납부할 의무가 있다.

영리법인이 특별연고자 및 수유자가 되는 경우에는 당해 영리법인이 부담할 상속세는 면제되지만, 그 대신에 법인세가 과세된다.

② 상속세의 연대납세의무

상속세는 상속인 또는 수유자 각자가 받았거나 받을 재산을 한도로 연대하여 납부할 의무를 진다.

③ 증여세 납세의무자

증여세의 납세의무자는 수증자이다. 영리법인이 증여를 받은 경우에는 증여세가 면제되지만, 그 대신에 법인세로 과세된다. 다만, 명의신탁과 관련하여 영리법인이 면제를 받은 경우에는 실제 소유자(영리법인 제외)가 증여세를 납부할 의무를 진다.

④ 증여세 연대납세의무

증여세는 원칙적으로 수증자가 납부할 의무를 지게 되는 것이나, 일반적으로 다음과 같은 경우에는 증여자도 증여세에 대해 연대하여 납부할 의무가 있다. 다만, 명의신탁재산의 증여의제에 해당하는 경우에는 ⓐ 또는 ⓑ에 해당하지 않더라도 증여자는 연대납세의무가 있다.

ⓐ 주소 또는 거소가 분명하지 아니한 경우로서 조세채권의 확보가 곤란한 경우

ⓑ 증여세를 납부할 능력이 없다고 인정되는 경우로서 체납으로 인하여 체납처분을 하여도 조세채권의 확보가 곤란한 경우

(6) 관할세무서

상속세의 관할세무서는 일반적으로 피상속인의 주소지 관할세무서(국세청장이 특히 중요하다고 인정되는 경우 : 관할지방국세청장)이다. 증여세의 관할세무서는 일반적으로 수증자의 주소지 관할세무서(국세청장이 특히 중요하다고 인정되는 경우 : 관할지방국세청장)이다.

(7) 신고기한

상속세와 증여세의 과세표준 신고기한을 비교하여 표로 설명하면 다음 <표 10-9>와 같다.

표 10-9 | 상속세 및 증여세의 과세표준 신고기한

구 분		과세표준 신고기한
상속세	원칙	상속개시일이 속하는 달의 말일부터 6개월이 되는 날
	예외	피상속인 또는 상속인 전원이 외국에 있는 경우에는 상속개시일이 속하는 달의 말일부터 9개월이 되는 날
증여세	원칙	증여일이 속하는 달의 말일부터 3개월이 되는 날
	예외	• 비상장주식의 상장 또는 법인의 합병 등에 따른 증여세 과세표준 정산 신고기한은 정산기준일이 속하는 달의 말일부터 3개월이 되는 날 • 특수관계법인과의 거래를 통한 이익의 증여의제 및 특정법인과의 거래를 통한 이익의 증여의제의 경우에는 수혜법인 또는 특정법인의 법인세확정신고기한이 속하는 달의 말일부터 3개월이 되는 날

(8) 상속재산 및 증여재산 평가방법

상속세 또는 증여세를 계산하기 위해서는 상속재산 또는 증여재산 평가가 선행(先行)되어야 하는데, 평가기준일(상속개시일 또는 증여일) 현재의 시가로

평가한다. 상증법에서는 평가기준일 전후 평가기간 동안 발생한 매매가액, 감정가액, 경매가액 등을 상속재산 또는 증여재산의 평가가액을 시가로 보는데, 이외에 평가기간 밖의 매매가액 등을 시가로 보는 경우와 평가자산의 유사매매사례가액을 시가로 보는 경우도 있다. 이러한 시가산정이 어려운 경우에는 보충적 평가방법으로 평가한다. 이때 적용되는 상속재산의 평가기간은 평가기준일(상속개시일) 전후 6개월이고, 증여재산의 평가기간은 평가기준일(증여일) 전 6개월부터 평기기준일 후 3개월까지이다.

(9) 공제제도

실제로 발생한 비용 또는 부채 등은 아니지만 조세정책목적상 과세표준을 계산할 경우에 공제항목으로 인정하고 있는 세법상 각종 공제제도가 있다. 각 세금마다 공제제도가 있는 경우도 있고, 없는 경우도 있다.

상속세와 증여세는 각각 공제제도가 있는데, 상속세는 유산세 과세방식을 취하고 있으므로 공제제도가 다양하지만, 증여세는 유산취득세 과세방식을 취하고 있으므로 2종류의 공제제도(증여재산공제, 재해손실공제)밖에 없다.

3) 상속세와 증여세의 공통규정

상속세와 증여세는 모두 무상으로 재산의 취득 시 부과하는 세금이므로 앞에서 설명한 차이점 외에는 대부분 세법의 규정이 비슷하다.

① 상증법상 상속세에 대한 증여세의 준용규정

- 재산평가방법(평가기간 적용은 차이 있음)
- 감정평가수수료 공제제도
- 세율(10~50%의 5단계 초과누진세율)
- 세대생략 할증률(30% · 40%)
- 신고세액공제율(3%)
- 납부방법(분납, 연부연납)[주)] 등

주 : 물납제도는 상속세는 적용되지만 증여세에는 적용되지 않음.

② 국세기본법상 동일규정

- 부과제척기간
- 국세징수권 소멸시효
- 신고불성실가산세 및 납부지연가산세 등

한걸음 더 상속세 및 증여세의 국세부과제척기간 및 국세징수권 소멸시효

1. 상속세 및 증여세의 부과제척기간

부과제척기간이란 세금을 부과할 수 있는 기간으로 이 기간이 만료되면 과세관청에서는 세금에 대한 부과권을 더 이상 행사할 수 없게 된다. 상속세 및 증여세의 부과제척기간은 다른 세금보다 엄격하게 규정되어 있는데, 이를 구체적으로 설명하면 다음과 같다.

- 상속・증여세 신고기한 이내에 과세표준과 세액을 신고한 경우 : 10년간
- 과세표준과 세액을 사기나 그 밖의 부정한 방법으로 포탈하거나 환급・공제받거나 무신고 또는 거짓・누락신고(그 거짓신고 또는 누락신고한 부분만 해당)한 경우 : 15년간
- 납세자가 부정행위로 상속세・증여세를 포탈한 경우로서 다음 중 어느 하나의 거래에 해당하면서 포탈 재산가액이 50억원을 초과하는 경우 : 과세관청에서 상속 또는 증여가 있었음을 안 날로부터 1년 이내
  - 제3자 명의로 되어 있는 피상속인 또는 증여자의 재산을 상속인 또는 수증자가 보유하고 있거나 그 자의 명의로 실명전환을 한 경우
  - 계약에 의하여 피상속인이 취득할 재산이 계약이행기간 중에 상속이 개시됨으로써 등기・등록 또는 명의개서가 이루어지지 아니하여 상속인이 취득한 경우
  - 국외에 소재하는 상속 또는 증여재산을 상속인 또는 수증자가 취득한 경우
  - 등기・등록 또는 명의개서가 필요하지 아니한 유가증권・서화・골동품 등 상속 또는 증여재산을 상속인 또는 수증자가 취득한 경우
  - 수증자 명의로 되어 있는 증여자의 금융자산을 수증자가 보유하고 있거나 사용・수익한 경우
  - 비거주자인 피상속인의 국내 자산을 상속인이 취득하는 경우
  - 명의신탁재산의 증여의제에 해당하는 경우

2. 상속세 및 증여세의 징수권소멸시효

상속세 및 증여세의 징수를 목적으로 부과된 상속세 및 증여세의 징수를 행사할 수 있는 때로부터 5년(5억원 이상 : 10년)간 행사하지 아니하면 상속세 및 증여세에 대한 징수권이 소멸한다.

4) 사전증여 목적과 상속세와 증여세의 상호관계

상속세 절세목적으로 생전에 증여하려는 이유는 상속세는 유산세 과세방식으로 세금이 부과되고, 증여세는 유산취득세 과세방식으로 세금이 부과되기 때문이다. 즉, 상속재산이 많아 높은 세율이 적용될 것으로 예상되는 경우에는 사전증여를 통해 증여세 등 부대비용을 납부하더라도 향후 상속세 등을 절세할 수 있다. 일반적으로 상속세 절세를 염두에 두고 증여하는 경우가 많으므로 상속세와 증여세는 서로 밀접한 관계가 있다. 상속재산이 많아 상속세의 최고세율 등 높은 세율에 적용되어 많은 상속세 납부가 예상되는 경우에 상속세를 절세할 수 있는 가장 효율적인 절세전략은 사전증여를 활용하는 것이다.

4절 상속세

1. 상속개시의 원인 및 상속개시일

상증법상 상속개시의 원인 및 상속개시일을 구분하여 표로 나타내면 다음과 같다.

표 10-10 | 상속개시의 원인 및 상속개시일

상속개시의 원인		상속개시일
사망	자연사망	사망일
	인정사망	가족관계등록부에 기재된 사망 연, 월, 일, 시
실종	보통실종(행방불명)	실종선고일[주)]
	특별실종(전쟁, 선박 침몰, 비행기 추락)	

주: 민법은 실종기간 만료일(보통실종은 5년, 특별실종은 1년)

실종선고의 경우에 사망개시일이 민법의 규정과 다른데, 상증법에서는 사망개시일이 실종선고일이지만 민법의 경우에는 실종일로부터 일정한 기간(보통실종: 5년, 특별실종: 1년) 경과 시에 사망한 것으로 간주한다.

2. 상속세 계산

유산세 과세방식을 취하고 있는 상속세 과세흐름을 표로 설명하면 다음과 같다.

표 10-11 | 상속세 과세흐름도

<table>
<tr><td rowspan="11">과세가액</td><td rowspan="3">총상속재산가액</td><td>본래의 상속재산</td><td>상속개시일 현재 피상속인 명의 재산</td></tr>
<tr><td>간주상속재산</td><td>보험금, 신탁재산, 퇴직금 등</td></tr>
<tr><td>추정상속재산</td><td>일정요건에 해당하는 재산처분대가, 예금 순인출액 및 채무부담가액
※ 일정요건 : 상속개시일 전 1년(2년) 이내, 재산의 종류별 · 부담한 부채별로 2억원(5억원) 이상, 용도를 밝히지 못하는 일정금액</td></tr>
<tr><td colspan="2">(−) 비과세상속재산가액</td><td>전사자 재산, 제사주재자의 금양임야 등</td></tr>
<tr><td rowspan="2">(+) 상속재산 가산가액</td><td>사전증여재산</td><td>• 상속개시일 전 10년 이내 상속인에게 증여한 재산
• 상속개시일 전 5년 이내 비(非)상속인에게 증여한 재산</td></tr>
<tr><td>조세특례제한법상 특례증여재산</td><td>창업자금 또는 가업승계 주식 · 출자지분</td></tr>
<tr><td rowspan="4">(−) 상속재산 차감금액</td><td>과세가액불산입재산</td><td>공익법인출연재산, 공익신탁재산 등</td></tr>
<tr><td>채무</td><td>상속개시 당시 피상속인이 부담하여야 할 확정채무(임대보증금, 사인간(私人間) 채무, 사업상 채무 등)</td></tr>
<tr><td>공과금</td><td>상속개시일 현재 납부할 의무가 있는 조세, 공공요금 등</td></tr>
<tr><td>장례비용</td><td>• 최하 5백만원, 증빙자료 입증 시 1천만원 한도
• 봉안시설 또는 자연장지 사용비용은 증빙자료 입증 시 5백만원 한도</td></tr>
<tr><td colspan="3">= 상속세 과세가액</td></tr>
<tr><td rowspan="3">과세표준</td><td rowspan="2">(−) 상속세 과세가액 차감금액</td><td>상속공제</td><td>• 기초공제 · 그 밖의 인적공제 또는 일괄공제, 배우자상속공제, 금융재산상속공제, 재해손실공제, 동거주택상속공제
• 상속공제한도규정 있음.</td></tr>
<tr><td>상속재산의 감정평가수수료</td><td>• 감정평가법인의 감정평가수수료(납부용) : 5백만원 한도
• 평가심의위원회가 비상장주식에 대하여 신용평가전문기관에 의뢰한 경우 평가수수료 : 평가대상법인의 수 및 의뢰기관 수별로 각각 1천만원 한도 내
• 서화 · 골동품 등 예술적 가치가 있는 유형재산에 대한 전문가 평가수수료 : 5백만원 한도</td></tr>
<tr><td colspan="3">= 상속세 과세표준</td></tr>
</table>

산출세액	(×) 상속세 세율	10~50%의 5단계 초과누진세율
	= 산출세액	
	(+) 세대생략가산액	30%·40% (단, 대습상속의 경우 미적용)
	= **산출세액 계**	
신고납부세액	(−) 징수유예세액	문화재자료 등에 대한 상속세의 징수유예세액
	(−) 세액공제	증여세액공제, 외국납부세액공제, 신고세액공제 등
	(+) 가산세	신고불성실가산세, 납부지연가산세 등
	= 납부할 세액	
	(−) 분납, 연부연납, 물납	분납과 연부연납은 중복적용되지 않음.
	= **신고납부세액**	

자료 : 양재영 외, 『AFPK 상속설계』(2021).

1) 과세표준의 계산

일반적으로 세금은 과세표준에 세율을 곱하여 산출세액을 계산한 후, 각종 세액공제를 차감하고 가산세를 가산하여 납부할 세액을 산출한다. 따라서 세금계산 시 과세표준이 어떻게 계산되는지를 아는 것은 매우 중요하다.

상속세의 경우에는 피상속인이 물려준 총상속재산가액에서 비과세상속재산가액, 사전에 증여한 일정한 금액과 채무, 공과금 및 장례비용을 차감하여 상속세 과세가액을 구한 후 상속공제를 차감하여 상속세 과세표준을 계산한다.

> 상속세 과세표준 = 상속세 과세가액 − 상속공제액
> 상속세 과세가액 = 총상속재산가액 − 비과세상속재산가액 + 상속재산가산금액
> − 상속재산차감금액

(1) 총상속재산가액

> 총상속재산가액 = 본래의 상속재산가액 + 간주상속재산가액 + 추정상속재산가액

① 본래의 상속재산

본래의 상속재산은 피상속인에게 상속개시일 현재 귀속되는 재산으로서 금전으로 환가할 수 있는 경제적 가치가 있는 모든 물건과 재산적 가치가 있

는 법률상 또는 사실상의 모든 권리를 말한다.

② 간주상속재산

본래의 상속재산에 해당하지 않지만, 상증법상 상속재산으로 간주하여 과세하는 재산이다. 이에는 보험금, 신탁재산, 퇴직금(퇴직수당·공로금·연금 등을 포함하며, 국민연금법 등에 의해 지급하는 유족연금 등을 포함하지 않음)이 해당한다.

간주상속재산에 해당하는 보험금은 피상속인이 납입한 보험료에 상당하는 보험금을 말하는데, 이를 산식으로 나타내면 다음과 같다.

$$\text{상속재산으로 보는 보험금} = \text{지급받은 보험금의 합계액} \times \frac{\text{피상속인이 부담한 보험료의 금액}}{\text{해당 보험계약에 따라 피상속인의 사망 시까지 불입된 보험료의 총합계액}}$$

③ 추정상속재산

조세회피를 방지하기 위해 상속개시일 전 일정기간 내에 재산처분·예금순인출·부담한 채무별로 현금화한 금액을 상속인이 입증하지 못한 일정한 금액에 대해 상속재산으로 추정하여 상속재산에 가산한다.

재산종류별 처분금액(순인출금액) 또는 채무부담금액이 상속개시일 전 1년(2년) 이내에 2억원(5억원) 이상의 경우로서 처분금액·순인출금액 또는 채무부담금액이 각각 재산종류별 또는 부담한 부채의 합계액 중 일정한 금액까지 사용용도를 객관적으로 입증하지 못한 경우에는 다음의 공식에 의해 계산된 금액을 상속재산가액으로 추정한다.

$$\begin{aligned}\text{추정상속재산가액} &= (\text{재산처분액}\cdot\text{순인출액}\cdot\text{채무부담액} - \text{용도가 입증된 금액}) \\ &\quad - \min\{\text{재산처분 등으로 얻은 금액} \times 20\%,\ 2\text{억원}\}\end{aligned}$$

참고 재산종류별

ⓐ 현금·예금 및 유가증권
ⓑ 부동산 및 부동산에 관한 권리
ⓒ ⓐ, ⓑ 외의 기타재산

한걸음 더 피상속인의 재산이 어디에 얼마나 있는지 알 수 있는 방법은 없을까?

부친이 갑자기 돌아가셔서 정신적 충격이 매우 큰 상태에서 생전에 부친의 예금, 부동산의 재산의 내역을 알려주지 않는 경우에는 물질적 재산에 대한 혼란이 가중될 수 있다. 이때 부친의 재산을 찾는 방법은 없을까?

피상속인의 재산은 다음과 같은 방법을 통해 찾을 수 있다.

- 정부24 홈페이지(www.gov.kr/portal/main) 접속 ➛ 맞춤형 서비스 ➛ 원스톱 서비스 ➛ 안심상속 ➛ 사망자 등 재산조회통합처리 신청(안심상속)

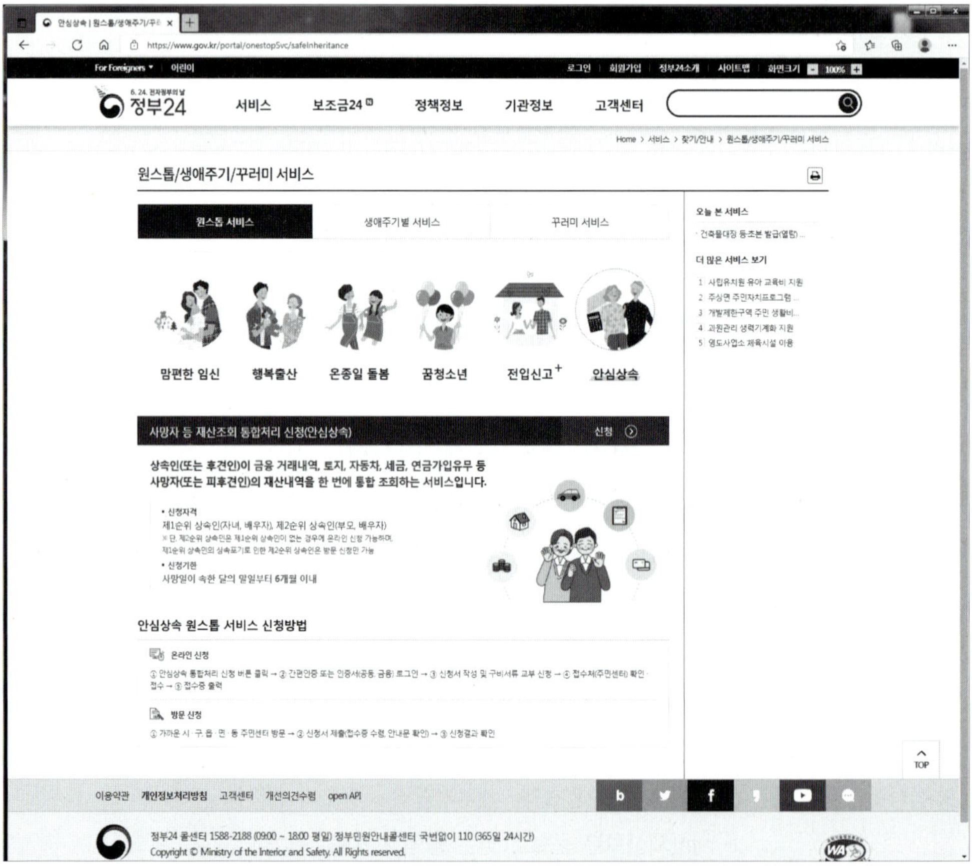

사례 5 추정상속재산

거주자 최부자 씨가 올해 1월 13일 사망하였다. 상속개시일 전 3년간 부동산(부동산권리 포함)에 관한 재산처분내역이 다음과 같을 때 부동산(부동산권리 포함)에 해당하는 추정상속재산가액은 얼마인가?

(부동산처분내역)

- 작년 8월 9일 보유 부동산을 3억원에 처분하였으며, 상속개시일 현재 사용용도가 입증되는 금액은 2억원임.
- 재작년 9월 17일 보유 부동산을 1억원에 처분하였으며, 상속개시일 현재 사용용도가 입증되는 금액은 5천만원임.

【해설】

상속개시일 전 1년 이내에 처분가액은 3억원이고, 2년 이내에 처분가액은 4억원(3억원+1억원)으로 1년 이내는 2억원 이상이지만, 2년 이내에 5억원 미만이므로 1년 이내에 처분한 경우에 상속재산에 가산되는 추정상속재산은 다음과 같다.

추정상속재산 = (300,000,000 − 200,000,000) − min{300,000,000 × 20%, 200,000,000}
= 100,000,000 − 60,000,000 = 40,000,000원

3가지 재산종류별 또는 부담한 부채별 중 추정상속재산가액이 있는지를 각각 별도로 계산하여야 한다. 한편 추정상속재산에 해당하지 않는 경우라도 과세관청이 세무조사 등으로 상속인 등에게 사전에 증여한 것을 적출하여 증여세 및 상속세 등을 추징할 수 있다.

(2) 상속세 과세가액

상속세 과세가액 = 총상속재산가액 − 비과세상속재산가액 + 상속재산가산금액
− 상속재산차감금액

① 비과세상속재산 등

전사 기타 이에 준하는 사망으로 상속이 개시되는 경우, 국가 · 지방자치단체에 유증한 재산, 제사를 주재하는 상속인이 상속받은 일정한 요건을 충족한 금양임야 · 분묘에 속한 묘토인 농지 · 족보와 제구, 사회통념상 인정되는

이재구호금품, 상속재산 중 상속인이 상속세과세표준 신고기한까지 국가・지방자치단체에 증여한 재산 등에 대해서는 상속세를 과세하지 않는다.

② **상속재산가산금액**

상속개시 당시 재산에 대해서만 상속세 과세대상이 된다면, 대부분의 재산을 사전증여 등을 통하여 상속세를 회피하려고 할 것이므로 상증법에서는 상속개시일 전 일정기간 이내에 증여한 재산을 상속재산에 가산한다.

상속재산가산금액 = 사전증여재산가액 + 조세특례제한법상 증여세 특례증여재산가액

ⓐ 사전증여재산

사전증여를 통해 상속재산을 감소시켜 상속세를 회피하려는 목적을 방지하기 위해 상속인과 상속인이 아닌 자를 구분하여 다음과 같은 일정기간 이내에 사전증여한 재산을 상속재산에 가산한다.

- 상속개시일 전 10년 이내에 피상속인이 상속인에게 증여한 재산
- 상속개시일 전 5년 이내에 피상속인이 상속인이 아닌 자에게 증여한 재산

이때 상속재산에 가산하는 증여재산가액은 상속개시일 현재가 아닌, 당초 증여일 현재의 증여재산가액이 된다는 점에 유의하여야 한다.

사례 6

거주자 최부자 씨는 올해 2월 12일에 사망하였다. 최부자 씨의 사망당시 가족으로는 배우자, 자녀 2명(모두 생존하고 상속받음)이 있으며, 자녀는 모두 결혼하여 각각 2명씩 자녀가 있다.
최부자 씨가 사망 전에 증여한 다음 자료를 토대로 상속재산에 가산할 증여재산가액은 얼마인가?

구 분	증여일	사전증여재산의 종류	증여재산평가가액
배우자	2010년 2월 13일	토지	2억원
딸	2013년 8월 17일	상가	3억원
손자	2015년 1월 16일	임야	4억원
아들	2019년 3월 23일	아파트	5억원

【해설】

상속재산에 가산할 증여재산가액은 아들에게 증여한 5억원과 딸에게 증여한 3억원을 합한 8억원이 된다. 왜냐하면 손자는 대습상속인에 해당되지 않으므로 상속개시일로부터 5년 이내에 증여한 재산만 합산되고, 배우자에게 증여한 재산은 상속개시일 전 10년 전에 증여한 재산이기 때문에 합산되지 않는다.

ⓑ 창업자금증여재산 또는 가업승계주식 등 증여재산

상속인이 피상속인으로부터 생전에 증여받은 조세특례법상 증여세특례창업자금, 증여세특례가업승계주식 등은 일반적인 사전증여재산과는 달리 증여기간에 관계없이 상속재산에 가산한다.

③ 상속재산차감금액

상속재산차감금액 = 공과금 + 장례비용 + 채무 + 과세가액 불산입금액

ⓐ 공과금

상속개시일 현재 피상속인이 부담하여야 할 조세, 공공요금, 회비 등 이에 준하는 공과금을 말한다.

ⓑ 장례비용

장례비용으로 직접 소요된 금액으로 증빙에 없어도 5백만원이 공제되며, 증빙에 의해 입증되면 1천만원까지 공제된다. 이와 별도로 봉안시설 또는 자연장지 사용비용은 5백만원까지 추가로 공제받을 수 있다.

ⓒ 채무

상속세 과세가액 계산 시 상속재산에서 차감하는 채무는 명칭 여하에도 불구하고 상속개시 당시 피상속인이 부담하여야 할 확정된 채무로서 공과금 외의 모든 부채로서 피상속인이 실제 부담한 사실이 입증되어야 하며, 채무부담계약서, 이자지급에 관한 증빙 등에 의해 그 사실이 확인될 수 있어야 한다.

ⓓ 공익법인 등 출연재산에 대한 상속세 과세가액 불산입액

피상속인 또는 상속인이 종교·자선·학술 또는 그 밖의 공익을 목적으로 하는 일정한 요건을 갖춘 공익법인 등에 상속세 법정신고기한(법령상 또는 행

정상의 사유로 공익법인 등의 설립이 지연되는 등 부득이한 사유가 있는 경우에는 그 사유가 없어진 날이 속하는 달의 말일부터 6개월을 말함)까지 출연한 상속재산으로 일정요건을 충족하는 경우 상속세 과세가액에 산입하지 않는다.

ⓔ 공익신탁재산에 대한 상속세 과세가액 불산입액

상속재산 중 피상속인 또는 상속인이 공익신탁법에 따른 공익신탁으로서 종교·자선·학술 또는 그 밖의 공익을 목적으로 하는 일정요건을 충족한 공익신탁을 통하여 공익법인 등에 출연하는 재산의 가액은 상속세 과세가액에 산입하지 않는다. 다만, 공익신탁에 신탁하는 재산은 상속세 법정신고기한(법령상 또는 행정상의 사유로 신탁이행이 늦어지면 그 사유가 끝나는 날부터 6개월 이내)까지 신탁을 이행하여야 한다.

(3) 상속세 과세표준

상속세 과세표준 = 상속세 과세가액 − 상속공제액 − 상속재산의 감정평가수수료

① 상속공제

상속공제액 = min{㉠, ㉡} ㉠ {(기초공제+그 밖의 인적공제) 또는 일괄공제(가업상속 및 영농상속공제 별도로 공제됨)+배우자상속공제+금융재산상속공제+재해손실공제+동거주택상속공제} ㉡ 상속공제액의 한도

ⓐ 기초공제

일반적으로 거주자 또는 비거주자의 사망으로 상속이 개시되는 경우에는 기초공제로서 2억원을 공제한다. 피상속인이 비거주자인 경우에는 상속공제 중 기초공제만 적용받을 수 있다.

이외에 가업상속요건 및 영농상속요건을 충족하면 추가적으로 가업상속공제 및 영농상속공제를 받을 수 있으며, 추후 가업상속(영농상속) 공제를 받은 상속인이 상속개시일(고용유지요건인 경우는 상속이 개시된 소득세 과세기간 또는 법인세 사업연도의 말일)부터 7년(5년) 이내에 세법이 정한 정당한 사유 없이 일정 조건에 해당하게 되는 경우에는 가업상속(영농상속) 공제받은 금액을 상속개시 당시의 상속세 과세가액에 산입하여 상속세, 가산세 및 이자상당액이 부과된다.

참고 >> 가업상속공제액 및 영농상속공제액

- 가업상속공제액 = min{가업상속재산가액, 500억원[주)]}
  주 : 피상속인의 사업영위기간이 계속하여 10년 이상 20년 미만이면 200억원, 20년 이상 30년 미만이면 300억원, 30년 이상이면 500억원
- 영농상속공제액 = min{영농상속재산가액, 15억원}

ⓑ 그 밖의 인적공제

상속인 및 동거가족이 다음 중 어느 하나의 공제대상자에 해당하는 경우에 각각의 1인당 공제액을 공제한다. 이때 동거가족이란 상속개시일 현재 피상속인이 사실상 부양하고 있는 직계존비속(배우자의 직계존속 포함) 및 형제자매를 말한다.

표 10-12 | 그 밖의 인적공제액

공제대상자	1인당 공제액
자녀	5,000만원
미성년자(배우자 제외)	1,000만원 × 19세 도달 연수
연로자(배우자 제외, 65세 이상)	5,000만원
장애인	1,000만원 × 기대여명의 연수

※ 기대여명의 연수 : 상속개시일 현재 통계법 제18조에 따라 통계청장이 승인하여 고시하는 통계표에 따른 성별·연령별 기대여명의 연수
※ 연령 계산 시 1년 미만의 경우에는 1년으로 함.

참고 >> 그 밖의 인적공제 중 중복적용이 가능한 경우

- 자녀가 미성년자인 경우, 자녀공제와 미성년자공제의 중복적용 가능
- 장애자공제는 배우자상속공제 및 다른 인적공제와 중복적용 가능

ⓒ 일괄공제

일괄공제는 다른 상속공제 등과 같이 독립적으로 인정되는 공제가 아니라 기초공제와 그 밖의 인적공제를 합한 금액과 비교하여 선택할 수 있는 공제로서 공제액은 일률적으로 5억원이다. 다만, 배우자가 단독상속인인 경우에는 일괄공제가 인정되지 않는데, 이때에는 기초공제와 그 밖의 인적공제를 합한 금액을 공제한다. 여러 상속인 중 배우자를 제외한 다른 상속인이 상속을 포기하여 배우자가 혼자 상속받는 경우는 배우자 단독상속에 해당하지 않는다.

일괄공제를 선택하여도 가업상속공제와 영농상속공제의 대상이 되면 추가로 공제된다. 따라서 상속개시 당시에 배우자가 있으면 상속공제한도액 규정에 의해 상속공제액의 제한이 있지 않는 한, 최소한 배우자상속공제의 최소금액 5억원과 일괄공제액 5억원의 합계인 10억원을 공제받을 수 있다.

ⓓ 배우자상속공제

배우자상속공제는 상속개시 당시에 배우자가 있는 경우에 적용받을 수 있는데, 배우자상속공제액은 다음 ㉠, ㉡ 중 적은 금액(그 금액이 5억원 이하이면 5억원)이므로 최하 5억원에서 최고 30억원 사이에서 배우자상속공제를 받을 수 있다.

㉠ 배우자가 실제 상속받은 금액

㉡ {(총상속재산가액+상속개시일 전 10년 이내 상속인에게 증여한 재산가액) − (채무 + 공과금 + 비과세재산가액 + 과세가액불산입액 + 상속인이 아닌 자가 유증 등을 받은 재산가액)} × 배우자에 대한 법정상속비율 − (상속개시일 전 10년 이내 배우자에게 증여한 재산가액 − 배우자에 대한 증여재산공제액 − 재해손실공제액) ⇒ 30억원 한도

※ 배우자에 대한 법정상속비율은 공동상속인 중 상속을 포기한 자가 있는 경우에도 배우자에 대한 법정상속비율은 상속을 포기하기 전의 법정상속비율을 말하며, 배우자에 대한 법적상속비율을 곱하기 전의 금액은 장례비용을 차감하지 않은 금액임에 유의하여야 한다.

참고 >> 배우자 및 배우자상속재산분할요건

- 배우자상속공제를 적용받을 수 있는 배우자라 함은 민법상 혼인으로 인정되는 혼인 관계에 의한 배우자를 말한다.
- 배우자상속공제는 배우자상속재산분할기한(일반적으로 상속세 법정신고기한의 다음날로부터 9개월이 되는 날)까지 배우자상속재산을 분할하여 납세지 관할 세무서장에게 신고(등기·등록·명의개시재산은 배우자 명의로 등기·등록·명의개시로 족함)하여야 한다.

ⓔ 금융재산상속공제

금융재산상속공제액은 상속개시일 현재 피상속인의 상속재산 중 예금, 보험금, 주식 등의 금융재산의 합계액에서 피상속인의 금융부채를 차감한 순금융재산가액에 대하여 다음과 같이 계산한 금액을 말한다.

표 10-13 | 금융재산상속공제액

순금융재산가액	금융재산상속공제액
2천만원 이하	전액
2천만원 초과 1억원 이하	2천만원
1억원 초과 10억원 이하	순금융재산 × 20%
10억원 초과	2억원

※ 순금융재산 = 금융재산 − 금융부채

금융재산에는 예금, 적금, 부금, 보험금, 출자금, 주식, 채권, 금전신탁재산, 수익증권, 출자금, 어음 등의 금전 및 유가증권 등이 해당된다. 다만, 현금은 금융재산이 아니며, 대통령령으로 정하는 최대주주 또는 최대출자자와 특수관계가 있는 자가 보유한 주식 또는 출자지분과 상속세 과세표준 신고기한까지 신고하지 않은 타인 명의의 금융재산은 포함되지 않음에 유의하여야 한다.

ⓕ 재해손실공제

상속개시 후 상속세 법정신고기한 이내에 화재·붕괴·폭발·환경오염사고 및 자연재해 등의 재난으로 상속재산이 멸실·훼손된 경우에는 그 손실가액을 상속세과세가액에서 공제한다. 다만, 그 손실금액에 대하여 보험금 또는 구상권 행사 등으로 손실가액에 상당하는 금액을 보전받을 수 있는 경우에는 공제하지 않는다.

⑨ 동거주택상속공제

다음의 요건을 모두 갖춘 경우에는 상속주택가액(주택에 딸린 토지가액 포함하되, 그 주택 및 토지에 담보된 채무액을 뺀 금액)의 100%에 상당하는 금액(한도 6억원)을 상속세과세가액에서 공제한다.

㉠ 피상속인과 상속인(직계비속인 경우로 한정)이 상속개시일부터 소급하여 10년 이상(상속인이 미성년자인 기간 제외) 계속하여 하나의 주택에서 동거할 것

㉡ 피상속인과 상속인이 상속개시일부터 소급하여 10년 이상 계속하여 1세대를 구성하면서 양도소득세 비과세요건을 갖춘 1세대 1주택(고가주택 포함)에 해당할 것. 이때 무주택인 기간이 있는 경우에는 그 기간은 상기의 1세대 1주택에 해당하는 기간에 포함한다. 다만 상기 해당 1세대가 다음 중 어느 하나에 해당하여 2주택 이상을 소유한 경우에도 1세대가 1주택을 소유한 것으로 본다.

- 피상속인이 다른 주택을 취득(자기건설 포함)하여 일시적으로 2주택을 소유한 경우(이를 적용 시 상속개시일 현재 피상속인과 상속인이 동거한 주택은 동거주택으로 봄). 다만, 다른 주택을 취득한 날부터 2년 이내에 종전의 주택을 양도하고 이사하는 경우만 해당함.
- 상속인이 상속개시일 이전에 1주택을 소유한 자와 혼인한 경우. 다만, 혼인한 날부터 5년 이내에 상속인의 배우자가 소유한 주택을 양도한 경우만 해당함.
- 피상속인이 문화재보호법상 등록문화재에 해당하는 주택을 소유한 경우
- 피상속인이 소득세법상 이농주택을 소유한 경우
- 피상속인이 소득세법상 귀농주택을 소유한 경우
- 1주택을 보유하고 1세대를 구성하는 자가 상속개시일 이전에 60세 이상의 직계존속을 동거봉양하기 위하여 세대를 합쳐 일시적으로 1세대가 2주택을 보유한 경우. 다만, 세대를 합친 날부터 5년 이내에 피상속인 외의 자가 보유한 주택을 양도한 경우만 해당함.
- 피상속인이 상속개시일 이전에 1주택을 소유한 자와 혼인함으로써 일시적으로 1세대가 2주택을 보유한 경우. 다만, 혼인한 날부터 5년 이내에 피상속인의 배우자가 소유한 주택을 양도한 경우만 해당함.
- 피상속인 또는 상속인이 피상속인의 사망 전에 발생된 제3자로부터의 상속으로 인하여 여러 사람이 공동으로 소유하는 주택을 소유한 경우. 다만, 피상속인 또는 상속인이 해당 주택의 공동소유자 중 가장 큰 상속지분을 소유한 경우(상

속지분이 가장 큰 공동 소유자가 2명 이상인 경우에는 그 2명 이상의 사람 중 다음의 순서에 따라 해당 각 목에 해당하는 사람이 가장 큰 상속지분을 소유한 것으로 본다)는 제외함.

가. 해당 주택에 거주하는 자

나. 최연장자

㉢ 상속개시일 현재 무주택자이거나 피상속인과 공동으로 1세대 1주택을 보유한 자로서 피상속인과 동거한 상속인이 상속받은 주택일 것

피상속인의 징집, 취학(유치원, 초등학교, 중학교 제외), 근무상 형편, 질병의 요양 등의 사유에 해당하여 동거하지 못한 경우에는 이를 계속하여 동거한 것으로 보되, 그 동거하지 못한 기간은 동거기간에는 산입하지 않는다.

ⓗ 상속공제액의 적용한도

상기에서 설명한 상속공제의 합계액은 다음 산식에 의한 상속공제한도를 초과하여 공제받을 수 없다.

상속공제액의 적용한도 =
상속세 과세가액 – 상속인이 아닌 자에게 유증 등을 한 재산가액
– 상속인의 상속포기로 그 다음 순위의 상속인이 상속받은 재산가액
– (상속개시일 전 10년·5년 이내에 상속인에게 증여한 증여재산가액 – 증여재산공제한도액 – 재해손실공제액)[주)]

주: 상속인은 10년 이내·상속인이 아닌 자는 5년 이내이며, 상속세 과세가액이 5억원을 초과하는 경우만 적용하고, "0"보다 적은 경우에는 "0"으로 봄.

② 상속재산의 감정평가수수료

상속재산의 감정평가수수료는 상속세를 신고·납부하기 위하여 상속재산을 평가하는 데 소요되는 다음에 해당하는 금액을 말한다.

- 감정평가법인의 감정평가수수료(상속세 납부용으로 감정평가받은 경우에만 해당되며, 그 평가금액을 신고를 하는 경우에만 공제가 가능하며, 5백만원 한도로 공제함)
- 평가심의위원회가 납세자의 신청을 받아 비상장주식의 평가를 위하여 신

한걸음 더 상속재산이 별로 없는 경우에 무조건 상속세의 부담이 없는가?

상속재산이 있다고 모두 상속세를 납부하는 것은 아니다. 즉, 상속세가 과세되지 않는 상속재산 면세가액이 있다.

피상속인이 유증이나 생전에 증여 등이 없다 가정할 경우에 배우자가 있는 상태에서 상속이 개시되는 때에는 상속재산이 10억원(일괄공제 5억원, 배우자상속공제 5억원) 이하까지는 상속세가 과세되지 않고, 배우자가 없이 상속이 개시되는 때에는 상속재산이 5억원(일괄공제 5억원) 이하까지는 상속세가 과세되지 않으므로, 이 경우 각 10억원 또는 5억원은 상속재산 면세가액에 해당된다. 물론, 상속공제되는 부분이 있으면 그 공제액만큼 그 면세가액이 증가되는데, 예를 들어 상속재산에 금융재산이 존재하면 상속재산 면제가액이 일반적인 면제가액(10억원 또는 5억원)에 금융상속공제액을 더한 금액으로 증가하게 된다. 또한, 상속개시일 현재 피상속인의 상속부채, 공과금 또는 장례비용(한도액 있음)이 있으면 그 금액만큼 상속재산 면세가액이 증가하게 된다.

이때 유의할 점은 상속공제한도 규정에 제한을 받을 수 있으므로 상속재산이 별로 없는 경우 사전증여 또는 상속인 외 자에게 유증 등은 상속세 및 증여세 등에서 불리하게 작용할 수 있음에 유의하여야 한다.

용평가전문기관에 평가를 의뢰한 경우의 그 평가수수료(평가대상법인의 수, 평가를 의뢰한 신용평가전문기관의 수별로 각각 1천만원 한도로 공제)

- 서화·골동품 등 예술적 가치가 있는 유형재산에 대한 전문가 평가수수료(5백만원 한도로 공제함)

2) 산출세액 및 납부할 세액의 계산

> 납부할 세액 = 상속세 과세표준 × 세율 + 세대를 건너뛴 상속에 대한 할증과세(할증세액) − 문화재자료 등 징수유예액 − 세액공제금액 + 가산세

(1) 상속세 산출세액

① 상속세 세율

상속세 세율은 누진세율의 구조로 과세표준 금액에 따라 최하 10%에서 최고 50%까지의 5단계 초과누진세율로 구성되어 있다.

표 10-14 | 상속세 및 증여세 세율

과 세 표 준	세 율	누진공제액
1억원 이하	10%	0
1억원 초과 5억원 이하	20%	1천만원
5억원 초과 10억원 이하	30%	6천만원
10억원 초과 30억원 이하	40%	1억 6천만원
30억원 초과	50%	4억 6천만원

② 상속세 산출세액

상속세 산출세액 = 상속세 과세표준 × 상속세 세율

③ 세대를 건너뛴 상속에 대한 할증과세(할증세액)

피상속인의 자녀를 제외한 직계비속(대습상속인 제외)이 상속받은 경우에는 상속세 산출세액에 상속재산(가산된 증여재산 중 그 직계비속이 받은 증여재산 포함) 중 피상속인의 자녀를 제외한 직계비속이 받았거나 받을 재산이 차지하는 비율을 곱하여 계산한 금액의 30%(피상속인의 자녀를 제외한 미성년자인 직계비속에 해당하는 상속인 또는 수유자가 받는 상속재산가액이 20억원을 초과하는 경우 : 40%)에 상당하는 금액(할증세액)을 가산한다.

④ 산출세액 계(할증세액을 포함한 산출세액)

상속세 산출세액 계 = 상속세 산출세액 + 세대를 건너뛴 상속에 대한 할증과세(할증세액)

(2) 문화재자료 등의 징수유예

납세지 관할세무서장은 일정한 요건에 해당하는 문화재 자료 등이 상속재산이 포함되어 있는 경우에는 대통령령으로 정하는 바에 의하여 계산한 그 재산가액에 상당하는 상속세액의 징수를 유예한다.

(3) 증여세액공제

상속재산에 가산되는 사전증여재산에 대한 증여세 산출세액은 상속세 산출세액에서 공제한다. 다만, 상증법에서 정한 금액을 한도액으로 하며, 그 한도액의 계산방법이 수증자가 상속인(수유자 포함)인 경우와 상속인이 아닌 경우에 따라 다르게 적용된다.

(4) 외국납부세액공제

거주자의 사망으로 상속세를 부과하는 경우에 외국에 있는 피상속인의 상속재산에 대하여 외국법령에 의한 상속세를 부과받은 경우, 외국에서 부과된 상속세액을 외국에서 상속세가 부과된 재산에 상당하는 상속세 산출세액을 한도로 상속세 산출세액에서 공제한다.

(5) 단기재상속에 대한 세액공제

상속개시 후 10년 이내에 상속인 또는 수유자의 사망으로 다시 상속이 개시된 경우, 전(前)의 상속세가 부과된 상속재산(상속재산에 가산하는 증여재산 중 상속인이나 수유자가 받은 증여재산 포함) 중 다시 상속된 상속재산에 대한 전의 상속세 산출세액 상당액을 상속세 산출세액에 일정한 공제율을 곱한 금액을 공제(상속세 산출세액에서 증여세액공제와 외국납부세액공제를 차감한 금액을 한도로 공제함)한다. 이때 적용되는 공제율은 종전 상속개시일로부터 재상속기간이 1년 경과 시마다 10%씩 체감한다.

(6) 신고세액공제

상속세를 법정신고기한 이내에 신고한 경우에는 상속세 산출세액(할증세액을 가산한 금액)에서 아래의 신고세액공제액을 공제한다. 이 신고세액공제는 상속세를 법정신고기한 이내에 신고를 한 경우에는 상속세 납부 여부에 관계없이 공제받을 수 있다.

> 신고세액공제액 = {상속세 산출세액(할증세액을 가산한 금액)
> − 문화재 등의 징수유예세액 − 세액공제금액} × 3%주)

주) − 2018.1.1.~2018.12.31.의 상속(증여)분 : 5%
− 2017.1.1.~2017.12.31.의 상속(증여)분 : 7%
− 2016.12.31. 이전 상속(증여)분 : 10%

(7) 가산세

상속세와 관련된 가산세는 국세기본법에서 규정한 가산세와 공익법인관련 가산세가 있다. 국세기본법상에 규정한 가산세로 신고불성실가산세와 납부지연가산세에 대해서는 제6장 세금설계에서 설명하였다.

3) 납부방법

(1) 자진납부

상속세 납부의무자는 상속세 법정신고기한 이내에 자진 납부하여야 한다. 다만, 납부할 세액이 일정금액을 초과하는 경우에는 분납, 물납, 연부연납을 할 수도 있다.

(2) 분할납부(분납)

자진납부할 세액이 1천만원을 초과하는 경우에는 납부의무자의 신청에 의하여 그 세액의 일부를 다음과 같은 방법으로 납부기한이 지난 후 2개월 이내에 분납할 수 있다.

표 10-15 | 상속세의 분납

납부할 세액	분납할 수 있는 세액의 한도액
2천만원 이하	납부할 세액 − 1천만원
2천만원 초과	납부할 세액 × 1/2

(3) 연부연납 및 물납

납부세액이 부담되어 2개월간 분납으로 해결하기 어려운 경우에 납부부담을 완화시켜 주기 위한 제도로 연부연납제도와 물납제도가 있다. 연부연납은 납기를 연장해 주는 납부방법이고, 물납은 현금 대신 부동산 등 실물상속재산으로 납부하는 방법이다.

① 연부연납

납부세액이 2천만원을 초과하는 경우에 일정한 요건을 갖춘 신청에 의해서 연부연납허가를 받은 날로부터 5년[가업상속을 받았거나 일정한 요건을 갖춘 중소기업 또는 중견기업을 상속받은 경우 상속재산(상속인이 아닌 자에게 유증한 재산 제외)에서 중소기업 또는 중견기업에 해당하는 가업상속재산(사립유치원이 직접 사용하는 교지 · 실습지 · 교사 등 포함)에 대해서는 연부연납 허가일부터 10년 또는 연부연납 허가 후 3년이 되는 날부터 7년(상기 상속재산 중 가업상속재산이 차지하는 비율이 50% 이상의 경우에는 연부연납 허가일부터 20년 또는 연부연납 허가 후 5년이 되는 날부터 15년)]까지를 연부연납기간으로 하여 납부할 수 있다. 다만, 각 회분의 분납세액이 1천만원을 초과하도록 연부연납기간을 정하여야 한다. 물론, 연부연납기간 중에도 연부연납세액을 일시에 납부할 수 있다.

연부연납을 하기 위해서는 국세기본법에 의한 담보를 제공하여야 하며, 연부연납가산금으로 연 1.2%(2021년 현재)에 해당하는 금액을 추가로 납부하여야 한다. 한편 연부연납과 분납은 중복하여 적용받을 수 없다.

② 물 납

납부세액이 2천만원을 초과하고, 상속재산가액(상속재산에 가산하는 증여재산 중 상속인 및 수유자가 받은 증여재산 포함) 중 부동산과 유가증권[비상장주식(출자지분 포함)을 제외하지만, 비상장주식 외에는 상속재산이 없거나 물납에 충당하기에 부족한 경우에는 포함함]의 가액이 1/2을 초과하는 경우에는 물납신청에 의해 물납을 허가받으면 상속세를 물납으로 할 수 있다. 다만, 물납신청한 재산의 관리 · 처분이 부적당하다고 인정되는 경우에는 물납허가를 하지 않을 수 있다. 한편 상속세의 물납과 연부연납 중 첫 회분 분납세액(중소기업자는 5회분 분납세액, 연부연납가산금 제외)을 각각 신청하여 동시에 허가를 받아 중복 적용받을 수 있다. 한편, 증여세에 대해서는 2016년 이후부터 물납신청을 허용하지 않는다.

5절 | 증여세

1. 상증법상 증여의 정의 및 증여시기

1) 상증법상 증여의 개념

상증법상 증여란 그 행위 또는 거래의 명칭·형식·목적 등과 관계없이 직접 또는 간접적인 방법으로 타인에게 무상으로 유형·무형의 재산 또는 이익을 이전(移轉)(현저히 낮은 대가를 받고 이전하는 경우 포함)하거나 타인의 재산가치를 증가시키는 것을 말한다. 다만, 유증, 사인증여, 유언대용신탁 및 수익자연속신탁은 제외한다.

이처럼 상증법상 증여는 민법상 증여보다 폭넓은 개념으로 완전포괄주의 증여 개념을 도입하고 있다.

2) 상증법상 증여로 보지 않는 주요 거래

① 사인증여(死因贈與)

② 증여세 과세표준 신고기한 이내에 증여재산(금전 제외)의 반환

③ 취득원인무효에 의한 재산상의 권리말소

④ 조세회피목적이 없이 위자료조로 받은 재산

⑤ 국내 반입한 국외재산

⑥ 이혼 시 재산분할청구권 행사에 의한 재산분할

⑦ 상속인이 민법상 유류분을 되찾아가는 경우

⑧ 상속세 과세표준 신고기한 이내에 재분할에 의하여 당초 상속분을 초과하여 취득한 경우

⑨ 당초 상속재산의 재분할에 대하여 무효 또는 취소 등 대통령령으로 정하는 정당한 사유가 있는 경우

3) 납세의무의 성립시기(증여시기)

증여재산의 취득시기는 뒤에서 설명하는 증여유형의 예시규정, 증여추정규정 및 증여의제규정이 적용되는 경우를 제외하고 증여재산의 일반적인 취득시기를 표로 요약하면 다음과 같다.

표 10-16 | 주요 증여재산의 증여시기

구 분	증여시기
등기·등록을 요하는 재산	소유권이전 등기·등록 신청서 접수일
증여할 목적으로 신축하여 수증자의 명의로 건축허가 또는 신고하여 당해 건물을 완성한 경우	사용승인서 교부일, 가사용승인일 및 사실상의 사용일 중 가장 빠른 날
증여할 목적으로 수증자의 명의로 당해 분양권을 건설사업자로부터 취득하거나 타인으로부터 전매한 경우	사용승인서 교부일, 가사용승인일 및 사실상의 사용일 중 가장 빠른 날
주식 또는 출자지분	인도받은 사실이 객관적으로 확인되는 날(불분명하거나 당해 주식 등을 인도받기 전에 주주명부 등에 기재한 경우에는 그 명의개서일 또는 그 기재일)
무기명채권	취득사실이 객관적으로 확인되는 날(불분명한 경우에는 이자지급을 청구한 날 또는 당해 채권의 상환을 청구한 날)
그 외 일반적인 재산	인도한 날 또는 사실상의 사용일

2. 증여세 계산

1) 증여세 과세흐름도

유산취득세 과세방식을 취하고 있는 증여세의 과세흐름을 표로 설명하면 다음과 같다.

표 10-17 | **증여세 과세흐름도(일반적인 경우)**

구 분				내 용
과세가액	증여재산가액			증여추정재산, 증여의제재산 포함
	(−) 비과세증여재산가액			국가 또는 지방자치단체로부터 증여받은 재산 등
	(+) 증여재산가산금액			동일인으로부터 10년 이내에 증여받은 재산
	(−) 증여재산 차감금액	과세가액 불산입금액		공익법인출연재산, 공익신탁재산, 장애인신탁재산
		채무액		증여재산에 담보된 채무로서 수증자가 인수한 채무금액(임대보증금 포함)
	= 증여세 과세가액			
과세표준	(−) 과세가액 차감금액	증여공제	증여재산공제	• 배우자 : 6억원 • 직계존속 : 5천만원(미성년자는 2천만원) • 직계비속 : 5천만원 • 6촌 이내의 혈족 · 4촌 이내의 인척 : 1천만원
			재해손실공제	
		증여재산의 감정평가수수료		• 감정평가법인의 감정평가수수료(납부용) : 5백만원 한도 • 평가심의위원회가 비상장주식에 대하여 신용평가전문기관에 의뢰한 경우 평가수수료 : 평가대상법인의 수 및 의뢰기관 수별로 각각 1천만원 한도 내 • 서화 · 골동품 등 예술적 가치가 있는 유형재산에 대한 전문가 평가수수료 : 5백만원 한도
	= 증여세 과세표준			
산출세액	(×) 증여세 세율			10~50%의 5단계 초과누진세율
	= 산출세액			
	(+) 세대생략가산액			세대생략 증여 시 30% · 40% 할증(단, 증여자의 최근친인 직계비속의 사망으로 그 사망자의 최근친인 직계비속이 증여받는 경우 미적용)
	= 산출세액 계			
신고납부세액	(−) 징수유예세액			박물관자료 등에 대한 증여세의 징수유예세액
	(−) 세액공제			납부세액공제, 외국납부세액공제, 신고세액공제 등
	(+) 가산세			신고불성실가산세, 납부지연가산세 등
	= 납부할 세액			
	(−) 분납, 연부연납			연부연납과 분납은 중복 적용되지 않음
	= 신고납부세액			

※ 2016년 이후부터는 물납신청을 허용하지 않음.
자료 : 양재영 외, 『AFPK 상속설계』(2021).

2) 증여세 과세가액의 계산

증여세 과세가액 = 증여재산가액 − 비과세증여재산가액 + 증여재산가산금액 − 증여재산차감금액

(1) 증여재산가액

세법상 증여재산에는 수증자에게 귀속되는 재산으로서 금전으로 환가할 수 있는 경제적 가치가 있는 모든 물건, 재산적 가치가 있는 법률상 또는 사실상의 모든 권리, 금전으로 환산할 수 있는 모든 경제적 이익을 포함한다. 증여재산가액은 증여일 현재 증여재산평가가액이 된다.

(2) 비과세증여재산가액

① 국가 또는 지방자치단체로부터 증여받은 재산의 가액

② 우리사주조합에 가입한 자가 당해 법인의 주식을 우리사주조합을 통하여 취득한 경우로서 그 조합원이 소액주주[1% 미만 주식·출자지분(액면가액의 합계액이 3억원 미만)을 소유한 주주]에 해당하는 경우 그 주식의 취득가액과 시가와의 차액으로 인하여 받은 이익에 상당하는 가액

③ 정당이 증여받은 재산의 가액

④ 사내근로복지기금, 우리사주조합 및 근로자복지진흥기금이 증여받은 재산의 가액

⑤ 사회통념상 인정되는 이재구호금품, 치료비, 피부양자의 생활비, 학자금 또는 장학금 기타 이와 유사한 금품, 기념품·축하금·부의금 기타 이와 유사한 금품으로서 통상 필요하다고 인정되는 금품, 혼수용품으로서 통상 필요하다고 인정되는 금품, 타인으로부터 기증을 받아 외국에서 국내에 반입된 물품으로서 당해 물품의 관세의 과세가격이 100만원 미만인 물품, 무주택근로자가 건물의 총연면적이 85m² 이하인 주택(주택부수토지로서 건물연면적의 5배 이내의 토지 포함)을 취득 또는 임차하기 위하여 ④의 규정에 의한 사내근로복지기금으로부터 증여받은 주택취득보조금 중 그 주택취득가액의 5% 이하의 것과 주택임차보조금

중 전세가액의 10% 이하의 것, 불우한 자를 돕기 위하여 언론기관을 통하여 증여한 금품

⑥ 신용보증기금, 기술신용보증기금, 신용보증재단, 전국신용보증재단연합회, 예금보험기금채권상환기금, 주택금융신용보증기금에서 증여받은 재산의 가액

⑦ 국가·지방자치단체 또는 공공단체가 증여받은 재산의 가액

⑧ 다음의 어느 하나에 해당하는 장애인을 보험금 수령인(수익자)으로 하는 보험의 보험금

ⓐ 장애인복지법에 따른 장애인

ⓑ 국가유공자 등 예우 및 지원에 관한 법률에 따른 상이자 및 이와 유사한 자로서 근로능력이 없는 자

ⓒ ⓐ 및 ⓑ 외에 항시 치료를 요하는 중증환자

⑨ 국가유공자 등 예우 및 지원에 관한 법률에 따른 국가유공자의 유족이나 의사상자 등 예우 및 지원에 관한 법률에 따른 의사자(義死者)의 유족이 증여받은 성금 및 물품 등 재산의 가액

⑩ 비영리법인의 설립근거가 되는 법령의 변경으로 비영리법인이 해산되거나 업무가 변경됨에 따라 해당 비영리법인의 재산과 권리·의무를 다른 비영리법인이 승계받은 경우 승계받은 해당 재산의 가액

(3) 증여재산가산금액(증여재산합산과세)

조세의 부당한 회피를 방지하기 위하여 동일인으로부터 일정기간 동안 증여받은 재산을 합산하도록 규정하고 있는데, 이를 증여재산합산과세라 한다. 다음의 요건에 모두 해당하면 증여재산합산과세가 적용된다.

① 동일인(증여자가 직계존속인 경우에는 그 직계존속의 배우자 포함. 단, 증여자가 부·모일 경우 계모·계부는 동일인에 포함되지 않음)으로부터 증여받아야 한다.

② 금번 증여일로부터 소급하여 10년 이내에 증여받은 재산이어야 한다.

③ 금번 증여재산가액과 금번 증여 전 합산과세대상 증여재산가액의 합계액이 1천만원 이상이어야 한다.

④ 합산배제증여재산이 아니어야 한다.

한편, 증여재산가액에 합산되는 과거의 증여재산가액은 과거의 증여당시 증여재산가액임에 유의해야 한다.

사례 7

거주자 김행운(만 38세) 씨는 유복한 가정에서 태어나 지금까지 많은 재산을 증여받았다. 올해 부친으로부터 증여를 받았을 때, 김행운 씨의 금번 증여 시까지 증여받은 내역에 대한 다음 자료를 토대로 금번 증여에 따른 증여세를 계산 시 합산과세하는 과거의 증여재산가액은 얼마인가?

구 분	증 여 일	사전증여재산의 종류	증여재산평가가액
부친	2010년 8월 27일	전(田)	2억원
조부	2017년 8월 17일	상가	3억원
모친	2020년 9월 16일	주식	4억원

【해설】

금번 증여에 합산과세되는 과거의 증여재산가액은 4억원이다.
왜냐하면, 조부는 부친과 동일인에 해당하지 않으며, 부친에게서 받은 2010년 8월 27일에 증여받은 것은 금번 증여일로부터 10년이 지나기 때문에 금번 증여에 합산과세되지 않는다.

(4) 증여재산차감금액

증여재산차감금액 = 공익법인 등이 출연받은 재산가액 + 공익신탁재산가액 + 장애인이 증여받은 신탁재산가액 + 증여재산에 담보된 채무액

① 공익법인 등이 출연받은 재산·공익신탁재산에 대한 증여세과세가액 불산입

공익법인 등이 출연받은 재산가액과 공익신탁을 통해 공익법인에 출연한 재산가액이 일정한 요건에 충족하면 증여세 과세가액에 산입하지 않는다.

② 장애인이 증여받은 신탁재산의 증여세과세가액 불산입

장애인(증여세 비과세규정의 장애인 범위와 같음)이 자익신탁(장애인이 타인으로부터 금전, 유가증권, 부동산을 증여받아 그 재산을 수익자로 하는 신탁을 말함)과 타익신탁(타인이 장애인을 수익자로 하는 신탁을 말함)이 다음의 요건을 모두 갖추어 증여세 과세표준 신고기한(타익신탁의 경우 최초로 증여받은 신탁의 수익에 대한 신고기한)까지 납세지 관할세무장에게 신청 시 그 장애인이 살아 있는 동안 증여받은 재산가액을 합친 금액[타익신탁의 경우 타익신탁 원본의 가액(그 장애인이 살아 있는 동안 그 장애인을 수익자로 하여 설정된 타익신탁의 설정 당시 원본가액을 합친 금액)]에 대해 5억원을 한도로 증여세과세가액에 산입하지 않는다.

참고 >> 자익신탁과 타익신탁이 되기 위한 요건은?

ⓐ 자익신탁의 요건
- 자본시장과 금융투자업에 관한 법률(일반적으로 "자본시장법"이라 칭함)에 따른 신탁업자에게 신탁되었을 것
- 그 장애인이 신탁의 이익 전부를 받는 수익자일 것
- 신탁기간이 그 장애인이 사망할 때까지로 되어 있을 것(다만, 장애인이 사망하기 전에 신탁기간이 끝나는 경우에는 신탁기간을 장애인이 사망할 때까지 계속 연장하여야 함)

ⓑ 타익신탁의 요건
- 자본시장과 금융투자업에 관한 법률에 따른 신탁업자에게 신탁되었을 것
- 그 장애인이 신탁의 이익 전부를 받는 수익자일 것(다만, 장애인이 사망한 후의 잔여재산은 제외함)
- 다음의 내용이 신탁계약에 포함되어 있을 것
  - 장애인이 사망하기 전에 신탁이 해지 또는 만료되는 경우에는 잔여재산이 그 장애인에게 귀속될 것
  - 장애인이 사망하기 전에 수익자를 변경할 수 없을 것
  - 장애인이 사망하기 전에 위탁자가 사망하는 경우에는 신탁의 위탁자 지위가 그 장애인에게 이전될 것

재산을 증여받아 설정한 자익신탁에 대해 신탁이 해지되거나 수익자를 변경하는 경우 등의 일정한 사유가 발생하면 증여세가 부과된다.

③ 증여재산에 담보된 채무

증여재산에 담보된 채무로서 수증자가 일정한 요건을 충족하여 인수한 채무액은 증여재산에서 차감하여 증여세 과세가액을 계산한다. 다만, 배우자 간 또는 직계존비속 간 부담부증여 시 담보된 채무가 수증자에게 객관적으로 인수된 것으로 입증되지 않는 한, 당해 채무액은 인수된 것으로 추정되지 않아 증여재산가액에서 차감되지 않는다.

3) 증여세 과세표준

증여세 과세표준 = 증여세 과세가액 − 증여공제액 − 증여재산의 감정평가수수료

(1) 증여세 과세방법

상증법상 증여세의 과세표준은 다음 중 하나에 해당하는 금액에서 증여재산의 감정평가수수료를 차감한 금액으로 하며, 증여세 과세표준이 50만원 미만인 때에는 증여세를 부과하지 않는다.

① 명의신탁재산의 증여의제 : 그 명의신탁재산의 금액
② 특수관계법인과의 거래를 통한 이익의 증여의제 또는 특수관계법인으로부터 제공받은 사업기회로부터 발생한 이익의 증여의제 : 증여의제이익
③ 합산배제증여재산(①·② 제외) : 그 증여재산가액−3천만원
④ ①~③ 외의 경우 : 증여세 과세가액−(증여재산공제액＋재해손실공제액)

참고 >> 상증법상 합산배제증여재산

ⓐ 전환사채 등에 의하여 주식으로의 전환·교환 또는 주식의 인수를 하거나 전환사채 등을 양도함으로써 얻은 이익의 증여
ⓑ 주식 또는 출자지분의 상장 등에 따른 이익의 증여
ⓒ 합병에 따른 상장 등 이익의 증여
ⓓ 재산취득 후 재산가치 증가에 따른 이익의 증여
ⓔ 명의신탁재산의 증여의제
ⓕ 특수관계법인과의 거래를 통한 이익의 증여의제

ⓖ 특수관계법인으로부터 제공받은 사업기회로 발생한 이익의 증여의제

이 외에도 조세특례제한법상 합산과세되지 않는 증여재산(일정한 요건을 갖춘 창업자금 · 가업승계주식 및 영농자녀가 받은 증여재산 등) 등이 있음.

(2) 증여공제액

① 증여재산공제

증여재산공제는 수증자가 거주자인 경우에만 해당되며, 증여자와 수증자의 관계에 따라 다음과 같이 구분하여 증여재산공제액의 한도가 적용된다.

ⓐ 배우자로부터 증여받은 경우 : 6억원

ⓑ 직계존속으로부터 증여받은 경우 : 5,000만원(미성년자의 경우 : 2,000만원)

ⓒ 직계비속으로부터 증여받은 경우 : 5,000만원

ⓓ 6촌 이내의 혈족 · 4촌 이내의 인척으로부터 증여받은 경우 : 1,000만원

다만, 직계존속에는 수증자의 직계존속과 혼인 중인 배우자를 포함하며, 직계비속에는 수증자의 직계비속과 혼인 중인 배우자를 포함한다.

증여재산공제는 수증자를 기준으로 위의 3가지 유형별로 금번 증여받은 금액과 금번 전 10년 이내에 증여받은 금액을 합하여 위의 증여재산공제액 한도로 공제받을 수 있다.

② 재해손실공제

재해손실공제는 상속세 규정을 준용한다.

(3) 증여재산의 감정평가수수료

상속재산의 감정평가수수료 규정을 준용한다.

4) 증여세 산출세액 및 납부할 세액

납부할 세액 = 증여세 과세표준 × 세율 + 할증세액 − 박물관자료 등의 징수유예액
− 세액공제금액 + 가산세

증여세 세율은 상속세와 동일한 5단계 초과누진세율의 구조이며, 수증자가 증여자의 자녀가 아닌 직계비속인 경우에는 증여세산출세액에 30%(수증자가 자녀가 아닌 직계비속인 미성년자가 받은 증여재산가액이 20억원을 초과하는 경우 : 40%)에 상당하는 금액을 가산한다. 다만, 증여자의 최근친인 직계비속이 사망하여 그 사망자의 최근친인 직계비속이 증여받은 경우에는 할증과세하지 않는다.

그 외 문화재자료 등의 징수유예액(문화재자료 등 제외), 외국납부세액공제, 신고세액공제, 납부방법(분납, 연부연납)에 대한 규정은 상속세의 규정을 준용한다.

동일인으로부터 10년 이내에 증여받아 합산과세하는 경우에 과거의 증여재산의 과거 증여당시의 증여세 산출세액은 납부세액공제로 다음과 같이 계산한 금액을 한도로 공제받을 수 있다.

$$\text{한도액} = \text{증여세 산출세액} \times \frac{\text{가산한 증여재산가액의 과세표준}}{\text{(해당 증여재산가액} + \text{가산한 증여재산가액)에 대한 과세표준}}$$

또한 상속세와 마찬가지로 증여세와 관련된 가산세는 국세기본법에서 규정한 가산세와 공익법인 관련 가산세가 있다. 국세기본법에서 규정한 가산세는 신고불성실가산세와 납부지연가산세로 제6장에서 설명하였다.

3. 증여의 예시규정

상증법에서는 민법상 증여계약에 의한 재산의 무상이전이 아닌 사실상의 경제적 이익을 무상으로 이전하는 것도 증여로 보는데, 상증법에 예시된 사항은 다음과 같다. 2004년도 이후 완전포괄주의의 도입으로 아래의 예시규정 외에도 상증법상 증여의 정의에 의해 증여가 포괄적으로 적용됨에 유의하여야 한다.

- 신탁이익의 증여
- 보험금의 증여

- 저가·고가 양도에 따른 이익의 증여
- 채무면제 등에 따른 증여
- 부동산 무상사용에 따른 이익의 증여
- 금전무상대출 등에 따른 이익의 증여
- 재산 사용 및 용역 제공 등에 따른 이익의 증여
- 재산 취득 후 재산가치 증가에 따른 이익의 증여
- 합병에 따른 이익의 증여
- 증자에 따른 이익의 증여
- 감자에 따른 이익의 증여
- 현물출자에 따른 이익의 증여
- 전환사채 등의 주식전환 등에 따른 이익의 증여
- 초과배당에 따른 이익의 증여
- 주식 또는 출자지분의 상장 등에 따른 이익의 증여
- 합병에 따른 상장 등 이익의 증여
- 법인의 조직변경 등에 따른 이익의 증여

이 중에서 본서에서는 보험금의 증여, 저가·고가 양도에 따른 이익의 증여 및 타인의 기여에 의한 재산가치 증가에 따른 기타이익의 증여에 대하여 설명한다.

1) 보험금의 증여

보험금의 증여는 보험금수령인과 보험료납부자가 다른 경우에 발생하는데, 이러한 보험금의 증여시기는 보험료납부일 또는 보험금수령일이 아니라 보험사고가 발생한 때이며, 이 경우 보험사고에는 만기 보험금 지급의 경우를 포함한다.

보험금의 증여재산가액은 다음과 같이 계산된다.

① 보험금수령인이 납부한 금액이 없는 경우

증여재산가액 = 보험금상당액

② 보험금수령인이 일부 납부한 경우

$$증여재산가액 = 보험금 \times \frac{보험금수령인이\ 아닌\ 자가\ 납부한\ 보험료액}{납부보험료\ 총액}$$

③ 보험계약기간 안에 보험금수령인이 타인으로부터 재산을 증여받아 보험료를 납부한 경우

$$증여재산가액 = 보험금 \times \frac{타인으로부터\ 증여받아\ 납부한\ 보험료액}{납부보험료\ 총액} - 타인으로부터\ 증여받아\ 납부한\ 보험료액$$

2) 저가 · 고가양도에 따른 이익의 증여

저가 · 고가양도에 따른 이익의 증여 등의 경우 증여재산가액의 계산은 특수관계 여부에 따라 달리 규정하고 있는데, 이를 산식으로 구분하여 설명하면 다음과 같다. 다만, 저가 · 고가양도에 따른 이익의 증여의 규정은 특수관계인 간의 거래의 경우에는 대가와 시가와의 차액이 시가의 30%이거나 3억원 이상일 때 적용되나, 특수관계인이 아닌 자 간의 거래의 경우에는 거래의 관행상 정당한 사유 없이 대가와 시가와의 차액이 시가의 30%일 때에 한해 적용된다.

① 특수관계인 간의 거래 : 대가와 시가와의 차액 − min(시가 × 30%, 3억원)
② 특수관계인이 아닌 자 간의 거래 : 대가와 시가와의 차액 − 3억원

3) 재산 취득 후 재산가치 증가에 따른 기타이익의 증여

미성년자 등 직업, 연령, 소득 및 재산상태로 보아 자력으로 해당 행위를 할 수 없다고 인정되는 자가 ① 타인으로부터 재산을 증여받은 경우, ② 특수관계인으로부터 기업의 경영 등에 관하여 공표되지 않은 내부정보를 제공받아 그 정보와 관련된 재산을 유상으로 취득하는 경우, ③ 특수관계인으로부터 차입한 자금 또는 특수관계자의 재산을 담보로 차입한 자금으로 재산을 취득한 경우로서 재산을 취득한 날로부터 5년 이내에 개발사업의 시행, 형질

변경, 공유물분할, 사업의 인·허가, 주식·출자지분의 상장 및 합병, 비상장 주식에 있어서는 한국금융투자협회에의 등록, 생명보험 또는 손해보험에 있어서는 보험사고의 발생, 지하수개발·이용권 등과 그 밖에 이와 유사한 것인 경우에는 그 인·허가 등으로 인한 해당 재산가치상승금액*주)이 3억원 이상이거나 취득가액(증여받은 재산의 경우 증여세 과세가액) 및 통상적인 가치상승분 등의 합계금액이 30% 이상인 경우에 그 재산가치상승분이 증여재산가액이 된다.

*주) : **해당 재산가치상승금액** = 재산가액(재산가치 증가사유가 발생한 날 현재의 재산가액) − 재산의 취득가액(증여받은 재산의 경우에는 증여세과세가액) − 통상적인 가치상승분 − 가치상승기여분(재산가치를 증가시키기 위해 지출한 비용)

4. 거래유형별 증여추정의 요약

배우자·직계존비속 간 양도 시 증여추정, 우회양도(특수관계인에게 양도 후 그 특수관계인이 배우자·직계존비속에게 양도) 시 증여추정, 재산취득·채무상환에 따른 증여추정 규정은 실제로 증여가 아니라 양도라는 점을 입증하거나 취득자금·상환자금을 객관적으로 입증하면 증여로 추정하지 않는다. 따라서 양도 등으로 객관적으로 입증하지 못하면 증여세 과세대상이 된다. 증여추정규정을 표로 설명하면 다음과 같다.

표 10-18 | **거래유형별 증여추정의 요약**

구 분	증여재산가액
배우자·직계존비속 간 양도 시 증여추정	양도가액 주1)
우회양도에 대한 증여추정	특수관계인이 양도한 당시의 가액 주2)
재산취득자금·채무상환액의 증여추정	재산취득 또는 채무상환자금 중 입증하지 못한 금액 주3)

주1 : 양도사실이 입증되어 증여로 보지 않더라도 시가와 대가와의 차액이 시가의 ±30% 이상 차이가 있거나 그 차액이 3억원 이상인 경우 다시 저가·고가양도에 따른 이익의 증여로 봄.

주2 : 당초 양도자 및 양수자가 부담한 소득세법에 의한 결정세액의 합계액이 당해 배우자·직계존비속이 증여받은 것으로 추정할 경우의 증여세액보다 큰 경우에는 증여로 추정하지 않음.

주3 : 입증하여야 할 금액이 10억원 이하의 경우는 80% 초과하여 입증한 경우, 10억원 초과의 경우는 (입증하여야 할 금액−2억원)을 초과하여 입증한 경우에 증여로 보지 않음.

5. 명의신탁재산의 증여의제

1) 증여의제의 요건

앞에서 설명한 증여추정의 규정과 달리 상증법상 명의신탁재산의 증여의제 규정이 적용되면 증여세 과세대상이 되는 증여가 된다. 일정한 권리의 이전이나 그 행사에 등기 등을 요하는 재산(토지 · 건물 제외)에 있어서 실제소유자와 명의자가 다른 경우에는 국세기본법상 실질과세규정에도 불구하고 그 명의자로 등기 등을 한 날(소유권을 취득했으나 종전의 소유자 명의로 되어 명의개서를 해야 하는 경우에는 소유권취득일이 속하는 해의 다음 해 말일의 다음 날을 말함)에 그 재산의 가액(그 재산이 명의개서를 하여야 하는 재산인 경우에는 소유권취득일을 기준으로 평가한 가액을 말함)을 실제소유자가 명의자에게 증여한 것으로 본다. 다만, 다음 중 어느 하나에 해당하는 경우에는 적용하지 않는다.

① 조세회피의 목적 없이 타인의 명의로 재산의 등기 등을 하거나 소유권을 취득한 실제소유자 명의로 명의개서를 하지 아니한 경우
② 자본시장과 금융투자업에 관한 법률에 따른 신탁재산인 사실의 등기 등을 한 경우
③ 비거주자가 법정대리인 또는 재산관리인의 명의로 등기 등을 한 경우

2) 증여의제의 증여시기

① 원칙

그 명의자로 등기 등을 한 날.

다만, 주주명부 또는 사원명부가 작성되지 아니한 경우에는 납세지 관할세무서장에게 제출한 주주등에 관한 서류 및 주식등변동상황명세서에 의하여 명의개서 여부를 판정한다. 이 경우 증여일은 증여세 또는 양도소득세 등의 과세표준신고서에 기재된 소유권이전일과 주식등변동상황명세서에 기재된 거래일을 순차적으로 적용한다.

② 예외

증여의제시기(주식을 취득한 자가 본인의 명의의 명의개서를 하지 않는 경우)

ⓐ 2002년 12월 31일 이전 취득한 경우(2003년 1일 1일 취득 의제)

소유권취득일이 속하는 연도의 다음 연도 말일의 다음날

⇒ 증여의제시기 : 2005년 1일 1일

ⓑ 2003년 1일 1일 이후 취득한 경우

소유권취득일이 속하는 연도의 다음 연도 말일의 다음날

참고 >> 그 외 상증법상 증여의제

- 특수관계법인과의 거래를 통한 이익의 증여의제
- 특수관계법인으로부터 제공받은 사업기회로 발생한 이익의 증여의제
- 특정법인과의 거래를 통한 이익의 증여의제

6. 부담부증여

부담부증여란 수증자가 일정한 채무를 부담하는 조건으로 증여를 받는 방식의 증여를 말한다. 수증자가 부담하기로 한 당해 증여재산에 담보된 채무액은 증여재산가액에서 차감하여 증여세 과세가액을 계산한다.

한편, 수증자가 부담하기로 한 채무액은 유상양도로 보아 증여자가 양도소득세를 부담하게 된다. 또한 수증자가 배우자 사이 또는 직계존비속 사이에서 부담부증여를 받는 경우에 해당 채무액을 인수하지 않은 것으로 추정한다. 다만, 상속개시 당시 피상속인의 채무로서 상속인이 실제로 부담하는 사실이 다음의 어느 하나에 따라 증명되는 경우에는 부담부증여로 본다.

① 국가·지방자치단체 및 금융회사등에 대한 채무는 해당 기관에 대한 채무임을 확인할 수 있는 서류

② ① 외의 자에 대한 채무는 채무부담계약서, 채권자확인서, 담보설정 및 이자지급에 관한 증빙 등에 의하여 그 사실을 확인할 수 있는 서류

6절 상속재산 및 증여재산 평가

상속세 또는 증여세를 정확히 계산하기 위해서는 상속재산가액 또는 증여재산가액이 우선적으로 평가되어야 한다. 상속재산 또는 증여재산의 평가시점, 증여재산평가방법에 따라 상속재산 또는 증여재산의 평가금액이 달라지고, 이에 따라 부담하는 상속세 또는 증여세가 달라지기 때문이다.

1. 상속재산 및 증여재산의 평가기준일

상증법상 상속재산 또는 증여재산의 평가기준일은 상속개시일 또는 증여일이다. 따라서 상속재산 또는 증여재산은 상속개시일 또는 증여일을 기준으로 평가한다. 한편 상속세 또는 증여세를 과소신고, 누락신고, 무신고 등으로 향후 추징과세되는 경우에도 그 상속재산 또는 증여재산의 평가는 상속개시일 또는 증여일 현재의 가액으로 평가한다.

2. 상속재산 및 증여재산 평가방법

표 10-19 | 상속재산 및 증여재산 평가방법

구 분	평가방법
원 칙	상증법상 시가
예 외	상증법상 보충적 평가방법

3. 시가의 의미

상증법상 시가란 불특정 다수인 사이에 자유롭게 거래가 성립된다고 인정되는 경우에 통상 성립되는 가액을 말하는데, 이외에도 상증법에서는 다음의 경우를 시가로 보고 있다.

① 평가기간[상속개시일 전후 6개월 사이(증여는 증여일 전 6개월부터 증여

일 후 3개월까지)] 매매·2 이상 감정평가법인의 감정·수용·경매 또는 공매가 있는 경우(각 평가기준일: 매매계약일, 감정가액평가서를 작성한 날, 보상가액·경매가액 또는 공매가액이 결정된 날)에 각각의 그 매매가액·감정가액의 평균액(기준시가 10억원 이하의 부동산은 하나의 감정평가업자의 감정가액도 가능함)·보상가액·경매가액 또는 공매가액을 시가로 본다.

② 평가기간에 해당하지 아니한 기간으로서 평가기준일 전 2년 이내의 기간 중에 매매 등(유사사례가액 포함)이 있는 경우에도 평가기준일부터 매매 등이 있는 날까지 주식발행회사의 경영상태, 시간의 경과 및 주위환경의 변화 등을 고려하여 가격변동의 특별한 사정이 없다고 보아 상속세 또는 증여세의 납세자, 지방국세청장 또는 관할세무서장이 신청할 때에는 평가심의위원회의 자문을 거쳐 해당 매매 등의 가액을 시가로 볼 수 있다.

③ 해당 재산과 면적·위치·용도 및 종목이 동일하거나 유사한 다른 재산에 대한 매매 등의 가액이 있는 경우에도 해당 가액[상속세 또는 증여세를 법정신고기한 이내에 신고한 경우에는 평가기준일 전 6개월부터 평가기간 이내의 신고일까지의 가액을 말함]을 시가로 본다(유사사례가액).

시가로 보는 가액이 2개 이상인 경우에 평가기준일에 가장 가까운 날에 해당하는 가액(그 가액이 둘 이상인 경우에는 그 평균액을 말함)을 상속재산 또는 증여재산의 평가가액으로 한다. 다만, ① 또는 ②의 해당 가액이 있는 경우에는 ③의 매매사례가액은 적용되지 않는다.

한편 거래소에서 거래되는 상장법인의 주식 및 출자지분이나 가상자산(가상자산은 2022년도 이후부터 시행함)은 앞에서 설명한 매매가액 등이 있어도 이를 시가로 보지는 않고 상증법상 규정한 보충적 평가방법에 의한 평가가액을 시가로 본다.

4. 보충적 평가방법

상증법에서 규정된 시가를 산정하기가 어려운 경우에는 보충적 평가방법으로 평가한다. 상속재산 및 증여재산에 대한 주요한 보충적 평가방법을 살펴보면 다음과 같다.

1) 부동산 등의 평가

부동산 관련 상속재산 또는 증여재산의 주요 보충적 평가방법을 표로 요약하여 설명하면 다음과 같다.

표 10-20 | 주요 부동산 관련 주요 재산의 보충적 평가방법

구 분	재산평가가액
토지	개별공시지가
공동주택	공동주택가격
단독주택	개별주택가격
국세청장 지정 오피스텔 및 상업용 건물	호별 m^2당 가액 × 건물면적(전유면적+공용면적)
상기 외 건물	m^2당 가액[주1] × 건물연면적[주2]
부동산을 취득할 수 있는 권리	평가기준일까지(불입금액+프리미엄 상당액)
특정시설물 이용권	평가기준일까지(불입금액+프리미엄 상당액)[주3]
사실상 임대차계약이 체결되거나 임차권이 등기된 재산	max{ⓐ, ⓑ} ⓐ 보충적 평가방법에 따른 평가가액 ⓑ 1년간 임대료/12%+임대보증금

주1 : ▪ m^2당 금액 = 건물신축가격기준액 × 구조지수 × 용도지수 × 위치지수 × 경과연수별 잔가율 × 개별건물의 특성에 따른 조정률

▪ m^2당 금액 중 1,000원 미만은 절사

주2 : 집합건물의 경우는 전유면적과 공용면적을 포함함.

주3 : 골프회원권은 지방세법상 시가표준액이 있는 경우에는 그 가액으로 평가함.

사례 8

거주자 김행운 씨가 부친으로부터 다음 보기의 임대상가(부수토지 포함)를 증여받을 경우에 임대상가의 다음 임대조건을 토대로 계산할 때 상증법상 증여재산평가가액은 얼마인가?

〈임대상가의 임대현황〉

보증금	1년간 임대료	개별공시지가	국세청장 산정·고시한 건물기준시가
1억원	6천만원	3억원	2억원

－임대상가의 매매사실 등 상증법상 시가로 볼 수 있는 가액이 없음.
－국세청장이 지정한 지역에 소재한 상업용 건물이 아님.

【해설】

임대차계약이 체결된 재산의 평가는 다음의 금액 중 큰 금액으로 평가한다.

ⓐ 보충적 평가방법에 의한 평가액＝300,000,000＋200,000,000＝500,000,000원
ⓑ 1년간 임대료/12%＋임대보증금＝60,000,000원/0.12＋1억원＝600,000,000원
따라서 증여상가에 대한 증여재산평가가액은 600,000,000원이다.

2) 주식, 예금 및 간접투자증권 평가

(1) 상장주식

주권상장법인의 주식·출자지분은 일반적으로 평가기준일 전후 각 2개월간에 공표된 매일의 거래소 최종시세가액의 평균액을 시가로 인정하고 있다.

(2) 비상장주식

상기 주식을 제외한 비상장주식은 원칙적으로 {(1주당 순자산가치 × 2 ＋ 1주당 순손익가치 × 3) ÷ 5} × 보유주식수(단, 부동산과다보유법인은 순자산가치 3, 순손익가치 2를 적용)로 평가한다. 다만, 상기 산식의 가액이 1주당 순자산가치의 80% 이하의 경우는 1주당 순자산가치의 80%에 보유주식수를 곱하여 평가한다.

한걸음 더 **상장주식 및 비상장주식의 최대주주 등의 할증**

최대주주 및 그 특수관계에 있는 주주의 주식 또는 출자지분에 대해서는 위에서 평가한 주식 또는 출자지분의 평가액에 20%를 가산한다. 다만, 중소기업의 경우에는 주식평가 시 할증하지 않는다.

이때 최대주주가 보유하는 주식을 계산함에 있어 상속개시일 또는 증여일로부터 소급하여 1년 이내에 양도하거나 증여한 주식을 합산하여 계산한다. 다만, 평가기준일이 속하는 사업연도 전 3년 이내의 사업연도부터 계속하여 법인세법상 결손금이 있는 법인의 주식 또는 출자지분 등에 대해서는 할증하지 않는다.

$$\text{순손익가치} = \frac{\text{1주당 최근 3년간의 순손익액의 가중평균액}}{10\%}$$

$$\text{순자산가치} = \frac{\text{평가기준일 현재 법인의 순자산가액}}{\text{평가기준일 현재 발행주식수}}$$

(3) 예금, 저금 또는 적금의 평가

평가기준일 현재 예입총액과 미수이자 상당액의 합계액에서 원천징수세액 상당액을 차감한 가액으로 평가한다.

(4) 집합투자증권의 평가

자본시장과 금융투자업에 관한 법률에 따른 집합투자증권의 평가는 평가기준일 현재의 거래소의 기준가격으로 하거나 집합투자업자 또는 투자회사가 같은 법에 따라 산정·공고한 기준가격으로 한다. 다만, 평가기준일 현재의 기준가격이 없는 경우에는 평가기준일 현재의 환매가격 또는 평가기준일 전 가장 가까운 날의 기준가격에 의한다.

(5) 가상자산의 평가

가상자산(특정 금융거래정보의 보고 및 이용 등에 관한 법률 제2조 제3호의 가상자산을 말함)의 가액은 다음의 구분에 따라 평가한 가액으로 하는데, 이 가상자산의 평가는 2022년 1월 1일부터 시행한다.

구 분	① 국세청장이 고시하는 가상자산 사업자[주)]의 사업장에서 거래되는 가상자산	② 그 밖의 가상자산
평가가액	평가기준일 전·이후 각 1개월 동안에 해당 가상자산사업자가 공시하는 일평균가액의 평균액	①에 해당하는 가상자산사업자 외의 가상자산사업자 및 이에 준하는 사업자의 사업장에서 공시하는 거래일의 일평균가액 또는 종료시각에 공시된 시세가액 등 합리적으로 인정되는 가액

주) 가상자산사업자란 특정 금융거래정보의 보고 및 이용 등에 관한 법률 제7조에 따라 신고가 수리된 가상자산사업자를 말함.

5. 저당권 등이 설정된 재산의 평가특례

상속재산 또는 증여재산의 평가는 원칙적으로 상속개시일 또는 증여일 현재의 시가로 평가하는 것이나, 담보 등으로 제공된 재산에 대하여는 상속개시일 현재의 시가 또는 시가산정이 어려운 경우에는 보충적 평가에 의한 평가가액과 당해 재산에 담보된 채권액 등을 비교하여 큰 금액으로 평가하도록 하고 있다.

즉, 다음에 해당되는 재산에 대한 상속재산가액 또는 증여재산가액은 아래의 표에서 설명한 특례 평가가액의 합계액과 시가(시가산정이 어려운 경우는 보충적 평가에 의한 평가가액) 중 큰 금액으로 평가한다.

표 10-21 | **상속재산 및 증여재산의 평가특례방법**

구 분	특례평가가액
저당권·근저당권·질권이 설정된 재산	그 재산이 담보하는 채권액
공동저당권이 설정된 재산	그 재산이 담보하는 채권액을 공동 저당된 재산의 평가기준일 현재의 가액으로 안분하여 계산한 금액
양도담보재산	평가기준일 현재 그 재산이 담보하는 채권액
전세권이 등기된 재산(임대보증금을 받고 임대한 재산 포함)	등기된 전세금(임대보증금을 받고 임대한 경우에는 임대보증금)
자동차 등 단기소모성 재산	해당 재산이 담보하는 채권액

자료 : 양재영 외, 『AFPK 상속설계』(2021).

주요용어

- 상속설계의 목표
- 법정상속인의 순위
- 대습상속
- 친양자
- 상속의 승인 및 포기
- 유언의 종류와 필요성
- 유류분제도
- 상속세
- 증여세
- 상속세와 증여세의 관계
- 유산세 과세방식
- 유산취득세 과세방식
- 사전증여재산
- 추정상속재산
- 상속공제
- 상증법상 증여의 정의
- 증여재산합산과세
- 증여재산공제
- 증여추정
- 증여의제
- 부담부증여
- 상속재산 및 증여재산의 평가방법
- 시가
- 보충적 평가방법

심화 학습문제

1. 상속설계는 부자에게만 필요한지, 아니면 서민에게도 필요한지를 설명해 봅시다.
2. 생전에 재산을 자녀에게 배분하는 방법에 대하여 설명해 봅시다.
3. 재산을 특정 자녀에게만 배분하는 경우에 발생하는 문제점에 대하여 설명해 봅시다.
4. 사전에 증여받은 재산 중 상속재산에 포함되는 범위에 대하여 설명해 봅시다.
5. 상속세 및 증여세를 보다 절세하기 위한 증여의 방법에 대하여 설명해 봅시다.
6. 아파트를 상속받거나 증여받는 경우에 상증법상 아파트가액을 어떻게 평가하는지를 설명해 봅시다.

참고문헌

▎한글문헌

곽윤직, 『민법총론』(박영사, 2008).
국세청, 『세금에 대한 오해 그리고 진실』(국세청, 2006).
국세청, 『세금절약 가이드Ⅱ』(국세청, 2020).
국회예산정책처, 『4대 공적연금 장기 재정전망』(2020).
금융감독원, 『신용등급관리 10계명』(금융감독원, 2008).
금융감독원, 『글로벌 핀테크 10대 트렌드 및 시사점』(금융감독원, 2019).
김두철 외, 『보험과 위험관리』(문영사, 2001).
김성민 외, 『생활재무관리』(경문사, 2007).
김영중 외, 『소득세법의 이해와 실무』(영화조세통람, 2009).
김용재 외, 『원천징수 이론과 실무』(삼일인포마인, 2008).
김주수 외, 『친족·상속법, 제9판』(법문사, 2008).
김지현, 『부동산경제학의 이해』(부연사, 2007).
김형순 외, 『AFPK 부동산설계』(한국FPSB, 2013).
남상구 외, 『기본투자론』(석정, 2002).
남승규, "소비자 라이프스타일에 대한 이론적 고찰", 『한국심리학회지: 소비자, 광고』, Vol. 7, 2006, pp. 433～453.
대법원, 『개인채무자 회생제도 안내 개정판』(대법원, 2006).
대한은퇴자협회, "중장노년층의 문화의식조사"(2006).
문숙재·여윤경, 『소비자트렌드 21세기』(시그마프레스, 2001).
박광수, 『헤지펀드』(아침이슬, 2003).
박광수 외, 『AFPK 투자설계』(한국FPSB, 2017).
박광수 외, 『부자매뉴얼』(북웨이, 2009).
박덕배, "국내가계자산이 불안하다." 『현대경제연구원 경제주평』, 통권 360호, 2009.8.
박상범, 『손해보험론』(문영사, 2001).
보건사회연구원, "전국 노인생활 실태 및 복지욕구 조사"(2004).
보험연수원, 『손해보험 상품해설(개정판)』(보험연수원, 2008).
보험연수원, 『생명보험 기초이론』(보험연수원, 2008).
보험연수원, 『똑똑한 유태인의 종신보험 활용방법』(보험연수원, 2008).
삼일인포마인, 『조세법전』(삼일인포마인, 2021).
생명보험협회, 『2008 생명보험이란 무엇인가?』(생명보험협회, 2008).

생명보험협회, 『2008 변액보험의 이해와 판매』(생명보험협회, 2008).
손주찬, 『상법(상)』(박영사, 2008).
신찬수 외, 『법인세의 실무』(삼일인포마인, 2011).
안용운 외, 『AFPK 위험관리와 보험설계』(한국FPSB, 2011).
안정근, 『현대부동산학(제4판)』(양현사, 2009).
양세정 · 주소현 · 차경욱 · 김민정, 『한국형 가계재무비율 도출 및 가이드라인 제안』, *Financial Planning Review*, 6(3), 2013, pp. 143 ~ 181.
양재영 외, 『AFPK 세금설계』(한국FPSB, 2021).
양재영 외, 『세무편람』(한국공인회계사회, 2021).
양재영 외, 『AFPK 상속설계』(한국FPSB, 2021).
윤평식, 『채권의 가치평가와 투자전략』(경문사, 2008).
우재룡, 『적립식 펀드투자』(FPnet, 2007).
이경룡, 『보험학원론』(영지문화사, 2008).
이경전 외, "핀테크의 이해", 『정보시스템연구』, 제25권 제2호(2016).
이상한, "베이비붐세대의 주택소비형태 변화, 주택정책의 주요 변수인가?", 『KRIHS 보고서』(국토연구원, 2008).
이연숙 · 양세정 · 주인숙, 『가계재무관리의 이해』(신정출판사, 2003).
이현국 편, 『대학생을 위한 화법의 이론과 실제』(학문사, 2007).
임상엽 외, 『세법개론 제14판』(상경사, 2008).
장영광, 『증권투자론(제5판)』(신영사, 2009).
정경희, 『고령화시대 노년기 준비의 의의와 과제』, 보건복지포럼 2013, 10(2013), pp. 6 ~ 13.
정순희, 『소비자재정설계』(신정출판사, 2003).
정형선 · 송양민 · 이규식, "인구고령화와 의료비", 『보건경제와 정책연구』(2007).
정후식, "대공황 이후 주요 금융위기 비교", 『한은조사연구』(한국은행, 2009.8).
조주현, 『부동산학원론』(건국대학교출판부, 2007).
주소현, 『재무설계를 위한 행동재무학』(한국FP협회, 2009).
주소현 외, 『AFPK 재무설계개론』(한국FPSB, 2011).
통계청, "2006년 가계자산 조사결과", 보도자료(통계청, 2007).
통계청, "세계 및 한국의 인구현황", 보도자료(통계청, 2009.7).
통계청, "향후 10년간 사회변화 요인분석 및 시사점", 보도자료(통계청, 2009.1).
통계청, "경제활동 인구조사", 보도자료(통계청, 2007).
통계청, "2012년 가계금융복지조사 결과", 보도자료(통계청, 2013).
통계청, "경제활동 인구조사", 보도자료(통계청, 2013).
한국공인회계사회, 『회계 · 세무용어총람』(한국공인회계사회, 2008).
한국은행, 『알기 쉬운 경제이야기』(한국은행, 2008).

한국은행, 『알기 쉬운 경제지표해설』(한국은행, 2006).
한국은행, 『우리나라의 금융제도』(한국은행, 2005).
한국은행, 『우리나라의 금융시장』(한국은행, 2006).
Mankiew N. Gregory, 『맨큐의 경제학(4판)』(교보문고, 2007).
Krugman Paul and Robin Wells, 『크루그만의 경제학』(시그마프레스, 2009).

▎외국문헌

Atchley, R. C. Retirement: Leaving the world of work, ANNALS, *AAPSS*, Vol. 464(1982), pp. 120~131.

Bachrach, B, *Values-based financial planning: The art of creating an inspiring financial strategy*, Aim High Publisher, 2000.

CFP Board, 2007 Certificant Survey Summary Report, 2007.

College for Financial Planning, *2011 Survey of Trends in the Financial Planning Industry*, 2011.

Financial Planning Standards Board(FPSB), 2008 CFP Professional Count (by Territory), 2009.

Garman, E. Thomas and Raymond E. Forgue, *Personal Finance*, Houghton Mifflin, 2003.

Garner, Robert J., *Ernst & Young's personal financial planning guide: take control of your future and unlock the door to financial security*, J. Wiley, 1995.

Gitman, L. J. & Joehnk, M. D., *Personal Financial Planning*, South-Western, Thomson Learning, 2004.

Glick, P. & Parker, R. Jr., "New approaches in studying the life cycle of the family", *Demography*, Vol. 2, 1965, pp. 187~202.

Grable, J. & Joo, S-H, "Environmental and Biopsychosocial factors associated with financial risk tolerance", *Financial Counseling and Planning*, Vol. 15(1), 2004, pp. 73~82.

Greninger, S. A., Hampton, V. L., Kitt, K. A. & Achacoso, J. A., "Ratios and Benchmarks for Measuring the Financial Well-being for Families and Individuals", *Financial Services Review*, 5(1), 1996, pp. 57~70.

Hallman, G, Victor and Jerry S, Rosenbloom, *Personal Financial Planning*, McGraw-Hill, 2003.

Hamilton, Karen L., *Investment, Retirement, and Estate Planning*, American Institute for Chartered Property Casualty Underwriters/Insurance Institute of America, 2005.

Ho, Kwok, Grady Perdue and Chris Robinson, *Personal Financial Planning*, Captus Press, 1999.

Kapoor, Jack R., Les R. Dlabay & Robert J., Hughes, *Personal Finance*, 6th ed., McGraw-Hill, 2004.

Keown, Arthur J., *Personal Finance: turning money into wealth*, Prentice Hall, 2004.

Lytton, R., Grable, J. & Klock, D., *The Process of Financial Planning: Developing a Financial Plan*, The National Underwriter, 2006.

Mosisa, A. & Hipple, S., "Trends in labor force participation in the United States", *Monthly Labor Review*, October 2006, pp. 35～57.

Prelec, D & Loewenstein, G., "The red and the black: Mental accounting of savings and debt", *Marketing Science*, Vol. 17(1), 1998, pp. 4～28.

Rejda, George E. and Michael J. Mcnamara, *Personal Financial Planning*, Addison-Wesley Educational Publishers Inc., Addision Wesley, 1998.

Ronald Cordes et al., *The Art of Investment & Portfolio Management*, McGraw-Hill, 2008.

Rosefsky, Robert S., *Personal Finance*, 7th ed., John Wiley & Sons, 1999.

Stein, D., "The new meaning of retirement", *Eric Digest*, 217, 2000.

Tibbitts, C., "Retirement problems in American Society", *The American Journal of Society*, Vol. 59, 1954, pp. 301～308.

Xiao, J., "Effects of Family Income and Life Cycle Stages on Financial Asset Ownership", *Financial Counseling and Planning*, Vol. 7(1), 1996, pp. 21～30, Captus Press, 1999.

Van Derhei, J., "Measuring retirement income adequacy: Calculating realistic income replacement rates", Employee Benefit Research Institute, *Issue Brief*, No. 297, 2006.

Winger, Bernard J. and Ralph R. Frasca, *Personal Finance*, 4th ed., Prentice-Hall, 1997.

▌언론

부산일보, "경기 판단 '복잡한 현실' 분석기법도 다양", 2008년 11월 15일자.

서울경제, "빅맥 대신에 이젠 아이팟 지수", 2007년 1월 19일자.

중앙일보, "취업 포기한 '청년 니트족' 113만 명", 2009년 6월 27일자.

연합뉴스, "한국, 저출산 · 고령화 탈출구 시급", 2009년 7월 10일자.

이투데이, "가계부채 급증…금리인상 시 이자부담 우려", 2009년 8월 30일자.

헤럴드경제, "대기업 평균정년 57세…7년째 증가", 2009년 6월 5일자.

헤럴드경제, "앵무새와 인간의 주식투자대결", 2009년 8월 24일자.

▌인터넷

국민연금공단, 알기 쉬운 국민연금, http://www.nps.or.kr/jsppage/info/easy/easy_01_0101.jsp

국세청, http://www.nts.go.kr/

국방부군인연금, 군인연금제도, http://www.mps.go.kr/milpen/index.html

국토교통부, http://www.molit.go.kr/

국토교통부, 부동산공시가격알리미, http://www.realtyprice.kr:447

기획재정부, 국민신문고, http://mosf.go.kr/service/service/service.jsp

금융감독원, 퇴직연금 종합안내, hppt://pension.fss.or.kr

금융감독원, http://edu.fss.or.kr/edu/book/book1.jsp, 금융생활 안내서-보험편.

노동부, 노동부 퇴직연금제도, http://www.molab.go.kr/pension/index.jsp

대법원인터넷등기소, http://www.iros.go.kr/PMainJ.jsp

배영목, 금융시장개방, 국가기록원 나라기록 포털(2006), http://contents.archives.go.kr/next/content/listSubjectDescription.do?id=003552

보험개발원, 보험사전, http://www.kidi.or.kr/index.html

보험개발원, 알기 쉬운 보험상품, http://www.kidi.or.kr/index.html

부동산 공시가격 알리미, http://www.realtyprice.kr/notice/main/mainBody.htm

사립학교교직원연금관리공단, (n.d.), 알기 쉬운 사학연금, http://www.ktpf.or.kr/website/pension/pension01.jsp

손해보험협회, http://www.knia.or.kr/

신용회복위원회, 신용회복지원제도 소개, http://www.ccrs.or.kr/

올크레딧, 신용바로알기, http://www.allcredit.co.kr/bbs/front/AA/AA2100.jsp?MainNum=3&topsub=2&McNum=2&leftsub=1

e-나라지표, 취학률 및 진학률, https://www.index.go.kr/

이연호, 해외투자 확대방안, 국가기록원 나라기록 포털(2007), http://contents.archives.go.kr/next/content/listSubjectDescription.do?id=006746

정부24, http://www.gov.kr/portal/main

펀드닥터, http://www.funddoctor.co.kr/

통계청, 전국가구(2인 이상)의 가구주 연령별 가계수지(2009년 1/4분기), 국가통계포털(http://kosis.kr/)

통계청, 장래가구추계, https://kosis.kr/statHtml/statHtml.do?orgId=101&tblId=DT_1BZ0503&conn_path=I3

찾아보기

ㄱ

ㅂ

ㅈ

저자소개

박광수

연세대학교 경제학과 학사, 석사, 경제학 박사
대한투자신탁 경제연구소 애널리스트
마이다스에셋 자산운용(주) 주식운용본부장
미국 University of Missouri(Columbia) 개인재무설계학과 교환교수
(전) 한국FP학회 회장
(현) 동의대학교 금융보험학과 교수
한국거래소 파생상품발전위원회 심의위원장
기획재정부 공공기관 경영평가위원
(저서) 헤지펀드(역서, 아침이슬, 2003), 부자매뉴얼(공저, 북웨이, 2009), 기후변화와 탄소시장 용어집(공저, 경문사, 2010), AFPK 투자설계(공저, 한국FPSB, 2018), CFP 투자설계(공저, 한국FPSB, 2018)

양재영

동국대학교 경영학과 학사, 석사
동국대학교 회계학과 경영학 박사
공인회계사, 세무사, CFP®
세동회계법인 근무
교보생명 재무설계센터 세무·경영분야 자문역 역임
한국공인회계사회 국세연구위원 역임
한국FP협회 회장 역임
국세청 및 서울지방국세청 재산평가심의위원 역임
(현) 양재영세무회계사무소 대표
한국FP학회 감사
인하대학교 소비자학과 겸임교수
동국대학교 회계학과 겸임교수
(저서) AFPK 세금설계(공저, 한국FPSB, 2021), AFPK 상속설계(공저, 한국FPSB, 2021)
CFP 세금설계(공저, 한국FPSB, 2021), CFP 상속설계(공저, 한국FPSB, 2021)
CFP 개인재무설계사례집(공저, 한국FPSB, 2021)
개인금융종합마케팅 3권(공저, 한국금융연수원, 2021)
고객상담을 위한 생애설계 기초 1권·2권(공저, 한국금융연수원, 2021)
세무편람(공편, 한국공인회계사회, 2021) 외

주소현

서울대학교 농가정학과 학사, 석사
미국 Virginia Tech Ph.D., Consumer Studies and Financial Management
미국 Texas Tech University, 개인재무설계학과 조교수, 부교수
삼성금융연구소 수석연구원
FPSB Education Working Group Member
인하대학교 소비자아동학과 부교수
(현) 이화여자대학교 소비자학과 교수
(저서) 재무설계를 위한 행동재무학(한국FP협회, 2009), AFPK 재무설계개론(공저, 한국FPSB, 2013)
CFP 재무설계원론(공저, 한국FPSB, 2013), 재무금융전문가를 위한 커뮤니케이션 전략과 기술(공역, 시대가치, 2019)

개인재무설계 – 제5판 –

2021년 8월 5일 인쇄
2021년 8월 10일 발행

저　자 박광수 · 양재영 · 주소현
발행인 김광범
발행처 도서출판 시대가치
주　소 서울특별시 마포구 토정로 222, 422-1호(한국출판콘텐츠센터)
전　화 02)3152-2620
팩　스 02)6442-2621
등　록 2017년 3월 23일 제2018-000088호
이메일 kgb9136@hanmail.net

ISBN 979-11-89607-44-9　93320

정가 35,000원